CONQUISTA Y CONTRACONQUISTA: LA ESCRITURA DEL NUEVO MUNDO

CENTRO DE ESTUDIOS LINGÜÍSTICOS Y LITERARIOS DE
EL COLEGIO DE MÉXICO
DEPARTMENT OF HISPANIC STUDIES DE
BROWN UNIVERSITY

CONQUISTA Y CONTRACONQUISTA: LA ESCRITURA DEL NUEVO MUNDO

(Actas del XXVIII Congreso
del Instituto Internacional de Literatura
Iberoamericana)

Julio Ortega y José Amor y Vázquez
Editores

Rafael Olea Franco
Colaborador

EL COLEGIO DE MÉXICO
BROWN UNIVERSITY

Portada de Mónica Diez Martínez
Santa María Tonanzintla
Fotografía de Jorge Contreras Chacel

Primera edición, 1994

ISBN 968-12-0562-6

Impreso en México / *Printed in Mexico*

ÍNDICE

8   ÍNDICE

AGRADECIMIENTOS

En primer lugar, a Rebeca Barriga Villanueva, directora del Centro de Estudios Lingüísticos y Literarios (CELL) de El Colegio de México, quien comprendió la importancia académica del proyecto y, con gran sensibilidad, lo impulsó hasta hacer posible esta coedición. A Mario Ojeda, presidente de El Colegio de México, debemos también reconocimiento por su apoyo al convenio de cooperación entre su institución y Brown University.

El Programa de Cooperación Cultural entre el Ministerio de Cultura de España y las Universidades de Estados Unidos contribuyó generosamente con una parte de los costos de impresión.

Para la preparación de este tomo hemos contado con estudiantes graduados del Department of Hispanic Studies de Brown University. Eleuterio Díaz Santiago, Sylvia Santaballa y Pedro Granados ayudaron a ordenar el material seleccionado, uniformar el formato y preparar el manuscrito. La coedición con El Colegio de México nos permitió contar con la asesoría editorial del profesor Rafael Olea Franco, quien cuidó de la edición, con el auxilio de Yliana Rodríguez y Rodrigo Bazán Bonfil, becarios de investigación del CELL.

Ésta es una selección de actas del XXVIII Congreso del Instituto Internacional de Literatura Iberoamericana, que tuvo lugar en Brown University entre el 18 y 21 de junio de 1990 con el título ecléctico de "Letras coloniales: interacción y vigencia". El provost entonces, Maurice Glicksman, apoyó la realización de este evento, así como el presidente de la Universidad, Vartan Gregorian, y el nuevo provost, Frank Rothman. El Instituto de Cooperación Iberoamericana, Madrid, y el Brown's Committee for the Arts merecen asimismo nuestra gratitud por su ayuda.

A los colegas que llegaron a Providence para ampliar el diálogo sobre los discursos y la textualidad de la cultura del Nuevo Mundo, una parte del cual se consigna en este volumen, les expreso, otra vez, reconocimiento. Confío en que esta contribución a los estudios de la Colonia confirme la viva importancia de ese periodo de la conquista histórica y la contraconquista cultural para el mejor entendimiento de nuestra diferencia americana.

Julio Ortega

PALABRAS PRELIMINARES AL XXVIII CONGRESO DEL INSTITUTO INTERNACIONAL DE LITERATURA IBEROAMERICANA

JOSÉ AMOR Y VÁZQUEZ
Brown University, Providence

Amigos todos:

Me hago cordial eco de las palabras de bienvenida y de agradecimiento manifestadas por mi colega Julio Ortega. Y a la vez doy las gracias al Instituto Internacional de Literatura Iberoamericana por haber acogido nuestra invitación a realizar su XXVIII Congreso en la Brown University.

Los breves comentarios que siguen van dirigidos a contextualizar un poco este evento, tan prometedor bajo el rótulo de "Letras coloniales", que está a punto de iniciar sus tareas.

Hacía tiempo que a algunos de nosotros nos rondaba la idea de celebrar aquí un congreso del Instituto. Pero, con la mejor voluntad del mundo, no acabábamos de decidirnos. Nuestro Departamento de Estudios Hispánicos es relativamente pequeño en personal, muchas nuestras obligaciones y, francamente, todavía no estábamos repuestos de lo que conlleva el haber organizado otras actividades de esta índole. Hizo falta la incorporación del profesor Julio Ortega al Departamento para dar el impulso necesario. No sé cuántos de ustedes habrán colaborado con el profesor Ortega. A mí se me hace una especie de Vulcano. Su despacho es la fragua, sólo que en vez de chispas saltan ideas, iniciativas, sugerencias a granel. Es el suyo un entusiasmo más bien callado, nada aspaventero, pero contagioso y eficaz. Su propuesta de convocar el presente congreso en estos lares fue el chispazo que nos galvanizó. Y henos aquí.

Aparte del Departamento de Estudios Hispánicos, el ambiente en la Brown University es propicio para un congreso como el actual. Todos los participantes sabrán que ésta es la sede de la Biblioteca John Carter Brown, mundialmente famosa por sus fondos sobre América antes de 1830. Su director, el Dr. Norman Fiering, ha venido realizando una extraordinaria labor para promover la investigación en este campo.

Existe además un Centro de Estudios Latinoamericanos —me cabe la honra de haber sido su primer director— en que se aglutinan y estimulan los intereses multidisciplinarios e interdepartamentales de varios colegas, a cual más generoso en sus aportaciones. Del todo esencial en este sentido es la colaboración con el Centro de Estudios Luso-Brasileños, destacadamente representado en este congreso. Y el Departamento de Historia tiene un firme componente latinoamericano: lo señala la cátedra "Carlos Manuel de Céspedes", de reciente creación, en recuerdo del primer presidente de la Cuba independentista.

Las empresas europeas de exploración en el siglo XVI han dejado huella en este minúsculo estado. Al pie de la colina en que estamos, junto a lo que forma parte de su enorme bahía (los gallegos diríamos "ría"), hay un discreto monumento en mármol blanco dedicado a Giovanni da Verrazzano quien, al servicio de Francisco I de Francia, exploró la zona en 1524. Si un explorador español nombró a Venezuela con ese delicioso diminutivo de la Venecia europea, el italiano no se quedó atrás. Una de las islas aledañas, por su forma triangular, le recordó otra del mar Egeo y, en consecuencia, la llamó Rhodes. Dicho término, primero apocopado y ampliado luego al oficial Rhode Island and Providence Plantations, dio nombre a este estado, el más pequeño y con el nombre más largo de Estados Unidos. Verrazzano, como para compensar el eurocentrismo deslizado en el topónimo, ha dejado una relación de su viaje con observaciones de gran interés, las primeras sobre esta zona. Entresacaré un par de ellas, de carácter etnográfico, traducidas del italiano original —reproducidas en Lawrence C. Wroth, *The Voyages of Giovanni da Verrazzano, 1524-1528* (New Haven-Londres, 1970):

> Estas gentes son las más hermosas y gentiles que hemos encontrado en este viaje. Son más altos que nosotros; de color bronceado; algunos tienden a la blancura, otros a un color melado; la cara, de perfil bien delineado; el pelo es largo y negro y ponen gran esmero en adornarlo; sus ojos son grandes y despiertos, y su aire dulce y suave, muy como el de los antiguos [...] Las mujeres son de la misma figura y belleza [...] Son muy desprendidos, ya que dan todo lo que tienen.

Muy diferente suerte le estaba deparada a Verrazzano cuatro años después, cuando exploraba la zona caribeña. En 1528 sufrió, a todas luces, una horrible muerte a manos de los nativos (Wroth: 26, 1). En un poema elegíaco de alrededor de 1560, Giulio Giovio la describe (Wroth: Appendix A), y exalta lo llevado a cabo por Verrazzano a heroico rango junto a las hazañas de Colón, Cortés y Pizarro.

Al interés de otro europeo, Roger Williams, fundador de la colonia que fue Rhode Island, se debe el primer vocabulario extenso de una lengua indígena americana impreso en inglés, *A Key into the Language of America or, A Help to the Language of the Natives in that Part of America Called New-England* (Londres, 1643).

La toponimia indígena se manifiesta abundantemente en los confines de Rhode Island. La bahía ya aludida, bautizada Refugio por Verrazano, no perdió su nombre original, Narragansett, designación que alcanza a los primitivos habitantes y a la que fuera cerveza local. Algunos de los topónimos son verdaderos trabalenguas, y más pronunciados en inglés: Chepiwanuxet, Cocumscussock, Pettaquamscutt, Neutaconkanut, Woonasquatucket. A veces aparecen nombres indígenas junto a los de otras lenguas, consignándose así la variedad cultural de la zona. Un caso interesante se da no lejos, al sudeste de aquí: la isla de Aquidneck, en cuya ciudad de Newport está situada la sinagoga de Touro, una de las primeras de América. Construida en 1763, constituye una comunidad de judíos, predominantemente sefardíes, cuya presencia se constata ya entre 1650 y 1670.

Para entonces, en Hispanoamérica estaban echados los cimientos de la "ciudad escrituraria", aplicando en su mejor sentido la expresión de Ángel Rama. Baste recordar que en 1538 se funda la universidad, como tal, de Santo Domingo, y pocos años después las de México y Lima. Los primeros libros impresos en América saldrán de las prensas de Juan Pablos, en México, a partir de 1537; en tanto que el primero impreso en las colonias inglesas, el *Bay Psalm Book*, es de 1640. De aquéllos y de éste hay ejemplares en la Biblioteca John Carter Brown. Por lo que toca a las universidades de este país, creadas –recuérdese– como colleges, la más antigua, Harvard, data de 1636. La Brown University, con el nombre de Rhode Island College, se fundó en 1764. Veinte años después, en 1784, recibirá a su primer visitante latinoamericano de quien hay noticia: el venezolano Francisco de Miranda.

Viene Miranda atraído por lo prometedor de las ideas encarnadas en la nueva democracia de los Estados Unidos de América. Le interesa establecer contacto directo con los dirigentes de la lucha independentista, busca apoyo para su causa, y muestra curiosidad por asuntos muy variados, desde tecnología a fortificaciones, prácticas religiosas, comidas, gentes, costumbres, lugares. Todo lo apunta minuciosamente en su *Diario*, sin grandes preocupaciones de ortografía o puntuación, con una prosa espontánea en que oralidad y escritura se acoplan. Numerosísimas son sus jugosas observaciones, de las cuales recordaré sólo algunas de las referentes a Rhode Island —cito por *The Diary of Francisco de Miranda: Tour of the United States, 1783-1784*, compilación de William S. Robertson (Nueva York, 1928):

"A las 7. de la mañana —escribe— desembarque en Providencia, tomando mi alojamiento en Rice's tavern cerca de la casa de la Ciudad á las 10.

salí a distribuir algunas Cartas de Recomendación que trahía, comensando pr. el Rev.do M. James Manning, presidente de este Colegio", es decir, Rhode Island College, la actual Brown University. Manning fue su primer presidente; dio libertad a su único esclavo en 1770, y fue cofundador en 1779 de la Providence Society for Abolishing the Slave Trade. El edificio frente al que nos acoge, remedo de templo griego, lleva su nombre.

Continúa Miranda: "pasé en Compañía del Presid.te *manning* á su Propia Casa donde estuve divertido Leyendo the *Charter of the Colege*, Documento bastante Liberal, y bien fundado..." Dicha carta fundacional, expedida bajo la autoridad de Jorge III de Inglaterra, continúa vigente en letra y en espíritu. La Brown University mantiene flexibilidad en su programas de estudios y tolerancia en cuestiones ideológicas y de religión.

Sobre la Iglesia Bautista, hoy un monumento nacional donde tiene lugar anualmente nuestra colación de grados, dice el venezolano: "el edificio es capaz, pero sin proporción, ni gusto en el interior: *the Steeple*, o campanario es uno de los mas bien proporcionados, y elegantes que io he visto jamás [...] toda la obra es de madera, pero sus adornos, y demas tan bien executado que no deben nada á la mejor arquitectura de Ytalia".

"El edificio este [del "Colege"] –apunta– es de ladrillo, y bastante Capáz, su situación ventajosa, sobre un montesuelo, ó altura que comanda el Lugar de Providencia; del tope ó azotea se vé toda la Bahía, e Yslas hasta Rod-is-land[...]." Se refiere al presente rectorado, también monumento nacional, frente al cual estamos; pero para una visión panorámica, mejor encaramarse en el piso trece –sin dejarse arredrar por el número– de la mastodóntica Biblioteca de Ciencias. Ese "tope o azotea" que menciona es una característica arquitectónica que corona muchas casas de esta región y remite a su activo tráfico marítimo en el pasado. Se denomina "widow's walk" (algo así como mirador o paseo de la viuda). Desde allí las esposas avizoraban ansiosas la llegada de sus cónyuges, de vuelta de empresas balleneras, de la derrota de África o de la India. En la biblioteca de la Sociedad Histórica de Rhode Island, a pocas calles de aquí, hay muchas e interesantes relaciones del tráfico con los países del Caribe, América Central y del Sur.

"La Librería, aparato Philosóphico &c. apenas merecen aun el nombre, todo está aun en mantillas [...]". Hizo bien Miranda en matizar sus palabras con adverbios que no descartaban progreso: hoy día el sistema bibliotecario de la Brown University supera los dos millones de volúmenes. Destaca también el visitante la "baratez de la Educación, y Liberalidad del Ynstituto". En apariencia, las cosas han cambiado: actualmente la matrícula de Brown es una de las más elevadas del país; pero, en compensación, 34.3% del estudiantado tienen becas y 38.3% reciben cierta ayuda económica.

La visita de Miranda a Rhode Island no estaría completa sin un toque de dieciochesco y mirandiano erotismo: "salimonos [un tal Dr. Newman y Miranda, en Newport] a dar un paseo que se dirigio al templo de una de las mejores nimphas, donde me dejo bien, recomendado; se fue, y nosotros nos dirijimos al Altár donde consumamos un solemne sacrificio a Venus". De creer al diarista, al día siguiente se repitió la ceremonia. Esto se dio en la aparentemente gazmoña sociedad ex colonial de hace dos siglos. Dejémoslo así, sin entrar en comentarios ni comparaciones respecto al presente.

Una anécdota muy poco conocida, pero curiosa en todo caso y más en esta ocasión, tiene que ver con la estatua que preside el solemne y magnífico capitolio estatal de Rhode Island. Como el yelmo de Mambrino del Quijote, ni es oro todo lo que reluce ni se trata de El Dorado revivido. Emblematiza, eso sí, una aspiración humana reflejada en el lema estatal adoptado ya en tiempos coloniales, "Hope", y plasmada en la historia de Rhode Island: "The Independent Man". Más aún, la estatua se fundió, a principios de siglo, con restos de una ecuestre de Bolívar descartada del parque central de Nueva York. En 1927 un tremendo rayo le atizó en el plexo solar y se necesitaron cuarenta y dos puntos, no de sutura sino de soldadura, para repararla. Sin duda el indómito espíritu del Libertador la mantiene firme.

En las cercanías de Providence está el pintoresco pueblecito costero de Bristol, donde se alza un edificio de hermosa planta. A cualquier cubano le dará un vuelco el corazón al leer el nombre: "Guiteras High School". Pedro Guiteras, huyendo de las persecuciones del gobierno colonial en Cuba, se refugió en Bristol junto a familiares que le habían precedido. Otro cubano ilustre, Fernando Ortiz, diría más tarde: "Cuba no puede ofrecer figuras más patricias que Pedro J. Guiteras". En Bristol escribió, entre 1865 y 1866, su *Historia de la isla de Cuba* (publicada en Nueva York) y una *Vida de poetas cubanos*. Descendiente directo de esta familia fue Antonio Guiteras, infatigable luchador antiimperialista y héroe nacional cubano, abatido junto al venezolano Carlos Aponte en 1935 por el dictador de turno.

Regresemos a Providence. Un famoso ex alumno de la Brown University es John Hay: secretario de Lincoln y después de la legación norteamericana en Madrid; periodista, poeta, historiador y secretario de Estado con los presidentes McKinley y Theodore Roosevelt. Como tal tuvo bastante que ver en asuntos relativos a Nicaragua, Colombia, Panamá, Venezuela y, claro está, Cuba y Puerto Rico. El edificio en mármol blanco, al frente y a la derecha del rectorado, lleva su nombre. Si en su busto de patinado bronce destaca la brillantez de la nariz, no es consecuencia de tirones por protestas políticas retrospectivas, sino de bien humoradas travesuras estudiantiles. Lo que más importa son los fondos bibliotecarios que contiene, entre ellos las colecciones Harris y Church, de particular interés para estudios literarios latinoamericanos; así como una magnífica colección relacionada con H. P. Lovecraft, cuya última residencia fue una casa detrás de dicha biblioteca, donde hoy se levanta el edificio de Arte.

En agosto de este año (1990) se conmemora el centenario de H. P. Lovecraft con un simposio sobre él y su narrativa en la que, como se sabe, abunda el terror. Una de las ponencias será sobre la influencia de Lovecraft en Borges y los mágico-realistas latinoamericanos.

Para concluir, exhorto a todos a participar activamente en este nutrido congreso. Me permito recordales que, según se anunció, una selección de las comunicaciones se publicará en las actas. Y les invito a disfrutar del lugar sin amedrentarse por las inquietantes palabras de Lovecraft: "I am Providence". Muchas... muchas gracias.

ALFABETIZACIÓN Y LITERATURA: LOS *HUEHUETLATOLLI* COMO EJEMPLO DE LA SEMIOSIS COLONIAL

Walter D. Mignolo y
Colleen Ebacher
The University of Michigan

1. Introducción y objetivos

Dentro del complejo tejido colonial, el nexo alfabetización/literatura sugiere una fructífera área de investigación. En efecto, si consideramos que el concepto mismo de *literatura* es impensable sin el concepto previo de *letra*, nos damos cuenta, al revisar manuales de literatura colonial (como el de Enrique Anderson Imbert, 1954) y de literatura náhuatl (como el de Ángel María Garibay Kintana, 1971), que hay algo inquietante en el mero punto de partida. Imbert limita el *corpus* de la literatura colonial a los textos escritos en castellano y, en su antología, decide que el *Popol Vuh* y el *Chilam Balam*, que *leemos* en su versión alfabética, son textos precolombinos. Por su parte, Garibay decide escribir una historia de la *literatura* náhuatl sin problematizar el hecho de que géneros discursivos orales hayan sido fijados alfabéticamente y luego interpretados comparativamente con géneros discursivos de la tradición grecolatina. La inquietud surgida desde esta perspectiva nos señala que es necesario un nuevo contexto de descripción para explorar el problema de las relaciones entre alfabetización y literatura. Designaremos este nuevo contexto "semiosis colonial".

En este ensayo, el concepto de semiosis colonial nos permitirá poner el acento en la intersección de la voz y de la letra en situaciones coloniales, y en el proceso de transmisión y recepción de discursos en un contexto que no es el de su origen. Tomaremos los *huehuetlatolli* como caso de estudio y nos concentraremos en su fijación y transmisión durante y después del periodo colonial. Las preguntas que guiaron nuestra investigación y que guían nuestra exposición son las siguientes:

1) ¿que implicó el fijar tradiciones orales prehispánicas en escritura alfabética?; y

2) ¿qué enseñanzas nos dejan los *huehuetlatolli* al ser examinados desde el punto de vista de la semiosis colonial (y, por lo tanto, de alfabetización y literatura)? Según indican las preguntas, los *huehuetlatolli* en el contexto de la semiosis colonial, nos iluminarán el nexo alfabetización/literatura, mientras que los *huehuetlatolli*, a la luz de la alfabetización y de la literatura, nos ayudarán a comprender la semiosis colonial.

2. Descripción de los *HUEHUETLATOLLI*

Los *huehuetlatolli* fueron recogidos principalmente en los siglos XVI y la primera mitad del XVII. El mayor esfuerzo de recopilación se atribuye a dos frailes franciscanos en el siglo XVI: Andrés de Olmos y Bernardino de Sahagún. Los *huehuetlatolli* de De Olmos fueron incluidos en varias de sus obras, algunas de las cuales se perdieron. Afortunadamente, otros han llegado a nuestros días en su *Arte para aprender la lengua mexicana (1885-1886)* y por medio de otros [Las Casas, Torquemada, Zurita,[1] y el franciscano Juan Bautista Viseo, quien los publicó en 1600 con leves cambios (1901)]. De los ochenta y nueve incluidos en la obra de Sahagún, sesenta y nueve se encuentran en el Libro VI del *Códice Florentino (1569-1969)* dedicado exclusivamente a este propósito. Los *huehuetlatolli* fueron recopilados por los frailes en Tenochtitlan, Tlatelolco, Tetzcoco y Tlaxcala (García Quintana, 1974: 142). A petición de estos frailes, los informantes nahuas, algunos principales, otros simples *macehuales*, los sacaron de los códices pictográficos en donde fueron fijados y representados. Es decir, los escribieron en náhuatl utilizando el alfabeto latino que se había adaptado para este fin. Posteriormente algunos fueron traducidos al castellano. Zurita, en su *Breve relación* describe este procedimiento o alfabetización con referencia a De Olmos:

> Un Religioso muy antiguo en aquella tierra, el que ha siempre tratado e comunicado y doctrinado aquellas gentes, los tradujo en su lengua, y dice que hizo a unos principales que lo escribiesen, e que no pusiesen mas que la sustancia de ellos, e que los escribieron e ordenaron en su lengua sin estar el presente, y los sacaron de sus pinturas, que son como escritura e se entienden muy bien por ellas.[2]

---

[1] Más detalles sobre la transmisión de los *huehuetlatolli* recopilados por De Olmos se encontrarán en Baudot.

[2] Zurita, *Breve relación* (1941): 112-113. Citado por Federico Gómez de Orozco (véase "Bibliografía").

Alfabetización en una situación colonial implica transformación. Al ser transcritos en escritura alfabética, los *huehuetlatolli* entraron en un proceso de transformación, un proceso que tuvo sus comienzos en ese primer inventario y rigurosa organización de las lenguas indígenas a la manera de Nebrija (Mignolo, en prensa). El primer caso de esta transformación es el pasaje del sonido a la vista, de lo escuchado a lo escrito. Es un pasaje a un nuevo orden, a un Nuevo Mundo que no se limita a lo gráfico sino que también implica una transformación conceptual. Trazaremos esta transformación en la obra de los primeros colectores y alfabetizadores de los *huehuetlatolli*.

¿Por qué ese interés por parte de los frailes en los *huehuetlatolli*? Varias razones salen a la luz de los distintos fines que cada colector perseguía. Dos de estas razones son sugeridas por el distinto sabor entre los *huehuetlatolli* de Sahagún y los de De Olmos. El notable afán de suprimir idolatrías e intercalar conceptos cristianos que se refleja en los de De Olmos se da en mucho menor grado en Sahagún. Para Sahagún tanto los *huehuetlatolli* como el otro material conservado en lo que hoy se conoce por *Códice Florentino* representaban, en primera instancia, un vehículo para el conocimiento de la cultura indígena. Pese a su contenido idolátrico, se conservaron como artefacto cultural. Otros, como De Olmos, reconocieron en los *huehuetlatolli* una excelente arma para la evangelización de los nativos. Como vehículo para la inclinación de valores morales y sociales en la sociedad prehispánica, los *huehuetlatolli* proveían a los frailes de un molde ya conocido, entendido y gustado por sus oyentes nahuas para la presentación de los conceptos de la nueva religión. Otra razón por el interés en los *huehuetlatolli* es sugerido por la inclusión de uno de ellos en el *Arte para aprender la lengua mexicana* de De Olmos (Baudot, 1983). Los *huehuetlatolli* con su destacado estilo recargado y florido, facilitaron el estudio y la penetración de la lengua náhuatl y, en última instancia, la escritura de artes y gramáticas como la de De Olmos y la ya perdida de Sahagún.

Cada uso de los *huehuetlatolli* se basa en una reconceptualización del género discursivo[3] a través de su alfabetización. Antes de elaborar este punto, sin embargo, son necesarias algunas observaciones sobre los *huehuetlatolli* en la sociedad prehispánica. *Huehuetlatolli* quiere decir "antigua palabra" y, según informa Josefina García Quintana, como tal, incluye una variedad de tipos y de asuntos: exhortaciones, amonestaciones, salutaciones, pláticas de consuelo y súplicas. Igualmente variados eran sus objetivos: enseñar, consolar, exhortar, suplicar, amonestar, prevenir (García Quintana, 1976: 63). Se usaban tanto entre los nobles como entre los humildes, a

---

[3] "Género discursivo" se emplea en el sentido de M. Bakhtin, 1986, y Mignolo, 1989.

los cuales acompañaban a través de las diversas etapas y momentos de la vida y a la hora de su muerte. Formaban una parte esencial de la *living fabric* de la sociedad y cultura nahuas y de la sabiduría transmitida a las futuras generaciones. Eran, en resumidas cuentas, un conjunto de géneros discursivos orales, reunidos bajo el concepto de "antigua palabra" cuya función era la de mantener la continuidad de determinadas formas de vida.

Sin embargo, al ser transcritos y fijados en escritura alfabética, los *huehuetlatolli* fueron sacados de su contexto original e insertados en otro. Sus nuevos receptores no eran ya participantes en un juego de vida, sino observadores de participantes en juegos de lenguaje. En este nuevo contexto los *huehuetlatolli* pasaron a ser textos aptos para el estudio, lingüístico y cultural y también para la cristianización. Las categorías que apoyaron este *traslatio* fueron derivadas de la escritura alfabética y es así que Sahagún describe los discursos del Libro VI como "retórica y filosofía moral y teología de la gente mexicana"[4] que son géneros discursivos derivados de la tradición alfabética occidental y no de las tradiciones orales mesoamericanas.

2.1. En el siglo XVI: Céspedes

¿Qué pautas genéricas eran familiares a los franciscanos y hombres de letras del siglo XVI? Recurriremos al tratado de Céspedes (1600), *Discurso de las letras humanas llamado el humanista*, para esbozar una respuesta general a esta pregunta y para comprender la filosofía del lenguaje y del discurso familiar a la comunidad letrada del siglo XVI.

Una rápida mirada al tratado de Céspedes y al cuadro sinóptico (en el que resume la variedad de formas discursivas conocidas y practicadas entonces (veáse el cuadro 1), nos indica que:

a) la literatura en una comunidad donde los papeles sociales (letrados) se designan por derivación del vocablo que designa la escritura alfabética (letras del alfabeto), es equivalente a la producción intelectual escrita;

b) presupone, también, no sólo discursos alfabéticamente escritos sino la prescripción de discursos orales por medio de discursos escritos. Es decir, la retórica es el discurso prescriptivo que regula el desempeño oral del orador; y

c) la poesía es una parte menor de esta vasta esfera de producciones discursivas, definida por los rasgos de imitación y deleite.

---

[4] Bernardino de Sahagún, "Book 6: Rhetoric and Moral Philosophy".

CUADRO 1

Baltasar de Céspedes. *Discurso de las letras humanas* (1600)

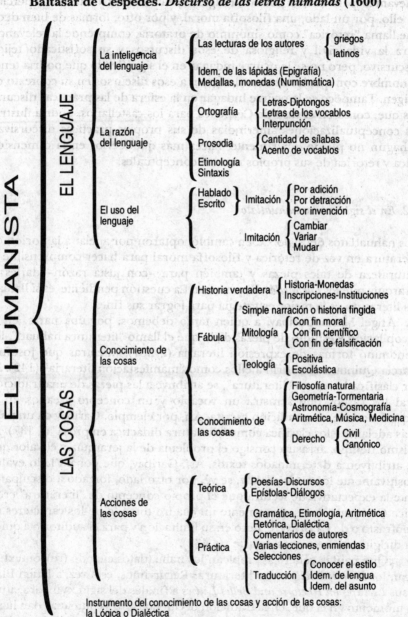

EL HUMANISTA	

EL LENGUAJE

La inteligencia del lenguaje
- Las lecturas de los autores
  - griegos
  - latinos
- Idem. de las lápidas (Epigrafía) Medallas, monedas (Numismática)

La razón del lenguaje
- Ortografía
  - Letras-Diptongos
  - Letras de los vocablos
  - Interpunción
- Prosodia
  - Cantidad de sílabas
  - Acento de vocablos
- Etimología
- Sintaxis

El uso del lenguaje
- Hablado / Escrito — Imitación
  - Por adición
  - Por detracción
  - Por invención
- Imitación
  - Cambiar
  - Variar
  - Mudar

LAS COSAS

Conocimiento de las cosas
- Historia verdadera
  - Historia-Monedas
  - Inscripciones-Instituciones
- Fábula
  - Simple narración o historia fingida
  - Mitología
    - Con fin moral
    - Con fin científico
    - Con fin de falsificación
  - Teología
    - Positiva
    - Escolástica

Conocimiento de las cosas
- Filosofía natural
- Geometría-Tormentaria
- Astronomía-Cosmografía
- Aritmética, Música, Medicina
- Derecho
  - Civil
  - Canónico

Acciones de las cosas
- Teórica
  - Poesías-Discursos
  - Epístolas-Diálogos
- Práctica
  - Gramática, Etimología, Aritmética
  - Retórica, Dialéctica
  - Comentarios de autores
  - Varias lecciones, enmiendas
  - Selecciones
  - Traducción
    - Conocer el estilo
    - Idem. de lengua
    - Idem. del asunto

Instrumento del conocimiento de las cosas y acción de las cosas: la Lógica o Dialéctica

De modo que cuando Sahagún recoge piezas de la tradición oral relevantes para la vida política, religiosa y familiar de los aztecas y percibe en ello, por un lado, una filosofía moral, y por otro, formas de bien decir que llama "retórica" como sinónimo de oratoria, comprende la relevancia para la vida civil y religiosa de esos discursos y su sofisticado tejido discursivo, pero no se le ocurre indagar en el significado que podría tener el nombre con que los aztecas designan a esos discursos en su contexto de origen. Tampoco se le ocurre indagar en la esfera de las prácticas discursivas que, como en el caso de Céspedes para los castellanos, podría ilustrar las conceptualizaciones amerindias de sus propias prácticas discursivas. Sahagún no puede, obviamente, hacer más que leerlos en la dimensión ética y retórica de sus propios marcos conceptuales.

2.2. En el siglo XX: los nahuatlatos

Los nahuatlatos del siglo XX, en cambio, optaron por apelar a la noción de literatura en vez de retórica y filosofía moral para hacer comprensible la naturaleza de tales piezas y también para –con justa razón– darles la jerarquía que los *huehuetlatolli* merecen. La cuestión pendiente es si llamarlos literatura es la mejor estrategia para lograr sus fines.

Ángel María Garibay, a quien tanto debemos, por una parte, en la recopilación y estudio de piezas de lo que él llamó "literatura náhuatl", los denominó formas de expresión literaria (I, 387), mientras que Josefina García Quintana se refirió a ellos como "manifestación literaria" (142). Al ser clasificados como "literatura", se atribuye a las piezas de una tradición oral los rasgos que arrastra un vocablo y un concepto creados en la experiencia de una tradición escrita. Así, por ejemplo, Garibay da un paso más adelante y los clasifica como "literatura didáctica en prosa" (I, 137). Al mismo tiempo, arrastra consigo el problema de la jerarquía y el valor que se atribuyen a determinados textos. Así, Garibay, que por un lado evalúa positivamente los *huehuetlatolli*, se ve, por otro lado, forzado a disculparse ante la expectativa de lectura que el propio concepto de "literatura" crea. Dice Garibay: "No es ciertamente un cuadro tomado de los caracteres de Teofrasto o de La Bruyere, pero en su limitación y para el auditorio a quien va dirigido, tiene rasgos de arte" (I, 432).

¿Qué pautas genéricas emplean los nahuatlatos cuando (re)contextualizan los *huehuetlatolli* como literatura? Recurrimos, esta vez, a Hugh Blair y sus *Lectures on Rhetoric and Belles Lettres* a finales del siglo XVII para situar el momento en el que, en la tradición occidental, letras humanas dan lugar a bellas letras. Blair describe las bellas letras como sigue: "All that relates to beauty, harmony, grandeur, and elegance; all that can sooth the mind, gratify the fancy, and move the affections" (10).

Los *huehuetlatolli*, así como otras piezas semejantes —el *Popol Vuh*, por ejemplo—, no sólo salieron de la *living fabric* de la vida azteca o mayaquiché, sino que salieron también de la "retórica y filosofía moral" en que los había situado Sahagún para convertirse en literatura, y la cultura letrada (Rama, 1984), al incorporarlos a la esfera de sus propias producciones discursivas, borró la diferencia con su contexto de origen.

¿Qué enseñanza nos deja este recorrido? Hemos visto pues cómo un conjunto de discursos, que eran parte de la vida entre los aztecas y ellos mismos los concebían como antigua palabra, ha sido fijado en escritura alfabética e interpretado en el contexto de los géneros discursivos del traductor o investigador. A partir de ese momento, piezas discursivas de culturas colonizadas pasan a formar parte de la cultura del colonizador. Su significado ya no sólo es la pureza primigenia de su contexto original, sino también la hibridez de su procesamiento colonial y postcolonial por parte de la cultura letrada.

El hecho de que el *corpus* de los estudios literarios coloniales se determinara idiomáticamente (textos escritos y escritos en castellano) ha significado que los filósofos de la lengua y la literatura "castellana" en el Nuevo Mundo permanecieran ajenos a la producción en lenguas indígenas, y que los filólogos e historiadores de las culturas indígenas emplearan conceptos literarios para clasificar discursos amerindios, pero permanecieron separados de los estudios literarios que suponían un *corpus* escrito en castellano. Ambas posiciones se explican si se asume que el estudio de los discursos literarios está ligado con áreas culturales y geográficas y limitado por restricciones idiomáticas.

3. Conclusiones

Al considerar el proceso de alfabetización y la descontextualización de discursos amerindios, podemos percibir la posibilidad de tener como objetivo la comprensión de las letras coloniales. Como ejemplo de semiosis colonial, los *huehuetlatolli* ponen de manifiesto que en situaciones coloniales la delimitación del *corpus* de estudio basada en criterios idiomáticos contribuye a mantener la división entre los especialistas en culturas amerindias y especialistas en literatura hispanoamericana. En el medio queda un inmenso campo o terreno de nadie, como es el caso de los *huehuetlatolli*. Una vez fijados alfabéticamente, ocurren dos cosas: por una lado ingresan en la cultura colonial y poscolonial y, por otro, esa fijación crea un filtro para quienes se esfuerzan por entenderlos en su contexto de origen.

La riqueza que nos ofrecen estos ejemplos no reside tanto en la comprensión del sentido de los textos, cuyas dificultades todos podemos adivinar, sino en el sentido de su transmisión. La alfabetización en situaciones coloniales genera un ámbito de cruces y permanencias que pueden comprenderse no tanto comprendiendo lo que los textos quieren decir sino los universos de sentido que genera su permanencia y transmisión. El alfabeto, después de todo, es una tecnología para traducir sonidos a grafías y para transmitir grafías que trascienden sus contextos de origen. Uno de los aspectos de la semiosis colonial que ilustran los *huehuetlatolli* es que, en situaciones coloniales, la trascendencia y la transmisión generan productos híbridos que trascienden fronteras culturales e ingresan en diversos contextos de interpretación.

BIBLIOGRAFÍA

Anderson Imbert, Enrique, *Historia de la literatura hispanoamericana*, México, Fondo de Cultura Económica, 1954.
Bakhtin, M., "Speech Genres", *Speech Genres and Other Late Essays*, Austin, University of Texas Press, 1986, pp. 60-102.
Baudot, Georges, "La obra de Fray Andrés de Olmos", *Utopía e historia en México. Los primeros cronistas de la civilización mexicana (1560-1569)*, traducción de Vicente González Loscertales, Madrid, Espasa-Calpe, 1983.
Bautista Viseo, Juan, *Huehuetlatolli que contiene las pláticas que los padres y madres hicieron a sus hijos y a sus hijas, y los señores a sus vasallos, todas llenas de doctrina moral y política*, John Carter Brown Library, Providence, Rhode Island, reimpreso en Antonio Peñafiel, *Tercer cuaderno de la Colección de Documentos para la Historia Mexicana*, México, 1901.
Blair, Hugh, *Lectures on Rethoric and Belles Lettres (1783)*, Harold F. Harding (comp.), prólogo de David Potter, Carbondale, Southern Illinois University Press, 1965.
Céspedes, Baltasar, *Discurso de las letras humanas llamado el humanista*, Don Santos Diez Gonzales (comp.), Madrid, Antonio Fernández, 1784.
García Quintana, Josefina, "Exhortación de un padre a su hijo. Texto recogido por Andrés Olmos", *Estudios de Cultura Náhuatl 11*, México, UNAM, 1974, pp. 137-182.
——, "El *Huehuetlatolli* —Antigua palabra— como fuente para la historia sociocultural de los nahuas", *Estudios de Cultura Náhuatl 12*, México, UNAM, 1976, pp. 61-71.
Garibay Kintana, Ángel María, *Historia de la literatura náhuatl*, 2 vols., México, Porrúa, 1971.
Gómez Orozco, Federico, "*Huehuetlatolli*", *Revista Mexicana de Estudios Antropológicos*, tomo III, núm. 2, mayo-agosto de 1939, pp. 157-166.
Mignolo, Walter D., "Nebrija in the New World. The Question of the Letter, the Discontinuity of the Classical Tradition and the Colonization of Native Languages", *L'Homme*, número especial compilado por S. Gruzinski y C. Bernard (en prensa).

——, "Semiosis, Coherence, and Universes of Meaning. Text and Discourse Connectedness", María Elisabeth Conte, János, S. Petöfi y Emel Sözer (comps.), Amsterdam y Filadelfia, John Benjamins Publishing Co., 1989, pp. 483-505.

Olmos, Andrés de, *Arte para aprender la lengua mexicana*, México, Imprenta de I. Escalante, 1885-1886.

Rama, Ángel, *La ciudad letrada*, Hanover, Ediciones del Norte, 1984.

Sahagún, Bernardino de, *Florentine Codex: General History of the Things of New Spain, (1569)*, traducido y compilado por Arthur J.O. Anderson y Charles E. Dibble, núm. 14, parte VII, Salt Lake City, School of American Research y University of Utah, 1969.

DISCORDANCIAS DE AYER Y DE HOY: EL CASTELLANO DE ESCRIBIENTES QUECHUAS Y AIMARAS

JUAN CARLOS GODENZZI
Universidad Nacional del Altiplano-Puno

La violenta irrupción europea en América trajo una lengua desconocida y una diferente representación gráfica de la palabra oral. Se originó un nuevo espacio heteroglósico donde surgieron contactos e interferencias insospechadas, sumándose a las ya existentes tanto en el espacio social andino como en el español. El conquistador, al imponer su verdad y su poder, encontró en la escritura un aliado sin igual; la población andina quedó desconcertada ante el portento: ¿cómo era posible reducir el sonido dinámico al espacio inmóvil?, ¿separar la palabra de su contexto vivo? (Ong, 1987: 84). El misterio con que los españoles envolvieron la escritura fonética hizo más eficaz su virtud avasalladora (Todorov, 1987: 88; Hernández, 1985: 59-62).

Un temprano reflejo por parte de algunos miembros de la sociedad andina, como es el caso de Guamán Poma de Ayala, fue el apropiarse de la lengua castellana y de la escritura como formas de acceder e influir en los círculos de poder absolutista español, recuperando así parte del poder perdido (Adorno, 1989: 35-36; Ortega, 1985: 205). A lo largo de la Colonia y la vida republicana, esta respuesta lingüística a la dominación se ha ido haciendo cada vez más intensa y persuasiva. En la actualidad, la población bilingüe andina se ha incrementado[1] y sus resistencias y estrategias de participación en los circuitos del poder se hacen sentir cada vez más.

Es innegable que en el castellano de hablantes cuya primera lengua es el quechua o el aimara, desde Felipe Guamán Poma de Ayala hasta sus actuales herederos culturales, se dan rasgos peculiares que han llevado a que se hable de un "castellano andino", muchas veces discriminado y calificado de "motoso" (Urioste, 1980; Rivarola, 1989: 157-158; Cerrón-Palomino, 1990).

---

[1] Según el censo de 1940, en el Perú se tenían 816 967 bilingües quechua-castellano y 47 022 bilingües aimara-castellano. Según el censo de 1981, se cuenta con 2 071 012 bilingües quechua-castellano y 236 340 bilingües aimara-castellano (Pozzi-Escot, 1987: 59).

Si aceptamos que la escritura es un análisis lingüístico que conlleva cierto grado de conciencia (Hagège, 1985: 78-79) y que, por lo tanto, supone un mayor control que el que se ejerce sobre la palabra hablada, ¿podemos asumir que la escritura del castellano por parte de quechuas y aimaras estará libre de desajustes e interferencias?

En la presente ponencia me limitaré a examinar, en muestras del castellano escrito por hablantes maternos de lenguas vernáculas, esas dos importantes instancias de manifestación de la concordancia gramatical: el género y el número.

1. LA CONCORDANCIA

El gramático sevillano Antonio de Nebrija, en su *Gramática de la lengua castellana*, se refiere a la concordancia en términos de "orden o aiuntamiento de partes", "concordia" y "concierto" (Nebrija, 1980 [1492]: 203-204). Andrés Bello (1981: 449) nos dice que la concordancia "es la armonía que deben guardar entre sí el adjetivo con el sustantivo y el verbo con el sujeto".

El fenómeno de la concordancia surge en la operación lingüística de la linearización de las estructuras: "La concordancia es una marca formal de relación a la vez semántica y funcional entre diferentes partes del enunciado" (Pottier, 1972: 173). La concordancia nace de la preocupación por asegurar la transmisión del mensaje lingüístico por medio de la redundancia, en "superficie", de un sema determinado (cf. Schmidely, 1983: 53; Pottier, 1974: 86).

En nuestro caso, nos vamos a interesar en los semas que se refieren al género femenino/masculino y al número singular/plural.

2. ESCRIBIENTES DE AYER Y DE HOY

A fin de realizar nuestro estudio, hemos seleccionado, para el periodo colonial, *El Primer Nueva Corónica y Buen Gobierno* [1615] de Felipe Guamán Poma de Ayala, autor de origen quechua, y la "Relación" que escribió Francisco Topa Yupanqui, escultor de la imagen de la virgen de Copacabana, de posible origen aimara, y que fue transcrita por Alonso Ramos Gavilán en el libro II, capítulo VI de su *Historia de Nuestra Señora de Copacabana* [1621]. Para identificar a dichos autores, utilizaré las siglas:

G.P. : Guamán Poma
T.Y. : Topa Yupanqui

Para el periodo actual he seleccionado relatos y monografías de cuatro varones egresados de centros de educación superior, dos de origen quechua y dos de origen aimara. Presento sus características y las siglas para identificarlos:

Q-1 : 30 años; magister en Lingüística Andina y Educación (UNA-Puno); originario de una comunidad quechua de la provincia de Azángaro, departamento de Puno.

Q-2 :   23 años; profesional técnico en Agropecuaria (ISTEP-Urubamba-Cuzco); quechua de Coyllurqui, provincia de Cotabambas, departamento de Apurimac.

A-1 : 33 años; licenciado en Lingüística (UNMSM-Lima); aimara, de Ch'illcapata, distrito de Conima, provincia de Huancané, departamento de Puno.

A-2 : 39 años; licenciado en Antropología (UNA-Puno); aimara, de Chamchilla, distrito de Acora, provincia de Puno, departamento de Puno.

3. DISCORDANCIAS DE GÉNERO

El principio de la concordancia de género exige que los determinantes adopten el género del sustantivo al cual son incidentes (Godenzzi, 1985: 185).

3.1. Discordancias en la frase nominal

Veamos algunas de las discordancias entre artículo y sustantivo. Siglo XVII:

"...*los* dies *plagas*..." (G.P.: [27]) "Murieron *los* tres *uírgenes y donzellas*" (G.P.: [139]) "...desde que salió de *la* uientre de su madre" (G.P.: [234]) "logo fui a Choquisaca a pedir el *licencia*..." (T.Y.) "... de allí lo llevamos *al celda* del padre predecador" (T.Y.) "...en *el capilla* de San Petro... " (T.Y.) "El primer *vez* que lo impesabamos [...] on hechora *del Vergen* di barro" (T.Y.)

Siglo XX:

"... en la *vientre* de su madre" (Q-1)

"... *un* achacoso *zorra*" (A-2)

Podemos encontrar la misma discordancia entre el cuantitativo y el sustantivo:

Siglo XVII:

>"*Ningún nación* a tenido este costumbre..." (G.P.: [66])
>"... el *quarto edad*" (G.P.: [78])
>"*Todo* su *hazienda*..." (G.P.: [109])

Siglo XX:

>"... aunque con *muchos consecuencias*..." (Q-2)
>"... todo la *población* de la comarca" (A-2)

En lo que respecta a la relación entre sustantivo y adjetivo calificativo, encontramos:

Siglo XVII:

>"Y de los dichos españoles se enseñan los dichos yndios deste rreyno *malos costu[m]bres*..." (G.P .: [61])
>"Acauado esta dicha *uecita*..." (G.P.: [249])
>"Este mes está la *comida maduro*..." (G.P. : [245])
>"O qué *lindo ley...!*" (G.P. : [226])
>"Como las *mugeres españoles*..." (G.P.: [224])
>"... una *peña grandícimo*" (G.P.: [146])

Siglo XX:

>"... de igual modo llevan *chicha preparado* a base de harina de maíz..." (Q-2)
>"... compran *frazadas sintéticos*" (Q-2)
>"*mazamorra* allpi, *preparado* de toda clase de harina..." (A-1)
>"... tenía *lombrices sancochados*..." (A-2)

Y entre sustantivo y adjetivo demostrativo:

Siglo XVII:

>"... *aquellos* pobres sanctas *ánimas*..." (G.P.: [21])

"... y *aquella lugar*..." (G.P.: [51])
"*esto* me *hichora*..." (T.Y.)

Siglo xx:

"... *estos* como otros *comunidades*..." (Q-2)
"... por *otros autoridades*..." (A-2)

También se dan discordancias entre el sustantivo o frase nominal y el pronombre que los sustituye. Así:

Siglo xvii:

"... Y *las plumas los* guardauan para los Yngas ... " (G.P.: [207])
"... y le dixo que no *lo pronunciase* la sentencia..." (G.P.: [107])

Siglo xx:

"*esta operación lo* realizan las comadres..." (Q-2)
"... una vez que acepta se *lo* llevan a *la, mujer*..." (Q-2)

3.2. Discordancias en el enunciado

En el enunciado atributivo encontramos:

Siglo xvii:

"Todo *su hazienda* no era *suyo*..." (G.P.: [109])
"La dicha corónica es muy útil y *provechoso* y es *bueno* para emienda de uida..." (G.P.: [1])
"... su tierra es *pobrícimo*..." (G.P. [182])
"por que estava el *Imaqen acabado, e blanqueado*..." (T.Y.)

Siglo xx:

"Una parte de las *haciendas* fueron *convertidos* en cooperativas de producción..." (Q-1)
"Esta *práctica* es muy *bueno*..." (Q-2)
"Esta fiesta es *rotatorio*..." (Q-2)
"Cuando la *casa* está *construido* en su totalidad..." (Q-2)

"La mujer es más *protegido* por sus padres..." (A-1)
"Cuando una *obra o vivienda* es *terminado* se realiza una fiesta..." (A-1)
"... las *leyes* que daba este brujo era *cumplido* por todo la población de la comarca"(A-2)

3.3. Análisis e interpretación

Si bien la operación de linearización de estructuras genera conflictos semántico-sintácticos inherentes a cada lengua,[2] advertimos que nuestros antiguos y modernos autores contrarían de un modo particular el principio de la concordancia de género.

La falta de concordancia entre el sustantivo y sus determinantes revela la inseguridad, y el frecuente fracaso de quechuas y aimaras en atribuir una marca de género al sustantivo castellano. En efecto, tanto en el quechua como en el aimara el género no es un constituyente del sustantivo. Pasar del quechua o del aimara al castellano supondrá la adquisición de una nueva categoría, la distinción "género masculino/género femenino", práctica que de todos modos resulta algo arbitraria.[3] Esta circunstancia condiciona e interfiere la adquisición del castellano como segunda lengua y hace comprensible la causa de las numerosas discordancias de quechua y aimara hablantes.

Advertimos también que se dibuja una tendencia: atribuir al adjetivo un género neutralizado, que ha perdido su capacidad de oposición entre masculino/femenino; es decir, tomar el adjetivo como una forma invariante. Veamos:

Sustantivo (femenino)	Adjetivo (género neutralizado)
costumbres	malos
comida	maduro
ley	lindo
mugeres	españoles
peña	grandícimo
chicha	preparado
frazadas	sintéticos
zorra	achacoso

[2] Para el caso de la "norma culta" de Madrid encontramos por ejemplo: "las botas es muy práctico" (cf. Quilis, 1983: 90).

[3] Al respecto, Wandruszka (1976: 272) nos dice: "El género gramatical es una forma lingüística con sentido allí donde en el género natural y en el género metafórico comprende uno de los hechos fundamentales de nuestra experiencia [...] el empleo forzoso del género gramatical para las cosas, ya sea como tripartición [...] o bipartición [...] es una carga sin sentido en nuestras lenguas".

El adjetivo no tiene en sí mismo el género, dependiendo para ello del sustantivo. Y, puesto que el género del sustantivo castellano presenta problemas para los hablantes del quechua y del aimara, es comprensible la falta de concordancia de los adjetivos, tanto en la frase nominal como en el enunciado atributivo, y que se tienda a buscar una forma invariable tal como sucede en sus lenguas maternas.

Lo mismo podemos decir en lo que se refiere a los pronombres. En el ejemplo "... y las plumas los guardauan para los Yngas" (G.P.: [207]), el pronombre "los" sustituye a la frase nominal *las plumas*, neutralizando la oposición masculino/femenino y adoptando sólo el género neutralizado.

4. Discordancias de número

El principio de la concordancia de número exige que los determinantes adopten el número del sustantivo en el que inciden y que la base y el predicado lleven la misma marca de número (Godenzzi, 1985: 201).

4.1. Discordancias en la frase nominal

Veamos las discordancias entre el artículo y el sustantivo:

Siglo XVII:

"... me lo dexeron que los Natorales no se pueden hazer *el Imagenes* del Vergen..." (T.Y.)

Siglo XX:

"*Las tecnología* desarrolladas en la época prehispánica" (Q-1)

Entre el cuantitativo y el sustantivo se dan también discordancias:

Siglo XVII:

"...y toda las *fiestas* lo propio decia la dicha misa"
"*Toda* estas *diligencias* se hacía por amor de la rrepública..." (G.P.: [207])

Siglo XX:

"También creen que *todo sus costumbres* es por gracia del Señor..." (Q-2)
"*Toda* estas *actividades...*" (Q-2)

Si consideramos la relación adjetivo-sustantivo, tenemos:

Siglo XVII:

"...y es una de las más *graue cosas...*" (G.P.: [52])
"...porque son *ferós animales que* come gente..." (G.P.: [271])

Siglo XX:

"La gran parte de las familias campesinas [...] no tienen *alternativas coherente* frente al problema de la tierra"
"Los *aimaras forjado* en la meseta altiplánica..." (A-1)

Podemos ver también discordancias en relación al pronombre:

Siglo XVII:

"... no había ladrones ni *salteadores* porque *lo* castigaban muy cruelmente..." (G.P.: [70])
"Y a los que no *las guardaua, lo* mandaua matar y consumir"(G.P.: [239])
"... toman *las hojas y lo* atan en palos" (G.P.: [276])

Siglo XX:

"A *los niños [...]* cuando nacen *lo* envuelven con una tela..." (Q-2)

4.2. Nivel del enunciado

Observemos las discordancias en el enunciado atributivo:

Siglo XVII:

"Fue *puesta* estas *dichas hordenansas generales...*" (G.P.: [194])

Siglo XX:

"... en la parte baja es mas *diversificada los cultivos* que el piso puna" (Q-2)

"... las leyes que daba este brujo era *cumplido* por todo la población..."
(A-2)

Es muy común encontrar discordancias entre la frase nominal (FN) y la frase verbal (FV) de los enunciados de voz activa y voz media:

Siglo XVII:

"En este tiempo *tenía* mucho pleyto *los yndios* del pueblo de Gran Canaria..." (G.P.: [201])
"... unos dansauan, *otros baylaba,* otros cantauan con tanbores y múcicas..." (G.P.: [141])
"Y entra pistelencia en los ganados y *se muere muchos* de carachi..." (G.P.: [251])

Siglo XX:

"Las comunidades campesinas reconocidas por el Estado *tiene* mayores perspectivas de gestión..." (Q-1)
"No se presenta muchos problemas..." (Q-2)
"... entonces *llega los castigos...*" (A-1)

4.3. Análisis e interpretación

Al igual que en el caso del género, si bien muchas discordancias tienen que ver con conflictos semántico-sintácticos nacidos de situaciones complejas y de los avatares de la puesta en relación,[4] advertimos faltas de concordancia que, en un contexto fuertemente hispánico, serían inusuales.

Si indagamos por la categoría de número en el quechua y en el aimara, descubrimos que no se trata de una marca obligatoria. Es el propio contexto discursivo o situacional el que se encarga de marcar el significado de "singularidad" o "pluralidad". Por tanto, el sustantivo no debe llevar necesariamente una marca de número. Como consecuencia de ello, tampoco es obligatoria la concordancia de número entre la FN y la FV.

Este hecho explicaría el surgimiento de desajustes en la concordancia, tanto en la FN como en el enunciado.

---

[4] Por ejemplo, para el caso de la "norma culta" de Madrid: "los negros espirituales es la expresión del dolor y de la esclavitud de un negro"; "los hombres es un trozo de materia" (Quilis, 1983: 90).

Se observa, igualmente, surgir una tendencia: cuando ya se ha marcado una o dos veces el número, se puede prescindir de otras marcas que, probablemente, resultarían redundantes para la sensibilidad de los quechua y aimara hablantes. Así sucede, por ejemplo, en relación al pronombre:

"... las dichas ualdías [chacaras] y rrealengas *lo* sembrauan para la comunidad..." (G.P.: [251])
"A los niños [...] cuando nacen *lo* envuelven con una tela..." (Q-2)

Igualmente, en la relacion entre la FN y FV del enunciado:

FN	FV
los castigos	llega
muchos problemas	se presenta
las comunidades	tiene
muchos	se muere
los niños	quedaba bautizado
las leyes	era cumplido

5. CONCLUSIONES Y PERSPECTIVAS

Hemos podido constatar que, al menos en lo que se refiere a las concordancias gramaticales, el castellano escrito por autores indígenas andinos no está libre de interferencias y desajustes derivados del contacto heteroglósico. Este hecho nos revela la persistente dificultad de los quechua y aimara hablantes para adquirir el castellano oral y escrito como un sistema plenamente diferenciado de sus lenguas vernaculares; pero, al mismo tiempo, la posibilidad que tienen de desencadenar nuevas virtualidades y cambios que estarían definiendo un castellano y un estilo propiamente andinos, al servicio de necesidades expresivas también nuevas y originales.

De un modo, más concreto:

1. Si bien es inherente al castellano la arbitrariedad en la atribución de género al sustantivo, en el uso escrito del castellano que hacen nuestros autores quechuas y aimaras se da una seria perturbación que atenta contra el principio del género del sustantivo. ¿Hasta qué punto el sustantivo del castellano andino podría verse liberado de esa carga, tal como lo hacen el inglés, el quechua o el aimara?

2. Buena parte de las discordancias de número encuentran su raíz en una práctica más libre que afecta al comportamiento habitual del sustantivo (singular/plural, según el contexto discursivo). ¿No podrá el castellano andino consolidar esta práctica?

3. El principio de la concordancia de género y número encuentra fuertes resistencias, pudiendo llevar este hecho a una reducción de la redundancia y, por tanto, a una economía de la concordancia. ¿No va acaso el castellano andino hacia una reducción de las excesivas marcas de género y número?

BIBLIOGRAFÍA

Adorno, Rolena, *Cronista y príncipe. La obra de don Felipe Guamán Poma de Ayala,* Lima, PUC/Fondo Editorial, 1989.

Bello, Andrés, *Gramática de la lengua castellana destinada al uso de los americanos,* Ramón Trujillo (comp.), Tenerife, Instituto Universitario de Lingüística Andrés Bello, 1981.

Ballón, Enrique y Rodolfo Cerrón-Palomino (comps.), *Diglosia linguo-literaria y educación,* Lima, Concytec Multiservicios Editoriales, 1990.

Cerrón-Palomino, Rodolfo, "Aspectos socio-lingüísticos y pedagógicos de la motosidad en el Perú", en Ballón y Cerrón, *op. cit.,* 1990.

Godenzzi, Juan Carlos, *Variations sociolinguistiques de l'Espagnol à Puno-Pérou,* Dis. U. de París IV-Sorbona, 1985.

Guamán Poma de Ayala, Felipe, *El Primer Nueva Corónica y Buen Gobierno* [1615], 3 vols., John V. Murra y Rolena Adorno (comps.), traducción de Jorge L. Urioste, México, Siglo XXI, 1980.

Hagège, Claude, *L'Homme de paroles. Contribution linguistique aux sciences humaines,* París, Fayard, 1985.

Hernández, Max, "La escritura y el poder," *Debate 6,* diciembre de 1985, pp. 59-62.

Nebrija, Antonio de, *Gramática de la lengua castellana* [1492], Antonio Quilis (comp.), Madrid, Editora Nacional, 1980.

Ong, Walter J., *Oralidad y escritura: tecnologías de la palabra,* México, Fondo de Cultura Económica, 1987.

Ortega, Julio, "Guamán Poma de Ayala y la conciencia cultural pluralista", *Lexis,* 10(1986), pp. 203-213.

Pottier, Bernard, *Introduction a l'Étude Linguistique de l'Espagnol,* París, Ediciones Hispanoamericanas, 1972.

——, *Linguistique Génerale. Théorie et description,* París, Klincksieck, 1974.

Pozzi-Escot, Inés, "La incomunicación verbal en el Perú", *Allpanchis,* 29/30, 1987, pp. 45-63.

Quilis, Antonio, *La concordancia gramatical en la lengua española hablada en Madrid,* Madrid, CSIC, 1983.

Ramos Gavilán, Fray Alonso, *Historia de Nuestra Señora de Copacabana* [1621], La Paz, Academia Boliviana de la Historia, 1976.

Real Academia Española, *Esbozo de una nueva gramática de la lengua española,* Madrid, Espasa-Calpe, 1973.

Rivarola, José Luis, "Bilingüismo histórico y español andino", *Actas del IX Congreso de la Asociación Internacional de Hispanistas,* Frankfurt, Vervuet Verlag, 1989, t. I, pp. 153-163.

Schmidely, Jack, *La personne grammaticale et la langue espagnole*, París, Éditions Hispaniques, 1983.

Todorov, Tzvetan, *La conquista de América: El problema del otro*, traducción de Flora Botton, México, Siglo XXI, 1987.

Urioste, Jorge L., "Estudio analítico del Quechua en la *Nueva Corónica*", en Guamán Poma de Ayala, *op. cit.*, 1980, pp. XX-XXXI.

Wandruszka, Mario, *Nuestros idiomas: comparables e incomparables*, 2 vols., Madrid, Gredos, 1976.

AVATARES DE LA SACRALIDAD EN LOS ANDES

Verónica Salles-Reese
Goucher College

Hierofanía es el término que designa una manifestación de lo sagrado en cualquier objeto a lo largo de la historia. Sea que lo sagrado se manifieste en una piedra, en un árbol, en una montaña, en una imagen o en una persona, una hierofanía denota siempre una realidad de un orden completamente diferente al orden natural. Una hierofanía puede revelar la presencia de una divinidad (teofanía) o la presencia del poder divino (kratofanía). En ambos casos una hierofanía afecta directamente la situación de la existencia humana porque condiciona la comprensión que cada cual tiene de su propia naturaleza. Es decir, cómo cada cual percibe su origen, interpreta su historia y asume su destino. Cada hierofanía transforma el lugar en el que aparece, sacralizándolo, y puesto que lo sagrado se manifiesta allí y da a los seres humanos un modo de vida, dichos lugares devienen fuentes inagotables de poder y de sacralidad. Los individuos regresan constantemente al lugar sagrado, y a través de ritos se ponen en contacto con el Poder o lo Numinoso (Eliade, 1988: 313-316). Ésta es la naturaleza de un lugar sagrado. En el mundo andino el lago Titicaca constituye un espacio de este tipo.

En la alta meseta andina, rodeado de una cadena de picos cubiertos de nieves eternas, aparece el Lago Sagrado de los Incas, el Titicaca. Se ofrece como un espejismo, en contraste con la tierra ocre y árida que lo rodea. El lago está dividido en dos partes: el Lago Mayor o Chucuito y el Lago Menor o Wiñaymarka. En Chucuito, en la península de Copacabana, se encuentra la Basílica de Nuestra Señora de Copacabana, patrona de la región; miles de peregrinos llegan durante todo el año a este lugar sagrado. Vienen desde los confines más lejanos de los Andes, tanto de áreas rurales como urbanas y representan todos los estratos económicos y sociales del mundo andino. Al pie de la imagen, a todos los une una común devoción. Sin embargo, estos mismos individuos están o han estado histórica y políticamente separados y, en muchos casos, marginados. Cada uno trae consigo una forma particular de culto coherente con las creencias y rituales heredados de sus ancestros.

Copacabana y el lago Titicaca son el lugar sagrado, el centro espiritual y devocional de esta región de los Andes. Lo son hoy en un sentido cristiano, tanto como en tiempos precolombinos lo fueron para las religiones de una de las regiones asimiladas por el imperio incaico, el Collasuyo. La percepción de este lugar como espacio sagrado data, pues, de épocas preincaicas. Bernabé Cobo y otros cronistas nos informan sobre la fama que tenía el lugar antes de la expansión del imperio. Cobo señala que "como quiera que haya sido el principio y origen deste santuario, él tenía muy grande antigüedad y siempre fue muy venerado de las gentes del Collao, antes que fueran sujetadas por los reyes incas" (II, 190). Esta "grande antigüedad" tal vez nos transporta a un tiempo primigenio, el momento de un origen mítico; así, Sarmiento de Gamboa escribe acerca de las cosmogonias de los antiguos peruanos, y en ellas el Titicaca es el punto axial. En la primera creación del mundo, pero antes de la creación del Sol, Viracocha Pachyacachi crea a los gigantes y luego al género humano, dándoles a los hombres ciertos preceptos que deben observar, pero que éstos desobedecen. Este incidente enciende la ira de la deidad que destruye al género humano con un gran diluvio, del que sólo se salvan tres hombres. En su segunda creación, en la isla Titicaca, Viracocha hace el sol, la luna y las estrellas; luego da a los tres sobrevivientes nuevas instrucciones, que uno de ellos —Taguapacac— desobedece. Viracocha ordena que los otros lo castiguen. Ellos lo atan a una embarcación y lo abandonan en el lago, de donde desaparece. De Titicaca, Viracocha se va a Tiawanacu donde crea todos los linajes y pone a cada uno de ellos en su lugar particular. Más adelante, Viracocha continúa sus viajes. Al llegar a Cacha los habitantes quieren matarlo, pero él invoca a los cielos y hace llover fuego sobre la tierra. Arrepentidos, los habitantes de Cacha imploran su perdón y Viracocha extingue el fuego con su bastón. La leyenda cuenta que, antes de partir, Viracocha anuncia que vendrá otro hombre al cual la gente tendrá que reverenciar. Viracocha extiende su manto sobre el mar y navegando sobre él desaparece para siempre. Esta historia constituye un mito netamente colla.

Durante la expansión inca hacia el collao, parece que los habitantes de la región temían que el Titicaca perdiera su importancia religiosa. Bernabé Cobo (1964: 191), Ramos Gavilán (1621: 20) y otros cronistas cuentan que un sacerdote colla del famoso santuario de Titicaca fue a Cuzco a decirle a Tupac Yupanqui, el décimo inca, que este lugar sagrado estuvo siempre reservado para que él lo protegiera. Fue Tupac Yupanqui el primer inca en visitar el santuario y lo halló el sitio ideal para promover el culto al Sol entre sus súbditos.

Esta simbiosis del lugar sagrado en el ámbito de la religión inca tuvo muchas consecuencias. El inca ordenó que se se construyesen edificios y templos para realzar el santuario; estableció un acllawasi (monasterio de las Vírgenes del Sol); construyó un tambo (hostal) para peregrinos, desarraigó a la mayoría de los habitantes del lugar y pobló el área con gente de 42 naciones distintas de su imperio, con el grupo inca a la cabeza del gobierno de la región (Ramos, 1621: 43-45). Hacia fines del siglo XVI y principios del siglo XVII, varios cronistas —entre ellos Garcilaso de la Vega (1609), Murúa (1600) y Cabello de Valboa (1586)— recogieron una serie de leyendas incas que asocian el origen de la dinastía inca a este lugar sagrado.

Van der Leeuw (1938: 237) señala que, una vez que una localidad ha sido elegida, la conciencia de su carácter sagrado se retiene para siempre. Según él, ésta es la razón por la cual durante la expansión del cristianismo, los fieles adoptaban lugares sagrados de cultos más antiguos y los convertían en sus propios sitios sagrados (basílicas que habían sido mitreos, por ejemplo). Esto es lo que parece haber ocurrido cuando los incas se expandieron sobre la región del Titicaca.

Las leyendas acerca del origen de los incas en el Titicaca no sólo deben entenderse como un esfuerzo de aquéllos por legitimar su gobierno en el área. A través de una reinterpretación del mito del origen sagrado de este lugar dentro de la cosmología inca, la región se asimila a la historia incaica, y al mismo tiempo la historia incaica expande sus límites temporales a un pasado más remoto. Un fenómeno similar ocurre durante la evangelización de la región.

A través de las narraciones de los milagros de la Virgen de Copacabana vemos como este antiguo lugar sagrado se resacraliza, por así decir, dentro de la tradición cristiana a fines del siglo XVI y principios del XVII. En 1621, Fray Alonso Ramos Gavilán publica en Lima su *Historia del célebre santuario de Nuestra Señora de Copacabana*. Ramos Gavilán fue un agustino que participó activamente en las campañas de extirpación de idolatrías, instituidas por las autoridades eclesiásticas del virreinato de Lima hacia 1585. Aunque en su texto sobre el santuario de Copacabana, Ramos Gavilán dice explícitamente que su propósito es extirpar los residuos idólatras existentes en la población indígena, su texto refleja un desacuerdo con la política de cristianización establecida por las famosas visitas de extirpación.

El texto contiene dos partes principales. La primera es una crónica de tiempos precolombinos centrada en aspectos morales y religiosos. Su meta principal es establecer sin lugar a dudas la naturaleza sagrada del lago Titicaca. Ramos Gavilán describe el origen y la importancia del lugar durante el imperio incaico. Luego, dentro de un marco providencialista, adscribe al lugar ciertas huellas cristianas precolombinas y de este modo las une a los esfuerzos evangelizadores de su tiempo.

El capítulo VII narra la historia de un hombre que vino al Titicaca y predicó la creencia en un solo dios universal, creador y origen de todas las cosas, que debía ser el único objeto de culto. Esta historia coincide casi en su totalidad con la leyenda colla sobre Viracocha y la creación del mundo. Basándose en la verdad de las escrituras, Ramos Gavilán reinterpreta la leyenda y la reelabora dentro de un marco cristiano. Así, ese hombre (Viracocha o Taguapac) funciona como un avatar del apóstol Tomás en su texto. Con su presencia, y como emisario de Cristo, marca el lugar como una hierofanía cristiana *ab initio* del cristianismo. En ese contexto, el pasado del lugar se convierte, en el texto de Ramos Gavilán, en el prefacio de la misión evangelizadora que retomarán mas adelante los agustinos. Al interpretar la leyenda bajo ese prisma, Ramos Gavilán no sólo une los dos momentos de la historia del lugar, sino que injerta esta historia en la historia del cristianismo, desde sus orígenes. De esta manera cancela la ruptura que la conquista española significó para el mundo de los indígenas. El periodo, esencialmente idólatra, que se interpone entre estos dos puntos, fue simplemente el resultado de una intervención demoniaca. Es así como Ramos Gavilán trata de reivindicar la posición de América en los anales del mundo cristiano.

A pesar de que la *Historia del santuario* de Ramos Gavilán sigue de cerca una tradición bien establecida de la literatura piadosa, la ideología que informa y subyace a su texto revela que, aunque se presenta como literatura devocional, se trata más bien de un proyecto cultural. La segunda parte del texto está constituida por las narraciones de 133 milagros atribuidos a la Virgen de Copacabana. La narración de un milagro, o de un grupo de ellos, está siempre enmarcada por una disquisición teológica temáticamente ligada a los milagros que prologa. Ramos Gavilán utiliza fuentes bíblicas y patrísticas para desarrollar un tema que se relaciona, por un lado, con la realidad en la que el cronista vive y, por el otro, con el milagro al que antecede. En estos términos, estos preámbulos cumplen una doble función. Primero, permiten interpretar la realidad, autorizando esta interpretación y demostrando que esta realidad no es abyecta ni diferente de aquéllas a las que aluden los textos citados. Esto resulta ser una variante del injerto que Ramos Gavilán intenta hacer con la leyenda de Santo Tomás, ya que al hacer el paralelo anula la diferencia entre la gentilidad antigua y la contemporánea, al mismo tiempo que asegura la continuidad de la historia y el destino común de la humanidad. En segundo lugar, estas disquisiciones tienen un carácter profético, pues anuncian la redención de un mundo poseído por el demonio hasta entonces. Los milagros son el cumplimiento de la profecía, y su escritura, el testimonio. La idea de la redención puede verse desde dos atalayas. Desde una de ellas, y en términos teológicos, podemos ver en ella ecos de la parusía anunciada por Joachim di Fiore. Esta segunda evangelización, con la cual los agustinos se sienten no sólo comprometidos sino providencialmente elegidos para realizarla, sería la etapa preparatoria para la segunda venida de Cristo. Desde la segunda atalaya, esta redención tiene una interpretación más bien social y política: corresponde a una sociedad cristiana ideal donde todos los miembros participan activamente en la búsqueda del orden y la concordia, de la felicidad, de la *beatitudo* agustiniana. Los milagros de la Virgen de Copacabana son la historia de ese proceso. Esa historia puede ser real o utópica, todo depende de qué grado de veracidad quiera atribuirse a los milagros.

Los 133 milagros están ordenados cronológicamente y a esta secuencia temporal corresponde también un cambio cualitativo. El primer milagro de la Virgen de Copacabana favorece a uno de los grupos indígenas del área: los urinsayas. La sequía amenaza con una hambruna, tan temida por los pobladores del altiplano andino. En un cielo completamente despejado se forma una nube y produce una lluvia que riega exclusivamente los campos urinsayas, salvándolos del desastre. Esta señalada intercesión de la Virgen en favor de los urinsayas se debe a que el tallador de la imagen misma es miembro de dicha comunidad, la cual pertenece a la hermandad de Nuestra Señora de Copacabana y es su devota. El grupo rival, la parcialidad anansaya, quería que San Sebastián fuera el santo patrón del lugar. La elección entre la Candelaria y San Sebastián dio lugar a conflictos internos en la población nativa de Copacabana. El triunfo de los urinsayas, al alcanzar la entronización de la Candelaria como santa patrona, los pone en un lugar preeminente en la política de la región y permite la continuidad del poder del que este grupo gozaba dentro del imperio incaico (MacCormack, 1984: 52). Ramos Gavilán nos dice de esta manera que en la construcción de esta república cristiana, la participación de los indígenas es vital. Más aún, la conservación de ciertos elementos de su cultura —como la organización del poder político— es necesaria para la feliz culminación del proyecto. En la primera parte de su texto, Ramos Gavilán describe con gran admiración ciertos aspectos de la cultura y conducta incaicas y señala que deberían servir de modelo aun a los españoles. Por lo tanto, la continuidad de las estructuras de poder incaicas dentro del nuevo sistema facilitarían la conservación de aquellos elementos que Ramos Gavilán juzga loables.

Este primer milagro maravilla a toda la población, pero, sobre todo, convence a los anansayas de que la elección de los urinsayas había sido la correcta. Éstos le ofrecen entonces una misa a la Virgen de Copacabana y ella realiza su segundo milagro: llueve en todas las sementeras. La común devoción hace que se trasciendan los conflictos y divisiones entre las etnias propiciando el bien de todos. En estos dos primeros milagros, como en muchos de los milagros tempranos, la divinidad se manifiesta a los futuros adeptos aun si ellos no tienen fe o desconocen el cristianismo. El conocimiento de estos milagros va persuadiendo cada vez a más indios y encendiendo en ellos una verdadera devoción. Al principio, la participación es externa, se limitan a ir a la iglesia, oír misa, rezar novenas. Poco a poco estos ritos van interiorizándose y convirtiéndose en verdadera fe. Los milagros, hacia la mitad de la secuencia cronológica, adoptan un esquema de respuestas a esa fe. Lo que hace posible el milagro, que ya no es manifestación espontánea de la divinidad, son las peticiones, invocaciones y clamores que los indios dirigen a la Virgen. Otro factor que influye en el establecimiento de la fe de los indios es la fe de los españoles. En ciertos milagros los españoles son el instrumento de la conversión. Por ejemplo, cuando un indio se encuentra en una situación desesperada, es la invocación o la rogativa de un español la que posibilita el milagro. La salvación está en la cooperación de ambos, en un espíritu de hermandad y de caridad; ése es el camino que señala la misericordia divina. El último milagro de la serie es la culminación de la conversión de los indios y el principio de la participación de españoles e indios en esa república cristiana. Este milagro narra cómo los curacas y principales del lugar van –el día de Corpus Christi– a pedir permiso a los religiosos del convento para salir todos ellos en cuerpo en la procesión. Los religiosos no les conceden el permiso inmediatamente, pero al día siguiente amanecen iluminadas las lámparas del Santísimo Sacramento. Los religiosos ven en este hecho una señal divina, aceptan la petición de los indios y, el domingo que se hace el octavario, salen en procesión tanto indios como españoles alumbrando con sus hachas al Señor. El cristianismo ha triunfado; ha salvado a "esta bárbara gente del Perú, sobre cuyos cuellos tenía asentado el demonio, el pesado yugo de su tiranía". Esta conversión es el resultado de un largo proceso en el que paulatinamente los neófitos cristianos van interiorizando la nueva religión. La conversión no puede ser una violenta destrucción de sus ídolos, ni el resultado de medidas punitivas para obligarlos a aceptar el Evangelio. Los milagros de la Virgen de Copacabana demuestran que la única manera de convertir a los indios es "de un modo que persuada al entendimiento, y que mueva, exhorte o atraiga suavemente la voluntad", como escribía Bartolomé de las Casas (1975: 80). Los milagros de la Virgen de Copacabana han "autorizado" —como dice Ramos Gavilán— a la imagen tallada por el indio Francisco Tito Yupanqui. Lo sagrado se ha manifestado a través de ella. Esta hierofanía católica, como toda hierofanía, modificaría la condición de estos pueblos, redirigiría sus destinos pero no en la dirección justa, armónica y fraternal que Ramos Gavilán creía entrever. Los peregrinos indios siguen llevando hoy sus miserias a los pies de la Mamita de Copacabana y en mudo silencio contemplan el Lago Sagrado de los Incas.

BIBLIOGRAFÍA

Acosta, Joseph S. J., *Historia natural y moral de las Indias (1590)*, México, FCE, 1985.

Betanzos, Juan Diez de, *Suma y narración de los incas*, Lima, Colección de Libros y Documentos Referentes a la Historia del Perú, tomo 8, 1924.

Cabello de Valboa, Miguel, *Miscelánea antártica*, Lima, Instituto de Etnología, 1951.

Cieza de León, *El señorío de los incas*, Lima, Editorial Universo, 1973.

Cobo, Bernabé, *Obras*, Madrid, Biblioteca de Autores Españoles, vol. VII, 1964.

De la Calancha, Antonio, *Crónica moralizada del Orden de San Agustín en el Perú*, Barcelona, Pedro Lacavallería, 1638.

Duviols, Pierre, *La lutte contre les Religions autochtones dans le Perou Colonial. L'extirpation de l'idolatrie entre 1532 et 1660*, Lima, Institute Français d'Études Andines, 1971.

Eliade, Mircea, *Tratado de historia de las religiones*, México, Era, 1988.

—— (comp.), *The Encyclopedia of Religion*, Nueva York, McMillan, 1987.

Garcilaso de la Vega, el Inca, *Comentarios reales* [1609, 1616], México, Porrúa, 1984.

Las Casas, Bartolomé de, *Del único modo de atraer a todos los pueblos a la verdadera religión*, México, FCE, 1975.

MacCormack, Sabine, "From the Sun of the Incas to the Virgin of Copacabana", *Representations*, vol. 8, otoño de 1984, pp. 30-60.

Ramos Gavilán, Alfonso, *Historia del célebre santuario de Nuestra Señora de Copacabana*, Lima, Gerónimo de Contreras, 1621.

Rostorowski de Diez Canseco, María, *Historia del Tahuantinsuyu*, Lima, IEP, 1988.

Sarmiento de Gamboa, Pedro, *Historia de los incas*, Buenos Aires, Emecé, 1942.

Van der Leeuw, G., *Religion in Essence and Manifestation*, Londres, George Allen, 1938.

EL CANTO INDÍGENA

Judit Gerendas
Universidad Central de Venezuela

Un pequeño trompo gira velozmente en el patio del colegio, rodeado por un grupo de muchachos que lo miran con embeleso. Se llama *zumbayllu* y canta: su canto se alza cual zumbido de insecto en medio del silencio que se ha producido. Es un trompo que gime, llora y cambia de voz, un juguete indígena en el que el protagonista de *Los ríos profundos*, Ernesto, descubre emocionado la manifestación de esa cultura quechua a la que él perteneció alguna vez y a la que nunca deja de añorar.

El mundo afectivo del personaje se vincula entrañablemente con el canto que brota del pequeño trompo que baila sobre la tierra. Mentalmente se transporta al mundo de los indígenas que viven en el Perú actual y que son los descendientes de esa civilización del Tawantinsuyo cuya evolución propia se truncó con la invasión de los españoles. Un mundo en el que, al igual que en las otras culturas prehispánicas de lo que hoy llamamos América Latina, había formas de vida y una visión acerca del hombre y de la existencia diferentes a las que acostumbramos encontrar en lo que se suele denominar la cultura occidental; junto a la razón, tal como la podemos entender nosotros, tuvieron igual o mayor significado la intuición, la creencia religiosa y la capacidad de consustanciarse armónicamente con el mundo natural, sin desestructurar su equilibrio.[1] El yo careció de trascendencia, aunque no para disolverse en una apática e imposible nada, sino, todo lo contrario, para robustecerse en un nosotros que asumía a la comunidad como el único espacio posible para realizar su proyecto de vida.

La vida de las culturas indígenas se entreteje en el canto. Para ellos la canción es significado y sonoridad y, al mismo tiempo, objetivación del hombre que se vincula con el mundo material, el que, por otra parte, también se percibe musical. Así, el poema

---

[1] No se trata, en ningún caso, de que en el sistema social indígena no hubiese contradicciones de clases dominantes y dominadas. Me refiero a armonía en el sentido de que la explotación del suelo y del medio ambiente en general se hacía respetando el equilibrio interno de la naturaleza.

> ¡Árbol bienaventurado que resuena!
> ¡Árbol bienaventurado grande que resuena!
> ¡Árbol blanco bienaventurado que resuena!
> ¡Árbol blanco bienaventurado grande que resuena!
> ("Canto ritual")

del grupo pai tavytera, de la cultura guaraní, no solamente nos da una muestra del paralelismo que es una constante de la poesía indígena, sino que nos habla de un árbol que resuena, de la misma manera que José María Arguedas nos cuenta acerca del pino de Arequipa que emite un canto y de la misma forma que para el pueblo náhuatl era natural que la materia de la que estuviesen hechas las canciones fuese el color de las aves:

> Con colores de ave dorada,
> de rojinegra y de roja luciente
> matizas tú tus cantos. ["Al dador de la vida"]

Todo ello nos permite comprender cuán significativo resulta que la sustancia con la que hubiese sido modelado el *zumbayllu* de *Los ríos profundos* tampoco estuviese compuesta solamente de la concha del coco y de la punta de hierro. En sus elementos estructurantes el personaje supone que entró el ser mismo de la niña amada, Salvinia, ser que se fundió con la materia a través de ese vehículo privilegiado que es la canción:

> Salvinia también está en él.
> Yo he cantado su nombre mientras clavaba la púa y
> quemaba los ojos del *zumbayllu*. [Arguedas, 1978: 94]

Podemos apuntar, entonces, como una propuesta de trabajo, la necesidad de investigar el carácter musical de las culturas indígenas. Consideramos que para los indios la canción, ese todo configurado por música y letra y muchas veces gesto, no era un elemento superpuesto a la vida, un ornato, un entretenimiento o un mero goce, sino una función dinámica que constituía parte integrante de los actos vitales, de esa totalidad no fragmentada que era su existencia. Las canciones tenían un carácter comunitario, sobre todo las religiosas y las rituales, aunque también las composiciones líricas de autor individualizable pasaron, en la mayoría de los casos, a ser del dominio colectivo; la transmisión oral las hacía propiedad de todos.

Entre los antiguos mexicanos (toltecas, nahuas, mixtecas, tlaxcaltecas, aztecas, etc., al conjunto de los cuales algunos antropólogos llaman con el hombre náhuatl) había rituales y cantos para todos los momentos significativos de la vida: el nacimiento, la muerte, el matrimonio, la iniciación en la vida adulta, la iniciación en la vida guerrera, etcétera. Cada uno de estos momentos se asumía en su plenitud, se reflexionaba acerca de él, y al realizarse el individuo en cada uno de ellos (o sufrirlo, como en el caso de la muerte), se vinculaba al mismo tiempo con la comunidad y se cumplían en cada ser humano las normas que había ido produciendo la colectividad a lo largo del tiempo, los códigos de conducta que se interiorizaban de este modo. En las celebraciones y fiestas se practicaba el diálogo entre coros. Los poemas llamados *cuícatl* se caracterizaron por el ritmo y la medida y, a veces, se acompañaban con música.

De la poesía náhuatl prehispánica se conservan varios centenares de poemas, los que se encuentran recogidos en dos textos: *La colección de cantares Mexicanos* y *El manuscrito de los romances de los señores de la Nueva España*. En esa poesía, recopilada casi toda por fray Bernardino de Sahagún, encontramos un importante trabajo de lenguaje y la presencia de metáforas de múltiple significado. Cuando se nombra al ser humano se habla del "dueño de un rostro y de un corazón", cuando se menciona el poder y el mando se habla de "la silla y la estera", y de su dios se dice que es "la noche o el viento".

También entre los mayas había cantos rituales y grandes fiestas religiosas, en las que se dramatizaban los mitos; tenían lugar en amplios espacios abiertos y en ellas participaba toda la comunidad. Poseían también cantos para el matrimonio, para los sacrificios humanos, para nombrar el mundo de la naturaleza, y canciones en las que se pedía por los hijos o por los alimentos, así como cantos líricos que expresaban el mundo interior del individuo. Son cantos que también nos hablan con metáforas diferentes a las nuestras.

Los textos literarios de los mayas recogidos en español después de la Conquista, ya que los escritos con caracteres mayas fueron lanzados a la hoguera casi en su totalidad y los pocos que quedaron fueron mutilados de tal forma que su desciframiento pleno ha sido imposible hasta el momento, se caracterizan por no poder ser clasificados dentro de un género específico, tal como los conoce la cultura occidental, sino que son textos estructurados a la vez por lo lírico, lo histórico, lo filosófico, lo didáctico, lo científico, lo profético, lo ritual, lo dramático y lo épico.

Son obras como el *Popol Vuh*, los libros del *Chilam Balam* o el *Rabinal Aché*, que intentan plasmar la totalidad de una visión del mundo y de unas formas de vida.

Posteriormente a la Conquista, las canciones se hicieron lamentos que eran protesta y llanto al mismo tiempo:

¡Ay! ¡Entristezcámonos porque vinieron, porque llegaron los grandes amontonadores de piedras, los grandes amontonadores de vigas para construir, los falsos *ibteeles* de la tierra que estallan fuego al extremo de sus brazos, los embozados en sus sabanos, los de reatas para ahorcar a los Señores! [*El libro de los libros...*, 52]

Los señores indígenas, los sabios, los sacerdotes y los gobernantes fueron muertos. El desarrollo histórico vivo de los pueblos que habitaron esta tierra fue truncado, los productos de su civilización hechos añicos. *El libro de los libros de Chilam Balam* lo denuncia con lucidez:

Este Dios Verdadero que viene del cielo sólo de pecado hablará, sólo de pecado será su enseñanza. Inhumanos serán sus soldados, crueles sus mastines bravos. [...] Preparaos a soportar la carga de la miseria que viene a vuestros pueblos, porque este katun que se asienta es katun de miseria, katun de pleitos con el diablo, pleitos en el 11 Ahau. [*El libro de los libros...*, 52]

El canto indígena, esa voz que había intentado llegarnos desde siempre, sólo ha empezado a ser escuchado realmente a partir del siglo XIX. Su conocimiento, gracias a la continuada y esforzada labor de valiosos investigadores, nos permite aproximarnos mejor a un mundo que, tal como existió antes de la Conquista, ya no existe más. Por supuesto, no se trata de promover la figura del "buen salvaje" ni de proponer como ideal un sistema social destruido definitivamente por un cataclismo histórico: tanto lo uno como lo otro serían propósito absurdo y estéril. No. De lo que se trata ahora es de conocer y producir conocimiento acerca de un elemento que constituye parte integral de nuestra América, tanto en cuanto sustrato activo (es decir, aquello que sigue actuando en los estratos subyacentes de la cultura), como en tanto presencia de grupos étnicos vivos que se han ido transformando a lo largo del devenir histórico. Resulta fácil para la mirada mecánicamente totalizante[2] considerar transparentes a los indígenas y ver solamente a las clases populares explotadas a las que pertenecen. Y, viceversa, resulta sumamente cómodo para la mirada unidimensional quedarse solamente con el indígena aislado, sin percibir su vínculo con el contexto social mayor al cual corresponde.

Los conquistadores no solamente hicieron la guerra y se apropiaron de las tierras, destruyeron ciudades, quebraron culturas, saquearon riquezas, mataron a gobernantes y al pueblo y sujetaron a un régimen de esclavitud

---

[2] Se ha caído demasiadas veces en el error simplificador de subestimar los problemas de las minorías –la mujer, el negro, el chicano, etcétera– y considerar solamente a la clase proletaria en general.

a los indígenas sobrevivientes. No. Además de todo eso, los españoles prohibieron la palabra indígena y prohibieron también las canciones: prohibieron los instrumentos musicales propios, las representaciones teatrales y las danzas. Prohibieron la vida. Robaron una página a la historia universal, como dijo Martí. A esa historia que, sin embargo, los indios se empeñaron tesoneramente en conservar para sí y para sus descendientes y que, por encima de toda destrucción, de toda persecución y de toda prohibición decidieron testimoniar para que quedara constancia de lo que fue y de lo que tenía que haber sido, si el cataclismo no se hubiera producido.

Existen documentos nahuas, la mayoría de las veces escritos en castellano, ya que los códices de los antiguos mexicanos también fueron destruidos casi en su totalidad, en los que los sobrevivientes intentaron fijar sus formas de vida, su historia, su religión, su proyecto existencial. Entre ellos están el que fue transcrito al alfabeto latino en 1528 con el título de *Unos anales históricos de la nación mexicana*, así como la historia recopilada por fray Bernardino de Sahagún, para la elaboración de la cual trabajó cuarenta años con informantes indígenas, produciendo un texto bilingüe nahua-castellano. Los quichés, pueblo maya, guardaban celosamente en su memoria la cosmogonía y la sabiduría de su nación, en ese *Popol Vuh* cuyo nombre significa libro de la comunidad. Los pueblos mayas fueron registrando, luego de la Conquista y durante siglos, en la Colonia, los acontecimientos de su vida en común, sus creencias religiosas, las descendencias de sus linajes, sus títulos de propiedad y sus derechos sobre las tierras. De generación en generación fueron pasándose los papeles y los legajos y se produjo una verdadera escritura colectiva a través del tiempo, acumulándose una sucesión de textos nuevos que se agregaron a las anotaciones iniciales.

Para ellos la palabra fue primordial. En todas las grandes mitologías indígenas lo verbal tiene un valor propio y una significación especial. *El Popol Vuh* nos dice que:

> llegó aquí entonces la palabra, vinieron juntos Tepeu y Gucumatz, en la oscuridad, en la noche, y hablaron entre sí Tepeu y Gucumatz [los Progenitores, J.G.] Hablaron, pues, consultando entre sí y meditando; se pusieron de acuerdo, juntaron sus palabras y su pensamiento [*Popol Vuh*: 13].

Evidentemente, los quichés buscaron conservar un documento para sus descendientes y dejar un testimonio acerca de los más importantes elementos de su acervo mitológico y de los hechos más relevantes de su pasado. Pero, evidentemente también, se interesaron por la palabra en sí misma como juego y como expresión, como posibilidad para la creación.

Tal como lo señala Mercedes de la Garza, siguiendo en ello a Brasseur, cuando en el *Popol Vuh* se dice "Ta x e cha chire cha", es decir, "Les hablaron enseguida a las navajas", entonces se está haciendo un juego de palabras a partir del término *cha*, que significa al mismo tiempo hablar, decir, lanza, navaja y vidrio; este término se va a ir repitiendo a lo largo de todo el capítulo. Se trata, sin lugar a dudas, del descubrimiento y de la exploración del lenguaje —de *su* lenguaje— como vía de aprehensión de lo real en todos sus polivalentes aspectos, por una parte, y como forma sonora y estructurante múltiple, con una existencia propia, sustrato de la construcción literaria, por la otra.

En el mismo nivel de énfasis en lo lingüístico funciona el texto cuando se nos dice que el acto más importante en la relación entre los dioses y sus creaciones ha de ser el de la pronunciación de los nombres de los creadores por parte de sus criaturas:

> "Decid, pues, nuestros nombres, alabadnos a nosotros, vuestra madre, vuestro padre. ¡Invocad, pues, a Huracán, Chipi-Caculhá, Raxa-Caculhá, el Corazón del Cielo, el Corazón de la Tierra, el Creador, el Formador, los Progenitores; hablad, invocadnos, adoradnos", les dijeron [*Popol Vuh*, 15].

El nombre propio es uno de esos elementos del lenguaje que más connotaciones mágicas y semánticas tiene. En la cultura de los pueblos de orientación mágica, apropiarse del nombre de una persona implica apropiarse de la persona misma; por ello, una de las principales precauciones que se toma en esas culturas es la de ocultar el nombre propio, no entregárselo a nadie que pueda hacer uso indebido de él. Por esta razón, cuando Hunahpú e Ixbalanqué, los jóvenes héroes del *Popol Vuh*, se aprestan a derrotar a los poderosos señores de Xibalbá, sueltan entre ellos el mosquito Xan, el cual, al picarlos, los obliga, uno por uno, a decir sus nombres, haciéndolos de esta manera vulnerables al daño que los muchachos están dispuestos a inflligirles. "Ni uno sólo de los nombres se perdió" (*Popol Vuh*, 49), nos asegura el texto, subrayando la materialidad casi corpórea con que es conceptuada la palabra. También entre los incas se realizaban actos multitudinarios en grandes espacios abiertos, en el llamado *aucaypata*, en el que el pueblo quechua cantaba, danzaba y hacía representaciones teatrales, en producción de arte colectivo que respondía a las leyes generales de su vida, a los rituales en los que formalizaban sus creencias y su visión del mundo.

La poesía de la América prehispánica, esa canción que se alzó en diversas lenguas indígenas, no se enseña hoy en día en la mayoría de nuestras instituciones educativas, a pesar del llamado que hizo Martí ya en el siglo pasado en ese sentido. No ocupa un lugar en el *pensum* junto a las odas en latín o los yambos griegos. Se enseñan las invocaciones a Zeus o a Júpiter, pero el llamado a Wiracocha en lengua quechua es ignorado por el aparato escolar. No se enseñan los himnos y cantos ceremoniales de los aztecas ni tampoco sus discursos formales (*huehuetlatolli*), ejemplo de matización, análisis y descripción de conceptos. Aparte de algunos fragmentos del *Popol Vuh*, muy poco es lo que las instituciones oficiales reconocen como digno de atención y de estudio.

Sin embargo, y a pesar de todo, el canto se ha continuado. Arguedas nos informó de canciones del Perú actual, en las que se alternan versos quechuas y castellanos; al mismo tiempo, los indígenas de habla quechua siguen creando sus canciones propias, distintas de las que entonan los pueblos de habla castellana. Su lengua es estructural y semánticamente muy diferente al español y cada traducción es un lento y cuidadoso trabajo de reconstrucción, como ésta lograda por Edmundo Bendezú, a partir de un texto recogido por José María Arguedas, en el que se manifiesta toda la capacidad de plasmar un destino doloroso y expresar el mundo propio:

> Hasta el ichu alto y dorado de los cerros,
> se llena de rocío cuando cae la lluvia;
> así también mis ojos se llenan de lágrimas,
> cuando me veo en casa ajena y en pueblo extraño.
> Hasta el ichu alto y dorado de las montañas,
> constantemente se agacha cuando el viento gira,
> así también constantemente yo me agacho,
> cuando me veo en casa ajena y en pueblo extraño.
> ["Ichu alto y dorado": 213.]

Los mbyá, por su parte, trabajan el lenguaje en distintas vertientes y en distintos estratos. Su producción de metáforas sorprendentes ha sido recogida por el investigador Pierre Clastres, quien nos ofrece como ejemplos de su lenguaje cotidiano los términos "la flor del arco" para designar la flecha, el "esqueleto de la bruma" para nombrar la pipa y los "ramajes floridos" para hablar de los dedos de su dios Ñamandú (Clastres, 1980: 8)

El guaraní se siente un hombre unidimensional, tiene conciencia de que su autenticidad le ha sido arrebatada. En su canto se lamenta de la pérdida de su ser, de su identidad:

> Yo cuando era Aché,
> yo que era un cazador verdadero,
> animales grandes solía matar yo.
> [Canto de Kybwyrági: 212.]

Y formula la pregunta dramáticamente:

Las gentes de nuestro pueblo –¿qué ha pasado con ellas?
(Es la pregunta que formulamos a los Blancos).

Tal como lo señala Rubén Bareiro Saguier, se trata del caso insólito de un pueblo que canta su propia muerte y testimonia en sus poemas y canciones la destrucción de sus formas de vida y de su cultura.

Los chamanes mbyá, del pueblo guaraní, se dedican a verdaderos trabajos de exégesis de sus textos sagrados, los que ocultan cuidadosamente de los extraños. Tienen conciencia de la multivalencia de las palabras, a las que analizan e interpretan para meditar sobre ellas. En su "Ayvú Rapytá" hablan de la fuente de la neblina que engendra las palabras inspiradas:

Aquello que yo concebí en mi soledad, haz que lo vigilen tus hijos los Jakaira de corazón grande. En virtud de ello haz que se llamen: dueños de la neblina de las palabras inspiradas, di a ti mismo ["Ayvú Rapytá": 18].

La lengua del colonizador se empeñó en crear un universo semántico que connota al mundo dependiente desde la perspectiva del mundo metropolitano. Es a partir del lenguaje recibido de otro que el hombre latinoamericano tuvo que darle forma y cuerpo a su voz propia. Sólo la lucha sostenida impide que a los pueblos les ocurra lo mismo que a los indígenas peruanos de las aldeas en el universo ficticio de *Los ríos profundos*, quienes olvidaron incluso su propia lengua, esa que habían hablado en los *ayllus*, sus comunidades, y son incapaces de responderle a Ernesto cuando éste se dirige a ellos en quechua. Evitar esa pérdida de memoria y esa desposesión de identidad forma parte de nuestras tareas más urgentes y perentorias.

BIBLIOGRAFÍA

"Al dador de la vida", en *Literatura del México antiguo*, Miguel León Portilla (comp.), Caracas, Ayacucho, 1978.
Arguedas, José María, *Los ríos profundos*, Caracas, Ayacucho, 1978.
Bareiro Saguier, Rubén, *Literatura guaraní del Paraguay*, Caracas, Ayacucho, 1980.
Cadogan, León (recop., versión y notas), "Ayvú Rapytá" (textos míticos de los mbyá-guaraní del Guairá), en Bareiro Saguier, *op. cit.*
"Canción de mujer" (versión de Mark Münzel), en Bareiro Saguier, *op. cit.*
"Canto de Kybwyrági" (versión de Mark Münzel), en Bareiro Saguier, *op. cit.*
"Canto ritual de Tacuara llameante divina grande" (recop., versión y notas de León Cadogan), en Bareiro Saguier, *op. cit.*
Clastres, Pierre, "Profetas en la jungla", en Bareiro Saguier, *op. cit.*
De la Garza, Mercedes (comp.), *Literatura maya*, Caracas, Ayacucho, 1980.
El Libro de los libros de Chilam Balam, Alfredo Barrera Vásquez y Silvia Rendón, eds., México, Fondo de Cultura Económica, 1985.

Recinos, Adrián, *Popol Vuh. Las antiguas historias del Quiché*, México, Fondo de Cultura Económica, 1971.

Rendezú Aybar, Edmundo, comp. y trad., "Ichu alto y dorado", en *Literatura quechua*, Caracas, Ayacucho, 1980.

ESTRUCTURA Y FUENTES DE UNA HISTORIA INCAICA: UNA LECTURA "ROMANA" DE GARCILASO

CLAIRE PAILLER
Universidad de Toulouse

Garcilaso de la Vega, el Inca, aparece, gracias a los trabajos de numerosos críticos y eruditos, como el prodigioso creador de un mundo soñado, en el-que la historia pasada viste los colores de la política del presente: no hace falta ya volver a tratar de su providencialismo, o de las intenciones polémicas que éste puede encubrir. Actualmente, se insiste en particular en una lectura americana de Garcilaso, subrayando lo que las incipientes letras americanas le deben: el ejemplo más reciente lo proporcionan los textos premiados en el Concurso Inca Garcilaso de la Vega, y publicados en *Plural*, núm. 223, abril de 1990.

Los elementos formales de la escritura del Inca son también, como ya se sabe, fundamentales para la realización de sus designios. El estudio reciente de E. Pupo-Walker ha puesto en evidencia el proceso creador en el que se combinan historia y literatura (1982: 98). Entre los componentes esenciales de esta escritura, la citación tiene un papel primordial, tanto por su frecuencia como por su diversidad, lo que justifica la definición de los *Comentarios Reales* como "amplio espacio intertextual" (Pupo-Walker, 1982: 120).

Parece, sin embargo, que se estudiaron sobre todo las citaciones de autores y cronistas españoles, y las referencias a los autores de la antigüedad griega y latina no se han comentado mucho.[1] De hecho, Garcilaso no incita

---

[1] Esta ignorancia despectiva se manifiesta, por ejemplo, en los comentarios al episodio del encuentro de Cleopatra y Marco Antonio a orillas del río Cindo (*La Florida*, lib. III, cap. 11). Aurelio Miró Quesada, en su "Prólogo a la obra" (p. XXX), recuerda que Riva Agüero ve el origen de esta referencia en Antonio de Guevara, "maestro del gran español Trajano", es decir, según él, el emperador Carlos V, pero piensa atribuirla, sin justificarse ("podría corresponder"), a Suetonio. Por su parte, José Durand, *II Parte*, sentencia con determinación: "El maestro a quien alude es, a todas luces, Suetonio". Mas, ¿por qué Suetonio? Basta consultar su obra para constatar que el episodio no aparece en ella. En cambio, el origen primero bien podría ser el libro de las *Vidas paralelas* de Plutarco, libro de amplia difusión en la Europa renacentista, y del que Garcilaso incluso poseía varios ejemplares. Dicho episodio consta en la *Vida de Antonio*, caps. 26 a 28. Notamos otro indicio del mismo desprecio en las aproximaciones en las que incurre A. Miró Quesada al confundir a Horacio (Cocles), que defiende el puente en el Tíber ("el famoso Horacio en la puente", dice Garcilaso), con...el combate de los Horacios y de los Curiacios, y al identificar "el valiente centurión Scaeva en Dirachio"(es decir, el centurión Scaeva sitiado

a investigar sus fuentes antiguas ya que sólo cita —pero recordemos con cuánto fervor— al "muchas veces grande Julio César", hombre de pluma y hombre de armas. Pero el examen de su biblioteca[2] prueba una afición a, y un conocimiento evidente de, los historiadores antiguos. Manifiesta interés el Inca por la historia antigua tal como su tiempo la concebía, y sobre todo atestigua una cultura histórica puesta al día, conocedora de los descubrimientos más recientes de la historiografía de su época. Así lo prueba, al lado de un Cornelio Tácito, que fue referencia fundamental del siglo XVI, la presencia de un ejemplar de Polibio; este último, efectivamente, atrajo nuevamente el interés de un periodo menos turbado, como es el siglo XVII (Momigliano, 1974: 367). Pero, a pesar de esta discreción de su autor, los *Comentarios Reales* suenan a historia antigua, con recuerdos a veces muy precisos, de modo que nos preguntamos si al silencio del Inca en este punto no era más bien preterición; el fin de nuestro trabajo fue, pues, investigar las huellas de una inspiración profunda, y considerar cuál fue, en esta obra, el papel de una indudable referencia a la historia antigua.

El primer punto notable es que las diferentes apariciones de una referencia antigua no se presentan nunca como inclusión, o interpolación, sino que van totalmente integradas en el curso del relato, al que ilustran o resumen o coronan.

La alusión puede ser consciente, y en este caso se presenta bajo forma de una transposición "a lo inca" de un episodio conocido, o bien de una comparación explícita, destinada para guiar al lector en la comprensión —y la adhesión— a su presuposición (así: "El Cozco en su imperio fue otra Roma en el suyo"). Ya veremos varios ejemplos de este primer tipo.

La alusión, o referencia, puede también, y es lo más frecuente, ser implícita, y al mismo tiempo tan profundamente asimilada que determina la estructura misma de la tesis elaborada por Garcilaso. Nos encontramos, en este caso, frente a una red de indicios, tenues pero evidentes, que nos lleva a reconocer, bajo la organización rigurosa de los primeros reyes incas, un esquema inesperado, aunque familiar: es el de los orígenes de Roma, el esquema heredado de los indoeuropeos, con sus primeros reyes de atributos distintivos.

Julio Ortega estudió cómo Garcilaso se situaba en relación con "el discurso de la abundancia", por "su ambicioso proyecto de reescribir la historia para proponer un modelo alterno de representación americana" (1988: 108). Admitimos, de hecho, que Garcilaso escribe un texto modelo;

en Dirrachium. Cf. J. César, *De bello civili*, III, 53, 4) con...Mucio Scévola: "la arrogancia de Mucio Scévola", *sic* (*El Inca*, 156-157).

[2] Véase Durand, "La biblioteca" y "Apostillas". Véase también Miró Quesada, *El Inca*.

sólo añadimos que este mismo se elabora a partir de sus propios modelos, que son los que nos toca reconocer.

1. LA ALUSIÓN EXPLÍCITA

Sólo citamos de paso la primera alusión a César, con el título de la obra, pero ésta tiene, a nuestro parecer, valor primordial.

1) Es también explícita la referencia al título de Augusto, como punto de comparación para dar a entender al lector español el verdadero sentido de los nombres incas Inca, Yupanqui (II, 17 y VI, 34).

2) Pasamos rápidamente también sobre la utilización del vocablo *decuriones* (II, 14), con el doble sentido militar y sociopolítico que tenía también en la antigua Roma —lo que constatamos como una sorprendente coincidencia.

3) Otra aparición sorprendente es la tríada divina *Júpiter-Marte-Venus*, que no reproduce ninguna de las tríadas romanas (la primitiva Júpiter-Marte-Quirinus, o la capitolina Júpiter-Juno-Minerva), pero que tal vez se pueda explicar por el recuerdo del culto particular que Julio César tenía para estos tres dioses (ya se sabe que pretendía, en particular, ser descendiente de Venus...)[3]

4) La familiaridad con el mundo romano se marca más ampliamente en el caso del paralelo entre las *vírgenes del Sol* y las *vestales* (II, 4; II, 10). Una semejanza en la condición y las funciones de esas sacerdotisas de dos mundos totalmente ajenos uno a otro puede originarse en un fondo común a muchas religiones, y no concluiremos que se trata de un recuerdo deliberado y sistemático. Notemos, sin embargo, algunos puntos en los que se detiene Garcilaso, y que también son fundamentales para el templo de Vesta. Las vírgenes del Sol, como las vestales, eran escogidas entre niñas jóvenes, en la familia de los Incas (IV, 1); su principal actividad consiste en preparar los sacrificios: amasan el pan *zancu* (IV, 3 y VI, 20) que se puede comparar con la *mola salsa* de las vestales, y sobre todo, su función fundamental es la de conservar el fuego sagrado, el fuego nuevo de *Intip Raymi* (VI, 22) —del mismo modo que en el templo de Vesta se mantenía el

---

[3] Los escritores romanos ofrecen numerosos testimonios de esta filiación divina de Julio César: véanse *La Eneida*, y el "César", 49 y 84, de Suetonio, así como el famoso elogio fúnebre de su tía Julia.

fuego de la "Ciudad". Por fin, la virginidad es un atributo esencial, que aparece como una garantía de la prosperidad del Estado: las vírgenes consagradas llevan, en ambos casos, el calificativo de matronas (IV, 1) y Garcilaso precisa (IV, 3) : "Una mujer dedicada al sol su dios y madre de sus reyes"; notaremos que el castigo de la virgen infiel, en ambos casos, consistía en enterrarla viva.

5) *Los triunfos*: empleamos este término en plural, porque son varias y diversas las apariciones de este recuerdo militar romano en los *Comentarios*. En ciertos libros, de hecho, Garcilaso parece sentir verdadera obsesión de las imágenes, colores y ruidos de los faustos del triunfo, este verdadero "rito" cívico-militar con el que Roma honraba a los generales victoriosos. Primero aparece el triunfo casi como metáfora —lo que subraya mejor la referencia cultural— con la entrada del Inca Capac Yupanqui en el Cuzco (III, 11): "Entró el Inca Capac Yupanqui en su corte con su ejército en manera de triunfo". Luego, el reinado de Pachacutec (libro VI) aparece ritmado por los triunfos repetidos y siempre dobles del general Inca Capac Yupanqui y del príncipe heredero Inca Yupanqui (VI, 16, 31, 33).

Más interesante aún es el triunfo de Viracocha, con expresa mención del término en dos ocasiones (V, 19 y 20). Los otros triunfos, con su pompa militar y la alegría popular, salen más bien de un esquema general, sin ningún particular; pero la entrada triunfal del joven príncipe en la capital tiene, a nuestro parecer, un antecedente y un modelo muy precisos. Veamos algunos puntos de este triunfo: Viracocha entra en el Cozco a pie; después de su desfile triunfal en medio de la alegría casi delirante de la muchedumbre, y después de dar las gracias al dios Sol, el príncipe remata el triunfo por un acto que, de hecho, le confiere los privilegios y por lo mismo los poderes del Inca, y es la visita a las vírgenes del Sol. El texto de los *Comentarios* se presenta pues como una trayectoria entre el primer rasgo, simbólico y puesto en evidencia, de una entrada a pie —es decir, sin ir llevado en andas—, y el término, que es la *consagración* (en sentido político-religioso) de un nuevo emperador. Entre los dos, las demostraciones de la muchedumbre dan lugar a varios trozos efectistas. Pues bien, el mismo esquema se encuentra en un texto famoso de Plinio: el *Panegírico de Trajano*. En este último se describe cómo el nuevo emperador Trajano entra en Roma a pie —y no llevado ni transportado—,[4] en medio de una muchedumbre innumerable presa de entusiasmo; y el trayecto del nuevo

[4] Compárese "El Inca Viracocha entró en el Cozco a pie" con el "ingressus" de Plinio, explícitamente opuesto a la costumbre de sus predecesores, los cuales "invehi et importari solebant" (*Panegírico de Trajano*, caps. 22-23).

emperador se concluye en el templo de Júpiter Capitolino, donde se le imparte la sanción divina.

La comparación estructural es expresiva. Añadiremos que no puede ser coincidencia fortuita, y que es muy probable que Garcilaso conociese este episodio, sea directamente por el texto de Plinio, sea por una de las imitaciones y compilaciones tan frecuentes en la época: recordemos la extraordinaria notoriedad de Trajano en el siglo XVI, que se manifiesta también en un episodio de La Florida del Inca (lib. III, cap. x).[5]

6) El punto más explícito es el del paralelo entre el Cozco y Roma (VII, 8), pero lo trataremos aparte más adelante porque constituye, a nuestro parecer, la piedra angular del edificio.

2. LA ALUSIÓN IMPLÍCITA

El sistema de referencias a la cultura del tiempo puede expresarse a veces mediante el rodeo de una analogía de situación. Dicha analogía permite entonces introducir y desarrollar una de las ideas fundamentales de Garcilaso, que incluye la cultura incaica en el sistema de valores que el cristianismo heredó del mundo antiguo. Así ocurre, por ejemplo, con un mundo de valores heroicos y de victoria sobre sí mismo, es decir, el mundo de la tragedia clásica, en el que la nobleza de los sentimientos se traduce por el esplendor formal.

1) El primer ejemplo podría titularse: *Coriolano, el Inca y las lágrimas de una madre.* Se trata del encuentro del Inca Huayna Capac con la Mamacuna de los Chachapuyas (IX, 7). La dramatización del episodio viene claramente marcada por la composición, en dos discursos directos –procedimiento poco corriente en la obra–, separados por la intervención de lo que aparece como un verdadero coro de suplicantes y aumenta el carácter trágico de la escena.

El esquema es el siguiente: un general poderoso y vengador se dispone a aniquilar un pueblo ingrato y traidor. El terror se ha apoderado pues del campo enemigo, sobre todo de las mujeres, niños y ancianos, que encarnan tradicionalmente la debilidad inerme. Una mujer, una madre, una *matrona*

---

[5] Véase otra muestra del recuerdo de Trajano en el mismo Garcilaso "Dio[...]muestras heróicas de ingenio en letras, de ánimo en armas [...] con los sabios Sénecas de Córdoba [...] y con los augustísimos Trajanos y Teodosios de Italia" (Durand, 1962: 57).

Para los contemporáneos, véanse Antonio de Guevara, *Una década de Césares*; Pero Mexía, *Silva de varia lección*, etcétera.

(así lo dice el mismo texto español), "encabeza entonces una comitiva compuesta únicamente por mujeres" y va al encuentro del temible general. Postrada delante de él, intercede por todos.

Otra vez notamos el paralelismo con el relato famoso de Tito Livio, o de Plutarco, de la venganza del patricio Coriolano, desarmado por el discurso de su madre. No cabe aquí analizar la maestría de la expresión y del arte del discurso que manifiesta el autor peruano. Queremos sólo señalar algunas pistas para nuestra interpretación de un texto que introduce al lector al mundo ideal de los héroes. La matrona suplicante no se rebaja en implorar piedad para sí misma: implora al Inca para que no se rebaje tomando venganza. De este modo, el vencido manifiesta su preocupación por la gloria del vencedor, y la suplicante con su dignidad, garantiza la nobleza del príncipe. Reconocemos aquí los momentos de más exaltación de la historia romana; pero, al mismo tiempo, por esta extraña fuerza de persuasión que saca del modelo del discurso antiguo –*movere et docere*–, a partir de un *exemplum*, el autor peruano suscita el retrato vivo ya no de un general romano victorioso, sino de un príncipe modesto o de un Inca clemente, como figuras revividas, sacadas de una memoria colectiva.

2) *Los debates políticos y los discursos de Tucídides.* Entre los episodios repetitivos que van reapareciendo en el relato de las conquistas, algunos pueden reunirse bajo la misma rúbrica, y proceden del mismo "tipo": se trata de los debates que, puntualmente, agitan a las naciones que el Inca está combatiendo para someterlas. El tema invariable se resume en: ¿aceptarían, o no, "que se recibiese al hijo del sol por señor y sus leyes se guardasen"? (III, 15)

Los argumentos aducidos por las partes adversas se repiten idénticos: aceptación de costumbres y reglas de buen gobierno, confianza en el hijo del Sol, poderoso y desinteresado —o bien negativa frente a la novedad y el vasallaje, y denuncia de la hipocresía inca, con la consiguiente lucha por la libertad, con peligro de la vida. (Añadiremos que la oposición, término por término, que se desarrolla en esta ocasión entre las virtudes del Inca y los defectos de los indios refleja exactamente aquella que los antiguos establecían entre la autoridad romana y la anarquía bárbara, y más especialmente la de los galos.)

En realidad, los valores implícitos aducidos por los rebeldes se avienen mal con la barbarie primitiva que nuestro autor atribuye a todas las naciones indias, menos la incaica, y corresponden más bien con un código del honor y conceptos muy elaborados. Lo interesante es que el mismo Garcilaso que calla deliberadamente el grado de "civilización" real alcanzado por aquellos pueblos, lo recrea involuntariamente, a partir de modelos antiguos. Efectivamente, en el relato de la vida de las ciudades, los historia-dores, griegos y romanos, proponen numerosos ejemplos de semejante fidelidad a los dioses y las costumbres, del mismo apego a una independencia que se confunde con la libertad —y saben también, gracias a las técnicas heredadas de los sofistas, exponer y argumentar tesis contradictorias.

En los *Comentarios* se opone en general el furor guerrero de los jóvenes a la razón política de los ancianos (III, 6; IV, 17 y 18) y percibimos un eco de un debate conocido: el que traduce el enfrentamiento del impetuoso Alcibíades y del viejo y discreto Nicias tal como lo refiere *La guerra del Peloponeso* (cap. VI, pp. 8-25). Además, en el caso del último ejemplo (IV, 18), se introducen razones de *realpolitik* que contrarían el idealismo de los *Comentarios* y recuerdan el constante buen sentido y realismo de los argumentos en los que Tucídides hermana felizmente el "provecho" y el "honor".[6]

3) Viracocha y Camilo: la ciudad salvada, y el triunfo de los desterrados (apuntes esquemáticos...)

El largo texto que precede el episodio del triunfo de Viracocha evoca a otro héroe de los primeros tiempos de la República romana. Al comparar los capítulos IV, 20-24 y V, 17-22 de los *Comentarios* con las páginas que tratan de Camilo, uno de los principales "fundadores" de la antigua Roma, sea en Tito Livio (V, 23-25, 29-30, 32-49-55), sea en Plutarco que se inspira en él ("Vida de Camilo", 11-14 y 30-33), se nota un extraordinario parentesco de estructura y significado. Recordemos rápidamente la doble serie de acontecimientos que ocupan, en ambos casos, un lugar primordial en la historia de una ciudad en perpetua fundación:

• Roma, 390-380 a. J.C.: después de la toma de la ciudad etrusca de Veies por el general romano Camilo, los galos se apoderan de Roma, con excepción del Capitolio y la ciudadela. A pesar de la hostilidad de los tribunos de la plebe, que lo mandaron desterrar al mismo tiempo que despreciaban un presagio inquietante, Camilo salva la ciudad y sus templos, y persuade a los romanos que vuelvan a construir la ciudad arruinada y a habitarla.

• El Cuzco: el séptimo rey inca, Yahuar Huacac, destierra a su hijo primogénito, sin querer oír el aviso que éste le trae de parte del "fantasma" Viracocha, hermano del primer Inca. Como había sido

[6] Ver también la argumentación de los melienses contra los atenienses, *La guerra del Peloponeso*, V, 84-116.

anunciado, los chancas atacan el Cuzco, que el rey abandona, a pesar de las amonestaciones de su hijo. Éste reúne el ejército inca y toma el mando; después de su victoria, suplanta a su padre y construye un templo a Viracocha, al mismo tiempo que toma su nombre.

Prescindiendo de las diferencias que tocan a las circunstancias y a la sucesión cronológica de los hechos, la parte esencial de estos dos relatos claramente articulados reside en un esquema común, que se funda en una serie de parejas; sólo enumeraremos aquí los diferentes puntos, sin explicitar más largamente las referencias precisas: el exilio y el oráculo; el oráculo y el peligro; el peligro y el abandono; el abandono o la negativa (con discurso); la negativa y la victoria; la victoria del desterrado, "nuevo fundador", y la consagración del oráculo.

Los episodios de Camilo-Viracocha y de Coriolano-Huayna Capac, aunque se inspiran en modelos romanos, son también una prueba del arte y de la fuerza creadora de Garcilaso: no aplica literalmente un esquema preconcebido, sino que transforma la materia antigua. Así, por ejemplo, acorta notablemente el discurso de Viracocha, cuando la urgencia de la situación lo requiere, mientras que, en el segundo caso, transforma y embellece el intercambio de discursos. Manifiesta pues la libertad soberana del creador, al fundar y eternizar, por la escritura, la figura de los Incas.

3. LA REFERENCIA ESENCIAL: EL PARALELO ENTRE ROMA Y EL COZCO (VII, 8)

3.1. El programa de la obra

Este capítulo, "Descripción de la imperial ciudad del Cozco", comienza por un paralelo explícito entre Roma y la capital de los Incas y constituye, de hecho, un segundo "Proemio", más significativo aun que el primero.

Notamos que el paralelo es en realidad un pretexto, ya que el autor no describe la ciudad de Roma: lo que le interesa son las semejanzas entre dos civilizaciones, dos momentos históricos, dos tipos de humanidad. Las perspectivas indicadas por el Inca son las mismas que Tito Livio desarrolla en sus Libros, y dan el programa de su obra en pocos puntos: fundación por los primeros reyes, conquista y dominio de naciones numerosas y diversas, promulgación de excelentes leyes de gobierno, formación de próceres de altas virtudes cívicas y militares. Podríamos añadir que en los dos escritores trasluce una misma nostalgia de una edad de oro.

3.2. Lo fabuloso en los principios de la Historia

Nuevamente se puede establecer un paralelo entre el problema que plantea Garcilaso (I, 19) y las reflexiones, sobre el mismo tema, que expresan Tito Livio ("Prólogo", 6-7) y Plutarco ("Vida de Rómulo", 8, 7). El problema es el siguiente: ¿cómo puede tratar, qué consideración puede conceder un historiador "razonable" (como los antiguos) o cristiano (como Garcilaso) a los elementos fabulosos, a los episodios legendarios asociados naturalmente a los principios de una y otra historia? En ambos casos, lo "maravilloso" fundamental resiste a la crítica. Tiene en el relato histórico una importancia garantizada por los éxitos por venir: asentados en fábulas, la grandeza de Roma y la conquista española del Perú ocupan un lugar análogo en dos visiones "providencialistas" de la historia. La misma ambivalencia de la conquista para el mestizo peruano encuentra su semejante en Tito Livio, para quien la perdición de la República implica la salvación traída por Augusto y el Imperio.

3.3. Una memoria "romana"

Las consideraciones de Garcilaso en VII, 8 confirman que su "memoria inca" es también una "memoria romana". Evocaremos esquemáticamente tres puntos:

a) Fundación del imperio por una serie de reyes primitivos: más adelante se tratará este punto fundamental.

b) La sujeción progresiva, por conquista, de los innumerables pueblos vecinos al dominio inca, se verifica gracias a su valor guerrero, pero también, y más, por la fuerza atractiva de su sistema político, el ascendiente de su religión y buenas costumbres, el uso de virtudes como la bondad y, especialmente, la clemencia:

- La justificación moral e intelectual de las conquistas, por una seducción de las élites más que por coacción de las masas, se encuentra ya, repetidamente, en Polibio (*Historia*, VI), Cicerón, Tácito.

- De la clemencia recordaremos que es virtud muy admirada de los filósofos e historiadores antiguos, desde Tito Livio hasta Séneca[7] y que el gran Julio César construyó un templo a la diosa Clemencia.

c) Es también muy romano el elaborar una galería de "héroes fundadores" cuyas virtudes son a la vez modelo e incitación a "ser más". (Cf. el

---

[7] Véanse: Séneca, *De clementia*; Suetonio, "Augusto", 51 y 57.

testamento de Manco Capac, I, 25 y II, 19.) Estas virtudes son militares, pero el historiador mestizo privilegia constantemente las virtudes políticas y la cordura filosófica y, en este punto también, encontramos un modelo romano explícito, que es la figura del rey Numa, segundo rey de Roma, evocado muy a menudo por los autores españoles renacentistas, y en particular por Antonio de Guevara y Pero Mexía. La referencia a Numa (según Tito Livio I, 19, 4-5, y Plutarco, "Vida de Numa", 4, 8) aparece especialmente en II, 19 y III, 25, cuando el peruano subraya la hábil utilización que hicieron Manco Capac y sus descendientes de la leyenda de un origen divino para asentar su obra política, moral y religiosa.

No podemos insistir más largamente ahora sobre esta presencia de Numa que prefigura visiblemente a Pachacutec, pero llegamos con ella al planteamiento más amplio de esta lectura de los *Comentarios*: ¿se trata sólo de una acumulación de alusiones puntuales, o existe una convergencia más estructurada, más orgánica, en el desarollo histórico de las dos civilizaciones? En lo que toca a los cuatro primeros reyes, concluimos en un parentesco efectivo.

4. LOS CUATRO PRIMEROS REYES

Garcilaso subraya repetidas veces que, por su condición de "hijo de la tierra", ha recibido informaciones particulares (cf. I, 19). En el caso preciso del remoto reinado de los primeros incas, es difícil admitir, sin embargo, que la tradición oral de la que se vale pudo transmitirle con tal exactitud y tantos detalles un cuadro verdaderamente "histórico". Vamos pues a examinar el contenido de los cuatro primeros reinados incas, lo que permitirá distinguir para cada uno una función diferente.[8]

4.1. El fundador y la protección divina

El primer rey ofrece visiblemente la definición funcional más rica ya que, para los Incas como en Roma, se caracteriza como un fundador en todos los dominios. Manco Capac, como Rómulo, tiene un origen divino; uno y otro establecen la futura capital en el sitio elegido por el dios, el cual ha sido marcado por prodigios: la vara de oro del Inca se hunde en el suelo, Rómulo sigue el vuelo de los buitres. Ambas ciudades

---

[8] Se nota que, tanto en Tito Livio como en Garcilaso, el periodo verdaderamente histórico empieza después del cuarto reinado. Para Roma, empieza la dinastía etrusca de los Tarquinos y, para los Incas, por primera vez bajo Capac Yupanqui, empiezan los pueblos conquistados a existir por sí mismos, distinguiéndose por su resistencia y sus debates.

se sitúan sobre montes y atraen una población diversa y bárbara, que va a recibir los beneficios de la civillzación y de la religión, con la erección de templos. Cuando mueren, los dos fundadores desaparecen en los cielos, y desde entonces son venerados como "padres" y adorados como "dioses".

Podríamos pensar que semejantes coincidencias proceden de un esquema general aplicable a cualquier héroe "fundador". Sin embargo, después de caracterizar a Manco Capac, desde el punto de vista funcional, como un soberano poseedor de poderes casi mágicos, vamos a examinar cómo se articulan con el suyo los siguientes reinados.

4.2. Reyes pacíficos y reyes belicosos

• Sinchi Roca (II, 16) aparece esencialmente, en una muy breve evocación, como carácter de pura función: la de un rey pacífico que sucede a un rey poderoso, creador y querido por los dioses.

• El tercer rey, Lloque Yupanqui (II, 17-20), viene definido por su nombre y representa la vuelta a la fuerza guerrera.

Del mismo modo, en Roma, Tullus Hostilius, rey batallador (también él lleva un nombre evocador) sucede al segundo rey pacífico que fue Numa.

4.3. Los "cuartos reyes"

Los reinados de Mayta Capac y Ancus Martius, en un primer momento, parecen más difíciles de definir, por ser menos "tipificados" que los precedentes, con aspectos más variados y hasta ambivalentes (Tito Livio, I, 32, 4 y *Comentarios Reales*, III, 1).

Sin embargo, nuevamente constatamos la presencia de un conjunto de rasgos comunes a los dos reyes: su preocupación por el bienestar y el incremento de la población, su deseo de extender y enriquecer su territorio, su papel de constructores (Tito Livio I, 33, 1-2 y 9; *Comentarios* III, 5 y 7-9). Y, sobre todo, tanto Ancus, que manda construir "el primer puente sobre el Tíber" (I, 33, 6), como Mayta Capac, que "da la traza como se había de hacer [...] la primera puente de mimbre que en el Perú se hizo" (III, 7-8), si no son pontífices (como Numa o Pachacutec), al menos son "hacedores de puentes", lo que representa un acto político, realizado por un soberano en vista de la unidad política, económica y social de un dominio en plena expansión. Nuevamente, pues, coincide la figura del rey inca con la de su homólogo romano.

5. SIGNIFICADO DE UN ESTUDIO COMPARATISTA

Se habrá notado que acabamos de hacer, del relato de los cuatro primeros reinados de Roma y del Cuzco, una lectura estructural comparada, análoga a aquella que el famoso comparatista Georges Dumézil propone para la primitiva historia romana y la tripartición funcional que es, en la mitología y la religión de diferentes pueblos, el legado indoeuropeo. Someramente recordadas, estas tres funciones son:

1) soberanía (bajo dos aspectos, que van asociados en una misma figura divina: el mágico y el jurídico); *2)* guerra; *3)* prosperidad, es decir función nutridora y de organización colectiva.

Remitimos a la luminosa exposición de Dumézil acerca de los procesos de transposición de un pensamiento mítico preexistente al dominio "nacional e histórico" de Roma.[9] Pero, al subrayar el parentesco de nuestro análisis con el de Dumézil, no sugerimos que Garcilaso se inspira en el esquema indoeuropeo, ni menos aún que los Incas hubieran tenido una visión del mundo organizada según el principio de la tripartición funcional. El mismo Dumézil advirtió repetidas veces que semejante visión era propia de los pueblos indoeuropeos y es evidente que, en el caso de los Incas, no puede ser legado, ni imitación.

La única explicación es, pues, que Garcilaso conocía con bastante familiaridad la historia de la Roma primitiva, en Tito Livio o en la *Eneida*, para sacar de ella el esquema organizador de los primeros reinados legendarios. Aplicaba así a las leyendas confusas y esparcidas que había recogido una elaboración sistemática, favorecida por la verdadera "impregnación antigua" de su cultura. Y no vemos en ello ninguna imposibilidad ni anacronismo, cuando recordamos que también otros autores renacentistas descubrieron y analizaron los principios de organización de los relatos antiguos. Remitimos a Maquiavelo, *Discurso sobre la primera década de Tito Livio*, cap. 19.

La referencia repetida, sea explícita o no, puntual o estructural, profunda o anecdótica, a la historia y a los héroes de la Antigüedad va, pues, mucho más allá de un sencillo "valor de amenidad" y ensancha considerablemente los espacios intertextuales que habían sido reconocidos en los *Comentarios Reales*.

A nuestro parecer, el designio del autor es múltiple:

• Primero, dentro de una perspectiva pedagógica, el paralelo, la comparación, permiten establecer "puentes" de comprensión para los lectores peninsulares y demuestran el papel de los Incas en el plan providencial, como fue el de Roma para el cristianismo.

---

[9] Véase, en particular, *Mythe et Epopée*.

Al mismo tiempo que "enseña", establece un clima de "simpatía" para con héroes que reviven los momentos y hazañas de modelos conocidos y reconocidos. A través del "deleite" que suscita el nuevo relato de las aventuras de Camilo-Viracocha, del Inca-Coriolano o del Inca-Trajano, pero evitando una identificación demasiado puntual, trasciende la comparación personal para crear un mundo de referencias comunes.

Por supuesto, no se trata de "recuperar" a Garcilaso para el campo occidental, ignorando o negando los aspectos más evidentes de sus referencias peruanas y la novedad de su escritura, que inaugura las letras propiamente "americanas".[10] Sólo quisiéramos subrayar la complejidad y la riqueza de su aporte: decir que se inspira en los historiadores antiguos y que tiene de la historia su misma visión es afirmar que, en su época, marca un progreso en relación con un concepto de la historia que era únicamente el de "anticuarios", compuesto de trozos y acontecimientos dispersos.

Mostrar que el mestizo peruano es un ejemplo de integración —o de aculturación—, no suprime la intención apologética de su obra. Por impregnación personal sólo puede considerar a los Incas por el prisma de la grandeza romana, pero esta simbiosis le permite alcanzar un valor universal. Al igualar el destino del pueblo y del imperio inca con el del imperio más poderoso que conoció la historia, Garcilaso asegura su propia imagen; la grandeza del imperio inca garantiza la grandeza y legitimidad de su obra, y él mismo llega a ser el igual de los grandes historiadores de la Antigüedad: así se justifica la invocación al "muchas veces grande Julio César" (VII, 8).

BIBLIOGRAFÍA

Chang-Rodríguez, Raquel *La apropiación del signo. Tres cronistas indígenas del Perú*, Arizona, Arizona State University, 1988.
De Guevara, Antonio, *Una década de césares.*
De la Vega, Garcilaso, *Comentarios Reales.*
Dumézil, Georges, *Mythe et Epopée*, París, Gallimard, 1968.
Durand, José, "Sobre la biblioteca del Inca", *Nueva Revista de Filología Hispánica*, 3 (1949), pp. 168-170.

[10] Julio Ortega, "El Inca Garcilaso y el discurso de la cultura", *Prismal I*, 1977. E. Pupo-Walker: "El Inca en gran medida escribió desde sí mismo aunque valiéndose de otros, pero siempre a sabiendas de que las perspectivas contradictorias que habrían de surgir, sólo podían quedar reconciliadas en la efectividad misma del proceso narrativo" (196). Aunque Raquel Chang Rodríguez en *La apropiación del signo* (Arizona State University, 1988), no trata de los *Comentarios*, ya que se consagra a "Tres cronistas indígenas del Perú", su análisis de la apropiación de una escritura radicalmente extranjera también es valedera, en muchos puntos, para Garcilaso.

74 CLAIRE PAILLER

—— "La biblioteca del Inca", *Nueva Revista de Filología Hispánica*, 2 (1948), pp. 239-264.

—— "Prólogo", en *Comentarios Reales*, 2a. parte, Lima, Universidad Nacional de San Marcos, 1962.

Mexía, Pero, *Silva de varia lección*.

Miró Quesada, Aurelio, *El Inca Garcilaso y otros estudios garcilasistas*, Madrid, Ed. Cultura Hispánica, 1971.

—— "Prólogo" en *La Florida*, México, FCE, 1956.

Momigliano, Arnaldo, "Polybius' Reappearance in Western Europe" en *Polybe. Entretiens sur l'Antiquité Classique*, Vandoeuvres-Genéve, Fondation Hardt, 1974, pp. 347-372.

Ortega, Julio, "El Inca Garcilaso y el discurso de la cultura", *Prismal I*, 1977.

——, "Para una teoría del texto latinoamericano: Colón, Garcilaso y el discurso de la abundancia", *Revista de Crítica Latinoamericana*, núm. 28, 1988, pp. 101-115.

Plinio, *Panegírico de Trajano*.

Plutarco, *Vidas Paralelas*.

Pupo-Walker, Enrique, *Historia, creación y profecía en los textos del Inca Garcilaso de la Vega*, Madrid, José Porrúa Turanzas, 1982.

Séneca, *De clementia*.

Suetonio, *Silva de varia lección*.

Tucídides, *La guerra del Peloponeso*.

LEYENDO A CIEZA DE LEÓN:
DE LA CAPACOCHA A LA CAPAC HUCHA

Lydia Fossa
Universidad de San Marcos, Lima

1. Introducción

El hecho de que un soldado sea simultáneamente cronista evidencia lo paradójico de una actitud intelectual interesada en preservar el universo que las actividades bélicas conquistaban y destruían. La intención de Cieza de recoger la información, preservarla y transmitirla se enfrentó a factores que es necesario destacar.

El haber sido "un hombre de su tiempo" significa, para un investigador moderno, haber tomado los imperativos coyunturales como estructurales. Cieza creía firmemente que el dios verdadero estaba del lado de los españoles y que la monarquía absoluta, la organización señorial, la sociedad feudal era el único sistema político-administrativo adecuado porque reflejaba la organización del conjunto de los seres celestiales que pueblan el panteón católico. Estas convicciones han trascendido su universo mental y aparecen vivas y activas en sus crónicas.

Además de encontrarnos con el factor limitante de la ideología de Cieza en sus descripciones más "objetivas", debemos considerar las barreras que encuentra en su oficio de cronista. El Tribunal de la Santa Inquisición existe y provoca un terror que se torna evidente en el cuidado que tiene al describir la "ydolatría" del conquistado: los contrarreformistas no deben considerar su crónica como una apología de los heréticos y de sus herejías.[1]

---

[1] T. Todorov, *La conquista de América: el problema del otro.* El autor cita a Bernardino de Sahagún: "Los pecados de la idolatría y ritos idolátricos y supersticiones idolátricas y agüeros y abusiones y ceremonias idolátricas, no son aún perdidos del todo. Para predicar contra estas cosas, y aún para saber si las hay, menester es de saber cómo las usaban en tiempos de su idolatría" (1er. prólogo de la *Historia general de las cosas de Nueva España:* 234-235).

Existe otro tribunal, el del Consejo de Indias,[2] que debe aprobar (censurar) todo texto sobre los nuevos territorios españoles, especialmente cuidadoso después de la confrontación Sepúlveda-Las Casas y la dación de las Nuevas Leyes.

El hecho de que sólo el *Primer libro de la crónica del Perú* fuera publicado durante la vida de Cieza, creemos que por el interés específico del poderoso Pedro de la Gasca, y que los otros fueran silenciados durante 400 años prueba que Cieza subestimó el poder de la censura de la Inquisición y del Consejo de Indias, aunque no el impacto político que algunos de sus escritos causaría.[3]

2. ANÁLISIS INTRALIGÜÍSTICO SINCRÓNICO, SIGLO XVI

La particular ideología[4] de Cieza le hace percibir[5] hechos nuevos que identifica con los ya conocidos, propios, y que utiliza para que sus eventuales lectores europeos lo comprendan mejor. He aquí algunos de ellos que aparecen en el *corpus* estudiado, capítulo XXIX, ff. 37 y 37v, pp. 87 a 89, *Segunda crónica. El señorío de los Yngas* (véase Anexo):

[2] Teodoro Hampe, *Don Pedro de la Gasca (1493-1567).Su obra política en España y América;* "Los Consejos eran órganos residentes en la Corte" que ejercían la doble misión de proveer justicia y brindar asesoría gubernativa al rey.

"[...] poseían la suprema jurisdicción sobre algún determinado asunto o ramo en la monarquía entera [...]; otros de dichos tribunales se ocupaban de problemas relativos al gobierno de determinados territorios dentro de la monarquía, como los Consejos de Castilla, Aragón, Indias e Italia" (p. 5).

[3] "Yten mando y quiero por quanto yo escreví un libro digo tres libros de las guerras civiles del Perú todo escrito de mano guarnecidos en pergamino los quales si de presente se ymprimiesen podrían cabsar algunos escándalos y algunas personas se sintirian dello de lo que en ellos se contiene de los casos que en las dichas guerras pasaron por ser de poco tienpo pasado, por lo tanto mando que mis albaceas tomen los dichos tres libros y rrelaciones que todo está en un escritorio mio y sacadas las dichas cartas y otras escrituras que estuvieren en el dicho escritorio dexen en él solo los dichos tres libros y rrelaciones que más oviere dellos y lo cierren y sellen y pongan en el dicho escritorio otros dos candados pequeños y por abto ante escrivano publico se ponga el dicho escritorio cerrado en el monesterio de las cueras o en otro monesterio qual a mis albaceas les pareciere, el qual este deposytado y las llaves esten en poder de mis albaceas en cada uno la suya hasta quinze años después de mi fallecimiento, en el qual tienpo ninguna persona lo vea", en M. Maticorena Estrada, *Cieza de León en Sevilla y su muerte en 1544. Documentos,* en Anuario de Estudios Americanos, Sevilla, XII, 1955, p. 669; citado por Frencesca Cantú en el prólogo a la *Tercera parte de la crónica del Perú* de Pedro de Cieza de León, p. xxviii.

[4] "La ideología pasa a ser el sistema de ideas, de representaciones, que domina el espíritu de un hombre o de un grupo social" (Althusser, 1974: 47).

[5] "[...] nuestra capacidad de percepción está acostumbrada a reunir determinadas manifestaciones ya que descarta las diferencias irrelevantes, mientras que distingue siempre los detalles importantes [...]" (Liszt, 1977: 24). Ello implicaría que la percepción está social y culturalmente determinada.

2.1. Presupuestos[6]

"y por notiçia que se tiene de yndios viejos que son bivos y bieron lo que sobre esto pasava[...]" (líneas 3-4)

Los viejos (antiguos) dan testimonios verdaderos.

"[...] y tantas riquezas y pedrería quanto se puede pensar por lo que se ha escrito de los tesoros questos reyes poseyeron." (líneas 18-19)

Los reyes poseen riquezas. La exhibición del oro es símbolo de esas riquezas.

"[...] alegrado el pueblo y hechas sus solenes borracheras y
vanquetes y grandes taquis y otras fiestas que entre ellos
usan, diferentes en todo a las nuestras[...]" (líneas 33-35)

Fiesta y borrachera forman una unidad en España.

El hecho de ser *solenes borracheras* nos permite pensar que
se trataba del consumo ceremonial de *açua*, una bebida de
maíz blanco fermentado.

"[...] aconpañado (el Gran Sacerdote) de los sacerdotes y
mamaconas que allí se avían juntado[...]" (líneas 41-42)

No las llama hechiceras ya que así tendrían las mismas atribuciones y prerrogativas que los hechiceros. Ello no concordaría con su patrón mental católico en que los sacerdotes cumplen funciones vedadas para las monjas.

"Y éstos (los çaçerdotes) como estavan bien beodos[...]" (líneas 44-45)

Los sacerdotes católicos toman vino (la sangre de Jesucristo) pero no se deben emborrachar; eso sería reprobable. Aunque no es explícito, el ritual debe haber incluido el consumo de otras sustancias para entrar en trance.

"[...] denunciavan (los çaçerdotes) lo que soñavan o lo
que fingían o por ventura, lo que el diablo les diría[...]" (líneas 56-57)

---

[6] "[...] el fenómeno de la presuposición[...] hace aparecer, dentro de la lengua, todo un dispositivo de convenciones y leyes que debe comprenderse como un marco institucional que norma el debate de los individuos" (Ducrot, 1978: 5).

Para un cristiano y un católico el único ser que conoce el futuro es Dios, que todo lo sabe y todo lo ve. Cualquier otro intento de atisbar el futuro sería una usurpación que estaría guiada por el demonio.

2.2. Equivalencias[7]

Aquí se relacionan objetos conocidos con objetos nuevos, algunas de cuyas características nos remiten a lo conocido. Si definimos a través de equivalencias no sólo estamos recortando y limitando los rasgos sémicos del concepto en cuestión, sino que también le estamos añadiendo las connotaciones positivas o negativas que el equivalente pueda tener.[8]

Concepto nuevo	Equivalencia
Yngas, señores principales	Rey, reyes
bultos, oráculos, ydolos	estatuas
las quales (estatuas) eran	proçeçiones
traydas con mucha veneración	
por los sacerdotes y camayos dellas	
prençipales de la çibdad	cortesanos
tinajas de oro y plata y vasos	serviçio de su cozina
hechizeros astutos en maldades,	çaçerdotes
soñadores	
llamas y otros anquénidos americanos	ovejas y carneros
(implícito)	
portadores de ofrendas	limosneros
ofrenda de muchos vasos de oro y	diesmos
plata	

Tendríamos entonces:

Referente	Descripción
Monarquía europea	Reyes, cortesanos, servicio de cocina
Religión católica	procesiones, sacerdotes, limosneros, diezmos, estatuas
Hábitat natural	ovejas, corderos

[7] "Desde el punto de vista semántico, la equivalencia corresponde a una identidad sémica parcial entre dos o más unidades reconocidas. Posibilita el análisis semántico al permitir la reducción de los parasinónimos, y, al evidenciar las diferencias, nos ayuda a comprender el funcionamiento metalingüístico del discurso" (Greimas, 1982: 151).

[8] "La percepción que refleja la realidad objetiva no lo hace como un reflejo pasivo ni tampoco inanimado porque en ella se refleja toda la vida psíquica del observador" (Rubinstein, 1975: 126).

2.3. Contenidos semánticos[9]

Hemos recurrido al *Breve diccionario etimológico* de J. Corominas (BDE) y al *Diccionario de autoridades* de la Real Academia Española (DAR) para recoger el significado que tenían los términos que usó Cieza en el siglo XVI.

BULTO, BDE , p.111: Tom. del lat. *vúltus* "rostro": este latinismo significó primeramente lo que en latín (princip. s. XV), en seguida se aplicó a las imágenes que representaban la cabeza de los santos, 1517; luego a las estatuas que figuraban de relieve el cuerpo de una persona, s. XV, especialmente en las sepulturas, por oposición a las que reproducían su contorno en una losa plana, y de aquí pasó a designar la masa del cuerpo de una persona, 1599, y se extendió finalmente a una masa cualquiera, 1560-1575 (quizá ya 1495).

DAR, p. 714, t.I: Todo aquello que hace cuerpo y abulta, y no se distingue lo que es, ò por estar cubierto con alguna cosa, ò por estar mui distante.
—Se dice también de la Imágen, efigie ò figúra hecha de madera, piedra ù otra cosa.

DIESMOS, BDE, p. 214: En DIEZ. h. 1 140. Del lat. DECEM "diez". Deriv. de DECIMUS por vía popular viene diezmo, h. 1 140, propiamente "décima parte de la cosecha".

DAR, p. 274, t. II : La décima parte de alguna coSa en cualquier línea. Se llama también el derécho de diez por ciento que Se paga al Rey del valór de las mercaderías que se trafican y llegan a los Puertos y entran o pasan de un Reino a otro...
—AbSolutamente Se entiende por la décima parte de los frutos y demás coSas que están obligados à pagar los Parrochianos a sus Iglesias baptiSmales.

"Interpretada en el marco de la semántica discursiva, la metonimia es el resultado de un procedimiento de sustitución por el cual se reemplaza un sema dado por otro sema hipotáctico (o hiperotáctico)[...] Desde este punto de vista, puede considerarse a la metonimia como una metáfora «desviante»" (Greimas y Courtes, 1982: 260).

[9] "[...] el análisis de las definiciones nos informará acerca de la naturaleza de los semas implícitamente contenidos en la denominación[...] el interés del análisis de los definientes radica ante todo en las posibilidades de develar las figuras nucleares de las denominaciones [...]" (Greimas, 1976: 126).

ESTATUAS, BDE, p. 254: En ESTAR, h. 1 140. Del lat. *stare* "estar en pie", "estar firme", "estar inmóvil".
Deriv.: ESTATUA, 1490, lat. STATUA *idem*.

DAR, p. 631, t. II: Figúra de bultó ù corpórea, labrada a imitación del natural, repreSentando el hombre, el bruto, ù otra coSa. HacenSe de piedra, plata, oro, madera.

YDOLO, BDE, p. 331; IDOLO: "Figura de una falSa Deidád", 1220-1250, lat. *idolum*. Tom. del griego *éidolon* "imagen" (de la raíz *éidon*, "obra").

DAR, pp. 204-5, t. II: Estatua de alguna falSa deidád à quien venéra la çiega Idolatría.
Idolatría: la adoración ò culto que los Gentiles dán a las criaturas y à las eStatuas de sus falSos DioSes.

LIMOSNEROS, BDE, p. 361: En LIMOSNA: med. s. XIII (alimosna en varios textos de este siglo). Del lat. eleêmosýna..., tomado del griego eleêmosýné..., id. propiamente "piedad", "cormpasión". Deriv. Limosnero, 1332.

DAR, p. 408, t. I: Misericordioso, piadoso, inclinádo à dar limosna
—Se llama también al Sugéto que tiene el empléo o eStá destinado en los Palacios de los Reyes, y caSas de Príncipes y Preládos para distribuir las limosnas.
Limosna: lo que se dá al pobre neceSSitado, condoliéndose de Su Miséria, o para ayuda de alguna obra pía.

ORÁCULOS, BDE, p. 425: En ORAR "rezar" 1220-50. Tom. del lat. *orare* "rogar", "solicitar", propiamente "hablar", "hacer un discurso".
Deriv.: oráculo h. 1 440. Lat. *oráculum* íd., propiamente "santuario" (donde se pronunciaban los oráculos).

DAR, p. 46, t. III: ReSpueSta que dá Dios, ò por sí, o por Sus Ministros: y en la Gentilidad Se entendía la que daba el Demónio, à quien conSultaban en los Idolos Sus dudas, teniéndole por Dios.
Se llama también el lugár, la estátua ò Simulacro, que representaba aquella deidad fingida a quien iban a conSultar los Gentiles, para Saber las coSas futuras, ù ofrecerle incienSos y Sacrificios en Sus neceSidades.

Los términos BULTO, ESTATUAS, YDOLO, ORÁCULOS conforman un campo semántico[10] cuyo archilexema[11] sería *Figura*. Extraemos los semas[12] de las definiciones recogidas y presentadas aquí:

Lexemas	Fuera de contexto				En contexto			
Semas	B	E	Y	O	B	E	Y	O
Figuratividad	+	+	+	+	+	+	+	+
Religiosidad	–	–	+	+	+	+	+	+
Falsedad	–	–	+	+	+	+	+	+
Deidad	–	–	+	+	+	+	+	+
Veneración	–	–	+	+	+	+	+	+

Como B y E no representan, fuera del contexto de la crónica, a una figura religiosa, los semas Religiosidad, Falsedad, Deidad y Veneración tampoco estarán necesariamente presentes siempre. Si incorporamos los lexemas "Bulto" y "Estatuas" al contexto de donde los hemos extraído, la ambigüedad de los rasgos sémicos mencionados queda despejada al asignársele valores positivos en el cuadro del análisis de los componentes sémicos que hemos elaborado. Veremos entonces que los cuatro términos pueden funcionar como sinónimos si consideramos que rasgos como "escultura en relieve" y "escultura en bulto" no representen oposiciones pertinentes en este trabajo. Para nosotros es suficiente la consideración de "escultura" como "representación". En el segundo cuadro tendríamos, por ello, cinco archilexemas que dan lugar a la configuración de isotopías[13] en la narrativa de Cieza.

2.4. Contenidos semánticos

a) "[...] se tenía pos costunbre en el Cuzco por los reyes que cada año hazían venir (a) aquella çibdad a todas las estatuas y bultos de los ydolos que estavan en las guacas, queeran los templos donde ellos adoravan;"

b) "... las quales (estatuas y bultos) eran traydas con mucha veneración por los çaçerdotes y *camayos* dellas"

[10] "[...] conjunto de unidades léxicas consideradas, a título de hipótesis de trabajo, como dotadas de una organización estructural subyacente [...] que será puesta en evidencia gracias al análisis sémico" (Greimas y Courtes, 1982: 49).

[11] "El archilexema es el lexema de una lengua natural estudiada que sirve para designar, integrándolo, a un microsistema taxonómico" (*Ibid.*, p. 39).

[12] "[...] el plano del contenido puede ser analizado en rasgos distintivos semánticos que dan por resultado unidades mínimas de sentido denominadas semas. [...] Los semas no tienen una existencia individual y aislada sino que se dan al interior de las estructuras semánticas de los términos objeto, o más exactamente, lexemas" (Blanco y Bueno, 1983: 29).

[13] "La isotopía garantiza la homogeneidad y coherencia de un mensaje o de un discurso. Puede ser definida como un plano común que hace posible la coherencia de la enunciación, debiendo entenderse ese plano común como la permanencia de algunos rasgos mínimos" (Ballón, 1988: 43).

c) "[...] y como entrasen en la çibdad heran reçibidas con grandes fiestas y proçeçiones..."

d) "[...] y aposentadas en los lugares que para aquello estavan señalados y estableçidos".

e) "[...] el que reynava aconpado de todos los Yngas y orejones, cortesanos y prençipales de la çibdad, entendían en hazer grandes fiestas y borracheras y taquis,"

f) "[...] poniendo en la plaça del Cuzco la gran marona de oro que la sercaba toda."

g) "y tantas riquezas y pedrería quanto se puede pensar[..]"

h) "[..] questas estatuas y bultos y çaçerdotes se juntavan para saber por bocas dellos el çuçeso del año[..]"

i) "[..] preguntava no a todos los oráculos junto, sino a cada uno por sí [..]"

j) "avía suma grande de tinajas de oro y plata y vasos y otras joyas[...]"

k) "los que para aquello estavan señalados, y tenían las bezes del Gran Çaçerdote[...] que hiziesen a cada ydolo su pregunta destas cosas[...]"

l) "[...] el qual (Ydolo) respondía por boca de los de los Çaçerdotes que tenían cargo de su culto"

m) "[...] y éstos (los çaçerdotes) como estavan bien beodos"

n) "los çaçerdotes[...] pedían algún término para responder [...]"

o) "(los çaçerdotes) querían hazer sus sacrifiçios para questando gratos a los altos dioses suyos fuesen servidos de responder lo que avía de ser."

p) "[...] más de dos mill corderos y ovejas[...] eran degollados haziendo sus exorcismos diabólicos y sacrifiçios vanos."

q) "[...] luego denunciavan lo que soñavan o lo que fingían o por ventura lo que el diablo les diría[...]"

r) "[...] al dar las respuestas tenían gran quenta en mirar lo que dezían y quántos dellos confirmavan en un dicho o çuçeso de bien o de mar[...]"

s) "[...] para ver quál dezía verdad y açertava en lo que avía de ser el dicho año."

t) "[...] salían los limosneros de los reyes con los ofrendas quellos llaman capacocha."

u) "juntándose la limosna general, eran bueltos los ydolos a los tenplos."

v) "Y sí pasado el año avían acaso acertado algunos de aquellos soñadores, alegremente mandava el Ynga que le fuere de su casa (el año venidero) la 'capacocha' (muchos vasos de oro y de plata y de otros pieças y piedras y cargas de mantas ricas y mucho ganado)."

w) "a los que avían salido ynçiertas y mentirosas no les dava el año venidero ninguna ofrenda, antes perdían reputación."

A partir de los núcleos sémicos:[14] traslado, congregación, celebración, consulta, sacrificio, respuesta, reconocimiento o reprobación, tenemos que la *Capacocha* de Cieza es una congregación anual de oráculos y una competencia entre ellos por acertar y adquirir más reputación.

Cieza define la *Capacocha*: "[...] que como digo era ofrenda que se pagava en lugar de diesmos a los tenplos [...]" e insiste al afirmar que "salían los limosneros de los reyes con las ofrendas quellos llaman 'capacocha'". Pero en otros capítulos[15] de esta misma crónica, observamos el carácter específico de la conservación del objeto simbólico: vasos, vasijas, etcétera.

3. Análisis interlingüístico sincrónico, siglo XVI

Castellano/quechua

	Semas	Lexema quechua	Lexema castellano
Huacca DGH p. 165	Ydolos	guacas/waka	tenplos
	gurillas		
	lugar de ydolos		
	adoratorio		tenplos
	idolatría		
	llanto		
	invocación divina		
Camayoc DGH p. 46-8	oficial	camayos/kamayoj	guardianes
	mayordomo		guardianes
	mandón		
	oficio	kamay	
	tarea } según		
	obligación } méritos,		
	puesto } honoríficos		
	lugar		

[14] "[...] el núcleo sémico[...] se presenta como un mínimo sémico permanente, como una invariante [...] cuya combinación con los semas contextuales provoca, en el plano del discurso, esos efectos de sentido a los que hemos denominado sememas" (Greimas, *op. cit.*: 67-68).

[15] "[...] mandó traer Viracoche Ynga un gran vaso de oro y se hizo el pleyto omenaje entre ellos desta manera: bevieron un rato del vino que tenían las mujeres y luego el Ynga tomó el vaso ya dicho y poniéndolo ensima de una piedra muy lisa dixo: 'La señal sea ésta queste vaso se esté aquí y que yo no le mude ni tú lo toques en señal de ser cierto lo asentado'." (Cieza de León: 127, f.52).

"[...]Hizieron (los del Collao) su juramento conforme a su ceguedad de llevar adelante su yntinción y determinación; y para más firmeza, bevieron con un baso todos ellos juntos y mandaron que se pusiese en un tenplo entre las cosas sagradas para que fuese testigo de lo que así se a dicho." (Cieza de León: 155, f.61v.)

Hemos consultado tanto el *Vocabulario de la Lengua Quichua* de Diego Gonçales Holguín (DGH) (1608) como el *Vocabulario* de fray Domingo de Santo Thomás (1560) para comparar los significados de los formantes del nombre de la ceremonia que ellos les dan, ya que el nombre de la ceremonia no aparece en sus vocabularios, con la descripción de la ceremonia misma hecha por Cieza.

Entendemos que se trata de una palabra compuesta: *Capac* por una parte, sobre la que no hay mayores dudas; por la otra, *ocha* o *cocha*. Ccocha (DGH: 65) significa "laguna" y *mama ccocha*, "la mar". Ello no tiene vinculación con la ceremonia descrita. Nos queda *ocha* o *ucha* ya que se sabe que Cieza escribía en el llamado quechua general que, entre otras características, realiza una *u* más abierta que Cieza transcribe como *o*: "*Aporima*" (p. 86) por Apurímac; "Omasuyo" (p. 86) por Umasuyu; "*capacocha*" (pp. 87-89) por Capac ucha. *Ocha* no esta registrado en DGH y *Ucha* (p. 349) significa hermano o hermana de padre y madre en la construcción *Ucha maciy*. Uchha (p. 349) significa: estiércol menudo de ganado. Estos significados quedan fuera del contexto estudiado. Además, es muy probable que la aspirada *h* intersilábica que debe preceder a la vocal *u* fuera asimilada por la oclusiva velar o glotal en la pronunciación de Cieza. Tendríamos así que la ortografía correcta podría ser *Capac Hucha*.

En el DGH encontramos: *kapac* el rey (pp. 134-135)

	Kapac huaci	Cassa real
	Kapac ñan	Camino real
(199)	*Hucha o cama*	Peccado, negocio o pleyto
	Huchacta	El Secretario del Inca o consultor de sus
	Camacta	negocios o secretos a quien descubría
	Yachak	su resolución para que la mandase a los
	Hucha yachak	executores
(72)	*Hucha ccuzqquicuy*	El examen de conciencia
(200)	*Hucha patachak*	La justicia o juez que juzga rectamente
	Huchanac	El que no tiene pecados ni tiene culpa o es inocente
	Huchayac	El culpable o delincuente o el que tiene pecado
	Huchallicuni	Hazer falta o falla o tener culpa

Gonçales Holguín pone como sinónimos a *Hucha* y a *Cama*. Veamos los significados de *Cama* y de las construcciones que hace el clérigo con el sustantivo

(47)	*Cama*	El pecado o culpa
	Camallicuk	El pecador
	Huchallicuk	
	Camallicuni	Pecar
	Huchallicuni	

Camachinacuni	Consultar, tratar en cabildo o concertar, o ventilar algo muchos entre sí
Camachinacuy	El cabildo, acuerdo o consulta

Por su parte, DST presenta lo siguiente:

(243)	*Hochane*	Peccado
	Hochallini	Pecar
(136)	*Hochane*	Falta por culpa
(239)	*Hochanta pampachani*	Absolver o perdona pecados

Obsérvese que la ortografía de DST es similar a la de Cieza aunque conserva la inspirada *h*.

A partir del análisis de los términos empleados por los frailes lingüistas podemos llamarla *Capac Hucha* y traducirla como *Peccado Real* o *Magno*, debido al número de acepciones relacionadas con esa isotopía. Pero debemos considerar que la identidad *Hucha: Peccado* fue creada por los filólogos iniciales ya que el concepto de pecado es una innovación occidental.

Primera isotopía	peccado	En primer lugar por la abundancia de referencias
	culpa	Priorizada por católicos españoles
	delito	
Segunda isotopía	consulta	Referencias secundarias
	evaluación	Priorizadas por los naturales

Podemos postular, entonces, que el significado polisémico de *Hucha: Cama* estaba relacionado con la consulta, la evaluación y el posible resultado de la evaluación (sanción o premio) especialmente según el significado de *Hucha, Huchacta, Camachinacuni*, de DGH. Podríamos traducirla, entonces, como *Consulta Real* o *Magna*.

4. CONCLUSIONES

Hemos observado cómo los contenidos semánticos remiten a la ideología y la ideología configura los presupuestos: fiesta, riquezas, religión, y modela las equivalencias presentadas. A partir de los presupuestos mencionados, la *capacocha* es vista como una fiesta "en todo diferente a las nuestras" por Cieza. No busca el simbolismo de todo ello. El menaje de oro y de plata, claramente ceremonial, es visto únicamente como signo de riqueza de sus poseedores. La religión nativa es una confabulación fraguada por el demonio, el más encarnizado enemigo del dios verdadero, el Dios de los españoles. Por ello, los sacerdotes son hechiceros que engañan y los pronósticos no pueden tomarse con seriedad.

En cuanto a la ideología presente en las equivalencias, podemos partir de algo tan disímil como una ofrenda y una consulta para poder dilucidar la forma que tomó la expresión de la ceremonia en Cieza. Él observa que los limosneros del Ynga portan objetos de oro y plata, pero su referente se impone y los denomina *ofrendas* y *diesmos* por asociación de ideas, cuando se trata de objetos que quedan en prenda como testimonio de algo dicho o acordado. Decir *ofrenda* y *diesmo* implica donar o pagar lo que la deidad —la religión— exige. Nos transmite así los elementos que pueden tener en común: la entrega, la conservación en un lugar especial, cantidad y calidad de lo entregado, etc., pero se soslaya su carácter temporal, su carácter eminentemente simbólico del compromiso de la palabra empeñada, etcétera. Al lector le llega solamente parte del significado; se trata de una equivalencia parcial que se toma por total.

El referente de Cieza está profundamente marcado por su ideología: para sistema de gobierno: monarquía absoluta; para religión: catolicismo; para reino animal: el que tiene su hábitat en España. Estos referentes se configuran, entonces, como los ejes de las isotopías que organizan el texto de Cieza.

Por su parte, la categorización de falsedad que atribuye a la religión que no es la católica implica, por oposición y en ausencia, la valoración de verdadera que correspondería a la católica. De aquí podemos deducir que la connotación positiva esta asociada al catolicismo y la negativa al culto inca:

RELIGIÓN

	FALSA	VERDADERA	
Connotación negativa			Connotación positiva
	NO VERDADERA	NO FALSA	

Para reformular la designación de la fiesta haremos un recorrido onomasiológico; iremos de la descripción al concepto y al nombre.

Los contenidos semánticos nos han llevado hasta los núcleos sémicos que confluyen en la celebración de una consulta anual a los oráculos convocada por las más altas autoridades: Inca y Sumo Sacerdote. Como tanto el término *Hucha* como *Cama* nos lleva hacia el lexema *consulta* que coincidiría con los rasgos sémicos que conforman la definición y con la isotopía secundaria, proponemos como nombre de la ceremonia el de *Capac Hucha*, que en castellano sería *Consulta Real* o *Magna*. Como la religión local era considerada "ydolatría" y todas sus expresiones falsas, entonces, desde el punto de vista de los evangelizadores españoles, sería más conveniente definir la ceremonia como *Peccado Mayor*, a partir del rasgo de culpa o falta, perteneciente a la isotopía priorizada por los españoles. Los religiosos españoles realizaron una metonimia interlingüística al limitar la equivalencia castellana del término *Hucha* a *pecado*.

La intención de Cieza de describir con veracidad y a partir de hechos ciertos o certificados se confronta tanto con sus esquemas ideológicos como con las limitaciones prácticas de vivir en la monarquía absoluta de la España católica del siglo XVI. Su comprensión actual depende en mucho de los vocabularios de entonces, preparados en las mismas circunstancias.

La tarea del moderno lector y estudioso de las crónicas será aislar a ambos antagonistas: la ideología del cronista y lo que narra, para así poder acercarse al hecho histórico.

BIBLIOGRAFÍA

Althusser, Louis, *Ideología y aparatos ideológicos de Estado*, Buenos Aires, Nueva Visión, 1974.
Ballón, Enrique *et al.*, *Semiótica narrativa y discursiva* (Groupe d'Entrevernes), Lima, Universidad Ricardo Palma, 1988.
Blanco, Desiderio y Raúl Bueno, *Metodología del análisis semiótico*, Lima, Universidad de Lima, 1983.
Cieza de León, Pedro, *Segunda crónica del Perú. El señorío de los Ingas*, Lima, PUCP, 1984.
Corominas, Joan, *Breve diccionario de la lengua castellana*, Madrid, Gredos, 1983.
Ducrot, Oswald, *Dire et ne pas dire. Principes de semantique linguistique*, Lima, Universidad de Lima, 1978.
Gonçales Holguín, Diego, *Vocabulario de la lengua general de todo el Perú llamada lengua quichua o del inca*, Lima, UNMSM, 1989.
Greimas, A.J., *Semántica estructural. Investigación metodológica*, Madrid, Gredos, 1976.
—— y J. Courtes, *Semiótica. Diccionario razonado del lenguaje*, Madrid, Gredos, 1982.
Hampe Martínez, Teodoro, *Don Pedro de la Gasca (1493-1567). Su obra política en España y América*, Lima, PCUP, 1989.
Liszt, Gudula, *Introducción a la psicolingüística*, Madrid, Gredos, 1977.
Real Academia Española, *Diccionario de autoridades* [1732], Madrid, Gredos, 1979.
Rubinstein, J.L., *Principios de psicología general*, México, Grijalbo, 1975.
Santo Tomás, Domingo, *Lexicón o vocabulario de la lengua general del Perú*, Lima, UNMSM, 1951.
Todorov, Tzvetan, *La conquista de América: el problema del otro*, México, Siglo XXI, 1987.

ANEXO

CAPÍTULO XXIX

*de cómo se hazía la capacocha y quánto se usó
entre los Yngas, lo qual se entiende de dones y
ofrendas que hazían a sus ydolos.*

En este lugar entrará bien, para que se entienda, lo de la capacocha, pues
todo / era tocante al serviçio de los tenplos ya dichos y de otros; y por
notiçia que se tiene de yndios viejos que son bivos y bieron[a] lo que sobre
esto pasava, escriviré lo que dello tengo entendido ques verdad. Y así dizen
que se tenía por costunbre en el Cuzco por los reyes que cada año hazían
venir [a] aquella çibdad a todas las estatuas y bultos de los ydolos que
estavan en las guacas, que eran los tenplos donde ellos adoravan; las quales
eran traydas con mucha veneraçión por los çaçerdotes y "camayos" dellas,
ques nonbre de guardianes; y como entrasen en la çibdad, heran reçib[id]as
con grandes fiestas y proçeçiones y aposentadas en los lugares que para
aquello estavan señalados y estableçidos; y aviendo venido de las comarcas
de la çibdad y aun de la mayor parte de las provinçias número grande de
jente, así honbres como mugeres, el que reynava aconpañado de todos los
Yngas y orejones, cortesanos y prençipales de la çibdad, entendían en hazer
grandes fiestas y borracheras y taquis, poniendo[1] en la plaça del Cuzco la
gran maroma de oro que la çercava toda y tantas riquezas y pedrería quanto
se puede pensar por lo que se a escrito de los tesoros questos reyes
poseyeron.[2]

Lo qual pasado, se entendía en lo que todos los años por ellos se usava,
que era questas estatuas y bultos y çaçerdotes se juntavan para saber por
bocas[3] dellos el çuçeso del año, si avía, de ser fértil o si avía de aver
esterilidad, si el Ynga te[r]nía larga vida y[4] si por caso moriría en aquel año,
si avían de venir enemigos por algunas partes o si algunos de los paçíficos
se avían de revelar. En conclusión eran repreguntados destas cosas y de
otras mayores y menores que va poco desmenuzarlas, porque tanbién
preguntavan si avría peste o si vernía alguna moriña por el ganado y si avría
mucho multiplico dél. Y esto se hazía y preguntava no a todos los oráculos
juntos, sino a cada uno por sí: y, si todos los años los Yngas no hazían esto,

[a] está.
1 S. Ponían.
2 S. poseían.
3 S. boca.
4 S. o.

andavan mui recatados y bivían descontentos y mui temerosos y no tenían sus vidas por seguras.

Y así, alegrado el[5] pueblo y hechas sus solenes borracheras y vanquetes y grandes taquis y otras fiestas que entre[6] ellos usan, diferente[s] en todo a las nuestras, en que los Yngas están con gran triunfo y a su costa se hazen los convites, en que avía suma grande de tinajas[7] de oro y plata y vasos y otras joyas[8], porque todo el serviçio de su cozina, hasta las ollas y vasos de serviçio, era de oro y plata, mandavan a los que para aquello estavan señalados y tenían / *las bezes* del Gran Çaçerdote, que tanbién estava presente a estas fiestas con tan gran ponpa y triunfo como el mismo rey, aconpañado de los çaçerdotes y mamaconas que allí se avían juntado, que hiziesen[b] a cada ydo[lo] su pregunta destas cosas, el qual respondía por boca de los çaçerdotes que tenían cargo de su culto[9]. Y éstos, como estavan bien beodos, adivinavan lo que más bían que hazía al gusto de los que preguntavan, ynventa[n]do por ellos y por el diablo, que estava en aquellas estatuas. Y hechas las preguntas a cada ydolo por sí, los çaçerdotes, tan astutos[10] en maldades, pedían algún término para responder, para que con más devoçión y crédito dellos oyesen sus desvaríos; porque dezían que querían hazer sus sacrifiçios para questando gratos a los altos dioses suyos, fuesen servidos de responder lo que avía de ser. Y así, eran traydos muchos animales de ovejas y corderos y cuys[c] y aves, que pasavan el número a[11] más de dos mill corderos y ovejas; y éstos eran degollados, haziendo sus exorzismos diabólicos y sacrifiçios vanos a su costunbre. Y luego, denunçiavan lo que soñavan o lo que fingían o por ventura lo que el diablo les diría[12]; y al dar de las respuestas, teníase gran quenta en mirar lo que dezían y quántos dellos confirmavan en un dicho o çuçeso de bien o de mal; y así hazían con las demás respuestas, para ver quál dezía verdad y açertava en lo que avía de ser en el dicho año.

Esto hecho, luego salían los limosneros de los reyes con las ofrendas quellos llaman "capacocha": y juntádose la limosna general[d], eran bueltos los ydolos a los tenplos. Y si pasado el año avían acaso açertado alguno de

---

[b] hazían.
[c] y otras.
[d] de los reyes.
[5] S. al.
[6] S. omitido: entre.
[7] S. suma de grandes tinajas.
[8] S. vasos de otras cosas.
[9] S. bulto.
[10] S. a cada ídolo, por ser los sacerdotes tan astutos.
[11] S. de.
[12] S. decía.

aquellos soñadores, alegremente mandava el Ynga que le fuese de su casa
la "capacocha"[13], que como digo hera ofrenda que se pagava[e] en lugar de
diesmos a los tenplos, de muchos vasos de oro y de plata y de otras pieças
y piedras y cargas de mantas ricas y mucho ganado. Y a las que avían salido
ynçiertas y mentirosas no les davan el año venidero ninguna ofrenda, antes
perdían reputaçión.

Y para hacer esto[f] se hazían grandes cosas en el Cuzco, mucho más de
lo que yo escrivo. Y agora, después de fundada el Audiençia y averse ydo
Gasca a España, entre algunas cosas que se tra[ta]van en ciertos pleytos, se
hazía minçión desta "capacocha"; y ello y todo lo demás que emos escrito
es çierto que sé hazía y se usava. Y contemos agora[g] de la gran fiesta de
Hatun Layme.

[e] en.
[f] estas cosas.
[g] la gr[an].
[13] S. que lo fuese de su casa. La *capaccocha*...

LA CONQUISTA Y LA UTOPÍA SEGÚN JUAN SANTOS ATAHUALPA (¿1711-1756?)

Alonso Zarzar
Pontificia Universidad Católica del Perú

> Llama [Juan Santos Atahualpa] a todos los indios como
> decimos, pero no vayan negros ni españoles a su presen-
> cia que son todos unos ladrones que le han robado su
> corona, que en este mundo no hay mas que tres Reinos:
> España, Angola y su Reino; y que él no ha ido a robar a
> otro su reino, y los españoles han venido a robarle el suyo.
>
> PP. Del Santo (OFM), Cabanes (OFM) y García (OFM)
> Pichana, 1742

> ...tal vez se pueda avanzar hacia la salida si dejamos de
> estar dominados por los recuerdos. Quizá se trate preci-
> samente de no buscar un Inca.
>
> Alberto Flores Galindo
> Lima, 1988

INTRODUCCIÓN

Una manera ortodoxa de responder a la pregunta ¿quién era Juan Santos
Atahualpa? sería mediante una reconstrucción biográfica usual. Lamentablemente, son casi inexistentes las fuentes que tratan sobre la vida de este
personaje en años anteriores a la rebelión (1742-1755) tal camino queda
entonces descartado. Otra manera de contestar es tratando de comprender
su significación histórica y contextual, esto es, hurgando en los discursos,
tanto de y sobre Juan Santos, como sobre la rebelión que encabezó para así
poder saber ante quién estamos y cuál es su representatividad. Pero antes
veamos con qué datos biográficos contamos.

LOS ORÍGENES

Las fuentes discrepan en torno al origen de Juan Santos Atahualpa. Unas consideran que nació en el Cusco, que fue de origen noble y que fue educado por los jesuitas;[1] que hablaba el latín, además del español y el quechua, y que aprendió el campa (Loayza, 1942: 4)[2] que viajó a Europa y visitó África. Su variado dominio idiomático lo corroboran los pocos misioneros franciscanos que, ya durante la rebelión, lograron entrevistarse con él. Es interesante señalar que, a pesar de que las referencias a esos viajes transatlánticos formaron parte del discurso del propio Juan Santos, y de algunos de sus seguidores, éstos son aún los hechos más oscuros de su biografía, por carecer de evidencias que los comprueben (Loayza, 1942; San Antonio, 1750). Otras fuentes señalan que nació en Cajamarca; lo describen como un indio ladino que antes de ingresar a la selva cometió un crimen, al matar a su amo, un jesuita que lo habría educado y llevado por el viejo continente y, de paso, por las costas de África (Amich, 1975; Loayza, 1942, Lehnertz, 1972: 114). Lo que conocemos con mayor certeza es el periodo público de su existencia: Juan Santos Atahualpa, como otros heroes míticos, nace y muere[3] en el anonimato histórico.

Tal vez sea esta oscuridad que rodea al personaje, tanto al inicio como hacia el fin de su corta vida[4] —y hasta cierto punto, también durante el periodo activo del movimiento— lo que ha fascinado a varios estudiosos. Esto es así porque la imagen de Juan Santos, tal como aparece retratada en las fuentes, así como su presencia general en la historia, parecen semejar la de un fantasma: una ubicua y furtiva presencia en el desarrollo de los eventos propiciadores de la rebelión y una evocación fantasmagórica en la percepción de aquellos que no estuvieron directamente

[1] Como es sabido, los jesuitas dirigían el Colegio de Caciques del Cusco, destinado a la nobleza indígena; sin embargo, ningún historiador asegura haber encontrado el nombre de Juan Santos Atahualpa en sus registros.

[2] Es necesario señalar que el libro de Francisco Loayza es un valiosísimo compendio de manuscritos de la época (sin el cual ningún estudio sobre Juan Santos Atahualpa sería posible), de diversa índole y variada autoría y por eso será citado varias veces, pero no es un estudio historiográfico, con excepción de algunas breves notas aclaratorias que el autor introduce a pie de página.

[3] Las versiones sobre la muerte de Juan Santos Atahualpa son tan variadas, pero tan breves como aquellas sobre el entorno social de su origen, y ya han sido revisadas en un trabajo anterior (Zarzar, 1989).

[4] Por las descripciones de los misioneros franciscanos que lograron entrevistarse con Juan Santos Atahualpa y por la fecha en que —a partir de algunos testimonios de sus seguidores— se deduce que murió, es posible determinar que vivió un máximo aproximado de 45 años.

involucrados en el movimiento y de quienes provienen algunos informes sobre la sublevación y sobre su líder. En éste, como en otros aspectos que luego veremos, Juan Santos Atahualpa participa de aquellas características universales que hacen de los héroes míticos, personajes arquetípicos (Campbell, 1959).

REPRESENTATIVIDAD

A pesar de tal fascinación primera, los historiadores y antropólogos que se acercaron a analizar estos hechos (Métraux, 1942; Varese, 1968; Lehnertz, 1972; Castro Arenas, 1973; Santos, 1980; Flores Galindo, 1988) concentraron su atención en el movimiento mesiánico que Juan Santos encabezó entre 1742 y 1755, antes que en el personaje como tal.

Así, y tratando de disminuir su importancia, Lehnertz (1972: 115) argumenta que Juan Santos sería meramente un síntoma de las tensiones sociales que imperaban a lo largo y ancho del mundo andino de la época. Al parecer, este historiador no se percató del significado de tal afirmación. Decir que este personaje es meramente un síntoma de su tiempo es señalar al menos dos aspectos: primero, que efectivamente es un buen representante del ambiente ideológico y cultural de su época y tiene por tanto importancia estudiarlo; y, segundo, que expresa en sí mismo las tensiones sociales y culturales existentes en el periodo y es, así, una correcta puerta de entrada en la historia social andina de la segunda mitad del siglo XVIII.

Tanto en su discurso, como en los sobrenombres que utilizaba, Juan Santos hacía múltiples referencias a incas notables como Atahualpa y Huayna Capac, reclamando descender de ellos. Como veremos más adelante, sea que sus ancestros incas fueran el fruto imaginario de una visión del mundo en boga en su tiempo, o sea que dichos antepasados fueran efectivamente parte de su genealogía, lo importante a resaltar es que Juan Santos se inscribe en la línea legitimista incaica, encarnando un ideal en su época. Como señala Burga, el siglo XVIII constituyó un periodo de renacimiento andino, durante el cual "[...] las noblezas indígenas muestran su vitalidad organizando manifestaciones contra el orden colonial y el arte en sus variadas expresiones, [y] se caracteriza por una búsqueda de identidad en la que se rescatan los antiguos valores del mundo andino" (1989: 6). Visión del mundo que respaldó el accionar restaurador de Juan Santos Atahualpa y que, a grandes rasgos, Tupac Amaru II compartiría tres décadas después y casi llega a realizar.

UN INCA IMAGINARIO EN UNA GENEALOGÍA MÍTICA

> Dice [Juan Santos] que todo lo que
> hable es de infalible verdad, porque Dios
> le asiste con modo muy especial en
> todas sus operaciones.
> PP. Otazuo [OFM] y Pando [OFM]
> Quimiri, 1747

Acercarnos a la genealogía[5] que Juan Santos Atahualpa refiere como parte fundante de su pasado personal y origen social es inscribir nuestro análisis en la base de las dimensiones políticas y míticas de su discurso; dimensiones que, respectivamente, le otorgan legitimidad como líder y sustentan su concepción de la utopía andina. Como pensaba Malinowski hace casi medio siglo, el *corpus* mítico cumple aquí, claramente, una de sus funciones sociales principales: servir de soporte a un reclamo —la restauración del Estado Inca—; sustentar un liderazgo personal —el retorno del Inca—, e impulsar un conjunto de acciones prácticas —la rebelión mesiánica. Esto es, legitimar la sublevación de un orden social —el de los conquistados. Pero reconstruir su genealogía es también introducirnos en la autopercepción de Juan Santos, en su manera de concebirse y, lo que es más importante, de hacerse un lugar en la historia y de justificar su necesidad política.

En el primer encuentro entre Juan Santos Atahualpa y los misioneros franciscanos, realizado a un mes del levantamiento en Quisopango, el líder mesiánico argumenta, entre otras cosas "...[ser] hijo del inga que Pizarro degolló en Caxamarca, llamado *Diego Atahualpa, Apuinga, Yntypaguauquin*" (Gill Muñoz, 1742). Al entender de Loayza (1942: VIII), Diego Atahualpa habría sido uno de los hijos del Inca Atahualpa, según consta en una probanza de 1554. Si esto es así, Juan Santos estaría designando al Inca Atahualpa con el nombre que correspondería a su hijo; ¿se trata de una confusión, o es este un mecanismo de "condensación" que forma parte del tratamiento mítico de la historia genealógica? Más allá de un vínculo parental, real o virtual, entre los descendientes del Inca Atahualpa y Juan Santos, lo cierto es que tal afirmación se repetirá constantemente en las fuentes. Durante esas semanas, otros franciscanos asentados en Pichana reciben noticias sobre Juan Santos Atahualpa, esta vez los negros guardianes de las misiones que retornaban del Gran Pajonal:

---

[5] Es necesario aclarar que tal genealogía no aparece de forma decantada e íntegra en un documento, sino que se encuentra, a manera de referencias sueltas y desperdigadas, en varios documentos. Su reconstrucción es nuestra responsabilidad.

[...] dice ser Inca del Cuzco [...] y dice que deja en el Cuzco tres hermanos [...] que su casa se llama Piedra. Su ánimo es, dice, cobrar la corona que le quitó Pizarro y los demás españoles, matando a su padre, (que así le llama al Inca) y enviando su cabeza a España [...] que él vendría [...] recogiendo su gente para el fin de recobrar su corona; y que a ese fin le enviaron sus hermanos, principalmente el mayor, a la montaña [Loayza, 1942: 2-6].

Este relato (que aquí ha sido recortado para intercalar sólo las referencias que son pertinentes) muestra con meridiana claridad la percepción mítica de Juan Santos, pues se trata nada menos que de una versión parcial y resumida de dos grandes mitos. En ella se entrelazan acontecimientos que corresponden tanto al mito de Inkarrí, como a la cosmogonía fundacional Inca, el mito de los hermanos Ayar. Probablemente, además, se trata de la primera y más temprana versión registrada de la saga mítica de Inkarrí, aún viviente en algunas comunidades andinas. Como se sabe, ese mito, a pesar de sus diversas versiones, mantiene un asunto del relato de manera constante: el retorno del Inca degollado por Pizarro; precisamente el núcleo del mito que legitima la práctica política de Juan Santos Atahualpa.

Según versiones de algunos rebeldes nativos capturados, consignadas en un largo y detallado diario escrito por el secretario del Gobernador de las montañas en Tarma, en 1743, se dice que Juan Santos, además de Atahualpa, también se hace llamar Huayna Capac (*ibid.*: 34). En casi todos los documentos existentes sobre la rebelión, en que se alude a la persona de Juan Santos, se indica que este se autotitula el Inca, más precisamente "Apo Capac Inca". Pero gracias a una prolongada estadía en Quimiri, en 1747 —año en que Juan Santos residía en esa localidad— que los padres franciscanos Otazuo y Pando lograron obtener un informe extraordinario sobre la genealogía mítica del Inca "Levantado":

Dice (hablando de su origen) que cuando Dios crió al Sol, inmediatamente produxo a su padre, llamándole *Guainacapac*, a quién el Espíritu Santo le infundió su corazón con muchos grados de gracia, quedandose sin él. Que dándole un Testimonio en un pliego, lo declaró por Monarca de este Reyno con superioridad a todos los Reyes y Monarcas del mundo, y que en su muerte le dexó por patrimonio ese corazón á él, como a su legítimo hijo: de donde viene este insolente a decir que él es el Espíritu Santo, valiendose para esta proposición blasfema de los predicados, que convienen al Padre, y al Espíritu Santo por apropriación, aludiendo a la significación de su nombre, y apellido de esta suerte. Dice, pues: á la tercera Persona Divina le conviene el nombre de Santo (saca por menor) yo tengo por nombre Santos: luego soy el Espíritu Santo. Mas: á la primera Persona le conviene el ser Poderosa (saca por menor) yo tengo el nombre de poderoso, porque Apu significa esso: luego soy el Espíritu Santo Poderoso. Dice que al segundo dia de la muerte de Christo Señor nuestro crió Dios a su padre por substituto para que obrasse las mismas maravillas que Christo [San Antonio, 1750; subrayado nuestro].

La lectura de este documento lo deja a uno con la impresión de que Juan Santos Atahualpa estuviera realizando una exégesis caprichosa de dos tradiciones míticas —la bíblica y la Inca— sin aparente relación entre sí, y que él busca hacer encajar de alguna manera. Tal impresión, sin embargo, no es corrrecta, pues el sincretismo de su discurso es más bien un proceso colectivo y compartido en la época y, de alguna manera también, un resultado un encuentro entre la educación cristiana recibida en la infancia y su origen social andino. Ya en un trabajo anterior (Zarzar, 1989) demostré la significación que tuvo la evangelización franciscana —heredera del joaquinismo[6] europeo del medievo (Cohn, 1981: 109)— en la catequización de los indígenas amazónicos y en el pensamiento de Juan Santos. Finalmente, y para completar la información referente a su genealogía, es necesario agregar un dato más. Hacia 1752, en su última incursión a la sierra, y en su encuentro con los párrocos de Andamarca, Juan Santos Atahualpa declarará, entre otras cosas, que es hijo de la virgen *Sapa Coya* (Loayza, 1942: 216).

Resta por ahora explicar en qué consiste tal conjunción de tradiciones y como esta permite reconstruir una genealogía personal e imaginaria. Si consideramos la información revisada hasta aquí, es posible afirmar que Juan Santos utiliza un conjunto de categorías cristianas para clasificar y ordenar su visión de la historia, pero se trata de una historia que reelabora un pasado andino para convertirlo en una utopía. Un pensamiento que, funcionando sobre criterios formales occidentales propios al medievo, intenta entender su pasado andino, pero a costa de idealizarlo y transformarlo en una utopía que justifique su restauración social; conversión inconsciente que se encuentra inmersa en el ambiente ideológico de su época. Por ello, el pensamiento de Juan Santos Atahualpa marca un momento representativo y elaborado de lo que se denomina la utopía andina.

Como puede apreciarse en el primer diagrama, Juan Santos puede sostener afirmaciones contradictorias en apariencia: ser a la vez hijo de Huayna Capac, de Cristo y del Sol; encarnar simultáneamente al Espíritu Santo y a Inkarrí; considerar a Dios como el creador supremo y al Sol como el equivalente andino de Cristo; decirse enviado de la Virgen y afirmar ser hijo de la *Sapa Coya*. Eliminar las distancias generacionales y el transcurrir sucesivo de la historia mediante el establecimiento de identidades entre individuos que ocupan generaciones distintas: él es, a la vez, Atahualpa,

---

[6] Herencia en la que se destaca una concepción tripartita de la historia en la que la primera edad corresponde al Padre (Dios) y al periodo anterior a la era cristiana, la segunda edad al Hijo (Cristo) y a la época del profeta calabrés, y la tercera edad al Espíritu Santo, y que se proyectaba como la utopía a alcanzar por los cristianos místicos de entonces.

DIAGRAMA 1

Genealogía mítica y milenarismo
en Juan Santos Atahualpa

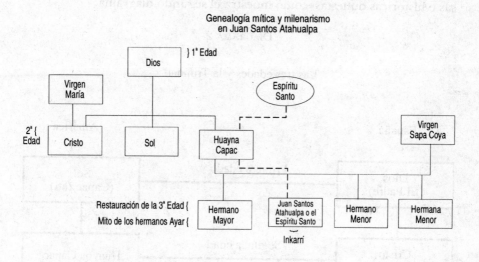

Huayna Capac y Manco Capac;[7] el Inca eterno y, como dice el texto citado anteriormente, "Monarca de este Reyno con superioridad a todos los Reyes y Monarcas del mundo". Siguiendo esa misma lógica sincrética, Juan Santos dirá, que así como es el Inca eterno, es igualmente "el Dios absoluto de América" (*ibid.*: 216), pues se trata tan sólo de la otra cara de la moneda. Recordemos que durante el Imperio, el Inca era considerado un ser divino al que no se podía dirigir la mirada y al que, ante su paso, sus súbditos debían tirarse al suelo y besarle los pies; un dios en definitiva y, en la medida en que Juan Santos Atahualpa identifica la tradición bíblica con la historia de España, hace lo propio con la tradición mítica inca y el pasado, no del Perú, sino de América.

[7] Recordemos el relato mencionado antes sobre el origen cusqueño de Juan Santos Atahualpa y sus hermanos. Éste sigue fielmente algunos de los pasajes principales del mito inca fundacional de los hermanos Ayar. En aquél, Manco Capac es enviado por su hermano mayor desde el altiplano a fundar la ciudad del Cusco; en éste, Juan Santos es enviado por su hermano mayor desde el Cusco para recobrar su corona en la montaña. Aunque los lugares de partida y de llegada son opuestos, siendo el Cusco el punto equidistante entre el altiplano y la montaña, los personajes y sus dramas siguen las mismas pautas.

Así, en la organización de su pensamiento están en juego tanto la lógica joaquinista de la división tripartita del tiempo y la concepción cristiana de la Trinidad, como también una idea dual más básica, que contrapone dos espacios geográficos mediante el recurso de asignarles tradiciones religiosas e históricas opuestas, como muestra el segundo diagrama.

DIAGRAMA 2

Las tres edades y la Trinidad

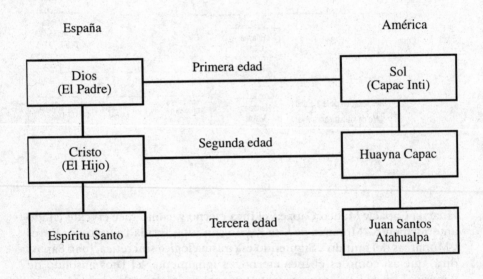

La Trinidad en dos versiones

Podemos ver de esta forma que, con semejantes ancestros y tamaña genealogía, su reclamo a ser reconocido como Inca –dueño y señor de estas tierras– adquiere el relieve de una causa, no sólo justa, sino divina.

CONTRAPUNTO DE LA CONQUISTA Y LA UTOPÍA

[...] dicen que el indio rebelde [Juan Santos]
pasó a Huancabamba, y que iba a prevenirle
a aquel Cura de aquel pueblo que lo sentara

en sus libros del tiempo que ya iba gobernando,
y que a los demás Curas previniese lo
mismo; y que los españoles lo reconocieran
por su Señor de estos Reinos y esto es para
él como género de investidura.

El Secretario del Gobernador de las Montañas
Tarma, 1743

A partir de algunos jirones (lamentablemente muy pocos) del discurso de
Juan Santos Atahualpa, es posible reconstruir, aunque limitadamente, su
percepción de la Conquista y su visión de la utopía. Concepciones que,
como pliegues de un mismo discurso, contraponen esos dos órdenes, de la
misma forma en que se oponen lo extraño a lo propio, y lo impuesto a lo
deseable.

LA CONQUISTA

Para este Inca rebelde, la Conquista constituyó, básicamente, un exceso de
apropiación, un abuso de explotación y un ejercicio arbitrario de dominación. Como señala correctamente Lehnertz (1972: 115), a pesar de su
rebeldía, Juan Santos no llegó a cuestionar la estructura del poder español,
en la medida en que ésta aparecía, de alguna forma, como una continuación de la dominación imperial Inca, de la que él se reclamaba sucesor y
restaurador. Como podremos apreciar en su discurso, el dominio español
significó para Juan Santos Atahualpa un orden impuesto por la fuerza y,
como expresa con énfasis el epígrafe que abre este pequeño trabajo,
sustentado en el robo.

En ese ya comentado primer encuentro con un misionero franciscano,
Juan Santos le pedirá que visite al virrey para decirle en su nombre "[...]
que el inga dueño del Perú, venía a su casa o palacio a coronarse y que él
no va a meterse en España[...]" (Gill Muñoz, 1742); y para tal menester le
ofrece una escolta que lo acompañaría hasta la ciudad de Tarma. De la
misma manera y durante las mismas semanas, los negros guardianes
informan que Juan Santos requiere la presencia de uno de los misioneros
para que "[...] escriba al señor Virrey para que se le restituya, esto es su
corona, y si no que él la pasará a tomar por fuerza" (Loayza, 1942: 3); y en
referencia a su apariencia personal les dice: "Que no se admiren de verle
pobre, pues todo se lo han robado, pero que tiene mucho oro y plata
escondida, la que luego que se corone manifestaría, pero que no la poseerían
más los españoles [...]" (ibid.: 6). Según otras versiones, Juan Santos acusaba

de envidioso al virrey y afirmaba que los oidores venían al Virreinato por sus "pretensiones" y no como representantes de la justicia real (*ibid.*: 39). En su último encuentro con los franciscanos en 1752, sostendrá que los españoles tienen tiranizadas sus tierras (*ibid.*: 216).

Como puede verse en estas citas, para Juan Santos Atahualpa, la Conquista y el sistema colonial de gobierno no eran cuestionables en su organización política, ni en su jerarquía interna, sino en todos aquellos aspectos en los que éste se excedía.

LOS RECLAMOS

A lo largo de la sublevación y cada vez que se presentaba la oportunidad de establecer contacto con algún representante de la administración colonial, Juan Santos tratará de reclamar algunos "derechos" e, igualmente, ante las poblaciones que eran ganadas al movimiento, intentará ejercer ciertos privilegios que, consideraba, formaban parte de su investidura Inca. Así, ante el pedido de negociar por parte de uno de los franciscanos que llegan a Quimiri en 1743, Juan Santos responde: "[...] que se fuesen, que no quería hablar mal a nadie, sino que le diesen lo que era suyo" (*ibid.*: 19). Hacia 1745, tal reclamo adquiere sus reales dimensiones, el gobernador de las montañas nos dice: "[...] su tema no era otro, que sea Dueño de la tierra, y del reino el dicho Levantado, y tomar de ello posesión, y asentar que les pertenecía por derecho y herencia de sus antiguos" (*ibid.*: 109). Hacia 1746, después de haber atacado con éxito el pueblo fronterizo de Monobamba, Juan Santos envía cartas al virrey y al provisor por intermedio de un clérigo, las mismas que "[...] se reducían a decirles que él era Señor del Reino y que se lo desocupasen" (*ibid.*: 116). Posteriormente, hacia 1752, el corregidor de Jauja afirma en carta al virrey, que después de haber tomado Andamarca, Juan Santos ha enviado "embajadores" a los demás pueblos de frontera y se encuentra a la espera de que el corregidor le entregue la provincia (*ibid.*: 219). En carta al rey, este mismo funcionario se referirá a la conmoción que ha causado la rebelión "[...] con los insultos de este bárbaro que se ha levantado por Rey, entre ellos, suponiéndose ser descendiente de los verdaderos Incas, y que por derecho de sucesión le compete el señorío y despotismo absoluto de este vasto Imperio [...]" (*ibid.*: 227).

De estas citas queda en claro que para Juan Santos Atahualpa no se trataba de negociar con el gobierno español una dudosa parcela de poder dentro del sistema colonial, a cambio de apaciguar a sus seguidores y de poner fin al movimiento mesiánico, sino del reconocimiento de su investidura Inca y, por ende, de los privilegios que ésta consagraba: entre otros, casi todo el poder. Así, a pesar de no cuestionar el sistema colonial en su estructura organizativa, Juan Santos Atahualpa, sin embargo, no buscaba tampoco una transacción con el mismo, sino su suplantación por un Estado Inca, imaginado conforme a los cánones de la utopía andina.

LA UTOPÍA

A partir de una lectura cuidadosa de las fuentes, es posible distinguir la existencia de dos dimensiones en la utopía social que promovía Juan Santos Atahualpa. Por un lado, tenemos lo que podríamos denominar la dimensión ideal, constituida por los objetivos sociales que persigue el Inca rebelde y, por otro lado, la dinámica real, constituida por la implementación de algunas prácticas sociales que pueden considerarse como los primeros gérmenes de una futura sociedad —además, por supuesto, del aspecto bélico, conformado por los enfrentamientos con la tropa oficial y por las tomas de pueblos y asaltos a haciendas que ya han sido estudiados por Varese (1968) y Lehnertz (1972).

Empecemos por la segunda dimensión. Entre sus primeras acciones al inicio de la sublevación, se cuenta que Juan Santos mandó traer de Sabirosqui (Gran Pajonal) a Quisopango el ganado que los franciscanos habían llevado hasta ahí y, que dando su visto bueno, ofreció enviar ovejas (Loayza: 1942, 6). Al año siguiente, y según versiones de los propios rebeldes, se dice que Juan Santos hace trabajar las chacras en el pueblo Quimiri y que "[...]se hace pagar sus mitas [turnos de trabajo] como tal Inca, a cada uno como le toca" (*ibid.*: 33-34). Hechos que también serán testimoniados posteriormente; así, en 1752 se dice que"[...]todos los que en dicho Metraro le rodeaban, así serranos[...] como chunchos[...] repartidos en sus pueblos inmediatos, le tenían mucha obediencia y subordinación, trabajando todos en común sus chácaras[...]" (*ibid.*: 207). Una vez tomado el pueblo de Andamarca, en su última acción bélica, Juan Santos se retira a la selva llevándose a sus habitantes "[...] y demás circunvecinos a Sonomoro a hacer colonia, y presidiar los de Cunivos y Simirinches[...]" (*ibid.*: 223).

Como podemos ver, en todos los pueblos bajo su dominio, Juan Santos Atahualpa intentó establecer los mismos patrones de organización de la producción, esto es, el trabajo colectivo y planificado. Mientras que en aquellos parajes donde su influencia era periférica, Juan Santos ordenará la recolección de tributos o renta de la tierra, "[...] a los cristianos y sirvientes de las haciendas de las Montañas les requieren por la plata de las tierras, diciendo que son del tal Levantado, Don Juan Santos" (*ibid.*: 109). Información que confirma la idea planteada al iniciar esta parte, esto es, que entre los objetivos de Juan Santos Atahualpa no figuraba la transformación de la organización política existente para su conversión en un nuevo sistema, sino, el colocarse a la cabeza de la misma, para ejercer su divino mandato con la puesta en práctica de algunas reformas sociales.

En un plano más adecuado a su condición mesiánica, Juan Santos afirmará que por ser rey "[...] tiene facultad para sacar las almas de los infieles de las llamas del Infierno"; "que ninguno de los que mueren en su defensa, y obediencia, se puede condenar"; y que "[...] tiene facultad de eximir sin culpa á los que le sirven" de la obligación de seguir los preceptos eclesiásticos (San Antonio, 1750). Como puede verse, tales afirmaciones tienen una misma dirección; todas apuntan a la idea de la culpa y resaltan, en suma, que él puede exorcisar ese sentimiento –cristianamente elaborado y metódicamente introducido por la prédica misionera entre los indígenas neófitos.

Con intención conciliadora y en busca de alcanzar el consenso, Juan Santos dirá "que el contrato natural de los casamientos, que él manda a hacer, es muy lícito, y el uso de él". El mismo que consiste en autorizar que "[...] el varon, ó muger, que tuvierén a sus consortes de legitimo matrimonio ausentes, pueden licitamente tomar otros" (*id*). Con lo cual intenta lograr una transacción entre la institución cristiana del matrimonio monógamo y la poligamia indígena —uno de los pocos privilegios existentes en las sociedades amazónicas, reservado a "los grandes hombres". En el mismo tenor y con la misma intención de evitar discriminaciones entre sus seguidores, deroga una cláusula que los franciscanos hacían rezar a los nativos neófitos "[...] por la victoria de nuestra Santa Fé Catholica contra infieles y Hereges", declarando que "Catholicos, infieles, y hereges, todos igualmente agradan á Dios" (*id*). En el espacio social de su utopía, Juan Santos Atahualpa guardaba un lugar para todos los grupos étnicos, buscando acabar con aquellas diferencias religiosas que confrontaban los indígenas.

La dimensión ideal de la utopía del Inca "Levantado", es decir, aquel aspecto constituido por los grandes objetivos de largo plazo —realizables sólo a condición de haberse posesionado del poder—, se caracteriza por la existencia de una difícil tensión, resultado de la pretensión de restaurar un Estado Inca a la par que instituir un modelo de organización social inspirado en las misiones jesuitas del Paraguay. Como acabamos de ver, además de ocuparse de la organización social de la producción y de normar las relaciones sociales de intercambio, incluida la alianza matrimonial, Juan Santos Atahualpa pretendía también un papel protagónico en el manejo de las prácticas religiosas; su doble papel de Inca y Mesías se traducía en la intención de no dejar ambas esferas de la vida pública sin su presencia dirigente.

Apenas iniciada la sublevación, Juan Santos señala que "una vez compuesto su reino","[...] enviaría a los frailes [franciscanos] a España en navíos, en los cuales vendría licencia de Roma para que se ordenacen sus hijos los incas. Que no había de haber más clérigos que los indios y los padres de la Compañía [de Jesús...]" (Amich, 1976: 157). La preferencia de Juan Santos por los jesuitas se explicaría por el papel tutorial que un miembro de esta congregación desempeñó durante su infancia y juventud, pero también es una manera de expresar su rechazo a los franciscanos que, hasta su levantamiento, habían evangelizado en esa región y que, con su presencia, resultaban responsables de las constantes epidemias contraídas por la población indígena.[8] Tal preferencia será corroborada posteriormente, cuando Juan Santos acepta entrevistarse, hasta en dos ocasiones, con misioneros enviados por esa orden para tratar de negociar un acuerdo de paz (Loayza, 1942; Amich, 1975). Por las mismas semanas, Juan Santos afirmará ante los negros guardianes "[...] que no intenta introducir ley nueva, mas que la que predican los Padres, que esa es la verdadera[...]" (Loayza, 1942: 3).

Es claro, que, además de profesar su cristianismo,[9] tanto con este tipo de afirmaciones, como evitando que en diversas ocasiones los nativos rebeldes mataran a los misioneros (*ibid.*), Juan Santos Atahualpa trató repetidas veces de ganar una parte de la Iglesia en favor de su causa. Intentó vanamente sacar alguna ventaja de los conflictos existentes entre los intereses del poder económico, representado por hacendados y corregidores, y los intereses de la Iglesia, y dentro de esta última, entre jesuitas y franciscanos. En esa misma versión de los negros se dice: "Que ahora han de venir Padres a la Montaña a enseñar a sus indios, pero que no los han de acompañar negros ni viracochas (españoles), y si los padres no quisieren así, que él traerá al Obispo del Cuzco para que ordene de estos indios para Padres[...]" (*ibid.*: 4). Es claramente perceptible también en esta cita, la preferencia de Juan Santos por los jesuitas; su referencia al obispo del Cusco, un jesuita notable, no es arbitraria. Como también se desprende de esta cita y de la primera de esta parte, el "Levantado" no sólo pretendía recrear un Estado Inca, sino también fundar una iglesia propia, con sacerdotes indios que fuesen ordenados por el papa o por el obispo.

---

[8] Son varios los registros y las referencias, aunque menores los estudios, sobre las epidemias y sus víctimas en la selva alta peruana durante los siglos XVII y XVIII; en un trabajo anterior (Zarzar, 1989) se exploran sus efectos en la creación de condiciones favorables al surgimiento de este movimiento mesiánico y redentor.

[9] En ese mismo estudio, tratamos en profundidad sobre el cristianismo de Juan Santos Atahualpa, y sobre su evolución y transformación a lo largo del proceso que implicó su movimiento mesiánico.

Detrás de estos planteamientos está, como un espejismo mal dibujado, el conocimiento que tenía Juan Santos Atahualpa de las misiones jesuitas del Paraguay y de la utopía social que las animaba: pueblos, que viviendo en relativa armonía podían autosostenerse con cooperación mutua y gobernarse pacíficamente por acuerdo de misioneros y líderes indígenas.

Mientras coronarse le parecía aún improbable, Juan Santos Atahualpa dedicará parte de su tiempo a la evangelización mesiánica. Según versiones de algunos nativos neófitos, hacia 1742, su líder "[...] todos los días rezaba en un libro la doctrina cristiana[...] y predicaba a los indios como lo hacían los padres" (Amich, 1975: 157). Cuestión que un año después reafirman algunos nativos y andinos rebeldes: "El Levantado no come carne el Viernes, ni el Sábado. El Domingo va a la Iglesia no más" (Loayza, 1942: 33); "Tocante al culto divino dice este declarante, que lo miran con mucho respeto, y que lo han compuesto [...]" (Loayza, 1942: 28-29). Composición o recomposición que consistía, según declaraciones de Juan Santos en 1747 a los franciscanos Otazuo y Pando, en "que el Baptismo que reciben los Españoles (y han recibido por la Iglesia de Ministro Eclesiastico) es imperfecto, y que él viene a perfeccionar este Baptismo", "Que el que tiene culpas mortales, no ha menester confessarse de ellas à ningún Sacerdote para su remisión, sino solo à Dios à solas, suponiendo la presencia del Ministro Eclesiastico" (San Antonio, 1750); así entre otras.

Fuera de lo ya expuesto, lamentablemente es muy poco lo que se conoce sobre los grandes lineamientos de su utopía. Además de las constantes exigencias de su reconocimiento como Inca y coronación como rey, sólo sabemos que entre sus objetivos generales figuraba la eliminación de los obrajes y las panaderías y, de manera más amplia aún, la esclavitud de los indios y la tiranía española. Pero más allá de dejarnos entender, limitadamente, que su proyecto trataba de una restauración —bastante tardía por cierto— de un Incanato recreado, desconocemos todo lo que, posiblemente, Juan Santos pudo imaginar en torno a la organización del Estado y a las formas de gobierno que pretendía impulsar. Al parecer, la combinación de un Estado Inca con la implantación de misiones jesuitas —que por un tiempo le dio a su utopía características peculiares— se fue desvaneciendo en la medida en que, hacia el final de la sublevación, su líder se alejaba del cristianismo para marcar, cada vez más, el perfil inca de sus sueños.[10] En este proceso, Juan Santos resuelve esa tensión, que ya había-

---

[10] Como hemos explicado en otra oportunidad (Zarzar, 1989), la evolución ideológica de Juan Santos se inicia fuertemente arraigada en el cristianismo joaquinista y culmina anclándose en la cosmología andina imperial.

mos señalado, entre las dos partes componentes de su utopía y evita lo que, de otra manera, habría devenido en un problema que atañe tanto a la naturaleza del liderazgo y a sus esferas de dominio, como a las diversas formas de ejercer el poder.

Finalmente, queda claro aquello que Juan Santos Atahualpa no quería para "sus hijos, los incas" —como él los llamaba—, así como lo que sí deseaba para sí; de ahí el reclamo reiterado por ascender al trono imaginario de sus ancestros.

BIBLIOGRAFÍA

Amich (OFM), J., *Historia de las misiones del convento de Santa Rosa de Ocopa*, Lima, Ed. Milla Bartres, 1976.

Burga, M., "El Perú central, 1770-1860: disparidades regionales y la primera crisis agrícola republicana", *Revista Peruana de Ciencias Sociales*, núm. 1, vol 1., Lima, Editorial Fomciencias, 1987.

Campbell, J., *El héroe de las mil caras. Psicoanálisis del mito*, México, Fondo de Cultura Económica, 1959.

Castro Arenas, M., *La rebelión de Juan Santos*, Lima, Ed. Milla Bartres, 1973.

Cohn, N., *En pos del milenio. Revolucionarios milenaristas y anarquistas místicos de la Edad Media*, Madrid, Ed. Alianza, 1981.

Flores Galindo, A., *Buscando un Inca: identidad y utopía en los Andes*, Lima, Ed. Horizonte, 1988.

Gill Muñoz (OFM), J., *Relación*, Madrid, Real Academia de la Historia, 1742.

Lehnertz, J. F., "Juan Santos, a primitive rebel on the Campa frontier (1742-1752)", en *Actas del XXXIX Congreso Internacional de Americanistas*, vol. 4, Lima, Ed. IEP, 1972, pp. 111-116.

Loayza, F. A., *Juan Santos, el invencible (manuscritos del año de 1742 al año de 1755)*, Lima, Ed. Miranda, 1942.

Métraux, A., "A quechua messiah in Eastern Peru", *American Anthropologist*, vol. 44, 1942.

San Antonio (OFM), J. de, *De la doctrina, errores y heregías que enseña el fingido Rey Juan Santos Atahualpa, Apuinga, Guainacapac...*, Madrid, Colección de informes sobre las misiones del Colegio de Santa Rosa de Ocopa, 1750.

Santos, F., *Vientos de un pueblo: síntesis histórica de la etnia amuesha, siglos XVII-XIX*, tesis de licenciatura en antropología, Lima, PUCP, 1980.

Varese, S., *La sal de los cerros. Una aproximación al mundo campa*, Lima, Universidad Peruana de Ciencias y Tecnología, 1968.

Zarzar, A., *Apo Capac Huayna, Jesús Sacramentado. Mito, utopía y milenarismo en el pensamiento de Juan Santos Atahualpa*, Lima, CAAAP, 1989.

LA DES-ORIENTACIÓN DE CRISTÓBAL COLÓN
Los orígenes de un discurso latinoamericano

Sandra H. Ferdman
Yale University

Marco Polo viajó al Oriente y Cristóbal Colón se (des)orientó tratando de seguir sus huellas, tratando de orientarse con los mapas basados en el texto de Marco Polo pero viajando en la dìrección contraria para llegar a donde había estado el veneciano. Viajero en su barco y lector en su biblioteca, Colón buscaba desesperadamente su Oriente en todo lugar. Se (des)orientó aún más usando instrumentos de navegación y mapas erróneos, y jamás consiguió saber dónde había estado.

¿Por qué nos importarán los viajes de Colón y su lectura de *El libro de Marco Polo*? ¿Por qué, en su novela *El arpa y la sombra*, nos pregunta Alejo Carpentier "¿Quién rayos era ese Cristóbal Colón?" Varios escritores contemporáneos como Carlos Fuentes, Severo Sarduy, y Gabriel García Márquez se hacen la misma pregunta, e intentan contestarla novelística y vívidamente. Tal vez el mismo Colón, escritor de literatura fantástica y gran cuentista, sea el escritor más indicado para explorar esta cuestión de identidad. Sus figuras y figuraciones, el origen de éstas y el discurso latinoamericano que han originado, constituyen el interés de estas páginas. La búsqueda del origen, originalmente figurada en *Los pasos perdidos* de Alejo Carpentier, nos lleva a los descubrimientos múltiples de los orígenes, y a los orígenes de los orígenes.

Después de su primer viaje, tratando de descubrir dónde había estado, Colón lee obras que lo ubican en un discurso bíblico, clásico y medieval, y que le nombran un tiempo y un espacio. El texto de Marco Polo, el mapa de Ptolomeo, y la *Imago mundi* de Pierre d'Ailly lo guían en un discurso narrativo y visual del mundo. Colón ya había estado "allí", pero no sabía ni qué ni dónde era ese "allí". No había cosmografía, mapa o texto que contestara esa pregunta. En lo maravilloso, lo real pero inexplicable, Colón encuentra el origen de su pregunta y de su respuesta. Los orígenes están en lo maravilloso. Los libros canónicos o apócrifos de la Biblia, las mitologías clásicas y las visiones medievales de la forma y naturaleza del mundo dan origen al entendimiento colombino. Ahí nace un origen de la literatura latinoamericana. Veamos, pues, *El libro de Marco Polo*, uno de los textos más importantes en la formación del entendimiento de Colón. Este texto medieval revela una riqueza "maravillosa" que seduce la imaginación fantástica del genovés. La genealogía y progenie de mapas fabulosos basados en el texto de Marco Polo describen la realidad que el Almirante quería concebir.

Cristóbal Colón puede ser el lector más importante en la historia de *El libro de Marco Polo*. No sólo tenemos su copia personal del texto de Marco Polo, hoy archivado en la Biblioteca Colombina en Sevilla, tenemos también las apostillas escritas por Colón en los márgenes del libro. Aunque se cree que no lo leyó antes del primer viaje (el recibo de la copia de la Biblioteca Colombina lleva la fecha 1497), Colón si sabía de los viajes de Marco Polo a través de los mapas medievales y los portulanos que describen el itinerario poliano. Las dos referencias a la toponimia del veneciano en el *Diario* de Colón, y las múltiples alusiones al Gran Can son evidencia de una lectura de estos mapas. Se sabe que antes del tercer viaje Colón lee el texto de Marco Polo porque es en esta relación en la que que se notan por primera vez referencias específicas y textuales al libro de Marco Polo. Colón, que conoce Cipango por las palabras del veneciano y no por experiencia propia, decide que su Española tiene que ser la isla descrita por Marco Polo. El genovés cree que los manatíes son sirenas, y que el Gran Can no está lejos. Todos estos malentendidos colombinos deben ser analizados como origen de una narrativa latinoamericana, un origen y una proyección literaria.

¿Cómo podía escribir Colón lo que (no) había visto? ¿Con qué palabras podía describir lo que creía ver pero no entendía? Marco Polo, a diferencia de Colón, pasó muchos años en su "otro" mundo y sabía hablar sus lenguas. Su problema textual no era encontrar la palabra apropiada ni explicar lo que había conocido. Marco Polo sí entendía y vivía "Oriente". Él se orientó bien para llegar al Este y una vez allí, sabía qué era, cómo se llamaban las cosas en sus lenguas, y sabía cómo volver a Europa. Su problema textual era otro: decir una verdad verosímil sabiendo que no lo era. Por eso lo llamaban "Il milione". Tanto fue el desafío que Marco Polo decidió no escribir su propio discurso sino que dejó que alguien más lo escribiera.

Para entender la situación de Colón veamos una situación hipotética en nuestros días. Si tuviéramos un mapa de Florencia y creyéramos estar ahí —pero en realidad estamos en Padua, por ejemplo— notaríamos ciertas semejanzas entre nuestro mapa y el lugar donde estamos; quizás el nombre de una plaza, una calle, o determinados aspectos geográficos del recinto pueden ser similares o iguales. Las diferencias entre el mapa y la realidad frente a nosotros pudieran explicarse como fallas o errores en la información en poder del cartógrafo. No podríamos depender ya de un mapa que no corresponde a la realidad que nos circunda, pero sin mapa nos desorientaríamos. Con el mapa también nos desorientaríamos, pero de otra forma. Los mapas de nuestra desorientación, nuestra lectura de dónde estábamos, serían diferentes.

Colón se orientó usando mapas basados en la geografía poliana como el de Fra Mauro y el Atlas catalán, y siempre creyó haber estado en Oriente. Nunca pudo explicar la desorientación que le produjo no ver al Gran Can y los lugares descritos por el veneciano. Sencillamente no podía "leer" sus mapas y sus textos para que le dijeran dónde estaba en relación con el resto del mundo. Colón, el primer europeo en escribir sobre América, sin saberlo, era también su primer lector, y esta lectura se fundó en las aguas de una desorientación.

En la Biblioteca Colombina en Sevilla y en la Biblioteca Nacional en Madrid, hay varias copias de libros anotados y marcados por Cristóbal Colón. Entre ellas están las obras de Pierre d'Ailly, Pío II, Plinio, Josefo y San Agustín. También hay *El libro de Marco Polo* anotado por el Almirante.

La dificultad no estriba tanto en saber qué leyó Colón —su propia escritura lo dice—, sino más bien en saber cuándo y cómo lo leyó. En el diario del primer viaje hay una sola alusión específica a los textos mencionados arriba, y es para citar a Plinio: "Y en este río de Mares, de adonde partí esta noche, sin duda ha grandíssima cantidad de almáciga y mayor [...] tienen la hoja como lentisco y el fruto, salvo que es may así los árboles como la hoja, como dize Plinio e yo e visto en la isla de Xío en el arcipielago [...]" (Colón, 1984: 94).[1] El primero de noviembre dice con mucha confianza que está "ante Zaitó y Quinsay, cien leguas poco más o menos lexos de lo uno y de lo otro..." (87). Esta referencia a "Zaitó" y "Quinsay", lugares centrales en el texto de Marco Polo, ya tiene una resonancia de la toponimia del veneciano. Éste, sin embargo, mide distancia en términos de días de viaje, y la medida en "leguas" de Colón ya indica, o una falta de conocimiento del texto mismo, o una "interpretación" de parte de Cristóbal Colón. El *Diario* incluye varias referencias a otros lugares polianos y al Gran Can, una figura dominante en el discurso de Marco Polo:

> y después partir para otra isla grande mucho, que creo que deve ser Çipango, según las señas que me dan estos indios que yo traigo, a la cual ellos llaman Colba,[2] en la cual dizen que a naos y mareantes muchos y muy grandes[...] Más todavía, tengo determinado de ir a la tierra firme y a la ciudad de Quinsay y dar las cartas de Vuestras Altezas al Gran Can y pedir respuesta y venir con ella (42).

---

[1] En lo sucesivo, al referirnos a esta edición, sólo anotaremos el número de la página entre paréntesis.

[2] Se identifica con la isla de Cuba.

Quisiera oy partir para la isla de Cuba, que creo que deve ser Çipango, según las señas que dan esta gente de la grandeza d'ella y riqueza, y no me deterné más aquí ni [iré] esta isla alrededor para ir a la población [...] (43).

[...] y yo así lo tengo, porque creo que, si es así como por señas que me hizeron todos los indios d'estas islas y aquellos que llevo yo en los navíos, porque por lengua no los entiendo, es la isla de Çipango, de que se cuentan cosas maravillosas; y en las esperas que yo vi y en las pinturas de mapamundos es ella en esta comarca (44).

[...] y qu'el rey de aquella tierra tenía guerra con el Gran Can, al cual ellos llamavan Cami, y a su tierra o ciudad, Faba y otros muchos nombres [...] Al pareçer del Almirante, distava de la linea equinocial 42 grados hazia la vanda del Norte, si no está corrupta la letra de donde trasladé esto; y dize que avía de trabajar de ir al Gran Can, que pensava qu'estava por allí o a la ciudad de Cathay, qu'es del Gran Can, que diz que es muy grande, según le fue dicho antes que partiese de España (48).

Hay tres personas diferentes que han escrito notas en El Libro de Marco Polo que tenía el Almirante: el propio Cristóbal Colón, su hijo Hernán Colón, y fray Gaspar de Gorricio. Los Colón tienen una letra casi idéntica y es difícil distinguir entre ellas. En el mismo texto hay varias maneras de marcar un pasaje particularmente notable para el lector: puede ser una línea vertical a lo largo del margen izquierdo del texto, como un pequeño dibujo de una mano señalando una parte del texto considerada importante, o grafismos en formas de "s". En mi análisis de la lectura del texto de El libro de Marco Polo que hace Cristóbal Colón, tomo en consideración tanto los comentarios del Almirante, las "anotaciones", como las "marcas" a lo largo de un pasaje. Comentarios, anotaciones y marcas no sólo denotan un interés particular por ciertos momentos del texto de Marco Polo sino que también constituyen de por sí una lectura colombina. Y son ellas —y la escritura narrativa de Colón— las que permiten leer su lectura.

En la edición de El libro de Marco Polo que tenía el Almirante se ha marcado "Magnum Kaam rex", "Gran Can rey", al lado del segundo capítulo, donde primero aparece el nombre del Gran Can, y en varios otros lugares se marca también el nombre de esta figura monumental. Después de leer el texto poliano, Colón lo cita específicamente en la "Relación del tercer viaje": refiriéndose a Cipango habla de "gatos paulos" y "perlas finíssimas y perlas bermejas, de que dize Marco Paulo que valen más que las blancas[...]" (241). En la copia del texto que se encuentra en la Biblioteca Colombina, Colón ha escrito "Margarite rubee", "perlas rojas", al lado del pasaje que dice "Allí hay perlas en extrema abundancia, redondas y gruesas y de color rojo, que en precio y valor sobrepujan al aljófar blanco" (Gil, 1987: 131). En la misma relación escribe que "hallaron infinitos gatos paulos" (230) y en la "Relación del cuarto viaje" se refiere otra vez al mismo animal: "Un ballestero avía herido una animalia, que se pareçe a un gato paúl, salvo que es mucho más grande y el rostro de hombre" (326). Marco Polo incluye por lo menos dos referencias a estos gatos paulos: "Hay gatos que se llaman paulos, muy distintos de los demás; hay leones, onzas y leopardos sin cuento" (Gil, 1987: 153) y, poco después, "hay muchos y bellos papagayos o *epymachi* y monos de diversas maneras: gatos paulos y gatos maimones, que parecen totalmente tener figura humana" (*ibid.*: 163). Al lado de esta última referencia, Colón ha escrito "Simeas", "monos", para marcar el pasaje.

Tanto Marco Polo como Cristóbal Colón llenan su narración con oro, joyas, y aguas de perlas. En la relación del tercer viaje, Colón dice: "También les pregunté adónde cogían las perlas, y me señalaron también que al Poniente y al Norte [...]" (211). Después de descubrir y nombrar el "Golpho de perlas" comenta el Almirante: "[...] si las perlas nacen, como dize Plinio, del rocío que cae en las hostias que están abiertas, allí ay mucha razón para las aver, porque allí cae mucha rociada y ay infinitísimas hostias y muy grandes [...]" (234). Las perlas le interesan a Colón, y un pasaje de Marco Polo, donde describe un lago de perlas, le atrae particularmente:

> Después de atravesar la provincia de Thebeth se encuentra al occidente la provincia de Caindu, que tiene rey y está sometida al Gran Kan. Hay allí muchas ciudades y aldeas. Hay una laguna en la que se encuentran perlas en tanta cantidad que, si el Gran Kan permitiese su libre pesca y exportación, su precio bajaría muchísimo por su gran abundancia; pero el Gran Kan no tolera que sean cogidas a placer, y si alguien se atreviese a hacer pesquería de perlas sin licencia del rey, sería ajusticiado [Gil, 1987: 100].

Aquí Colón ha escrito en el margen "Lacus perlarum, & copia maxima", "un lago de perlas y éstas en gran cantidad". En otro momento del texto, Colón anota: "Hic inveniuntur margarite in copia maxima", "aquí se encuentran perlas en abundancia" (Giovannini, 1985: 253). Éstos son sólo algunos ejemplos del ojo con que el genovés lee el libro del veneciano.

Fue después del primer viaje que Colón tuvo que defenderse contra acusaciones de no haber estado en Oriente como exigían las importantes "Capitulaciones de Santa Fe". Este documento legal, firmado por los reyes y Colón, estipulaba lo que le correspondería a Colón al descubrir islas y tierra firme en el Atlántico. La formación literaria de Colón parecería indicar un deseo de descubrir la palabra, escrita por las grandes autoridades de Occidente, que le confirmara su creencia de haber llegado a Oriente y de haber realizado el sueño poliano y europeo en Asia. Este sueño consistía en acumular riquezas, almas y tierras. La formación literaria de Colón, entonces, repetía una formación cartográfica que él tenía desde antes. El conocimiento de la cartografía implicaba no sólo saber dibujar mapas y portulanos, sino también saber usar instrumentos de navegación, orientarse en el mar navegando a estima, y leer y entender textos sobre la forma e imagen del mundo.

Marco Polo aspiraba abrir para Europa la gran riqueza asiática. Allí había almas que se podían convertir al cristianismo y tierras misteriosas y lejanas por conquistar. Marco Polo no pudo realizar su sueño, pero Cristóbal Colón sí, quiso hacerlo, y de hecho lo logró.

Si entendemos que "América" era Oriente para Colón, entendemos la lectura que Colón hizo de lo que veía en sus viajes. En los textos de Marco Polo y Cristóbal Colón el significante "Oriente" denota "otro" mundo y "otra" palabra. Este mismo significado, el lugar lejano, exótico, maravilloso, de personas extraordinarias, será nombrado "América" en el discurso europeo a partir del siglo XVI. Todo se orienta en el discurso colombino ya que uno entiende que "Oriente" es lo que hoy llamamos "América". Así es como se origina la incongruencia de una población de "indios" —de la India— en América.

Si Colón no leyó *El libro de Marco Polo* antes del primer viaje,[3] ¿cómo puede escribir de lugares y personas descritos por el veneciano? Durante la vida de su autor *El libro* logró una gran popularidad y fue traducido inmediatamente a varios idiomas. El texto dejaba ver una China exótica cuya riqueza de piedras preciosas, oro, especias y costumbres extraordinarias maravillaron a un público europeo. La misma popularidad del texto fomentaba un deseo de tener más contacto cultural y comercial con Asia, pero la entrada de una riqueza oriental pronto se convirtió en la llegada de la peste negra.

El texto poliano inspiró la creación de mapas exquisitos que pintaban su itinerario en letras doradas y bellas imágenes, y libros de viajes que repetían sus lugares y personajes agregándoles detalles nuevos. El Atlas catalán de 1375 y el *mappamundi* de Fra Mauro, terminado en 1459, nos dejan seguir el viaje de Marco Polo en pictórico detalle. Éste nos deja ver la ciudad de Quinsay y el puerto de Zaitón (lugares esenciales en el texto de Marco Polo), el puente de Polisanchin,[4] el

---

[3] Juan Gil afirma que Colón no tuvo copia de *El libro de Marco Polo* antes de 1497, año en que su amigo John Day se la mandó (Gil, 1987: viii-ix).

[4] Marco Polo cruza este gran puente saliendo de Cambalú en el segundo libro. Cristóbal Colón marca el pasaje con pluma y escribe al margen izquierdo "naves multe, pontem mirabilem", es decir, "muchas naves, puente maravilloso". El puente es "de mármol muy hermoso de ccc pasos de largo y de gran anchura, que permite que puedan ir al tiempo diez jinetes a la par. El puente tiene xxiii arcos y otras tantas pilastras de mármol en el agua. El pretil, es decir, su muro costanero, es de la traza siguiente. Al comienzo del puente se alza a

dominio del Viejo de la Montaña,[5] las islas de Guava menor y Guava maçor. El *Libro del conosçimiento de todos los reynos e señoríos que son por el mundo y de las señales y armas que han cada tierra y señorío por sy y de los reyes y señores que los proveen*, escrito probablemente en 1350 por un monje franciscano que dice haberlo escrito en el año 1304, describe un viaje a África y al Oriente. El mismo Juan de Mandavilla, un gran viajero en su biblioteca que nunca conoció las tierras que tan bien describe en sus *Viajes* de 1356, sigue el texto de Marco Polo. Martin Behaim cita a Marco Polo como una de las grandes autoridades para su globo de 1492, un globo que es la mejor representación del conocimiento cosmográfico de finales del siglo xv.

Al afirmar Juan Gil "cuando todo el mundo utilizaba a Marco Polo, muy pocos en realidad lo leían" (Gil, 1987: iv), hace una distinción entre la lectura de un mapa y la lectura de un texto. Quizá deberíamos reconsiderar esta distinción al leer ciertos textos medievales. El texto de Marco Polo fue leído y reescrito en los mapas, libros de viajes y globo mencionados antes. Colón era un gran lector y conocedor de mapas (trabajó con su hermano Bartolomeo haciendo mapas en Lisboa), y tenía mapas y portulanos a bordo para guiarlo. El texto de Marco Polo reescrito en estos mismos mapas y portulanos lo orientaba en sus viajes. El veneciano escribió una descripción de su viaje, y este texto creó, a su vez, mapas escritos y dibujados que inspiraron los textos y mapas del genovés Cristóbal Colón. Colón reescribe este texto a su manera, como hace también con textos de Ptolomeo, Plinio y Aristóteles, entre otros, y esta reescritura da origen a una escritura "americana". El 30 de octubre Colón se refiere a la ciudad de Catayo:

> [...] y dixo el capitán de la Pinta que entendía que esta Cuba era ciudad y que aquella tierra era tierra firme muy grande, que va mucho al Norte, y qu'el rey de aquella tierra tenía guerra con el Gran Can[...] y dize que avía de trabajar de ir al Gran Can, que pensava qu'estava por allí o a la ciudad de Cathay, qu'es del Gran Can (85).

---

cada lado una columna de mármol que tiene por base un león de mármol; después de esa columna, a un paso de distancia, hay otra columna que se asienta asimismo sobre dos leones marmóreos como la primera; entre las dos corre una baranda de mármol de color gris que continúa por los dos lados desde su comienzo hasta su fin, de suerte que se cuentan allí en total mil doscientos leones de mármol, por lo que este puente es bello y suntuoso sobremanera" (Gil, 1987: 92).

[5] El Viejo de la Montaña llegó a ser uno de los personajes más conocidos del texto de Marco Polo. El pasaje marcado y anotado por Colón "De viridario ubi magne delicie aderant", "sobre un vergel donde había muchos deleites", describe un viejo que crea un paraíso repleto de "hierbas, flores y frutos deleitosos" donde "se guardaban mujeres jóvenes sobremanera bellas, diestras en danzar, tocar el laúd y cantar en todas las maneras de los músicos". A ciertos jóvenes dejaba vivir un momento en este paraíso. Para volver allí, tenían que matar a los enemigos del Viejo, y con "esta maña y engaño se burló durante largo tiempo de aquella región". (*ibid.*: 34-35.)

En dos momentos del libro segundo de la copia de *El libro de Marco Polo* archivado en la Biblioteca Colombina se han anotado los pasajes con las palabras "Cathay provintia", "la provincia de Catayo" (Giovannini, 1985: 153). Esa notación la hizo Colón mismo o su amigo fray Gaspar de Gorricio, y tiene que haber sido después del primer viaje. En las citas del *Diario* mencionadas antes, Colón escribe "ciudad", delatando una falta de conocimiento directo del texto de Marco Polo. Colón difiere del veneciano en el pasaje al hablar de una "ciudad" de Catayo donde el veneciano dice "provincia". Esta cita nos sugiere que el Almirante todavía no había leído el mismo texto de Marco Polo. El mapa de Toscanelli, basado en el texto de Marco Polo, se refiere también a una provincia, pero en la traducción castellana, la que probablemente conocía el Almirante, el traductor comete el error de decir "ciudad" donde debería escribir "provincia".[6] Curiosamente, este error prueba un conocimiento directo del texto de Toscanelli y no del texto de Marco Polo por parte de Colón. El error colombino nos enseña cuán importante era la lectura de un "mapa" para llegar a conocer la "narrativa" de Marco Polo.

Los textos de Colón, como *El libro de Marco Polo*, revelaron un nuevo mundo a uno viejo. Estos textos, como el del veneciano, fueron traducidos inmediatamente y también lograron una enorme popularidad. El poder del texto poliano para inspirar fantasía y leyenda en el siglo XIV se vio reflejado dos siglos después en los textos colombinos. Hoy día no podemos leer a Colón sin pensar en Marco Polo, tanto como ya no podemos leer a Marco Polo sin leer a Colón.

Colón era un lector inspirado en los libros de viajes medievales y las maravillas descritas en ellos, y su escritura, a su vez, inspiró la fantasía en el discurso literario que vino después. Las diversas configuraciones colombinas ofrecen imágenes varias de la historia americana y europea, de la literatura y de la identidad. Si por la misma palabra "desorientarse" entendemos "desconcertar", "hacer perder la orientación", o inclusive una confusión con respecto al tiempo, lugar o identidad, comprendemos que las desorientaciones presentes en la obra colombina dan fruto para una desorientación espacial y temporal en la literatura que sigue. Tal desorientación incluye igualmente la posibilidad de una confusión de identidad cultural e

---

[6] Ha habido mucha controversia con respecto al mapa de Toscanelli. En *The Columbian Tradition on the Discovery of America and of the Part Played Therein by the Astronomer Toscanelli*, Henry Vignaud niega la existencia de tal mapa, diciendo que la copia descubierta en 1871 por Henry Harrisse, en la edición que tenía Colón de la *Historia Rerum Ubique Gestarum*, era falsa. Afirma que nunca hubo ninguna correspondencia entre el astrónomo y el Almirante. Según Hernán Colón y Bartolomé de las Casas no sólo hubo correspondencia entre ellos sino que era esencial para la preparación del primer viaje en 1492.

histórica. La desorientación colombina, que incluía llegar al Oeste y no al Este, no poder encontrar ni al Gran Can ni el oro que tanto mencionaba Marco Polo, derivó en una lectura que orientaba tanto como desorientaba. Esta lectura, no lineal, dio a luz una desorientación siempre presente en su escritura. Esta "des-orientación" constituye una figura poderosa en el discurso americano. Colón leyó textos antiguos y medievales y éstos, con las lecturas que se le hicieron después, ofrecen al lector de nuestros días la enriquecedora posibilidad de una desorientación literaria.

BIBLIOGRAFÍA

Bricker, Charles y R. V. Tooley, *A History of Cartography. 2500 Years of Maps and Mapmakers*, Londres, Thames & Hudson, 1969.
Carpentier, Alejo, *El arpa y la sombra*, México, Siglo XXI Editores, 1980.
Colón, Cristóbal, *Textos y documentos completos*, Consuelo Varela y Juan Gil (comps.), Madrid, Alianza Editorial, 1984.
Gil, Juan (comp.), *El libro de Marco Polo anotado por Cristóbal Colón*, Madrid, Alianza Editorial, 1987.
Jiménez, Marcos de la Espada (comp.), *Libro del conosçimiento de todos los reynos e señorios que son por el mundo y de las señales y armas que han cada tierra y señorío por sy y de los reyes y señores que los proveen*, Madrid, Imprenta de T. Fortanet, 1877.
Giovannini, Luigi (comp.), *Il milione: con le postille di Cristoforo Colombo*, Turín, Paoline, 1985.
Harley, J.B. y David Woodward (comps.), *The History of Cartography in Prehistoric, Ancient and Medieval Europe and the Mediterranean*, Chicago, University of Chicago Press, 1987.
Vignaud, Henry, *The Columbian Tradition on the Discovery of America and of the Part Played Therein by the Astronomer Toscanelli*, Oxford, The Clarendon Press, 1902.

UN ASOMBRO VERBAL PARA UN DESCUBRIMIENTO: LOS CRONISTAS DE INDIAS (COLÓN, CORTÉS, BERNAL, LAS CASAS)

Alicia Llarena González
Universidad de Las Palmas de Gran Canaria

Los primeros testimonios del Descubrimiento de América estaban destinados a revelar no sólo una porción de realidad que haría crecer el perfil espacial del mundo conocido, sino, sobre todo, un vasto espacio que aumentaría, como ninguno, amplias zonas de la conciencia no previstas hasta entonces. La ansiedad de Europa por fomentar su ánimo expansivo, solidificado incluso por cierta tradición cultural y literaria sujeta a "lo maravilloso", encuentra en el continente americano mucho más que una realización pragmática y física de sus ideales; así, tal acontecimiento proyecta sobre la historia dos fuerzas paralelas, de las que nos interesa, evidentemente, la segunda: por un lado, se genera una ampliación de los dominios del mundo colonial, que reorganiza de ese modo la dinámica social en sus variadas manifestaciones; por otra parte, el encuentro con lo "insospechado" aumentará, desde el primer momento, la percepción y el centro de la conciencia occidental. Por ello, el encuentro con lo desconocido no sólo exterioriza la emoción que todo contacto con lo ajeno nos provoca, sino que proporciona, también, el acceso directo hacia el reconocimiento de la diversidad, alumbrando cierto matiz relativista que no hizo más que inaugurarse en las primeras letras del continente americano.

El Descubrimiento fue al mismo tiempo un proceso final y un principio para una misma vocación imaginaria, es decir, la realización concreta de aquellos "topos imaginarios"[1] que habían subyugado la tradición literaria occidental, y la fijación, o el punto de partida de esos mismos "imaginarios" como descripción explicativa del Continente, como definición casi realista de su carácter esencial. A ello contribuye especialmente el hecho de que su desconocimiento fuera absoluto, radical, y su aparición un acontecimiento

---

[1] Fernando Ainsa utiliza la expresión para referirse al caudal de leyendas medievales que "premeditaron" en gran medida la revelación del continente como "fantástico".

imprevisible,[2] no así como el de otros continentes cuya existencia, si no profundizada, al menos era conocida.

Esta reflexión preliminar nos permitirá entender cualquier signo de asombro o admiración en las crónicas de Indias, no sólo como anotación espontánea ante "lo nuevo", sino a manera de camino verbal hacia el reconocimiento de la diversidad, como signo lingüístico de una interrogación fatal que acaba siendo, al poco tiempo, productiva. Del conocimiento frágil y espontáneo que revelan los textos de Colón, a la defensa "literaria" (en cuanto que retórica e hiperbolizada) del padre Las Casas, sólo hay un trecho temporal que la lengua misma se encargará de revelarnos, y que traza los signos de la reacción occidental desde la sorpresa hasta la integración.

Antes de establecer ese proceso verbal que se alumbra en los cronistas como adaptación a un nuevo espacio vital que ha de ser designado con la palabra que no le pertenece, ni acaso se le adecúa, habrá que insistir en el múltiple carácter de esos primeros textos cuya finalidad literaria fue siempre secundaria. Tal vez sería recomendable no olvidarnos nunca de que "por definición, todo informe es mentiroso" (Blanco, 1989: 31), de tal modo que la inocencia (o la perversidad) en las anotaciones sobre América no nos parezcan "rasgos de estilo". Ya señalaba Anderson Imbert hace años el peligro de "emocionarnos" con Colón, de *colaborar imaginativamente con él*", hasta que sus descripciones, desnudas (y, añadamos, reiterativas) se convirtieran en "rasgos estéticos" de nuestra percepción (Anderson, 1987: 19). Sin embargo, en ocasiones, "la mentira" o la "colaboración" del lector sobre el texto es, más que una deficiencia, un síntoma de la "reacción", no ya del hombre, sino también de la palabra misma, para advertir y subrayar el enfrentamiento, en cualquiera de sus grados, sobre "lo otro".

El deseo de autenticidad es uno de los gestos más convincentes de los cronistas, sobre todo en lo que se refiere al relato de "lo maravilloso", "lo excepcional" en el Continente. Más allá de la relación de hazañas personales, de la escritura histórica precisa o no, fidedigna o interesada, más allá incluso del relato "trucado" para captar la atención de los lectores, la lengua de los cronistas es un espejo preciso que encierra un asombro si no ingenuo, sí desde luego "auténtico". Tal vez sea ésta la única y verdadera "autenticidad" que quedó de ese primer deseo de sus autores, tras limar el engaño que iba en pos de la fama. Quizá, como se ha dicho en ocasiones, también el exceso de "maravilla", la intensificación de "lo extraño" y "lo

---

[2] Tzvetan Todorov afirma: "El encuentro más asombroso de la historia occidental es sin duda el Descubrimiento de América o, más bien, de los americanos. En los descubrimientos de los otros continentes no hay verdaderamente ese sentimiento de extrañeza radical: los europeos no ignoraron nunca del todo la existencia de África, o de la India, o de la China; el recuerdo está siempre ya presente, desde los orígenes"(Todorov, 1979: 62).

distinto" del paisaje americano, no sean más que reclamos hacia lo descubierto, la sutil construcción de un sustrato de curiosidad que arrancaría los favores de la Corona. Pero no por ello dejan de ser, esas mismas anotaciones, reconocimiento de un asombro difícil de evitar. O, en otras palabras, no por exageradas o "conscientes" se despojan de su sinceridad.

Un recorrido por los textos que narran el contacto primerizo con el continente americano nos permitirá comprobar hasta qué punto su lengua registra el mismo "escalofrío" que sintiera el hombre y de qué modo intenta éste adecuarse a una realidad que le supera por sorpresa. Son muchas las ocasiones en las que el cronista, desbordado por la realidad, acude a ciertos recursos que intensifican en el lector el efecto de lo "maravilloso"; pero, asimismo, también son frecuentes, aquellas otras en que el único camino verbal parece ser, precisamente, la negación de la capacidad del verbo. Colón inicia ese balbuceo lingüístico:

"[...] mil maneras de frutas que me es imposible escribir",[3] "que no hay persona que los sepa decir",[4] y con ello asienta al mismo tiempo la búsqueda de los cronistas posteriores por encontrar una palabra a la medida de lo que, de algún u otro modo, había que designar. Hernán Cortés reincide en esa fórmula y repite, en los momentos estelares de su "asombro", que "no hay lengua humana que sepa explicar la grandeza y particularidades de ella" (Cortés, 1988: 61), que "para dar cuenta[...] de la grandeza, extrañas y maravillosas cosas de esta gran ciudad de Temixtitan,[...] sería menester mucho tiempo y ser muchos relatores y muy expertos" (*ibid.*: 62). Pero acaba aceptando, a su paso por los mercados de la ciudad, su desconocimiento, su lógica ineficacia verbal: "que por la prolijidad[...] y aún por no saber poner los nombres, no las expreso" (*ibid.*: 63). Es este primer reconocimiento de las limitaciones del idioma que encontramos en Colón y esa ausencia de "nombres" que Cortés indica necesarios para definir la realidad americana lo que genera en autores como Bernal el "acriollamiento de la palabra", esto es, el deseo de operar en su discurso un mestizaje lingüístico capaz de suplir, en parte, ese vacío entre la lengua y la realidad. (Nótese incluso que, a juicio de Cortés, era necesario añadir a la capacidad designativa del lenguaje, un buen trabajo literario, el concurso de "muchos relatores y muy expertos".)

Tal vez el extremo deseo de "veracidad", la obsesión por el detallismo, aumentó en Bernal la necesidad de tomar cierto material lingüístico de las lenguas indígenas. Y, precisamente porque constituye un ejemplo incipiente de adaptación a la nueva realidad, adelanta un nuevo paso al sugerir,

---

[3] Primer viaje, 4 de noviembre.
[4] Primer viaje, 16 de noviembre.

constantemente, el concurso de la "visión directa" que la certificara. Así dirá que "una cosa es haberlo visto la manera y fuerzas que tenía que no como lo escribo" o, en su paseo por el mercado de la antigua ciudad de México, que ocupa varias páginas, exclama: "Qué quieren más que diga, [...] es para no acabar tan presto de contar por menudo todas las cosas" (Díaz, 1989: cap. 91). "Ya querría haber acabado de decir todas las cosas que allí se vendían, porque eran de tan diversas calidades, que para que lo acabáramos de ver e inquirir [...] en dos días no se viera todo" (*ibid.*: cap. 92). Ya no se trata, como antes, de la capacidad del idioma para enfrentarse al Nuevo Mundo, sino de la incapacidad del lenguaje para hacerlo creíble, y veraz, en su lectura.[5]

A partir del momento en que los cronistas reconocen tales dificultades, el enriquecimiento de su lenguaje es paulatino. El esfuerzo por fijar "lo extraño" acude tanto a un material de orden semántico como a ciertas "actitudes literarias" y genera en casi todos un "alarde verbal", que adquiere mayor o menor grado, pero que es siempre pertinente en la fijación de la novedad americana. Desde el uso del término "maravilla", que prodiga Colón, hasta la poeticidad del Inca Garcilaso, existen distintos procesos en que se formaliza la extrañeza.

Uno de ellos, tal vez el primero por ser el más cercano, es la aplicación del "comparativismo". Abunda en nuestros autores la rememoración de lo conocido como conjunto viable donde reflejar las visiones nuevas. Así, tanto el "tiempo como abril en el Andalucía"[6] como las razones que inducen a Cortés a llamar a aquellas tierras "Nueva España", establecen paralelos a través de los cuales se penetra razonablemente en lo otro. Sin embargo, este recurso comparativista logra su objetivo no por la asimilación que establece, sino por la diferencia que origina. Poco a poco nuestros cronistas amplían los horizontes de la comparación a fin de constatar lo insólito del mundo descubierto. Bernal, por ejemplo, señala a esos "soldados que habían estado en Constantinopla e en toda Italia y Roma, y dijeron que plaza tan bien compasada y con tanto concierto y tamaño e llena de tanta gente no la habían visto" (*id.*), después de que Cortés ya hubiera recurrido al mismo método como expresión sintetizadora de su asombro,[7] y antes de que el mismo Las Casas tuviera que acudir no sólo a países, sino

---

[5] Con anterioridad, también Colón y Cortés advirtieron de modo ocasional la experiencia directa como único modo de credibilidad: "[...] bien sé que serán de tanta admiración que no se podrán creer, porque los que acá con nuestros propios ojos las vemos, no las podemos con el entendimiento comprender" (Cortés, 1988: 62).

[6] Del primer viaje, 16 de diciembre.

[7] Dirá Cortés: "[...] y por tanto no me pondré en expresar cosa de ellos mas de que en España no hay su semejable" (*ibid.*: 67).

incluso, a continentes para expresarlo.[8] En principio, el comparativismo fue siempre reduccionista (al considerar a América como semejante a España): pero salir de él, nos conduce directamente no ya al resto de lo conocido, sino a lo imaginado: es el momento en que Bernal toma al *Amadís* como referencia para explicar (comparar) la maravilla. Esta técnica de apariencia simple inaugura, sin embargo, una fundamental anotación que ya Fernando Ainsa señalara como gesto indiscutible de Colón: desde el instante en que la alteridad empieza a definirse a partir de la comparación, reconocemos que "la maravilla del mundo es proporcional a su diversidad" (Ainsa, 1988: 14). Y añadamos, además, que a partir de esa misma anotación se abre el paso hacia el entendimiento, o el reconocimiento, del territorio americano. Tan es así que, como apuntara Antonello Gerbi, en muchas ocasiones la ecuación América=España, "aunque ya un tanto atrevida, es sólo un trampolín para la hipérbole" (Gerbi, 1978: 32-33),[9] situación que nos lleva enseguida a la defensa continua de Las Casas. Este último no repara en hiperbolizar la grandeza mexicana a través del contraste con otras ecuaciones más audaces que las del mismo Colón, como argumento y señal "de la invención exquisita y extraña", de la "sotileza de ingenio enestas gentes" (Las Casas, 1958).[10]

Tras esta experiencia comparativista a través de la cual se encuentra un canal para explicar el contraste, la diferencia, se acude a otros gestos verbales en los cuales se puedan reconocer de inmediato las señales del asombro. Walter Mignolo ha señalado en Colón el uso de modelos literarios, no ya como "actitud escritural", sino como mecanismos destinados a marcar la sorpresa (Mignolo: 62); su insistencia en la naturaleza, aunque se interprete como descripción interesada, resulta "artificial" en cuanto sigue precisamente la moda idílica del tiempo. Asimismo en Cortés, el mismo hecho de detenerse breves instantes en relatar las maravillas de la ciudad mexicana, es indicativo de su placer y desconcierto, pues entregado al relato de sus hazañas no puede sobreponerse a sus visiones, y descansa por un instante en ellas. Bernal Díaz del Castillo, por su parte, a través de la que Rico definiera como "retórica de la llaneza" o "la astucia del candor"

---

[8] "Porque ni en Roma, ni en Tebas, ni en Menfis, ni en Atenas, que fueron ciudades nominantísimas y donde rebosaba la religión y rito de los ídolos e idolatría, no se lee que hobiesen tantos[...] Pues fuera de aquellas ciudades, en toda la Europa, ni Asia, ni Africa[...] no había tantos como en sola la Nueva España " (Las Casas, 1958).

[9] Así define Gerbi el salto de Colón de la semejanza a la diferencia en su descripción de la Isla Española.

[10] Efectivamente, Las Casas, fuera de la comparación con lo español, añade a sus notas descriptivas del templo mayor de la ciudad de México lo siguiente: "Y así, aquel de Tebas en esto no excede a este mexicano, antes queste, en ello y en muchas otras cosas le hacen ventaja" (Las Casas, 1958: cap. 132).

(Rico, 1989: 10), en su lenguaje nos introduce en lo maravilloso de un modo natural, haciéndonos partícipes de un universo que logra ser, así, comunicado. También Ramón Iglesias resaltaba en Cortés esa "naturalidad con que acepta lo maravilloso" (Iglesia, 1980: 21), pero de algún modo está condicionada por su excesivo afán conquistador. En Bernal es un efecto del lenguaje. En Cortés lo es de la ambición y, más allá, de la confianza en su superioridad. Al entrar, finalmente, en fray Bartolomé de Las Casas, tropezamos enseguida con sus frecuentes y, de hecho, sistemáticas exageraciones, hasta el punto de constituirse en rasgo esencial de su estilo. A menudo, tales hipérboles, reconocidas como procedimiento estilístico de su prosa, están destinadas a "realzar la veracidad" (Saint-Lu: 125) de su discurso. Pero también hay que entenderlas como un lenguaje cuyos efectos son rápidos, directos, en la lectura. De esta forma, más que realzar la veracidad (que en ocasiones entorpece) sus hipérboles, persiguen alumbrar en el lector un vínculo vital con el mundo descubierto, efectuar en ellos la misma operación que la visión de América produjo en nuestro fraile: no sólo la búsqueda de la verdad, sino también la de su reconocimiento en la conciencia de los otros. Lewis Hanke ve en los misioneros de América a los "primeros relativistas culturales" (8), y de esa función social, de ese reconocimiento de la pluralidad cultural no están exentas, precisamente, sus exageraciones. Y no sólo, claro está, las que se realizan en su lengua, sino aquellas otras que se fundan en su ingenio: al describir el gran templo de la ciudad de México ignora por completo las salas del sacrificio, la sangre que Gómara, Cortés y algunos otros describieran antes que él. Esta selección del material narrado tiene el mismo destino que los mencionados recursos anteriores: llamar la atención sobre lo nuevo, engendrar curiosidad por la grandeza descubierta.

Tanto como la exageración en Las Casas, el detallismo en ocasiones abusivo de Bernal responde a un interés que en principio no era literario: había que mostrar la diversidad (esto es, la riqueza) del Nuevo Mundo a la Corona (Colón), y cada pedazo de la tierra suponía en los cronistas un metro de esperanza más para la creación personal de la fama (Cortés), la veracidad no menos deseosa del honor (Bernal), o la defensa de la dignidad de los indígenas (Las Casas). Pero amén de satisfacer la curiosidad de los otros, el registro minucioso de Bernal puede verse también como un signo verbal de la sorpresa que toda contemplación de la diferencia produce. Nada más acorde con el deseo de veracidad, con el empeño de hacerla creíble, que expresarla en todas sus proporciones y fragmentos, que yuxtaponer los datos (las palabras) en la mente del lector. Como si no bastaran para explicar aquel "Quedaba espantado de ser tan grande la isla Española" que el 12 de enero sentía Cólon.

Habría que anotar tambien que, en ciertos momentos, la percepción siempre subjetiva de la realidad responde al estímulo que lo americano representa de un modo igualmente personal, anímico e intransferible. De esta forma, a la hora de nombrar las distintas tierras de la América descubierta, no sólo se recurre a aquellos nombres que responden a la percepción occidental (isla Española, Nueva España), sino a aquellos otros que eternizan la primera impresión física de la curiosidad ("entonces estaba diciendo en su lengua: 'cones cotoche, cones cotoche', que quiere decir: 'andad acá, a mis casas'. Por esta causa pusimos por nombre aquella tierra Punta de Cotoche y ansí está en las cartas de marear") (Díaz del Castillo, 1989: cap. 2) y sobre todo, a los que quieren así testificar la visión maravillosa ("al cual puse nombre Cabo Fermoso, porque, así lo es"),[11] como sucediera en el caso de Colón. Se deduce así, como señala Pupo-Walker, que "la historiografía americana es excepcionalmente creativa cuando se inclina para observar el acontecimiento individualizado que sobresale en el devenir histórico" (Pupo-Walker, 1982) alumbrando así el primer momento de la invención en América Latina.

Al repasar, finalmente, aquellos rasgos que hemos ido señalando como síntomas verbales del asombro, se intuye también el proceso de adaptación a la nueva realidad que se basa, fundamentalmente, en el reconocimiento de esa insólita experiencia. Su grado más profundo se alcanza cuando Las Casas, haciendo uso de esas anotaciones admirativas en los textos anteriores, las emplea como argumento en su defensa de las Indias.

Ciertamente, aquella lengua que reconoció su dificultad para explicar la magnitud del Descubrimiento, el comparativismo capaz de realzar la riqueza distinta de lo nuevo, el esfuerzo de la palabra por alcanzar un mestizaje que de la lengua se traslada al pensamiento (y viceversa), la reiterada necesidad del concurso de "la vista" como único medio para certificar la sorpresa, la hipérbole que reclama de un modo extremo la atención sobre "lo otro", el asombro comunicado a la altura de lo normal o cotidiano, los nombres apoyados en visiones idílicas, o en percepciones fonéticas primerizas, y hasta la selección intencionada del material maravilloso que debía narrarse para provocar efectos o demostrar aquellos hechos encuentran en Las Casas a uno de sus herederos principales. También él seleccionó la realidad que más le impresionaba o seducía para seducir a su vez a los demás. Recoge, por un lado, el mensaje admirativo de los cronistas anteriores, y enarbolando esas mismas notas de admiración como argumento no sólo eficaz sino convincente por ser auténtico y fruto, sobre todo,

[11] Primer viaje, 19 de octubre.

de un reconocimiento general, inicia así un mensaje que en el Inca Garcilaso encuentra un resumen ejemplar.

Si es cierto que la subjetividad de los cronistas desdibuja en ocasiones la verdad historiográfica, no lo es menos el hecho de que, con distinta intensidad, todos ellos registraran la emoción del encuentro con "lo otro". Como si fuera, según dijimos al principio, la única porción verificable (verdadera) en esos textos.

Por ello, el "Sí hay muchos mundos", que encabeza el Libro Primero de los *Comentarios Reales*, es un producto de ese esfuerzo anterior, de algún modo colectivo, intensamente lascasasiano, cuya interrogación primera había empezado en el lenguaje, y cuyo eslabón último acaba defendiendo aquello que penetra a través de él. Hernán Cortés se extasiaba ante las creaciones de la civilización azteca, admitiendo entonces que era "admirable ver [la razón] que tienen en todas las cosas", y esbozando así cierto grado de respeto cultural. A través de las creaciones culturales (lenguaje también del mundo) llega hasta el hombre. Y ya que, convendremos en ello, la lengua no posee más aliento ni intención que la que el hombre, precisamente, alienta, todos esos rasgos que hallamos en las crónicas no han hecho sino testificar, en realidad, la sorpresa del ser ante el presagio de una región que iba a aumentar, como ninguna, la riqueza, la diversidad de la conciencia universal.

BIBLIOGRAFÍA

Ainsa, Fernando, *Alteridad y diversidad en el discurso fundacional de Cristóbal Colón*, París, UNESCO, 1988.
Anderson Imbert, Enrique, *Historia de la literatura hispanoamericana*, México, Fondo de Cultura Económica, 1987, tomo 1.
Blanco, José Joaquín, *La literatura en la Nueva España (Conquista y Nuevo Mundo)*, México, Cal y Arena, 1989.
Colón, Cristóbal, *Textos y documentos completos*, Madrid, 1982.
Cortés, Hernán, *Cartas de Relación*, México, Porrúa, 1988.
Díaz del Castillo, Bernal, *Historia verdadera de la conquista de la Nueva España*, Barcelona, 1989.
Gerbi, Antonello, *La naturaleza de las Indias Nuevas. De Cristóbal Colón a Gonzalo Fernández de Oviedo*, México, Fondo de Cultura Económica, 1978.
Hanke, Lewis, "El significado teológico del descubrimiento de América", *Cuadernos Hispanoamericanos*, núm. 298.
Iglesia, Ramón, *Cronistas e historiadores de la Conquista de México. El ciclo de Hernán Cortés*, México, El Colegio de México, 1980.
Las Casas, Bartolomé, *Apologética historia*, Madrid, 1958.
Mignolo, Walter, "Cartas, crónicas y relaciones del descubrimiento y la conquista", en *Historia de la literatura hispanoamericana: época colonial*, tomo 1, coordinación de Iñigo Madrigal, Madrid, Ediciones Cátedra, pp. 57-125.

Pupo-Walker, Enrique, *La vocación literaria del pensamiento histórico en América*, Madrid, Gredos, 1982.

Rico, Francisco, "Todo delante de los ojos", prólogo a Díaz del Castillo, *op. cit.*

Saint-Lu, André, "Bartolomé de Las Casas", en Anderson Imbert, *op. cit.*

Serés, Guillermo, "Noticia de Bernal Díaz del Castillo", en Díaz del Castillo, *op. cit.*

Todorov, Tzvetan, "Cortés y Moctezuma: de la comunicación", *Vuelta*, núm. 33, agosto de 1979, pp. 20-25.

COLÓN (DES)CUBRE A LAS INDIAS

Sara Poot Herrera
Universidad de California, Santa Barbara

A Gloria y Giorgio Perissinotto

De aquel Libro de Horas de Cristóbal Colón, breviario medieval cuyas horas canónicas muchas veces sirvieron de marco de referencia cronológica a los episodios de su travesía, se ha llegado a una memoria colectiva, literaria e histórica, de cinco siglos. Esta memoria reflejada en sus inicios en el espejo del Atlántico empieza a configurarse en la propia escritura de Colón, en su diario, sus cartas y memoriales, que tienen ecos inmediatos en otras cartas y otros documentos.

La famosa carta "circular" puso en rotación, a fines del siglo xv, esa memoria textual que se inscribe y se escribe en las crónicas e historias, relaciones y ficciones alusivas al encuentro entre el Viejo y el Nuevo Mundo al que dio lugar el descubrimiento.[1]

De la realidad que se recorta y se instaura en la escritura inaugural del discurso americano, me interesa la percepción que de la mujer isleña tuvieron los europeos que llegaron a América en los primeros viajes de Colón: ojos de explorador/cuerpo de indígena, interpretación y desnudez, fundan esta primera relación de diferencia que se estructura en un plano de igualdad y desigualdad.

Desde el principio de la travesía colombina, varios signos femeninos están presentes: la autoridad de la reina Isabel, las tres carabelas, las estrellas, la luna, las mareas, las cartas, la protección de la Virgen, la cruz, las perlas, las lluvias, las islas, hasta llegar a tierra firme.

---

[1] En su artículo, "Excursión por el Diccionario de la Academia de la Lengua, con motivo del V Centenario del Descubrimiento de América" (*NRFH*, núm. 35 [1987], pp. 264-280), Silvio Zavala hace un análisis lingüístico de las palabras descubrimiento, hallazgo, encuentro e invención. Según el historiador, "conservando el término 'descubrimiento' se puede abarcar el encuentro de gentes distintas con todos sus afectos, incluso el de la formación de nuevas sociedades y culturas mestizas" (*ibid.*, p. 280). Los términos que utilizo en mi trabajo se refieren al de descubrimiento, tal y como se plantean en este análisis.

En su primera ruta por ultramar, los navegantes encuentran estatuas con figuras de mujeres, como la de Guabancex, señora del huracán, esculpida en mármol, lo mismo que estatuillas de piedra, hueso y madera.[2] Cuando pasan por el oriente de Puerto Rico, Colón bautiza el lugar con el nombre de Islas de las Once Mil Vírgenes, en agradecimiento a Santa Úrsula y sus hermanas navegantes. Y cuando tocan de cerca la isla Madanina o Matinino, de donde se dice que sólo viven mujeres, encuentra el momento propicio para poder comprobar el valor de estas mujeres guerreras, las posibles amazonas. El arco y la flecha las definen y, además, como son fuertes e independientes, pueden recibir de vez en cuando nada menos que la visita de los feroces y temerarios caribes, que comen carne humana.

El descubrimiento —casualidad en el caso de las islas, búsqueda en el de tierra firme— ha comenzado. Pero aún la realidad insospechada —América— no se convierte para Colón y sus compañeros en una realidad sospechosa.

Hablar de la visión europea del siglo xv conlleva a considerar el aspecto visionario de la misma. La acción y el efecto de ver, de acuerdo con una historia, una cultura y una escala de valores, se combina en esa época con la fantasía que deriva en figuraciones y creencias quiméricas, es decir, lo visionario.

Por una parte, concibo la visión de los descubridores de acuerdo con el planteamiento de Edmundo O'Gorman. En el proceso que desarrolla en *La invención de América*[3] explica que, aun en la tesis más favorable al indio, el europeo de la Edad Media, desde un paradigma cristiano, ve a éste como un ente casi natural;[4] por otra parte, relaciono lo visionario del descubrimiento con lo que Silvio Zavala llama precisamente "geografía visionaria de América",[5] conformada de montañas y ríos de oro, paraíso terrenal, bestiarios medievales, seres legendarios...[6] Lo visionario —que incluye sirenas y amazonas— es parte de esa visión y al mismo tiempo la enriquece y la condiciona.

[2] Tomo este dato de Cristóbal Colón, *Textos y documentos completos*, C. Varela (comp.), Madrid, Alianza Editorial, 1982, p. 47. Cada vez que me refiera a los textos de Colón, utilizo esta edición (2a reimpr., 1989) y anoto entre paréntesis el número de página que cito.
[3] Edmundo O'Gorman, *La invención de América* [1958], México, Fondo de Cultura Económica, 1986.
[4] "La estructura del ser de América y el sentido de la historia americana", *ibid.*, pp.137-159, especialmente, pp. 149-151.
[5] Silvio Zavala, "El medio geográfico americano", en *El mundo americano en la época colonial*, México, Porrúa, 1967, t. 1, p. 48.
[6] En su libro *La herencia medieval de México* (México, El Colegio de México, 1984, 2 ts.), Luis Weckmann cita esta "geografía visionaria" (t. 1, p. 28). Los capítulos III, IV y V (pp. 55-100) de la primera parte del primer tomo de este libro, "Descubrimiento y conquista" (pp. 19-196), desarrollan histórica y literariamente los elementos de esa geografía.

La mujer indígena —la de las islas y la de tierra firme— es vista por los descubridores desde esa perspectiva. Su imagen aparece ya en los primeros documentos de la ruta marítima a las Antillas; la ruta se traza de ida y de vuelta, la escritura sigue la misma dirección y, desde allí, en un juego de espejos y espejismos, se produce el incipiente intercambio de descubrimientos, encuentros, hallazgos e invenciones.

Los primeros textos se escriben sobre el agua y por mar abierto llegan y se multiplican en Europa. Las islas oceánicas son fuente de discusión. En el tratado de Juan López de Palacios Rubios, *De las islas del mar océano*,[7] de la segunda década del siglo XVI, hay un fragmento dedicado a las relaciones entre los hombres y las mujeres de aquellos lugares. Las mujeres, según el manuscrito, son objeto de posesión y motivo de lucha, al mismo tiempo pueden tener varias relaciones sexuales antes de vivir con un solo hombre. Ante la incertidumbre de la paternidad de los hijos, ellas deciden la sucesión. El tratado informa, pero no interpreta.

El eterno femenino está presente en el *Nuevo Mundo* de Pedro Mártir de Anglería. De sus ocho *Décadas del Nuevo Mundo* —escritas en latín entre 1493 y 1525, y publicadas en 1530—,[8] el lector puede entresacar pequeños episodios individuales y colectivos sobre las indias de fines del siglo XV y principios del XVI. De los informes que recibe el primer cronista de Indias, mezcla costumbres femeniles con fábulas, leyendas y mitos.

Hay historias de amor, raptos, violaciones, cautiverios, rescates, castigos, idolatrías... Se habla de un lugar donde habitan vírgenes, de mujeres a quienes se les cercena un pecho para asaetear mejor, y de una mujer en el fondo del mar. Esta última historia representa la imagen del deseo, de la vida y, más que nada, de la culpa y de la muerte.

Si bien la figura de la mujer, como vemos, sí aparece en estos primeros textos –los dos anteriores escritos en Europa–, de ningún modo puede afirmarse que sea sujeto importante en el discurso del descubrimiento; más bien, hay un olvido, pero más que olvido, que sería una memoria borrada en la escritura, hay una ausencia y un vacío desde el origen de esta escritura.

Y si en la exuberante documentación sobre el descubrimiento hay poco espacio dedicado a las mujeres, extraña sobremanera la escasez de estudios que se refieren a este tema, trátese de mujeres indígenas o de mujeres españolas que llegaron al Nuevo Mundo. Respecto a estas últimas, José Luis

[7] Juan López de Palacios Rubios, *De las Islas del mar océano*, S. Zavala y A. Millares Carlo (comps.), México, Fondo de Cultura Económica, 1954, pp. 9-10.
[8] Pedro Mártir de Anglería, *Décadas del Nuevo Mundo*, E. O'Gorman (comp.), A. Millares Carlo (trad.), México, José Porrúa, 1964-1965, 2 ts.

Martínez, en su libro *Pasajeros de Indias*,[9] nos ofrece información sobre la emigración femenina desde los tiempos de las islas. Según él,

[...] además de esposas e hijas, vinieron a América numerosas criadas, mujeres que afrontaron duras tareas, se volvieron afanosas administradoras, inspiraron hazañas, enloquecieron de amor, y otras que fueron simplemente aventureras y busconas.[10]

Esta cita recuerda la enumeración de Silvio Zavala respecto a las costumbres en Brasil a fines del siglo XVI y principios del XVII; "[...] hay bordadoras, costureras, vendedoras callejeras, panaderas, mujeres de mundo y hechiceras".[11] El historiador hace algunas observaciones sobre la importancia de la mujer india y la española en algunos lugares desde los inicios de la Colonia, por ejemplo, en relación con el mestizaje, la población criolla, la familia, las costumbres y el trabajo. Respecto a esto último, anota la participación de las mujeres cargadoras de Paraguay en el transporte organizado que los españoles encontraron en el Nuevo Mundo.[12]

Acerca de las primeras emigraciones femeninas que llegaron a las Indias, José Luis Martínez ofrece el dato del libro de Nancy O'Sullivan Beare, *Las mujeres de los conquistadores. La mujer española en los comienzos de la colonización americana*,[13] publicado a mediados de los cincuenta. La autora rastrea en las crónicas de la Colonia la función de la mujer española en los primeros años del siglo XVI y su participación en la trasculturación española de América. Opina que las crónicas le conceden un espacio muy reducido a la mujer, de acuerdo con la historiografía de la época.

[9] José Luis Martínez, *Pasajeros de Indias*, Madrid, Alianza Editorial, 1983; especialmente el capítulo "El flujo migratorio", pp. 165-179, y dentro de él, "La emigración femenina", pp. 178-179.
[10] *Ibid.*, p. 179.
[11] Silvio Zavala, "Sociedad", *op. cit.*, p. 367.
[12] "Economía" [en Hispanoamérica], *ibid.*, p. 285. En su libro, Silvio Zavala sugiere algunas fuentes bibliográficas relativas a la función de la mujer española a principios de la Colonia: C. Fernández Duro, "La mujer española en Indias", *Memorias de la Real Academia de la Historia*, Madrid, 1910, t. 12, pp. 157-195, publicado también en *Boletín de la Real Academia de la Historia*, Madrid, 1902, t. 41, pp. 437-444, y en *Revista de Derecho, Historia y Letras*, Buenos Aires, núm. 13 (1902), pp. 165-182; Richard Konetzke, "La emigración de mujeres españolas a América durante la Colonia", *Revista Internacional de Sociología*, Madrid, núm. 3, (1945), pp. 123-150; y W. L. Schurz, *This New World: The Civilization of Latin American*, Nueva York, Dutton, 1954, pp. 276-332.
[13] Nancy O'Sullivan Beare, *Las mujeres de los conquistadores. La mujer española en los comienzos de la colonización americana*, Madrid, Compañía Bibliográfica Española, 1956. A su vez, O'Sullivan menciona el trabajo de Gustavo Pittaluga, *Grandeza y servidumbre de la mujer* (Buenos Aires, 1946), que se refiere al aporte cultural decisivo de la mujer española en la nueva América.

La escasez de estos estudios, ya de por sí significativa, sólo es superada por los que se refieren a la mujer indígena en el descubrimiento. Todorov, que dedica su libro sobre la Conquista de América[14] a una mujer maya devorada por los perros (práctica de la lebrería que, como la del herraje, también fue aplicada a las indias en la Colonia), se detiene brevemente pero con cuidado y sensibilidad en la condición y el ser de las mujeres indígenas en la época del descubrimiento. En unas líneas de su epílogo dice:

> Escribo este libro para tratar de lograr que no se olvide este relato, ni mil otros semejantes [...] Lo que deseo no es que las mujeres mayas hagan devorar por los perros a los europeos con que se encuentren (suposición absurda, naturalmente), sino que se recuerde qué es lo que podría producirse si no se logra descubrir al otro.[15]

En ese "descubrir al otro", en el Descubrimiento de América, inscribo mi trabajo. La visión de las mujeres empieza a perfilarse en los primeros apuntamientos del diario de a bordo. El jueves 11 de octubre, Colón escribe: "Ellos andan todos desnudos como su madre los parió, y también las mugeres, aunque no vide más que una farto moça" (30). Si bien es cierto que su asombro está puesto en primer lugar en la naturaleza, y los árboles casi no le dejan ver a la gente, también es cierto que en su diario y en sus cartas hay anotaciones frecuentes sobre la maravilla de mozas y mancebos.

Y no sólo es la impresión del Almirante admirado la que aparece en los textos, sino que éstos recogen también el gusto y la opinión de los demás: "Cuanto a la hermosura, dezían los cristianos que no avía comparaçión, así en los hombres como en las mugeres, y que son blancos más que los otros, y que entre los otros vieron dos mugeres moças tan blancas como podían ser en España" (80). La historia (España) y la inmediatez (las islas que se van dejando atrás) son marcos de referencia y comparación.

En casi todo el diario y en algunas de las cartas, Colón escribe una y otra vez sobre el cuerpo de la gente que halla. Los elementos que se reiteran –la desnudez (no hay mucho oro, pero tampoco hay mucha ropa) y la piel, sobre todo si es blanca– lo maravillan, lo mismo la generosidad, la alegría y el trato amoroso de hombres y mujeres. El primer viaje es la luna de miel entre Colón y las islas.

Con la maravilla y el asombro, está la precisión numérica. En la primera cita Colón se refiere a una mujer; en ésta, a dos. Más tarde se apunta, "dixo que vido tres serenas" (111). El marinero mide y cuenta, y su

---

[14] Tzvetan Todorov, *La Conquista de América. La cuestión del otro*, F. Bottón Burlá (trad.), México, Siglo XXI, 1987.
[15] *Ibid.*, pp. 256-257.

afán de precisión lo lleva a observaciones como ésta: "y truxeron *siete cabeças de mugeres* entre chicas e grandes" (56, el subrayado es mío). Este tipo de observaciones poco o más bien nada tienen que ver con sus descripciones de lo real como maravilloso. De acuerdo con Todorov, "si uno es indio, y por añadidura mujer, inmediatamente queda colocado en el mismo nivel que el ganado".[16]

Cuando Colón encuentra mujeres que se cubren una parte del cuerpo, de inmediato escribe: "[...] las mugeres traen por delante su cuerpo una cosita de algodón que escassamente les cobija su natura" (36). Así, anota signos culturales y hace notar por medio de ellos semejanzas y diferencias entre los grupos que va encontrando. Colón se refiere también a la mujer aliada, instrumento de aceptación y conocimiento del grupo, a la que trata, según dice, honradamente: "'[...] y así truxeron la muger, muy moça y hermosa a la nao, y habló con aquellos indios, porque todos tenían una lengua'. Hízola el Almirante vestir y diole cuentas de vidrio y cascaveles y sortijas de latón" (78-79). Del lado de la mujer, la generosidad y la ayuda; del lado del hombre, las bisuterías y los regalos de poco valor. De nuevo se marca la desigualdad.

Son importantes las diferencias sociales internas que Colón va percibiendo entre los hombres y las mujeres que observa: "En todas estas islas me parece que todos los ombres sean contentos con una muger, y a su maioral o Rey dan fasta veinte" (144). Y en este mismo fragmento de la carta, añade: "Las mugeres me parece que trabaxan más que los ombres" (*ídem*). A la subjetividad que caracteriza sus observaciones, la suple aquí la objetividad (el ojo en la paja ajena). Sin embargo, resulta beneficiosa para conocer las relaciones sociales de estos grupos, en este caso, de dominio y de poder: la posesión de varias mujeres como distinción de rango, y la mujer como objeto incansable de trabajo.

En la relación que Colón establece entre la mujer y la naturaleza, alude al cuerpo, pero no a la persona. En el tercer viaje esta relación llega a su momento cumbre, cuando explica que la tierra no es esférica:

> [...] y fallé que no era redondo en la forma qu'escriven, salvo que es de la forma de una pera que sea toda muy redonda, salvo allí donde tiene el peçón que allí tiene más alto, o como quien tiene una pelota muy redonda y en un lugar d'ella fuesse como una teta de muger allí puesta, y qu'esta parte d'este peçón sea la parte más propinca al cielo (p. 213).

Geografía/cuerpo de mujer en relación erótica, sensual y poética.

[16] *Ibid.*, p. 56.

La descripción no queda allí, sino que este hallazgo se da nada menos que en el Paraíso Terrenal: "Yo no tomo qu'el Paraíso Terrenal sea en forma de montaña áspera [...] salvo qu'él sea en el colmo, allí donde dixe la figura del peçón de la pera, y que poco a poco andando hazia allí desde muy lexos se va subiendo a él [...]" (216). El pezón es la entrada al camino que lleva al paraíso; es el umbral de lo mítico y lo puramente imaginario, el lugar que ocupa el deseo. La historia vuelve a la Biblia, al Génesis, al Cantar de los Cantares.

Colón cree haber llegado al Paraíso Terrenal y supone que cuatro ríos paradisíacos manan del árbol de la vida. Este mito, como los grandes mitos de la conquista americana, según Luis Weckmann, "tiene una raíz telúrica y una base existencial, en el sentido de que eran la realidad tal como la percibía el espíritu crítico y la imaginación exaltada de los conquistadores, espíritu e imaginación condicionados por el bagaje cultural que arrastraban consigo".[17]

Pero antes de llegar al Paraíso Terrenal y después de hablarles a los Reyes de la bondad de los indios, el amor de Colón cede paso a la fuerza de trabajo: "[...] sé enbía de presente con estos navíos así de los caníbales, ombres e mujeres e niños e niñas [...] e poco a poco mandando poner en ellos algún más cuidado que en *otros esclavos*" (Memorial a A. Torres de 1494: 153; el subrayado es mío). Con esta acción y esta intención, Colón pone su grano de sal y de arena en la relación amo/esclavo entre Europa y América.

Isabel, reina y mujer, también participa de la visión de la época en relación con la esclavitud, pero le niega a Colón los privilegios que él mismo se concede. En su testamento dejó ella plasmada su preocupación por los indios.

Colón no sólo se siente dueño de la vida de los indígenas, sino que también se otorga el derecho de repartir a algunas mujeres, lo que no se menciona en ninguno de sus documentos. Se está en vísperas de la Conquista. "Las mujeres indias —como dice Todorov— son mujeres o indios al cuadrado: con eso se vuelven objeto de una doble violación."[18]

Un fragmento de la extensa carta que Michele da Cuneo –uno de los hombres que en 1493 acompañaron a Colón en el segundo viaje– escribe a un amigo, revela esta situación:

Estando yo en la barca, tomé una bellísima caribe, que el almirante *me regaló* [sus compañeros habían sido muertos o habían sido enviados a España como

---

[17] Luis Weckmann, "Los espejismos: la búsqueda de reinos y sitios maravillosos", *op. cit.*, t. 1, p. 55.
[18] Todorov, *op. cit.*, p. 57.

esclavos]; y teniéndola yo en mi camarote, desnuda como es su costumbre, me sobrevino el deseo de solazarme con ella. Queriendo yo poner en obra mi deseo y ella no queriendo, me maltrató con las uñas de tal manera que no hubiera querido haber comenzado. Pero estando así las cosas, para contaros el final de todo, tomé una cuerda y la azoté de tal manera que lanzaba alaridos tan fuertes que podríais creer. Pero al final nos pusimos de tal acuerdo que os puedo decir que en el acto parecía haber sido entrenada en escuela de putas [el subrayado es mío].[19]

Colón viste a las indias y las trata honradamente pero, al mismo tiempo, las regala como objeto de placer. La carta de Da Cuneo, inadvertida en la gran mayoría de los estudios, es indicativa en más de un sentido: los documentos no oficiales del descubrimiento, cartas íntimas o familiares, revelan espacios ocultos de relación tal vez más profundas y desgarradoras. Aquí, ya no sólo es la mirada frente al cuerpo desnudo: el europeo desea, fuerza, convence, según él; la mujer caribe rasguña, grita y acaba cediendo, también según él.

La blancura de algunas indígenas que Colón relaciona con la blancura de las mujeres europeas se sustituye con otro tipo de relación. El aparente gozo de la caribe –sujeto activo en la defensa y sujeto activo en la relación sexual– hace que Da Cuneo la relacione con las mujeres prostitutas europeas. La visión de la mujer, en el caso de esta carta, no corresponde exclusivamente a la indígena, sino a una visión que revela que si hay arte y gozo sexual por parte de la mujer entonces actúa como prostituta, además, educada para el oficio.

En su "Relación del cuarto viaje" (1503), el propio Colón usa la misma palabra de la carta de Michele da Cuneo, al referirse a dos mujeres isleñas:

Cuando llegué allí, luego me inviaron dos muchachas muy ataviadas. La más vieja no sería de once años y la otra de siete, ambas con tanta desenboltura, que no serían más unas putas. Traían polvo de hechizos escondidos. En llegando las mandé adornar de nuestras cosas y las invié luego a tierra [325].

Los indígenas utilizan a las casi niñas como instrumento sexual, al dárselas a Colón; éste deduce, puesto que son muy desenvueltas, que han de ser prostitutas. No sabemos exactamente a qué tipo de atavío y desen-

[19] "Michele da Cuneo a Gerolamo Annari" (Savona, 15-28 de octubre de 1495), en *Colombo, Vespucci, Verazzano. Prime relazioni di navegatori italiani sulla scoperta dell'America*, L. Firpo (comp.), Turín, UTET, 1966, pp. 47-76. Este fragmento aparece en pp. 51-52. Agradezco a mi colega Giorgio Perissinotto su traducción del genovés al español para este trabajo. En su artículo, "El segundo viaje de Colón según Michele da Cuneo" (*Iberoromania*, 1989, núm. 30: 70-78), Perissinotto sugiere la lectura de la carta de Da Cuneo para juzgar su importancia estilística, la actitud de este marinero hacia los indígenas, su relación con Colón, sus propias experiencias... (*ibid.*, p. 77). El fragmento de esta carta aparece también en Todorov, *op. cit.*, p. 56.

volvimiento se refiere Colón; sin embargo, de nuevo aparece el referente cultural europeo del siglo XV aludido antes por Da Cuneo. A diferencia de éste, Colón adorna a las mujeres ¿las viste? y caballerosamente se despide de ellas.

En este mismo fragmento, el Almirante habla de polvos de hechizos escondidos que portan las mujeres caribes, y advierte así de las prácticas mágicas que se multiplicarán como resultado del sincretismo en la Colonia.[20] Tiende así un lazo más —en el que figura la mujer— entre sus primeros hallazgos indígenas y la colonización del Nuevo Mundo.

Al filo de dos siglos —XV y XVI— hay signos femeninos cifrados en la cruz que sella el cambio de siglo: de lo prehispánico a la Colonia (América), pasando por la Edad Media (Europa) que a su vez se remonta a Oriente (Asia) y se acerca a las costas vecinas (África). Falta desempañar la memoria colectiva que contiene a estos signos.

Y si en el Caribe las isleñas quedaron marginadas de la historia y la geografía del descubrimiento, en España la historia personal de una mujer quedó también en el margen y el silencio. El padre de su hijo cerró su testamento, último documento de su vida, con estas palabras:

E le mando que aya encomendada a Beatriz Enríquez, madre de don Fernando, mi hijo, que la probea que pueda bevir honestamente, como persona a quien yo soy en tanto cargo. Y esto se haga por mi descargo de la conçiençia, porque esto pesa mucho para mi ánima. La razón d'ello non es líçito de la escrevir aquí. Fecha a XXV de Agosto de mill e quinientos e cinco años: sigue *Christo Ferens* [362].

BIBLIOGRAFÍA

Alberro, Solange, "Las prácticas mágicas y hechiceriles", en *Inquisición y sociedad en México, 1571-1700*, México, Fondo de Cultura Económica, 1988.

Colón, Cristóbal, *Textos y documentos completos*, C. Varela (ed.), Madrid, Alianza Editorial, 1982, 1989.

Fernández Duro, Cesáreo, "La mujer española en Indias", en *Memorias de la Real Academia de la Historia*, Madrid, 1910. También publicado en el *Boletín de la Real Academia de la Historia*, 41 (1902): 437-444; *Revista de Derecho, Historia y Letras*, 13 (1902), 165-182.

Konetzke, Richard, "La emigración de mujeres españolas a América durante la Colonia", *Revista Internacional de Sociología*, 3 (1945): 123-150.

---

[20] Según Solange Alberro, estas prácticas, que aumentan a mediados del siglo XVII en la Nueva España, no produjeron gran número de procesos (Solange Alberro, "Las prácticas mágicas y hechiceriles", *Inquisición y sociedad en México 1571-1700*, México, Fondo de Cultura Económica, 1988.

López de Palacios, Juan Rubios, *De las islas del mar océano*, S. Zavala y A. Millares Carlo (comps.), México, Fondo de Cultura Económica, 1954.

Martínez, José Luis, *Pasajeros de Indias*, Madrid, Alianza Editorial, 1983.

Mártir de Anglería, Pedro, *Décadas del Nuevo Mundo*, Edmundo O'Gorman (comp.), A. Millares Carlo (trad.), 2 ts. México, José Porrúa, 1964-1965.

"Michele da Cuneo a Gerolamo Annari (Savona, 15-28 de octubre de 1495)", en *Colombo, Vespucci, Verrazzano. Prime relazione di navegatori italiani sulla scoperta dell'America*, L. Firpo (comp.), Turín, UTET, 1966.

O'Gorman, Edmundo, *La invención de América*, México, Fondo de Cultura Económica, 1986.

O'Sullivan Beare, Nancy, *Las mujeres de los conquistadores. La mujer española en los comienzos de la colonización americana*, Madrid, Compañía Bibliográfica Española, 1956.

Perissinotto, Giorgio, "El segundo viaje de Colón según Michele da Cuneo", *Iberoromania*, 30 (1989): 70-78.

Pittaluga, Gustavo, *Grandeza y servidumbre de la mujer*, Buenos Aires, Sudamericana, 1946.

Schurz, W. L., *This New World: The Civilization of Latin America*, Nueva York, Dutton, 1954.

Todorov, Tzvetan, *La Conquista de América. La cuestión del otro*, Flora Botton Burlá (trad.), México, Siglo XXI, 1987.

Weckmann, Luis, *La herencia medieval de México*, 2 ts., México, El Colegio de México, 1984.

Zavala, Silvio, *El mundo americano en la época colonial*, México, Porrúa, 1967.

—— "Excursión por el Diccionario de la Academia de la Lengua, con motivo del V Centenario del Descubrimiento de América", *Nueva Revista de Filología Hispánica*, 35 (1987): 265-280.

LA ADQUISICIÓN PROGRESIVA MANIFESTADA DEL "ORIGEN": DE LA ALTERIDAD A LA IDENTIDAD

Rocío Quispe Agnoli
Brown University

Teniendo en cuenta la noción dinámica de *discurso* (Greimas-Courtés, 1979) abordamos la Crónica de Indias como un tipo de texto en el cual confluyen, por lo menos, dos tipos de discurso: un discurso histórico, consistente en una serie de estrategias retóricas, y un discurso narrativo, conformado por los relatos orales que se reúnen en un discurso mítico. Para aproximarnos al análisis de este discurso mítico optamos por la teoría de los motivos (Propp, 1971; Thompson, 1958; Courtés, 1986) dentro de la cual se concibe al *motivo* como un microrrelato (de ahora en adelante m-r) con un poder de migración intertextual. Este microrrelato contiene una figura, o un conjunto de figuras, que se inserta en cada contexto cultural otorgándole o adquiriendo una significación determinada. Así, se pueden reunir los motivos recurrentes dentro de un mismo horizonte cultural con miras a constituir el *código mítico* de dicha cultura.

Para realizar el análisis de los m-r presentados en este trabajo, recurro al aparato teórico-metodológico del análisis semiótico de textos (Groupe d'Entrevernes, 1979; Greimas-Courtés, 1979 y 1985) por constituir una opción adecuada al estudio de los motivos en etnoliteratura, atendiendo al campo semántico y la generación del sentido en los textos y por inscribirse en el marco de la lingüística discursiva.

1. EL MOTIVO "ORIGEN"

Trabajamos el motivo "origen" como una configuración discursiva invariante, repartida a lo largo de las muestras textuales de la Crónica de Murúa. Este motivo muestra la transformación que media entre las categorías de /ausencia/ e /inexistencia/ hacia las categorías de /presencia/ y /permanencia/, con la combinación de modalidades que estas categorías suponen en la estructura profunda (EP). Asimismo, este motivo, como m-r, trata de la *adquisición* del objeto (Ov) /origen/ de diversos tipos: "origen del culto", "origen del llanto", "origen de un nombre", "origen de la dinastía", "origen de individuos", "origen de grietas", "origen del incesto", etcétera. Este Ov tiene un valor modal ya que se encuentra regido por las *modalidades sustantivas* /ser-estar/ y es adquirido por un sujeto (S) que se halla disjunto del mismo. Es decir, este m-r se presenta como un programa narrativo en el cual se describe la junción sujeto (S) con el Ov /origen/. Hay una junción inicial presupuesta, no necesariamente manifestada en los textos, que supone al S disjunto del Ov. Es en el estado final donde se aprecia la conjunción del S con el Ov, mediando entre ambos estados una transformación; por ejemplo, el acto de "engendrar que dará lugar a la acción de "engendrar" (otros casos serían: "crear"/creación, "generar"/generación, "inventar"/invención, "producir"/producción). El /origen/, al ser un objeto con valor modal, contiene las modalidades sustantivas que el S busca atribuirse. De esta manera el S se define en relación a su Ov y pasa de la *alteridad* a la *identidad*, mientras que el Ov realiza el camino inverso, es decir, de la identidad a la alteridad. En otras palabras, el "origen" define al "originado" y la función-secuencia de ello es el "originar". El motivo es, entonces, el vertimiento semántico de un programa narrativo.

Los m-r que llamamos de "origen" pueden contener, en principio, dos recorridos semánticos:

a) El comienzo, nacimiento o causa de algo (nivel pragmático).

b) La causa cognoscitiva de algo (nivel cognoscitivo).

En la investigación de las crónicas de fray Martín de Murúa (Murúa, 1946: 159; y 1613) el motivo "origen" se encuentra muchas veces sobreentendido y repartido de modo fragmentario. Esto nos ha llevado a reconstruir, de alguna manera, esa discontinuidad con la cual se presenta. En el caso de estas crónicas podemos postular, de manera hipotética, que estos m-r confluyen en el tema "fundación", ya que vemos cómo, una vez adquiridos los valores del "origen" y actualizados estos valores, se dirigen hacia la constitución de la acción de "fundar".

2. Un caso de especie: la adquisición progresiva y manifestada del /origen/

En los m-r se constata la existencia de un S y un Ov enfrentados en un estado inicial, presupuesto, de *disjunción*, y en el estado final de *conjunción*. Los dos enunciados primarios entre los cuales media la transformación son:

$(S \cup Ov)/(S \cap Ov)$ que, en nuestro caso específico, trata de la función de originar, figurativizada en "nacer" e imprescindible para "fundar".

Las modalidades y categorías correspondientes a ambos estados son las que figuran en el cuadro 1.

CUADRO 1

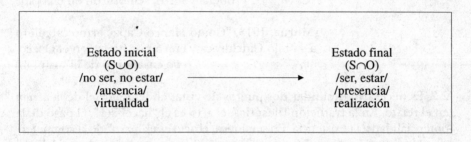

Estado inicial
(S∪O)
/no ser, no estar/
/ausencia/
virtualidad

Estado final
(S∩O)
/ser, estar/
/presencia/
realización

2.1. Estamos, entonces, frente a un enunciado *incoativo* (aquel que desencadena el relato) y ante un enunciado *terminativo* (aquel que señala el fin del proceso narrativo). Estos enunciados son *puntuales* en tanto establecen el tiempo y el espacio actanciales. Frente a estos enunciados, están los enunciados *durativos* que crean la tensión. Entre las dos puntualidades que son la incoatividad (estado inicial) y la terminatividad (estado final) se desarrolla la duratividad que crea la tensión del relato.

MICRORRELATOS

M-R 1:   "[...] y llegaron a Guaynac Cancha, y allí se juntó Manco Capac con su hermana Mama Ocllo . [...] y viniendo en el camino vieron que la hermana estaba preñada y entre ellos hicieron inquisición diciendo cual de nosotros ha hecho esta maldad, y sabida la verdad, llegaron a Tambuqui, a do nació Cinchiroca [...]"

(Murúa, 1613, "Del principio y origen de los ingas y de donde salieron", cap. 2.)

M-R 2:   "Habiendo estado Manco Capac con su hermano y hermanas y hijo de Matahua mucho tiempo, Mamahuaco [...] tiró dos varas de oro hacia el Cuzco [...] y de allí [de Matahua] vinieron caminando hacia el Cuzco, y llegaron a Colcapampa donde llegó la primera vara

> y tomando tierra en las manos y visto que no era
> buena para sembrar, pasaron adelante hasta Guaman
> Tianca y Huaynapata ado [sic] había llegado la postrera
> vara, y viendo que se había hincado bien y ser la tierra
> buena y fértil, sembraron en ella [...]"
>
> (Murúa, 1613, "Como Manco Capac armó caballero
> a su hijo Cinchiroca y entró por fuerza en el Cuzco
> y se enseñoreó de él", cap. 3.)

2.2. Es necesario deslindar dos puntos de vista: el del *acto* y el de la *acción* en el relato. En la tradición filosófica, el acto es el "hacer-ser", el paso de la potencialidad a la existencia. En semiótica, el acto es el "paso" de la competencia a la actuación, "paso" interpretado sintácticamente como la modalidad de hacer, la cual, a su vez, es la conversión "a nivel de la sintaxis antropomorfa" del concepto de transformación (Greimas y Courtés, 1979: 30).

Hay, en el acto, dos puntos por distinguir: el punto inicial (*ab quo*) y el punto final (*ad quem*). "Acto es el paso del punto *ab quo* al punto *ad quem*". Los m-r serán vistos desde el punto de vista de la acción. Para entender la noción de *acción* nos situamos en el punto final del acto y distinguimos tres instancias: *ab initio ad quem ad finem*. En el punto *ab initio* colocamos la incoatividad; en el punto *ad finem*, la terminatividad y, finalmente, en el punto *ad quem*, la duratividad. Podemos hablar, de esta manera, en semiótica discursiva, de un estado actual (acto) y de un estado procesal (acción) cuyo modelo integral es el que aparece en el cuadro 2.

CUADRO 2

2.3. Las modalidades sustantivas (verbos modales "ser" y "estar") sirven de cópula en los enunciados de estado (EE). La modalidad ser comprende dos funciones: *a*) constituir la existencia modal del sujeto; *b*) adjuntar al sujeto, por predicación, las propiedades consideradas como "esenciales". La modalidad *estar* cumple la función de modificar el estatuto del Ov. Se considera entonces lo siguiente:

Estar: Actual : Objeto

Ser: Procesal: Sujeto

Veamos ahora el juego de las modalidades que nos presentará la estructura profunda para estos relatos.

2.3.1. Una estructura profunda (EP) se genera desde el momento en que hay dos términos ("x" e "y") que se articulan para formar una *categoría semántica*. Las modalidades sustantivas se combinan en tanto términos y dan lugar a las siguientes categorías, proyectadas en el cuadro semiótico (cuadro 3).

CUADRO 3
MODALIDADES SUSTANTIVAS

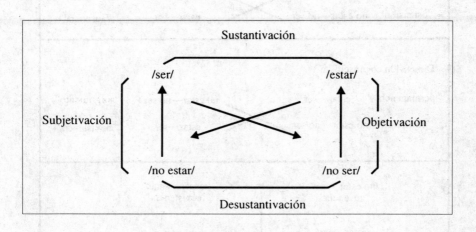

Si se correlacionan los esquemas de la latencia (ser-no ser) y de la presencia (estar-no estar) se constituye la categoría de la *sustantivación*, opuesta a la *desustantivación*. Si trabajamos con la tesis de que el Ov define al S, vemos que las modalidades que afectan al valor vertido en el Ov, constituirán la existencia modal del S. El S se define frente al Ov y surgen así las actancias. Mediante la *subjetivación* se vierten los valores subjetivos al S con ayuda de la cópula "ser". A esto se opone la *objetivación*, en la cual se ve la modificación del valor vertido en el Ov gracias al "estar". Los términos de la categoría semántica se corvierten en valores vertidos en los objetos sintácticos y éstos, a su vez, en figuras que nos manifiesten los textos a partir de las cuales iniciamos el análisis.

2.3.2. Observemos ahora el juego de estas modalidades en los cuadros semióticos respectivos, con la distribución de los términos (entre barras), así como las categorías a las que dan lugar (entre comillas). Estos cuadros se organizan en dimensiones distintas: el cuadro del *être actual* (estar) en la dimensión pragmática, y el cuadro del *être procesal* (ser), en la dimensión cognoscitiva (cuadro 4).

CUADRO 4

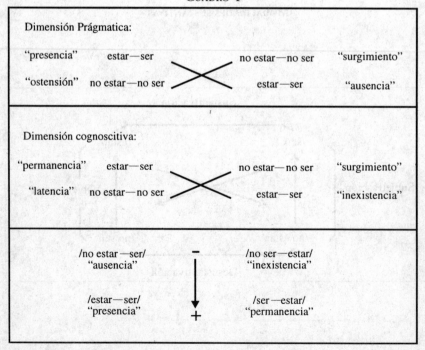

2.4. Para el caso de la adquisición progresiva manifestada en los textos manejados, se hacen presentes programas narrativos de uso (PNU) con los cuales se instaura la distensividad y la categoría/duratividad/ en el proceso de la acción. Para el m-r 1 tenemos los pasos siguientes:

1) "[...] *se juntó* Manco Capac con su hermana Mama Ocllo".
Este enunciado corresponde al primer estado tenso de la acción, se trata del "engendramiento". El vertimiento de las modalidades sobre los actantes en este primer estado es el siguiente: el O está "ausente" y el S, a ser creado, es "inexistente". El Ov se encuentra en la dimensión pragmática regido por el *être actual* y el S, en la dimensión cognoscitiva, reglado por el *être procesal*. En este estado inicial, el Ov es modalizado por /estar-no ser/ con lo que afirma su identidad, mientras que el S recibe la modalidad del /ser-no estar/ lo que se interpreta como la afirmación de su intencionalidad en la acción pero su negación aún como ente actualizado, es decir, su alteridad. Apreciamos este paso en el esquema del cuadro 5.

CUADRO 5

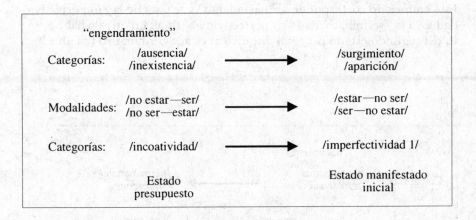

2) "[...] vieron que la hermana *estaba preñada* [...]"
Con este enunciado estamos ante el segundo estado tenso de la acción (*media ad finem*), que va del primer estado procesal durativo con /imperfectividad 1/, al segundo estado procesal durativo, con /imperfectividad 2/, correspondiente a la·"gestación" (cuadro 6).

CUADRO 6

En este momento los actantes se vierten de nuevos valores modales e intercambian dimensiones, acercándose el S a su identidad y actualización mientras que el Ov empieza a perder su identidad y se acerca a la alteridad. El Ov pasa del /estar–no ser/ al /no ser–no estar/ así como el S pasa del /ser–no estar/ al /no estar–no ser/. Se realiza, entonces, un cruce.

3) "[...]a do *nació* Cinchiroca [...]"

Este enunciado corresponde al "nacimiento" y se pasa de la /imperfectividad 2/ a la /terminatividad/ y /perfectividad/ final. En otras palabras, se va del segundo estado procesal durativo al estado terminativo (cuadro 7).

CUADRO 7

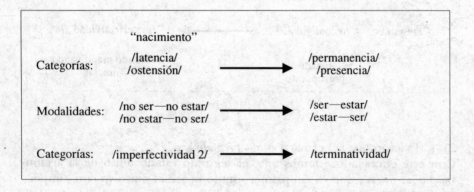

El S ha sido vertido con el /estar–ser/ y se encuentra ahora en la dimensión pragmática, con una identidad plena. El Ov entra en conjunción con el S y es modalizado por el /ser–estar/, llegando así a la alteridad: el S, finalmente, ha sido "originado". El S ha ido de su alteridad inicial a su identidad plena, de su "inexistencia" a su "presencia". El recorrido del Ov ha sido de su identidad a su alteridad, de la "ausencia" a la "permanencia". Para tener una idea más clara de ambos recorridos presentamos el siguiente esquema de la sintaxis de la EP(2) (cuadro 8).

CUADRO 8

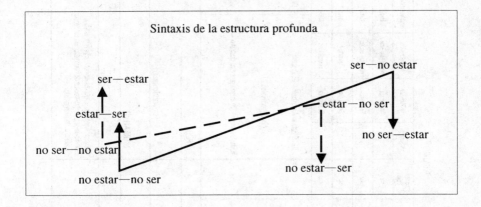

Para el m-r 2 tenemos la misma sintaxis y los mismos pasos:

1) "[...] *tiró* dos varas de oro hacia el Cuzco[...]"

El paso de la /incoatividad/ a la /imperfectividad 1/ del proceso durativo se da en la acción de "tirar".

2) "[...] y llegaron a Colcapampa, donde *llegó* la primera vara y tomando tierra en las manos [...]"

Es el paso de la /imperfectividad 1/ a la /imperfectividad 2/, siempre dentro de la duratividad, y corresponde a la acción de "encontrar la primera vara".

3) "[...] pasaron adelante [...] ado [sic] había llegado la postrera vara, y viendo que se había hincado bien y ser la tierra buena y fértil, *sembraron* en ella [...]"

Se llega al enunciado final terminativo de la /imperfectividad 2/ que corresponde a la acción de "hallar la vara más lejana y sembrar".

Observemos, pues, que /incoatividad/ y /terminatividad/ son términos puntuales y categoriales, existiendo entre ellos una oposición categóri-

CUADRO 9

Dimensión	Actante	Modalidad	Modalización	Transformación	Actante	Modalidad	Modalización	Modalidad Paso	Modalización	Modalidad	Actante	Transformación	Actante	Modalidad	Modalización	Dimensión
Pragmática	0	estar	/no estar-ser/	Hacer	0	identidad[1]	/estar-no ser/	ser	/no ser - no estar/	Se alteriza	0	Hacer	0	Alteridad	/ser - estar/	Pragmática
Cognoscitiva	s	ser	/no/su-estar/	Hacer	s	alteridad[2]	/ser-no estar/	estar	/no estar - no ser/	Se identiza	s	Hacer	s	Identidad	/estar - ser/	Cognoscitiva
Pragmática	0	estar	/ausencia/	Hacer	0	identidad	/surgimiento/	ser	/latencia/	Se alteriza	0	Hacer	0	Alteridad	/permanencia/	Pragmática
Cognoscitiva	s	ser	/inexistencia/	Hacer	s	alteridad	/aparición/	estar	/mostración/	Se identiza	s	Hacer	s	Identidad	/presencia/	Cognoscitiva

I. Estado Virtual
/ incoatividad /
estado incoativo
$ab\ initio$
$-S_1$

II. Estado Actualizado inicial del Proceso
/ imperfectividad 1 /
1o estado procesal durativa
$media\ ad\ finem$
$-S_2$

III. 2° Estado Actualizado del Proceso
/ imperfectividad 2 /
2o estado procesal durativo
$media\ ad\ finem$
S_3

IV. Estado Realizado del Proceso[6]
/ perfectividad /
estado terminativo
$ad\ finem$
S_4

oposición categórica[3]
oposición gradual[4]

PROGRAMA   Paso   NARRATIVO   Transformación

$(S \cup O)$ $(S \cap O)$

[1] Afirmación del estado actualizado del Objeto Valor.
[2] Negación como estado actualizado: afirmación de la intencionalidad del Sujeto en el proceso.
[3] Cruce y cambio de cuadros.
[4] Oposición según el esquema de contradicción gradual.
[5] Oposición según el esquema de contradicción categorial.
[6] Sujeto creado u originado.

ca. En cambio, cuando hablamos de /imperfectividad 1/ o /imperfectividad 2/, los términos son escaleras y existe entre ellos una oposición gradual. Es en el nivel de la duratividad donde los relatos pueden insertar más enunciados imperfectivos para expandir el relato y "estirar" el estado tenso de la acción.

2.5. Podemos ver cómo, en este caso, el motivo "origen" se engarza con el tema "fundación". Ya habíamos apreciado esta relación cercana al observar los intentos de "población" en otros m-r de adquisición espontánea del "origen" (Quispe, 1984), pero es en estas muestras donde la relación se hace explícita. Es así como los programas de "origen" se encadenan para configurarse como PNU para dar lugar, finalmente, al PN base que no es otro sino el de "fundación".

BIBLIOGRAFÍA

Ballón Aguirre, E., "Notas sobre el motivo 'origen' (en los manuscritos de Huarochirí, s. XVII)", *Qillqa, Revista de Ciencias Sociales,* Ayacucho, núm 1 (1983), pp. 27-40.
—— , "El estado tenso de la acción", *Qillqa,* núm. cit.
Courtés, Joseph, *Le Conte Populaire: Poétique et Mythologie,* París, PUF (1983).
Greimas, A.J. y J. Courtés, *Sémiotique, dictionnaire raisonné de la théorie du langage,* París, Hachette, 1979, t. I, traducción española por E. Ballón Aguirre, Madrid, Gredos, 1982; t. II, 1985.
Groupe d'Entrevernes, *Analyse sémiotique des textes,* Lyon, PUL, 1979.
Propp, Vladimir, *Morfología del cuento,* Madrid, Fundamentos, 1971.
Quispe Agnoli, Rocío, "Estructura del microrrelato: el motivo 'origen' en las crónicas de fray Martín de Murúa (ss. XVI y XVII)", tesis de licenciatura, Lima, PUCP.
Thompson, Stit, *Motif Index of Folk Literature,* Bloomington, Indiana University Press, 1958, 6 vols.

CRÓNICAS

Murúa, Martín de, *Historia del origen y genealogía real de los reyes Incas del Perú,* introducción, notas y arreglo por Constantino Bayle, Madrid, Instituto Santo Toribio de Mogrovejo, 1946, xv + 444 pp., ilus., mapas plegs.
—— , *Historia general del Perú, origen y descendencia de los Incas* (1613, Ms. Wellington), introducción y notas por M. Ballesteros Gaibrois, Madrid, Instituto Gonzalo Fernández de Oviedo, 1962, 2 vols.

LA *CRÓNICA DE LA NUEVA ESPAÑA* DE FRANCISCO CERVANTES DE SALAZAR

José Luis Martínez
Academia Mexicana de la Lengua

La *Crónica de la Nueva España* (1557-1564) de Francisco Cervantes de Salazar (1513/1514-1575) es la obra más extensa sobre este tema escrita en el siglo XVI, pues es aproximadamente cuatro veces mayor que la *Conquista de México* de Francisco López de Gómara y dos que la *Historia verdadera* de Bernal Díaz del Castillo. La *Crónica* consta de seis libros, con un total de 496 capítulos más bien breves. Sin embargo, es una obra incompleta. A la manera de la obra de López de Gómara, que lleva el título de *Historia general de las Indias,* cuya segunda parte es la *Conquista de México,* la de Cervantes de Salazar, completa, debía llevar el mismo título que su modelo, *Historia o crónica general de las Indias,* y la primera parte, no escrita, referiría los sucesos desde el descubrimiento de Colón hasta la conquista de Yucatán. Por otra parte, la *Crónica* existente se interrumpe en el capítulo XXXII del libro VI, con los desmanes de Pedro de Alvarado en Tehuantepec hacia 1522. Quedaron sin exponer, pues, descubrimientos de territorios importantes y los sucesos finales de la conquista de la Nueva España.

El libro I de la *Crónica de la Nueva España* es una descripción natural del territorio de Nueva España y una exposición de algunos aspectos de la cultura de los antiguos mexicanos; el libro II relata el descubrimiento de estas tierras hasta el desembarco de Hernán Cortés y sus soldados en San Juan de Ulúa, y los libros del III al VI refieren la conquista de México hasta donde se ha señalado.

Sólo comparable a Fernández de Oviedo en la solidez de su cultura y su formación humanista, Cervantes de Salazar era un escritor familiarizado con los problemas de la expresión literaria. Tenía vivo sentido para la observación de los rasgos singulares de la nueva realidad que contemplaba y sabía poner los énfasis adecuados en la relación de acontecimientos dramáticos. Para su aprovechamiento inmediato y su desventura ante la posteridad, pocos años antes de que emprendiera la redacción de su *Crónica*, apareció en 1552 la *Conquista de México* de López de Gómara, escrita con excepcional brillantez y eficacia de estilo, que ejerció una especie de fijación obsesiva en él.

Proyectó escribir su *Crónica* con el mismo esquema de aquella obra y, para referir los sucesos principales de la conquista de México, cayó en la tentación no sólo de seguir su pauta sino aun de copiarla a menudo. Aunque nunca lo declara, podría pensarse que aspiraba a superarla, ya que él se encontraba en el lugar de los acontecimientos y conocía cosas de la tierra y de sus habitantes que su modelo sólo supo de oídos o de lecturas. Ciertamente, la *Crónica de la Nueva España* no es superior a la *Conquista de México*, pero vale la pena señalar cuánto tiene de original, de eficaz y de interesante para el conocimiento de nuestro pasado, en lugar de insistir en el peso de sus deudas con López de Gómara.

Los capítulos iniciales de la *Crónica*, en los que Cervantes de Salazar aprovechó sus propias observaciones y experiencias para describir "la calidad y temple", la flora, la fauna y los mantenimientos propios de la Nueva España, y algunas características y costumbres de la población indígena, son de las páginas más frescas, agudas y amenas escritas por nuestros cronistas del siglo XVI acerca de estos temas.

Observa, por ejemplo (lib. I, cap. IV), los acusados contrastes que asemejan a la Nueva España con la antigua: tierras frías, templadas y calientes muy próximas; dilatadas llanuras junto a zonas montuosas y ásperas; vientos, huracanes y calmas; largas lluvias y prolongadas sequías. Nota el peculiar régimen de lluvias en México —contrario al europeo—, de junio a septiembre, y de preferencia de las 2 o las 3 de la tarde en adelante; la rareza de las nevadas; las tolvaneras, los serenos, las tormentas eléctricas y los temblores; las lagunas en que abunda el pescado pequeño.

A propósito de la flora de México, el cronista comienza (lib. I, cap. V) por hacer un elogio de las excepcionales virtudes del maguey —que tiene sólo un punto de partida en el capítulo CCXLVII, "Del árbol metl" de López de Gómara—: el rocío que guardan sus hojas da de beber al caminante; las pencas verdes sirven de tejas y de canales y hácese de ellas conserva, y las secas son muy buena leña y su ceniza enrubia los cabellos, de las pencas secas también se hace un cáñamo muy fuerte e hilo para coser y tejer; las púas sirven de aguja, alfiler y clavo; el mástil sirve para la construcción de viviendas y la planta toda sirve "para seto y defensa de las heredades. Hácese del maguey miel, azúcar, vinagre, vino, arrope y otros brebajes que sería largo contarlos. Finalmente, como dije, sólo este árbol puede ser mantenimiento, bebida, vestido, calzado y casa donde el indio se abrigue." Faltóle a Cervantes de Salazar otro uso muy importante, que sí advirtió López de Gómara: "De las hojas de este *metl* hacen papel, que corre por todas partes para sacrificios y pintores".

En cuanto a los frutos, el cronista describe con entusiasmo el plátano que es "cosa maravillosa"; el guayabo, el chicozapote; el aguacate que "ayuda a la digestión y al calor natural"; la tuna, que es "muy sabrosa" y quita la sed; la anona, que es "como manjar blanco [...] refresca mucho, es sana, y cierto, fruta real"; el mamey cuya carne "parece jalea en olor, sabor y color"; la piña "toda zumosa, sin pepita ni cáscara"; el cacao de "árbol tan delicado que no se da sino en tierra caliente y lugar muy vicioso de agua y sombra", los granos de su fruto se beben "en cierta manera en lugar de vino o agua, es substancioso y no se ha de comer otra cosa después de bebido" y "es moneda entre indios y españoles".

De las semillas y hortalizas (lib. I, cap. VI) celebra especialmente el maíz, cuyo cultivo y múltiples aprovechamientos refiere; la chía y otras pequeñas semillas de nombres indios, el frijol, el camote, las jícamas "muy zumosas y frías", los chayotes, los xonacates; el ají o chile, que "sirve de especia en estas partes" y "hay unos que queman más que otros"; los tomates y los quelites.

En cuanto a las "aves de maravillosa propiedad y naturaleza que hay en la Nueva España" (lib. I, cap. VII), las noticias que da Cervantes de Salazar se refieren sobre todo a las más raras y de "pluma rica": el *tlauquéchul* o *teoquéchol*, el *aguícil*, el *quetzaltótotl*, el *cenzontlatotl*, el *cuzcácahtl*, la *chachalaca* y el *uicilín*, como lo llama Motolinía (*Memoriales*, parte II, cap. 23), el pajarito que "seis meses del año, está muerto en el nido, y los otros seis revive y cría". Las primeras de estas aves son las de plumaje más fastuoso y apreciado, que como tales aparecen a menudo en la poesía náhuatl como símbolo del Sol, de las almas de los guerreros muertos, y sus plumas, de lo más valioso. Los inventarios insuperables de las aves mexicanas se encuentran en Sahagún (lib. XI, cap. II) y en la *Historia de los animales de Nueva España* (tratado II) de Francisco Hernández.

Acerca de los caimanes escribe (lib. I, cap. VIII) un pequeño tratado, lleno de curiosidades y fantasías. Describe también en otros capítulos del libro I los ríos, lagos, lagunas y fuentes principales del centro y del occidente de México, las minas de oro, plata, plomo y otros metales, y las piedras preciosas.

Sus observaciones acerca de la población indígena y sus costumbres (lib. I, caps. XV-XVII) muestran por lo general malevolencia, lo que no le impide advertir rasgos del carácter indio. Nota, por ejemplo, su preferencia para asentarse en lugares "ásperos y montuosos" antes que en las riberas o en las costas, su afición por las ceremonias, su capacidad para el ocio y para estarse "un día entero sentados en cuclillas", su gusto por bailes y danzas y por la bebida, aunque reconoce que "también entre ellos hubo varones de mucho consejo y de grande esfuerzo".

Son interesantes, en fin, sus observaciones acerca de las lenguas indias, de la universalidad del náhuatl en el territorio de la Nueva España y de que "después de la lengua mexicana, la tarasca es la mejor". Y una observación curiosa: "La mexicana parece mejor a las mujeres que otra lengua ninguna, y así la hablan españolas con tanta gracia que hacen ventaja a los indios, e ya esto muchos años ha."

En los libros siguientes de la *Crónica de la Nueva España*, el II, que se refiere al descubrimiento de estas tierras, y del III al VI que narran la Conquista, Cervantes de Salazar va siguiendo en términos generales el esquema que le proponen las dos partes de la *Historia general de las Indias* de López de Gómara, pero al mismo tiempo aprovecha muchas otras fuentes y testimonios, algunos de los cuales sólo se encuentran en la *Crónica*. El resultado es una obra en algunos aspectos mucho más abundante en informaciones y, por ello, más extensa. Por ejemplo, en tanto que Gómara dedica sólo 14 capítulos de su *Conquista de México* (caps. CXXX a CXLIV) a los últimos sucesos de la conquista de la ciudad de México, de la construcción de los bergantines en Tlaxcala y Tezcoco a la rendición de Cuauhtémoc y toma de la ciudad, Cervantes de Salazar dedica a los mismos sucesos 134 capítulos del libro V (caps. XIII a CXCVII), con una extensión sobre diez veces mayor. Los hechos principales continúan siendo los mismos en ambas obras y el ahorro verbal y la capacidad de síntesis de López de Gómara son magistrales, pero en la versión del cronista no se ha añadido sólo palabrería sino un cúmulo de detalles y circunstancias, tomados de otras fuentes y tradiciones, dignos de conocerse.

Algunos de estos enriquecimientos son muy interesantes y amenos. Los capítulos XXIV y XXV del libro IV, que describen la ciudad de México a mediados del siglo XVI, esto es en la que vive el autor, son un desarrollo de los tres diálogos latinos sobre este tema y, por haberse escrito años después, contienen nuevos datos y una visión más amplia de lo que era nuestra ciudad hacia 1557-1564.

Los capítulos existentes del libro VI, último de la obra, en los que Cervantes de Salazar refirió sucesos que conocía o había sabido por relaciones directas, contienen algunas de las mejores páginas de la *Crónica*.

En primer lugar (caps. V y VI), la linda historia de Alonso de Ávila quien, apresado en Francia por corsarios, convive un año entero con una fantasma que lo abrazaba y le hablaba amorosamente para consolarlo en su cautiverio. El sobrino y homónimo de este Alonso de Ávila, quien apenas dos años después de interrumpida la *Crónica* sería decapitado en la Plaza Mayor el 3 de agosto de 1566, junto con su hermano Gil, acusados de intervenir en la conspiración del segundo Marqués del Valle, Martín Cortés. A Cervantes de Salazar, admirador de Hernán Cortés y amigo cercano y muy adicto de los supuestos conspiradores, debió afectarlo aquella ejecución, pero no queda constancia de ello en sus escritos.

A continuación (caps. VII a XI), hay un espléndido relato del ascenso al Popocatépetl que realizaron los dos franciscanos, Montaño y Mesa, y tres soldados más enviados por Cortés, en busca del azufre necesario para la pólvora que faltaba a los españoles para concluir la conquista de nuevas provincias del territorio mexicano. Al parecer, ésta fue la primera ascensión completa —que debió ocurrir a principios de 1522—, pues aquí se dice que los indígenas no lo habían intentado.

Fue, en verdad, una hazaña hecha sólo con valor y tenacidad y sin ninguna prevención. Aparte de cuerdas para el descenso al cráter y sacos para cargar el azufre —como Montaño lo refirió a Cervantes de Salazar—, sólo llevaban una manta india de pluma para cubrirse todos por la noche, y nada de comer. Iniciaron el ascenso de Amecameca al mediodía. Uno de ellos cayó en una grieta, quedó mal herido, lo rescataron y, desmayado, lo dejaron en el camino. Los restantes tuvieron que pasar la noche entre la nieve cuando apenas habían subido la cuarta parte. Discurrieron hacer un hoyo en la arena para defenderse del frío, pero los asfixiaba el hedor del azufre, y a medianoche siguieron su camino. Cuando alcanzaron el borde del cráter, echaron suertes y a Montaño le tocó ser el primero en ser descendido. Llenaron los sacos de azufre. A la vuelta, encontraron al desmayado, que anduvo perturbado muchos días con el espanto, y a las cuatro de la tarde llegaron al pie del volcán.

Quienes los esperaban los recibieron en triunfo, les dieron de comer y los cargaron en andas. Cuando los recibió Cortés, "olvidados, como las que paren, del peligro pasado", comenta el narrador, le ofrecieron repetir de nuevo su hazaña y otra mayor. Sin embargo, luego entraron en razón, al menos Montaño:

> Dixome Montaño muchas veces —cuenta Cervantes de Salazar— que le parecía que por todo el tesoro del mundo no se pusiera otra vez a subir al volcán y sacar azufre porque hasta aquella primera vez le parecía que Dios le había dado seso y esfuerzo, y que tornar sería tentarle; y si hasta hoy jamás hombre alguno ha intentado a hacer otro tanto.

Esta singular historia fue copiada por Herrera en sus *Décadas*.

El mismo Francisco Montaño[1] es el informante directo acerca de la conquista de Michoacán, que aparece en los capítulos del XIII al XXVIII del

---

[1] Hay un memorial de Francisco Montaño (véase la bibliografía), en el que confirma su ascensión al volcán y, entre sus méritos como conquistador, menciona su participación en la conquista de Michoacán. Dice Montaño ser de Ciudad Rodrigo, que pasó a Nueva España con

libro VI de la *Crónica de la Nueva España*. En tanto que Cortés, en su tercera *Carta de relación*, Bernal Díaz (*Historia verdadera*, cap. CLVII) y López de Gómara (*Conquista de México*, cap. CXLVIII) atribuyen esta conquista o negociación pacífica a Cristóbal de Olid, Cervantes de Salazar afirma que el conquistador de aquel reino fue Montaño, y da curiosos pormenores de las costumbres de los purépechas y de lo que aconteció con los españoles en la corte del *cazonci*. Relata esta historia con vivacidad y simpatía por la cultura de este pueblo y al fin de ella condena su autor el crimen de Nuño de Guzmán, quien por codicia hizo dar muerte al *cazonci*. Este relato original fue recogido también, casi textualmente, por Herrera en sus *Décadas*.

Si Cervantes de Salazar se hubiese limitado en su *Crónica de la Nueva España* a relatar sus propias experiencias y los hechos cercanos que conocía, no hubiese requerido la consulta de los no muchos libros y relaciones manuscritas existentes en los años en que él escribía (1557-1564). Pero ya que se decidió a historiar el descubrimiento y conquista de México, además de contar lo que conocía directamente, fue poco diligente en procurar agenciarse toda la documentación entonces disponible y, además, fue poco escrupuloso en el uso de sus fuentes, aun para la muy ancha moral histórica de su época.

Además de la *Historia general de las Indias* y especialmente su segunda parte, *Conquista de México*, de Francisco López de Gómara, que es su fuente principal, Cervantes de Salazar sólo parece haber consultado dos obras impresas más: Las *Cartas de relación* de Hernán Cortés, que cita en conjunto, y en particular, la tercera (lib. V, cap. CIII), y el tratado acerca del matrimonio entre los indios, de fray Alonso de la Veracruz (lib. I, cap. XXIV), el *Speculum conjugiorum*, impreso en México por Juan Pablos en 1556.

Aprovechó también varios documentos manuscritos hoy desaparecidos: de Juanote Durán, la *Geografía de toda la Nueva España* (lib. I, cap. III); de Alonso de Ojeda, "su memorial que me envió de lo que vido" (lib. IV, cap. XXVIII); de Jerónimo Ruiz de la Mota, unas relaciones (lib. V, cap. CV); de Alonso de Mata, otras relaciones (lib. IV, cap. LXXIV), así como relatos orales de varios conquistadores, como por ejemplo, los de Francisco Montaño antes mencionados. Refirióse también frecuentemente a los *Me-*

Pánfilo de Narváez y que recibió en encomienda el pueblo de Tecalco y otro pero que "se los quitó el Marqués". Hernán Cortés, al fin de su tercera *Carta de relación* (Coyoacán, 15 de mayo de 1522), da cuenta de esta ascensión, que al parecer se repitió, pero no dice quienes la hicieron. Bernal Díaz del Castillo no se refiere a esta ascensión ni menciona nunca a Montaño ni a Mesa. En cambio, cuenta (*Historia verdadera*, cap. XXVIII) que antes de que los conquistadores llegaran a la ciudad de México, Diego de Ordaz y dos compañeros subieron hasta la boca del volcán. El padre Diego Durán tenía por "cosa fabulosa" esta hazaña (*Libro de los ritos*, cap. XVIII). Fray Bernardino de Sahagún refiere haber subido tanto al Popocatépetl como al Iztaccihuatl (*Historia general*, lib. XI, cap. xii, 6).

moriales de Motolinía, entonces manuscritos, cuestión que se considerará en especial.

Una sola vez menciona, ocasionalmente (lib. IV, cap. LII), a Gonzalo Fernández de Oviedo, y ninguna a los tratados entonces ya publicados (1552) de fray Bartolomé de Las Casas, obras que no parece haber conocido. Lo escueto del bagaje de información histórica de que se sirvió Cervantes de Salazar quedará en evidencia si se le compara con el que empleó Las Casas para su *Apologética historia* en 1555-1559: 5 libros impresos, 10 manuscritos y 3 informantes, o el que consultó Alonso de Zorita hacia 1585 para su *Relación de la Nueva España*: 16 libros y 22 manuscritos.

Las relaciones de la obra de Cervantes de Salazar con la de López de Gómara han sido estudiadas con detenimiento por Hugo Díaz-Thomé (1945: 15-47). Díaz-Thomé hace un inventario de la mayor parte de estos aprovechamientos, copias o plagios y, escandalizado por ellos, aventura generalizaciones desproporcionadas: "cualquiera que sea el lugar y el hecho narrado que se elijan, la obra de Cervantes de Salazar aparecerá siempre como una copia de la de López de Gómara" (Díaz-Thomé, 1945: 28). En realidad, los aprovechamientos, o la copia sistemática si se quiere, aparecen en los libros III y IV y en parte del V, es decir en el relato principal de la Conquista de México, y aun en este relato hay frecuentes ampliaciones y enriquecimientos originales o de otras fuentes o relaciones orales, como los que se han señalado en el apartado anterior. Además, ya quedó destacada la importancia de las contribuciones propias de Cervantes de Salazar: sus descripciones de la naturaleza, clima, flora y fauna de la Nueva España y de la ciudad de México en su tiempo, con abundancia de datos interesantes y una frescura en el estilo que no se encuentran en otros cronistas.

Por otra parte, Cervantes de Salazar no hizo sino seguir los usos de la época y no puede decirse que abusara de la regla permitida. Hizo con López de Gómara lo que éste había hecho con las *Cartas* y conversaciones de Cortés y lo que Herrera haría años más tarde con la propia obra de Cervantes de Salazar. En sus *Décadas*, Antonio de Herrera sí llevó las cosas demasiado adelante. Como escribió Marcos Jiménez de la Espada (Bosch García, 1945: 151):

> Ninguno de los historiadores de Indias [...] ha llegado donde Antonio de Herrera en esto de apropiarse de los trabajos ajenos[...] se atrevió a sepultar en sus *Décadas*, una crónica entera y modelo en su clase [la *Crónica del Perú* de Pedro Cieza de León].

Y otro tanto hizo con la Crónica de la Nueva España de Cervantes de Salazar, cuyo manuscrito, que poseyó, quedó anotado por él, Herrera, para ser digerido en sus *Décadas* segunda y tercera.

Las relaciones entre la *Crónica* de Cervantes de Salazar y los *Memoriales* de Motolinía (cuyo nombre escribe siempre Motolinea) constituyen un acertijo que no puede aún resolverse con certeza. Cervantes de Salazar cita 46 veces en su *Crónica* dichos y opiniones de Motolinía, y en ocasiones menciona por su nombre los *Memoriales*, la mayor parte de las veces a propósito de hechos de la Conquista y casi siempre para rectificar a López de Gómara. Sólo en tres de estas referencias hay leves coincidencias entre lo que le atribuye Cervantes de Salazar y los escritos que conocemos de Motolinía. En la primera (lib. III, cap. v), acerca de los pronósticos que anunciaron la venida de los españoles, que Cervantes de Salazar dice que Motolinía trata "en su tercera parte" —que no existe—, aunque sí aparece el tema en los *Memoriales* (segunda parte, cap. 55), sin ninguna coincidencia textual, asunto que por otra parte es común a casi todas las crónicas y relaciones antiguas. En la segunda, acerca de la destrucción de ídolos que hizo Cortés (lib. IV, cap. XXXI), hay cierta coincidencia con los párrafos 46 y 47 de la carta que Motolinía escribió al emperador en 1555, aunque el episodio proviene de la *Relación* de Andrés de Tapia. Y en la tercera (lib. V, cap. CXX) Cervantes de Salazar escribe:

> Ahora, viniendo a lo de aparecer del demonio, diré lo que Motolinea escribe, que con cuidado de muchos años lo escribió [...] Dice, pues, y así es probable, que el demonio no aparecía a los indios, o que si se les aparecía era muy de tarde en tarde.

Motolinía trató la cuestión (primera parte, cap. 33), aunque sólo con mucha imaginación es posible encontrar una coincidencia con la afirmación que se le atribuye. En efecto, lo más que dice al principio del capítulo citado es que, en cuanto se fueron construyendo iglesias y monasterios, fueron "cesando las apariciones e ilusiones del demonio, que antes a muchos aparecía".

Si las anteriores referencias pueden ponernos en duda, las demás son insustanciales o incomprobables, ya que tocan cuestiones de la Conquista sobre la cual, a lo que sabemos, no escribió Motolinía. Pero hay una referencia más a Motolinía que complica el enredo. Escribió Cervantes de Salazar (lib. IV, cap. CXXV):

> Esto dicen Motolinea y los tacubenses, cuyo guardián, después de convertidos, fue el dicho Motolinea, fraile franciscano y conquistador.

Fray Toribio, que llegó a México en 1524 con los Doce, no pudo ser conquistador, y no consta que haya sido guardián en Tacuba. Todo, pues, es falso, salvo que fue franciscano. Pero, ¿cómo explicar que Cervantes de

Salazar cite 46 veces a un historiador del México antiguo al que conoce tan confusamente y le atribuya un relato inexistente de la Conquista?

En cuanto a la relación de López de Gómara con Motolinía, cabe recordar que aunque Joaquín Ramírez Cabañas, editor del primero, afirma que "los nombres y vocablos mexicanos que trae Gómara proceden de Motolinía", éste aparece citado una vez, como "fray Toribio" (cap. CLXXXIX) en la *Conquista de México*. Sin embargo, Lopéz de Gómara sí conoció el manuscrito de Motolinía y en ocasiones copió capítulos enteros de los *Memoriales* sin cambiarles título (caps. LV y LXVII) y, en otros, tomó lo esencial de muchos de los que se refieren a la cultura indígena (del cap. CC en adelante).

Ahora bien. Los manuscritos de Motolinía permanecen en España —donde los aprovechan López de Gómara, Las Casas y Zorita— durante los primeros años en que redacta en México su *Crónica* Cervantes de Salazar. Son devueltos por breve tiempo y en 1565 Zorita los lleva de nuevo a España. Es, pues, poco probable que en verdad los haya conocido.

Edmundo O'Gorman, que ha estudiado con detenimiento este problema (1971: LXXXIX-XCVIII), llega a las siguientes conclusiones o nuevas interrogantes:

1. No hay fundamento para aceptar que Motolinía haya escrito una historia de la Conquista de México.

2. Existió una obra de esa índole, erróneamente atribuida a Motolinía por Cervantes de Salazar, concluida antes de 1552 y al parecer escrita por un fraile franciscano, testigo presencial de los sucesos, que más tarde fue guardián del monasterio de Tacuba.

3. Parece muy probable que esa obra sirvió de fuente de información a López de Gómara para componer su *Historia de la conquista de México*, en lo tocante a los sucesos militares.

De acuerdo con la primera conclusión, me parece casi imposible la existencia de la obra supuesta en la segunda. Las referencias de Cervantes de Salazar no le dan cuerpo, no la condicionan; y me parece también improbable que esa supuesta "Crónica Z" haya sido una de las fuentes de López de Gómara, cuya *Conquista de México* tampoco exige una fuente adicional.

¿Y por qué no suponer, como una alternativa más, lo que parece evidente? Cervantes de Salazar, historiador ocasional y tardío de la Conquista, sabedor de la autoridad de los escritos de Motolinía, que probablemente no llega a conocer, y sabedor del aprovechamiento que de ellos hizo su incómoda fuente y dechado, López de Gómara, le inventa a su imaginario Motolinía dichos y precisiones rectificadoras inexistentes, siempre más o menos vagos y posibles, con el ánimo de rebajar un poco la serena seguridad del autor de la *Conquista de México*. Pero en este juego riesgoso se le escapan un par de disparates: los de hacer a fray Toribio conquistador y guardián del convento de Tacuba.

BIBLIOGRAFÍA

Bosch García, Carlos, "La conquista de la Nueva España en las Décadas de Antonio de Herrera y Tordesillas", en Hugo Díaz-Thomé (comp.), *Estudios de historiografía de la Nueva España*, México, El Colegio de México, 1945, pp. 14-47.

De Benavente (o Motolinía), Fray Toribio, *Memoriales*, Edmundo O'Gorman (comp.), México, Instituto de Investigaciones Históricas, UNAM, 1971.

Díaz-Thomé, Hugo, "Francisco Cervantes de Salazar y su *Crónica de la conquista de la Nueva España*" en *Estudios de historiografía de la Nueva España*, introducción de Ramón Iglesia, México, El Colegio de México, 1945.

Montaño, Francisco, *Diccionario autobiográfico de conquistadores y pobladores de Nueva España*, Madrid, Francisco A. de Icaza, 1923.

O'Gorman, Edmundo, "La historia de la conquista de México supuestamente escrita por Motolinía", apéndice 1, "Estudio analítico de los escritos históricos de Motolinía " en De Benavente o Motolinía, *op. cit.*, pp. lxxxix-xcviii.

EL "CUENTO" EN LA CRÓNICA.
EJEMPLOS EN LA RELACIÓN DE FRANCISCO VÁZQUEZ

Catherine Poupeney Hart
Université de Montréal

El hecho de que desde el principio la narrativa hispanoamericana tendiera a organizarse en torno a principios de exclusión —manifestados muy explícitamente por las disposiciones que a partir de 1531 prohíben la circulación y la impresión de textos de ficción en América— ha dejado su impronta tanto en la crítica como en la creación literaria. La narrativa hispanoamericana parece articularse pues según un eje que se podría designar con la antinomia "cronista/hablador", siguiendo la tematización de este aspecto que ofrece la penúltima novela de Mario Vargas Llosa; estos términos —cronista/hablador— remiten a una situación de polarización que se da en dos planos: plano epistemológico —discurso racionalista/discurso mítico—, y estético-ético —narrativa tensa, instrumental/narrativa lúdica (Historia/historias).

Es así como, tomando además a la letra las declaraciones de intención de los autores o las apelaciones genéricas a las que recurren, muchos estudiosos han tendido a enfocar gran parte de la narrativa colonial desde una perspectiva bipolar: tradicionalmente se han ido oponiendo las crónicas —la Historia, valorada en función de su presunto grado de adecuación a la realidad— a una producción de ficción novelística, cuya (in)existencia es (o ha sido) el objeto de animados debates. En el caso preciso de las crónicas de la rebelión de Aguirre, coinciden por ejemplo Hernández Sánchez-Barba con Emiliano Jos en criticar al cronista Toribio de Ortiguera como historiador. Habla de un "desaliño cuya motivación hemos de buscar [...] en el escaso sentido profesional con que Ortiguera escribió su *Jornada*" (Ortiguera, 1968: xvi).

Notemos, sin embargo, que en la dedicatoria al Príncipe que prologa su obra, el mismo Ortiguera no se presenta como historiador sino como hombre de armas cuyo interés y acceso a la información se vieron favorecidos por las circunstancias:

[...] como yo me hallase en la ciudad de Nombre de Dios, del reino de Tierra Firme de las Indias del mar Océano, en servicio del invictísimo rey don Felipe

[...], en la guarda y custodia de aquella ciudad y reino, a mi costa y minción, el año que pasó de 1561, contra la obstinada rebelión del tirano Lope de Aguirre y sus secuaces [...] determiné escribir algunas de las cosas más notables que en mi tiempo sucedieron en aquellas partes, para que vuestra alteza las supiera [...] [1968: 217.]

Nos parece, por otra parte, que se ha insistido demasiado en el carácter monológico de estas relaciones: así, siguiendo con el ejemplo del episodio de Aguirre, Elena Mampel González y Neus Escandell Tur, las editoras catalanas de las *Crónicas* de la expedición, después de emitir sobre el texto de Ortiguera un juicio parecido al de Hernández Sánchez-Barba, añaden que "Pese a las grandes cualidades del relato hay algo en su contra. Toribio de Ortiguera es a veces en exceso efectista: Lope de Aguirre es la Ira de Dios, el Príncipe de la libertad, y simplista en demasía: Aguirre es muy malo, Ursúa y D. Fernando son víctimas ingenuas de las circunstancias" (Mampel y Escandell: 1981: 31). Hasta Beatriz Pastor, que hace, por otra parte, un análisis sumamente perspicaz del "discurso de la rebelión", retiene como proyecto central de la relación de uno de los miembros de la expedición, Francisco Vázquez, que "la creación de una estructura literaria de representación para narrar los sucesos de la sublevación de Aguirre no aparece ligada a un proyecto personal de cancelación de mitos y cuestionamiento de valores ideológicos dominantes, sino a un conjuro de cualquier forma de transgresión del orden establecido y a un proyecto de reafirmación explícita de los valores que este encarna" (Vázquez, 1987: 425), lo cual nos parece ser sólo un aspecto, la imprescindible máscara, de la relación de Vázquez.

El tipo de lectura que suscitó para las crónicas de Indias el calificativo de "epopeya de América" (lectura que la obra de Pastor por otra parte invalida definitivamente), ha dado pie a otra antinomia, visión de los vencedores/visión de los vencidos, término este último explícito. Lo que por razones prácticas muchos críticos denominan "crónicas de Indias" son textos todavía más complejos de lo que se tendió a sugerir, lo que explica en parte el considerable interés actual por esta producción.

No cabe la menor duda de que las crónicas de Indias puedan ser consideradas como escritura performativa, en el sentido estricto de "enunciado que, por su naturaleza misma, efectúa una acción",[1] y en el, más general, implicado por el término inglés de "performance" de rendimiento: de ahí que se observe una recuperación de este género eficaz como antecedente, pero antecedente de sentido contrario, nos dice Roa Bastos, de la producción narrativa de carácter testimonial, por ejemplo.

[1] Según la definición escueta propuesta por Marc Angenot.

Inscribiéndose en este contexto de escritura performativa, tanto la relación de Vázquez, como la de Almesto, que la reproduce *casi* textualmente, pero también la de Ortiguera, remiten a una concepción instrumental de la escritura. Narrar tiene una doble finalidad primordial: instruir y convencer.

Para Vázquez–Almesto y para Toribio de Ortiguera, instruir es pues relatar las circunstancias de la rebelión de Aguirre, recurriendo a una técnica narrativa que remite al discurso historiográfico: ésta implica la existencia de un contrato de veridicción y de un proceso de legitimación de la instancia enunciadora. Ortiguera, por ejemplo, define su campo de pertinencia; ofrece garantías que compensen el hecho de que no pudiera ser testigo presencial explicando su método en el proemio "al discreto lector": este método de trabajo supone el recurso a testigos presenciales y la aceptación de la versión en la que coinciden varios participantes.

Esta técnica implica también la tendencia a la ocultación del locutor. El narrador de la crónica de Vázquez, por ejemplo, es muy impersonal; las poco frecuentes anotaciones personales en el cuerpo del relato se relacionan con su actuación, en lo que le permiten alejar toda sospecha de complicidad con los rebeldes —estrategia a la que, por supuesto, Almesto, más comprometido con Aguirre, recurrirá sistemáticamente—. En cuanto al más visible de los narradores, Ortiguera, recurre a la fórmula consagrada —legitimadora, pues— en la tradición historiográfica española, él "cuenta la estoria" de Alfonso el Sabio, de ahí quizá que se le calificara de historiador: "se alzaron contra el servicio de su Majestad, como la historia nos lo irá declarando a su tiempo y lugar" (Ortiguera, 1968: 222). Cuando se manifiesta el locutor, en la mayoría de los casos, es como garante de la verdad por ser testigo presencial de los hechos: "[...] oso decir esto porque he visto y pasado la una y otra tierra [...] no creo que pueda haber otro [río] tan grande en el mundo (Vázquez, 1987: 62); "Trato de esto [Quito] tan particularmente por haberlo visto y examinado y averiguado ser así verdad" (Ortiguera, 1968: 240-241).

Otro rasgo de una técnica narrativa que remite al discurso historiográfico es el respeto de la adecuación del orden de presentación de los eventos narrados al de los sucesos pasados "El primer día [...] Otro día siguiente [...] Otro día [...]" (*ibid.*: 224), y la mención casi sistemática de los casos en que se infringe esta norma, presentando las infracciones como excepciones que confirman la regla: "Mucho nos hemos divertido en contar las poblaciones de esta tierra, y será justo volver a nuestro viaje del Marañón" (*ibid.*: 238). Vázquez recurre así con frecuencia a la corta prolepsis que pone de relieve el carácter ejemplar (de contraejemplo) del episodio narrado "no dejó de haber pronósticos de algunas personas que dijeron que la dicha jornada no había de acabar en bien pues comenzaba con sangre, y asi sucedió como se verá adelante" (1987: 56).

Si la escritura tiene como propósito declarado instruir (a la autoridad colonial, al Príncipe, al discreto lector), sin embargo, este propósito está profundamente vinculado a un proyecto general persuasivo, con una primera modalidad, en el caso de Vázquez y Almesto, de autojustificación muy evidente de su actuación; de ahí, por ejemplo, que la figura de Aguirre aparezca como la encarnación del mal, concretamente de la posesión, en el caso de Vázquez (uniéndose las figuras de Aguirre y Antón Llamoso, su brazo derecho), y de ahí que se insinúe el efecto paralizante del clima de terror creado por la irracionalidad total de sus actos. Ortiguera, en cambio, que no corre el mismo riesgo de inculpación, nos pinta un Aguirre precavido, guiado por la lógica implacable de "el fin justifica los medios (y el medio —ambiente— justifica los medios), una especie de precursor del Kurtz de *Apocalypse now* en la jungla amazónica.

En otro nivel, pero siempre dentro de una estrategia persuasiva, al ofrecer una serie de contraejemplos, Vázquez parece proponerse contribuir a la restauración y la afirmación del orden moral, social, político. Estos contraejemplos no se limitan a la evocación de grados ascendentes de transgresión del orden político y de las consecuencias de estas transgresiones, en los tres grandes "actos" que organizan la relación: gobierno de Pedro de Ursúa, monarquía de Fernando de Guzmán, rebelión de Lope de Aguirre. En el nivel "micronarrativo" del relato de Vázquez, nos encontramos también con varias anécdotas de carácter explícitamente ejemplar. Me refiero, entre otros, al episodio del cura Portillo, relato singular de una cadena de castigos, que transporta al lector a una noche oscura, una iglesia aislada (circunstancia insólita) y presenta el cuento del burlador burlado, en una auténtica puesta en escena —con actores y un espectador, el gobernador, entre bastidores—, evocada con detalles de sombras y de luces:

> [...] por concierto hecho con el gobernador una noche muy oscura a la media noche desnudo, en camisa y con una vela encendida fue en casa del dicho clérigo y llamó a la puerta a muy grande priesa dando grandes golpes fingiendo alteración, y le dijo que Don Juan de Vargas se estaba muriendo [...]

Haciendo explícitamente eco a este episodio, y situado casi simétricamente al final de la relación, nos encontramos con el relato de una pendencia en la iglesia de la isla Margarita, en la que civiles profanan otra vez valores sagrados:

> He contado todas las maldades, tiranías y crueldades que este tirano hizo en la dicha isla Margarita, ahora diré lo que narró un sacerdote honrado de la dicha

isla, lo cual es digno de contar para tomar ejemplo, y fue, que antes que el tirano llegase a la dicha isla algunos días, sucedió entre ciertos soldados una pendencia, de suerte que el uno de ellos afrentó al otro y luego se fue a retraer a la iglesia de la isla, a donde entendió estar seguro, pero acudió luego el gobernador D. Juan de Villandrando y los alcaldes y alguaciles y otra gente del pueblo que traía consigo, y procuró con muchas venas sacar al dicho retraído, y aunque los clérigos se lo estorbaban no bastó, el retraído viendo que tan de hecho iba el negocio y que no le valía la casa de Dios, abrazóse con la caja del Santísimo Sacramento muy aferrado con ella, pero no le bastó, porque sin respeto ninguno le arrebataron y trujeron por las gradas del altar arrastrándolo, y él con la caja del Santísimo Sacramento rodando por aquel suelo, sin tener más respeto que si fuera un indio, cosa que a todos los que allí se hallaron desapasionados puso en mucha admiración, y más a los clérigos que vían tratar a su Dios de aquella suerte sin poderlo remediar, en este medio vino a la dicha isla el provincial Montesinos y le contaron todo lo que había pasado, de lo cual él quedó bien admirado por ser hombre de buena vida y ejemplo, y predicando un día el otro provincial en la iglesia mayor de la dicha isla, entre otras cosas y represiones afeó este negocio, culpando al gobernador y a todos los que fueron en ello, y les dijo claramente: mirad señores y justicias la ofensa que habéis hecho contra nuestro Rey y Señor, y contra Dios; pues yo os doy mi palabra que del cielo y de la tierra habéis de tener un castigo notable, que os acordéis dél para mientras fuéredes vivos. Acabado el sermón el provincial se fue su viaje a tierra firme, y no pasó un mes cabal cuando el tirano vino a la dicha isla y hizo el castigo que hemos contado [...] He querido decir esto para que se entienda la mucha reverencia que debemos tener a nuestro Criado y Redentor y a su templo de oración y a sus ministros y a los que gobiernan y mandan repúblicas, cómo deben mirar estas cosas con mucho cuidado y cristiandad, porque haciendo esto todas sus cosas irán bien encaminadas, y también se puede tomar ejemplo en el gobernador Pedro de Ursua y todos cuantos fueron en el agravio que se le hizo al padre Portillo [Vázquez, 1987: 131-132].

Estos dos relatos manifiestan el arraigo de la violencia, la codicia y la corrupción entre eclesiásticos y legos, civiles y expedicionarios, del más humilde al más poderoso en el seno del seudo orden colonial del que Vázquez nos sugirió desde el principio el carácter facticio, con su evocación —que no retoma Almesto— del nombramiento de Ursúa por el virrey Cañete (curiosa amplificación de un pasaje del texto de Aguirre, del que parecería que lo conoce de memoria), señalando bajo la máscara del servicio real la realidad más turbia de la utilización de los fondos públicos para favorecer a un amigo, y, sobre todo quizás, favorecer sus ambiciones personales,[2] si

---

[2] Compárese: "En el año de 59 dio el marqués de Cañete la jornada del río de Amazonas que, por otra parte, llamaron Amagua, a Pedro de Ursua navarro [...]", Aguirre, citado por Vázquez (141), y "En el año de 1559 siendo virrey y presidente del Perú el Marqués de Cañete, tuvo noticia de ciertas provincias que llaman Amagua y Dorado y con deseo de servir a Dios

se debe dar crédito a los rumores que, gracias al recurso de la preterición, Vázqucz nos comunica sin comprometerse.

Se percibe, pues, en el texto de Vázquez otro eje de tensión persuasiva, mucho más implícito, pero, nos parece, más motivador: denuncia el cronista la insuficiencia de los castigos infligidos a los culpables de sedición y a los que permitieron, como en la Margarita, que alcanzara tanta amplitud; evoca también las causas profundas de la rebelión apuntando hacia la corrupción del orden colonial. El otro eje en Ortiguera, mucho más relacionado con sus intereses personales, y menos crítico, parece ser la voluntad de que se reanuden las exploraciones de la cuenca amazónica —proyecto que articula tanto su evocación del territorio recorrido como la de sus habitantes.

Además de esta compleja dimensión persuasiva, se percibe otra, que se podría calificar como lúdica, y tiene que ver con el placer de contar. Se manifiesta a lo largo de la *Jornada* de Ortiguera, en cierta "gratuidad" de la escritura, o sea, en el detallismo de la evocación de los sucesos narrados, en la abundancia de escenas dialogadas, en los usos de paréntesis, prolepsis, escenas simultáneas, verdaderos juegos con la temporalidad y con los niveles narrativos. Este juego es muy perceptible en el fragmento ya citado —"Mucho nos hemos divertido en contar las poblaciones de esta tierra y será justo volver a nuestro viaje del Marañón"—, en el que el narrador crea la ilusión de una equivalencia total entre viaje de la escritura/lectura y viaje evocado: finge que el informe (paréntesis atemporal, o sea descanso de la escala) haya sido la diversión y la evocación del viaje una (cansada) obligación. En otro caso típico de metalepsis en la jornada —"Dejemos a Gonzalo Pizarro con su gente en el real, y volvamos a Francisco de Orellana" (Ortiguera, 1968: 245)—, se ve también claramente el juego en el que asocia al lector, lo invita a compartir el dinamismo del viaje/de la escritura.

En Vázquez, la dimensión lúdica nos parece manifestarse en la recreación de escenas de las que no pudo ser testigo o en la evocación de motivos que parecen emanar de una voz colectiva (manifestada por el "dicen que"), ambas modalidades narrativas correspondiendo pues a la reelaboración y la transcripción de un relato transmitido oralmente.

y a su Rey, encomendó y dio poderes muy bastantes a un Caballero amigo suyo llamado Pedro de Ursua, natural navarro, para que fuese a descubrir las dichas provincias, y le nombró por Gobernador dellas, y le favoreció con dineros de la casa real" (Vázquez, 1987: 49). Almesto se aleja por completo de este esquema: "Fue el gobernador Pedro de Orsúa, de nación navarro; era caballero, y Señor de la Casa de Orsúa hombre de gran habilidad y experiencia en los descubrimientos y entradas de indios [etc.] y habiendo entendido el dicho marqués de Cañete su valor y habilidad, le encargó la jornada del Dorado [...]" (101).

En el primer caso, se trata de anécdotas de carácter ejemplar, como la del cura Portillo, pero en las que ciertos detalles "afuncionales" —como los de la camisa y de la vela encendida— crean un clima de misterio y tensión, y contribuyen sin lugar a duda al placer de leer.

En una segunda modalidad, algunos motivos, sin duda poco ajenos al viejo fondo de cuentos y canciones populares, aunque no están sistemáticamente elaborados, hacen vivir al lector la fascinación que ejerce la transgresión: aparecen el monstruo (¿ogro?, ¿vampiro?, es decir el indio caribe, por supuesto, pero sobre todo Lope de Aguirre, matador potencial de niños pequeños y muy real de adultos, Antón Llamoso, su brazo derecho, chupador de sesos humanos, y en el discurso de Aguirre citado por el cronista, el rey mismo), la bruja (la hermosa doña Inés), el espíritu (el "bulto" que anuncia el asesinato de Ursúa, y los "espíritus de los hombres muertos", que acompañan a Aguirre).

Otro elemento que hace pensar en una elaboración en el sentido del cuento tradicional, es la ausencia de emoción, muy perceptible, por ejemplo, en la evocación del asesinato de Ursúa ("le dieron muchas estocadas y cuchilladas, y él se levantó y quiso huir y cayó muerto entre unas ollas en que le guisaban de comer", *Jornada*, v, 75), o de doña Inés. Contribuye esta falta de emoción a una desrealización del universo evocado (al extremo opuesto del proyecto acostumbrado de creación de ilusión mimética), como en el episodio de la plaza fuerte de Margarita, escena casi burlesca, marcada por una actuación "*cartoonesca*", o sea, de una violencia desproporcionada con respecto a sus consecuencias, característica de una escena de títeres o de nuestros modernos *cartoons*:

> [...] luego los ministros del diablo fueron y mataron al maese de campo en la fortaleza y fue tan grande el escándalo, ruido y alboroto cuando le mataron que los vecinos y mujeres de la isla que allí estaban presos en la dicha fortaleza, entendieron que a todos los quería matar, y en especial las mujeres que unas se metían debajo de las camas y otras tras las puertas y en los rincones de la fortaleza, y una Marina de Trujillo, [...] se arrojó por una ventana abajo de la fortaleza a la calle, y dio gran golpe por ser mujer carnuda pero del miedo no lo sintió y se fue luego a esconder, y de las almenas de la dicha fortaleza se arrojaron [...] vecinos de la isla sin hacerse mal, se fueron huyendo al monte [...] [121].

Son diferentes voces, pues, las que se expresan, diferentes niveles de realidad los que se manifiestan en la crónica de Indias, cuyo surgimiento, contemporáneo del nacimiento de la novela moderna, manifiesta potencialidades que se verán plenamente realizadas en la narrativa hispanoamericana actual, cada vez más atenta, por otra parte, al diálogo con los textos antiguos.

BIBLIOGRAFÍA

Almesto, Pedro de, "Relación verdadera de todo lo que sucedió en la Jornada de Omagua y Dorado", en *La aventura del Amazonas*, Madrid, Historia 16, 1986.

Angenot, Marc, *Glossaire pratique de la critique contemporaine*, Montreal, Hurtubise, 1979.

Jos, Emiliano, *La expedición de Ursá al Dorado, la rebelión de Lope de Aguirre*, Huesca, 1927.

Mampel González, Elena y Neus Escandell Tur (comps.), *Lope de Aguirre: Crónicas 1559-1561*, Barcelona, Editorial 7 1/2/Ediciones de la Universidad de Barcelona, 1981.

Ortiguera, Toribio de, *Jornada del río Marañón*, estudio preliminar de Mario Hernández Sánchez-Barba, Madrid, Ediciones Atlas, 1968.

Pastor, Beatriz, *Discurso narrativo de la conquista*, La Habana, Casa de las Américas, 1983.

Roa Bastos, Augusto, "La narrativa paraguaya en el contexto de la narrativa hispanoamericana actual", *Revista de Crítica Literaria Latinoamericana*, núm. 19 (1984), pp. 7-21.

Vázquez, Francisco, *El Dorado: crónica de la expedición de Pedro de Ursúa y Lope de Aguirre*, Madrid, Alianza Editorial, 1987.

Vargas Llosa, Mario, *El hablador*, Barcelona, Seix Barral, 1987.

DIEGO MEXÍA DE FERNANGIL, PREFERENCIAS DE UN INTELECTUAL EXPATRIADO

Trinidad Barrera
Universidad de Sevilla

El sevillano Diego Mexía de Fernangil, "se despachó a la provincia de Tierra Firme, por mercader",[1] el 6 de marzo de 1582. Allí pasará múltiples calamidades, como aparecen recogidas en el prólogo de la obra que aquí trataremos (Mexía, 1608).

Su nombre ha pasado a la historia literaria como autor de este curioso libro, así como la popularidad del libro se debe al hecho de que alberga el famoso "Discurso en loor de la poesía", una de las escasas poéticas que adornan los siglos coloniales. Ha sido el "Discurso" una de las piezas que mayor interés crítico han despertado, aunque sólo fuera por la tentación de desvelar a su anónima autora. Pero pocos han reparado en el *corpus* central del *Parnaso Antártico*, la traducción de las *Heroidas* ovidianas, sobre lo que merece la pena hacer algunas puntualizaciones.

La obra de Mexía aparece con todos los elementos que caracterizan los preliminares de una obra de su época: prólogo, dedicatoria, poemas de elogio, aprobaciones y licencia. El prólogo está incrustado entre sonetos y otras composiciones de alabanza al poeta y su fruto, de acuerdo con la línea laudatoria típica. El orden de sus partes es: aprobación, dedicatoria, soneto del licenciado Pedro de Oña —en nombre de la Antártica Academia, de la ciudad de Lima—, soneto del Dr. Pedro de Soto —en nombre del claustro de la Universidad de México—, soneto de Luis Pérez Ángel, "El autor a sus amigos" —prólogo del libro—, vida de Ovidio, "Discurso en loor de la poesía", soneto de Mexía dedicado a la autora del "discurso", la traducción de las veintiuna epístolas ovidianas y la "Invectiva contra Ibis", más dos sonetos finales, uno del capitán Cristóbal Pérez Rincón y otro de Mexía, como respuesta.

La agitada vida de Diego Mexía, de Tierra Firme a Perú, de allí a México, vuelta de nuevo a Perú, viajes a España, etc., choca de entrada con

---

[1] Según consta en el Documento de Contratación 5538 (I, 367v.), Archivo General de Indias de Sevilla.

su actividad literaria. Resulta sorprendente que una labor como ésta, que implicaría, desde nuestra perspectiva, tranquilidad y reposo, haya sido realizada en las condiciones de agitación que en el prólogo se refieren. Por sus palabras sabremos que en 1596 viajó de Perú a Nueva España, "más por curiosidad de verlos que por el interés que por mis empleos pretendía". En la mejor línea de las relaciones de Indias, marcadas por el desastre, se mueve su relato del viaje. Penalidades marítimas, con inclusión de naufragio, tormentas y muerte de un compañero: "mi navío padeció tan grave tormenta en el golfo llamado comúnmente de Papagayo, que a mí y a mis compañeros nos fue representada la verdadera hora de la muerte". Calamidades que se ven prolongadas con las ocurridas en el camino por tierra, aguas, lodos, pantanos, ríos peligrosos, pueblos mal proveídos, peste, y todo un largo etcétera, que hacen cada vez más difícil la situación, adobada por el cansancio físico del medio de transporte, en mula desde Acaxú a México capital.

Para entretener su tiempo, según confiesa, inició la traducción, durante el viaje, de las *Heroidas*: "[...] hallé traducidas en tres meses de veintiuna epístolas, las catorce".

No entraré en calibrar las perfecciones de la traducción de Mexía, calificada de "muy importante y muy hermosa" por latinistas pasados y actuales.[2] Prueba esto las repetidas ediciones españolas de esta obra que han seguido manteniendo la versión de Mexía. Elogiada por Menéndez Pelayo y Quintana, fue elegida por la "Biblioteca clásica", Madrid, 1914. Continuas reimpresiones nos llevan, por ejemplo, hasta 1946 a la edición realizada por la editorial Aguilar, colección Crisol (Madrid).

Parece oportuno preguntarse por qué elogió a Ovidio y sus *Epístolas heroicas*. La importancia de Ovidio a lo largo del tiempo es un hecho aceptado. Su influencia fue notable en gran número de escritores, entre los clásicos, Lucano, Estacio, Marcial, Manilio, Séneca, Petronio, etc. La Edad Media fue calificada, según Traube, como *aetas ovidiana*, y para el Renacimiento las *Epístolas* de Ovidio constituyeron piezas claves; lógicamente, también para el Renacimiento español.

Ovidio, por un lado, y la presencia de las *Heroidas*, por otro, gozan de exhaustivos trabajos. Entre éstos últimos destacaremos los de H. Dörrie y Alatorre.[3] Para ver la presencia de Ovidio en España sobresale el bien documentado análisis de Rudolph Shevill que rastrea concienzudamente su pervivencia desde la literatura medieval hasta el siglo XVI.

---

[2] Véase la edición de las *Heroidas* de Moya.
[3] Véanse Dörrie y Alatorre.

El éxito de Ovidio se ha enfocado desde diversos ángulos: como poeta galante, poeta del amor, el de las leyendas de las *Metamorfosis*, el del mito, el poeta del sufrir en el exilio, el de la desgracia inmerecida, etc. Cada uno se ha acercado al sulmonés por uno u otro motivo, perpetuando su presencia: italianos, franceses, ingleses, españoles, etc. Entre estos últimos, Juan de Mena, el Arcipreste de Hita, Fernando de Rojas, Cervantes, Lope de Vega, Quevedo. De la imitación directa a los ecos lejanos, todos enalte- cen el modelo imitado o admirado.

La identificación de nuestro sevillano con Ovidio la señala él mismo en su prólogo en lo que hemos calificado de "cultura excéntrica". El siglo XVI aparece marcado por el interés y las ganancias que exceden otras preocupaciones y el mismo Mexía da con la clave cuando dice: "[...]pues para leer y meditar ¿cómo habrá tiempo si para descansar no alcanza?" La comparación con España no se hará esperar y con ella la añoranza de una vida más acorde con las inquietudes de su espíritu, situación que aprove- cha, para, indirectamente elogiarse: "[...]mil veces dignos de ser alabados los que a cualquier género de virtud se aplican en las Indias, pues además de no haber premio para ella, rompen por tantos montes de dificultades para conseguirla". En dos ocasiones compara su situación con la de Ovidio: "Pues muchas veces me acontece lo que a Ovidio estando desterrado entre los rústicos del Ponto [...] que queriendo hablar romano habla sarmático [...] El que más docto viene se vuelve más perulero, como Ovidio a este propósito lo afirma de los que iban a los getas, en el cuarto del Ponto, escribiendo a Severo".

Resulta sorprendente el paralelismo que establece entre su vida en América y la de Ovidio en el Ponto. Las circunstancias que llevaron a uno y a otro a tierras lejanas de su lugar de origen son muy distintas. Pese a ello, el sevillano tenía conciencia de desterrado en las áridas márgenes de la civilización y deseaba su reincorporación al centro originario de cultura, España.

Además de lo dicho, Diego Mexía se nos antoja en la postura del escritor manierista que se declara discípulo continuador de alguien, en su caso de Ovidio. El principio de imitación lo recoge en su prólogo: "Aunque he usurpado algunas licencias, de suerte que puedo ser mejor llamado imitador que traductor". En 1541 se publica el tratado de Bartolomeo Ricci, *De imitatione* (Venecia), donde parece indicarse que dentro del género *imitatio* se hayan tres categorías *sequi, imitare, aemulare*. La gran mayoría de las traducciones del Renacimiento son, en realidad, imitaciones más o menos cercanas al modelo, tal como ocurre en el caso de Mexía. La imitación de éste estaría, a veces, más próxima a la paráfrasis de que habla Dryden, cuyo intento es traducir el sentido más que cada una de las palabras. La traducción justa sería la metáfrasis, es decir, seguir palabra por palabra y línea por línea, que sólo en escasas ocasiones lo hace Mexía. Es importante tener en cuenta que la práctica común de las escuelas humanísticas era entrenar a los alumnos en la *translatio, paraphrasis, imitatio,* intentando delimitar las fronteras del recorrido que va desde la traducción al poema original (Her: 1900, 237-243).

Es evidente que Mexía imita a su manera. Podríamos aplicarle el calificativo acuñado por Gilbert Dubois, de "imitación reformista" (Gilbert Dubois, 1980: 38), es decir, "se ajusta al modelo en su conjunto e introduce variaciones parciales". Ocurre que el sevillano "imita" a aquel que, salvando las distancias, se sitúa en la Antigüedad en una posición comparable a la propia y así, al referir la vida de Ovidio, nos dice: "[...]resplandeció Ovidio su retórica y poesía sobre todos los de su edad, pero juzgando el padre ser este estudio de tan poco fruto y utilidad (como lo es en nuestros tiempos)". El pasado espejea en el presente. Mexía se nos aparece así como perteneciente a una larga galería de retratos en la que Ovidio se perpetúa. La identificación con el modelo es un punto de partida, la traducción de las *Heroidas* tiene allí su razón de ser; pero además dicha versión se le presenta como la vía más razonable de reintegración a la metrópoli, sinónimo de esplendor cultural, donde la huella de Ovidio no había perdido ni un ápice de importancia.

Las *Heroidas* se componen de veintiuna cartas de amor, escritas casi todas por mujeres que son heroínas de la mitología, excepto Safo. Sólo toman la pluma tres hombres: Paris, Leandro y Aconcio. A ellos les responden sus amadas. Una salvedad, la carta veinte, en la ordenación de Mexía, "Cidipe a Aconcio", está en su versión abreviada. En realidad aparece así en casi todos los manuscritos latinos de las *Heroidas*.

Estas piezas contituyen un punto clave del Renacimiento epistolar. Como ha señalado Antonio Prieto: "[...] las *Heroidas* van a conjugar, en el tiempo joven de Ovidio, los tiempos cumplidos de la etopeya y el por cumplir de la suasoria. Van a perturbar el orden de esos tiempos con la creación de un tiempo acrónico, y la juventud de la Edad Media va a recoger esa creación contra la ordenación práctica y mediata del *Ars dictandi*" (Prieto: 61). Desde el punto de vista de la reforma, las *Epistulae Heroidum* pertenecen a una retórica epistolar con determinada función comunicativa, donde la finalidad didáctica se ve sobrepasada por la dimensión artística. El renacentista apreciará en las epístolas ovidianas dos aspectos, la *consolatio,* consuelo de la carta al que escribe, y el *encanto de la palabra* u olvido del receptor por parte del que escribe. En definitiva, lo que vence es el arte de la palabra en sí misma para, a través de ella, narrar un sentimiento.

El valor de las *Heroidas* y su gran aceptación como modelo no debieron ser ajenos al sevillano, ya que dentro de este libro se incluye otra pieza, escrita por una "señora principal de este reino" y dedicada a Mexía, donde ésta expone sus opiniones poéticas y su predilección cultural, utilizando, como en la traducción ovidiana, los terceros encadenados. La elección del mismo molde poético pudiera apuntar a que "Discurso en loor de la poesía" ejerce una función proemial con respecto a la traducción. El paralelismo entre el "Discurso" y las *Heroidas* lo realiza el autor cuando dice: "Con el cual discurso (por ser una heroica dama) fue justo dar principio a nuestras epístolas". Apócrifa epístola heroica la de Clarinda, que comparte con las ovidianas, además de molde estrófico, los *dramatis personae*, mujer-hombre, destinador y destinatario del mensaje, unidos por una relación que oscila entre la amistad y la admiración, aunque está claro que las cuitas allí tratadas no son de orden amoroso, sino del don de la poesía:

> Si, oh gran Mexía, en tu esplendor me inflamo
> Si tú eres mi Parnaso, tú mi Apolo
> ¿Para qué a Apolo y al Parnaso aclamo?
> Tú en el Perú, tú en el Austrino Polo
> eres el Delio, el Sol, el Febo santo.
> Sé pues mi Febo, Sol y Delio sólo.
> Fébada tuya soy, oye mi canto [vv. 40-48].

Las epístolas ovidianas se ajustan a la preceptiva al uso: un saludo inicial con el nombre del remitente y del destinatario, y la despedida. En el "Discurso" no aparece, como es sabido, el nombre de la heroica dama, aunque sí su condición femenina: "[...] en hombros de mujer que son de araña", ajustándose a la normativa en lo referente al destinatario y a la despedida.

El parentesco entre una y otra viene dado por la condición femenina de quien escribe y éste es un detalle que nos remite de nuevo a Ovidio, quien, en su *Ars Amandi* (III, 346), aconseja a las mujeres la lectura de los poetas.

España contribuyó desde la Edad Media a la traducción de las epístolas ovidianas, ya fuera dentro de compilaciones, ya en versiones independientes. El primer caso en la lista de traductores lo ofrece Alfonso X, el Sabio, que las tradujo, aunque no en su totalidad, para introducirlas en la *General estoria* y en la *Crónica general*. Once son las epístolas que insertó, la II, IV, V, VI, X, XI, XII, XIV, en la segunda parte de la *General estoria*; la I y VIII en la tercera parte y, finalmente, la VII en la *Crónica general*.

Para Alfonso X, Ovidio se ajusta al principio *prodere et delectare*, y eso es esencial en su época, donde lo didáctico y lo moralizante ocupaban un primerísimo lugar. También Mexía hace honor a dicho principio en su prólogo: "[...]la poesía que no deleita sin aprovechar con su doctrina no consigue su fin". Otro punto de coincidencia es el capítulo de supresiones o adiciones a la traducción por pruritos cristianos: "[...] he quitado todo lo que en algún modo podía ofender a las piadosas y castas orejas, dejando de traducir algunos dísticos no tan honestos como es razón que anden en lengua vulgar", dice Mexía.

El éxito de la traducción alfonsí sirvió a las *Sumas de historia troyana*, atribuidas a un supuesto Leomarte, donde se intercalan resumidas las epístolas V, VI, VII, IX y XII.

El siguiente ejemplo es la obra de Juan Rodríguez del Padrón, conocida con el nombre de *Bursario*, quien acomete la empresa de traducirlas en su totalidad, excepto la XV.[4] Dicha versión ofrece, como en el caso de Alfonso X, epígrafes introductorios a cada epístola, que O. T. Impey suponía inspirados en el monarca, mientras que Saquero y González Rolán demuestran que las diferencias son tantas que la solución radicaría en el hecho de que Padrón utilizó "además de un códice latino de las *Heroidas* de Ovidio [...] un comentario latino a esta obra, con el que confeccionó la introducción de todas las cartas" (Saquero y Rolán, 1984: 31). Y citan el libro *Publii Ovidii Nasonis Heroides cum interpretibus Hubertino Crescentio et I. Parrhasio*, Vennetiis, 1543.

Ya apuntamos cómo la traducción de Diego Mexía contenía asimismo dichos comentarios, dándose la coincidencia de que el libro citado es el primero de los que nuestro autor enumera en su prólogo como matriz de su edición. Luego debemos suponer que los epígrafes de Mexía remiten también a los manuscritos con glosas o *accensus* citados en dicho prólogo.

Tras Alfonso X y Rodríguez del Padrón circularon varias traducciones parciales en prosa y verso con comentarios añadidos a algunas de ellas (Moya, 1986: 49-54; Alatorre, 1950: 162-166). Merecen destacarse las de Gutierre de Cetina, anteriores a 1560: las cartas I y II, las de Penélope y Fillis. También se le atribuye una de Dido a Eneas, aunque no hay unanimidad crítica con respecto a dicha autoría. De fines del mismo siglo XVI se tienen noticias de una traducción de las epístolas ovidianas en verso suelto, realizada por Francisco de Aldana, el Divino, y otra de Ramírez Pagán, perdidas.

Aunque Diego Mexía era español conviene plantearse la influencia que Ovidio tuvo en México durante los primeros siglos virreinales, pues no hay que olvidar que fue allí donde el sevillano gestó sus traducciones.

---

[4] El título metafórico de *Bursario* sugiere que las enseñanzas del libro merecen guardarse en la bolsa de la memoria.

Según apunta José Quiñones, este magisterio se da de tres formas: obras de Ovidio impresas en México, traductores de Ovidio en México e influencia de Ovidio en escritores mexicanos.[5]

Si, como sabemos, la importancia de Ovidio en la Literatura española es notable, otro tanto ocurrirá en el Virreinato de Nueva España. Serán las *Metamorfosis* el libro más influyente, mientras que los primeros textos impresos corresponden a algunas elegías de las *Tristia* y *Epistulae ex Ponto*, y su primera traducción de las *Heroidas*. Hay que esperar la llegada de los jesuitas, 1572, para poder hablar de un estudio sistemático de los clásicos, lo cual no quiere decir que no se desarrollasen intentos parciales con anterioridad, gracias a la labor de otras órdenes religiosas, de cuya actuación nos quedan pocos testimonios. A la Compañía de Jesús se debe la lista de libros presentada a la aprobación del virrey Martín Enríquez, con vistas a su impresión y destinada a los estudiantes de sus colegios. Entre los veinte libros que contiene la lista, con fecha 16 de febrero de 1577, se encuentra la obra de Ovidio, *De Tristibus et ex Ponto*.

Hasta 1636 nos encontramos una obra de Ovidio editada en la capital que contenga parte de las *Epístolas heroicas* (I y VI. Me refiero al *Florilegium* donde, junto a la selección de las *Heroidas*, *Tristia* y *Ex Ponto*, hay poemas de Horacio, Marcial, etcétera).

A este volumen le habían precedido dos, aunque ninguno de ellos recogía las *Heroidas*. Son éstos, el ya citado de 1577 y el *Poeticarum institutinum liber*, 1605, especie de antologías de la estética de los géneros poéticos que incluyen, junto a Ovidio, a Virgilio, Claudiano, Silio Itálico, Séneca, Terencio, Horacio, Tibulo, Propercio y Marcial. De Ovidio ofrece una selección de *Metamorfosis, Amores, Tristia* y *Ex Ponto*.

Llegamos así a Diego Mexía, autor de la primera versión al español de las *Heroidas* en su totalidad, realizada en México, aunque publicada en España, libro valioso, feliz combinación de creación, imitación y traducción que evidencia el tino poético de su autor, el transterrado humanista que, tras cruzar mares y tierras, "por diferentes climas, alturas y temperamentos", consiguió la fama de poeta al tiempo que hacía oír otras voces trasatlánticas, eco de un nuevo Parnaso, el Antártico, que, no por alejado de su cuna, merecía ser desoído. Pero ésa sería otra historia.

---

[5] Véase Quiñones.

Bibliografía

Alatorre, Antonio (trad. y ed.), *Heroidas*, México, 1950

——, "Sobre traducciones castellanas de las *Heroidas*", *Nueva Revista de Filología Hispánica*, 3 (1949), pp. 162-166.

Dörrie, H., *Der heroische Brief*, Berlín, 1986.

Gilbert-Dubois, Claude, *El manierismo*, Barcelona, 1980.

Her, W. B. (comp.), "Preface to Translation of Ovid's Epistles", *Essays of John Dryden*, Oxford, 1900.

Mexía de Fernangil, Diego, *Primera parte del Parnaso Antártico de obras amatorias*, Sevilla, 1608.

Moya, Francisco (comp.), *Heroidas*, Madrid, 1986.

Prieto, Antonio, *La prosa española del siglo XVI*, Madrid, 1986.

Quiñones, José, "Influencia de Ovidio en México: siglos XVI-XVII", en *Cultura clásica y cultura mexicana*, coordinación de José Tapia Zuñiga, México, 1983, pp. 151-170.

Rodríguez del Padrón, Juan, *Bursario*, Madrid, 1984.

Saquero, Pilar y Tomás González Rolán, "Introducción", en Juan Rodríguez del Padrón, *op. cit.*

Shevill, Rudolph., *Ovid and the Renaissance in Spain*, Berkeley, 1913.

"NAUFRAGIOS" Y HALLAZGOS DE UNA VOZ NARRATIVA EN LA ESCRITURA DE ÁLVAR NÚÑEZ CABEZA DE VACA

Nina Gerassi-Navarro
Columbia University

> Lo desconocido es una abstracción; lo conocido, un desierto; pero lo conocido a medias, lo vislumbrado, es el lugar perfecto para hacer ondular deseo y alucinación.
> *El entenado*, Juan José Saer

Entre el aquí y el allá de dos territorios, surge un texto como espacio de lo imaginario: *Naufragios* de Álvar Núñez Cabeza de Vaca. Del vasto *corpus* de escritos historiográficos sobre el Nuevo Mundo, este texto se destaca por su complejidad discursiva y por su relato atípico. Definido como crónica y relación, *Naufragios* resulta difícil de clasificar, desde el momento en que convierte el fracaso de una expedición en un triunfo personal. Esta transformación del sujeto (de vencido en vencedor) marca, a su vez, el inicio de un cambio conceptual del mundo en el que las oposiciones binarias se esfuman y una nueva realidad comienza a esbozarse.

Postulándose como simple testigo de la expedición, el "yo" narrativo de Cabeza de Vaca transforma su testimonio en un relato autobiográfico en la medida en que reivindica la singularidad de su "yo" y afirma su propio valor. El límite entre el testimonio y la autobiografía es extremadamente sutil y dentro del discurso se basa, sobre todo, en la forma en que el "yo" narrador se construye.[1] Con gran destreza, Cabeza de Vaca utiliza elementos de estos dos tipos discursivos (que posteriormente se cristalizarán en géneros distintos) para articular una voz narrativa, un "yo", sumamente

---

[1] Para un interesante análisis del testimonio en contraposición con la autobiografía, véase Summer (1988). Para estudios teóricos sobre la autobiografía, véanse, entre otros, Lejeune, Gusdorf (1980), Starobinsky (1970) y Olney (1980). Sobre el testimonio, véase Beverly (1987), Jara y Vidal (1986). Este libro incluye una serie de ensayos sumamente útiles sobre el testimonio.

peculiar y lleno de desplazamientos. Las diferencias que se observan entre estas dos estrategias narrativas permiten descubrir cuáles son algunos de los juegos escriturales que Cabeza de Vaca emplea para subvertir su relato.

El 17 de junio de 1527, desde el puerto de Sanlúcar de Barrameda, Álvar Núñez Cabeza de Vaca partió en la expedición del gobernador Pánfilo de Narváez, organizada con el propósito de "conquistar y gobernar el territorio comprendido entre el río de las Palmas y el cabo de la Florida". Cabeza de Vaca iba entonces con los cargos de tesorero y alguacil mayor. La expedición contó con unos 450 hombres, 80 caballos, cuatro naves y un bergantín. Al llegar a la bahía de Tampa, el grueso de las fuerzas marchó tierra adentro, mientras los barcos fueron costeando la bahía intentando acompañar a los hombres en su recorrido. La falta de abastecimientos, el mal tiempo, la hostilidad de los indios, el terreno desconocido y poco accesible, además de la desorganización de los mismos expedicionarios, determinaron el fracaso final de la expedición. De todos los que bajaron a tierra, únicamente cuatro hombres, tres españoles y un marroquí, lograron sobrevivir: Álvar Núñez Cabeza de Vaca, Andrés Dorantes, Alonso del Castillo y el negro Estebanico. Juntos, los sobrevivientes recorrieron a pie gran parte de lo que hoy es el sur de Estados Unidos y el norte de México, hasta llegar a Culiacán el 1 de mayo de 1536. Casi seis años después de su llegada, en 1542, Cabeza de Vaca publica su testimonio de la expedición bajo el título *La relación que dio Álvar Núñez Cabeça de Vaca de lo acaesido en las Indias*.[2]

Por ser uno de los cuatro sobrevivientes de la expedición, la experiencia de Cabeza de Vaca es extraordinaria y, por ende, digna de ser contada. Sin embargo, dentro de los cánones discursivos del siglo XVI, su historia no merecía ninguna atención especial; al contrario, justamente por tratarse de un fracaso, debía quedar silenciada. Los relatos personales se justificaban, en la medida en que respondían a los intereses de la Corona (destinataria oficial de los textos), o sea, mientras confirmaran la posesión de riquezas o de tierras. En retribución, como reconocimiento de tales logros, a los conquistadores les eran otorgados poder político y económico por medio de las prebendas. En otras palabras, el eje principal del discurso narrativo del Descubrimiento y de la Conquista

[2] El título original de la primera edición, publicada por Zamora en 1542, fue: *La relación que dio Álvar Núñez Cabeça de Vaca de lo acaesido en las Indias en la armada donde iva por governador Pámphilo de Narbáez desde el año de veinte y siete hasta el año de treinta y seis que bolvió a Sevilla con tres de su compañía.* Cabe recordar que existieron otras versiones anteriores, una de las cuales fue recogida parcialmente por Gonzalo Fernández de Oviedo en su *Historia general y natural de las Indias*, IV. Todas las citas del texto de Cabeza de Vaca procederán de la edición de Barrera.

era el éxito (Pastor, 1988: 190).[3] Al volver a la "civilización" diez años después de su partida, Cabeza de Vaca se hallaba apenas vestido, sin riquezas ni conquistas territoriales; estaba vivo, pero con las manos vacías. Despojado de absolutamente todo lo que podría otorgarle una identidad de triunfador, ¿cómo obtener una retribución por algo imposible de reconocer dentro del discurso colonial hegemónico?

Impulsado por este deseo, Cabeza de Vaca hábilmente convierte sus diez años de sobrevivencia en una relación de servicios para la Corona, articulando un discurso capaz de suplir su falta de riquezas. *Naufragios* es un texto que sustituye la Conquista; es la escritura que llena el vacío. Cabeza de Vaca carece de pruebas materiales, pero es consciente del valor de la palabra. Por ello, ya en el proemio de su relación subraya el lugar de la palabra:

> [...]bien pensé que mis obras y servicios fueran tan claros y manifiestos como fueron los de mis antepassados, y que no tuviera yo necessidad de hablar para ser contado entre los que con entera fe y gran cuidado administran y tratan los cargos de Vuestra Majestad y les hace merced.
>
> Mas [...] no me quedó lugar para hazer mas servicio deste, que es traer a Vuestra Majestad relación de lo que en diez años que por muchas y muy estrañas tierras que anduve perdido y en cueros pudiesse saber y ver [Cabeza de Vaca, 1985: 62].[4]

El arma de Cabeza de Vaca fue haber adquirido un "saber" particular sobre la cultura otra, saber que se traduce en información acerca de las tierras, vestimenta, costumbres y modos de conducta de las "bárbaras naciones". Es justamente por este caudal de datos suministrados por lo que el texto responde, a pesar de no haber sido pedido oficialmente, al tipo discursivo de las relaciones solicitadas por la Corona.[5] Intentando cubrir esta falta de pedido oficial, Cabeza de Vaca busca una forma de autorizar su discurso, y lo hace agregando un "prohemio" a modo de exordio, dirigido a Carlos v, en el que presenta su escritura como servicio. Es decir que, además de ser un informe, *Naufragios* es una prueba de vasallaje que, por otra parte, no debe ser medida por el "éxito", ya que el resultado no necesariamente corresponde a la intención del proyecto:

> Mas ya que el desseo y voluntad de servir a todos en esto haga conformes, allende la ventaja que cada uno puede hazer, ay una muy gran differencia no

---

[3] En lo que se refiere al texto de Cabeza de Vaca, Pastor afirma: "*Naufragios* es todavía hoy, por su riqueza y complejidad, el texto fundamental entre la larga serie de relaciones que formaron lo que he llamado el discurso narrativo del fracaso" (1988: 203).

[4] En lo sucesivo, cada vez que nos refiramos a esta edición, anotaremos el número de páginas entre paréntesis.

[5] Véase Mignolo (1982).

causada por culpa de ellos, sino solamente de la fortuna, o más cierto sin culpa de nadie, más por sola voluntad y juizio de Dios, donde nasce que uno salga más señalados servicios que pensó, y a otro al revés, que no pueda mostrar de su propósito más testigo que a su diligencia, y aun ésta queda a las vezes tan encubierta que no puede bolver por sí [61].

El propósito de Cabeza de Vaca es justamente des-encubrir su servicio, "hablar para ser contado", revelando aquello que vio y vivió durante diez años: presentar su testimonio, entregar su "saber".

El testimonio es una prueba de verdad. Se narra una vida o vivencia significativa en primera persona de la que el narrador es el mismo protagonista (o testigo) de los acontecimientos (Beverley, 1987: 9). Esta narración es, en realidad, una transcripción de un relato oral cuya garantía de verdad radica justamente en el sujeto textual que se declara actor o testigo de lo narrado.[6]

La vinculación con la oralidad es quizás el factor más importante del testimonio porque subraya la posición marginal del sujeto textual frente al discurso hegemónico; en él, la palabra oral se opone a la palabra escrita. El "yo" testimonial *pide* que se le escuche. En este sentido, el testimonio siempre implica una reivindicación ya que, al articularse una voz que, hasta el momento ha sido silenciada, se reta al *statu quo*. Por otra parte, el pedido del "yo" testimonial no es individual; su intención es hablar en nombre de otros; su experiencia no apela a ser una experiencia individual sino compartida; su historia es también la de otros. El testimonio es, en otras palabras, la articulación de una voz colectiva, un "yo" que pertenece a un "nosotros" que busca en el lector cierta solidaridad o simpatía ante su reclamo de ser escuchado.

Aquí es donde se coloca el texto de Cabeza de Vaca. *Naufragios* es el testimonio de los peligros a los que forzosamente todo hombre enviado a "conquistar y gobernar" las Indias debía exponerse. Por ello Cabeza de Vaca hace explícito que su texto no sólo se dirige a la Corona, sino también a "los que en su nombre fueren a conquistar aquellas tierras" (62). A diferencia del discurso de la Conquista que exalta la superioridad y omnipotencia del "yo", Cabeza de Vaca no tiene reparos en mostrar un sujeto textual más humilde. En *Naufragios*, el héroe, al igual que todos los demás hombres, no sólo es agredido por una naturaleza hostil, sino que además tiene miedo. Al descubrir unos indios a la distancia, dice el narrador: "[...] fuesen grandes o no, nuestro miedo les hacía pareser gigantes" (97).

Al incluir esta perspectiva del sujeto textual como humano y frágil, Cabeza de Vaca desplaza el eje del discurso hacia lo personal para revelar

---

[6] Véase Prada Oropeza (1986).

otro lado de la Conquista. Su testimonio, a través de la palabra, se convierte en un "reto" que cuestiona no sólo el valor absoluto de lo escrito, sino también al sujeto textual encargado de articular esa palabra.[7] A diferencia del "yo" como hombre letrado que narra la historia de la Conquista, el "yo" de *Naufragios* es considerado un hombre inferior, conquistado, por haber vivido entre los indios, desnudo, al igual que un indio. Sin embargo, en la medida en que la veracidad de los textos historiográficos dependía de la experiencia directa o del contacto con testigos oculares, la narración de Cabeza de Vaca es incuestionable "aunque en ella se lean algunas cosas muy nuevas y para algunos difíciles de creer" (62). Cuenta lo que ha visto y vivido. Confiesa una verdad. Su historia es importante porque verbaliza la historia de aquellos hombres cuyo servicio a la Corona ha sido velado y sobre todo, porque en ella se revela un conocimiento distinto del Nuevo Mundo:

> Esto he querido contar porque allende que todos los hombres desean saber las costumbres y ejercicios de los otros, los que algunas veces se vinieren a ver con ellos estén avisados de sus costumbres y ardides, que suelen no poco aprovechar en semejantes casos [134].

El haber vivido entre los indios durante tanto tiempo, permite a Cabeza de Vaca revelar las particularidades de un mundo desconocido. No sólo describe en detalle el territorio y sus habitantes, sino que además agrega datos específicos acerca de las relaciones entre las diferentes tribus y sus lenguas, las distintas técnicas guerreras, las costumbres alimenticias, los ritos y las ceremonias. En lugar de incluir estas descripciones como parte del recuerdo de su experiencia, el narrador prefiere utilizar el presente indicativo, subrayando así el carácter documental y útil de su información.[8]

Lo interesante del relato de Cabeza de Vaca es que, si bien el "yo" testimonial de *Naufragios* enfatiza su pertenencia a un sujeto colectivo, nunca deja de destacarse individualmente. El relato comienza con una voz impersonal que presenta el viaje: "A diez y siete días del mes de Junio de mil y quinientos y veinte y siete partió del puerto de Sant Lúcar de Barrameda el governador Pámphilo de Narváez[...]". A continuación, el sujeto se introduce, también de forma impersonal: "Los officiales que llevava (porque dellos se ha de hazer mención) eran éstos que aqui se nombran" (65). Cabeza de Vaca es el primero. Sin concluir la frase, tras una breve enume-

[7] Véase Mignolo (1981), quien subraya el hecho de que son los "hombres sabios", es decir, los letrados, quienes escriben la historia de las Indias, porque en ellos justamente se apoya el criterio de verdad (369). Lo interesante aquí es que Cabeza de Vaca es sabio, aunque en términos distintos.
[8] Cabría preguntarse hasta qué punto Cabeza de Vaca realmente pudo tomar notas durante su expedición y cuánto es recuerdo (reconstrucción) de ese pasado.

ración de los oficiales, el narrador afirma: "[...] llegamos a la isla de Santo Domingo, donde estuvimos casi cuarenta y cinco días proveyéndonos de algunas cosas necesarias, señaladamente de cavallos" (66). Es así, entonces, que el sujeto textual se define, articulando su voz en función de la primera persona del plural: "llegamos", "estuvimos", "nos faltaron". Pero existe cierta ambigüedad con respecto a la definición del grupo; no queda claro si el "nosotros" se refiere a la tripulación en general, o justamente al grupo de oficiales dentro de esa tripulación. Este juego de identidad es justamente lo que le otorga una movilidad peculiar al "yo" narrador que lentamente se irá desplazando por el texto.

Desde el momento en que un "yo" articula su voz, surge la presencia de un "otro" en relación al cual el sujeto se construye. Los sucesivos desplazamientos del "yo" textual de *Naufragios* exigen un replanteamiento constante de la alteridad en el texto.[9] Este movimiento permite que del "yo" testimonial se desprenda un "yo" autobiográfico, consciente y orgulloso de su individualidad. A su vez, ambos sujetos discursivos se entretejen en el "yo" al mantenerse estable la presencia de un "nosotros" cuyo referente explícito va cambiando continuamente (de oficial pasa a ser miembro de la tripulación, a mero sobreviviente, etcétera). Esta multiplicidad de "nosotros" refleja una diversidad de sujetos textuales articulados en el "yo" que se desplaza según el espacio físico en que se encuentra, exigiendo simultáneamente una redefinición del "otro". Son justamente estas fluctuaciones las que permiten que el "yo" siempre se destaque por entre los miembros de su grupo y pueda construirse como único.

Apenas comenzado el relato, el gobernador Narváez es presentado como una autoridad que vacila; es el "otro" ante quien se enfrenta el sujeto textual. Narváez se equivoca, toma decisiones arbitrarias, y está mal asesorado, a tal punto que su piloto "no sabía en qué parte estávamos" (72).[10] A pesar de la aparente inconformidad general, el único que desafía verbalmente al gobernador, es el "yo", valiente y seguro, quien se define como "el que más le importunava" (77). Cuando se le pregunta a la tripulación si se debe desembarcar en la costa del Mississippi, "*Yo* respondía que me parescía que por ninguna manera debía dexar los navíos sin que primero quedasen en puerto seguro y poblado". Pero, "Al

---

[9] Véase Molloy (1987), quien hace un exhaustivo análisis de la alteridad para mostrar cómo el "yo" se descubre a través del "otro". Para una sistematización de la alteridad en los textos coloniales, véase Todorov (1982).

[10] La oposición entre ambas figuras se basa fundamentalmente en el "no saber" del gobernador frente al saber de Cabeza de Vaca. Narváez no sabe dónde están, no sabe decidir, ni sabe salvarse; mientras que Cabeza de Vaca aprovechará ese *vacuum* para adquirir conocimiento y será quien, al final, no solamente supo adónde ir y cómo decidir, sino que, además, fue uno de los pocos que sí supieron salvarse.

comisario le paresció todo lo contrario[...] y el gobernador siguió su parescer" (73-74; el subrayado es mío). Ante el desastre final, Narváez sólo piensa en salvarse (actitud poco acorde con la de un verdadero capitán) y abandonando a sus propios hombres, les ruega "que cada uno hiziesse lo que mejor les paresciesse que era para salvar la vida; que el ansí lo entendía de hazer. Y diziendo esto, se alargó con su varca" (95).

Depuesto el texto de autoridad jerárquica, Cabeza de Vaca es quien toma el mando de la expedición.[11] Ahora el "nosotros" se define por su oposición a los indios: cristianos *versus* "bárbaros". "Nosotros, que éramos hombres, cierto era que teníamos mayor virtud y poder" (44). Esta oposición, sin embargo, no permanecerá inalterable, pues a medida que la expedición penetra en el territorio, los atributos de cada grupo van modificándose. Así, al encontrarse los españoles desesperados y hambrientos, los "otros" cobran una calidad humana poco común:

> Los indios, de ver el desastre que nos avía venido[...] començaron todos a llorar rezio y tan de verdad que lexos de allí se podía oír, y esto les duró mas de mediahora y cierto, ver que estos hombres tan sin razón y tan crudos, a manera de brutos, se dolían tanto de nosotros, hizo que en mí y en otros de la compañía cresciesse más la pasión y la consideración de nuestra desdicha [99].

Paralelamente al desplazamiento espacial, se produce una corrosión de las identidades de cada grupo. El punto culminante es cuando se realiza el tópico del mundo al revés, cuando cinco españoles, acosados por el hambre, se comen los unos a los otros y son los indios quienes se sorprenden. Al ocurrir la inversión, el sujeto textual se coloca junto a los indios y convierte al resto de los españoles en los "otros". Cabeza de Vaca no titubea en verbalizar su propio distanciamiento con respecto a los españoles cuando señala que ellos bien podían comerse los caballos muertos, pero "yo nunca pude comer dellos" (98). Sin embargo, el "yo" textual nunca llega a constituir un "nosotros" con los indios, nunca se produce una identificación total, Ellos seguirán siendo "aquella gente", aunque ya sin tantos rasgos de barbaridad como le adjudicaba la mentalidad europea. Pero lo mismo sucede con respecto a los españoles: Cabeza de Vaca es y no es uno de ellos. Las oposiciones binarias se esfuman, el espacio se abre. Al no poder identificarse con ninguno de los referentes pronominales que lo rodean, el "yo" queda aislado en un vacío momentáneo.

---

[11] Molloy identifica este cambio trazando un acertado paralelo con el simbolismo de la expresión usada por Cabeza de Vaca "tomé el leme" (1987: 431).

Este naufragio no es únicamente del referente textual, sino también del referente ideológico. Es el inicio de una nueva conciencia individual y, por extensión, la concepción del mundo en el que se encuentra el sujeto también sufre un cambio.[12] Cabeza de Vaca es tomado esclavo y un año después, se hace mercader. Durante los seis años que ejerce este oficio profundiza su conocimiento de la vida de los indígenas, aprende qué mercancías valoran, los distintos usos que les dan, y establece una relación personal con las diferentes tribus en su recorrido. A pesar de la importancia de este periodo, el narrador se detiene muy brevemente en él. El salto cronológico es llamativo.[13] El sujeto textual prefiere retomar el relato a partir de su encuentro con los otros españoles cautivos, a quienes él mismo libera. La unión con los españoles constituye un nuevo "nosotros", y formando parte de él, Cabeza de Vaca inicia su regreso. Esta reducción del tiempo se justifica porque es a partir de su decisión de volver a la "civilización" cuando el sujeto textual consolida su retrato heroico: "[...] dixe que mi propósito era de passar a tierra de christianos, y que en este rastro y busca iva" (111).

La determinación de regresar impulsa al "yo" autobiográfico a tomar cuerpo. Su resistencia al hambre, su osadía, su determinación y su confianza en sí mismo gradualmente van transformando al sujeto textual de Cabeza de Vaca en vencedor. Toda autobiografía lleva implícito el deseo de inscribir la propia identidad y fijar una determinada imagen del "yo". Para ello el autobiógrafo debe seleccionar los elementos dispersos de su vida individual y reordenarlos según la imagen de sí mismo que desee proyectar. Éste es el eje principal que ordena la narración autobiográfica (Gusdorf, 1985: 35). Desde el presente, Cabeza de Vaca reconstruye su pasado, subrayando algunas instancias de su vida frente a otras. Pero él no puede construirse solo, porque, como ya se dijo, su situación de suboficial en el naufragio representaba más bien una desventaja que un mérito. La única forma en que puede colocarse como hombre digno de estima es justamente en relación a los "otros". El sujeto textual de Cabeza de Vaca se construye con los "otros", para luego colocarse frente a los "otros" y enaltecerse. Por ende, el "yo" de *Naufragios* necesita incluir la presencia de los tres españoles para comenzar su regreso triunfal.

Al emprender la vuelta, el relato va expandiéndose en narraciones novelescas que vinculan al texto con la ficción.[14] La historia del "árbol ardiente", bajo el cual Cabeza de Vaca se protege del frío, puede leerse

[12] Es el momento en que la cultura se encuentra con la cultura otra. Véase Pranzetti (1980).

[13] Lewis (1982) señala que los hechos narrados en los primeros diecinueve capítulos corresponden a ocho años, mientras que los últimos diecinueve corresponden a sólo dos años del tiempo transcurrido.

[14] Lagmanovich (1978) divide estas narraciones en cuatro tipos fundamentales de episodios: lo maravilloso, lo extraño, lo fantástico y lo testimonial.

como el anuncio de los milagros futuros: "[...] plugo a Dios que hallé un árbol ardiendo, y al fuego de él pasé aquel frío" (123). El encontrar un árbol en llamas pareciera ser lo más natural del mundo, pues el narrador no agrega ninguna otra explicación. Habrá otras historias: las enfermedades repentinas, la resucitación de un muerto, las operaciones quirúrgicas que luego de dos días apenas guardan una cicatriz, y hasta la historia de un monstruo sobrenatural. Lo interesante de estas historias "fantásticas" es que el narrador corrobora su veracidad. Aun cuando no puede testificar haberlo visto, el narrador introduce alguna prueba para comprobar el hecho. En el caso del cuento que le hacen los indios del monstruo llamado "Mala-Cosa", un pequeño hombre barbudo que entraba a sus casas tomando lo que quería y dándoles cuchilladas, la reacción inicial de los españoles es la risa. Pero los indios les muestran las cicatrices de los tajos y entonces el narrador afirma totalmente convencido: "[...] vimos las señales de las cuchilladas que él avía dado en los lugares, en la manera que ellos contavan" (127).

La vuelta es exitosa porque los sobrevivientes recobran su autoridad y su calidad de cristianos al convertirse en médicos evangelizadores. Si bien inicialmente es Castillo quien se encuentra cumpliendo la función de médico, al mostrarse "muy temeroso", Cabeza de Vaca no titubea en sustituirlo. Castillo no solamente es temeroso de las curas difíciles, sino que además "creía que sus peccados avían de estorvar". El introducir el temor de los pecados no es casualidad, ya que a partir de este momento los españoles pasarán a predicar la palabra de Dios. De esta forma, Cabeza de Vaca, confrontándose con Castillo, no sólo se presenta como un hombre valiente, sino también limpio de pecados. Una vez asignado a su nuevo lugar, el narrador se detiene en la descripción de cómo logra él resucitar a un muerto:

> Yo le quité una estera que tenía encima con que estava cubierto, y lo mejor que pude supliqué a Nuestro Señor fuesse servido de dar salud a aquél y a todos los otros que della tenían necessidad. Y después de santiguado y soplado muchas veces [...] nos bolvimos a nuestro aposento [25].

Santiguando y rezando un padre nuestro, Cabeza de Vaca realiza increíbles curas que lo convierten en el gran milagrero del territorio.[15] Todos los indios acuden a los españoles, ofreciéndoles mantas, comida e incluso joyas a cambio de sus curas. Aprovechando su función de médico,

---

[15] Cabe recordar que los milagros de Cabeza de Vaca fueron considerados auténticos y que inclusive se le llegó a considerar como un "Apóstol de las Indias" (en Antonio Androino, citado en Lewis, 1982: 688-689). Véase también Lafaye, "Les miracles D'Álvar Núñez Cabeza de Vaca (1527-1536)".

el sujeto textual comienza a predicar la palabra de Dios, transformando así su regreso en una peregrinación evangelizadora. Los paralelismos con la ceremonia católica son evidentes: el sermón, el rezo, el bautismo, el reparto de pan entre los indígenas. A todo lo que mandan los españoles, los indios obedecen. Cabeza de Vaca atribuye su éxito a la voluntad divina, colocándose a sí mismo entonces como el elegido de Dios.

A medida que se acercan a la "civilización", el "nosotros" vuelve a definirse como cristiano. Los "otros" (los indios), sin embargo, ya no son "bárbaros", porque la religión los ha convertido en "hombres humanos". En cambio, el reencuentro final con los españoles es más violento. No hay reconocimiento; es un nuevo encuentro con el "otro". Los españoles quedan sorprendidos al ver a Cabeza de Vaca "tan extrañamente vestido y en compañía de indios. Estuviéronme mirando mucho espacio de tiempo, tan atónitos, que ni me hablaban ni acertaban a preguntarme nada" (159). Los "otros" ahora son cristianos (falsos) con los que el "nosotros" (los verdaderos cristianos), no puede identificarse. La oposición es clara: "nosotros sanábamos los enfermos, y ellos mataban los que estaban sanos; y [...]nosotros veníamos desnudos y descalzos, ellos vestidos y en caballos y con lanzas[...]" (161).

El relato se cierra sin haberse definido lo propio (el "nosotros") ni lo ajeno (lo "otro"); sin haberse resuelto el conflicto entre estos y aquellos españoles. El texto es un relato abierto. Invocando a Dios, Cabeza de Vaca simplemente deja el testimonio en manos de Su Majestad, quien, posteriormente, reconociéndolo como conquistador, lo nombraría gobernador del Río de la Plata.[16] Ésa es la aceptación oficial de *Naufragios* como prueba de servicio. Cabeza de Vaca narra la trayectoria de un "yo" que se encuentra atrapado entre una multiplicidad de miradas ajenas, entre las cuales intenta construir su propia identidad. En este sentido el texto es una autobiografía. Y, a la vez, es el testimonio de un sobreviviente que cuenta su historia y la de otros como él.

Pero *Naufragios* es mucho más que un juego de tipos discursivos: es el puente entre dos culturas que se transforman a partir del momento en que se descubren. Es el momento en que los límites se quiebran y el espacio se abre. Y allí está el sujeto textual de Cabeza de Vaca naufragando en el abismo, intentando encontrar una voz en el discurso y un lugar en el espacio. Leído hoy, el gran hallazgo de Cabeza de Vaca fue haber subvertido la noción tanto de fracaso como de conquista, dejando la puerta abierta para la creación de "otras" realidades.

---

[16] El 18 de marzo de 1540, Cabeza de Vaca es nombrado gobernador, adelantado y capitán general del Río de la Plata por Carlos V.

BIBLIOGRAFÍA

Beverly, John, "Anatomía del testimonio", *Revista de Crítica Literaria Latinoamericana*, núm. 25 (1987), pp. 7-16.

Cabeza de Vaca, Álvar Núñez, *Naufragios*, edición, introducción y notas de Trinidad Barrera, Madrid, Alianza, 1985.

Fernández de Oviedo, Gonzalo, *Historia general y natural de las Indias*, Madrid, BAE, 1959.

Gusdorf, Georges, "Conditions and Limits of Autobiography", en *Autobiography: Essays Theoretical and Critical*, James Olney (comp.), Princeton, Princeton University Press, 1980.

Jara, René y Hernán Vidal (comps.), *Testimonio y literatura*, Mineápolis, Institute for the Study of Ideologies and Literature, 1986.

Lafaye, Jacques, "Les miracles D'Álvar Núñez Cabeza de Vaca (1527-1536)", *Bulletin Hispanique*, 64 (1962), pp. 136-153.

Lagmanovich, David, "Los *Naufragios* de Álvar Núñez Cabeza de Vaca como construcción narrativa", *Kentucky Romance Quarterly*, 25 (1978), pp. 27-37.

Lewis, Robert E., "Los *Naufragios* de Álvar Núñez: historia y ficción", *Revista Iberoamericana*, 48 (1982), pp. 681-694.

Mignolo, Walter, "Cartas, crónicas y relaciones del descubrimiento y la conquista", en *Historia de la literatura hispanoamericana: época colonial*, Luis Iñigo Madrigal (comp.), Madrid, Ediciones Cátedra, 1982.

——, "El metatexto historiográfico y la historiografía indiana", *Modern Language Notes*, 96 (1981), pp. 358-402.

Molloy, Sylvia, "Alteridad y reconocimiento en los *Naufragios* de Álvar Núñez Cabeza de Vaca", *Nueva Revista de Filología Hispánica*, 35 (1987), pp. 425-449.

Olney, James, "Some Versions of Memory/Some Versions of Bios: The Ontology of Autobiography", en *Autobiography: Essays Theoretical and Critical*, James Olney (comp.), Princeton, Princeton University Press, 1980.

Pastor, Beatriz, *Discursos narrativos de la conquista: mitificación y emergencia*, Hanover, Ediciones del Norte, 1988.

Prada Oropeza, Renato, "De lo testimonial al testimonio: notas para un deslinde del discurso-testimonio", en *Testimonio y literatura*, René Jara y Hernán Vidal (comps.), Mineápolis, Institute for the Study of Ideologies and Literature, 1986.

Pranzetti, Luisa, "Il naufragio-come metafora (a proposito delle relazioni de Cabeza de Vaca)", *Letterature d'America*, núm. 1 (1980), pp. 5-28.

Pupo Walker, Enrique, "Pesquisas para una nueva lectura de los *Naufragios* de Álvar Núñez Cabeza de Vaca", *Revista Iberoamericana*, 53 (1987), pp. 517-539.

Starobinsky, Jean, *La relación crítica (psicoanálisis y literatura)*, traducción de Carlos Rodríguez Sanz, Madrid, Taurus, 1970.

Summer, Doris, "Not just a Personal Story: Women's Testimonies and the Plural Self", en *Life/Lines: Theorizing Women's Autobiography*, Bella Brodzki y Celeste Schenck (comps.), Cornell, Cornell University Press, 1988, pp. 107-130.

Todorov, Tzvetan, *La conquista de América: la cuestión del otro*, traducción de Flora Botton, México, FCE, 1982.

LA *RELACIÓN DE LA JORNADA DE CÍBOLA*:[1]
LOS ESPACIOS ORALES Y CULTURALES

Maureen Ahern
The Ohio State University

A los veinte años del regreso de la expedición de Francisco Vásquez de Coronado en busca de las siete ciudades de Cíbola de 1540 a 1542, los grandes espacios en blanco en los mapas de Norteamérica ·se habían llenado de topónimos e imágenes nuevas.[2] La *Relación de la jornada de Cíbola*, escrita hacia 1563 por Pedro de Castañeda y Náçera,[3] miembro de la expedición, plantea la articulación de las "operaciones espacializadoras" formuladas por Michel de Certeau en *L'invention du quotidien*, donde, *"Tout récit est un récit de voyage, –une practique de l'espace"* (1980: 206). Así, las tensiones entre el "espacio del texto" y el "espacio del otro" exigen la creación de un espacio de interacción:

[1] Una versión preliminar de este ensayo fue leída en el XXVIII Congreso del Instituto de Literatura Iberoamericana sobre Letras Coloniales, Brown University, el 20 de junio de 1990. Agradezco al Herbert Dunlap Smith Center for the History of Cartography, Newberry Library, Chicago, y a The American Philosophical Society por las becas que me otorgaron para investigar aspectos de este tema en la Newberry Library, durante el verano de 1988. También quisiera expresar mi reconocimiento por las lecturas de versiones preliminares y las sugerencias al estilo que me brindaron Jorge Trigo-Ehlers, Daniel Torres y Enrique Ballón-Aguirre.
[2] Oviedo (1547), Gómara (1550) y luego Ramusio (1556) divulgaron las noticias de Cíbola divisada por fray Marcos de Niza así como los topónimos de la región a los cartógrafos italianos, ingleses y holandeses, Véanse los mapas en Wheat (1957-1963) y en Reinhartz y Colley (1987); el mapa de Ortelius, "Typvs Orbis Terrarvm" de 1564, incluido en su *Theatrum Orbis Terrarum* de 1570 (Portinaro y Knirsch, 1987: 92) y en especial los mapas reproducidos en la edición de 1964 de Winship, tales como "Quivirae Regnum, cum alius versus Borem", por el holándes Cornelius de Jode (1593) (*ibid.*: 119).
[3] El manuscrito original de la *Relación de la jornada de Cíbola* fue redactado alrededor de 1563, pero tal vez no se conoció en España sino mucho después. Éste se ha perdido, y lo que ha llegado hasta nosotros es un traslado del original, fechado en Sevilla en 1596, que se conserva en la Colección Rich de la New York Public Library donde lo hemos consultado y cotejado con la transcripción de Winship. Citamos por el mencionado Ms 63, Colección Rich de la New York Public Library. Se ha prestado poca atención a los rasgos discursivos de la relación de Castañeda, salvo las observaciones de Emilfork (1981) y Pastor (1983). Recientemente, Colahan (1989) ha señalado otros aspectos literarios y etnográficos. Al concluir nuestro estudio nos ha llegado la nota de Mora (1990) sobre su posible censura y su calidad de texto de "desviación".

Por un lado el texto realiza una acción espacializadora que resulta en la determinación, o el desplazamiento, de los límites de ambos campos culturales (lo familiar vs. lo extraño). Además, el texto reelabora la división espacial que subyace y organiza una cultura. Para que estos límites socio-etnoculturales se modifiquen, se refuercen, o se desorganicen, se necesita un espacio de interacción, un espacio que establezca la diferencia del texto, haga posible sus operaciones y le otorgue "credibilidad" ante sus lectores, al diferenciarlo tanto de las condiciones que lo generaron (el contexto) como de su objeto (el contenido) [Certeau, 1986: 67-68]. [Traducción nuestra.]

Este ensayo propone una aproximación a la *Relación de la jornada de Cíbola* como aquel "espacio de interacción",[4] con el fin de examinar algunos desplazamientos referenciales y las contextuaciones discursivas que en él se realizan.

CÍBOLA: EL ESPACIO DE LA ORALIDAD

Cíbola siempre fue un espacio preciado; primero, como eje del comercio prehispánico para una vasta región del Norte (Riley, 1987); segundo, como zona mítica para los primeros viajeros españoles;[5] y, tercero, como ardid político para Cortés, Coronado y Mendoza. En fin, gran imán que atrajo hacia sí las energías militares y logísticas de Nueva España por más de una década.

Desde el "*Prohemio*", Pedro de Castañeda y Náçera centra su discurso en el espacio del propio objeto discursivo de Cíbola: un espacio digno de ser buscado y, por ende, contado. Tal gesto narrativo le permite desplazar la oposición semántica de "riqueza" y "vacío" que el signo de Cíbola ya había adquirido en el discurso novohispano del XVI. Una vez legitimado el espacio de su referente, Castañeda busca su relación con otros.

> [...]acaecio a todos aquellos o a los mas que fueron a la jornada quel año de nro saluador jesu christo de mill y quinientos y quarenta hico francisco uasques coronado en demanda de las siete ciudades que puesto que no hallaron aquellas riqueças de que les auian dado notiçia hallaron aparejo que las buscar y principio de buena tierra que poblar para de alli pasar adelante [5r-5v].

[4] Las bases para nuestra aplicación del concepto de "espacio de interacción" son las asentadas por Michel de Certeau en su ensayo "Récits d'Espace" (1980: 206-207), donde propone una "semántica del espacio".

[5] Para la relación entre Cíbola y la leyenda portuguesa de las siete ciudades fundadas al oeste en las islas del Atlántico por siete obispos portugueses que huyeron de los moros, véanse los capítulos al respecto en Clissod (1961) y Hodge (1937).

En realidad, Cíbola era la configuración de una cadena de discursos orales y escritos que habían cautivado la imaginación y las ambiciones políticas de Nueva España por más de una década. Estos discursos orales precedentes fueron aquellos narrados por el guía Tejo a Nuño y Diego de Guzmán; los que relataron los indígenas a Núñez Cabeza de Vaca y a Esteban y sus compañeros, y los expuestos por los guías a Fray Marcos de Niza y por éste, a su vez, al virrey Mendoza. Todos estos discursos se convertirían en antecedentes que más tarde serían hispanizados, escritos e incorporados a sus respectivas relaciones en lengua castellana. Por su parte, Castañeda recoge aquellas fuentes narrativas en los primeros capítulos de su relación al iniciar su propio texto. Así, el primer capítulo de la *Relación de la jornada de Cíbola* se abre justamente con la historia contada en 1530 a Nuño de Guzmán por el indio Tejo:

> [...]que siendo el chiquito su padre entraua la tierra adentro a mercadear con plumas ricas de aues para plumages y que en retorno trayan [u]na mucha cantidad de oro y plata que en aquella tierra lo ay mucho y que el fue con el una o dos ueces y que bido muy grandes pueblos tanto que los quiso comparar con mexico y su comarca y que auia uisto siete pueblos muy grandes donde auia calles de plateria y que para ir a ellos tardauan desde su tierra quarenta dias y todo despoblado y que la tierra por do yban no tenia yerba sino muy chiquita de un xeme y que el rumbo que lleuaban era al largo de la tierra entre las dos mares siguiendo la lauia del norte debaxo [...]y darian en la tierra que yban a buscar a la qual ya nombrauan las siete ciudades[...] [7r-7v, 8r].

El segundo capítulo transmite la nueva que los sobrevivientes de la armada de Pánfilo de Narváez en la Florida, quienes habían "atrabesado tierra de mar a mar" (9v), informaron al virrey "noticia grande de unos poderosos pueblos de altos de quatro y cinco doblados y otras cosas bien diferentes de lo que aparecio por berdad" (9v). En el tercer capítulo, Castañeda incluye las noticias acerca de Cíbola que fray Marcos de Niza había divulgado a su vuelta del Norte en 1539 y el revuelo que ellas causaron en la ciudad de México:

> [...] y fueron tantas las grandeças que les dixeron de lo que el esteuan el negro auia descubierto y lo que ellos oyeron a los indios y otras notiçias de la mar del sur y de ylas que oyeron decir y de otras riquezas quel gouernador sin mas se detener se partio luego para la ciudad de mexico lleuando a el fray marcos consigo para dar noticia de ello a el bisorey en grande siendo las cosas con no las querer comunicar con nadie, sinó de baxo de puridad y grande secreto a personas particulares y llegados a Mexico y bisto con don Antonio de mendoça luego se començo a publicar como ya se abian descubierto las siete ciudades que Nuño de guzman buscaba y hacer armada y portar gente para las yr a conquistar el buen birrey tubo tal orden con los frayles de la orden de san

françisco que hicieron a fray marcos prouincial que fue causa que andubiesen los pulpitos de aquella orden llenos de tantas marabillas y tan grades que en pocos dias se juntaron mas de tresientos hombres espanoles y obra de ochocientos indios naturales de la nue[ua] españa [...] [15v, 16r, 16v].

Si bien la información geográfica acerca de la tierra adentro "debajo el norte" que transmitieron las relaciones de Nuño y Diego de Guzmán, Marcos de Niza y Álvar Núñez Cabeza de Vaca, se refería a un espacio sumamente vago ["Y decíanme que, demás destas siete ciudades, hay otros reinos que se llaman Marata y Acus y Totontea (De Niza, 1884-1888: 3, 333)], no fue más conciso el destino referido en el documento de nombramiento otorgado a Vázquez de Coronado como, capitán general de la expedición por el virrey Antonio de Mendoza:

> [...]e de nuevo os nombramos por tal capitan general de la gente que agora va y fuere despues y de otra cualquiera que alla allardes y de las tierras e provincias de acuc e cibola y las siete cibdades yde los rreynos e provincias de matate y totonteac con todos sus subjetos e anexos e de las demas tierras e provincias que vos descubrieredes e por vuestra yndustria se descubieren [Mendoza, 1940: 86].

A medida que Castañeda narra el avance del ejército de Coronado, desde el último puesto fronterizo en Culiacán en 1540 hacia el despoblado, el discurso de su *Relación* lucha por convertir el espacio mítico de la lejana Cíbola en realidad geográfica y política. Aunque la vanguardia del general Coronado y sus caballeros, y el campo que lo seguía con los bastimentos, avanzaban por "la vía del norte" dirigidos por los guías indígenas de Núñez y fray Marcos que eran buenos conocedores de las rutas del comercio nativo entre México central y los pueblos más allá del despoblado (Riley, 1987), para los españoles, Cíbola seguía siendo una elaboración verbal cuyo imaginario infundía la angustia del más allá desconocido. El narrador representa esta incertidumbre, vívidamente recordada aún a los veinte años de haberla experimentado, al describir la llegada de Coronado y sus oficiales a Chichilticate:

> [...] como el general ubo atrabesado lo poblado y llegado a chichilticate, principio del despoblado y no bio cosa buena no dexo de sentir alguna tristesa porque aunque la notiçia de lo de adelante era grande no auia quien lo ubiese uisto sino los indios que fueron con el negro que ya los auian tomado en algunas mentiras por todos se sintio mucho ber que la fama de chichilticate se resumia en una casa sin cubierta aruynada puesto que pareçia en otro tiempo aber sido casa fuerte en tiempo que fue poblada y bien se cognoçia ser hecha por gentes estrangeras puliticas y guerras benidas de lejos era esta casa de tierra bermeja desde alli [29v-30v].

En esta secuencia textual el lector percibe cómo el signo espacial pleno y centrado que era Cíbola hasta entonces comienza a desintegrarse ante la realidad vacía del despoblado y la desilusión que experimentan los españoles ante aquellas ruinas bermejas. En vísperas de llegar a Cíbola, un grito en la noche altera a todos los que lo escuchan. Al otro día la representación de la primera vista de Cíbola es terminante: las ilusiones son desplazadas por maldiciones y el signo magno se vacía:

> [...] otro dia bien en orden entraron por la tierra poblada y como bieron el primer pueblo que [fue] Cíbola fueron las maldiciones que algunos hecharon a fray marcos quales dios no permita le comprehendan [31r].
> [...] el es un pueblo pequeño ariscado y apeñuscado que de lejos ay estancias en la nueua españa que tienen mejor aparencia es pueblo de hasta doçientos hombres de guerra de tres y de quatro altos y las casas chicas y poco espaciosas no tienen patios un patio sirue a un barrio auia se juntado alli la gente de la comarca porque es una prouinçia de siete pueblos donde ay otros harto mayores y mas fuertes pueblos que [no] çibola [31r-31v].

De esta manera, la inscripción verbal de Cíbola consignada por Castañeda desplaza las versiones orales contadas por Guzmán, Cabeza de Vaca y fray Marcos, a quien el narrador inclusive desdice:

> [...]fray marcos que no se tubo por seguro quedar en cibola biendo que auia salido su relaçion falsa en todo porque ni se hallaron los reynos q decia ni ciudades populosas ni riquesas de oro ni pedrería rica que se publico ni brocados ni otras cosas que se dixeron por los pulpitos[...] [34v].

La palabra de Fray Marcos, que había servido de fuente y guía a la expedición de Coronado, es desplazada por la de Castañeda, en la misma medida en que la realidad experimentada en el terreno del despoblado acaba con las ilusiones de Cíbola.

EL ESPACIO DE LOS CAPITANES

En lo que se refiere al espacio discursivo, la narración lineal de la marcha hacia Cíbola de las expediciones anteriores y la del presente enunciado por Castañeda han ocupado los primeros nueve capítulos de la relación. A partir del décimo, el eje narrativo de Cíbola cede su hegemonía discursiva a las historias paralelas de los capitanes. Sus diversas entradas a la periferia espacial y enunciativa pasan a ser materia de ocho segmentos centrales de la relación. De inmediato se incorpora la historia de Melchor Díaz, quien "salio en demanda de la costa de la mar entre norte y poniente donde encontraron una provincia de gentes demasiadamente de altos y membrudos ansi como gigantes" (35r), y luego "un gran río que ba por aquella tierra [que] lo nobran el Río del Tisón [El Colorado]" (35v). También nos relata cómo encontraron mensajes del capitán de la vanguardia marítima, Hernando de Alarcón, quien ya había regresado con los navíos. Las cartas que dejó Alarcón dieron relación de "como la california no era isla sino punto de tierra firme de la buelta de aquel ancon" (36r).[6]

El capítulo once narra el primer contacto que con los hopi tuvo el capitán Pedro de Tovar en su viaje a Tusayan y el de don Garci Lopes de Cárdenas, quien avanza hacia el oeste hasta dar con las enormes barrancas del Gran Cañón. El capitán Hernando de Alvarado toma la vía del este y llega a Acoma, a Tiguex y hasta Cicuye. Pronto Tiguex se convierte en el nuevo eje de la acción narrativa al revelar los ultrajes allí cometidos por los soldados que provocan el alzamiento de aquella provincia y, como consecuencia, el sitio de más de cincuenta días impuesto por los españoles.

Si bien los últimos capítulos —dieciocho a veintiuno— retoman la ruta atravesada por el general Coronado "para ir en demanda de quiuira donde deçía el turco auia el prínçipio de la riqueça" (73r), ahora la presencia del propio Coronado y los otros capitanes es relegada a un segundo plano por la de los nuevos personajes indígenas: Bigotes, el Cacique, El Turco, Ysopete y Xabe. Tiguex cede su escenario guerrero al paisaje del Llano Estacado, las barrancas, las manadas de bisontes y los campamentos de querechos que viven de su caza. El campo se detiene en las barrancas del Llano Estacado mientras que Coronado llega a Quivira después de cuarenta y cinco días de ida, llevando cuarenta de vuelta.

[...]porque deçía traya noticia de grandes poblaciones y rios poderossissimos y que la tierra era muy pareciente a la de españa en las frutas y yerbas y temporales y que no benian satisfechos de creer que no auia oro antes trayan sospecha que lo auia la tierra adentro porque puesto que lo negauan entendian que cosa era y tenia nombre entre ellos que se deçia acochis con lo qual daremos fin a esta primera parte y trataremos en dar relaçion de las prouincias [94r].

La narración de Quivira se suspende con esta imagen de tierra fértil y la esperanzada sospecha de oro "tierra adentro".

---

[6] Para la relación de Alarcón y su actuación igualitaria con los Yumas al navegar el río Colorado el mismo año, véase nuestro estudio, "The Articulation of Alterity on the Northern Frontier: The *Relatione della navigatione & Scoperta* de Fernando de Alarcón, 1540".

LOS PUEBLOS: LOS ESPACIOS DE TRANSGRESIÓN Y VIOLENCIA

El desplazamiento discursivo de Cíbola por las historias de los capitanes entre los pueblos de Tiguex y Cicuye y la búsqueda de Quivira subraya los desplazamientos culturales atestiguados por el discurso de Castañeda. Aquel discurso cibolino, que había relatado las curaciones de mediación y paz efectuadas por Núñez Cabeza de Vaca y había certificado después la visión mística de fray Marcos,[7] se torna escenario de la más cruda violencia. Poco después de la airosa salida del ejército desde Nueva Galicia, los enunciados referentes a Cíbola se centran en los conflictos que el propio ejército impondrá a lo largo de toda su ruta.

Desde los primeros párrafos, Castañeda no escatima ofrecernos los pormenores de aquel itinerario de violencia que habría de trastornar a toda etnia indígena que cruzara su camino. Apenas el maestre de campo Lope de Samaniego llegó a Chiametla, fue asesinado al entrar a un pueblo para sacar bastimentos. En venganza, los españoles realizaron más entradas "de donde truxeron bastimentos y algunos presos de los naturales y se ahorcaron a lo menos los que parecieron ser de aquella parte a do murio el maestre de campo" (23v). Así se inicia un patrón de contacto que habría de fomentar la violencia, dado que la política de entrar indiscriminadamente a los pueblos pacificados y a la "tierra de guerra", para tomar bastimentos para la vanguardia de cien oficiales y guías, ocasionaba innumerables actos de depredación. La difícil tarea de alimentar un ejército de mil trescientas personas, con las consiguientes bestias de carga, servidumbre y ganado, acarrearía un profundo impacto en la vida socioeconómica de la región.

No debe sorprendernos entonces que la primera inscripción de Cíbola represente un espacio de conflictos, cuando los escuadrones de los zuni se ordenan en fila negando la entrada al invasor:

> [...]estas gentes esperaron en el campo hordenados con sus exquadrones a uista del pueblo y como a los requerimientos que le hicieron con las lenguas no quisieron dar la pax antes se mostraban brauos diese santiago con ellos y fueron desbaratados luego y despues fueron a tomar el pueblo que no fue poco dificultoso que como tenian la entrada angosta y torneada a el entrar derribaron a el general con una gran piedra tendido y ansi le mataran sino fuera por don garci lopes de cardenas y hernando de albarado que se derribaron sobre el y le sacaron recibiendo ellos los golpes de piedras que no fueron pocos pero como a la primera furia de los españoles no ay resistençia en menos de una ora se entro y gano el pueblo y se descubrieron los bastimentos que era de lo que mas necesidad auia y de aya adelante toda la provincia bino de pax [31v-32v].

---

[7] Véase Ahern (1989).

Más notable aún es la representación del primer contacto con los hopi, en las altas mesetas al oeste de Cíbola, que tuvo don Pedro de Tovar en su viaje a Tusayan. Desde un principio, el lector es condicionado por el narrador, quien sitúa su comentario sobre el espanto causado por la ferocidad de los españoles desde la perspectiva nativa, a partir de una noticia recogida por los indígenas sobre la reciente actuación española en Cíbola.

[...]ni las gentes salen de sus pueblos mas de hasta sus heredades en especial en aquel tiempo que tenian noticia de que çibola era ganada por gentes ferosissimas que andaban en unos animales que comian gentes[...] [42v].

El texto puntualiza los detalles del enfrentamiento, hasta hacer notar los rasgos de su formación militar. Los hopi y los españoles se enfrentan desde sus circunscritos espacios rituales, cuya mutua transgresión les deja sin ningún espacio de interacción. La lectura del código jurídico-religioso del Requerimiento es desatendida por los hopi, pese a ser traducida por los intérpretes. La tropa española y sus caballos cruzan la raya sagrada que los defensores habían trazado delante del pueblo. En la semántica ritual de los hopi, "la línea de harina de maíz[...] no es sólo un camino para los espíritus sino que además, ya que no debe transgredirse, 'cierra' el campo contra las intrusiones. Una línea de harina puede trazarse a través de un sendero para indicar que está prohibido (hopi, hano) o 'cortado'" (Parsons, 1939: 362) (traducción nuestra). Sin el espacio de interacción que posibilite la transmisión de los mensajes, la transgresión se articula inevitablemente por medio de la violencia:

[...]los de la tierra salieron a ellos bien ordenados de arcos y rodelas y porras de madera en ala sin se desconsertar y ubo lugar que las lenguas hablasen con ellos y se les hiçiese requerimientos por ser gente bien entendida pero con todo esto hacian rayas requiriendo que no pasasen los nuestros aquellas rayas hacia sus pueblos que fuesen porte pasaronse algunas rayas andando hablando con ellos bino a tanto que uno de ellos se desmesuro y con una porra dio un golpe a un cauallo en las camas del freno.
[...]el fray juan enojado del tiempo que se mal gastaba con ellos dixo a el capitan en verbad yo no se a que benimos aca bisto esto dieron santiago y fue tam supito que derribaron muchos indios y luego fueron desbaratados y huyeron a el pueblo y a otros [43r-43v].

Los primeros contactos con el mundo de los pueblos tewas de Tiguex y con el gran eje cultural de los towas, llamado Cicuye (Pecos), tuvieron lugar en Cíbola, centro de intenso comercio que siempre recibía delegaciones de otros grupos étnicos. Allí se presentó ante ellos el poderoso jefe de

Cicuye, a quien los españoles llamaron Bigotes, con oferta de regalos y amistad (48r-48v). Guiada por indios de Tiguex y Cicuye, la compañía del capitán Hernando de Alvarado llegó a Acoma y luego a la provincia de Tiguex, donde "salió toda de pax biendo que yban con bigotes hombre temido por todas aquellas prouincias" (50v). Al llegar a Cicuye, "un pueblo muy fuerte de quatro altos los del pueblo salieron a recebir a herdo de aluarado y a su capitan con muestras de alegria y lo metieron en el pueblo con atambores y gaitas que alli ay muchos a manera de pifanos y le hiçieron grade presente de ropa y turquesas que las ay en aquella tierra en cantidad" (51r). Los españoles tomaron como intérprete al esclavo pawnee, llamado el Turco (el que contaba acerca de "las riqueças de oro y plata que auia en tierra"), para ir como guía de Alvarado a las tierras de las vacas.

Mas las relaciones cordiales duraron muy poco. Bigotes y el gobernador, Cacique, fueron tomados presos en un acto que los indígenas calificaron de traición a su amistad y su palabra:

> [...]enbio el general a hernando de albarado otra vez a cicuye a pedir unos brasaletes de oro que desia este turco que le tomaron a el tiempo que lo prendieron albarado fue y los del pueblo lo recibieron como amigo y como pidio los bracaletes negaron los por todas uias diciendo quel turco los enganaba y que mentia el capitan aluarado biendo que no auia remedio procuro que biniese a su tienda el capitan bigotes y el gouernador y benidos prendioles en cadena los del pueblo salieron de guerra hechando flechas y denostando a hernando de albarado diçiendole de hombre que quebrantaba la fee y amistad herdo de albarado partio con ellos a tiguex al general donde los tubieron presos mas de seis meses depues que fue el principio de desacreditar la palabra que de alli adelante se les daba de paz como se uera por lo que despues suçedio [54v-55r].

Cuando Coronado y su campo ocuparon Tiguex en el invierno de 1540-1541, una cadena de violencia asoló los pueblos. Entre las atrocidades atribuidas a los españoles se mencionan el saqueo de ropa y alimentos, la violación de una india y la masacre de los habitantes de un pueblo quienes fueron quemados vivos después de haberse rendido (58r-63v):

> [...]no les quedo hombre a uida sino fueron algunos que se auian quedado escondidos en el pueblo que huyeron a aquella noche y dieron mandado por toda la tierra como no les guadaron la paz que les dieron que fue despues harto mal y como esto fue hecho y luego les negase desampararon el pueblo[...] [63r-63v].

La provincia de Tiguex se alza en armas, pero el sitio de cincuenta días impuesto por los españoles ocasiona un gran número de muertes, así como el abandono de doce pueblos: "[..] aunque los doce pueblos de tiguex nunca en todo el tiempo que por allí estubo el campo se pobló ninguno por seguridad ninguna que se les diese" (74r). Cuando los españoles vuelven a Cicuye, en mayo de 1541, para finalmente liberar a Bigotes y al gobernador, los de Cicuye los proveen de bastimentos y otro guía:

> [...]un mancebete que se deçia xabe natural de quivira para que del se informasen de la tierra este decia que abia oro y plata pero no tanto como deçia el turco toda uia el turco se afirmaba y fue por guia y asi salio el campo de alli [77r].

Pero el desplazamiento del ejército español hacia las tierras de las vacas en los Llanos Estacados y la larga ruta de cuarenta y cinco días a Quivira resultó en definitiva ser una hábil estratagema de Cicuye para deshacerse de los invasores:

> [...]preguntaron a el turco que porque auia metido y los auia guiado tam abieso dixo que su tierra era haçia aquella parte y que allende de aquello los de cicuye le auian rogado que los truxese perdidos por los llanos por que faltando les el bastimento se muriesen los cauallos y ellos flacos quando bolviesen los podrian matar sin trabajo y bengarse de lo que auian hecho y que por esto los abia desrrumbado creyendo que no supieran caçar ni mantenerse sin maiz y que lo del oro que no sabia adonde lo auia [87r-87v].

A la vuelta de Quivira, el pueblo de Cicuye les salió al encuentro en son de guerra. Pronto los expedicionarios se enteraron de que la base de aprovisionamiento que habían establecido cerca de Corazones, Sonora, había sido atacada y destruida como reacción a los excesos de su comandante, Alcaraz. Éstos son apenas algunos ejemplos de la violencia que sembró el ejército de Coronado, el mismo que hacía poco se reconocía como la gente más lúcida de Nueva España,[8] que, sin embargo, se mostró tan capaz de cometer masacres y saqueos a escala mayor en los dos años que permaneció entre los pueblos norteños. Cuarenta años después, Hernán Gallegos, escribano de la segunda expedición a estos pueblos, apuntaría en su diario de campo la reacción de gran temor y huida que provocó la mera aparición de su compañía compuesta por nueve soldados y tres frailes (69). La ola de resistencia iniciada en Cicuye se recrudecería durante el próximo siglo en la Rebelión de los Pueblos, que expulsó a todo español

---

[8] Veamos la salida de la caballería con Coronado desde Compostella en mayo de 1550: "[se juntaron] y entre los españoles de gran calidad tantos y tales que dudo en indias aber se juntado tan notable gente y tanta en tan pequeño número como fueron trecientos hombres [...] [16v]".

"[...] digo que con el tiempo e perdido la memoria de muchos buenos hijos dalgo que fuera bueno que los nombrara por que se biera y cognociera la raçon que tengo de decir que auia para esta jornada la mas lucida gente que se ha juntado en indias para yr en demandas de tierras nuebas [...] [19r-19v]".

de la zona, y las depredaciones del ejército de Coronado tuvieron así efectos duraderos en la región:

> El alto suroeste ofrece amplio testimonio de que los Tiguex nunca se recuperaron del todo de las depredaciones de Coronado. Cíbola y Tusayan también parecen haber sufrido cierto grado de menoscabo. Un indicio de ello nos viene de Escobar quien, en octubre de 1604, llegó a la zona en la expedición de Oñate, camino al bajo Colorado: "Llegamos a la provincia de Quini [zuni], que tiene seis pueblos, cuatro de ellos casi completamente en ruinas, aunque todos habitados". Pocos días después, Escobar advierte acerca de hopi: "Tiene sólo cinco pueblos, cuatro de ellos la mitad en ruinas y destruidos". El decaimiento de los pueblos durante el siglo XVII ha sido tratado con anterioridad [Riley, 1987: 325, traducción nuestra].

QUIVIRA: LOS ESPACIOS CULTURALES

En la segunda parte de la *Relación*, Castañeda crea un nuevo espacio y objeto narrativos que configuran un vasto itinerario verbal y etnográfico. Para ubicar sus referentes en este espacio desconocido por el lector hispano de la época, el cronista combina modalidades tanto del lenguaje cartográfico como del antropológico en un itinerario verbal que sigue su ruta desde lo conocido, la provincia de Culiacán, hasta lo desconocido: Cíbola, Tiguex, Cucuye y los pueblos de su contorno.[9] En la descripción de Cíbola se contextúan los espacios del otro en su vivienda, su vestimenta y peinados.

> [...] çibola son siete pueblos el mayor se dice maçaque comunmente son de tres y quatro altos las casas en maçaque ay casas de quatro altos y de siete estas gentes son bien entendidas andan cubiertas sus berguenças y todas las partes deshonestas con paños a manera de serbilletas de mesa con rapasejos y una borla en cada esquina atanlos sobre el quadril bisten pellones de plumas y de pelo de liebres matas de algodon las mugeres se bisten de mantas que las atan o anudan sobre el hombro isquierdo y sacan el braço derecho por encima siriense las a el cuerpo traen capotes de cuero pulidos de buena faycion cogen el cabello sobre las dos orejas hechos dos ruedas que paresen papos de cofia [105r-105v].

En la tercera y última parte de la *Relación*, el narrador lamenta su carencia de los conocimientos necesarios para producir un mapa convencional y en su lugar profiere uno verbal en forma de comentario detallado

---

[9] Desarrollo el análisis del carácter etnográfico y cartográfico de la narración de Castañeda en mi ensayo inédito "El discurso desplazador de la *Relación de la jornada de Cíbola*: de la oralidad a la cartografía", ponencia presentada en el Congreso de Americanistas, Nueva Orleans, julio de 1991.

sobre las diversas rutas que conducen hasta Quivira:[10] una, terrestre, que va por el este y entra por la Junta de los Ríos (cerca de El Paso, Texas); otra, al oeste, que bordea la costa de Sinaloa y Sonora; y una tercera que sube por el mar de Cortés que es la entrada de la armada marítima si se remonta los ríos (155r-156r).

El cronista de la jornada de Cíbola finaliza su quehacer de guía escritural proveyendo al lector de indicaciones claras de cómo regresar a Quivira, aquel espacio del otro que quisiera hacer suyo: "[...]el meollo de la tierra que ay en estas partes del poniente" (3v-4r). A los espacios de interacción de Cíbola y Cicuye se sobrepone el de Quivira, una especie de montaje verbal por cuya perspectiva se miden los espacios anteriores. Quivira ha desplazado las riquezas míticas de Cíbola así como las historias de los capitanes y sus violentos conflictos con los pueblos. El mapa verbal que Castañada nos consigna textualiza los espacios orales y culturales de la región del Norte.

BIBLIOGRAFÍA

Ahern, Maureen, "The Certification of Cíbola by fray Marcos de Niza", *Dispositio*, 14 (1989), pp. 303-313.
——, "El discurso desplazador de la *Relación de la jornada de Cíbola: de la oralidad a la cartografía*", ensayo inédito.
——, "The Articulation of Alterity on the Northern Frontier: The *Relatione della Navigatione & Scoperta* by Fernando de Alarcón, 1540", en *Reflections of Social Reality: Writings on Colonial Latin America*, proceedings of a Symposium in Honor of Lewis U. Hanke, Nina Scott y Francisco Javier Cevallos (comps.), University of Massachusetts Press.
Castañeda y Náçera, Pedro de, *Relación de la jornada de Cíbola compuesta por Pedro de Castañeda de Nácera donde se trata de todos aquellos poblados y ritos, y costumbres, la qual fue el Año de 1540*, case 12, Rich Collection 63, Nuevo Mexico, The New York Public Library, fechado en 1596. 157 11, 4o encuadernado. También en: *The Coronado Expedición*, George Parker Winship (comp. y trad.), XIV Reporte anual del Bureau of American Ethnology of the Smithsonian Institute, 1892, 1893, 1896. Reimpreso en *The Coronado Expedition 1540-1542*, George Parker Winship (comp. y trad.), Chicago, The Rio Grande Press, 1964, pp. 107-178.
Certeau, Michel de, "Récits d'espace", en *L'invention du quotidien*, I. *Arts De Faire*, París, Union Générale d'Éditions, 1980, pp. 205-207.
——, "Spatial Stories", en *The Practice of Everyday Life*, Steven F. Rendall (trad.), Berkeley, Los Ángeles, The University of California Press, 1984.

[10] Emilfork también señala el rasgo de cartografía verbal en la inscripción de las cartas de Alarcón (165-166) y en la tercera parte de la relación de Catañeda (194).

———, *Heterologies: Discourse on the Other*, Brian Massumi (trad.), Wlad Godzich (prol.), Mineápolis, University of Minnesota Press, 1986, pp. 115-130.

Clissod, Stephen, *The Seven Cities of Cíbola*, Londres, Eyre & Spottiswoode, 1961.

Colahan, Clark, "Chronicles of Exploration and Discovery: The Enchantment of the Unknown", en *Pasó por Aquí: Critical Essays on the New Mexican Literary Tradition: 1542-1988*, Erlinda González-Berry (comp.), Albuquerque, University of New Mexico Press, 1989, pp. 15-46.

Emilfork, Leónidas, "Letras de fundación: estudio sobre la obra americana de Oviedo y la crónica de las siete ciudades de Cíbola", ponencia, The Johns Hopkins University, 1981.

Gallegos, Hernán, "Relación y concudio de el viaje y subseco que Francisco Sanchez Chamuscado con ocho soldados sus compañeros hizo en el descubrimiento del Nuevo Mexico en Junio de 1581", Archivo General de Indias, Patronato, 1-1-3/33. Ms. traducido en: "Gallego's Relation of the Chamuscado-Rodríguez Expedition", George P. Hammond y Agapito Rey (trad.), en *The Rediscovery of New Mexico: 1580-1594*, Albuquerque, The University of New Mexico Press, 1966, pp. 67-122.

Hodge, Frederick Webb, *History of Hawikuh*, Los Ángeles, Ward Ritchie Press, 1937.

Mendoza, Antonio de, "Documents. Coronado's Commission as Captain-General", *Hispanic American Historical Review*, XX (1940), pp. 78-87. (Texto del nombramiento de Coronado como general de la expedición a Cíbola, fechado el 6 de enero de 1540. Transcrito por Arthur S. Aiton de los originales en el Archivo General de Indias.)

Mora, Carmen de, "La *Relación de la jornada de Cíbola* de Pedro Castañeda Nájera. ¿Un texto censurado?", *Ínsula*, núm. 522, junio de 1990, pp. 14-15.

Niza, fray Marcos de, *Descubrimiento de las siete ciudades*, en *Colección de documentos inéditos relativos al descubrimiento, conquista y colonización de las posesiones españolas de América y Oceanía*, 1884-1888, vol. 3, Madrid, pp. 325-351.

Parsons, Elsie Clew, *Pueblo Indian Religion*, 3 vols., Chicago, The University of Chicago Press, 1939, vol. 3.

Pastor, Beatriz, *Discurso narrativo de la conquista de América*, La Habana, Casa de las Américas, 1983.

Portinaro, Pierluigi y Franco Knirsch, *The Cartography of North America: 1500-1800*, Nueva York, Facts on File, 1987.

Reinhartz, Dennis y Charles C. Colley (comps.), *The Mapping of the American Southwest*, College Station, Texas, Texas A&M University Press, 1987, pp. 3-17.

Riley, Carrol L., *The Frontier People: The Greater Southwest in the Protohistoric Period*, Albuquerque, University of New Mexico Press, 1987.

Wheat, Carl I., *Mapping the Transmississippi West. 1540-1861*, 5 vols., San Francisco, Institute of Historical Cartography, 1957-1963.

NARRATIVIDAD E IDEOLOGÍA: LA CONSTRUCCIÓN DEL SUJETO EN *EL DORADO* DE FRANCISCO VÁZQUEZ

Johana Emmanuelli Huertas
Departamento de Estudios Hispánicos
UPR-RUM (Puerto Rico)

¿Cuál es la noción de "realidad" que autoriza la construcción de este relato histórico-narrativo y cuál es el hilo conductor alrededor del cual se van tejiendo personajes, sucesos y trama en el texto de Francisco Vázquez sobre la expedición al río Marañón en busca de El Dorado?

Esta pregunta sólo puede concebirse desde la perspectiva que proclama que el discurso histórico es siempre una especie de construcción narrativa, cuyo significado es producto de los tropos y los mecanismos utilizados para darle unidad a un material que, de otra forma, carecería de cohesión y sentido. El significado que impone la trama narrativa a los eventos que componen el relato no es inmanente a los eventos mismos, puesto que pertenecen al orden de lo "real". Por ello éstos tienen que ser provistos de un espacio políticosocial coherente que los unifique y que legitime la inclusión de algunos eventos y la exclusión de tantos otros que se dan en la realidad simultáneamente y que podrían ser parte del recuento, así como la manera particular en que serán presentados al lector. Este sentido del que está dotado el discurso histórico es producto de la narratividad del texto, a través de la cual se da coherencia y causalidad a los eventos del contenido hasta alcanzar un nivel de totalización y finalidad.

Ahora bien, la narratividad es, en sí misma, un proceso que está permeado por la perspectiva cultural particular de la época histórica y del orden social imperante. Esa manera de organización que produce en el texto histórico un particular orden estructural enmascara la manera en que diferentes ideologías reorganizan el discurso en busca de sus objetivos particulares. Esa ordenación estructural se consigue precisamente porque los hechos "reales" de los que trata el texto histórico son "reales" en tanto son recordados por un sujeto social, en el caso de *El Dorado* por Francisco Vázquez.[*]

---

[*] Francisco Vázquez, *El Dorado: crónica de la expedición de Pedro de Úrsua y Lope de Aguirre*, Madrid, Alianza Editorial, 1987

Debido a esto, los eventos de los que trata el discurso histórico son de un segundo orden, toda vez que son una representación. Y es precisamente debido a que los sucesos han pasado por un proceso de concientización, que el relato pasa por legítimo. Por ello es que en el texto histórico de Vázquez, como en tantos otros, el narrador pone tanto énfasis en el hecho de que fue testigo de los acontecimientos o que oyó sobre éstos de alguien confiable, para, de esta manera, autorizar el juego de la representación.

El relato de Francisco Vázquez abunda en ejemplos de lo que llamaré "marca de ordenación" y "marca de significación" a partir del proceso de recuerdo de los hechos que constituyen la narrativa. Es usual encontrar adelantos de hechos que se narrarán posteriormente, como cuando Vázquez señala que "no dejó de haber pronósticos de algunas personas que dijeron que la dicha jornada no había de acabar en bien pues comenzaba con sangre, *y así sucedió como se verá adelante*" (56, todos los subrayados son míos). También se encuentran juicios que delatan una revisión del suceso a la luz de hechos posteriores, como cuando se menciona que en la expedición iría "una Da. Inés" y a continuación añade que "se decía que la dicha Da. Inés tenía mala fama y peores hechos y mañas, *la cual fue causa principal de la muerte del gobernador y de nuestra total destrucción*" (57). En ambas instancias la ordenación del material persigue darle un sentido inmanente a los hechos narrados. Sin embargo, es obvio que ese sentido sólo se obtiene porque estos sucesos contribuyen a lograr la conclusión del relato y que es sólo desde el final del relato que obtienen su sentido. O sea, el relato se construye con posterioridad a los hechos y es esta mirada revisora la que les otorga sentido.

Otra particularidad del texto histórico es que a través de las representaciones históricas de la memoria, el individuo se constituye a sí mismo como sujeto de la historia. En el caso de esta crónica, este juego de representación construye al sujeto Francisco Vázquez como el hacedor de la historia, o sea, del texto histórico que leemos, dado que sin su trabajo de recordar y ordenar el material que se nos presenta, esos sucesos no podrían relatarse puesto que los eventos "reales" sólo pueden ser referente, no pueden re-presentarse a sí mismos. Su calidad de "real" no les otorga ningún sitial en el proceso discursivo. Por ello, a nivel del discurso, Francisco Vázquez es el sujeto de la historia.

Ahora bien, en *El Dorado* se construye otro sujeto histórico. A nivel del relato, del contenido del texto histórico de Vázquez, el objeto de la narración, el tirano Lope de Aguirre se convierte en sujeto de la historia en tanto que la voz narrativa insiste en varias ocasiones en que él provoca los sucesos. Al otorgar tanto a los sucesos como al sujeto Aguirre una significación y una intención, Francisco Vázquez logra convertirlo de objeto en sujeto de la historia. Una muestra de ello, entre tantas otras, es que al nombrar a los asesinos de Pedro de Ursúa termina con el nombre de Aguirre y acota; "cabeza e inventor de maldades" (81), aunque Vázquez anteriormente había adelantado que Alonso de Montoya "por odio que tenía al gobernador fue después el principal hurdidor de su muerte, como se verá más adelante" (66). Sin embargo, en la relación del asesinato no se menciona a este Alonso de Montoya, excepto en la lista de los asesinos, junto a otros doce nombres.

Pero tanto Francisco Vázquez como Lope de Aguirre son sujetos históricos en otro sentido. Ambos son sujetos construidos por y desde los discursos del siglo XVI americano, según se conforman en la crónica. Ambos claramente se construyen desde lados opuestos. Una vez más se desprenden del juego de representación como representaciones secundarias puesto que su construcción es efecto-producto de la narratividad del discurso histórico del siglo XVI americano. Si la narratividad está marcada por el deseo de lo real que no es otra cosa que aquello que está autorizado, legitimado en los códigos sociales vigentes, los sujetos producto de esta narratividad responden, ya sea para alabarlos o condenarlos, autorizarlos o transgredirlos, a los códigos establecidos de la época. Vázquez se constituye en sujeto legal y así es también producto de los códigos legales y del orden político-social que pretende autorizar. Francisco Vázquez es el agente del sistema social que constantemente justificará la ley y atacará cualquier atentado contra ésta. Se convertirá en defensor de la autoridad real española, de la autoridad eclesiástica y de las normas establecidas por éstas. Por ello atacará a Lope de Aguirre, quien, contrario a Vázquez, se constituye en el eje opositor del Rey y de la Iglesia.

La crónica de los abusos de Aguirre está constituida por los eventos que corroboran, según Vázquez, su atentado contra estas dos autoridades supremas. No sólo son constantes las referencias a los retos lanzados contra el Rey y sus representantes en América, sino, más aún, contra miembros de la Iglesia. Es particularmente persistente al mencionar que "mató[..] por sus manos a un clérigo de misa" (99), o que "blasfemaba de Dios y de sus santos" (120). Vázquez equipara ambas autoridades (la del Rey y la de Dios) al decir: "[...] dijo blasfemias y palabras injuriosas en desacato del Rey Nuestro Señor [...] blasfemaba y renegaba de Dios sumo Rey y Señor de todos" (127).

Sin embargo, en la crónica, Aguirre no es el único opositor de estas autoridades. Pedro de Ursúa y el gobernador de la isla Margarita, ambos víctimas de Aguirre, actuaron en algún momento contra la Iglesia. Por ejemplo, se nos cuenta que Pedro de Ursúa engaña y ataca a un clérigo y que el gobernador de la isla Margarita comete una acción sacrílega al arrastrar el Santísimo Sacramento cuando sacó a un prófugo de su asilo en un templo. Ninguno de ellos, sin embargo, es enjuiciado de la manera que se hace con Aguirre. Otro método de organización que garantiza la finalidad particular de Vázquez de representar los males que le acaecen al hombre al transgredir los códigos sociales es la misoginia. Vázquez indica que incluir a doña Inés en la expedición fue "la causa principal de la muerte del gobernador y de nuestra total destrucción" (57). De hecho, Vázquez asegura que al gobernador "le vino todo su daño" de ser "muy enamorado y dado a mujeres" (80). Llevar en la expedición a esta mujer le trajo enemistad con sus soldados. Aún más, su actividad sexual con ella evitó que le pudieran avisar de la conspiración porque se encontraba encerrado con doña Inés y por esa razón fue sorprendido. Vázquez arguye además que doña Inés lo había hechizado porque "de muy franco que era se había vuelto codicioso" (80):

> [...]de muy afable y conversable que solía ser con todos, se había vuelto grave y desabrido y enemigo de toda conversación, comía solo[...] parecía que las cosas de la guerra y descubrimiento las tenía muy olvidadas [72].

Y "era largo en dar y más prometedor y en alcanzando lo que pretendía no cumplía palabra" (80). Sin embargo, sobre este último particular admite que "este vicio suele ser general en muchos capitanes de Indias" (80). Y en cuanto a su cambio de personalidad, el mismo es atribuido a don Fernando tan pronto se le nombra Príncipe. Por lo tanto, estos cambios se presentan como producto del rango aunque se diga que son provocados por la mujer.

De entre todas las mujeres que acudieron a la expedición, el texto sólo privilegia a doña Inés, figura con obvia función sexual. La hija del tirano Aguirre, sujeto de la historia, sólo es mencionada cuando su padre la asesina.

Sobre este particular Vázquez escribe:

> [...] revestido el demonio en él, hizo una crueldad mayor que todas las demás, que fue dar de puñaladas a una sola hija que traía en el campo mestiza[...] y cuando la mató, dijo que lo hacía porque no se quedase en el campo y la llamasen hija del tirano entre sus enemigos [...] y que mejor era que habiendo él de morir no quedase ella viva para ser puta de todos [165].

Es interesante notar que desde el punto de vista de Vázquez, este asesinato, como de hecho todos los que comete Aguirre, son producto de una mente cruel y endemoniada, aunque casi todos los expedicionarios también hayan cometido crímenes similares. Mientras que la motivación de

Aguirre para este y otros crímenes es siempre criticada, en el caso de otros marañones Vázquez acepta la motivación como razón aceptable. Por ejemplo, asesinar a los enemigos para así salvar la vida es excusado en otros y criticado en Aguirre. Incluso Vázquez llega a lamentarse de que Ursúa no haya matado a sus enemigos cuando tuvo oportunidad. Obviamente, la lucha de poder no es objetable en sí misma si se da dentro de los parámetros legales de la metrópoli. Toda la expedición del río Marañón fue una constante lucha de poder que no fue única en el Perú de este siglo. Tanto los documentos de la época como Vázquez mismo aluden a las rebeliones anteriores en las cuales participaron algunos de los que se encontraban en la expedición del Marañón. La lucha de poder que vemos representada en el texto responde a los problemas sociales (políticos y económicos) de la época y a la situación particular de los miles de soldados pobres que no obtenían recompensa por su esfuerzo. Ésa es la injusticia social que plasma la carta de Aguirre al Rey, y por la que él se rebela contra su autoridad. Para Vázquez, esta traición constituye el aspecto que separa a Aguirre de todos los demás expedicionarios. ¿De qué otra forma se pueden explicar las incongruencias de este texto? Mientras Aguirre mata para salvarse y lo catalogan como cruel y endemoniado, Vázquez se lamenta de que Pedro de Ursúa y don Fernando mueren por ser o cobardes o poco previsores al no matar a sus enemigos. Mientras Aguirre es malvado por traicionar a sus jefes, los dos marañones que lo matan son catalogados como "buenos soldados" a pesar de que Vázquez reconoce que eran "no poco culpados en la tiranía, [y que] lo asesinaron por temor que no dijese algo que los dañase" (165).

Según Vázquez, "los ministros de su Májestad trataron a Aguirre benignamente" pues debieron "haberle ahorcado muchas veces por sus delitos" (168). Es palpable pues que no se trata de asesinar o no, de ser cruel o no, incluso de ser buen o mal cristiano, sino de ser leal a la autoridad real. Por eso resulta irónico que la crónica termine con una traición del propio Vázquez. Debido a que éste desea ser considerado como un "hombre de bien y verdad" argumenta que todos los marañones que siguieron al tirano (o sea, todos menos tres) "no están libres de culpa" (170), incluyendo aquí a los buenos soldados que le dieron muerte a Aguirre. Para llegar a esta conclusión, Vázquez tiene que admitir que el tirano "le trató muy bien a él y a los demás, que no quisieron ser en el rebelión" (170), a pesar de que se habían negado a servirle. Así, el texto revela otra incongruencia narrativa: si Aguirre era tan malvado, ¿por qué permitió una decisión democrática sobre la participación y acató respetuosamente la decisión de Vázquez?

Este y muchos otros rasgos que transparentan los hilos que tejen la crónica de Vázquez han logrado ocultarse entre la coherencia narrativa del escrito. Por ello es necesario leer la historiografía indiana desde una perspectiva postmodernista a fin de descubrir los diferentes registros, a veces incompatibles, y preservarlos simultáneamente. Mientras la audiencia de la crónica de Vázquez sea un grupo que comparta su perspectiva de la verdadera naturaleza de los eventos, que conciba a Dios como hacedor y a la maldad como castigo, o cualquier otro eje de organización de la realidad, los crímenes de Aguirre serán gratuitos, crueles y la metrópoli seguirá siendo la autoridad incuestionable.

La pluralidad cultural que informa la realidad, una realidad compleja y contradictoria, es diferente al mundo colonial ordenado y coherente que sus historiadores representaron. Negar las contradicciones culturales de América y las ideologías que formaron su imagen, sólo sirve para ocultar la voz ordenadora que ha formado lo que ha sido y es nuestra historia oficial: la alabanza de la autoridad colonial que sigue vigente en 1990 y se pretende conmemorar en 1992.

CÓDIGOS CULTURALES EN LA *RELACIÓN DE LA JORNADA DE CÍBOLA* DE PEDRO CASTAÑEDA NÁJERA

CARMEN DE MORA
Universidad de Sevilla

1. INTRODUCCIÓN

La *Relación*[1] de Castañeda es un texto que hasta el momento sólo había merecido la atención de los historiadores (Ternaux-Compans, Winship, Hammond, Hodge y otros), ante todo por la importancia documental del mismo en relación con la expedición fracasada de Vázquez Coronado en busca de las siete ciudades de Cíbola. Con razón, de ella se ha valorado la aportación de datos geográficos que precisan el itinerario que siguió la expedición y las descripciones basadas en observaciones directas sobre las tierras y pueblos situados en el noroeste de México y el suroeste de Estados Unidos.

Sin duda, se trata de la narración más importante que se escribió acerca de la expedición de Vázquez Coronado. Y no sólo por el valor documental e histórico, sino por su valor discursivo en cuanto a la producción cultural de la Colonia. Este último aspecto es el que, sin desdeñar los otros, ocupará mi atención. Me centraré en el modelo de escritura, al margen del canon literario, que genera una realidad nueva en un soldado que no es escritor ni literato, pero a quien tampoco cabe tildar de ignorante. Precisamente autores como Ángel Rosenblat, Peter Boyd-Bowman, Irving A. Leonard,

---

[1] El manuscrito original está perdido, tan sólo existe una copia del mismo, fechada en Sevilla, en 1590, que se encuentra en la Lenox Library de Nueva York. La copia del manuscrito fue traducida al francés por Henri Ternaux-Compans, quien la encontró en la Colección Uguina en París y la publicó en el volumen IX de sus *Voyages*, París, 1833. Una transcripción de dicha copia y la traducción de la misma al inglés por George Parker Winship fueron publicadas junto con otros documentos sobre la expedición en el Fourteenth Annual Report of the Bureau of Ethnology, Washington, 1896. Otras ediciones en inglés son las de Frederick W. Hodge, *Spanish Explorers in the Southern United States 1528-1543*, Nueva York, Barnes & Noble, 1907 y la de *Narratives of the Coronado Expedition*, Coronado Centennial Publications, 1540-1940, por George P. Hammond y Agapito Rey, vol. II, Albuquerque, The University of New Mexico Press, 1940.

Maxime Chevalier y Manuel Álvar, entre otros, han demostrado el error de
tachar sistemáticamente de analfabeto al conquistador y al soldado.[2]

Dada la fecha en que fue escrita (entre 1560 y 1565)[3] y sus características textuales, no cabe incluirla en el *corpus* de las "relaciones geográficas"
—si bien es cierto que lo geográfico es fundamental en ella— cuyo formato
se ajustaba al interrogatorio incluso con las respuestas numeradas. En
cambio, pertenece a lo que Walter Mignolo clasifica como el periodo no
oficial, que se extiende desde 1505 hasta 1574.[4] Por tanto, el título de esta
obra debe identificarse con la narración o informe que se hace de alguna
cosa que sucedió (*Diccionario de Autoridades*), de acuerdo con el uso que se
le daba en el siglo XVI. No corresponde, pues, a "informe solicitado por la
corona". Dentro del texto, Castañeda usa alternativamente los términos
"relación" y "noticias" ("ciencia o conocimiento de las cosas", *Diccionario de
Autoridades*), lo cual era frecuente en los cronistas: así, José de Acosta, en
su *Historia natural y moral de la Indias*, emplea "relación" como sinónimo
de "libro" y asocia a ellos la idea de noticia de información.[5]

Si se compara la *Relación* de Castañeda con otras que poseen el mismo
referente de la expedición de Cíbola[6] se observan notables diferencias. La
fundamental es la situación comunicativa. Todas —excepto ella— explícita o
implícitamente obedecen a instrucciones previas y se limitan a dar cuenta
de los hechos de modo breve, con la intención de informar más que de
interpretar; además, todas —excepto la de Jaramillo— se escribieron en
fecha próxima a la cronología de aquéllos. En cambio, Castañeda introduce
un "Proemio", dirigido a una personalidad innominada ("humildemente
suplico debaxo de su anparo, como de berdadero servidor y criado, sea
recebida esta pequeña obra"), donde da cuenta de las razones que le

[2] Cf. también Francisco de Solano *et al.*, *Proceso histórico al conquistador*, Madrid, Alianza
Editorial, 1988, pp. 26-30.
[3] Por ser el único texto disponible una copia fechada en 1596, se ignora el año exacto de
su composición; sin embargo, por el "Proemio" podemos deducir que fue entre 1562 y 1565
("y también creo que algunas novelas que se cuentan el aber, como a veinte años y más que
aquélla jornada se hizo la causa").
[4] Cf. Walter Mignolo, "Cartas, crónicas y relaciones del descubrimiento y la conquista",
en *Historia de la literatura hispanoamericana*, vol. I, Madrid, Cátedra, 1982, pp. 57-111.
[5] Explica Walter Mignolo que "la formación discursiva historiográfica acepta por sinónimos, en los siglos XVI y XVII, los de historia, crónica, anales (y aun relación) para referirse al
texto historiográfico. Por lo tanto, cuando los nombres empleados son crónica, anales o
relación, encontramos —al mismo tiempo— claras referencias a los principios generales de la
formación discursiva historiográfica" en "El metatexto historiográfico y la historiografía
indiana", *Modern Languaje*, vol. 96, 1981, p. 380.
[6] Me refiero a la *Relación* de fray Marcos de Niza, el *Traslado de las nuevas*, la carta de
Coronado al Rey (Tiguex, 20 de octubre de 1541), la *Relación postrera de Síbola* (1541),
la *Relación del suceso* (fechado por error en 1531, su fecha exacta debió ser 1540 o 1541) y la
Relación de Jaramillo.

impulsaron a escribir la *Relación* cuando ya habían transcurrido más de veinte años desde que la expedición había tenido lugar. Sin duda, esta conciencia del hacer historiográfico no suele pertenecer al contexto comunicativo de las *relaciones*; más bien se sitúa dentro de un modelo discursivo perteneciente a la tradición cultural humanista.[7] Otro rasgo que marca la diferencia es que Castañeda, recurriendo a la *captatio benevolentiae*, manifiesta el deseo de que su texto se publique y, para ello, pide al destinatario del "Proemio" que lo acepte: "[...] plega a Nuestro Señor me dé tal gracia que con mi rudo entendimiento y poca abilidad pueda, tratando berdad, agradar con esta mi pequeña obra al sabio y prudente lector, siendo por vuestra mercede aceptada". El "rudo entendimiento" y la "poca abilidad" no serían en este caso un recurso al tópico de "falsa modestia" sino, de nuevo, la conciencia de que se está enfrentando a una tarea que lo sobrepasa, pues su narración está más cerca del discurso histórico, en cuanto informe de "lo visto y vivido", que de la simple *relación*.

Estructuralmente, la narración de Castañeda se organiza en torno a dos ejes, diacrónico (narración, historia) y sincrónico (descripciones), hallándose el segundo incrustado en el primero e interrumpiendo de ese modo el hilo narrativo.

En efecto, el texto está dividido en tres partes precedidas de un proemio. La primera, de veintidós capítulos; la segunda, de ocho; y la tercera, de nueve. Esta última es continuación de la primera y forma unidad con ella. No así la segunda, que son descripciones de los pueblos y provincias, de los ritos y costumbres de los habitantes, de la fauna y de la flora. Sea por descuido o sea intencional, esta anomalía estructural es una ruptura de la coherencia y de la unidad de la historia que exigían los tratadistas. Da la impresión de que, al cederles el lugar central del libro, Castañeda prefirió sacrificar la composición retórica de las partes para poner el énfasis en tales descripciones, pensando probablemente, en la ignorancia que existía sobre el amerindio y el interés informativo que podían tener para el lector.[8]

El eje diacrónico se articula conforme a la dialéctica mito/desmitificación y narra la expedición de Vázquez Coronado como un proceso

[7] Walter Mignolo trata aspectos de esta misma cuestión en "El mandato y la ofrenda: la *Descripción de la ciudad y provincia de Tlaxcala*, de Diego Muñoz Camargo, y las Relaciones de Indias", *Nueva Revista de Filología Hispánica*, vol. XXXV, núm. 2, 1987, pp. 451-484.

[8] Cf. Rolena Adorno, "Literary Production and Suppression: Reading and Writing about Amerindians in Colonial Spanish America", *Dispositio*, vol. XI, núms. 28-29, pp. 1-25. Según esta autora, los factores que determinaron la historiografía sobre los indios fueron "the imperial demand for information (the *Relaciones geográficas de Indias*), political motivations (Toledo, Las Casas), and the ethnografic and philosophical examination of cultures (Sahagún, Acosta)" (p. 4).

de engaño/desengaño. En efecto, aquélla resulta en el texto de Castañeda una infructuosa búsqueda de las "creaciones del ensueño y de la codicia, último refugio del espíritu que no quiere aceptar la inexistencia de los países fantásticos", en términos de Carlos Pereyra. El texto de Castañeda revela, como ningún otro sobre este mismo asunto, la presencia de una ideología medieval en los expedicionarios, que tamizaba las reacciones frente a la realidad que estaban viviendo. Este hecho puede conceptuarse como una "sobreabundancia de información" que desfigura la realidad.

En cambio, el eje sincrónico, donde el objeto del enunciado es el amerindio que poblaba aquellas tierras y las condiciones de su hábitat, denota una ideología más neutra (aunque no totalmente) en la que el sujeto de la enunciación describe sin poseer información previa y donde no existe "mitificación". Es más, no duda en reconocer sus propias limitaciones ("les quiero dar relación particular de todo lo poblado que se bio y descubrió en esta jornada y algunas costunbres que tienen y ritos, conforme a lo que de ellos alçancamos a saber").

2. CÓDIGOS CULTURALES

En este apartado voy a desarrollar los distintos componentes culturales que se entreveran en el discurso de Castañeda y a determinar en ellos la posición del sujeto de la enunciación. Desde esta perspectiva, me interesa el texto en cuanto producción: no sólo la materia histórica (*res gestae*), sino la re-construcción que Castañeda hace de ella a través de la escritura.

2.1 Interacciones entre lo real y lo imaginario: mitos y leyendas

La expedición de Coronado a Cíbola se lleva a cabo a partir de lo que Silvio Zavala llama "una geografía visionaria de América", de ahí la interacción que existió en aquella experiencia entre lo imaginario y lo real. Por idénticas razones, Fernández de Castillejo llama a América "la tierra de la ilusión", y observa con agudeza que "las ilusiones creadas en la penetración civilizadora aceleraban y agrandaban la conquista misma".[9]

Son numerosos los autores que han puesto énfasis en la base telúrica y mental de los mitos y leyendas que configuraron la percepción del mundo americano. Irving A. Leonard, en su obra harto conocida, *Los libros del conquistador*, llama la atención sobre el entorno cultural de los conquistado-

---

[9] Federico Fernández de Castillejo, *La ilusión en la conquista*, Buenos Aires, Editorial Atalaya, 1945, p. 15.

res y, más concretamente, sobre el influjo apasionado que los libros del llamado ciclo greco-asiático ejercieron, en la primera mitad del siglo XVI, en la imaginación de los lectores peninsulares; estas obras inducían al conquistador español a pensar que "al participar en viajes a ultramar, palparían en realidad las maravillas, las riquezas y las aventuras que se contaban en los libros populares tan seductoramente".[10]

En la expedición de Vázquez Coronado contada por Castañeda, se entrecruzan datos objetivos sobre aspectos geográficos, etnográficos, culturales, etc., con datos imaginarios y fantásticos procedentes de aquellas lecturas. A estos elementos se añaden las informaciones, ya mal intencionadas, por parte de los naturales, ya mal interpretadas por los españoles, sobre riquezas y tesoros inexistentes. Pero antes de avanzar en esta cuestión se imponen un par de precisiones. En primer lugar, no puede perderse de vista que, considerada como discurso, la narración de Castañeda hace referencia a elementos legendarios y míticos, es verdad, pero desde una perspectiva desmitificadora, puesto que él ya era testigo de la irrealidad de esos mitos cuando escribe; por tanto, dichas leyendas están en relación con los hechos (*res gestae*), no dependen de la visión de quien los narra. Antes, al contrario, su texto es una crítica a la credulidad inmotivada que acarreó el desastre de la expedición. Castañeda mismo llama la atención, al comienzo de la segunda parte de su *Relación*, sobre "la discordançia de las notiçias. Porque aber fama tan grande de grandes thesoros y en el mismo lugar no hallar memoria ni aparençia de aberlo, cosa es muy de notar. En lugar de poblados hallar grandes despoblados, y en lugar de ciudades populosas hallar pueblos de doçientos vecinos [...]" (p. 152). En consecuencia, no me interesa aquí examinar la génesis de tales mitos ni las hipótesis fecundas que han suscitado; basta por ahora con señalar que la materia histórica se estructura a partir de la confrontación entre el mito y la realidad, o, lo que es lo mismo, el engaño y el desengaño. En efecto, los mitos de las siete ciudades y del reino de Quivira constituyen la sustancia legendaria que sirvió de estímulo a la expedición de Coronado y alimentó las expectativas de riqueza que ayudaron a soportar el hambre, el frío y los enfrentamientos con los naturales. Aunque menos importantes, también aparecen, en el capítulo décimo de la primera parte, datos sobre la presencia de gigantes que recuerdan las fábulas medievales teratológicas basadas en la mitología clásica.

2.2 El ideal caballeresco

Sin perder el hilo de las relaciones entre lo real y lo imaginario, en la *Relación* de Castañeda debe considerarse la referencia que hace a los libros

---

[10] Irving A. Leonard, *Los libros del conquistador*, 2a. ed. México, FCE, 1979, p. 42.

de caballería en el capítulo séptimo de la tercera parte, por ser éste un punto muy discutido en relación con las crónicas de Indias. Allí refuerza las estrategias adoptadas en el "Proemio", al identificarse como un "autor sierto" para los futuros lectores, cuando comenta las hazañas realizadas por el capitán Juan Gallego. En dicho capítulo —que puede servir de epílogo— hace una comparación entre las *res gestae* realizadas por los conquistadores y las que se leen en los libros de caballería, considerando a aquéllas superiores y más dignas de admiración, pues, además de ser verdaderas, se han hecho con más escasos recursos.

Con esta aclaración, destinada a fundamentar la veracidad de su historia, Castañeda demuestra tener conciencia de la tendencia del lector a asociar las narraciones y relatos referentes a cosas de indios con las novelas de caballería u otras ficciones, lo cual era frecuente en los cronistas. Justificaciones de este tipo se encuentran también en las obras de Sahagún, José de Acosta y el Inca Garcilaso.

De las palabras de Castañeda se deduce que él también era lector de libros de caballería (o al menos que tenía una idea bastante exacta de su contenido), pero que sabía distinguir la ficción (fábulas de encantamientos) de lo real, lo que, por cierto, era algo muy natural entre aquellos lectores.[11]

Tales autojustificaciones, que tratan de probar la veracidad del texto y diferenciarlas de las que se describían en los libros de ficción, denotan la actitud de rechazo que el erasmismo puso de moda hacia este tipo de literatura. Rolena Adorno ha señalado el carácter negativo que solían tener las alusiones de los cronistas a los libros de caballería y las considera más bien una estrategia para hacer comprender a los lectores experiencias e imágenes sobre un Mundo Nuevo que ellos no conocían: "Not a filter through which to perceive or write about American adventures, it made posible instead a strategy that employed a common and attractive cultural referent; through this means, author and reader could take new sightings which made translatable or negotiable the literary exchanges on the New World."[12]

No obstante, en más de una crónica —y no sólo como estrategia— se advierte la presencia del sentido caballeresco de la vida que tenía el español medio de la época, imbuido de la tradición espiritual del medievo.[13] Precisamente, una de las manifestaciones de esta proximidad entre el ambiente espiritual de la crónica de Indias y la novela caballeresca es la facilidad con que el cronista y los lectores de su época aceptaban lo fantástico y sobrenatural.

[11] Cf. Maxime Chevalier, *Lectura y lectores en la España del siglo XVI y XVII*, Madrid, Turner, 1976, p. 73.
[12] Rolena Adorno, "Literary Production ...", *op. cit.*, p. 19.
[13] Cf. Ida Rodríguez Prampolini, *Amadises de América*, México, Junta Mexicana de Investigaciones Históricas, 1948, p. 71 y ss.

Otra faceta de este sentido caballeresco corresponde a la creencia en la intervención del diablo en el Nuevo Mundo y a la identificación de las prácticas religiosas de los americanos con el culto de Satanás; de ahí la misión del conquistador de "sustituir el ídolo por la cruz". No era extraño, en este contexto, que los españoles pensaran que los indígenas estaban en comunicación con el diablo. Rodríguez Prampoloni escribe al respecto: "Este mundo indígena en cuya vida tiene tan activa participación el diablo es, con las diferencias del caso, el mismo mundo en que se desarrollaban las acciones de los caballeros andantes. El diablo anda por todas partes, auxilia y aconseja a los enemigos del caballero y hasta tenemos el caso de sacrificio humano como lo practicaban los aztecas" (p. 114).

En la *Relación* de Castañeda hay dos referencias al diablo. La primera, en el capítulo octavo (primera parte). Cuenta Castañeda que un soldado llamado Trujillo fingió haber visto una visión, mientras se estaba bañando en el río, en la que el demonio le había dicho que matase al general y lo casaría con Beatriz, su mujer, y le daría grandes tesoros. (En realidad era una treta para abandonar la expedición.) Con aquel motivo dio fray Marcos unos sermones "atribuyendo a aquel demonio, con embidia del bien que da aquella jornada avía de resultar, los que quería desbaratar por aquella vía. Y no solamente para esto sino que los frailes que iban en la jornada lo escribieron a sus conbentos y fue causa que por los púlpitos de México se dixesen hartas fábulas sobre ello."

La segunda, en el capítulo dieciocho de la primera parte. Allí, un español llamado Cervantes, que se había hecho cargo de un indígena a quien llamaban El Turco, juró con solemnidad que había visto a éste hablar en una olla de agua con el demonio. Y para, demostrarlo, contó un hecho que le había ocurrido con él y que sólo podía explicarse por intervención del diablo.

2.3 *La Conquista, una nueva versión de la Cruzada*

Por último, otro elemento medieval en esta *Relación* es la visión del conquistador como hombre de frontera y de la Conquista como cruzada.

Las tierras que se describen en ella corresponden a la denominada área cultural del Suroeste, o Gran Suroeste, por los antropólogos (noroeste de México y Suroeste de Estados Unidos). Esta zona, en parte montañosa y en parte desértica o semidesértica, estaba habitada por pueblos a los que los nahuas mesoamericanos llamaron "chichimecas". Para los españoles constituyeron la principal resistencia a la Conquista y fueron siempre tenidos por "salvajes", "feroces" y alejados de toda posibilidad de salvación mediante el cristianismo.

A lo largo de los siglos XVI y XVII, las tierras del norte fueron consideradas frontera, es decir, obstáculo para la evangelización y la consumación de la conquista territorial necesaria para consolidar la minería. Este hecho refuerza la imagen del conquistador como una proyección de los hombres de frontera que protagonizaron las cruzadas, pues, dentro de la nueva frontera que era América, estos territorios eran a su vez zona fronteriza.

No es difícil, en esta línea de pensamiento, asociar la estrategia militar adoptada por Vázquez Coronado en la expedición que protagonizó con las que solían aplicarse en las cruzadas medievales. "Durante muchos años —explica Céspedes del Castillo—, y a partir sobre todo de 1508, los castellanos organizan una serie de entradas, cabalgadas (después empezaron a llamarse conquistas), que son expediciones pequeñas y rápidas que se hacen por sorpresa a territorio de los nativos para correr la tierra y robar lo que hallaren."[14] Y considerada la conquista de reinos, asociadas a la evangelización de los paganos, una nueva versión de la Cruzada.

Esta proyección especular del espíriru de cruzada se filtra en la *Relación* de Castañeda hasta en la visión del amerindio. Es el caso del Turco, a quien llamaron así por su aspecto (cap. 12, 1a. parte), y de los querechos : "[los soldados] dieron con unas rancherías de gente alarabe que por allí son llamadas querechos" —se dice en el cap. 19, de la primera parte. Y, en ese mismo capítulo, llegan a una barranca por donde habían atravesado Cabeza de Vaca y Dorantes, y entre la gente que vivía allí hallaron a "una india tan blanca como muger de Castilla, salvo que tenía labrada la barva como morisca de Barbería". También es frecuente la comparación de las viviendas de algunas de estas tribus con las tiendas de los árabes.[15]

3. LA FIGURACIÓN DEL AMERINDIO

Obviamente, la visión del indígena que proyecta la *Relación* de Castañeda no puede considerarse como una defensa del mismo. El hecho de que existan pocos casos de singularización de jefes o personalidades y de que no se les mencione por su nombre son ya significativos. Por lo general, para

---

[14] Francisco de Solano *et al.*, *Proceso histórico al conquistador*, p. 46.

[15] Rolena Adorno ha relacionado esta cuestión con el modo de construir la alteridad: "En suma, la búsqueda de semejanzas y la elaboración de comparaciones, por un lado, entre el amerindio y el hebreo, y por otro, el amerindio y el moro o el morisco, revelan los procesos de fijar la alteridad apoyándose en la semejanza" en "La construcción cultural de la alteridad", *Revista de Crítica Literaria Latinoamericana*, núm. 28, 1988, p. 63.

nombrarlos, los españoles solían recurrir a algún rasgo físico notable ("el capitán Bigotes") o a la asociación con una persona conocida ("Juan Alemán", porque se parecía a un Juan Alemán de México) o con la fisonomía propia de ciertos países ("El Turco"). Tan sólo existen dos excepciones: la del indio Sopete o Isopete y la del indio Xabe. Y estos hechos no cabe atribuirlos a la falta de memoria si consideramos que el autor fue capaz de recordar con notable exactitud la toponimia.

A pesar de tales inconvenientes, la información sumistrada por Castañeda reconoce ciertas formas de organización entre las poblaciones descritas, en contra de la pretendida ausencia de ellas en virtud del nomadismo de algunas tribus, puesto que respetaban a sus jefes y regulaban la convivencia mediante costumbres y ritos.

En términos generales, en esta *Relación*, la imagen del amerindio es de honradez, hospitalidad y generosidad, frente a la violencia, la crueldad y el abuso que demostraron los españoles en algunos casos. Castañeda no escatima datos a la hora de comentar tales atrocidades, y se encarga de dejar suficientemente claro que eran casi siempre los españoles los que provocaban los enfrentamientos, y por esa razón, y porque no solían guardar la palabra de paz, fueron perdiendo crédito entre los indígenas. Por el contrario, éstos se ofrecían voluntariamente a ayudarlos confiando en su amistad, pero reaccionaban y se defendían cuando comprendían que los estaban traicionando. Así, por ejemplo, en el capítulo VII de la tercera parte, se hace referencia a las crueldades que cometió el capitán Gallego con un número bastante reducido de hombres, entre ellos alguna gente de Culiacán "[...]entrando en los pueblos por fuerça, matando y destruyendo y poniendo fuego; dando en los enemigos tan de súpito y con tanta presteça y denuedo que no les daban lugar a que se juntasen ni entendiesen, de suerte que eran tan temidos que no avía pueblo que esperarlos osase, que ansí huían de ellos como de un poderoso exército" (177).

Esta imagen se encuentra sobre todo en lo que he llamado el eje diacrónico. En el eje sincrónico lo que le interesa a Castañeda es establecer una tipología —en la medida de sus posibilidades— de las distintas poblaciones que fueron encontrando en el rumbo que siguió la expedición, con el propósito de dejar bien definidas las condiciones naturales, geográficas y humanas de aquellas tierras. En su interpretación sobresalen aspectos importantes para definir lo que constituía el "campo de la civilización" en el pensamiento europeo.

Ya aludí el principio al hecho de que esta parte está incluida en la *Relación* como un cuerpo extraño (un texto sincrónico interpolado en una narración diacrónica). Esto era común en las obras historiográficas del siglo XVI cuando se ocupaban de la vida y costumbres de los indígenas (Las

Casas, Sahagún y López de Gómara, entre otros).[16] Claro está que la práctica descriptiva de Castañeda —bastante minuciosa para tratarse de un profano—, por su extensión, se aproxima más al modo organizativo de las "relaciones geográficas" que a aquellos estudios etnográficos; y, sin que se sepa con exactitud si utilizó algún modelo específico de cuestionario, es evidente que no ignoraba qué elementos merecían destacarse en las descripciones.

Adorno ha llamado la atención sobre las justificaciones con que iban acompañados estos temas y en las que los cronistas no pretendían resolver problemas historiográficos sino culturales (p. 4). Castañeda no es una excepción en este punto. Una justificación precede al primer capítulo, en la segunda parte de la *Relación*, donde se ocupa de la descripción de los pueblos indígenas y de sus ritos y costumbres, en la que destaco dos aspectos. Uno —ya señalado—, la conciencia de Castañeda de la distancia cultural que existe entre él —y sus posibles lectores— y el mundo indígena, y, en consecuencia, su esfuerzo —digno de encomio— por entender, además de observar. A modo de ejemplo, citaré el que se comenta en el capítulo cuarto, 2a. parte: "[...] de un indio de los nuestros que avía estado catibo entre ellos alcansé a saber algunas cosas de sus costumbres, en especial preguntándole yo por qué causa aquella provinçia andaban las mugeres moças en cueros haçiendo tam gran frío, dixóme que las donçellas avían de andar ansí hasta que tomasen maridos y que en cognoçiendo varón se cubrían" (p. 160).

El otro aspecto atañe, más directamente, a la finalidad con que esta parte descriptiva fue escrita: informar, de acuerdo con los intereses de la Corona (poblar y evangelizar), sobre las características de las tierras (riquezas y fertilidad) y de sus habitantes (mayor o menor raciocinio): "[...] començaremos a tratar de la villa de Culiacán y berse [h] a la diferencia que ay de la una tierra a la otra *para que meresca lo uno estar poblado de españoles y lo otro no*, abiendo de ser a el contrario cuanto a cristianos, porque en los unos ay raçón de hombres y en los otros barbaridad de animales y más que de bestias" (p. 155).[17]

Lo que sorprende de tales descripciones es que están hechas con objetividad, sin manifestar el menor asombro ni emitir juicios de reprobación —como sucede con otros cronistas—, sobre todo al tratar costumbres

---

[16] Cf. Walter Mignolo, "Cartas, crónicas y relaciones ...", *op. cit.*, Y, también, Rolena Adorno, "Literary Production ...", *op. cit.*, pp. 2-4. Señala esta autora que "the idea of the preservation of a history was casually linked to the notion that a human community had experienced a process of cultural and societal development" (p. 4), razón por la que muchos escritores excluían de ella a los pueblos amerindios.

[17] Las cursivas son mías.

y prácticas de iniciación sexual de algunos de los pueblos descritos que atentaban contra la moral católica.

4. Conclusión

La *Relación* de Castañeda es un libro híbrido, al margen del canon literario, que, por un lado se aproxima al modelo de las relaciones geográficas y, por otro, revela una conciencia del hacer historiográfico. A su vez, este hecho demuestra que el contacto con una realidad cultural nueva generó, por necesidad, nuevas formas de escritura, en el intento de representar lo que no había sido codificado antes.

La imbricación de modelos textuales distintos viene dada, pues, por la diversidad de la materia y por su estructuración en dos ejes, diacrónico y sincrónico. También se ha visto que los componentes culturales implicados en ellos difieren. Mientras que la materia histórica está configurada por mitos, leyendas e ideas caballerescas propias de la tradición espiritual del medievo, las descripciones aportan datos empíricos que no remiten a ninguna tradición anterior.

He querido llamar la atención sobre algunas de las estrategias de un texto que elude intencionalmente someterse a las normas impuestas por los modelos con que se redactaron los restantes informes que existen sobre la expedición a Cíbola. Se trata de una obra que genera su propio molde mediante el cruce de varios tipos discursivos reconocibles: la carta en el "Proemio", la *relación* en los fragmentos de realidad seleccionados en las descripciones y la historia en el modo de ordenar la materia y en el propósito verista de contar "lo visto y vivido".

Sin reconocerle ningún mérito literario, el suyo es con mucho el más importante de los documentos existentes sobre aquella expedición y una interesantísima "desviación" de las normas a las que solían atenerse las *relaciones*.

EL DESORDEN DE UN REINO:
HISTORIA Y PODER EN *EL CARNERO*

Ivette N. Hernández
Brown University

Desde el comienzo de la Conquista y colonización de América, el imperio español reconoció la importancia que para la práctica del poder sobre los territorios recién adquiridos tenían el conocimiento y la planificación geográfica. El acto de poseer y dominar, en este caso un nuevo espacio desconocido para la mirada europea, irá acompañado siempre del ejercicio de la violencia, de la planificación espacial y la escritura. Esto asegurará no solamente el control, sino que además fijará la nueva identidad a imponerse en el territorio.[1]

La escritura servirá como instrumento fundador en la medida en que toda fundación, como construcción de un origen, precisa de un relato que la actualice y la mantenga viva como memoria histórica para la comunidad a que da lugar. En este sentido, toda fundación es ilusoria puesto que se da gracias a lo que podríamos llamar una desterritorialización que articula un proceso de desplazamiento de identidades, personas, grupos y significados que la preceden. Fundar entonces conlleva en buena medida desfundar. Es por ello que el imperio español toma posición y posesión de las llamadas Indias Occidentales a través de un acto de negación que borra diferencias

---

[1] Las *Ordenanzas sobre descubrimiento nuevo y población* de 1573, dadas por la Corona como guías de fundación y poblamiento, son un claro ejemplo de la legislación desarrollada en España alrededor de ese tema. Al respecto, véase Hoberman y Socolow (1988: 4). Así, también pueden ser consideradas las llamadas *Relaciones geográficas de Indias*, impresas en 1577 en donde, a través de un cuestionario de 50 preguntas, se solicita información detallada sobre el carácter geográfico de las posesiones. Veáse Mignolo (1990 y 1987). No sólo al territorio se le adjudicará una identidad sino que, a su vez, los sujetos que lo habitan definirán su posición dentro de la jerarquía social por la relación que mantengan con la tierra. Según Carlos Martínez: "Expidió Fernando el Católico en 1509 una cédula en la que expresó: 'Es nuestra voluntad que se puedan repartir casas y solares a todos los que fuesen a poblar [...] haciendo distinción entre escuderos y peones y lo que fueren de menos grado y merecimientos, y los aumenten y mejoren atenta la calidad de los servicios'. De tal modo quedó, desde tan temprana fecha, en manos de los fundadores uno de los instrumentos fundamentales de la planimetría urbana: el uso de la tierra en función de la discriminación social" (31).

y especificidades, convirtiendo al nuevo territorio en una página en blanco, lista para perpetuar a través de la letra el nuevo relato fundador.[2]

Al finalizar la primera etapa de la Conquista, cuando se pasa a la administración y gobierno de los territorios ya ocupados, la escritura no deja de operar como proyecto fundador. Ya entrado el siglo XVII nos encontramos con *El carnero*,[3] una crónica que al narrar los primeros cien años de historia del Nuevo Reino de Granada, ofrece una nueva versión de la fundación (la historia) de dicho reino.

Desde el inicio, Juan Rodríguez Freile deja establecidos claramente los propósitos de su escritura:

> Dar noticia de este Nuevo Reino de Granada, de donde soy natural, que ya lo que en él ha acontecido no sean las conquistas del Magno Alejandro, ni los hechos de Hércules el español, ni tampoco las valerosas hazañas de Julio César y Pompeyo, ni de otros valerosos capitanes que celebra la fama; por lo menos no quede sepultado en las tinieblas del olvido lo que en este Nuevo Reino aconteció [5].

La frase "por lo menos no quede sepultado en las tinieblas del olvido", aunque pueda registrarse casi como un lugar común en la escritura histórica de la época, para nosotros subraya la necesidad de dejar sentado desde el comienzo del texto la originalidad de lo narrado. Esto se recalca en la aseveración misma de Freile que apunta: "[...]no he podido alcanzar cuál haya sido la causa por la cual los historiadores que han escrito las demás conquistas han puesto silencio en esta [9]". El hueco (silencio) creado por los demás historiadores, al no dar cuenta de Nueva Granada, es lo que da pie a la escritura de *El carnero* y a un gesto inaugural que se da a través del ejercicio de la letra.[4]

***

[2] Walter Mignolo define territorio como un espacio y una tradición compartida que da lugar a un "nosotros". También afirma que "La invención de América" es un caso de apropiación semántica y de construcción territorial que ignora y reprime aquel que ya existía y que la invención oculta. Colonización es, en este sentido, una cuestión de apropiación territorial (1986: 148 y 150). A los mismos efectos comenta José Luis Romero: "Se tomó posesión del territorio concreto donde se ponían los pies y se asentaba la ciudad; pero, además del territorio conocido, se tomó posesión intelectual de todo el territorio desconocido; y se lo repartió sin conocerlo, indiferente a los errores de centenares que pudiera haber en las adjudicaciones" (1976: 47). Para Michel Foucault: "Territory is no doubt a geographical notion, but it's first of all a juridical-political one: the area controlled by a certain kind of power" (1980: 63-77).

[3] Todas las citas estarán tomadas de la edición de Ayacucho (Rodríguez, 1979)

[4] Se podría cuestionar la validez de dicho gesto al tomar en cuenta que Rodríguez Freile mismo se vale de otros historiadores que escribieron antes que él sobre el Nuevo Reino de Granada: "[...] como lo cuenta el padre fray Pedro Simón en sus *Noticias Historiales,* y el padre Juan de Castellanos en sus *Elegías* y escritos, a donde el curioso lector lo podrá ver" (10); "A la *Historia general del Perú* remito al lector, a donde hallará esto muy ampliado" (201). Para

En este trabajo analizaremos una serie de intercambios y negociaciones que toman lugar en *El carnero* y crean una recomposición de sucesos históricos, de espacios y de sujetos, que permiten la materialización de un orden discursivo que pone en juego nuevas interpretaciones. Concentraremos nuestra atención en primer lugar en la propuesta de orden que genera el discurso histórico, tanto para lo "real" como para la concepción misma de la escritura. En la ordenación de esa escritura, exploraremos los modelos que la codifican: campo-ciudad, Dorado-Nueva Granada, labrador-funcionario. Es en el manejo de estas dicotomías donde se ofrece una concepción particular de esa realidad (Nueva Granada), de la escritura historiográfica y de las prescripciones para resolver el caos imperante en ambas.

A pesar de que el propósito establecido por Freile es el de relatar los sucesos del pasado, el texto se basa mayormente en hechos que remiten a la contemporaneidad del autor, oscilando y contrastando un pasado y un presente, un antes y un ahora. Las quejas con referencia al estado actual del Reino se repetirán a través de todo el texto, creándose una especie de subtexto de claras intenciones críticas, que continuamente está siendo confrontado con el pasado:

> Hízose al presidente un solemne recibimiento, con grandes fiestas que duraron quince días, y con excesivos gastos, que los sufría mejor la tierra por ser nueva. *En la era de agora* no sé cómo los lleva; lo que creo es que todos se huelgan[...] [214; el subrayado es nuestro].

En *El carnero* se acentúa la crisis de una época. Paso a paso Freile va señalando las causas por las cuales se ha llegado a la situación caótica del presente. No es un secreto que el gobierno de Santa Fe de Bogotá, sede de Audiencia del Reino, "se caracterizó por su desorden y corrupción".[5] Las más fuertes críticas del texto irán dirigidas precisamente contra la oficialidad del Estado: presidentes, oidores, visitadores y funcionarios en general. En un pasaje señala Freile: "[...] y para que se entienda mejor esta representación del mundo, es necesario que salgan todas las personas al tablado, porque entiendo que es obra que ha de haber qué ver en ella, según el

---

nosotros,el silencio a que hace alusión Freile reitera el mecanismo de desplazar otros relatos que dan cuenta de la historia del Reino a fin de postular una diferencia y validar el nuevo relato. Otros elementos de validación textual serán la experiencia directa, el contacto con testigos y la documentación a través de los autos de Audiencia. Sobre la utilización de fuentes documentales Walter Mignolo afirma "[...] será la crítica de las historias previas y la confrontación de documentos que apoyará tanto la idea del conocimiento histórico, como la voluntad de llegar a la verdad de los hechos" (1981: 389).

[5] Chang-Rodríguez (1974: 135-136). Para más detalles véanse Delgado y Vargas Lesmes.

camino que lleva" (371). Para representar ese "mundo" neogranadino, Freile necesita sacar a la luz la historia privada de sus habitantes. Si el espacio privado es el lugar de lo secreto, el espacio público (la plaza, el teatro, el texto) es el lugar donde a la vista (la lectura) se ofrecen todas las particularidades que componen dicho mundo. Como en una representación teatral, los personajes deben ocupar su lugar en el escenario textual que Freile ha preparado.

Aunque *El carnero* se constituye sobre la base de un desarrollo temporal lineal de la historia de Nueva Granada (1538-1638), la estructuración narrativa misma plantea una disyunción del proceso histórico mediante la constante incorporación de moralizaciones, relatos bíblicos, de la antigüedad clásica y de la historia de España, alusiones literarias e historiográficas. Estas incorporaciones son marcas temporales que transponen lo enunciado al momento de la enunciación. Funcionan como comentarios que el autor hace desde el presente a la historia pasada, subrayando el momento de la producción textual. En este sentido, el presente enmarca el punto de partida y el de llegada de la historia. El narrador se vale de este material para pasar juicio sobre la historia neogranadina, asumiendo un papel de juez que va creando en su escritura lo que, siguiendo a Foucault (1985), podríamos llamar un "espacio disciplinario".[6] Es como si el libro, como artefacto, se convirtiera en un lugar de disciplina o castigo que se ejerce sobre una realidad vivida y experimentada como caos. La representación más evidente de dicho caos se logra a través de la inclusion de los llamados "casos ejemplares".[7] La inclusión de los "casos" tiene un valor doctrinal: "[...] porque ofrecí escribir casos, no para que se aprovechen de la malicia de ellos, sino que huyan los hombres de ellos, y los tomen por doctrina y ejemplo para no caer en sus semejantes y evitar lo malo" (332).

En los "casos" el lector encuentra dibujados los vicios y las miserias de los habitantes neogranadinos. Funcionan como pequeños relatos biográficos donde la vida de los protagonistas (casi siempre administradores o funcionarios) queda degradada por lo "pecaminoso" de sus acciones: engaños, robos, adulterios, asesinatos. Con los casos se articulan modalida-

---

[6] Véase particularmente la sección titulada: "El panoptismo" (199-230). Al establecer la analogía con el panóptico no sólo pensamos en el texto como lugar de disciplina, sino que además tomamos en consideración la posición asumida por el autor al ejercer lo que podría ser catalogado como una "mirada panóptica". Valga una cita aclaratoria: "El Panóptico es una máquina de disociar la pareja sin ser visto: en el anillo periférico, se es totalmente visto, sin ver jamás; en la torre central se ve todo, sin ser jamás visto" (205). Freile se ubica en la torre central, desde donde lanza su mirada totalizadora.

[7] "Caso", del latín *casus*, recoge entre sus acepciones la de "suceso dañoso, infortunio, calamidad, caída ejemplar". Evidentemente, los casos a que remite Freile pertenecen a estas categorías.

des discursivas de diversos tipos, tales como el chisme y la mentira. El chisme viene a ser un discurso fuera de control que encuentra en el texto una función específica: ser agente movilizador de actitudes que no son dirigidas (o controladas) por normas de tipo moral. A través del chisme, las acciones privadas surgen en la esfera de lo público, es decir se teatralizan, y el texto mismo de *El carnero* contribuye a la transmisión de lo que podríamos llamar un "contrabando de lo secreto". Casi podría pensarse en una historia que intente escribir una auténtica arqueología de la vida cotidiana, valiéndose de materiales marginales a la historia oficial.[8] Las quejas contra los funcionarios, verdaderos protagonistas de ese desorden, son incontables. Cito un ejemplo:

> Tan fallido está su trato y tan acostumbrados están a buscar sus intereses, que aún donde se siguen muy pequeños pierden el respeto a la verdad, el temor a la justicia, el decoro a sí mismos y a Dios la reverencia; faltan a las obligaciones, niegan los conocimientos, rompen las amistades y corrompen las buenas costumbres [387].

Gran parte del texto gira alrededor de un plano crítico y agresivo frente a los funcionarios coloniales, persiguiéndose, a nivel pragmático, minar su poder. En el mundo configurado en el texto son los individuos quienes, en el ejercicio del poder, se equivocan y manipulan las instituciones de control que ellos manejan para su propio beneficio. Estas faltas llevan al autor a desatar una extensa disquisición sobre lo que debe ser un buen gobernante, concluyendo: "[...] el lugar y oficio de regir y gobernar se ha de negar a los que le desean, procuran y apetecen, y se ha de dar y ofrecer a los que huyen de él" (318). Mas, ¿quiénes son éstos que huyen del poder?

Freile modela una figura ejemplar, el labrador, como respuesta a las fallas burocráticas y gubernamentales. Valiéndose de una alabanza de la vida campestre al estilo del *Beatus Ille* horaciano nos dice:

> Dichoso aquél que lejos de negocios, con un mediano estado, se recoge quieto y sosegado, cuyo sustento tiene seguro en frutos de la tierra y la cultiva, porque

---

[8] La fama de "chismoso de la Colonia" le valió, y le vale, a Freile el ser considerado por algunos de sus críticos un historiador poco serio. Hay que recordar que *El carnero* se publica por primera vez en 1859, y aunque Felipe Pérez, su primer editor, lo alabó como una joya de la escritura histórica, eso no evitó que se cuestionara su pertenencia al canon historiográfico colombiano. Los llamados "casos" son parte central del debate en torno al papel de la ficción en *El carnero*. Esto remite al viejo problema de qué papel ocupa la VERDAD en la escritura histórica. También está el aspecto temático, en cuanto se le plantea al historiador el hecho de cuáles son los temas a tratar por la historia. Por ejemplo, no sería lo mismo hablar del adelantado Jiménez de Quesada, que hablar de los amores adúlteros de Inés de Hinojosa.

como madre piadosa le produce, y no espera, suspenso, alcanzar su remedio de manos de los hombres, tiranos y avarientos [387].

El *Beatus Ille* ofrece aquí un modelo económico (posesión de tierras, producción agrícola) y un modelo de sujeto con ciertos requisitos morales y de comportamiento.[9] Es por esto que en *El carnero* resulta significativo que a renglón seguido de la mención del tópico se equipare la labor de los labradores en el campo con la de los pretendientes al poder, haciendo del comportamiento de los primeros un modelo a seguir por los segundos, gracias a la perseverancia, paciencia y desinterés necesarios para el cultivo de la tierra. Asimismo, "los gobernadores, presidentes, oidores, el colegio romano de los cardenales, los consejos reales y todos los tribunales del mundo" no deben esperar siempre una gran recompensa material de su trabajo, aconsejándoseles contentarse "con lo razonable" (388). Resulta revelador que las soluciones a los problemas del Reino se manifiesten en la propuesta de una vuelta a los valores agrarios modelados en la figura del labrador, que de acuerdo con Freile es la alternativa para la restauración del orden público. Dos modelos de sujeto se funden para dar paso a un nuevo administrador que contenga facetas del labrador y del funcionario. La relación de ese administrador con el poder no se ha de definir por el lucro, sino por el servicio que ofrece.

La negociación que produce la fabricación de un nuevo sujeto a través del intercambio de valores entre el labrador y el funcionario no sólo define un modelo de individuo, sino que también articula la dicotomía campo-ciudad. La ciudad es el espacio que, junto al funcionario, comparte una situación problemática, una crisis. Santa Fe de Bogotá será el *locus* citadino

---

[9] El uso del tópico del *Beatus Ille* en *El carnero*, y la oposición campo/ciudad que plantea, ha sido interpretado por algunos críticos como una mera postura literaria, como una apropiación estética. Véase, en este sentido, a Martinengo. Hasta ahora sólo hemos encontrado, de parte de Parra Sandoval, el reconocimiento de "la existencia de una clara dicotomía entre lo rural y lo urbano, en que lo urbano encarna los conflictos de la lucha por el poder y lo rural la tranquilidad eglógica, en una visión casi virgiliana de la vida" (73). Como ha señalado Pierre Bordieu: "La obra está siempre objetivamente orientada con relación al medio literario, a sus exigencias estéticas, a sus expectativas intelectuales, a sus categorías de percepción y de pensamiento" (117). El uso del tópico muestra cómo los autores tienen a su disposición una serie de "herramientas" que les ofrece la cultura. Éstas pueden ser utilizadas, reelaboradas y aun ser reclamadas como propias para, por ejemplo, expresar lo que podría parecer un malestar ahistórico como es la tensión campo-ciudad presente desde la antigüedad. En *El carnero* es obvio que la historia neogranadina pasa filtrada al texto por una mirada marcada de lecturas, de una formación letrada que la interpreta, la juzga y la recrea. Con ello se subraya el predominio de una cultura de lo escrito que imprime su saber en el ejercicio de la letra y que recoge en sus páginas el peso de una tradición literaria. Ahora bien, entendemos que la articulación de un "topoi" en un texto, sea éste histórico, literario, filosófico, etc., conlleva unas implicaciones en los niveles de significación que van más allá de una pura esteticidad.

de dicha crisis. En su *Historia general del Nuevo Reino de Granada*, publicada en 1688, Lucas Fernández de Piedrahita reproduce un diálogo sostenido entre Sebastián de Benalcázar y Gonzalo Jiménez de Quesada donde el primero insta a este último a que funde la ciudad de Santa Fe de Bogotá, diciéndole: "Son las ciudades que se fundan, la seguridad de los reinos adquiridos, por ser el centro donde se recoge la fuerza para aplicarla a la parte que más necesitare de ella" (Martínez, 1883: 24). Apunta Benalcázar en su consejo a lo que hoy después de varios siglos de desarrollo urbano nos parece un lugar común: que la ciudad en América se constituyó como el centro del poder metropolitano y local. El espacio urbano se organizó alrededor de un centro que encarnó los valores mismos de la civilización instaurados a través de las instituciones eclesiásticas, gubernamentales, comerciales y educativas. En este sentido, como señala Barthes; "[...]to go to downtown or to the inner center-city is to encounter the social 'truth' to participate in the proud plenitude of 'reality'" (30). En *El carnero*, Santa Fe, como centro privilegiado de lo verdadero y lo real, está en crisis. El hecho urbano se conceptualiza presentando las prácticas cotidianas que en él ocurren: los actos pecaminosos, la mala administración, el lucro y el despilfarro. A nuestro modo de ver, lo que se produce en el texto a partir del uso del tópico es una negociación entre dos zonas de comportamiento que se adscriben a una topografía citadina o rural. El intercambio que producirá dicha negociación será una influencia de tipo moral que afectará a los comportamientos y actitudes ante el poder, con las consecuencias que el ejercicio del mismo conlleva. El texto hace lo que podríamos llamar "un simulacro de síntesis", es decir, intenta dar una "solución imaginaria de las contradicciones" a través de un gesto utópico que crea una transposición de valores que se identifican con una topografía particular (el campo), para así brindar una solución ordenadora del espacio social asociado a la urbe.[10] La dicotomía campo/ciudad configura una respuesta a todo un desarrollo social, que persigue el retorno a una supuesta edad de oro donde la corrupción general de los representantes de la Corona no contaminaba la estructura social.

Como ya señalamos, Freile establece un pasado donde las cosas marchaban mejor y esto le sirve para crear un marco de referencia con el cual apoyar sus críticas al presente. Ese pasado se mitifica desde sus orígenes al

---

[10] Las frases entrecomilladas están tomadas de Marin (1), quien al hablar sobre el discurso utópico, señala: "Se trata de un discurso que presenta o revela una solución imaginaria, o antes bien ficticia, de las contradicciones: es el simulacro de la síntesis". Añade, además, que "El discurso utópico es, sin duda, esta extrema pretensión del lenguaje de ofrecer un cuadro completo de un espacio habitado y organizado" (62).

ligar la historia del Reino con el mito de El Dorado.[11] El historiador
Enrique de Gandía, "sitúa las primeras noticias del Dorado en 1534, pero
señala 1538 como el momento decisivo en la formación y propagación del
mito de El Dorado en su forma completa" (Pastor, 1983: 355). La fundación
de la ciudad de Santa Fe de Bogotá coincide con la formulación del mito.
Muchas de las expediciones en busca de El Dorado, el lugar de la riqueza
por excelencia, son organizadas en Nueva Granada. Al respecto, Freile
apunta que "es verdad que los capitanes que conquistaron el Perú, y las
gobernaciones de Popayán y Venezuela y este Nuevo Reino siempre aspira-
ron a la conquista del Dorado, que sólo su nombre levantó los ánimos para
su conquista a los españoles" (5). Sin embargo, "nunca se ha podido hallar,
aunque les ha costado muchas vidas y grandes costos, ni han hallado punto
fijo en que lo haya, [...], no se han hallado las riquezas que hay en este
Nuevo Reino en sus ricos veneros" (5-6). Es por esto que desde el inicio de
su crónica, Freile apunta como mérito de la región neogranadina sus capacidades como buen proveedor de ricos minerales, "que de ellos se han llevado
y llevan a nuestra España grandes tesoros, y se llevaran muchos más y mayores
si fuera ayudada como convenía, y más el día de hoy, por haberle faltado
los más de sus naturales" (5). La cita anterior declara que la riqueza del Reino,
su abundancia, está amenazada por falta de ayuda y de mano de obra.[12] Ésta
es la primera queja que se lanza contra la situación imperante, y no será la
última. Para Freile, la búsqueda de El Dorado no ha producido riquezas, y
sí grandes pérdidas. Contrapone al mito y a la contínua búsqueda de la
riqueza fácil los bienes materiales que él ve en el Reino de Nueva Granada,
llevándolo a concluir: "Legítima razón para darle nombre de El Dorado" (6).

Al establecer el paralelo Nueva Granada/El Dorado, Freile reformula
la leyenda del indio dorado, relatada por su informante el indio Juan. La
leyenda cuenta el ritual de investidura del nuevo cacique, llevado a cabo
por los indios de la región. Al futuro cacique se le untaba todo el cuerpo
de polvo de oro, y lo ponían en una balsa con una gran cantidad de oro. El

---

[11] Sobre El Dorado, comenta Morse: "La imagen de la ciudad edénica tiene dos versiones
principales. Una que se identificó con ciertas ciudades presumidas como existentes: una ciudad
repleta de oro, fácilmente ocupable, las siete ciudades de Cíbola, las ciudades de los legendarios
obispos portugueses que fueron martirizados por los musulmanes o, además, un paraíso terrenal,
posiblemente inaccesible a los mortales, tal como el que Cristóbal Colón supuso que existía en
las fuentes del Orinoco" (17).

[12] Es un hecho confirmado que ya para "la segunda mitad del siglo XVI, la alta
productividad de las minas dieron a la Nueva Granada el prestigio casi legendario de gran
productor de oro". Sin embargo, ya para 1630 (recuérdese que *El carnero* fue escrito entre 1636
y 1638) se inició una crisis económica que contó entre sus causas la falta de mano de obra y
la fuga de capitales, y que tuvo grandes repercusiones en la sociedad neogranadina de la
época. Véase Jaramillo Uribe (20).

cacique entonces hacía su ofrecimiento a las deidades echando todo el oro en medio de la laguna.

> De esta ceremonia se tomó aquel nombre tan celebrado de El Dorado, que tantas vidas y haciendas ha costado. [...] De aquí corrió la voz a Castilla y las demás partes de las Indias, y a Benalcázar le movió a venirlo a buscar, como vino, y se halló en esta conquista y fundación de esta ciudad[...] [18].

Con este recuento Freile desmitifica la leyenda y reafirma su creencia en que Nueva Granada es El Dorado. En un sentido el mito sigue funcionando como tal en tanto y en cuanto se perpetúa la creencia en un reino de la abundancia. La diferencia está en que este último se materializa en un lugar específico y real por medio de un cambio referencial: la leyenda pasa a ser realidad histórica. Sin embargo, este "Dorado" está atravesando por un mal momento y necesita urgentemente que se le ayude: "[...]el Reino se está con su calentura, doliente y enfermo" (320). De este modo, la reformulación y reapropiación de una leyenda que hasta ahora ha resultado inservible desde un punto de vista económico, pasa de un plano mítico (poético) a un plano referencial (real), articulándose el cambio en el contexto contemporáneo al autor. Así, logra cumplir una doble función económica vital: la recuperación de un esplendor que un día caracterizó a Nueva Granada y el despertar la urgencia de la crisis en el receptor. Los dos planos temporales, el antes y el ahora, tratan de fundirse en un solo momento en que se necesitan ciertas estrategias económicas y políticas para vencer un presente de crisis.

Como ha señalado De Certeau, "el discurso es una forma de 'capital', invertido en símbolos, transmisible, susceptible de ser desplazado, acrecentado o perdido" (29). Es decir, que el discurso se plantea como posibilidad gracias a una práctica acumulativa necesaria para su propia reproducción y transformación. El mito de El Dorado en *El carnero*, como en tantos otros textos de la Colonia, es parte del "capital" discursivo acumulado por la cultura de Indias y que en este caso es utilizado para sostener un relato fundacional que liga los orígenes de Nueva Granada al prestigioso reino del oro. En este sentido, el Reino se convierte en un proyecto económico a seguir. Con el mito, la crónica rememora el proyecto fundacional: un proyecto económico que desde el punto de vista del texto está a punto de fracasar. El relato se construye, precisamente, para hacer saber al lector este hecho. Es por esto que ante "la enfermedad del Reino", Freile dice: "Lo que yo le aconsejo [al Reino] es que no pare en sólo quejarse, sino que procure médico que le cure, porque de no hacerlo, le doy por pronóstico que se muere" (320).

La curación del Reino requiere la transformación de varias entidades sociales: la ciudad, los sujetos y la historia misma del Reino. En el caso de la ciudad, tanto José Luis Romero (1976 y 1981) como Ángel Rama coinciden en que la mentalidad urbana dominó decididamente en las Indias. Según el primero, la mayoría de los cronistas destacaron la "serena dignidad de la vida noble que veían, o creían ver, alojada en un escenario modesto pero altivo", la ciudad (1976: 117). Bernardo de Balbuena, Juan de Castellanos y Francisco Cervantes de Salazar serían ejemplos de escritores que extreman la idealización del espacio urbano. No obstante, a medida que se ha asentado el proceso de colonización, sobre todo a partir del siglo XVII, encontramos que "no faltó el cronista escéptico o el poeta satírico que descorriera el velo de la picaresca urbana" (Romero, 1976: 117). Como ha señalado Richard Lehan: "As the function of the city changes, its very nature changes, and those changes alter our ideologies that are encoded in cultural signs including our literary texts" (111-112). Al codificar una percepción particular de la ciudad, *El carnero* ofrece una interpretación del papel que desempeña el espacio citadino para la situación del Reino.

Podemos concluir que, en el caso de Freile, donde el campo representa estabilidad tradicional, lo que se devela es una situación social en transformación, que afecta o amenaza el orden establecido. Freile, como letrado asociado a dicho orden, revela a sus lectores una topografía particular del espacio social donde viven, a la vez que ese yo (intelectual) se sitúa como portador de una verdad y de un poder que se dan en la escritura. A través de ella se deja al descubierto un mundo donde lo alto (grandes hazañas, administración colonial) convive con lo bajo (casos) poniendo en evidencia el peligro que esto representa para la estabilidad colonial. Es por esto que en el texto se privilegia el proyecto original de explotación (Dorado-Nueva Granada); en segundo lugar, para los sujetos llamados a perpetuar y beneficiarse de dicho proyecto, se formula una caracterización moral particular que asegura la producción de riquezas a través de la posesión y el trabajo de la tierra (administrador-labrador). Por último, la ciudad recupera su función como centro administrativo del Reino desde donde se controla y vigila el bienestar general y la producción de bienes económicos. De este modo, tanto el proyecto moral como el económico son indisolubles y centrales para la comprensión de *El carnero* y su postulación como instrumento disciplinario y ordenador.

BIBLIOGRAFÍA

Barthes, Roland, *Empire of signs*, Richard Howard (trad.), Nueva York, Hill and Wang, 1984.
Bordieu, Pierre, "Campo intelectual y proyecto creador", en *Problemas del estructuralismo,* Julieta Campos, Gustavo Esteva y Alberto de Ezcurdia (trads.), México, Siglo XXI, 1968, pp. 135-182.

Certeau, Michel de, *La escritura de la historia,* Jorge López Moctezuma (trad.), México, Universidad Iberoamericana, 1985.

Chang-Rodríguez, Raquel, "Apuntes sobre sociedad y literatura hispanoamericanas en el siglo XVII", *Cuadernos Americanos,* núm. 4 (1974), pp. 131-144.

Delgado, Álvaro, *La Colonia: temas de historia de Colombia,* Bogotá, CEIS, 1974.

Foucault, Michel, "Questions on Geography", en *Power/Knowledge: Selected Interviews & Writings, 1972-1977,* Colin Gordor (comp.), Leo Marshall, John Mepham y Kate Soper (trads.), New York, Pantheon Books, 1980, pp. 63-77.

——, *Vigilar y castigar: nacimiento de la prisión,* Aurelio Garzón del Camino (trad.), México, Siglo XXI, 1985.

Hoberman, Louisa Schell y Susan Migden Socolow (comps.), *Cities and Society in Colonial Latin America,* Albuquerque, University of New Mexico Press, 1988.

Jaramillo Uribe, Jaime, "Etapas y sentido de la historia de Colombia", en *Colombia hoy,* México, Siglo XXI, 1985, pp. 15-51.

Lehan, Richard, "Urban Signs and Urban Literature: Literary Form and Historical Process", *New Literary History,* 17 (1986), pp. 99-113.

Marin, Louis, *Utópicas: juegos de espacios,* René Palacios More (trad.), México, Siglo XXI, 1975.

Martinengo, Alessandro, "La cultura literaria de Juan Rodríguez Freile", *Thesaurus,* 19 (1964), pp. 274-299.

Martínez, Carlos, *Sinopsis sobre su evolución urbana,* Bogotá, Escala, 1883.

Mignolo, Walter, "El mandato y la ofrenda: la *Descripción de la ciudad y provincia de Tlaxcala,* de Diego Muñoz Camargo, y las Relaciones de Indias", *Nueva Revista de Filología Hispánica,* 35 (1987), pp. 451-484.

——, "El metatexto historiográfico y la historiografía indiana", *Modern Language Notes,* 96 (1981), pp. 358-402.

——, "La grafía, la voz y el silencio: las Relaciones geográficas de Indias en el contexto de las letras virreinales", *Insula,* núm. 522 (1990), pp. 11-12.

——, "La lengua, la letra, el Territorio (o la crisis de los estudios literarios coloniales)", *Dispositio,* núms. 28-29 (1986), pp. 137-160.

Morse, Richard M., "Introducción a la historia urbana de Hispanoamérica", en *Estudios sobre la ciudad iberoamericana,* Madrid, Consejo Superior de Investigaciones Científicas, 1983, pp. 59-53.

Parra Sandoval, Rodrigo, "El intelectual de la Colonia: *El carnero* como una visión del mundo", *Razón y Fábula,* núm. 31 (1973), pp. 59-90.

Pastor, Beatriz, *Discurso narrativo de la conquista de América,* La Habana, Casa de las Américas, 1983.

Rama, Ángel, *La ciudad letrada,* Hanover, Ediciones Del Norte, 1984.

Rodríguez Freile, Juan, *El carnero,* Darío Achury Valenzuela (comp.), Caracas, Ayacucho, 1979.

Romero, José Luis, "Campo y ciudad: las tensiones entre dos ideologías", en *Cultura y sociedad en América Latina y el Caribe,* París, UNESCO, 1981, pp. 25-45.

——, *Latinoamérica, las ciudades y las ideas,* México, Siglo XXI, 1976.

Vargas Lesmes, Julián, "Régimen político y sociedad criolla en la Nueva Granada colonial", *Monografías Sociológicas,* núm. 11 (1982), Bogotá, Universidad Nacional de Colombia.

A NATUREZA COMO IMAGEM DO PAÍS: ATUALIDADE DE UMA REPRESENTAÇÃO COLONIAL

REGINA ZILBERMAN
Pontificia Universidad Católica, Rio Grande do Sul

> O amor infeliz, o descobrimento dessa bela região, as conquistas dos Europeus, haviam já inspirado aos homens do Novo Mundo; sem o perceber, deixavam-se seduzir por um ambiente delicioso; poetas da natureza, haviam celebrado seus encantos; dominados por paixões nobres e ardentes, cantavam o seu poder.
> Ferdinand Denis: 30.

Os descobridores que cruzaram o Atlântico e atravessaram o Pacífico foram os primeiros heróis da modernidade. De uma parte, pelo cunho aventuresco de sua atividade, que, em alguns casos, levou-os ao sacrifício da própria vida, e, em outros, garantiu fortuna e prestígio no país de origem. De outra, pelo que trouxeram de novidades e riqueza, acostumando a Europa ao consumo de produtos então ignorados e desencadeando um progresso até aquele momento inaudito.

Muitos dos navegantes foram tambem autores de livros que atraíram a curiosidade dos europeus. Desde o começo do século XVI, o público leitor, emergente graças à invenção e difusão da imprensa, contudo, ávido por acompanhar os eventos que aumentavam as fronteiras do mundo conhecido, manifestou sua preferência por obras voltadas a descrição da terra e dos povos alcançados pelos descobridores.

A conquista da América é o assunto de *Mundos Novus* (1502), carta de Américo Vespucci à Lorenzo de Medici que alcançou notável sucesso. Bem sucedidos foram também os relatos de Hans Staden, só em 1557 alvo de três diferentes ediçoes, e Jean de Léry, cuja *Histoire d'un voyage fait en la Terre du Brésil* foi publicada em várias línguas e teve seis edições em francês entre 1578, ano de seu lançamento, e 1600.[1]

Nesses livros e similares, destaca-se primeiro a descrição dos hábitos e aparência originais dos nativos, que viviam num sistema social muito

---

[1] Ver a respeito Scheaffer.

diverso do predominante na Europa. A inocência desses povos chama a atenção do cronista, que lhes atribui permeabilidade aos valores cristãos, facilicitando o trabalho de catequese a ser patrocinado pela Igreja católica.

O tema já se apresenta na carta de Pero Vaz de Caminha, escrita em 1500 e publicada em 1507, talvez em decorrência do interesse antes indicado (Caminha). E é reiterado, ao longo do século XVI, por historiadores, como Gandavo, e sacerdotes, como Manuel da Nóbrega, nas obras em que narram seu conhecimento da terra brasileira (Gandavo).

Esses documentos do começo da ocupação mostram leigos e religiosos frente a um modelo de civilização e cenário, que, embora originais, eram analisados segundo padrões europeus, de que advinham algumas contradições. De um lado, numa obra como a de Léry, chega-se a idealizar determinados ângulos da organização social nativa, mostrando a superioridade da vida selvagem face à civilizada, mito desde então assíduo no pensamento ocidental.[2] De outro, condena-se o paganismo dos índios e legitima-se a política de conversão à fé católica, com suas inevitáveis conseqüências, uma delas sendo o abandono da condição que fazia os índios tao sedutores aos olhos europeus.

O assunto principal das obras, contudo, não é esse; a descrição da natureza ocupa o maior número de páginas, sendo arrolados, em ordem decrescente, características do espaço físico, minerais, animais e vegetais que singularizam a terra. Aparentemente, o relato organiza-se conforme o modelo das ciências naturais; porém, o rol minucioso tem outro propósito: quer destacar o valor mercantil dos produtos encontrados. Por mais que idealize o cenário, o cronista não esquece de enfatizar a lucratividade de seus componentes e os ganhos a serem auferidos pelos colonizadores e a Coroa portuguesa com a exploração da área.

O tema aparece nos primeiros cronistas do século XVI e mantém-se atual até o século XVIII. Gandavo é dos que melhor o expressam, pois sua obra quer motivar a administração portuguesa, até então indiferente à província de Santa Cruz, a explorar as incontáveis riquezas da terra:

> Porque a mesma terra é tal, e tão favoravelmente aos que a vão buscar, que à todos agasalha, e convida com remédio por pobres e desamparados que sejam. (s.p.)

O capítulo sobre "as grandes riquezas que se esperam da terra do sertão" encerra com o voto de que se busquem as pedras preciosas que aguardam quem adentrar o território:

---

[2] Ver a respeito Léry.

Esta província de Santa Cruz, além de ser tão fértil como digo, e abastada de todos os mantimentos necessários para a vida do homem, é certo ser também mui rica e haver nela muito ouro e pedraria, de que se têm grandes esperanças [47].

Sei que assim destas como doutras há nesta província muitas & mui finas, & muitos metais, donde se pode conseguir infinita riqueza. A qual permitirá Deus, que ainda em nossos dias se descubra toda, para que com ela se aumente muito a coroa destes Reinos: aos quais desta maneira esperamos (mediante o favor divino) ver muito cedo postos em tão feliz & próspero estado, que mais se não possa desejar [48].

Gabriel Soares de Sousa, no *Tratado descritivo do Brasil*, de 1587, contemporâneo, portanto, do de Gandavo, faz advertência similar: assinala a fertilidade e riqueza da terra, para obter da administração metropolitana maior proteção e apoio para os colonos:

Minha pretensão é manifestar a grandeza, a fertilidade e outras grandes partes que tem a Bahia de todos os Santos e o demais Estado do Brasil, do que se os Reis passados tanto se descuidaram; a El-Rei Nosso Senhor convém, e ao bem do seu serviço, que lhe mostre, por estas lembranças, os grandes merecimentos deste seu Estado, as qualidades e estranhezas dele, etc; para que lhe ponha os olhos e bafeje com seu poder; o qual se engrandeça e estenda a felicidade, com que se engrandecerão todos os Estados que reinam abaixo de sua proteção [Sousa].

Logo a seguir comenta o senhor de engenho da Bahia e vereador da Câmara:

Em reparo e acrescentamento estará bem eapregado todo o cuidado que Sua Majestade mandar ter deste novo reino; pois está capaz para se edificar nele um grande império, o qual com pouca despesa destes reinos se fará tão soberano, que seja um dos Estados do mundo, porque terá de costa mais de mil léguas, como se verá por este Tratado no tocante à cosmografia dele, cuja terra é quase toda muito fértil, mui sadia, fresca e lavada de bons ares, e regada de frescas e frias águas. Pela qual costa tem muitos, mui seguros e grandes portos, para neles entrarem grandes armadas com muita facilidade; para as quais tem mais quantidade de madeira que nenhuma parte do mundo; e outros muitos aparelhos para se poderem fazer [Sousa: 1].

Segundo Varnhagen, Frei Vicente do Salvador, na *História do Brasil*, escrita em 1627, ter-se-ia baseado no tratado de Gabriel Soares de Sousa. Com efeito, aquela repisa tópicos desse, ao queixar-se da administração portuguesa, por ela não investigar os indícios de que a região é rica em ouro e pedras preciosas:

Também há minas de cobre, ferro e salistre, mas, se pouco trabalham pelas de ouro e pedras preciosas, muito menos fazem por estoutras [Salvador: 56].

Rocha Pitta, já no século XVIII, reforça a caracterização da natureza como opulenta, fértil e propiciadora do enriquecimento português, conforme se lê na sua *História da América Portuguesa*:

Vista já, posto que em sombras, a pintura do corpo natural desta região, a benevolência do seu clima, a formosura dos seus astros, a distância das suas costas, o curso de sua navegação, o movimento dos seus mares, objectos que mereciam mais vivos e dilatados rascunhos, mostraremos também em brutesco breve as suas produçoês, frutos, plantas, lavouras e manufacturas, com que os Portugueses foram fazendo grandes os interesses do seu comércio e as delícias de suas povoações, e outras árvores, flores e frutas estrangeiras, que com o tempo lhe introduziram, recebendo-as a terra para as produzir tão copiosamente, que bem mostra que só onde não é cultivada, deixa de ser profusa: exporemos o mimo dos seus mariscos, o regalo dos seus pescados e a riqueza das suas pescarias; de tudo daremos breve, mas distinta notícias [Pitta, 15].

Dá prosa, o tema migra para a poesia, os poetas não deixando de, ao louvarem a paisagem circundante —sua pátria—, destacarem sua rentabilidade e possibilidade de comercialização. Manuel Botelho de Oliveira, descrevendo "A ilha de Maré", enumera as vantagens da flora e da fauna do local:

> Aqui se cria o peixe regalado
> Com tal sustância e gosto preparado,
> Que sem tempero algum para apetite
> Faz gostoso convite
> E se pode dizer em graça rara
> Que a mesma natureza os temperara [Oliveira: 57].

A opulência e o favorecimento da riqueza econômica reaparecem na descrição feita por outro baiano, Frei Manuel de Santa Rita Itaparica, de outra ilha, a de Itaparica, confirmando a reiteração do tema na literatura do período colonial:

> Em o Brasil, província desejada
> Pelo metal luzente, que em si cria,
> Que antigamente descoberta e achada
> Foi de Cabral, que os mares descorria,
> Porto donde hoje está situada
> A opulenta e ilustrada Bahia,
> Jaz a ilha chamada Itaparica
> A qual no nome tem também rica [Anônimo itapancano: 203].

Durante quase 300 anos, cronistas, historiadores e poetas idealizaram a natureza, ao ressaltarem suas qualidades e exagerarem suas virtudes. Mas o entusiasmo era movido pelo interesse pecuniário, o que trazia suas observações de volta para a realidade cotidiana. O embelezamento era fruto do desejo de atrair clientela para viverem ou usufruírem o mundo que descreviam, o que, de um lado, sem dúvida aproxima o texto produzido da propaganda, mas, de outro, evidencia o materialismo, o realismo e o pragmatismo de seus autores.

Pode-se reconhecer patriotismo e identificação com o solo americano naquelas descrições entusiasmadas. Mas sem esquecer a coerência dessa ótica, que sublinha as vantagens do espaço natural, com o projeto colonial patrocinado pela Coroa portuguesa. A exigência dos primeiros cronistas é que esse projeto seja eficientemente levado a cabo pelo governo metropolitano, de modo que são seus adeptos e divulgadores mais entusiasmados. Mesmo a visão do índio acompanha o ideário emanado de Portugal: salienta-se a identidade desses povos, enquanto eles são considerados diferentes; mas insiste-se na necessidade de sua conversão, para melhor aproveitar aquela mão de obra no processo de ocupação do território e execução da tarefa colonizadora.

Eis por que talvez seja o livro de Antonil que, desde o título, *Cultura e opulência do Brasil*, melhor represente esse projeto, por relacionar, de modo objetivo e prático, os ganhos alcançados com a aproveitamento das riquezas provenientes do cultivo do açúcar, do garimpo do ouro e pedras preciosas e da criação de gado. Suas palavras de conclusão sintetizam o modo como o território americano era encarado por autoridades e colonizadores:

> Pelo que temos dito até agora, não haverá quem possa duvidar de ser hoje o Brasil a melhor e a mais útil conquista, assim para a Fazenda Real, como para o bem público, de quantas outras conta o reino de Portugal, atendendo ao muito que cada ano sai destes portos, que são minas certas e abundantemente rendosas [Antonil: 205].

A literatura que sobre a natureza brasileira se escreveu durante o período colonial adere inteiramente às metas traçadas por Portugal para a conquista das terras ultramarinas. Seu fervor quando da descrição das belezas naturais é tanto mais intenso, quanto mais pode beneficiar a Metrópole lusitana.

> A poesia do Brasil é filha da
> inspiração americana.
> [Nunes Ribeiro: 16].

Vale a pena comparar essa visão da natureza com a dos primeiros românticos brasileiros, os da geração da Revista Niterói, pois ela não é menos grandiosa. Gonçalves de Magalhães, no "Ensaio sobre a história da literatura", assim se refere a ela, numa passagem final do estudo:

> Esse imenso e rico país da América, debaixo do mais belo céu situado, cortado de tão pujantes rios, que sobre leitos d'ouro, e pedras preciosas rolam suas águas caudalosas; este vasto terreno revestido de eternas matas, onde o ar está sempre embalsamado com o perfume de tão peregrinas flores, que em chuveiros se despensam dos verdes dosséis pelo entrelaçamento formados dos ramos de mil espécies; estes desertos, remansos, onde se anuncia a vida por esta voz solitária da cascata, que se despenha, por este doce murmúrio das auras, que se embalançam nos folhas das palmeiras, por esta harmonia grave e melancólica das aves, e dos quadrúpedes; este vasto éden separado por enormíssimas montanhas sempre esmaltadas de verdura, em cujo tope, colocado se crê o homem no espaço, mais chegado ao céu que à terra, e debaixo de seus pés vendo desnovelar-se as nuvens, roncar as tormentas, e disparar o raio; com tão felizes disposições da Natureza o Brasil necessariamente inspirar devera seus primeiros habitores [Magalhães: 155].

Pereira da Silva, participante do mesmo grupo, assim se expressa:

> A poesia então, esse foi o ramos em que primaram, e primarão sempre os povos dos países aquecidos pelo sol dos trópicos, por sua atmosfera de inspirações e de fogo. A poesia é uma fonte perene de delícias que brota no Brasil. A natureza faz poetas aos Brasileiros, inspira-os no berço; as árvores, os pássaros, as cascatas, os rios, as montanhas; esse límpido Céu, que, como manto azul claro, os acoberta, essa atmosfera pura e doce, que lhes sorri desde a infância; esse oceano majestoso, que chora e brinca, geme e folgueia sobre suas arenosas praias, tudo lhes aquece a imaginação, lhes eleva o pensamento, lhes aviva o entusiasmo, e lhes abre as asas à inteligência, essa soberba filha do Céu, que purifica e diviniza o homem [Silva: 25-26].

Nenhum dos dois contradiz a perspectiva trazida da literatura colonial, que engrandece a paisagem e considera-a única e inimitável. Mas neles ecoam também as palavras e sugestões de Ferdinand Denis, relativamente à necessidade de o poeta buscar inspiração na natureza circundante, que, por ser opulenta, fertilizará sua criação artística:

> Nesaas belas paragens, tão favorecidas pela natureza, o pensamento deve alargar-se como o espetáculo que se lhe oferece; majestoso, graças às obras-primas do passado, tal pensamento deve permanecer independente, não procurando outro guia que a observação.
>
> Se os poetas dessas regiões fitarem a natureza, se se penetrarem da grandeza que ela oferece, dentro de poucos anos serão iguais a nós, talvez nossos mestres [Denis: 30-32].

Denis introduz o preceito da estética romântica: a contemplação da natureza favorece a criação poética; e acrescenta-lhe uma virtude que seduz os intelectuais brasileiros: sendo a natureza americana pujante e diferente, ela suscita uma poesia original e nova, adequada a um país que acabou de romper os laços políticos com Portugal, portanto, com a Europa.

A nova perspectiva determina uma mudança substantiva no modo de encarar e compreender o espaço. Uma nova qualidade é posta em relevo —sua americanidade ou diferença em relação à paisagem européia. E um novo resultado é almejado— a nacionalidade da poesia, condição da identidade da literatura brasileira.

A natureza agora é o penhor da identidade nacional: separa o Brasil da Europa, portanto, distingue a poesia local da que outrora a influenciou. Para Santiago Nunes Ribeiro, a poesia brasileira é "filha das florestas", descendência a que estaria inabilitada a literatura do Velho Continente. Eis por que a primeira pode se mostrar simultaneamente original e nacional, inédita e brasileira, realizando de um só golpe duas aspirações da estética romântica.

A fim de obter esse resultado, aos românticos cabia, à primeira vista, tão-somente levar adiante o trabalho dos escritores do período colonial. Para tanto, contudo, eles precisavam também suprimir uma informação fundamental, que, todavia, estava muito clara na consciência dos poetas e cronistas dos séculos XVI, XVII e XVIII: aquela natureza atraía, porque podia ser explorada e garantia o enriquecimento de seus ocupantes. Essa é outra mudança substantiva, porque eles se obrigaram a omitir o processo que motivou a colonização e determinou a dependência do Brasil à economia européia. Sob este ângulo, os românticos foram mais longe na idealização do cenário, porque careceram do pragmatismo dos que os antecederam.

Entre os historiadores e poetas dos séculos da colonização e os intelectuais românticos estabelece-se, pois, uma clivagem que corresponde, ainda hoje, a duas visões da natureza brasileira ou, mais amplamente, da vida nacional. De um lado, a perspectiva que a considera lugar a ser explorado, visando contribuir para o crescimento do país e à solução dos problemas sociais; mas que omite a circunstância de essa ocupação reforçar a situação de dependência e submissão às regras do capitalismo internacional. De outro, a que entende ser competência da arte expressar peculiaridades locais, esperando, com isso, alcançar a autonomia ainda não atingida nos planos econômico e político, ignorando, por outra via, a dependência antes mencionada.

Ambas as perspectivas ultrapassaram a época em que foram formuladas, porque as questões a que respondem ainda estão presentes na cultura brasileira. E traduzem contradições do Brasil contemporâneo, justificando seu estudo e discussão.

BIBLIOGRAFÍA

Antonil, André João, *Cultura e opulencia do Brasil*, São Paulo, EDUSP, 1982.
Caminha, Pero Vaz de, *Carta a El Rei D. Manuel*, São Paulo, Ed. Leonardo Arroyo, 1963.
Denis, Ferdinand, *Resumo da história literária do Brasil*, traducción de Guilhermino Cesar, Porto Alegre, Lima, 1968.
Gandavo, Pero Magalhães de, *Carta a El Rei D. Manuel*, Lisboa, Oficina de Antonio Gonçalves, 1576.
Itaparicano, Anônimo [Frei Manuel de Santa Maria Itaparica] "Descripção da ilha de Itaparica" en F.A. de Varnhagen, *Florilégio da poesia brasileira*, Rio de Janeiro, Publicacões da Academia Brasileira, 1946, tomo 1.
Léry, Jean de, *Viagem à terra do Brasil*, Sérgio Millet (trad.), São Paulo, Martins, 1941.
Magalhães, Gonçalves, "Ensaio sobre a historia da literatura", *Nitheroy*, 1:1(1978).
Nobrega, Manuel da, *Cartas do Brasil e mais escritos*, Serafin Leite, S.J. (comp.), Coimbra, Universidad de Coimbra, 1955.
Nunes Ribeiro, Santiago, "Da nacionalidade da literatura brasileira", *Minerva Brasiliense*, 1:1(noviembre, 1843).
Oliveira, Manoel Botelho de, "A ilha de Maré", en *Música do Parnasso*, Rio de Janeiro, Instituto Nacional do Livro, 1953.
Pitta, Sebastião da Rocha, *História da América Portuguesa*, Rio de Janeiro, W.M. Jackson, 1958.
Salvador, Frei Vicente do, *História do Brasil: 1500-1627*, 5a. ed, São Paulo, Melhoramentos, 1965.
Schaeffer, Dagmar, *The Image of Brazil in German Books and Prints of the Sixteenth and Seventeenth Centuries*, Providence, Brown University, Center for Portuguese and Brazilian Studies, 1987.
Silva, J.M. Pereira da, "Introdução", *Parnaso brasileiro ou Seleção de poesias dos melhores poetas brasileiros*, Rio de Janeiro, Laemmert, 1943, tomo 1.
Sousa, Gabriel Soares de, *Tratado descriptivo do Brasil*, comm. Francisco Adolpho de Vennhagen, Rio de Janeiro, tipografía de João Ignacio da Silva, 1879.

LAS DOS EDICIONES DE LA *HISTORIA DEL MONDO NUOVO* DE GIROLAMO BENZONI

ALESSANDRO MARTINENGO
Universidad de Pisa

De las tres graves reservas que a raíz de las opiniones emitidas, en 1584, por el cosmógrafo del rey de Francia, André Thevet, pesan sobre la *Historia del Mondo Nuovo* (1a. ed. 1565, 2a. ed. 1572), la crítica ha venido poco a poco liberándose, aunque se leen todavía, en las páginas de alguno que otro investigador, alusiones a ellas, pero casi se diría que rituales y faltas de verdadera convicción. Según la vieja tesis, Benzoni sería un nombre apócrifo, del cual habría echado mano un desconocido que, interesado en hacer circular un libelo lleno de violentas acusaciones contra España y su gobierno de las Indias, no quería sin embargo exponer directamente la cara; como añadidura, y en parcial contradicción, Thevet afirmaba que Benzoni nunca había viajado a América; en cualquier caso, su libro, al menos en las traducciones o refundiciones publicadas en Ginebra por el calvinista Urbain Chauveton (1578 en latín; 1579 en francés), no debía considerarse más que un vulgar plagio de la *Historia general de las Indias* de López de Gómara (Thevet, 5: 272-273; 8: 267).

Para empezar con la última reserva, es verdad que Benzoni parafrasea frecuentemente, y a veces copia al pie de la letra (aun citando habitualmente sus fuentes), no sólo largos fragmentos de Gómara sino tambien de Cieza de León, de Fernández de Oviedo y de Pedro Mártir de Anghiera, todos autores que incluso podía leer en italiano (de la *Crónica del Perú* de Cieza y de la *Historia* de Gómara se publicaron, respectivamente en 1555 y 1556, las traducciones de Augustino de Cravaliz; de la *Historia general y natural de las Indias*, de Oviedo, hizo conocer un extenso resumen Ramusio, insertándolo en el tercer volumen de las *Navigazioni*, 1556; mientras que de Pedro Mártir, también presente en la colección ramusiana, había sido impreso, ya en 1534 y en Venecia, el *Summario de la generale historia de l'Indie Occidentali*). Pero una acusación tan radical como la de plagio es indudablemente excesiva, como han afirmado los historiadores Rosario Romeo (1989: 89-90n) y

Federico Chabod (1967: 425-426), sugiriendo que las técnicas compositivas de nuestro autor han de juzgarse con arreglo a los hábitos de investigación propios de su época, cuando se exigía de una obra, especialmente si trataba de temas históricos o científicos, más que unos aportes originales e inconfundibles, la exposición correcta y sistematizada de una sabiduría de alguna manera ya asimilada y tradicional.

En cuanto a la hipótesis según la cual Benzoni nunca habría viajado a América, es verdad que hasta ahora ningún documento externo y fehaciente ha podido comprobar lo que él mismo nos refiere acerca de su estancia en el Nuevo Mundo (los únicos documentos que con toda seguridad se relacionan con nuestro escritor son el permiso de publicación de la obra y la súplica autógrafa con la que se solicita el privilegio para la reimpresión de la misma durante los veinte años siguientes: ambos documentos fechados en 1565, poseídos por el Archivo de Estado de Venecia y publicados por Augusto Fraccacreta, 1539, 103-104). Hay que limitarse por lo tanto a las informaciones que nos proporciona el propio libro, comparándolas una con otra y cada una de ellas con la fuente (o las fuentes) utilizada por el propio Benzoni y/o con otras eventuales fuentes histórico-documentales: tarea con la que ha cumplido egregiamente León Croizat, quien —en el estudio preliminar a la traducción de la Historia por Marisa Vannini— ha trazado un minucioso cuadro cronológico de las andanzas de nuestro milanés, llegando a este respecto a conclusiones definitivas: "No he logrado descubrir errores dignos de mención en las fechas que él fija para sus viajes entre 1541 y 1558 [sic; léase 1556], y no hay razón alguna para dudar de que los sucesos personales relatados sean verídicos en su gran mayoría" (Benzoni, 1967: LXXXVI).

Pasando a la primera de las acusaciones de Thevet mentadas al comienzo, ésta ha seguido gozando de cierta fortuna hasta tiempos bastante recientes, debido a la evidente desproporción entre los dos planos que constituyen el libro, el plano de la morosa y extensa recopilación histórica y cronística, por un lado, y por otro, el de la textura o urdimbre autobiográfica, mucho mas sutil, y en la cual además se han descubierto remiendos y fallas: hasta el punto de que algunos han resucitado la vieja hipótesis de un recopilador anónimo que, con el propósito de hacer más plausible un acto de pura difamación, habría tratado de justificarlo con el pretexto de un viaje americano atribuible a un tal Benzoni. Hay que considerar, sin embargo, que la urdimbre autobiográfica del libro, aunque es a veces —como se ha dicho— muy sutil, no se rompe nunca y constituye el punto de apoyo de todo el discurso: sus nudos de intersección con el otro plano, el de la recopilación histórico-cronística, aparecen incluso intercalados con tanta pericia en el curso del texto y correspondiéndose tan sabiamente uno con otro como para obligarnos a considerar más funcional, no ya la tesis del cosmógrafo francés, sino la que supone la existencia de un viajero, mejor dicho, un escritor, que realmente se ha trasladado a América en los años indicados, ha permanecido allí, según dice, a lo largo de catorce años, y, a su regreso a Europa, ha pensado combinar —en una forma literaria, si se quiere, no perfectamente lograda— sus personales recuerdos con un extenso material cronístico y libresco, de alguna manera coherente con ellos: un viajero y escritor al cual, hasta el momento, no se ha sabido dar nombre distinto al de Benzoni.

He dicho "viajero" y he corregido o integrado la noción añadiendo la palabra "escritor": en efecto, llamamos escritor al autor de una obra a la cual es lícito atribuir, a despecho de sus posibles imperfecciones, una unidad y coherencia fundamentales, tanto en el aspecto expresivo como en el conceptual. Desde un punto de vista meramente conceptual o ideológico, ya reivindica la unidad de la *Historia* el citado investigador italiano Rosario Romeo al hablar de un "libelo de polémica anti-española", unificado por el fin polémico que persigue (89-92); ni creo difícil demostrar, por medio de un análisis estilístico (como traté de hacerlo en otra ocasión), la coherencia formal del libro.

Me parece, sin embargo, que la prueba más concluyente de la unidad de la *Historia*, mejor dicho y aún más importante, la prueba de que, detrás de esa unidad, funciona la mente consciente y ordenadora de un solo escritor, la ofrece la cuidadosa revisión —al propio tiempo lingüística, estilística e ideológica— a la que se sometió el texto en el paso de la primera a la segunda edición. Dedicaré, por lo tanto, las páginas que quedan a un examen somero de dicha revisión.

Las correcciones lingüísticas se adecúan a las normas de la codificación del italiano del siglo XVI, establecidas por Pietro Bembo, en las *Prose della volgar lingua*, y otros teóricos contemporáneos. Éstas afectan sobre todo a la morfología verbal: es así como todas las formas de subjuntivo imperfecto de tercera del plural en —*ino* de la primera edición pasan a —*ero* en la segunda (Bembo, 255; por ejemplo: donassino→donassero); las formas de pretérito indicativo de tercera del plural en —*orono*, de la primera edición, pasan a —*arono* en la segunda, las en *irno* pasan a *irono*, las en —*ono* pasan a —*ero* (Bembo: 241-242; por ejemplo: sollevorono→sollevarono; ferirno→ferirono; vòlsono→vòlsero); finalmente, las formas de presente de indicativo de tercera del plural de la tercera conjugación en —*ano* pasan a —*ono* (Bembo: 233; por ejemplo: dicano→dicono); etcétera.

En cuanto al estilo, la primera edición se nos revela a trechos más espontánea y coloquial: la frase "mi ritirai, e tutto turbato me ne fuggì" (I,

162r)* pasa a un seco "me ne fuggì"(II, 163v); "né mai si vide il Cielo sereno; e così sempre stá il Sole nascoso per quelle nube" (I, 163r) se reduce a "né mai si vede il Ciel sereno" (II, 164r); "[las frutas] si guastano e non durano" (I, 57v) se abrevia en "in breve si guastano" (II, 58r). Algunas veces la primera edición se aproxima más a las fuentes: por ejemplo, al referir la opinión de que un piloto anónimo habría informado a Colón del paraje de las islas oceánicas, decía antes: "Andando un Poeta nel mar nostro Oceano con una caravella[...]" (I, 10r; cf. Gómara: 165a: "Navegando una caravella por nuestro mar Océano[...]"); mientras después se limita a decir: "Andando un Poeta nel mar nostro[...]" (II,10r).

Pero en general, hay que reconocer que Benzoni alcanza lo que debió ser su aspiración, conseguir una mayor soltura, viveza y exactitud en el paso a la segunda edición. Acude por ejemplo a la repetición de verbos sinónimos u homófonos para dar mayor realce al relato: "[...] fissamente guardando e risguardando, dicendo" (II, 26v; "fissamente riguardavano, dicendo" I, 26r). En otras ocasiones se añaden rasgos pintorescos en la descripción de fenómenos o experiencias ya de por sí raras e insólitas para el lector europeo; por ejemplo, cuando el autor acentúa su repugnancia por el olor a tabaco ("[...]sentito il fetore *di questo veramente diabolico e puzzolente fumo*, era forzato a partirmi con gran prestezza et *andare in altro loco*[...]", (II, 55r) o se empeña en lucir su habilidad en defenderse del asalto de las niguas ("[...]se con fosse stato più che sollecito a nettarmi e spesse volte *andare al fiume a lavarmi, veramente*, io havrei fatto *molto* male i fatti miei", II, 61r). Las intervenciones reflejan a menudo la preocupación de aclarar sucesos o conceptos, añadiendo detalles o quitando ambigüedades ("[...]se n'ando [C. Colón] e costeggiando Capo la Vela, *poi traversato il mare, in breve* arrivò all'Isola Spagnuola", II, 22r; a propósito de la vuelta de Colón después del segundo viaje, decía antes: "Smontato a Medina di Campo, vi trovò la Corte Reale", I, 19v, y corrige después, II, 19v: "Smontato in terra di Calice, per le poste se ne andò alla corte", olvidando a Gómara: 170b, por Pedro Mártir de Anghiera, Mondo Nuovo,107; etc.). En otros casos resulta claro cómo Benzoni vuelve a echar mano a las fuentes con el fin de ofrecer suplementos de información o subsanar errores: así, hablando de la llegada de Colón a Santo Domingo en su cuarto viaje, añade el párrafo siguiente: "*Alcuni dicono che il Bombadiglia gli prohibí la entrata nel porto, e che l'Ammirante assai se ne dolse, dicendo che non lo voleva lasciar entrare nella citta da lui edificata[...]; altri vogliono che vi entrasse*", II, 28r, reproduciendo literalmente a Gómara

---

* La remisión a las páginas de 1a. y la 2a. edición va precedida, respectivamente, por los números romanos I y II. Cuando remito únicamente a la 2a. edición, subrayo lo que en ésta ha sido añadido respecto de la 1a.

(171b), excepto en el error de nombrar a Bobadilla, antes que a Ovando, como gobernador de la Española. De manera parecida, al añadir detalles en la descapción de la misma isla compara la forma de ésta "*a la de la hoja del castaño*" (II, 61v), tomando la imagen de Pedro Mártir (Anghiera, 1534: 9v).

Pasando ya por alto otras correcciones de este tipo, que afectan más bien a detalles de redacción, para centrarnos en el meollo del reajuste ideológico que se ha producido entre los años 1565 y 1572, veremos que tres son fundamentalmente los ejes alrededor de los cuales gira la labor de profundización de Benzoni: a) la figura y el sino de Cristóbal Colón; b) la polémica contra España y sus métodos de gobierno colonial, cuyo reverso es el que se ha dado en llamar el "nacionalismo" italiano de Benzoni; y, finalmente, c) la crítica de los métodos de evangelización adoptados en América, crítica que se ha querido enlazar con el llamado "anticlericalismo" del escritor. Al hablar de "nacionalismo" y "anticlericalismo" me refiero, claro está, a la utilización que de estos conceptos hace Ferdinando Rosselli en su libro reciente y harto poco conocido, al cual debe reconocerse, entre otros, el mérito de abordar por primera vez el tema del cotejo entre las dos ediciones de la *Historia*. Poniéndonos a su zaga, tendremos la oportunidad de matizar puntos de interpretación, circunscribiendo la tacha de anacrónicas que podría imputarse a las mentadas definiciones: y, desde luego, por lo que al "anticlericalismo" se refiere, mejor valdría hablar de una postura de tipo erasmita, posiblemente inspirada en Oviedo, según me sugiere la excelente ponencia leída en este mismo XXVIII Congreso por Ligia Rodríguez: "Un aspecto de la influencia de Erasmo en Oviedo: invectiva contra los malos clérigos".

Rosselli se limita a esbozar la evolución de Benzoni respecto al tema colombino y de los métodos del gobierno colonial, y tiene razón al subrayar que en el paso de una a otra edición acentúa el milanés la reivindicación y defensa del aporte italiano a las empresas descubridoras y, más en general, al desarrollo de la civilización. Es certera la observación según la cual, para mejor fundamentar el rechazo de la tesis de Gómara llamada del piloto anónimo, acude sistemáticamente Benzoni al testimonio de Pedro Mártir, al cual él mismo cita ("Don Pietro Martire Milanese in un suo trattato dice[...]", II, 11v), refiriéndose al *Summario*, y no a las *Décadas*, como erróneamente cree Carrera Díaz (Benzoni, 1989: 80-81n). Pero muchos de los rasgos que le sirven para resaltar la figura y el papel del Almirante son harina del costal de nuestro milanés ("[Gómara tenía el propósito de] diminuire la immortal fama di Christofano Colombo, non potendo sopportar molti che un forestiero, e della nostra Italia, habbia conquistato tanto honore e tanta gloria", II, 12r; anteriormente sólo decía "un Italiano", I, 12r), o desarrollan con marcado énfasis simples sugerencias de Pedro Mártir: el humanista, por ejemplo, tras haberse quejado —a propósito de la prisión de Colón— de la inconstancia de la Fortuna, concluía de este modo: "[...]per opinion d'ogni huomo non pareva che mai si potesse trovar modo di rimunerarlo [a Colón]" (Anghiera, 1534: 24), reparo al que añade Benzoni un párrafo entero de hiperbólica ejemplificación: "[...]*se fosse stato al tempo de' Greci o de' Romani, overamente di qualunque altra liberal natione, gli [a Colón] havrebbono meritamente drizzato una statua, e in un tempio, come un Dio, adorato*" (II, 24r).

Totalmente independiente de Pedro Mártir y, al parecer, si creemos a Carrera Díaz (Benzoni, 1989: 82n), de cualquier otra fuente escrita, es el que se conocerá en adelante como el episodio del huevo de Colón y refiere el ardid con que el descubridor consiguió desenmascarar y ridiculizar a sus detractores: la anécdota se lee ya en la primera edición, en donde incluso presenta rasgos más pintorescos que en la segunda (copio en cursiva, excepcionalmente, los rasgos que han desaparecido de esta última): "Voi signori lo farete stare in piedi qui, *ma non con crusca, sale o vena;* ma nudo[...], *perché con remola e sabbione molti lo sanno fare; ma nudo vi prego che lo rizziate* [...]" (12v).

Dejo de hablar del que define Croizat (Benzoni, 1967: LXXVII) como "desafío de Barleta en tono menor", puesto que el episodio —incrustado por Benzoni en una larga invectiva contra los españoles (II, 79ss.) para resaltar la aversión y ojeriza que les tenían los italianos— ha sido tomado nuevamente en consideración por Rosselli (108-110 y 114n), quién no sólo ha precisado la fecha del suceso, ocurrido en Siena en 1512 (cf. Croce: 217n), sino que, al descubrir que el episodio falta en la primera edición, ha dado con una prueba luminosa del incremento de la animosidad antiespañola de Benzoni al correr de los años.

En cambio, ha permanecido inexplorado hasta hoy el aspecto de la revisión de la *Historia* que afecta al eje temático de la evangelización de los indígenas del Nuevo Mundo. A primera vista, el milanés parece extremar, en la reelaboración, su respeto por la vocación misionera en general (el mandato del papa Alejandro VI, al descubrirse las Indias, había sido que se predicara la "Santa Fede di Christo Salvatore e *Redentor nostro*", II 22r; la predicación de los apóstoles había convertido a príncipes y reinos poderosos, "i quali s' inchinavano *e adoravano* la legge sua divina", II, 36v), y por la actividad de los misioneros españoles en especial (en las Indias, éstos "procurano la libertà di questa *veramente* infelice generatione [...] vedendo [...] *i mali* e pessimi trattamenti che gli Spagnuoli [...] facevano a gl'Indiani", II, 37v; los mismos frailes han "procurato, e *ogni giorno procurano*, di distruggerli [los ídolos]" II, 53v; etc.). Sin embargo, más allá de los retoques formales que adopta, se percibe una creciente desconfianza en los resultados de la labor de evangelización, desconfianza que se atribuye a veces a los propios religiosos, y puede traducirse en una contraposición tajante entre españoles (es decir, conquistadores) y frailes: si los indios han aprendido de los cristianos a jugar, blasfemar, armar pendencias y vivir amancebados, *"questi sono parte de i miracoli che gli Spagnuoli hanno fatto nelle Indie"* (II, 113r; añadidura de la 2a. ed.). E incluso se llega a atribuir a un religioso la confesión del total fracaso de los esfuerzos misioneros, y esto en un pasaje que el cotejo revela como uno de los más profundamente repensados ("et in quanto a questa materia [los resultados de la predicación] parmi d'haverne detto la mia parte", I, 112v; "finalmente [el religioso] mi disse che quelli ch'erano batteggiati, altro non havevano salvo il nome de' Cristiani", II, 113v).

A esta altura el razonamiento va adelgazándose aún más, puesto que a los religiosos conscientes y doloridos por el fracaso de la evangelización contrapone Benzoni esos otros religiosos que —entregados a sus pasiones mundanas, concretamente a la codicia y al afán vehemente de honores y de poder— de aquel fracaso han sido la causa principal.

De la culpa de la codicia es buen ejemplo, según el milanés, el clérigo Bartolomé de Las Casas en el único episodio que la *Historia* refiere de él, ese primer experimento de colonización pacífica en la Costa de las Perlas que acabó trágicamente con las muertes de los campesinos castellanos traídos a América después de habérseles apresuradamente creado caballeros de la cruz roja. Benzoni desconfía abiertamente de las buenas intenciones del clérigo e, inspirándose en el corte satírico que le da Gómara al correscondiente relato, extrema aún más la actitud polémica de éste, atribuyendo todo el quehacer de Las Casas a una sola causa motora, a un solo móvil, la codicia: una radicalización que se aprecia claramente al comparar la cláusula final de Gómara ("[...]como supo la muerte de sus amigos[...] metióse fraile dominico en Santo Domingo; y así, no acrecentó nada las rentas reales, ni ennobleció a los labradores, ni envió perlas a los flamencos [los consejeros da Carlos V]", 205b) con la mucho más tajante de la *Historia*: "[...]*subito si misse Frate in San Dominico; donde fece meglio, a mio giudicio, che ritornare a Cubagua a pescar perle*" (II, 34r; Martinengo: 261-262).

La otra culpa, el afán de honores y poder, peor aún, la pretensión de los religiosos de convertirse en el brazo secular del poder, está simbolizada por fray Francisco de Valverde, aunque todo el episodio de la captura y muerte de Atahualpa y del saqueo del Cuzco se sometió, al menos según lo que podemos juzgar por los muchos cambios y correcciones, a una meditación larga y conflictiva, buena muestra de la prudencia del autor y piedra de toque decisiva para nuestro ensayo de interpretación.

Empieza Benzoni, como le ocurre frecuentemente, por despistarnos. En efecto, el texto del requerimiento leído por el fraile en Cajamarca se ve reforzado, en la segunda edición, por una serie de argumentos teológico-jurídicos que aparentan acrecer su peso y su justificación (*"[...]gli fece[...] sapere come era venuto[...] per commission della sacra Maestà dell'Imperatore, con l'autorità del Romano Pontífice. Vicario del Salvator celeste, il quale gli ha donato i paesi incogniti, accioché mandasse persone degne a predicare[...]"*, II, 122v). Pero si consideramos otros aspectos: la acusación a Pizarro de procurar a toda costa, y con finalidades maquiavélicas, la muerte del Inca (quería quitarse a Atahualpa de delante de los ojos, *"considerando che morto il capo facilmente i membri si sottometterebbono in servitú perpetua"*, II, 125; detalle tomado de Gómara: 231b, pero acentuando su intención); la pudorosa piedad con la que trata de los últimos días y de la muerte de Atahualpa (*"[...]finito il suo ragionamento con abondanza di molte lagrime"*, II, 126r (cf. Benzoni, 1967: 202n y Gómara: 231b); *"[...]di tutte le cose che gli Spagnuoli gli mostrarono nessuna gli piacque più del vetro, e disse a Pizzarro che stava molto meravigliato che, havendo in Castiglia così bella cosa, andava[...] cercando un metallo così rozo come era l'oro[...]"* (II, 126r); y, aún más, el énfasis con el que subraya la crueldad y codicia de los españoles en el saqueo del Cuzco (Pizarro "spogliò il *ricchissimo* tempio del Sole[...] Ma non satio ancora, arrabbiato d'avaritia ingorda, e tutti insatiabili d'oro, *con ogni sorte di tormenti, ripieni di crudeltà,* tormentavano i prigioni per rivelare i tesori sepolti[...] *O quanti Neroni, o quanti Domitiani, o quanti Comodi, o cuanti Basiani, o Quanti spietati Dionisi sono passati in questi Paesi[...]"* II, 127r), nos inclinaremos a ver en el conjunto del episodio casi una recapitulación de la atormentada, y hasta contradictoria, actitud del Benzoni de 1572 ante su ya lejana experiencia en el Nuevo Mundo. En su opinión, el manifiesto estado de inferioridad de los indios exige la evangelización y autoriza la dominación colonial, pero ésta no debe ser la premisa y condición de aquélla: hasta cierto punto, y en la medida en que sirve de apoyo al poder, puede justificarse la violencia, pero nunca cuando se la invoca con el pretexto de finalidades o pretensiones espirituales.

BIBLIOGRAFÍA

Anghiera, Pietro Martire d', *Summario de la generale historia de l'Indie Occidentalli cavato da libri scritti dal Signor Don [...]et da molte altre particulari relationi*, in Vinegia, s.t., 1534.

——, *Mondo Nuovo (De Orbe Novo)*, Temistocle Celotti (comp. y trad.), Milán, Alpes, 1930.

Bembo, Pietro, "Prose della volgar lingua", en *Prose e rime*, Carlo Dionisotti (comp.), 2a. ed., Turín, UTET, 1966, pp. 71-309.

Benzoni, M. Girolamo, *La historia del Mondo Nuovo di –Milanese. La qual tratta dell'Isole, e Mari nuovamente ritrovati, e delle nuove Città da lui proprio vedute, per acqua e per terra in quattordeci anni*, Venecia, Francesco Rampazetto, 1a. ed., MDLXV.

——, *La Historia del Mondo Nouvo di -Milanese. Nuovamente ristampata et illustrata con la giunta d'alcune cose notabili dell'Isole di Canaria*, Venecia, por instancia de los hermanos Pietro y Francesco Tini, MDLXXII.

——, *La Historia del Mundo Nuevo*, Marisa Vannini de Gerulewicz (comp. y trad.), León Croizat (est. prel.), Caracas, Academia Nacional de la Historia, 1967.

——, *Historia del Mundo Nuevo*, Manuel Carrera Díaz (comp. y trad.), Madrid, Alianza, 1989.

Chabod, Federico, *Scritti sul Rinascimento*, Turín, Einaudi, 1967.

Cieza de León, Pedro, *La crónica del Perú*, Madrid, Atlas, Biblioteca de Autores Españoles, núm. 26, pp. 349-458.

——, *La Prima Parte de la Cronica del Grandissimo Regno del Peru che parla de la Demarcatione de le sue Provintie...*, Augustino de Cravaliz (trad.), Roma, Valerio e Luigi Dorici, 1555.

Croce, Benedetto, *La Spagna nella vita italiana durante la Rinascenza*, 4a. ed., Bari, Laterza, 1941.

Fernández de Oviedo, Gonzalo, *Historia general y natural de las Indias*, Juan Pérez de Tudela Bueso (comp.), Madrid, Atlas, Biblioteca de Autores Españoles, núms. 117, 118, 119, 120 y 121.

Fraccacreta, Augusto, *Alcune osservazioni su l'"Historia del Mondo Nouvo" di Girolamo Benzoni (1519-15..)*, Roma, Tipografia Terme, 1939.

López de Gómara, Francisco, *Hispania victrix. Primera y segunda parte de la historia general de las Indias*, Madrid Atlas, Biblioteca de Autores Españoles, num. 22, pp. 155-455.

——, *La historia generale delle Indie Occidental i...*, Augustino de Cravaliz (trad.), Roma, Valerio e Luigi Dorici, 1556.

Martinengo, Alessandro, "Il giudizio di Girolamo Benzoni su Las Casas: denigrazione e censura", en *Orbis Mediaevalis. Mélanges de langue et de littérature médiévales offerts à Reto Raduolf Bezzola à l'occassion de son quatre-vingtième anniversaire*, G. Güntert, M.-R. Jung y K. Ringger (comps.), Berna, Francke, 1978, pp. 253-267.

Ramusio, Giovambattista, *Terzo volume delle navigationi et viaggi nel quale si contengono le navigationi al Mondo Nouvo...*, Venecia, Los herederos de L.A. Giunti, 1556.

Romeo, Rosario, *Le scoperte americane nella coscienza italiana del Cinquecento*, [1954], Bari, Laterza, 1989.

Rosselli, Ferdinando, *La "Historia del Mondo Nouvo" di Girolamo Benzoni Milanese. Contrasti e polemiche su una cronica italiana del XVI secolo*, Florencia, Università degli Studi, 1979.

Thevet, André, *Les vrais pourtraits et vies des hommes illustres grecz, latins et payens...*, [1584]. *Historie des plus illustres et sçavans hommes de leurs siècles, tant de l'Europe que de l'Asie, Afrique et Amérique, avec leurs portraits...*, 2a. ed., París, François Mauger, 1671.

SECRETOS DE LA INQUISICIÓN
O EL AMOR TRANSGRESOR

María Águeda Méndez
El Colegio de México

Conocida es la naturaleza del Santo Oficio novohispano, uno de los medios de represión del poderío español en América. Por representar una conjunción eclesiástico-política, encarnaba a un Estado impuesto, cuidadosamente cimentado y armado en los siglos XVI y XVII, mantenido cada vez más precariamente conforme transcurría el XVIII, periodo que interesa aquí. El Tribunal, como se le conocía entonces, causaba tensión al ser mencionado, pues vigilaba, censuraba, se valía de delatores, exigía declaraciones, requisaba[1] y condenaba toda expresión que escapase a la norma doctrinal o política establecida, en su lucha contra sentimientos, pensamientos o conductas que no acataran el orden instituido: su orden, que defendía celosamente contra los embates de los tiempos, en la conflictiva relación del sentir común con el poder público.

Curioso término este último (público), pues a diferencia de lo que implica era guardado y sostenido en secreto. Mecanismos inquisitoriales que exigían ocultamiento, que se llevaban a cabo a puerta cerrada, encubriéndolo todo y a todos los que tenían que ver con ellos: dominio de lo público en privado: afán de mantener lo cotidiano escondido.

Enmarcadas en lo cotidiano se hallaban muchas manifestaciones que no seguían las normas eclesiásticas; entre ellas se encuentra *el amor transgresor*: expresión de un sentimiento que por su condición, agente u objeto de deseo, merecía ser perseguido por el Santo Oficio. Emoción efusiva que conllevaba la conmoción y el escándalo de las autoridades por ser profano y lascivo, a diferencia del *amor honesto*, "enderezado y a buen fin" (*Autorida-*

---

[1] A ese afán compulsivo le debemos una extraordinaria variedad de textos escritos con la voluntad de utilizar el lenguaje para exponer —con ambiciones estéticas y creadoras— sentimientos, pensamientos y conductas. A la vez, podemos adentrarnos en los mecanismos básicos de una aculturación situada en los márgenes de la sociedad y poder dilucidar las bases de su funcionamiento, ideología e incluso de su manejo cotidiano.

des, s.v. amor). Además, era notorio y patente, amén de ser conocido por todos. Veamos algunos ejemplos.[2]

En 1803 se intercala una relación de causa en los anales de la Inquisición en contra del capellán Antonio Rodríguez Colodrero por aprobar, entre otras cosas, falsas visiones y revelaciones de una de sus confesandas, la beata María Rita Vargas (vol. 1418, exp. 17, ff. 219r-328r).[3] La Vargas creía conversar con el Niño Jesús, aunque en términos poco ortodoxos, pues le decía que era "su negrito, su chinito, su guapo", a lo que Él respondía que era "su chulo" (f. 236v), al tiempo que la acariciaba, pues estaba "mejor que los ángeles" (f. a 239r). Por su parte, en 1791, la beata Palacios creía hablar con un ángel y éste "se quexaba de que no le tratase con palabras de cariño"; ella a Dios le decía "pon tus ojos en los míos, y tus labios en mis labios" (vol. 1323, exp. 9, f. 19v) y Él le contestaba "llamándola Niña de mis ojos, mi Ministro Santo, *Relicario* donde se guarda el *Agnus Dei* [...] carne de mi carne" (fol. 20r).[4]

La Inquisición tomó cartas en estos y otros asuntos similares, pues si bien la inquietud espiritual de estas mujeres podía ser producto de la exaltación religiosa, lejos de enaltecerla y glorificarla (como habría hecho santa Teresa de Jesús), la confundía y perturbaba. Enredo de sentimientos que ponía en boca de los ángeles "resabios impropios de su condición" y a Dios como un solícito y sensual amante, lo que el Tribunal consideró como expresiones "carnales, blasfemas e indecentes a la pureza del amor de Dios y ajenas a las divinas locuciones", que le atribuían lo que sólo podía ser "obra del Demonio" (f. 19v-20v).[5] Por otra parte, algunas de estas "ilusas" contaban con un nutrido grupo de seguidores, lo cual no podía ser tolerado por las autoridades, pues volvía notorio lo que debía ser acallado.

Sin duda, ante los auscultadores ojos de los inquisidores, tendría que haber sido silenciado también lo que se decía sobre el comportamiento de

[2] Del proyecto "Catálogo de textos literarios novohispanos en el Archivo General de la Nación" (México), el cual coordino, consulté los materiales recogidos hasta el momento. Todos los textos pertenecen al grupo documental "Inquisición". Se respeta la ortografía de los documentos, no así su puntuación ni acentuación.

[3] "Relación de causa q[u]e en este Santo Oficio a ins[tanci]a del S[eño]r Ynq[uisido]r Fiscal contra d[o]n Antonio Rodríguez Colodrero, capellán seg[un]do del con[ven]to de San Lorenso, de esta ciudad, por yluso y aprobante de falsas visiones y rebelaz[ion]es y otras proposiciones resultantes del quad[ern]o que escrivió en forma de diario de la vida de María Rita Vargas, y del q[u]e igualmente escrivió de la de María de Celis, ambas procesadas y presas por el Santo Oficio. México, 1803." Este proceso se halla reproducido en: *maría rita vargas maría lucía celis beatas embaucadoras de la colonia. De un cuaderno que recogió la Inquisición a un iluso.* ANTONIO RODRÍGUEZ COLODRERO, *solicitante de escrituras y vidas.*

[4] "[Relación de las visiones y apariciones que tuvo como endemoniada] Agustina Josefa Vera de Villavicencio Palacios, natural de Pachuca. S[an]to Oficio de la Ynquisición de México, 1791." (Los subrayados son míos.)

[5] Para un estudio sobre este asunto, véase Méndez.

muchos clérigos con desmedidos intereses mundanos, o curas solicitantes, como se les llamaba en su época, a los cuales trató de ocultar. Estos "amantes del bello sexo" (Sánchez Ortega: 924) —lo cual en sentido estricto no es del todo cierto, pues se dieron casos de solicitación homosexual—[6] recurrían a infinidad de tácticas para lograr sus fines. Por ejemplo, el agustino fray Andrés de Chavarría, solicitó "torpemente en la confesión" y luego logró "gozar" a una de sus hijas espirituales, cometiendo "este abominable delito contra la voluntad de la paciente, antes de confesarla, por enferma en su cama, sig[u]iéndose immediatamente la confesión y absolución" (vol. 1163, exp. 2, f. 17r-18v).[7]

A su vez, el franciscano fray Juan del Castillo hacía uso de la siguiente glosilla para que sus confesandas, al sentirse aludidas, permitieran "tocamientos y palabras torpes" [vol. 1039, exp. 30, f. 318r]:

> ¿Quál es amante más fino
> aquél q[ue] cayando adora,
> o el q[ue] se explica atrevido? [f. 282r].[8]

O el cura hipólito fray Agustín Claudio de Santa Teresa de Jesús, que al acariciar a su solicitada, le decía la siguiente copla:

> Aora que hace mucho frío
> entrepernados los dos,
> juntitos nos estaremos
> amando a n[ues]tro Criador [vol. 819, exp. 1, f. 242r].[9]

Si bien fray Agustín no tuvo empacho en olvidar su condición de miembro del clero, añadió una segunda ofensa, al hacer uso de una copla blasfema en una situación por demás comprometedora.

Por si lo anterior fuera poco, no faltó quien mandase hacer poemas para lograr la atención de la amada, como fray Manuel de Castro. En un cuadernillo localizado en un proceso de 1760, se halla la siguiente cuarteta, con la instrucción manuscrita: "glóseme esta quarteta" (vol. 1004, exp. 1, f. 159v):

---

[6] Véase, por ejemplo, Archivo General de la Nación (México), [en adelante [AGN(M)], Inquisición, vol. 845, exp. 21, ff. 337r-338v. Resulta de interés un acercamiento con visos sociopsicoanalíticos. Véase Sánchez Ortega.

[7] "Ynqq[uisici]ón de México. Año de 1777. C[ontr]a fr[ay] Andrés de Chavarría, Ministro Segundo de Terceros del Comb[en]to de S[a]n Aug[ustí]n de esta ciud[a]d. Por solicitante."

[8] "Año 1765. El S[eñ]or Ynqq[uisid]or Fiscal del S[an]to Ofizio c[ontr]a fr[ay] Juan del Castillo, relixioso de S[a]n Fran[cis]co, desta Provincia del Santo Evangelio. Por solizitante."

[9] "Méx[i]co, 1743. El S[eñ]or Fiscal de este S[ant]o Ofizio c[ontra] Juan Antt[onio] Zumalde, estudiantte theólogo, vezino desta ciudad de Méx[i]co. Por aprovantte de d[ic]hos y hechos de alumbrado y molinista. Quaderno primero."

> Si yo a Dios no conosiera
> y sus leyes no guardara,
> templo en el alma te isiera
> y como a Dios te adorara.[10]

Aunque composiciones como ésta resultaban conocidas desde tiempo atrás, y no contaban con la aprobación eclesiástica por poner a la amada en la misma jerarquía que al Ser Supremo y hacer del amor una religión, menos podían ser toleradas en manos de un fraile con intenciones libidinosas.

Y, lo que resultaba verdaderamente el colmo, el presbítero Juan Francisco Bravo y Zorrilla que, no contento con tener apetitos que no iban con el voto de castidad del sacerdocio, fue denunciado al Santo Oficio por "habérsele encontrado, en la bolsa de sus calzones de su uso, una cédula escrita de su puño y letra en q[u]e dezía":

> En el nombre de mi amo, el S[eño]r Luzifer, y Príncipe, digo yo, Bercebú de Zorrilla, que me constituyo por su esclavo y le hago escritura desde ahora, día de la f[ec]ha 24 de julio de 67, y le hago escritura inviolable de endonarle mi alma, y cuerpo y sentidos. Y protesto hacer juram[en]to, ante su divina presencia, de renegar de toda la fee de Dios y de su madre, bajo la condición de q[u]e me ha de dar dinero y q[u]e me conceda el gozar y joder a mi comadre Gervasia, y la q[u]e yo quisiere, por el t[iem]po de 86 años y, cumplidos, me arrebate y me llebe a mi casa en compañía de Asmodeo. Y, asimismo, me obligo a lo q[u]e fuere de su gusto. Y la firmé en - d[ic]ho día, mes y año. Berzebú Zorrilla.

Al ser confrontado con ella, y por la cuenta que le traía, Zorrilla arguyó "que contra ella no tenía q[u]e decir más q[u]e el Demonio le cegó" (vol. 960, exp. 15, f. 253r).[11]

Tales comportamientos no pudieron pasar inadvertidos a los ojos del común de pueblos y ciudades. Si bien las autoridades hicieron lo posible por frenar dichas conductas con juicios y edictos,[12] el ingenio popular, siempre alerta y, las más de las veces acertado, no tardó en dar cuenta de ello y tomar represalias, al producir textos como los que se incluyen a continuación.

En 1796, fray José María de Jesús Estrada se autodenuncia como solicitante arrepentido, por salvar su alma, no por temor a la pena temporal, ni porque otro lo denunciase (vol. 1377, exp. 7, f. 398r-398v), y habría de añadir, para

---

[10] Cuadernillo encontrado dentro del siguiente proceso: "Inguisición de México c[ontr]a d[o]n Manuel Páez. Por zelebrante sin tener órdenes. Ynqquisición de México. Año de 1760." El cuadernillo no tiene nada que ver con el proceso.

[11] "[México]. 1768. Relación de la causa seguida en este S[an]to oficio contra d[o]n Juan Francisco Bravo y Zorrilla, clérigo presbytero deste arzobispado. Por el delicto de solicitante."

[12] Véase el ramo *Edictos de la Santa y General Inquisición*, volumen I, los folios 23r, 28r, 29r, 32r, 71r. Volumen II, los folios 24r, 32r, 37r, 83r-88r y 101r-105r, en AGN(M).

probar su buena fe y quedar bien ante el Santo Tribunal, adjunta la canción "que se canta, en las que llaman *Boleras*":

Ciento y cinquenta pesos
daba una viuda,
sólo por la sotana
de un cierto cura.
El cura le responde,
con gran contento,
que no da la sotana
si él no va dentro.
Estrivillo.
Hay que me muero
que me traigan un p[adr]e
que sea bolero.
Una recién casada
ha preguntado
que si tener cortejo
sería pecado.
El p[adr]e le responde,
tomando un polvo,
"si yo soy de tu cortejo
ego te absolvo".
(Va el estrivillo)
una monja y un fraile
y un cleriguillo.
Quítate de la puerta
jardín de flores,
que por ti no me absuelven
los confesores.
Padresito de mi alma,
si v[uesa] m[erce]d quisiera
arrollarme en sus brazos,
yo me durmiera.
Estrivillo
Al pasar por el puente
de S[a]n Francisco,
el demonio de un fraile
me dio un pelisco [sic].
Y mi madre me dice,
con gran paciencia,
dexa que te pelisque [sic]
su reverencia.
(Va el estrivillo)
Una monja y un fraile
y un monasillo [f. 396r].[13]

[13] "Ynq[uisició]n de México. Año de 1796. El S[eñ]or Ynq[uisid]or Fiscal de este S[an]to Oficio contra el p[adr]e fr[ay] José María de Jesús Estrada, del Colegio Apostólico de Pachuca.

Por otra parte, el Santo Oficio tuvo noticia y mandó requisar la siguiente sarabandilla, que se cantaba en los fandangos y era bastante conocida. Sobre el mismo tenor, incluye un concepto distinto de la ayuda pecuniaria a los clérigos:

La sarambadilla [sic] como la aprendí en
Méx[i]co quando se cantava,
es del tren siguiente:
Toca la sarabandilla, mi alma.
Yendo un fraile dominico por una calle
encontró a una niña bonita en la ventana.
Toca la sarabandilla, mi vida, tócala, mi alma.
Y le dijo: "dueño mío, ¿quiere ser dueño de mis
alpargatas y de todo lo demás?"
y hallándose falta de monedas
convidó al padre para la madrugada.
Toca la sarabandilla [...], etcétera.
Vino el padre y halló la puerta algo emparejada
y se metió hasta la cama.
Toca la sarabandilla[...], etcétera.
Se levantó la niña y de una gaveta sacó una camisa
grande y ancha,
y jugaron aquel juego que llamamos nosotros la encamisada.
Fuese el padre portero, avisó al peión y le mandó
muy buena trotada, mandólo colgar
de los compañones (sito), iq[u]é he dicho!, de las campanas.
Fin [vol. 858 (1a, parte), exp. s.n., f. 104r].[14]

También llegaron de España manifestaciones de este tipo. En 1700, se presentó espontáneamente Juan Pérez de Pantigosa, con los "Mandamientos de los frayles, no para bien sino para males":

El primero mandamiento: tener casa y guardianía a su contento.
El segundo: revolber con ella todo el mundo.
El terzero: que sea de regalo y de dinero.
El quarto: tener el refitorio harto.
El quinto: buscar do afloxar el cinto.
El sesto: hechar en quebrantarlo el resto.
El seteno: creer que no ay nada ajeno.
El sotario: levantar al correxidor un punto brabo.
El nono: mudar a cada paso el tono.
El deceno: buscar la muchacha de Parezer más bueno.

Solic[itan]te expontáneo." Canción reproducida en González Casanova, 1986: 70-72.
[14] "Yrapuatto, 1735. El S[eñ]or Inqq[uisid]or Fiscal de este S[an]to Oficio c[ontr]a Juan Joseph Gómez del Valle, vecino de d[ic]ho pueblo de Yrapuatto. Por blasfemo."

Estos diez mandamientos se encierran en dos:
ni bergüença al mundo, ni temor a Dios.[15]

Éstos se cantaban en España, al norte de Galicia, donde "causavan mucho [es]cándalo" (f. 570v). A Pérez de Pantigosa se le prohibió cantar o copiar los dichos mandamientos, so pena de excomunión y una fuerte multa. ¡Bastante tenían ya los inquisidores con lo que se daba en la Nueva España como para todavía tener que lidiar con lo que venía de fuera!

Aunados a los escarnios que producía la falta de recato de los solicitantes, también se daban expresiones que advertían sobre su conducta. Hacia 1790, Joaquina de Fuentes es sujeta a proceso [vol. 1505 (2a. parte), exp. s.n., ff. 252r-339v]. En sus escritos previene sobre la actitud de los confesores, dadas sus propias experiencias con ellos:

> Me pareció hijo de Dios
> i llo me fui a confesar
> pensando abía de guardar
> sigilo en la confesión.
> [...]
> Como se sienta a engañar
> pensé que era s[a]cerdote,
> era Judas Escariote
> i llo me fui a confesar [f. 306r].
> Confesor pero nagual
> cochinito o sopilote
> burro, diablo o uagolote
> pero padre espiritual [f. 324r].
> Quemen confesores
> con confesonarios,
> que lobos más peores
> no tienen los diablos.
> A ninguno le aconsejo
> que se balla a confesar,
> que el confesonario se iso
> para enseñar a pecar [f. 338bis v].[16]

Y, no podía faltar, el ingenio popular que aconsejaba no liarse con el clero, pues:

---

[15] "Puebla. Año de 1712. El S[eño]r Inqq[uisid]or Fiscal de este S[an]to Oficio c[ontr]a Fray Ygnacio de Escobar, de la Orden de San Agustín. Por solicitante." El texto no tiene nada que ver con el proceso. (Los subrayados son míos.)

[16] "México, 1790. El S[eñ]or Ynquisidor Fiscal de este S[an]to Oficio contra Joaquina de Fuentes, española, vecina de esta Corte."

¿Qué te puede dar un fraile,
por mucho amor que te tenga?
Un polvito de tabaco
y un responso cuando mueras [vol. 1052, exp. 20, f.
294v].

Difícil tarea la de la Inquisición novohispana ante tales muestras de exhibiciones de prácticas que no podían ser toleradas y de reacciones del descontento común que tenían que ser silenciadas. Las ilusas, por una parte, desvirtuaban la propagación de las palabras divinas pues, lejos de justificar y afirmar la sacra organización imperante y deslumbradas por la falsa noción de disfrutar de la sensación de lo intangible e inefable, las volvían ilegítimas. Los solicitantes, por la otra, atentaban contra el sacramento de la penitenciá pues, al no hacer caso de su estado de castidad y celibato, en lugar de vigilar el comportamiento sexual de sus confesandos, lo trastrocaban. Ambos estaban dentro de la competencia del Tribunal, pues manipulaban la religión para satisfacer y lograr sus particulares fines.

El Santo Oficio, a su vez, velaba por sus propios intereses. A las ilusas las exhibía para hacer de ellas un ejemplo. Baste sólo mencionar que María Rita Vargas oyó su sentencia *en día festivo en la iglesia del Convento Imperial de Santo Domingo– con insignia y vela verde* y fue destinada al hospital de San Andrés "a razón y sin sueldo", después de haber sido sujeta "a salir a la vergüenza pública en vestia de albarda" (vol. 1418, exp. 17, f. 327r). En cambio, al padre Rodríguez Colodrero, su confesor, le fue leída su sentencia *a puerta cerrada, sólo en presencia de los ministros del secreto* y se le privó de administrar la confesión (f. 326v). Ambos fueron desterrados.

El Tribunal sacaba a los solicitantes de la circulación, como le sucedió a Juan Francisco Bravo y Zorrilla, nuestro practicante de demonología, a quien se le mandó:

[...]q[u]e en la *Sala de Audiencia del Tribunal a Puerta cerrada y a presencia del Ordin[ari]o, consultores, secretarios del Secreto y 12 sacerdotes,* se le leyese su sentencia estando en forma de penitente, adjurase *de levi,* fuese reprehendido y por 5 años recluso en el Convento de S[a]n Fernando y fuese absuelto *ad cautelam* por su confesor (vol. 960, exp. 15, f. 253r).

O a fray Juan del Castillo, el de la glosilla, que "se le metió en cárceles secretas" (exp. 1039, exp. 30, f. 319r). Se podrían multiplicar las citas.

La Inquisición tenía un compromiso doble. Ante la Iglesia, perseguir y atacar todo lo que se produjera en contra de la religión, sus practicantes y sus representantes. Ante el Estado, mantener el orden imperante, si bien anquilosado. Aunque hacía distingos, pues exponía actitudes que deberían ser legítimas y exclusivamente eclesiásticas y, a la vez, escondía las espurias, que no tenían cabida dentro de la postura clerical. Su integridad se veía atacada por los dos polos, pero tenía que proteger a los suyos; no podía permitir que los de casa perdieran su imagen de pureza en la fe y de respetuosos de los sacramentos, ni mucho menos sobrellevar que advenedizos los imitaran.

Doble juego en el que lo público y lo privado se entremezclaban, en el que al margen de lo ostensible no se hablaba a las claras, no obstante ser sabido por todos. Situación descubierta y patente en un vaivén de picaresca, ilusión y prohibición.

BIBLIOGRAFÍA

González Casanova, Pablo, *La literatura perseguida en la crisis de la Colonia*, México, SEP, 1986.

Inquisición. Catálogo de textos literarios novohispanos en el Archivo General de la Nación, México.

Méndez, María Águeda, "Ilusas y alumbradas: ¿discurso místico o erótico?", *Cahiers du Monde Hispanique et Luso-Brésilien, Caravelle*, núm. 52 (1989), pp. 5-15.

Relación de causa q[u]e en este Santo Oficio [...] *María rita vargas*[...] Edelmira Ramírez Leyva (comp.), México, UNAM, 1988.

Relación de las visiones y apariciones que tuvo como endemoniada[...], México, 1791.

Sánchez Ortega, María Helena, "Un sondeo en la historia de la sexualidad sobre fuentes inquisitoriales", *La Inquisición Española. Nueva visión, nuevos horizontes*, Joaquín Pérez Villanueva (dir.), Madrid, Siglo XXI, 1980, pp. 917-930.

ENTRE TEORÍA Y PRÁCTICA: EL MONSTRUO CULTO DE HERNANDO DOMÍNGUEZ CAMARGO

Ester Gimbernat de González
University of Northern Colorado

> Entonces me mostró su cara, como la noche misma, y yo me hallé mascando con los párpados un dragón; sonábanme en las pestañas chasquidos como de huesos que se quiebran y eran carbones que rechinaban. Mirélo de pies a cabeza, y aunque él estaba sin pies ni cabeza, me pareció que pisaba con dos áncoras de navío y que tenía manos de arpón, uñas con agallones y garras con orejas. Mirélo a la boca y vila con impresión de tarasca entumida, entallada de bostezo perdurable que nunca se cierra, extenuada de hocico y despernancada de quijadas; los dientes que eran colmillos, eran chuzos de marfil con corcova; y las que eran dientes parecían almocrafes de hueso o escarpias de cuerno. Miréle el espinazo y parecióme todo de iguanas en espetera y tasajera de peje espadas boca arriba. Miréle a las alas y pareciéronme sus plumas de escorpiones aserrados, de ranas en prensa, de alacranes batidos y de sapos acepillados, metidos de batán en una pieza. Mirélo a la cara y parecióme herejía crestada de hipérboles, hipogrifo capotudo de frasis, furia desgreñada en consonantes, harpía dasatada en versos y quelidro ponzoñoso de metros. Mirélo a los ojos y no lo vi despidiendo espadañas de fuego, sino metáforas de brea y proginasmas de hollín, que son las llamas de los cultos. Mirélo a la boca y parecióme que pronunciaba en lugar de lengua con un morciélago de resina, lóbrego de vocablos y pegajosos de habla [*Invectiva apologética*: 427].

Hernando Domínguez Camargo resume de este modo su lectura de un romance a Cristo crucificado de autor desconocido. Se deleita en la presentación del monstruo haciendo de un presunto disgusto poético una gozosa expansión imaginativa.

Este concepto de la monstruosidad frecuentaba desde el comienzo del siglo XVII las perspectivas literarias españolas, aunque parte el tópico de una ilustre tradición académica. "Aristóteles en su *Poética* (capítulo 7), al hablar de la estructura y de la belleza. pone como ejemplo 'tanto un animal como cualquier cosa compuesta de partes'. Horacio parece seguirle en la idea en el famoso principio de su *Epístola ad Pisones*. Y la idea la recuerda Pinciano: 'Como el animal vemos que tiene muchos miembros'" (Rozas: 80).

En las polémicas literarias de todo tipo que se daban en la España del siglo XVII, relacionadas con la *inventio novis* se hacen innumerables referencias al monstruo. Ricardo de Turia, en su *Apologético de las comedias españolas* de 1616, comentaba sobre las poesías "monstruosas en la invención y disposición, como impropias en la elocución" (*1A*, 147). No siempre la monstruosidad era negativa: hay ciertos textos que le conceden aspectos atractivos para el creador, en especial cuando se la elogia como "un orden desordenado, un híbrido interesante".

> [...][U]n monstruo de imaginación, fuerza y poesía, son valores barrocos que se oponen a la fachada simétrica, a la pureza genética, al orden de la estrofa, a lo mensurable del Renacimiento. La naturaleza vencedora del arte hasta la bizarría de lo monstruoso. Una estética del gusto y no de la regla [Rozas: 81].

La monstruosidad, en la *Invectiva apologética* de Domínguez Camargo, va acompañada en ocasiones por el adjetivo hermafrodita o hermafrodito, que se refiere en estos casos a todo tipo de confusión o ambigüedad que pueda primar en el poema. Francisco Cascales, en las *Tablas Poéticas* de 1617, usaba lo monstruoso relacionado a hermafrodita: "Son unos hermafroditos, unos monstruos de la poesía" (*Preceptiva dramática española*: 170). Domínguez Camargo usa además de estos términos la palabra "hipogrifo" o "hypogrifa" para calificar lo equívoco o enigmático de un verso. Se divierte buscando diversos modos de aludir a todo tipo de indecisión u oscuridad. Un ejemplo muy citado de la *Invectiva* dice:

> [...] quéjeme de V.Md. que me convidó con la carne de doncella monja, y me escondió en ella el anzuelo de fraile [...] que se engendró este romance entre velo y capilla, porque él me ha parecido monja con barbas y fraile con afeites. Hipocentauro compuesto de delitos poéticos y hermafrodito de hipérboles que son delitos y delitos hipérboles [422].

En la *Invectiva apologética*, la monstruosidad alude a todos los niveles y matices de las aberraciones transgresivas de las normas, tanto poéticas como religiosas

> [...] componiendo un monstruo de todas las fealdades tal, que ganará dinero quien a este romance la llevase en una jaula a mostrar por el mundo para que se admirasen de ver un Calepino de fealdades, una Poliantea de delirios y un abecedario de disparates para deleitar por él todos los desatinos imaginables, y para memoria local de todos los delirios [p. 463].

Sin embargo, la monstruosidad de la expresión que encuentra Domínguez Camargo en el romance anónimo, lo enfrenta a la hechura de su propia poesía, convirtiendo su ataque burlón y despiadado al poema a Cristo crucificado, en una defensa sutil de su propia poética. "Lo que quiso ser divertimiento truécase en el tratado de la propia estética y poética del Dr. Domínguez Camargo", dice Guillermo Hernández de Alba (Domínguez: xlix). Compone para entrenarse este "juguete", que al analizarlo se ofrece como un verdadero compendio crítico de la perspectiva poética y teorías literarias del Siglo de Oro español.

Estos constantes acechos de lo monstruoso en el poema, le dan la oportunidad para intervenir con la luz de su ingenio, trascendiendo las razones discursivas del texto. Dice:

> Yo que vi que no era demonio al uso y vuelto al revés del diablo, pues él de príncipe de las tinieblas se transforma en ángel de la luz, y él transformaba las luces en tinieblas, traté de conjurarlo con Elías y Enoc [428][...]En fin, lector sin nombre, esta mi antorcha de dos luces te decifrará a Cristo de la enigma sacrílega en que lo tiene anudado y escondido este romance Anticristo [429]. [Mi obra es] Elías en prosa de Anticristo en verso [430].

Su antorcha ilumina el monstruo y lo despedaza analíticamente en fragmentos y, aunque muchos de los elementos se empleasen para la sátira o para la caricatura, la crítica misma se sabe más allá de la broma.

Relaciona tanto la oscuridad como las confusas ambigüedades con una básica ignorancia del autor. Parece, según Domínguez Camargo, que el autor es clérigo: "[...]él me dijo que era[...]tordo viejo de la iglesia que se anidaba en los campanarios[...]" (427). A ese hombre religioso, que elige el tema de la crucifixión, le atribuye cierta imperdonable ignorancia apologética y mucha presunción que, a criterio del comentarista, hace del Cristo un Anticristo. Al enumerar las erratas del libro, comienza: "la primera errata es toda la obra, que erró el tiro, pues tiró a pintar a un Cristo y pintó una mona" (431). Juega con la palabra mona, y no la usa inocentemente. En Ernst Robert Curtius encontramos una disquisición sobre "el mono como metáfora"; desde finales de la Edad Antigua, *simius* (el mono) es una *simia* (un remedo) de la humana naturaleza. Existían además las "metáforas monos" y el mono como símbolo de lo "artificial, lo rebuscado, el comportarse artificialmente: la *simia*, el 'artefacto', lo que simula algo" (Hocke: 141).

No hay errores de contenido dogmático-religioso en el romance anónimo, pero el modo de expresar tal contenido es el que ofende y ofusca al comentarista, porque "siendo antagonistas sus palabras de su sentido [...] pelean a brazo partido lo que ellas dicen con lo que quisieron decir" (*IA*, 489). Al poeta le reclama el mal conocimiento e imitación que hace de los clásicos: "No podrá calumniar mi pluma al poeta que no ha leído ni aun el primer verso de Virgilio"(437). También lo ataca por falta de sapiencia en general al referirse a temas de orden científico. Luego de rebatir minuciosamente lo dicho en una estrofa, concluye: "[...]con que se ve claro que esta es ignorancia de 24 quilates" (446).

Un amigo de Domínguez Camargo, el alférez Alonso de Palma Nieto, le envió este poema anónimo, posiblemente escrito por un español, sobre la crucifixión de Cristo, sabiendo que el mismo Domínguez ya había compuesto un romance sobre el tema, imitando otro romance de fray Hortensio Félix de Paravicino.

> Vamos ya a las inmediatas, pues estamos en lo estrecho del monte Calvario[...] sabrás que en él estamos tres romances crucificados. El primero es la verdadera imagen de Cristo, pues está dándonos a los dos perdones de lo que le hemos hurtado y de lo que le hemos hecho padecer sin culpa.

El romance de Paravicino y el anónimo son polos en contrapunto, aunque ambos respondan al mismo tema. El autor del romance parece conocer los dos romances y elabora sobre las metáforas y agudezas de cada uno de los escritos con anterioridad. Tal composición, basada en metáforas de metáforas, presenta un terreno fértil para el comentarista que se regocija en las dilatadas y penetrantes observaciones críticas.

En la dedicatoria que ofrece Domínguez Camargo a su amigo el alférez le agradece diciendo: "Dele Dios a V. Md. vida, y a mi salud, para que me envíe muchos romances en que yo divierta la soledad de estos desiertos" (p. 423). No se limita su diversión a la lectura, porque, apelando a todos los recursos de sus conocimientos, se dedica a comentar verso por verso el romance anónimo, titulando su razonamiento, *Invectiva apologética*, y señalando que su obra "es [...] antídoto en prosa" de una "quimera poética". Aunque terminó de escribir la *Invectiva apologética* en 1652, ésta se publicó póstumamente en Madrid, en 1676, cuando fue incluida en el *Ramillete de varias flores poéticas recogidas y cultivadas en los primeros abriles*.

Escribir comentarios analíticos acerca de obras contemporáneas había sido una práctica frecuente desde principios del siglo XVII. Era un modo de reconocer que las obras modernas eran tan dignas de anotación como aquéllas de la antigüedad clásica. Sin embargo, desde el título de este trabajo, *Invectiva apologética*, nos enfrentamos a una motivación opuesta, que va a anotar este romance por indigno: "Y yo me lo dije, cuando lo vi cerrado y sellado, que no podía ser sino apocalipsis poético, que es, en buen romance, romance culto" (425).

El título predispone para la lectura de múltiples niveles que exige el comentario crítico. Invectiva y apología son generalmente aceptados como términos contrarios aunque durante aquella época es posible encontrar además de las consabidas apologías a favor alguna que otra apología en contra. Al considerar invectiva opuesto a apología se abre una ambigüedad paradójica en la que cabría la defensa de la poética del mismo Domínguez. Comenta el propio autor el uso de apologética, en el título, diciendo: "[...]mi defensa apologética, en que trae Apolo un palmo de jeta", lo que pone al término bajo el signo ingenioso y burlón de palabras, que es recurrente a través de su análisis, y adelanta esa tendencia a descomponer los vocablos hasta límites inesperados, para esconder tras la risa del ridículo un gesto de superlativo ingenio y agudeza. Al enfrentarse a la escritura en prosa, se siente con el poder de expresarse a su propio gusto: "Si escribiera en verso, yo me diera a prueba (hermano lector), que deseas verme aprobado de bonetes sabios, capillas doctas y barbas graduadas: yo he caído en la cuenta y me he querido rapar a navaja de estos enfados y de andar pidiendo a otros lo que yo puedo darme, porque es gran palabra el ave de tuyo" (433), dice en la "Aprobación" de la obra. Se libera de la presión impuesta por aquellos usos de coaprobación o justificación de cada crítica o alusión que se hace aclarando: "[...] yo me ahorro de pruebas ajenas [...] porque las pruebas son sabandijas de las escuelas con quien yo no estoy bien" (433). Estas escuelas en plural a las que hace referencia se relacionan con su aislamiento, con la marginación espacial que le impone la geografía de América y de la Nueva Granada.

Desde el prólogo, la dedicatoria, la aprobación, las erratas del libro hasta el análisis de las 33 estrofas del romance, cada página es una crítica paródica del poema y de las fuertemente impuestas normas venidas de España. Guillermo Hernández de Alba insiste: "El vivo ingenio del Dr. Domínguez Camargo no permite el señorío de la melancolía, antes bien su 'lindo humor' le permite hacer apenas perceptible la acritud de su semblante austero y componer su celebrada *Invectiva apologética* traviesa y alegre, adobada con picantes donaires" (Domínguez: xlviii). Creo que hay algo más detrás de toda esa risa entre libros y de entre casa.

En el prólogo se dirige al lector virtual de la obra siguiendo el orden al uso. Lector anónimo lo llama, discurriendo luego hasta desconcertarnos sobre una serie de diversos epítetos con que puede calificarlo. En un despliegue de ingenio, a la par convoca y desdibuja a lectores posibles. En sus comentarios, tan pronto se refiere a un erudito conocimiento del uso de los epítetos, como a un significado popular y travieso del adjetivo que usa. Un ejemplo breve dice: "Si te invoco [lector] pío, me responderán los pollos" (424). Desvirtúa la calidad de pío, relacionándola con pollos, que se ajusta más bien a juventud inexperta. No pierde la oportunidad de aclarar por qué no lo llama lector culto subrayando que aquéllos "son como el infierno, eternidad de tinieblas (que es nudo ciego de los tiempos)" (425). Considerando el desierto intelectual de Tumerqué, el lector anónimo es una alusión irónica al gran vacío sin eco para los planteos teóricos y perceptivos tan sutilmente entretejidos en la obra.

Necesita Domínguez Camargo invocar un lector posible dentro de sus parámetros geográficos y temporales, aunque parece limitarse con resignación, al alférez amigo que le hiciera llegar el poema diciéndole: "No las permita [a mis verdades] a otros ojos" (422). Con la nostalgia de lectores inexistentes y el conocimiento de las limitaciones de su destinatario se enriquece la dimensión de su comentario. Si el alférez quería "asombrar[le] con el romance, como si [...] fuera tordo nacido en los desiertos y no en los campanarios" (421), consigue provocarle una expresión ajustada a la cultura clásica de la que se precia, a la par que lo compele a volcar toda la malicia y gracia de la lengua más coloquial y la sabiduría más popular de la Nueva Granada. Termina su prólogo diciendo: "Si hallares sal en mis notas, échasela en la mollera al poeta, y no habrás hecho poco. Si las hallares insípidas, échales un grano de sal de la tuya y hazlas tasajo de papel y guárdalas colgadas al aire de tu censura. Vale, lector anónimo". Manifiesta así la ambigüedad de su expectativa que balancea su motivación entre las urgencias poéticas y el alcance de su escritura a lectores de la laya del poeta y el alférez.

Hernando Domínguez Camargo tanto como sor Juana asume y se empapa de una tradición, de un bagage de conocimientos renacentistas que los acerca y atrae ineludiblemente a sus modelos peninsulares. En la obra poética de Domínguez, y en especial en su poema épico sobre san Ignacio de Loyola, se percibe aún mejor la exageración de ese gesto imitativo que lo lleva a ser mas gongorino que Góngora, como lo señala Lezama en *La expresión americana*. A pesar de eso, él centra el foco de sus críticas en la imitación, en la oscuridad de los conceptos, y en la ambigüedad de los tropos, aprovechando toda ocasión que encuentra para atacar a los cultos y ponderar la proporción, la mesura, la paridad, la nobleza del lenguaje figurado y de la composición del poema.

En el título del prólogo, "Lucifer en Romance de romance en tinieblas, paje de hacha de una noche culta", se atribuye la monstruosidad a la oscuridad relacionada con los "cultos". Es central al análisis y comentario del poema esta crítica a lo ininteligible del mismo. Probablemente Domínguez no podía aceptar la agudeza ni el juego de conceptos en un romance, por seguir al pie de la letra lo que decía Francisco López en el prólogo del *Romancero general*, publicado en Madrid en 1604, en el que señalaba que el romance "no lleva el cuidado de las imitaciones y adornos de los antiguos, tiene en él el artificio y rigor retórico poca parte [...] los que fueren buenos agradarán a gramáticos y sin gramáticos" (Porqueras: 267). Aunque se nos hace obvio que ésta no es razón luego de leer su romance y el mismo del padre Paravicino dedicados a Cristo crucificado. En ambos, se hace alarde de agudeza e ingenio, los dos llenos de conceptos que no facilitan las correspondencias lógicas de sus términos.

El afán de imitar los dos romances previos marca la hechura del poema anónimo. En el ejercicio de su ingenio en lengua coloquial, Domínguez Camargo relaciona la imitación con el robo: "Mi romance como buen ladrón confiesa sus hurtos y dice que es mío" (435). Considera que este robo no es negativo siempre y cuando se realice dentro de las licencias de la retórica y la prosodia al uso. Pero a través del análisis del poema descubre que el poeta anónimo confunde la imitación con la creación de metáforas: "Niegas que eres ladrón y confiesas que eres metafórico" (436). Para Domínguez, la metáfora misma es un ladrón también, pero ladrón de capa negra, lo que significa que tiene su nobleza y su alcurnia. Porque en "una metáfora comedida [las voces] no se quitan sino se truecan la capa, pero en tus metáforas desgarradas, se quitan unas a otras, no las capas, sino los cueros vivos, y con la prisa que les das, se los visten al revés y [...] ellas te convencen de ladrón desuella-coplas" (436).

Es interesante comprobar cómo los comentarios del colombiano reflejan la pugna entre las concepciones de la escritura como representación a semejanza del mundo, propia del siglo XVI, y la escritura como lenguaje que vale por su discurso. Por la situación geográfica desfavorable en la que él se encontraba, los grandes cambios dentro de los parámetros de la cultura occidental llegaban, pero con retraso. Domínguez Camargo, sabemos por la *Invectiva apologética*, está vislumbrando más allá de las marcas de la similitud, está descubriéndose y descubriéndonos los móviles de su propio quehacer literario, a la par que está echando bases para una escritura americana. Su carcajada sin aprobación previa y la sátira que se disimula tras la reverencia de los clásicos y de las preceptivas de la Península abrían el espacio para textos que aún no tenían lectores que los reconocieran. Gracias a obras como la *Invectiva apologética* podemos entrever un desacato que, aunque tímido, perdura firme y agudo ante todo un mundo de imposiciones que se hacían ajenas en los paralelos de América. Si bien en esta obra están presentes la proporción y el equilibrio propagados por el Pinciano, en conjunción con la colérica predisposición del Siglo de Oro, ambos acompañan al poema anónimo sobre Cristo crucificado en las irreverencias juguetonas de Domínguez Camargo.

BIBLIOGRAFÍA

Domínguez Camargo, Hernando, *Obras*, Rafael Torres Quintero (comp.), Alfonso Méndez Plancarte, Joaquín Antonio Peñaloza y Guillermo Hernández de Alba (est. prelim.), Bogotá, Instituto Caro y Cuervo, 1960.
Hocke, Gustav René, *El manierismo en el arte*, Madrid, Guadarrama, 1959.
Lezama Lima, José, *La expresión americana*, Madrid, Alianza Editorial, 1969.

Porqueras Mayo, Alberto, *La teoría poética en el manierismo y barroco españoles*, Barcelona, Puvill, 1989.

Rozas, Juan Manuel, *Significado y doctrina del "Arte nuevo" de Lope de Vega*, Madrid, Sociedad General Española de Librería, 1976.

Sánchez Escribano, Federico y A. Porqueras Mayo (comps.), *Preceptiva dramática española*, Madrid, Gredos, 1972.

GÉNESIS DEL DISCURSO UTÓPICO AMERICANO

Fernando Ainsa
UNESCO

El discurso utópico americano surge de la confrontación entre la *alteridad* del *otro* recién "descubierto", tal como la reflejan crónicas y relaciones, y los *topos* del *espacio feliz* (Paraíso, Jauja, Arcadia) o del tiempo primordial (Edad de Oro, cristianismo primitivo) existentes en el imaginario clásico y medieval que Colón recapitula en el *Libro de las profecías* y cuyo contenido de creencia se actualiza en el marco del nuevo territorio abordado. El discurso inaugural sobre el *otro* americano se tiñe, además, con las expectativas generadas por mitos, países legendarios, presentimientos sobre la "cuarta región" del mundo tantas veces anunciada como tan poco conocida.

Sin embargo, esta primera idealización se revela rápidamente insuficiente, por no decir inadecuada. Decepciones y polémicas se suceden cuando los arquetipos del imaginario clásico retroceden ante la práctica de la Conquista y la colonización. La visión paradisiaca se degrada en la medida en que la condición "adánica" del indígena se desmiente por la explotación y el genocidio. El discurso se vuelve entonces inevitablemente *crítico*, donde la relación *disociada* del hombre europeo con la realidad del Nuevo Mundo debe completarse con "remedios" alternativos. En ese momento se hace evidente que sólo el hombre puede restablecer el *orden* divino que él mismo ha violado y erradicado, lo que explica desde su mismo origen el discurso dual de la utopía como género y como práctica.

La utopía supone, pues, la obra deliberada y la continuación por parte del hombre de una creación a la que ya no le bastaba su origen divino (Paraíso) o ser el resultado del fatalismo histórico (Edad de Oro evolucionando en Edad de Bronce y en Edad de Hierro). El ser humano *interviene* en el proceso natural y, a través del proyecto utópico, "juega a ser Dios", al decir de Raymond Ruyer,[1] para recuperar la paz y la armonía de los orígenes y ser el artífice de su propia historia instaurando el "paraíso en la tierra".

---

[1] Ruyer insiste en el carácter de demiurgo que subyace en todo utopista.

En la elaboración progresiva del discurso *alternativo* en que estas confluencias van cristalizando, verdadera *genealogía* de la utopía americana, es posible distinguir cuatro etapas que analizamos a continuación:

1) Transposición al Nuevo Mundo de los tópicos y mitos que configuran la utopía (lo *preutópico*). Se trata de descubrir en esos mitos las líneas de fuerza afectivas e intelectuales que connotan y anuncian la semántica y la sintaxis del imaginario utópico ulterior.

2) Descripción de costumbres, idiomas y ritos indígenas fundada en la observación directa de la nueva realidad, cuya comparación, clasificación y categorización permiten la definición de la alteridad, dualidad que está en la base de la utopía.

3) Los sueños milenaristas de las órdenes religiosas, que se proyectan en territorio americano con la esperanza de integrar las civilizaciones prehispánicas en la perspectiva escatológica del cristianismo, otorgan una intensa fuerza movilizadora y el impulso necesario para la fundación "en el terreno" de modelos *teocráticos* de sociedad.

4) Los proyectos de reforma social, de crítica del orden existente y de la explotación del indígena se estructuran racionalmente en programas de clara y directa intención utópica.

Si estos cuatro niveles del discurso —los mitos que prefiguran la utopía, la observación y clasificación de la realidad americana, el milenarismo y el enunciado del proyecto utópico— deben diferenciarse ahora con precisión metodológica, no siempre lo estuvieron en la visión de sus primeros relatores. De allí que aparezcan en forma simultánea en los textos de autores como Andrés de Olmos, Toribio de Benavente "Motolinía", Francisco de las Navas, Bernardino de Sahagún y Vasco de Quiroga.

Sin embargo, gracias a esta dialéctica entre la objetivación de referentes míticos clásicos, el relevamiento etnológico-antropológico sobre la alteridad recién descubierta y la *crítica* de las pautas de la Conquista, la utopía americana es, desde su origen, más empírica que teórica. Como ha señalado Stelio Cro:

> El carácter empírico puede haber influido en la escasez de elaboraciones teóricas de la utopía española. La realidad inimaginable del Nuevo Mundo, con sus maravillas humanas, naturales y animales, condicionó la elaboración de formas utópicas en España. Al mismo tiempo, al percibir a la Utopía como ideal de reforma inspirado en la realidad del Nuevo Mundo, los españoles tuvieron un punto de referencia que otros pueblos, más ricos en utopías teóricas, desconocieron. La utopía española está condicionada por esta primera experiencia [5].

De ahí la aparente contradicción que se da entre las escasas utopías escritas en la América hispana, al modo como se define el género en

Europa, y las apasionadas (cuando no traumáticas) expresiones del pensamiento heterodoxo, disidente y *marginal*, lo que llamamos el *imaginario subversivo* que acompaña la historia del Nuevo Mundo desde su descubrimiento hasta nuestros días.[2] Porque es en la praxis inicial de la Conquista y la colonización donde se genera el discurso utópico genuinamente americano, cuyos caracteres vale la pena analizar en detalle.

1. LOS REFERENTES MÍTICOS DE LA UTOPÍA

La transposición de tópicos y mitos clásicos del Paraíso cristiano, el Edén pagano, la bucólica Arcadia, los reinos de la abundancia (Jauja y los "Paraísos de los pobres" del imaginario medieval) y el tiempo feliz de la Edad de Oro, fundan la primera visión de América con la nostalgia del espacio y el tiempo perdidos en Europa. En esta representación existe en "alguna parte" un mundo ya configurado cuya abundancia y felicidad está dada y cuya única dificultad es la de poder acceder a él. Son las "utopías geográficas" de que habla Ernst Bloch, donde lo más importante es el viaje que propician.

Al reconocerse en la representación del Nuevo Mundo, los arquetipos y símbolos *preutópicos* que preceden la "invención de la utopía" como género moderno, cobran una renovada actualidad, se integran con mitos y tradiciones indígenas prehispánicas y se convierten en los tópicos con que la *alteridad* se explica. En efecto, la *otredad* americana se define, en buena parte, gracias a la transculturación de esos mitos: localización del Paraíso terrestre, supervivencia de la Edad de Oro, incorporación al paisaje de una naturaleza que se pretende benigna y abundante como en la Arcadia pastoril clásica, rastreo tenaz de riquezas (El Dorado, Paititi, la Ciudad de los Césares) y reiteración cíclica de episodios bíblicos. El obispo Vasco de Quiroga, uno de los fundadores de la utopía americana, resume el sentido de esta identificación del Nuevo Mundo con el *origen* del Viejo, *illo tempore*, al escribir:

> Porque no en vano sino con mucha causa y razón este de acá se llama Nuevo Mundo, y es lo Nuevo Mundo, no porque se halló de nuevo, sino porque es en gentes y cuasi en todo como fué aquel de la edad primera y de oro, que ya por nuestra malicia y gran codicia de nuestra nación ha venido a ser hierro y peor.[3]

---

[2] Véase Ainsa, 1990.
[3] Vasco de Quiroga (1968 [1535]: 363-364) se apoya en la noción de Edad de Hierro europea para justificar la originalidad del proyecto utópico de los "Hospitales-Pueblos".

En la visión de Quiroga, América permite reconocer fácilmente las que fueron las virtudes de los tiempos *saturnales*, a las cuales transforma en requisitos de la nueva utopía. La utopía americana se elabora, pues con base en los mitos que aparentemente sustituye. Su contenido se nutre de las categorías míticas que racionaliza y desacraliza en el seno de su propio proyecto.

2. Descubrimiento de la alteridad

En forma paralela, se hace evidente que en América se ven cosas que "ni Plinio ni Aristóteles pensaron ni escribieron, con haber sido tan diligentes escudriñadores de la naturaleza", como explica Francisco Cervantes de Salazar. América produce cosas "peregrinas", lo que es "natural" puesto que son "producciones en un nuevo mundo",[4] por lo que la novedad provoca el deseo de "dar a mis ojos nueva noticia de extraños pueblos" (Alonso Enríquez de Guzmán).

El poder "dar noticias" sobre lo "extraño" necesita de la observación. Para ello, el misionero "debe hacerse indio", respetar su cultura y su civilización y, sobre todo, aprender la lengua. Debe *comunicarse* como una "red barredera para sacar a luz todos los vocablos de esta lengua con sus propias y metafóricas significaciones y todas sus maneras de hablar" (Sahagún).

Esta empresa de inventario de la nueva realidad es deliberada. El obispo Ramírez de Fuenleal, presidente de la Audiencia de México, solicitó en 1533 a fray Andrés de Olmos que "sacase en un libro las antigüedades de estos naturales indios". El *Tratado de las antigüedades mexicanas*, redactado entre 1533 y 1539, constituye el primer estudio sistemático de presentación ordenada de las estructuras míticas, religiosas y sociopolíticas de las sociedades prehispánicas y un esfuerzo por trazar su historia.

Pero al mismo tiempo que se inventaría la realidad, se la *compara* con otras conocidas. En el contexto de sus estudios etnológicos, Bartolomé de Las Casas sitúa a los indígenas de América al nivel de las más altas civilizaciones mediterráneas (Egipto, Grecia y Roma). En *Historia apologética* describe "la perfección de las sociedades indias", comparándolas con la *Política* de Aristóteles. En otros capítulos insiste en que tenían leyes y no deseaban acumular riquezas y, apoyándose en Platón (*La República*), Aristóteles (*Política*), San Agustín (*De Civitate Dei*), sostiene que los indios

---

[4] En su prólogo a la edición, Margarita Peña insiste en la "conciencia del Nuevo Mundo" que funda Cervantes de Salazar.

"tuvieron bien ordenadas repúblicas" porque tenían "leyes y métodos para administrar la justicia". Por lo tanto, los "bárbaros" son los que destruyen las civilizaciones, como hacen los "conquistadores" españoles, *comparación* del mundo indígena con las civilizaciones de la antigüedad clásica cuya dimensión utópica es indiscutible.

3. EL MILENARISMO COMO FACTOR DE MOVILIZACIÓN

De la influencia de Joaquín de Fiore sobre San Francisco y de los sueños franciscanos proyectados en el siglo XIV como jubilosos vaticinios de un mundo donde mongoles y judíos han sido cristianizados, el Islam derrotado y Asia redescubierta en una perspectiva apocalíptica de cristianización global del mundo conocido, surgen las *líneas de fuerza* del milenarismo que encuentra un nuevo territorio propicio en América para vivir, bajo "el yugo único de Cristo" (Baudot: 87), los últimos tiempos de la Historia. La colonización de América coincide con la intensidad de la reforma de fray Juan de Guadalupe en España, el deseo de volver a las fuentes franciscanas del siglo XIII —especialmente el voto de pobreza estricta— y el interés por "las humanidades nuevas" suscitado por los descubrimientos.

El reinado monástico de la caridad pura, la Nueva Jerusalén construida por los pobres, el Milenio que asegura el reino de los más humildes, auguran la *parusía* en la certeza de la fe, coincidencia que se transforma en la esperanza milenarista de integrar el encuentro de las civilizaciones prehispánicas en una perspectiva apocalíptica que no había podido todavía ser tomada en consideración desde las expediciones de los frailes mendicantes que acompañaron a Marco Polo en Asia. La cristianización de América no hace sino probar el destino de la "peregrinación de la Iglesia", éxodo iniciado desde Jerusalén hacia el Oeste y que debería proseguir hasta las Filipinas desde los puertos de Nueva España, lo que Sahagún consideraba el puente ineluctable de la conversión de China y Japón.

Fray Martín de Valencia, discípulo directo del padre Guadalupe, encabeza la misión de los "doce apóstoles" a México (1524) y pone en práctica el proyecto milenarista a través de la evangelización activa. Hay que "cristianizar" porque estamos en "la última tarde del mundo", nos dice con un profundo sentido de su misión. La evangelización se inscribe en la idea de que "el Nuevo Mundo equivale al fin del mundo". Del mismo modo, Mendieta considera que Cortés en México es como un nuevo Moisés en Egipto (Phelan: 50), metáforas del Antiguo Testamento que se multiplican en analogías e interpretaciones tipológicas del Nuevo Mundo. La conquista de las "Indias del Cielo" corre paralela a la conquista de las "indias de la Tierra", conversión que se inscribe en una parábola de la historia universal claramente trazada en la *Biblia*.

4. EL MODELO UTÓPICO DEL CRISTIANISMO SOCIAL

Aunque todos deben ser "como apóstoles", la tendencia "terrenal" y secularizadora del Renacimiento y la difusión de un racionalismo cristiano de larga tradición escolástica permiten el desarrollo de un discurso utópico estructurado en el seno de las mismas comunidades religiosas —dominicos, agustinos, mercedarios, dominicos y jesuitas— y la neutralización del componente *escatológico* en aras de proyectos concebidos por el ser humano y claramente insertados en el devenir histórico secular. El discurso utópico se concentra en las posibilidades de mejorar la sociedad terrenal en el marco de un orden más justo, cuya propuesta es esencialmente humana. Su *intención* se manifiesta en el seno de la historia, a cuyo cambio de rumbo aspira. De ahí la importancia de la crítica del momento histórico desde el cual se proyecta.

La utopía cristiana-social propone un *modelo* para rehacer el mundo occidental desde territorio americano. En la propuesta *seráfica* y en la *lascasiana* se plantea lo que el europeo quería que fuera el Nuevo Mundo, lo que no impidió que el padre Alfonso de Valdés resumiera sus propuestas de "buen gobierno" en una frase premonitoria de intensa connotación utópica contemporánea: "Quisiera hacer un *mundo nuevo*".

Las principales expresiones utópicas del "estado indígena y cristiano, no hispanizado" se fijan entre 1524 y 1564 —lo que se ha llamado "la edad dorada de la iglesia indiana"[5] pero puede señalarse el periodo anterior de Zumárraga, Córdoba y Las Casas (1513-1524) y la década ulterior en la que se publican los textos fundamentales de Mendieta y Torquemada, hasta la incautación de la obra de Sahagún en 1577.

Los planteos del cristianismo social repiten las constantes del género utópico en acelerada expansión en ese mismo periodo, cuyas características fundamentales son:

La crítica del modelo histórico vigente, lo que permite justificar la legitimidad del modelo alternativo propuesto en la utopía.

---

[5] Así la llama Phelan para dividir su obra [o.c.] siguiendo el distingo de Mendieta entre la "edad dorada" del periodo de Carlos V y la de "plata" del reinado de Felipe II. Esta categorización de las eras de los monarcas proviene del pensamiento clásico –"la edad dorada del Emperador Augusto" [Virgilio]– y se reitera en la Edad Media, especialmente a través de la obra de Dante, *De monarchia*.

La nostalgia del tiempo primordial, cuyas notas originales se pretende reinstaurar.

La propuesta de un sistema autárquico y aislado, de explotación artesanal y agrícola de tipo colectivo de la que ha sido erradicada toda noción de lucro.

Estructuración de un sistema homogéneo y pretendidamente más justo e igualitario, donde reglamentos de fuerte inspiración ética rigen los mínimos gestos de la vida cotidiana.

Estas características del género se articulan perfectamente en el primer discurso utópico americano. En efecto, como en todas las utopías del género, la utopía de las órdenes religiosas parte de una severa crítica de lo que está sucediendo en la práctica de la Conquista y la colonización para contraponerla a las virtudes indígenas y al modelo de sociedad que se pretende instaurar. El ejemplo de *Entre los remedios* —uno de los textos de Las Casas más integralmente utópicos— es bien claro. Allí se condena la "codicia y avaricia" de "todos los que pasan a las Indias", verdaderos "lobos y fieras", cuya finalidad es "matar, robar, despoblar", razones por las cuales "está ya corrupta e inficionada de codicia y avaricia toda España".

Si Las Casas combate el régimen de las *encomiendas* en las islas del Caribe, los franciscanos lo hacen poco después contra el régimen de los *repartimientos* en México. La polémica sobre la justicia de la expansión colonial y la esclavitud de los indios se convierte así en uno de los grandes temas del pensamiento ético español del siglo XVI, presupuesto esencial del planteo utópico. Entre otros, el obispo Vasco de Quiroga está convencido que la Divina Providencia ha permitido el Descubrimiento de América para asegurar la renovación del mundo cristiano en decadencia.

Al mismo tiempo, los misioneros de las órdenes mendicantes reformadas viven en la esperanza de una renovación general de la Iglesia romana a partir de las nuevas comunidades cristianas indianas. A través de la práctica de una religiosidad intensa, franciscanos y dominicos pretenden restaurar las formas olvidadas de los primeros tiempos de la cristiandad y proponen no sólo una reivindiación eclesiástica, sino una forma integral de organización civil y política de la sociedad entera. Al modo de los "doce apóstoles" de los *Evangelios*, se sienten continuadores del cristianismo primitivo y esperan que la iglesia americana reencuentre el Estado apostólico anterior al emperador Constantino. Fray Gerónimo de Mendieta afirma que "esta es Iglesia primitiva en respecto destos naturales"[6] y fray

---

[6] "Este orden de que los obispos de nuevas iglesias sean pobres, no es cosa nueva, sino que la misma iglesia de Cristo usó en los principios de su fundación, porque hasta los tiempos del Emperador Constantino pocas rentas tuvieron los obispos", completa Mendieta.

Toribio de Benavente, "Motolinía", pide que los ministros de la religión fueran en América "como en la primitiva Iglesia". Del erasmismo español derivan todos ellos la esperanza de "fundar con gente nueva de tierras nuevamente descubiertas una renovada cristiandad", lo que es una verdadera propuesta moral de una relación diferente entre europeos y aborígenes americanos.

La "santa rusticidad y simpleza" cantada por poetas como Díaz de Toledo y el "elogio de la aldea y el menosprecio de corte" de Antonio de Guevara, permiten unir aldeanos rústicos e indígenas americanos en un mismo proyecto de vocación religiosa, cuyos caracteres utópicos son indiscutibles. Basta citar el "Plan de emigración de labradores" que Las Casas propone en 1518, donde destaca, por un lado, la feracidad de la tierra americana que goza de un clima muy agradable y saludable y, por el otro, la necesidad de trabajar y vivir con cierta austeridad. Verdadera Jauja, donde "hay caza y pesca, los animales útiles abundan y están siempre gordos", estos "Reynos" que invitan a sus pobladores a quedarse para siempre, no pueden —sin embargo— incitar, al mismo tiempo, a la ociosidad. Ello permite evitar la contradicción entre el ocio y la pereza que favorece la abundancia americana y el principio bíblico de "ganarás el pan con el sudor de tu frente", vigente desde la expulsión de Adán y Eva del Paraíso terrenal. El mismo Las Casas insiste en su memorial de las *Réplicas* (1552) sobre la importancia de tener "gente provechosa labradora", capaz de gozar de "las tierras de todo aquel orbe" que son "fertilísimas y utilísimas para ser ricos todos los que quisieren ayudarse", es decir, para aquellos que las trabajen. El material humano de que se dispone para esta empresa utópica parece "maleable": los indígenas son seres a los que se puede pretender *rehacer* según el espíritu reformador. Vasco de Quiroga afirma:

> Por la providencia divina hay tanto y tan buen metal de gente en esta tierra y tan blanda la cera y tan rasa la tabla y tan nueva la vasija en que nada hasta ahora se ha impreso, dibujado ni infundido, sino que me parece que está la materia tan dispuesta y bien condicionada, y de aquella simplicidad y manera en esta gente natural, como dicen que estaba y era aquella de la edad dorada [Maravall: 171].

Misioneros y religiosos insisten en la tradición monástica y la religión "natural" frente a la religión dogmática y revelada y reivindican las antiguas costumbres agrarias colectivas que constituyen las fuentes del pensamiento utópico. Para Bartolomé de las Casas, todos —indios, españoles y cualquiera otra gente que vaya a las Indias— forman un cuerpo unido que puede *mestizarse*. Entre los "catorce remedios para que las islas de Cuba, San Juan,

Española y Jamaica se conviertan en la mejor y más rica tierra del mundo, todo esto viviendo en ella los indios", propone explícitamente que la colonización española debe ser hecha por familias enteras de labradores y no por aventureros y que, siendo tratados en un mismo pie de igualdad, se fomenten las uniones matrimoniales entre indígenas y españoles. En esta síntesis y posible armonía, la condición *universal* del ser humano, tal como la percibe el pensamiento renacentista, se consolida a través de la visión utópica prospectiva.

Sin embargo, la característica utópica más importante de los textos del periodo es el proyecto de edificar un Estado indo-cristiano protegido de los vicios y de las ambiciones que habían alejado a los españoles de las promesas del Apocalipsis. Mendieta propone separar dos naciones que "nunca harán buena cohabitación": la española, "advenediza y extranjera" y la de los indígenas, que "son repúblicas independientes", por lo cual los teólogos de la orden franciscana reclaman una jurisdicción exclusiva sobre la nación indígena.

El proyecto de la "república indo-cristiana", cuyas comunidades indígenas se organizan como verdaderas "escuelas-monasterios" puede rastrearse en las obras de los franciscanos Pedro de Córdoba, Motolinía y Gerónimo de Mendieta. Se conciben aisladas e independientes, "separadas", como propone Pedro de Córdoba en su pedido al rey, de 1513, para emprender con religiosos dominicos una experiencia de colonización en la costa venezolana de Cumandá. Del mismo modo, a partir de las denuncias que logra hacer llegar a la Corte, fray Juan de Zumárraga, nombrado Protector de los Indios, propone en *Doctrina breve* y en *Doctrina cristiana*, obras directamente influidas por la *Utopía* de Moro, una verdadera república teocrática indo-cristiana que evite los excesos cometidos en las Antillas.

La experiencia práctica del "Reyno que llaman de la Verapaz", de Bartolomé de Las Casas, a partir de 1537, se inscribe en esta misma vocación de fundar reservas misioneras marginadas de los colonos españoles, donde se pueda llevar a la práctica una experiencia alternativa autárquica integral. Como en las mejores utopías del género, Las Casas pone en práctica una serie de reglamentos e instrucciones con los cuales concreta los "remedios" a los males de la colonización española. Fija horas de trabajo y de recreo para los indígenas: seis meses por año para los agricultores y artesanos y dos meses alternados con dos de descanso para los mineros. Las ganancias se reparten democráticamente, los menores son protegidos y se legisla para asegurar "el sustento y cura de los indios pobres que estuvieren enfermos". La libertad "natural" de los nativos es preservada con un celo que no tiene equiparación en ninguna otra de las propuestas del periodo. En su proyecto, la experiencia de Verapaz debería completarse con la llegada de campesinos españoles, transplantados con sus herramientas y semillas, sus familias y animales, cuyas creencias cristianas se unirían con las virtudes de los indios, incluso a través de matrimonios mixtos.

Sin embargo, el ejemplo emblemático del pensamiento utópico renacentista en América es el de Vasco de Quiroga. El obispo de Michoacán, apoyándose en las *Saturnalias* de Luciano, interpreta el mito de la Edad de Oro como una profecía de la realidad del Nuevo Mundo, pero no se limita a una transposición de textos clásicos como habían hecho otros religiosos. Quiroga propone un modo de "estado cristiano perfecto" basado en la interpretación que de la *Utopía* de Moro había hecho Guillermo Budé, a quien cita en forma reiterada: la isla de Utopía está en el Nuevo Mundo y en ella se aplican "tres principios divinos": "la igualdad entre los hombres", "el amor resuelto y tenaz por la paz y la tranquilidad" y "el desprecio del oro y de la plata".

Por estas razones, en *Información en Derecho* declara explícitamente la necesidad de edificar la "ciudad ideal" en América, condición indispensable para salvar moral y físicamente a los indígenas. El plan de su utopía lo formula con detalles en *Ordenanzas de Hospitales y Pueblos*, en el *Plan de Fundaciones Agrícolas* y en su propio *Testamento* de 1565. Se trata de encontrar remedios prácticos a males existentes y de fundar una república donde haya sustento para todos, cuidando de conservar a los hombres en su propio medio de tal modo que "se adapten a la calidad y manera y condición de la tierra y de los naturales della".

La experiencia de los "Hospitales-Pueblo", inaugurada en 1532, debería durar casi treinta años y su ingeniosa organización demostró ser práctica y eficaz. Como dijo el propio Quiroga, no se trataba de entender la caridad como un simple dar, sino como un modo de "organizar la bondad", dándole ley a las cosas para resolver los problemas. El principio general era de "dar a cada uno según su calidad y necesidad, manera y condición", un principio de vastas resonancias utópicas contemporáneas y cuya simple enunciación justifica el nacimiento y la sobrevivencia de la utopía íntimamente asociada a la historia de América.

No otra cosa queremos resaltar en esta contribución a la génesis del pensamiento utópico genuinamente americano: lo que empezó llamándose la utopía sobre América y terminaría siendo la utopía de América, lo que otros considerarían con legítima ambición "el derecho a nuestra utopía".

BIBLIOGRAFÍA

Ainsa, Fernando, "Tensión utópica e imaginario subversivo en Hispanomérica", *Anales de Literatura Hispanoamericana*, 13 (1984).

——, *Necesidad de la utopía*, Buenos Aires, Montevideo, Tupac/Nordan, 1990.

Baudot, Georges, *Utopía e historia en México*, Madrid, Espasa-Calpe, 1983.

Cervantes de Salazar, Francisco, *México en 1554* (*tres diálogos indianos*), México, Trillas, 1986.

Cro, Stelio, *Realidad y utopía en el descubrimiento y conquista de la América hispana* (*1492-1682*), Madrid, IBP, Fundación Universitaria Española, 1983.

Maravall, José Antonio, *Utopía y reformismo en la España de los Austria*, Madrid, Siglo XXI, 1982.

Mendieta, fray Gerónimo de, *Historia eclesiástica indiana*, México, Editorial Salvador Chávez Hayhoe, 1945, reimpresión de la edición de García Icazbalceta, 1870.

Phelan, John, *El reino milenario de los franciscanos en el Nuevo Mundo*, México, UNAM, 1972.

Quiroga, Vasco de, *Información en Derecho* [1535], en la *Colección de documentos inéditos* editada por Torres de Mendoza, Madrid, 1968.

Ruyer, Raymond, *L'Utopie et les utopies*, París, PVF, 1950.

EL CONVENTO COLONIAL MEXICANO COMO RECINTO INTELECTUAL

Electa Arenal y Stacey Schlau
College of Staten Island, City University of New York y
West Chester University

Al dar espacio aparte al ejercicio de la vida y la palabra, el claustro colonial dio también lugar a una gama de quehaceres intelectuales. A pesar de la censura y de las limitaciones impuestas al estudio —al "andar en honduras" consideradas impropias a su sexo—, decenas de mujeres religiosas hallaron el modo de conceptualizar el sentido y la forma de su historia y experiencia.[1] Algunas de las numerosas comunidades monásticas contribuyeron al estímulo, la preservación y el desarrollo de la vida intelectual, no obstante la imagen de inocente "paraíso terrenal" que se propagó de ellas.

Al final del periodo colonial había en la Nueva España unas 2 400 monjas (Lavrin, 1986: 367).[2] Pocas en número, fueron, sin embargo, significativas como agentes y cronistas de la creación del Virreinato y de la nueva nacionalidad que surgió del trágico choque de culturas. El primer monasterio femenino, La Concepción, de la ciudad de México, se estableció en 1541, pero la mayoría de las ocho órdenes[3] en esta colonia fueron establecidas en los siglos XVII y XVIII, durante y después de la expansión económica de la Colonia.[4] En estos claustros donde vivían, muchas de las parientes de oficiales, burócratas, terratenientes, comerciantes, eclesiásticos y de unos cuantos profesionales (Muriel: 494), se dedicaban al adorno

---

[1] Véase, para una discusión extensa del tema, Arenal y Schlau, 1989.

[2] En su estudio de las mujeres de la ciudad de México, 1790-1857, Silvia M. Arrom afirma que la importancia de la vida conventual iba declinando para los primeros años del siglo XIX, conforme la "notion of women's social utility gradually supplanted the older ideal of female seclusion" (47). Da la cifra de monjas en México para 1828: 1 983 (49).

[3] Las ocho órdenes religiosas fueron las siguientes: agustinas, cistercenses (Orden de Santa Brígida), concepcionistas, Compañía de María, carmelitas descalzas, dominicas, franciscanas (capuchinas, clarisas, urbanistas) y jerónimas.

[4] La Nueva España vio un crecimiento económico sin precedentes entre 1590 y 1620. Las minas de San Luis Potosí y de Zacatecas produjeron enormes cantidades de plata. En varias ciudades florecieron las fábricas textiles. Hubo años en que 50% del cargo de la flota mercantil entre España y el llamado Nuevo Mundo se dirigía a México (Israel: 20-21).

personal, a la golosa indulgencia alimenticia y al relajamiento espiritual. La mayoría de la mujeres vivían en apartamentos particulares, separados los unos de los otros, aunque todos dentro del recinto claustral. Tenían, por lo general, varias sirvientas indígenas y esclavas africanas. Vestían con lujo y con la misma elegancia adornaban sus esculpidas imágenes religiosas. Conversaban y recibían visitas por rutina. Sólo las carmelitas y las capuchinas observaban desde un principio reglas estrictas con respecto a las labores y la vida en comunidad. A las dominicas, entre otras, se les convenció tardíamente de que adoptaran algunas reformas, por ejemplo, reducción en el número de sirvientas. Pero muchas comunidades, apoltronadas en sus comodidades, se resistían tajantemente al llamado reformista.[5]

No se ha asociado generalmente con *lo culto* a los textos producidos en los conventos de mujeres; como a los géneros literarios populares, se les tildó de "menores". Aun cuando utilizaban formas discursivas canónicas, por ser de mujer, quedaban al margen. Muchos escritos, además, empleaban de trampolín expresivo la emotividad, la intuición y la visión extática. Esferas a las que por antonomasia eran relegadas las mujeres se habían convertido en los únicos vehículos legítimos del saber que quedaban a su disposición. Ahora bien, las teorías modernas de la cognición ponen interrogantes a las categorías racionales tradicionales; se empieza a comprender que la estructura misma del saber adolece de prejuicios por estar basada en las preferencias de un género —o sea, es marcado por el signo masculino.[6] Cuando las definiciones de la intelectualidad se hacen más abarcadoras, cabe reconocer entonces como intelectuales a las mujeres y hombres que intervienen en la creación de la cultura de sus propias comunidades. La investigación feminista en particular subraya la tendencia ideológica de adscribir valor en función del género.

El mundo femenino del convento ha sido un espacio social único. Aunque la obediencia de las reglas y los votos requería de sumisión a la jerarquía eclesiástica, representada particularmente por sacerdotes y confesores, la existencia diaria de las monjas —comer, orar, coser, escribir— tenía lugar en una esfera más fundamental y auténticamente separada del sexo opuesto que la de otras mujeres. El medio ambiente que las protegía en gran parte contra la violencia doméstica y la muerte de parto, que alentaba los ideales y las prácticas espirituales, servía también como elemento catalítico de afanes intelectuales. En esta esfera apartada, las religiosas pensaban y escribían de la vida interior, de temas religiosos, de sucesos

---

[5] Véase en Lavrin (1986) un repaso histórico de la fundación y el mecenazgo de los conventos coloniales, lugar de establecimiento, crecimiento numérico, ambiente social, rutina diaria, bases económicas y relación con otras instituciones femeninas.

[6] Véanse, por ejemplo, Belenky *et al.* y Lave.

mundanos y de la divergencia de sus intereses y preocupaciones, con respecto a los de los hombres.

Las investigaciones de los últimos veinte años han hecho patente la existencia de miles de mujeres que a través de los siglos, y a veces en comunidad, alentaron la creación y el pensamiento culturales, al tiempo que colaboraron en su desarrollo. Seguir ignorando estas aportaciones empobrece la calidad del trabajo intelectual que hacemos. Sor Juana Inés de la Cruz ya no tiene que verse como fenómeno aislado, como excepción a la regla, o exclusivamente en relación a una cultura masculina (como lo hiciera Octavio Paz). Todo ello pasa por alto una larga tradición —seglar y religiosa— de siglos y de la que sor Juana misma nos dio la pauta. Nosotras estudiamos aquí, no a las que chocaron directamente con el poder dominante *extramuros*, sino a las que, protegidas por los muros, construyeron en el interior, una vida alternativa, cuyas dimensiones intelectuales aún cabe investigar. A la que ponemos hoy como ejemplo es una teóloga, primera priora del Convento de Religiosas Dominicas de Santa Rosa en Puebla, que ya había impreso un manual sobre el ejercicio de los oficios de liderazgo conventual antes de recibir orden de escribir. A raíz de ese libro –alabado por parecer más bien "obra de un prelado, de un Pinamonte, [...], que de una mujer" —fue tildada "*Catón* de las religiosas" (*ibid.*: 440).

Las mujeres que habían tenido acceso a una educacion clásica o a la experiencia mística animaron, durante los siglos XVI, XVII y XVIII, las múltiples y variadas expresiones de lo que llamaríamos intelectualidad conventual. Algunas pocas disfrutaron tanto de la letra escrita como del éxtasis visionario. Hubo mujeres, cuyo privilegio les había facilitado una educación formal, que también aprovecharon la posibilidad de reflexionar sobre lo que habían aprendido y, por tanto, de subvertirlo. A otras, un don innato o un talento cultivado les otorgó la capacidad de experimentar el trance místico. Entre unas y otras reentroncaron con épocas anteriores en las que el papel de la mujer en la religión había sido más dinámico y reconocido y establecieron las bases para las más recientes redefiniciones del universo y reinterpretaciones de la Biblia.[7] Porque también es verdad que los textos de religiosas de la época colonial fueron citados, consultados, y hasta, se podría decir, colonizados por la jerarquía dominante que los utilizaba para mantener un mundo en que los sueños de igualdad y justicia se posponían hasta más allá de los umbrales de la muerte. Al releer vemos que los escritos de muchas monjas ofrecen una perspectiva más igualitaria sobre el mundo

---

[7] Véase, por ejemplo, Schüssler (1983), que estudia y reinterpreta el papel de la mujer en la Biblia y en el cristianismo temprano. Poco a poco se va haciendo lo mismo para nuestros días, en los que se estudia por fin el papel de la mujer en la teología de la liberación.

y el más allá que la de los hombres. Reescribían, por ejemplo, la historia de Eva y Adán para que la culpa cayera o sobre él o sobre los dos.

Para algunas mujeres, el saber como fruto de la unión mística fue una fuente importante de legitimación, fuente que daba autoridad secular y religiosa. Pero si bien se ha dedicado un número considerable de páginas al estudio del misticismo y la sexualidad, pocas exploran el misticismo y la intelectualidad. Los intentos de ascender hacia la cima unitiva acompañaban en muchos casos a la empresa intelectual. Al seguir los ejercicios de Ignacio de Loyola, por ejemplo, las monjas se esforzaban por analizar y comprender los pasos que llevaban de un nivel de perfeccionamiento espiritual a otro.[8] El misticismo, la teología, y el saber llegaban a constituir un afán sinónimo. Las imágenes repetidas en la liturgia, los sermones y la iconografía religiosas fertilizaban los jardines visionarios de las monjas. Por eso, si se trata el misticismo como fenómeno separado del intelecto u opuesto a él, se pierde la riqueza del pensamiento femenino de esta época.

Pocas fuentes de autoridad hubo tan potentes y peligrosas a la vez como la visionaria. Las místicas, como concuerda Jean Franco, "by privileging a purely subjective experience for which there was no external evidence [...] tended to put themselves outside clerical control" (1989: 8).[9] Era una libertad en parte ilusoria, por supuesto, ya que aumentaba la vigilancia clerical. Y no pocos manuscritos terminaban confiscados o consumidos por el fuego, bajo mandato del confesor.

En casos individuales, la vía mística podía ser el camino hacia un cambio de posición social. Algunas visionarias sin dote ni letras pero de vida interior extraordinaria recibían permiso u orden de apuntar los "favores recibidos". Aunque pocas podían servirse de la comprensión mística para cambiar su situación personal, la experiencia extática sí permitía a algunas vislumbrar la construcción social de la realidad y reconocer la estupidez y la arrogancia intelectual del mundo que las circundaba. Vedadas para ellas las aulas universitarias, las monjas se convirtieron en ávidas alumnas del castillo interior.

La confianza que les infundía la comunicación directa con la divinidad las dotaba de poder expresivo y disminuía su preocupación o ansiedad por

---

[8] El *Tratado de oración* de Luis de Granada fue una de las guías de oración más divulgadas. Con referencia a una monja sevillana, sor Valentina Pinelo, dice Lola Luna que leyó, "además de tratados de oración y obras espirituales, obras laicas como la vida de Alejandro", y una ortodoxa y selecta bibliografía cristiana que seguía las recomendaciones de san Jerónimo en sus *Cartas sobre la educación de las jóvenes* (92).

[9] "[...] al privilegiar una experiencia puramente subjetiva, para la cual ninguna evidencia habiá [...], tendían a ubicarse fuera del control del clero." (Traducción nuestra.)

ser escritoras/autoras.[10] El mismo acto de narrar la experiencia mística representaba un ejercicio mental. Un sentido de instrucción superior —divina— engendraba la elocuencia. En sus autobiografías espirituales, las monjas místicas intentaban no sólo probar su propia ejemplaridad, sino también estructurar la conciencia de una experiencia inconsciente.

La autoridad literaria de las monjas escritoras las preparaba para su papel de líderes en el claustro al tiempo que les funcionaba como complemento. Era tarea afanosa, por una parte, y una oportunidad provechosa, por otra, el desempeñar un puesto oficial. Al volverse capaces de articular sus pensamientos y su sentir con respecto a lo real y lo espiritual, las mujeres adquirían a la vez conocimientos y confianza y esto les permitía trascender el tedio de la vida religiosa.

Muchas religiosas que eran elegidas o nombradas para puestos de liderazgo, que enseñaban o que escribían, estaban fuera del siglo o muertas para el mundo sólo parcial y figurativamente; llevaban una vida más activa dentro de los confines monásticos que la que hubiesen podido llevar jamás en el mundo de afuera. Se hacían consejeras, confidentes o compañeras espirituales de devotos, tanto hombres como mujeres. Se les alababa con frecuencia por consolar o salvar almas agitadas. Entre las personas a quienes ayudaban se contaba a clérigos y aristócratas. [La mayoría de las mujeres incluidas en nuestro libro (1989) atendían a diario a tales necesitados (excepto cuando estaban en días de retiro espiritual). A la mujer de cuyas obras hablamos brevemente hoy la consideraba "mi priora" el obispo de Puebla (Muriel: 439)].

A pesar de que oír confesión y predicar les era prohibido por la ley canónica a las mujeres, algunas de las líderes hacían algo muy parecido. Es decir, las hijas examinaban su conciencia, se criticaban a sí mismas —¿se "confesaban"?— ante la madre superiora y la maestra de novicias mediante la comunicación oral, a través de cartas y en las reuniones de la comunidad durante la llamada hora de recreación. Las madres y maestras se dirigían a la comunidad, pronunciando máximas y homilías semejantes a los sermones que oían con tanta regularidad. Hablaban, meditativas, señalando directa e indirectamente tanto la prohibición como el acto de hablar. Conscientes, desarrollaron una retórica de amplia gama discursiva, eficaz para el equilibrismo que exigía la fina línea divisoria entre el acomodo obediente y la peligrosa oposición.[11]

---

[10] Variando el concepto de Harold Bloom acerca de la ansiedad por las influencias, Gilbért y Gubar sugieren que la mujer escritora sufre más bien por la falta de autorización para el acto de escribir mismo (cap. 2).

[11] Alison Weber analiza el fenómeno en su estudio de los escritos de santa Teresa de Jesús. Mabel Moraña estudia la intrincada ingeniosidad estilística de sor Juana Inés de la Cruz.

El mandato sobre el silencio lo respaldaban las normas culturales que mantenían a las mujeres "en su sitio". Fuera de los conventos, las mujeres que se atrevían a actuar —¿hablar?— independientemente, desligándose de los dictámenes de la Iglesia, caían con frecuencia en las redes inquisitoriales. En el claustro, donde el control producía a veces exquisitos ejemplos de represión expresiva, tenían, casi siempre, menos que temer. Allí, las hijas de la Madre del Verbo, a quien celebraban por compositora del Magnificat, evadían con mas facilidad el dictamen oficial contra el uso de palabras teológicas.

Al centro del marco epistemológico de la obra de algunas monjas escritoras vibraba una orientación centrada en la mujer, si no feminista, que amplificaba el papel de madre, hermana, hija. El entretejerse de la vida doméstica y la religiosa dentro del claustro nutría una serie de interrelaciones complejas. Hermanas en la Madre Iglesia, las monjas eran hijas de la madre superiora, gobernadora de la comunidad, y de gran número de santas precursoras pero en especial de Teresa de Ávila. Para concebir y legitimar su autor/idad, las monjas autoras empleaban estos modelos maternos, superimponiéndolos, uno sobre otro, en una especie de rito maternal.

Los edictos tridentinos (buscando otros fines) estimularon la producción de imágenes de la Madre. Las monjas interpretaban estas imágenes de acuerdo con algunas de sus propias necesidades religiosas, intelectuales y afectivas. Las elaboraciones visuales de temas marianos que favorecían no eran exclusivamente las de cuidado infantil y belleza física, o de sufrimiento y angustia, sino las que subrayaban la relación de la Virgen con la sabiduría. En la pintura y la escultura, a María, como a otras madres santas, se le representaba a veces leyendo, escribiendo, tocando un instrumento o enseñando —figurando ella misma la sabiduría. O, cuando se utilizaba el tema del cuidado maternal, como veremos, se volvía alegoría de una ética universal, benéfica y creadora en que de los pechos de María salían, "aguas donde el alma humana sacia su sed, se recobra y corrobora para el ejercicio de las virtudes" (*ibid.*: 446).

En México, en particular bajo su manifestación como la Virgen de Guadalupe, María parece haber autorizado e inspirado a las mujeres como lo hiciera santa Teresa en España. Las mujeres religiosas exaltan con frecuencia la abogacía y la creatividad de María. Sor Juana se refiere a María como la Reina de la Sabiduría y la más alta autoridad. Puesto semejante tiene en los escritos de María Anna Águeda de san Ignacio (Aguilar Velarde), a quien hemos citado ya, sin nombrarla, para dedicarnos hoy a una sola figura que ejemplifique lo que venimos argumentando.

"La única mujer conocida que tomó la pluma para escribir intencionalmente sobre teología [...] fue la criolla novohispana María Anna (Aguilar

Velarde) Águeda de San Ignacio" [1695-1756], escribe Josefina Muriel (467).[12] Aceptemos o no la conclusión de Muriel sobre la singularidad de la madre María Anna, queda claro que los amplios conocimientos de la monja, su énfasis sobre las bases intelectuales de la religión, y sus sutiles y refinadas interpretaciones de sucesos místicos, centradas en el punto de vista de la mujer, demuestran que sor Juana no fue la única en plantear ciertas preguntas. Ambas empezaron a leer desde muy jóvenes y ambas absorbieron y suplementaron tradiciones —la patrística por un lado, y la monástica femenina por otro.

María Anna nació el año de la muerte de sor Juana en el seno de una rica familia venida a menos. Desde muy temprena edad recibió la típica educación de "niñas bien" en las Amigas, como se llamaba a las escuelas improvisadas que mantenían en su casa mujeres cultas. Después, como autodidacta, leyó ampliamente en la tradición patrística. Reconoció casi desde el principio sus vocaciones intelectual y religiosa, pero le faltaba la dote para poder profesar. Un confesor que se preocupaba por ella la ayudó a entrar al beaterio dominicano de Santa Rosa en 1714. Durante veintiún años, desempeñó una serie de oficios y llegó a ser maestra de novicias. A los veinticinco años de ingresar en la casa, cuando ésta se convirtió en convento dominicano bajo la jurisdicción dominicana, fue elegida su primera priora (1741). En esa capacidad, la madre María Anna amplificó y embelleció la planta, incluyendo la cocina. Hoy ha sido transformado en convento-museo, en atracción turística. El obispo Domingo Pantaleón Álvarez de Albreu, su amigo íntimo, el mismo que la llamaba "su priora", patrocinó el proyecto arquitectónico. Fue él, además quien dio el permiso para que escribiera de la teología mística (*ibid.*: 440).

Prolífica autora de oraciones, tratados místico-teológicos y textos pedagógicos para las monjas sobre el ejercicio de la virtud y la práctica diaria de la religión, la madre María Anna elaboró un estilo equiparable al de otras mujeres escritoras. Al tratar de la Virgen explica en términos místicos su leche materna.[13] Las dos obras en que aborda el tema específicamente llevan en el título mismo la indicación del enfoque: *Devoción en honra de la Purísima Leche con que fue alimentado el Niño Jesús* y *Mar de gracias que comunicó el Altísimo a María Santísima, Madre del Verbo Humanado en la leche purísima de sus virginales pechos.* La madre María Anna revisa también en otros libros el tema mariano al escribir exégesis místicas. Las imágenes

[12] Nuestro resumen de la vida y las citas de los textos de la madre María Anna provienen de la obra de Muriel.

[13] Según Muriel, el tema de la leche materna de María carece de importancia (468). Al pronunciar tal opinión, estaría pensando exclusivamente en el intento medieval de circunscribir las creencias marianas.

maternas forman parte significativa de todos sus escritos. En uno de ellos recuerda a los lectores que la Virgen Madre es tan virtuosa que "podían tomar de María los ángeles lección" (445).

La obra *Mar de gracias* demuestra la humildad de Dios y exalta la receptividad de María, la cual la hace merecedora de ser madre de Dios: "[...]el que como Dios todo lo sustenta y cría, como Hombre es criado y sustentado de María" (443). El libro comienza con alabanzas de la bendita calidad de Dios por tener tan santa madre: "[...]siendo conocido de su madre, era amado, reverenciado y adorado" (445). Cuando la madre María Anna habla del privilegio de María de poder dar de mamar con su propia sangre transformada en "leche inocente" (443), y se refiere además al bebé-Dios como Verbo Eterno, transforma las funciones biológicas femeninas de la lactancia en alimento de la divina creatividad. Implícitamente realza la posición social de las mujeres, eliminando el desdén tradicional ante su identidad biológica.

En *Mar de gracias*, se pinta a María como nutridora de todos aquellos que quieren alimentarse de la mística leche que sale de sus pechos. Para recibir tal sustento hay que aceptar una condición; hay que desearlo como niño: "[...]el que quisiere esta leche, aunque sea viejo, hágase niño para llegarse a los pechos de María santísima" (445). En su estudio multifacético de la Virgen María, Marina Warner sugiere que la leche es el símbolo ideal del alimento sin impureza: aunque se tome cruda, sabe a cocida, y para sobrevivir las primeras semanas es necesaria a cada vida humana (194). La madre María Anna contrasta, en el pasaje citado, la leche con el vino, haciendo notar que solo la leche les es indispensable a todos. Su análisis de la leche mística concuerda enteramente con la tradición dominicana. Fervorosos defensores de los beneficios místicos de la leche de María, los dominicanos fueron también los últimos en aceptar como dogma la Inmaculada Concepción.

La leche de María representa además la oración, especialmente la mística:

> [...] los que como hijos de María Purísima quieren gozar en su leche mística la oración, se han de disponer con limpiar los ojos del alma para ver por fe a Dios, y por este conocimiento se encenderá la llama del divino amor, que hallarán en la leche de la dulce, y amorosa Madre María Santísima [447].

La madre María Anna aboga, en su *De los misterios del Santísimo Rosario*, por una práctica racional de la fe, ya no por la emotiva, con sus imágenes familiares, como lo hiciera en *Mar de gracias*: "[...] la oración vence los apetitos, doma las pasiones, endereza las potencias, alumbra el entendimiento, inflama la voluntad y perfecciona la memoria[...]" (447-448). Su actitud de respeto por la fe inteligente, que surge de un marianismo centrado en lo femenino, emula la argumentación formulada por sor Juana Inés de la Cruz.[14] Ella, como sor Juana, hace hincapié en la razón, la comprensión y la sabiduría, y pide claridad mental para la devoción religiosa. Como sor Juana también, aunque tal vez menos que esa antecesora, aprovecha las posibilidades afirmativas para las mujeres del dogma católico y especialmente del mariano.

La metáfora de los pechos lactantes, sinécdoque de la maternidad y la ética, se extiende a otras obras de la madre Anna María hasta incluir figuras y conceptos alegóricos. Dirigiéndose a Dios en una prosa lírica y extática, tras agradecerle el haber hecho de la Iglesia su madre, vuelve su atención a la fe, a la que llama "amable madre mía":

> Yo soy pequeñita, y no sé hablar. Sólo me gozo de ser hija tuya, andar en tus brazos y ser sustentada con tu leche regaladísima. [465]

Repetidamente, por medio de las visiones y de la razón, la madre María Anna vuelve al concepto del alimento materno simbolizado por la leche con la que cada madre sustenta a sus hijos y que nutre la vida espiritual. Bien podría considerarse una de esas autoras que, según afirma Hélène Cixous, escribe con tinta blanca.[15] Física, racional, emocional y espiritual: la suya es una íntegra intelectualidad.

BIBLIOGRAFÍA

Arenal, Electa, "Sor Juana Inés de la Cruz: Reclaiming the Mother Tongue", *Letras Femeninas*, núm. 11, primavera-otoño de 1985, pp. 63-75.

—— y Stacey Schlau, *Untold Sisters: Hispanic Nuns in Their Own Works*, Amanda Powel (trad.), Albuquerque, University of New Mexico Press, 1989.

Arrom, Silvia Marina, *The Women of Mexico City, 1790-1857*, Stanford, Stanford University Press, 1985.

Belenky, Mary Field, Blythe McVicker Clinchy, Nancy Rule Goldberger y Jill Mattuck Tarule, *Women's Ways of Knowing: The Development of Self, Voice, and Mind*, Nueva York, Basic Books, 1986.

Cixous, Hélène, "The Laugh of Medusa", Keith Cohen y Paula Cohen (trads.), en *New French Feminisms: An Anthology*, Elaine Marks e Isabelle de Courtivron (comp. e introd.), Nueva York, Schocken Books, 1981, pp. 245-264.

---

[14] En otro lugar hemos discutido la importancia y las particularidades del culto mariano para algunas religiosas y especialmente el uso que de María hacía sor Juana. Véase Arenal (1985).

[15] "[...] la mujer nunca se aleja de la madre [...] Lleva siempre dentro de ella un poco de esa buena leche materna. Escribe con tinta blanca" (Cixous: 251). (Traducción nuestra, del inglés.)

288 ELECTA ARENAL Y STACEY SCHLAU

Franco, Jean, *Plotting Women: Gender and Representation in Mexico*, Nueva York, Columbia University Press, 1989.

Gilbert, Sandra y Susan Gubar, *The Madwoman in the Attic: The Woman Writer and the Nineteenth Century Literary Imagination*, New Haven y Londres, Yale University Press, 1979.

Israel, J. I., *Race, Class and Politics in Colonial Mexico: 1610-1670*, Oxford, Oxford University Press, 1975.

Lave, Jean, *Cognition in Practice: Mind, Mathematics and Culture in Everyday Life*, Cambridge, Cambridge University Press, 1988.

Lavrin, Asunción, "Female Religious", en *Cities and Society in Colonial Latin America*, Louisa S. Hoberman y Susan M. Sorolow (comps.), Albuquerque, University of New Mexico Press, 1986, pp. 165-195.

——, "Values and Meaning of Monastic Life for Nuns of Colonial Mexico", *Catholic Historical Review*, núm. 58 (1972), pp. 367-387.

Luna, Lola, "Sor Valentina Pinelo, intérprete de las Escrituras Sagradas", *Cuadernos Hispanoamericanos*, núm. 464 (1989), pp. 91-103.

Moraña, Mabel, "Orden dogmático y marginalidad en la «Carta de Monterrey» de Sor Juana Inés de la Cruz", Reunión MLA, San Francisco, 28 de diciembre de 1987.

Muriel, Josefina, *Cultura femenina novohispana*, México, UNAM, 1982.

Schüssler Fiorenza, Elizabeth, *In Memory of Her: A Feminist Theological Reconstruction of Christian Origins*, Nueva York, Crossroad, 1983.

Warner, Marina, *Alone of All Her Sex: The Myth and Cult of the Virgin Mary*, Nueva York, Alfred A. Knopf, 1976.

Weber, Alison, "The Paradoxes of Humility: Santa Teresa's *Libro de la Vida* as Double Bind", *Journal of Hispanic Philology*, vol. 9, núm. 3, primavera de 1985, pp. 211-230.

LA POESÍA ÉPICA EN LA NUEVA ESPAÑA (SIGLOS XVI, XVII y XVIII)

Margarita Peña
Universidad Nacional Autónoma de México

Los siglos XVI, XVII y XVIII en Hispanoamérica van a presenciar el florecimiento de un género: la poesía épica, que, como la crónica y el teatro misionero, es el producto literario del encuentro entre el Viejo y el Nuevo Mundo. A las pretensiones artísticas, el poema épico va a sumar frecuentemente, en el XVI y el XVII, la intención pragmática que lo convertirá, llegado el caso, en una larga relación de méritos del autor, o de sus amigos. Como la crónica, la épica dejará constancia del asombro del conquistador ante las maravillas de las nuevas tierras. Y a diferencia de la crónica, el poema épico organizará sus estrofas de ocho versos endecasílabos en torno a lo individual, el héroe: Hernán Cortés, Garci Hurtado de Mendoza o Francisco Pizarro. O lo colectivo: araucanos y españoles en Alonso de Ercilla y Zúñiga; españoles en Juan de Castellanos. La épica colonial es, en el XVI y el XVII, el género que corresponde a un momento histórico en que España dominaba al mundo, y sus capitanes encarnaban el ideal del caballero heroico. Las pervivencias dieciochescas del género serán el esfuerzo desesperado por mantener vivo ese ideal.

En la segunda mitad del siglo XVI se escribe en México el primer poema de los que constituirán el llamado "ciclo cortesiano". Integrado en torno a la figura carismática de Hernán Cortés, el ciclo encontrará sus mejores exponentes en los siglos XVI y XVIII. Francisco de Terrazas, hijo del mayordomo de Cortés, nacido antes de 1550, perteneciente a la primera generación criolla y poeta al itálico modo, celebrado por Miguel de Cervantes Saavedra en *El canto de Calíope*, redactó un poema épico que se titularía *Nuevo Mundo y conquista*. Aparentemente no logró concluirlo, y los fragmentos que conocemos provienen de la obra de otro criollo ilustre, Baltasar Dorantes de Carranza, quien los reprodujo en su *Sumaria relación de las cosas de la Nueva España* (México, 1612). Carentes de una secuencia predeterminada, los cantos del poema, que no llevan título o numeración, relatan episodios del inicio de la Conquista de México. El escenario es la costa sur del golfo de México; los personajes, Quetzal, Huitzel, Jerónimo de Aguilar, el cacique Canetabo, el propio Cortés, y otros muchos. No hay exordio formal con invocación a las musas o a la Virgen, como en otros poemas. Tan sólo una lacónica declaración: "[...] sólo diré de paso lo forzoso". Carente de la grandilocuencia enfática característica de la épica, el poema posee, en cambio, un lirismo tierno, una suavidad expresiva que revela al autor de excelentes sonetos al modo petrarquista del cancionero *Flores de baria poesía*. A lo largo de veintiún cantos se configura la imagen contradictoria del conquistador, a quien Terrazas acusa de haber sido poco favorable hacia sus soldados. Se escucha la voz del criollo resentido que también increpara a su tierra, México; "Madrastra nos has sido rigurosa/ y dulce madre pía a los extraños [...]" El tono reclamatorio alterna con la añoranza de los tiempos idos (que recuerda al Jorge Manrique de las *Coplas*), y con un sentido mesiánico de la Conquista patente en los cantos ocho y nueve. En conjunto, el poema da la impresión de una narración desordenada, inconexa, por lo que pensamos que Dorantes de Carranza pudo haber publicado solamente aquellos cantos que sirvieran a sus propósitos personales de reivindicación criolla, dejando en el tintero, quizás, otros que no cuadraban a sus intenciones del momento y que, por ello, se han perdido.

Wogan ha señalado parentescos temáticos y textuales entre Terrazas y Ercilla, del cual el poeta novohispano parece haber sido lector asiduo (371). Se desconoce la fecha exacta de la muerte de Terrazas, que debió ocurrir en los primeros años del siglo XVII, ya que en su *Relación* Dorantes lo menciona como vivo.

Ejemplo de poema épico dentro del ciclo cortesiano, escrito por encargo, es el *Cortés valeroso*, redactado entre 1582 y 1584 por Gabriel Lobo Lasso de la Vega a instancias de Martín Cortés, segundo marqués del Valle de Oaxaca e hijo del conquistador. Lasso de la Vega había nacido alrededor de 1558, en Madrid, y moriría en 1615. Señala José Amor y Vázquez que pudo haberle servido de estímulo el borrador inédito del *Nuevo Mundo y conquista*, de Terrazas (xvii). Contiene en total 1115 octavas repartidas en doce cantos que van de la relación del linaje de Cortés y la llegada de éste a Cozumel, hasta la entrada de Cortés en Cholula, el episodio de Gualca y Alvarado, y el recibimiento de Cortés por Moctezuma. Las fuentes históricas del poema son varias: Francisco López de Gómara, Luis de Zapata, en algunos cantos de su poema épico *Carlos famoso* (1569); Ercilla, Jerónimo de Zurita, Pedro Mexía, Gonzalo Fernández de Oviedo, entre otras.

Al querer enaltecer al conquistador, Lasso de la Vega crea un Cortés magnánimo, ecuánime, esforzado, hábil y persuasivo. Llega incluso a justificar los fraudes que se achacaron a Cortés en versos que traducen la exagerada lealtad del autor hacia su mecenas, Martín Cortés.

Como en otros poemas épicos, las largas listas de nombres de soldados
y la mención de sus hazañas responden a la intención de lograr el reconocimiento de servicios por la Corona. Por otro lado, son importantes los
episodios novelescos, en los que aparece la bella indígena Claudina, y el de
la apoteosis de Cortés, en el canto x, así como el xii, en que el dios
Tezcatlipoca visita la casa de la Envidia.

Ocho años después, en 1594, Lasso de la Vega publica la *Mexicana*.
Dedicada a Fernando Cortés, hijo de don Martín y nieto del conquistador,
cubre los mismos hechos y el mismo lapso de tiempo que el *Cortés valeroso*.
Tiene 1682 octavas repartidas en veinticinco cantos; entre las aprobaciones
figura la de Ercilla, y un soneto de Francisco de Aldana. Se puede detectar la
influencia de Luis de Camoens, cuyo poema épico *Los Lusíadas* había sido
traducido al castellano en 1580 en dos versiones, la de Benito Caldera,
publicada en Alcalá de Henares, y la de Luis Gómez de Tapia, impresa en
Salamanca, y que como los autores épicos italianos, era ávidamente leído
por los españoles. El canto xi: "Sueño de Cortés sobre la batalla en el río
Tabasco" parece conjurar la mencionada influencia de Camoens, la de algún
pasaje de la *Diana enamorada* de Gaspar Gil Polo, y más atrás, de *La
Eneida*, de Virgilio. Vale la pena destacar dentro del conjunto de la obra el
canto xxiv, una briosa y colorida descripción de la retirada de los españoles en
la "Noche Triste". Revela las fuertes dotes imaginativas del autor, que describe
la refriega como testigo presencial. Hasta donde se sabe, Lasso de la Vega no
viajó a América. Compuso también *Primera parte del Romancero y tragedias*
(1587) y *Manojuelo de romances nuevos...*(1601; 1603).

Autor de un poema épico, *Historia de la Nueva México*, Gaspar Pérez de
Villagrá nace en Puebla de los Ángeles en 1555, se gradúa de bachiller en
la Universidad de Salamanca, y es nombrado, en 1596, procurador general
del ejército que habría de intentar la conquista de la Nueva México. Sirvió
al rey durante treinta años, y José Toribio Medina resume su biografía
diciendo:

> En 1605 rindió información de sus servicios en Guadalajara, en Nueva España.
> De allí se vino a la Península hallándose cinco años de pretendiente en la corte,
> y hubo de regresar a México para responder a la acusación que se le hizo de
> haber dado muerte al capitán Pablo de Aguilar [...] Volvió otra vez a España
> con su mujer, Catalina de Sotomayor, y cinco hijos [...] Obtuvo en 1619 que se
> le hiciese merced de la Alcaldía de los Suchitepequis, a cuyo efecto se embarcó
> nuevamente, pero falleció a bordo durante la travesía, el 20 de septiembre de
> 1620 [ii, 107].

Dos cartas, exhumadas por Ernesto Mejía Sanchez, en las que Villagrá
acusa ante el Tribunal del Santo Oficio a Francisco de Porres Farfán, cura

de Sombrerete, en Zacatecas, lo muestran como hombre instruido, pero ambicioso y arrogante, dado a la delación y a la intriga, remilgoso en cuestiones de pureza de sangre y obsesionado por dar caza a la herejía y al judaísmo, a los que en alguna parte de su poema califica de "peste y cáncer". En resumen, un típico exponente de la intolerancia de la época (7-21). El reverso de esta personalidad poco simpática se proyecta en su poema *Historia de la Nueva México* (*History of New Mexico*, Los Ángeles, 1933), impreso en Alcalá en 1610, y dedicado a Felipe III, que lo resarce como poeta de mérito, conocedor de las modas y los metros italianos, y amigo de literatos conocidos: el maestro Espinel, el doctor Cetina (diferente de Gutierre de Cetina, poeta al itálico modo), Luis Tribaldos de Toledo y doña Bernarda Liñán, dama dada al cultivo de las letras. La mayor parte de los poemas laudatorios están dirigidos conjuntamente a Villagrá y a Juan de Oñate, conquistador de Nuevo México y protagonista del poema. Compuesto por treinta y cuatro cantos, en el primero, dentro del exordio, el autor declara el argumento del poema. A lo largo de la obra se referirá al descubrimiento de los territorios que se llamarían luego Nuevo México; exploración del río del Norte; escaramuzas con los indios; vicisitudes que ocurrieron a Polca, Milco y Mompel, indios bárbaros; a las penalidades que pasan los soldados españoles y la mala correspondencia de sus servicios; las discordias entre los indios acomeses; la muerte de los guerreros Zutacapan, Tempal y Cotumbo, y la victoria final del gobernador Juan de Oñate. Los paralelismos con *La Araucana* (una retórica rimbombante, historias de los amantes indígenas, idealización de la mujer) han sido señalados por Wogan (374), así como el presunto parentesco de Villagrá con el Villagrán, personaje de Ercilla.

En un género como el de la poesía épica, en el que la vida del autor y su obra están íntimamente entremezclados al punto de ser casi uno y lo mismo (Ercilla, Castellanos, Pérez de Villagrá, Barco Centenera), parecería que un poema de carácter fantástico en el que el héroe es un caballero andante y el escenario, el amplísimo trasmundo de las novelas de caballería, poca relación guarda con su autor, un doctor en teología, clérigo en la provincia mexicana, abad y arzobispo en las islas del Caribe. Sin embargo, *El Bernardo*, poema épico de Bernardo de Balbuena, tendrá mas coincidencias con éste de las que se podría pensar.

Quintana proporciona noticias sobre Balbuena en la introducción a su *Musa épica*, y en la advertencia al tomo XVII de la Colección de Autores Españoles de Rivadeneira, en el cual se reprodujo *El Bernardo*. Se ocuparon tambian de él Gallardo, Beristáin y Souza, y Medina. Las biografías más completas de Balbuena se deben a John van Horne y José Rojas Garcidueñas en 1940 y 1958, respectivamente, aunque el segundo incorpore escasos datos sobre el poeta en Puerto Rico. Siguiendo a Rojas Garcidueñas podemos decir que Bernardo de Balbuena nació en Valdepeñas (España) hacia 1562, de la unión libre de Bernardo de Balbuena con Francisca Sánchez de Velasco. Llega a la Nueva España a los dos años de edad, llevado por su padre, miembro de la audiencia de Nueva Galicia. Hacia 1580 estudia en la ciudad de México, hasta donde se sabe, teología en la universidad. En 1585, 1586 y 1590 es premiado en certámenes literarios convocados por motivos religiosos o para celebrar la llegada a México de virreyes.

De capellán de la Audiencia de Nueva Galicia pasa, en 1592, a ocupar el curato de San Pedro Lagunillas. Se ha dicho que los diez años siguientes serán los más fructíferos en cuanto a su carrera literaria. Es posible que entonces haya corregido y pulido *Siglos de Oro en las selvas de Erifile*, escrito con anterioridad, y haya compuesto *El Bernardo*. En 1603 redacta la *Grandeza mexicana* a petición de doña Isabel de Tobar y Guzmán, amiga de juventud, quien quería saber cómo era la ciudad de México. Deseoso de hacer carrera eclesiástica, y al no obtener respuesta a su insistente solicitud de una canonjía en México o Tlaxcala, decide ir a solicitar directamente a la metrópoli. A mediados de 1601 se embarca para España. Allí obtendrá el grado de doctor en la Universidad de Sigüenza, verá publicada su novela pastoril *Siglos de oro*, y se dedicará a "pretender" un puesto de importancia. En 1608 es electo abad de Jamaica, hacia donde partirá en 1610. Diez años permanecerá en esta isla, solicitando siempre ser trasladado, con una más alta dignidad, a México o a Lima. En 1619 se le confiere el obispado de Puerto Rico. En 1622 deja la abadía de Jamaica, viaja hasta Santo Domingo para asistir al Concilio Provincial, y permanece allí cerca de diez meses. En 1623 se traslada a Puerto Rico, en donde permanecerá hasta su muerte, el 11 de octubre de 1627. En 1624 había aparecido publicada finalmente su obra preferida, *El Bernardo*, o *Victoria de Roncesvalles*, y en 1625 había sufrido uno de los contratiempos más grandes de su vida: la devastación del palacio arzobispal y la quema de su biblioteca por los corsarios holandeses comandados por Bodouyno Enrico. Quizás también se perdieron en el saqueo varias obras inéditas, de las que no se ha encontrado huella.

Junto a la ambición evidente en Balbuena hay que destacar su "mucha cristiandad, virtud y letras". Sus comentarios con respecto a Puerto Rico dan impresión de magnanimidad. De los caballeros opinaba:

> Los ciudadanos del estado de caballeros que en esta ciudad hay, muchos son de calidad conocida aunque pobres, por no ser la tierra de más substancia. Se tratan con superflua pompa, con buen lustre y autoridad en sus personas, acuden bien a sus obligaciones, y en las del divino culto se extreman notablemente [...] [Antonio Cuesta Mendoza: 115-116].

Y aunque se le atribuye una décima punzante: "Aquí están los blasones de Castilla/ —en pocas casas muchos caballeros,/ todos tratantes en gengibre y cueros—/ los Mendozas, Guzmanes y el Padilla" (116), su juicio respecto al gobernador Juan de Vargas, refleja benevolencia: "El caso de Juan de Vargas es típico. Constantemente preocupado por la suerte de los puertorriqueños[...] no dudó en defraudar a la real hacienda y meter en la isla más esclavos de los permitidos, cuando hacían verdadera falta. ¿Debemos censurarlo?" (Villa: 79).

Por lo que toca a *El Bernardo*, si es que Balbuena lo compuso hacia 1595, se convirtió en una especie de bitácora de vida, que, al no ser publicado en los dos primeros intentos, en 1608 y 1615, fue incorporando en sucesivos retoques los avatares del autor. Mucho de él hay en el poema épico. Proyección personal al escoger a un personaje legendario —Bernardo del Carpio— que lleva su nombre y el de su padre, y que, como él, era bastardo. Presencia de México en alusiones al paisaje ("El gran volcán de Xala, monstruo horrible,/ [...] de clara antorcha sirve a lo que escribo."). Retrato de los marineros de la flota que lo lleva a España en 1606. Transfiguración de Viso del Marqués, lugar donde nació su padre cercano a Sierra Morena, en el paisaje heroico del mago Malgesí, en el canto XVI. Y algunos episodios de la vida de Balbuena parecerán corresponder a un contexto fantástico. Por ejemplo, los viajes alucinantes que realiza entre Santo Domingo y Puerto Rico, con un séquito de cinco personas, la biblioteca a cuestas, por pantanos insalubres y montañas ignotas. O la reclusión forzada durante diez años en una isla remota, y la noción de ser víctima de una voluntad mágica, que se explicita en la dedicatoria de *El Bernardo*: "Ahora su autor, que puede decir que ha salido de nuevo al mundo de las soleadas de Jamaica, donde este tiempo estuvo como encantado[...]" Y más biografía entrelazada con la literatura se encontraría en el poema si alguien se propusiera rastrearla. Pareciera que el sino de *El Bernardo* fue el de convertirse en libro tutelar del autor que lo acompaña inédito casi durante toda su vida, y llega a la imprenta en 1624, justo a tiempo para no desaparecer en manos del vandálico Boudoyno Enrico. Una obra itinerante, como su autor, a lo largo de la geografía maravillosa de México, España y el Caribe.

Dedicado a don Francisco Fernández de Castro, conde de Lemos, el poema contiene veinticuatro libros, cada uno de los cuales va rematado por una alegoría. Epopeya fantástica, en términos de Marcelino Menéndez y Pelayo, recrea, a través de un alud de personajes, el mundo de la épica tradicional (Bernardo del Carpio, Carlomagno, Don Gayferos, Conde de Saldaña), de la novela de caballerías (Hada Alcina, Morgante, Malgesí), e introduce lo propiamente mexicano en el libro decimonono al relatar el sabio Tlascalán las hazañas de Hernán Cortés en el Nuevo Mundo. Hay idealización del paisaje, cosificación de la naturaleza "árboles rojos de coral preciado" y alternancia de paradigmas femeninos: hermosas doncellas (Angélica y Florinda), y arpías repugnantes (Arleta), más el consabido séquito de hadas y encantadoras: Alcina, Morgana, Iberia. No faltan, por supuesto, las armas mágicas (espada Balisarda) y el agua milagrosa que proviene de la Fuente de las Maravillas. La imaginería del trasmundo que campeaba en la épica italiana del Renacimiento, que pasa a la novela pastoril peninsular, se va a fusionar con las reminiscencias de Virgilio y las presencias caballerescas para hacer de este poema heroico, en opinión de Menéndez y Pelayo, la principal epopeya fantástica compuesta en suelo americano.

Los siglos XVI y XVII cobijan sin duda las grandes manifestaciones del género épico en América. Si tomamos la fecha de aparición de *La Araucana* de Ercilla, 1569, como la del surgimiento del género por lo que se refiere a América, y 1666, la de publicación del poema de Domínguez Camargo, "San Ignacio de Loyola", como la del último gran ejemplo de literatura heroica en tierra americana, tenemos un lapso de un siglo. Durante ese periodo, el género produce de lo mejor y en abundancia, adscribiéndose a las características de una literatura sucesivamente renacentista (Ercilla), manierista (Balbuena) y barroca (Domínguez Camargo). En el siglo XVIII, el impulso épico decae, la gesta de la Conquista ha quedado lejos, y los aires de la Ilustración traen a América las novedades que conducirán a la insurgencia y la emancipación de la Corona de España. Subsistirán, sin embargo, los personajes legendarios como Cortés y Pizarro; va a florecer la literatura religiosa que encuentra en el poema épico el receptáculo ideal para la glorificación del santo, o santa, en turno.

A mediados del siglo, en 1755, Francisco Ruiz de León (1683-1765?) dedica a Fernando VI la *Hernandía. Triunfos de la fe, y gloria de las armas españolas. Poema heroico*, impreso en Madrid, en la Imprenta del Supremo Consejo de la Inquisición. De este escritor, "hijo de la Nueva España", como se indica en el título, el bibliógrafo Beristáin y Souza dice que nació en Tehuacán, Puebla, se graduó de bachiller en teología, se casó, y "se retiró al campo". Escribió asimismo *La Tebaida Indiana*, descripción del desierto en donde moraban los carmelitas descalzos de México (266). Beristáin se muestra benévolo hacia Ruiz de León en sus juicios críticos:

> Estoy lejos de igualar este *Poema Épico* a los que, a imitación de la *Ilíada* de Homero y de la *Eneida* de Virgilio, han compuesto los mejores poetas de las naciones cultas europeas. Y si en la *Jerusalén*, de Tasso,[...] en la *Araucana*, de Ercilla [...] se han hallado grandes defectos, ¿cómo podría gloriarse la *Hernandía* de un poeta americano de haber llenado todas las leyes de la *Epopeya*, y todo el gusto de los literatos? (267).

Dividido en doce cantos, el poema va a seguir el itinerario de rigor en los poemas cortesianos. Se inicia con antecedentes sobre Diego Velázquez y la llegada de Cortés a Cozumel. Avanzará lentamente en medio de la oscuridad de un barroquismo cargado de mitología, astrología e historia. El personaje del conquistador se diluye en la acción colectiva, aunque el autor deje bien apuntalada su biografía y trace su retrato moral. El lenguaje se llena de anacronismos: los guerreros tlaxcaltecas son "centauros del Tetis"; el campamento de Cortés es alternativamente la "República" o el "Senado". A dos siglos de la Conquista y con plena conciencia de cuales fueron los móviles, el punto de vista del autor, por momentos, se vuelve crítico. La naturaleza y el paisaje mexicanos relucen en versos que recuerdan al Rafael Landívar de la *Rusticatio Mexicana*, también en el siglo XVIII.

El poema de Ruiz de León resulta anacrónico, sin embargo, en su regalismo adulador e hiperbólico, en un momento en que la afirmación nacionalista estaba en las plumas de los jesuitas expulsos: Clavijero, Alegre, Abad, Eguiara y Eguren. El objetivo primero de esta literatura consistía, sin duda, en intentar fortalecer la decadente monarquía española mediante la evocación de uno de sus paladines, Cortés, en una colonia que pronto entraría en ebullición política. La fuente documental de la *Hernandía* es la *Historia de la conquista de México* de Antonio de Solís, de la cual existían siete ediciones, por lo menos, hasta 1755, aparte de la primera de 1684. Y en la *Hernandía* se va a inspirar Moratín para escribir, *Las naves de Cortés destruidas* (1777). Se considera a Ruiz de León uno de los últimos poetas gongorinos de la Nueva España.

Si el poema anterior constituye la apoteosis del sentimiento monárquico en la decadencia del régimen colonial, *México conquistada*, poema épico de Juan Escoiquiz, publicado en Madrid en 1798, se configura como un intento tardío e infructuoso de borrar la leyenda negra de España, propagada en gran medida por los escritos y polémicas de fray Bartolomé de Las Casas en el siglo XVI. A lo largo del prólogo, Escoiquiz aborda puntos claves de esta leyenda: la injusticia cometida por España al invadir a pueblos inocentes y pacíficos; la superioridad de las armas de los españoles; las crueldades que acompañan a la Conquista. Como en el poema de Lasso de la Vega, la Envidia es aquí alegoría y furia infernal que anima a Diego Velázquez contra Cortés. En el curso de veintiséis cantos desfilan personajes que recuerdan a Ercilla (Glauco, Guacolando, Guacolda, Luxario) en macarrónica alternancia con los del ciclo cortesiano: Guatemocin, Teutile, Pilpatoe. En ausencia de las volutas renacentistas y las hipérboles barrocas, abundan las expresiones llanas y prosaicas. Falta el impulso heroico característico de la épica; el ritmo de los versos se vuelve blando y machacón, y se echa de menos la gallardía de Ercilla, la reciedumbre de Oña, o la actitud crítica de Terrazas. Por lo demás, el autor no oculta su simpatía (que fácilmente se convierte en compasión) hacia los indígenas vencidos, aunque tome el partido de los españoles. De *La Araucana* imita Escoiquiz recursos tales como gritos, clamores y bramidos en el episodio de la lucha entre Dulmero y Juan Núñez del Mercado, que parafrasea la historia de David y Goliat. Invocaciones a la musa se encuentran no sólo en el exordio, sino en el curso del poema, Pero éste se queda en buenas intenciones, sofocado por un sentimiento reivindicatorio que incluso llega a restarle verosimilitud, una actitud de afirmación hispana recrudecida por la inminencia del estallido independentista en la Nueva España, que tendría lugar en 1810. Hombre prominente en su tiempo, Escoiquiz nació en 1762 y murió en 1820. Fue director de la Biblioteca Nacional de Madrid y tradujo el *Paraíso perdido* de Milton, además de haber sido ayo del príncipe de Asturias, el futuro Fernando vii.

A Carlos de Sigüenza y Góngora, jesuita novohispano nacido en 1645 y muerto en 1700, corresponde el haber escrito un poema de épica sagrada que cierra el siglo xvii e inaugura el siglo xviii. *Oriental planeta evangélico*, impreso en México en 1700 (año de la muerte de su autor), es una epopeya sacropanegírica dedicada al apóstol de las Indias, san Francisco Javier. Sus octavas cubren sólo diecinueve folios, siendo quizás el exponente más breve del género. Como el resto de la épica correspondiente —en este caso, por mera cronología— el siglo xviii no ha sido incluido en el utilísimo catálogo elaborado por Pierce, el cual abarca los siglos xvi y xvii, ni se le menciona tampoco en otros catálogos sobre el tema.

Luis Antonio de Oviedo y Herrera, caballero de la orden de Santiago y conde de la Granja, escribe *Vida de Santa Rosa de Santa María [...] de Lima*, poema heroico, impreso en Madrid en 1711. Oviedo y Herrera sigue, en verso, el esquema característico de las biografías de monjas y santas de la Colonia: nacimiento, genealogía, vocación temprana, entrega a Dios, repetidas tentaciones del demonio... El esquema se ve interrumpido por la descripción de la ciudad de Quito, digresiones históricas que remiten a Isabel de Inglaterra, y lo propiamente épico: aparición del inca Yupanqui, Atahualpa, Huáscar, Pizarro y el nigromántico Bilcaoma (cantos vi, vii y viii); Ana Bolena, el pirata Drake y escaramuzas en Puerto Rico (cantos x y xi); episodios del gobierno del virrey Marqués de Cañete, para retomar el tema inicial con la muerte y canonización de la santa, en el canto xii y último. Gran personaje del poema es Luzbel, al que se identifica con la herejía luterana. La lucha épica entre el bien y el mal tiene como marco la mezcla de lo hagiográfico con lo épico-histórico-maravilloso.

La elocuencia del silencio, poema heroico sobre la vida de san Juan Nepomuceno, apareció en Madrid en 1738. Su autor, el mexicano Miguel de Reyna Zevallos, nació en Puebla de los Ángeles en 1703, y ocupó sucesivamente los cargos de canónigo de Valladolid, en Michoacán, abogado de la Real Audiencia de México, de reos del Santo Oficio, y promotor fiscal del obispado de Michoacán. Murió hacia 1760. A juzgar por el número de poemas laudatorios que anteceden la obra, su autor era un hombre conocido y estimado en determinados círculos de cultura. La elocuencia, en diez cantos, relata la vida y martirio del "protomártir del sacramental sigilo, fidelísimo custodio de la fama, y protector de la Compañía de Jesús, san Juan Nepomuceno". Nos encontramos ante la descripción de la batalla heroica que se libra entre el bien, encarnado en el santo, y el mal, representado por Wenceslao, rey de Bohemia. Dado que se niega a traicionar el secreto de confesión de la reina, san Juan es torturado hasta la muerte por el déspota. Los puntos de contacto con la épica anterior serán la exaltación del héroe y la narración de los prodigios que realiza. Se recrea la imagen del varón virtuoso que se enfrenta al tirano todopoderoso al estilo de Enrique VIII, y hay algo en san Juan que recuerda lejanamente a Tomás Moro. El poema combina la ingenuidad tierna con lo maravilloso inverosímil en la línea de las hagiografías medievales (*Leyenda áurea*, de Jacobo de la Vorágine). Se ha considerado a Reyna Zevallos, junto con Francisco Ruiz de León, autor de la *Hernandía*, poema épico a secas, el último gongorino de la Nueva España.

El sacerdote jesuita Antonio de Escobar y Mendoza (1589-1669) redactó un poema heroico titulado *Nueva Jerusalén María Señora*, que se reimprimió en México en 1759, y cuya primera edición se desconoce. Dedicada al patriarca señor san José, la obra participa del intenso culto mariano que se desplegó en la Nueva España durante el siglo XVII, que se prolonga al XVIII, y al cual contribuyó Sigüenza y Góngora con su *Primavera indiana* (México, 1662) y su *Triunfo parténico* (México, 1683). Según queda dicho en el título, el poema es la segunda parte de una obra más amplia. *Nueva Jerusalén* está escrita en doce fundamentos, divididos en cantos. Esta segunda parte se inicia con el fundamento VII: "Del tiempo que la virgen estuvo preñada [...]". Los fundamentos XI y XII tratarán de la pasión y entierro de Cristo. Típica de la retórica barroca es la innovación de Escobar y Mendoza, consistente en colocar cada uno de sus "fundamentos" bajo la advocación de una piedra semipreciosa cuyas virtudes van a determinar el sentido del texto. Se crea así una imaginería teñida de misticismo apuntalada en el crisolito, el berilo, el topacio, el crisopraso, el jacinto y la amatista. La Virgen es visualizada como emisaria de paz y su carácter protagónico queda de manifiesto a lo largo del poema que, por lo demás, postula, como toda obra mariana, el dogma de la virginidad de María. Poema de gran delicadeza expresiva, *Nueva Jerusalén* nos remite a las tiernas décimas que un poeta mexicano del siglo XVIII, el padre Juan Joseph de Arriola, dedicara a santa Rosalía, patrona de la ciudad de Palermo.

De los poemas épicos mencionados, hasta donde sabemos, ni *La eloquencia del silencio* de Reyna Zeballos ni *Nueva Jerusalén* de Escobar y Mendoza han sido editados modernamente. Custodiados por la Biblioteca Lilly de la Universidad de Indiana en Bloomington y la biblioteca John Carter Brown de la Universidad de Brown, respectivamente, constituyen verdaderas rarezas bibliográficas.

Hay que señalar, por último, que la épica del siglo XVIII, tan significativa dentro de su particular contexto, como la de los siglos sagrado y profano XVI y XVII, yace enterrada en archivos y bibliotecas. Ni la *Hernandía*, de Ruiz de León, ni *México conquistada*, de Escoiquiz, al igual que otros poemas heroicos, han merecido la atención de los especialistas. Ediciones críticas o simplemente anotadas, estudios que se aproximen al texto desde ángulos diferentes permitirán en el futuro integrar en su totalidad el panorama del género épico en la América colonial.

BIBLIOGRAFÍA*

Balbuena, Bernardo de, *El Bernardo o Victoria de Roncesvalles. Poeheroyco*, Madrid, Diego Flamengo, 1624. Primera edición, HSA.

——, *El Bernardo*, Madrid, Imprenta de Gaspar y Roig, Biblioteca Ilustrada de Gaspar y Roig, 1852, edición íntegra de la obra.

Escobar y Mendoza, Antonio, *Nueva Jerusalén María Señora, poema heroico*, parte segunda, México, Imprenta de la Biblioteca Mexicana, 1759.

——, *Relación de la vida, virtudes y prodigios de la Virgen María*, en LL/IU; JCBL/BU; microfilm en BRC/UPR-RP.

Lasso de la Vega, Gabriel Lobo, *Mexicana*, José Amor y Vázquez (ed.), Madrid, Eds. Atlas, 1970 (contiene la 1a. parte del *Cortés valeroso*).

Piñero Ramírez, Pedro, *Luis de Belmonte y Bermúdez. Estudio de La Hispálica*, Sevilla, Publicaciones de la Diputación Provincial de Sevilla, 1976 (Sección Literatura, Serie Primera 5). Estudio sobre la vida y obra de Belmonte Bermúdez.

Reyna Zeballos, Miguel, *La eloquencia del silencio. Poema heroyco*, Madrid, Diego Miguel de Peralta, 1738. Obra dedicada al confesor del rey Felipe V. Es ejemplo del gusto literario de la época, 1a. edición en LL/IU.

Ruiz de Alarcón y Mendoza, Juan, *Comedias*, t. XX, Juan Eugenio Hartzenbusch (comp.), Madrid, Imprenta de Rivadeneira, 1852 (Biblioteca de Autores Españoles).

* BL/YU = Beinecke Library, Yale University; BRC/UPR-RP = Biblioteca Regional del Caribe, Universidad de Puerto Rico, Río Piedras; HSA = Hispanic Society of America, Nueva York; LL/IU = Lilly Library, Indiana University; NL = Newberry Library, Chicago; NYPL = New York Public Library.

Ruiz de León, Francisco, *Hernandía, Triumphos de la fe y gloria de las armas españolas. Poema Heroyco*, Madrid, Imprenta de la Viuda de Manuel Fernández y del Supremo Consejo de la Inquisición, 1755, 1a. edición en LL/IU.

Sigüenza y Góngora, Carlos, *Oriental planeta evangélico*, México, Doña María de Benavides, 1700. No hay edición moderna, hasta donde se sabe. 1a. edición en HSA.

Villagrá, Gaspar de, *Historia de la Nueva México*, Alcalá, Luys Martínez, 1610. 1a. edición en LL/IU; NL; NYPL.

——, *History of New Mexico*, Gilberto Espinosa (trad.), F. W. Hodge (introd. y notas), Los Ángeles, The Quivira Society, 1933. Traducción moderna del poema a una lengua extranjera.

FUENTES SECUNDARIAS: LIBROS Y ARTÍCULOS

Beristáin da Souza, José Mariano, *Biblioteca hispanoamericana septentrional*, [1521-1850], vols. I-IV, 3a ed., México, Ediciones Fuente Cultural, 1947. El mejor catálogo bibliográfico relativo a los escritores mexicanos de la Colonia.

Caravaggi, Giovanni, *Studi sull'epica ispanica del Rinascimento*, Universidad de Pisa, Istituto di Letteratura Spagnola e Ispano-Americana, 25, 1974. Conjunto de ensayos magníficamente documentados en torno a épica hispánica.

Cuesta Mendoza, Antonio, *Historia eclesiástica de Puerto Rico Colonial. I: 1508-1700*, Ciudad Trujillo, Ed. Imprenta, Arte y Cine, 1948.

Chevalier Maxime, *L'Arioste en Espagne (1530-1650). Recherches sur l'influence du "Roland Furieux"*, Burdeos, Institut d'Études Ibériques et Ibéroaméricaines de l'Université de Bordeaux, 1966. Estudio fundamental para entender la transmisión de la épica renacentista. Documentado y erudito.

Descubrimiento y conquista de América. Cronistas, poetas, misioneros y soldados, Margarita Peña (comp.), México, SEP/UNAM, 1982 (Clásicos Americanos, 14). Antología de la crónica de Indias.

Diccionario Porrúa de historia, biografía y geografía de México, 3ª ed., 2 vols., México, Editorial Porrúa, 1964. Buen instrumento de consulta.

Flores de baria poesía, Margarita Peña (comp.), México, UNAM, 1980. Cancionero misceláneo de tipo petrarquista recopilado en México en 1577.

Goic, Cedomil, "Alonso de Ercilla y la poesía épica", en C. Goic (comp.), *Historia y crítica de la literatura hispanoamericana. 1. Época Colonial*, Barcelona, Editorial Crítica/ Grupo Editorial Grijalbo, 1988, Páginas de Filología, pp. 196-215. Ensayo imprescindible. Contiene: biobliografía de Ercilla, crítica erciliana, autores y obras épicas.

Medina, José Toribio, *Biblioteca hispano-americana (1493-1810)*, vols. I y II, Santiago de Chile, impreso y grabado en casa del autor, 1898. Catálogo de autores relacionados con Hispanoamérica.

Mejía Sánchez, Ernesto, *Gaspar Pérez de Villagrá en la Nueva España*, México, UNAM, 1971 (Cuadernos del Centro de Estudios Literarios).

Menéndez y Pelayo, Marcelino, *Historia de la poesía hispano-americana*, Enrique Sánchez Reyes (comp.), vol. II, Santander, Consejo Superior de Investigaciones Científicas, 1948. Obra de consulta obligada. Aportaciones importantes en su momento.

Pierce, Frank, *La poesía épica del Siglo de Oro*, 2a. ed., J. C. Cayol de Bethencourt (trad.), Madrid, Gredos, 1968 (Biblioteca Románica Hispánica, II, Estudios y Ensayos). El estudio más sistemático y documentado sobre el tema. De consulta obligada.

Rojas Garcidueñas, José, *Bernardo de Balbuena. La vida y la obra*, México, UNAM, Instituto de Investigaciones Estéticas, 1958 (Estudios de Literatura). Biografía de Balbuena y análisis crítico de sus obras.

Vila Vilar, Enriqueta, *Historia de Puerto Rico (1600-1650)*, Francisco Morales Padrón (pról.), Sevilla. Contiene referencias a B. de Balbuena.

Wogan, Daniel, "Ercilla y la poesía mexicana", *Revista Iberoamericana*, vol. III, núm. 6 (1941). Rastrea influencias ercilianas en la épica mexicana de los siglos XVI a XIX).

EDITANDO A SOR JUANA

Georgina Sabat-Rivers
State University of New York

> Esta es la nave que sin zozobras ha sabido hollar procelosas escilas siendo estímulo, al paso que confusión, a la heroicidad y cuantos aspiraron por su laurel: *Una mulier fecit confusionem.*
> Fray Juan Silvestre[1]

En el verano de 1969, con una beca que recibí de la American Philosophical Society of Philadelphia, me asomé por primera vez a las ediciones antiguas que forman los tomos I, II y III de las obras de sor Juana Inés de la Cruz que se hallan en la Biblioteca Nacional de Madrid (BNM). Yo sabía que era posible hacer ese trabajo en Estados Unidos: la Hispanic Society, por ejemplo, tiene casi todos los ejemplares que se hallan en Madrid y, entre esa entidad y la Biblioteca Pública de Nueva York podía conseguirse llevar el trabajo adelante.[2] Opté, sin embargo, por hacerlo en la capital de España porque allí se reunían, en un sólo lugar, ejemplares de todas y cada una de las ediciones antiguas que constituyen esos tres tomos, en muchos casos con varios ejemplares pertenecientes a la misma edición, y también por otras facilidades que allí se presentan.[3] Hay también en la BMN, un ejemplar de la *Carta Atenagórica* (precedida por la "Carta de Sor Filotea") que se publicó en Puebla en 1690, relacionada

---

[1] Todas las citas provenientes de las antiguas ediciones de sor Juana se modernizan en cuanto al léxico y a la puntuación. En esta cita "la nave" es una metáfora que significa a sor Juana y su obra: una mujer que trae "confusión" por la altura de su obra y su personalidad. Esta cita que sirve de epígrafe se ha tomado de los preliminares de *Segundo volumen*, Sevilla, 1692. El autor está en el grupo de los varios personajes que escribieron elogios a favor de sor Juana en el volumen mencionado.

[2] Estoy muy lejos de haber agotado las muchas posibilidades que ofrecen estas dos bibliotecas, algo de lo que me tendré que ocupar antes de terminar con el trabajo de edición de las obras de la monja mexicana.

[3] Esto no quiere decir que haya pasado inquietudes y trabajos en los muchos años transcurridos. Quiero consignar aquí, aparte de que lo haga en mi edición proyectada de la que hablaré luego, mi agradecimiento especial a los directores de Raros de la Biblioteca Nacional, así como a sus colaboradores.

con la llamada cuestión de las cartas que tanto tuvo que ver con el retiro del mundo de las letras de parte de sor Juana, a más de muchas ediciones sueltas de su teatro publicadas en distintas ciudades de España que son posteriores a las publicadas en sus tres tomos. Esto, una vez más, nos da idea de la gran fama de la monja en la Península.

Nadie que no se haya dedicado a hacer trabajo blibliográfico podrá calibrar lo que éste significa. En los veinte años y pico transcurridos desde que comencé a trabajar en ello, las hojas de esas ediciones han pasado muchas veces por mis manos. Seguramente debía saber mucho más de lo que sé, ya que cuando empecé tenía poquísima preparación e idea de lo que hacía. Y puesto que menciono estos comienzos, debo constatar mi agradecimiento a Elías Rivers, quien me animó el primero en estas cuestiones y me introdujo en el estudio de la obra y vida de sor Juana. A renglón seguido debo mencionar a los desaparecidos Alfonso Méndez Plancarte, Felipe Maldonado y Edward Wilson;[4] luego he aprendido y sigo aprendiendo de Antonio Alatorre. Por ejemplo, puedo decir, exagerando, que casi me sabía de memoria la obra sobre la monja que Méndez Plancarte y Alberto A. Salceda publicaron (para el tomo IV) entre 1951 y 1957, a fin de celebrar el tercer centenario del que se creía entonces nacimiento de sor Juana. En particular conocía el tomo I; he aprendido mucho del saber teológico y literario del crítico mexicano, y he tratado de evitar sus errores en cuanto a lo textual.

Es cierto, como se ha dicho, que el trabajo bibliográfico, sea en vías preparatorias o no para una edición, es un trabajo largo, tedioso e ingrato. Incluso alguna vez me han preguntado por qué "pierdo" mi tiempo en eso cuando podría aprovechar mejor en escribir un estudio crítico; quizá tengan razón. Sin embargo, quiero aprovechar esta ocasión para animar a todos, especialmente a los jóvenes, a dedicarse alguna vez a esta labor tan necesaria. En la literatura hispanoamericana colonial, muy especialmente, hay todavía mucho que hacer.[5] Existe

---

[4] Menciono a Méndez Plancarte líneas más abajo. Felipe Maldonado fue bibliógrafo español que conocía muy bien su oficio (era funcionario del Museo de Lázaro Galdiano); me ayudó a desentrañar los intríngulis de las tres ediciones de Barcelona, 1693. Todo el mundo recordará al profesor inglés Edward Wilson; él me alentó en mis primeros trabajos bibliográficos enviándome relación, minuciosamente transcrita, de los ejemplares antiguos que poseía de la obra de sor Juana.

[5] Ya que menciono este punto, quisiera consignar algunas ediciones que se han publicado, de poetas coloniales, en los últimos años: sobre Domínguez Camargo, de parte de Meo Zilio y de Becco (la de Caro y Cuervo tiene ya treinta años); sobre Caviedes, de parte de Reedy; sobre Sigüenza y Góngora, de parte de Leonard y de Bryant (estas tres publicadas en Ayacucho); sobre Balbuena (*Siglo de Oro* y *Grandeza Mexicana*), de parte de González Boixo. La obra de Domínguez Camargo necesita aún de una edición que ayude a resolver los muchos problemas que presenta la difícil poesía del autor, pues debe revisarse la puntuación y explicarse el texto de manera más extensa. Es una pena que las notas de Meo Zilio, quien

una larga bibliografía[6] para la ayuda de los principales (y de los que no lo son); en *Edición y anotación de textos del Siglo de Oro* se podrá encontrar más bibliografía y artículos muy útiles en estas cuestiones (véase especialmente el de Cañedo y Arellano, "Observaciones provisionales..."). Todos estamos en la obligación, me parece, de contribuir con nuestro tiempo e interés a la publicación de ediciones en las que se establezca un texto depurado y, por medio de anotaciones, se ayude a resolver las dificultades. Y si de perder el tiempo se trata, lo perdemos sin duda cuando, para el trabajo que sea, utilizamos un texto que pervierte el sentido de lo que el autor quiso hacernos llegar.

Esta charla no pretende abusar de los oyentes (o lectores) dándoles una lista enfadosa de cambios y variantes no muy apropiada para la lectura oral; trata de hacer, más bien, un recuento de "mi" historia con los textos de las ediciones antiguas de sor Juana. Y volviendo a mis comienzos y a pesar de la poca experiencia que les he dicho tenía yo en estas cuestiones, me encontré ya con tres hechos bibliográficos que no se habían constatado hasta ese momento. Me di cuenta de distintas lecturas que, dentro de la misma edición del tomo III, la *Fama y Obras Pósthumas* de Madrid, 1700 (existen cinco ejemplares en la BNM),[7] presentaba esa misma edición en distintos estadios de la impresión, de la rareza relacionada con la autoría de las dos composiciones que se hallaban al final: un cenotafio y un epigrama, amén de irregularidades en la composición del libro. Afortunadamente, Antonio Alatorre resolvió todos esos pequeños misterios en su excelente artículo "Para leer la *Fama y Obras Pósthumas* de sor Juana Inés de la Cruz". Lo segundo que constaté fue que la edición de Barcelona, 1693, perteneciente al tomo II, no era una sola edición como ya había sugerido Dorothy Schons, sino que eran *tres* según expliqué en el artículo "Nota bibliográfica sobre Sor Juana Inés de la Cruz..." (1974) que, lo mismo que el artículo acabado de mencionar, se publicó en la mexicana *Nueva Revista de Filología*

---

correctamente ha aprovechado el trabajo anterior de Méndez Plancarte, no aparezcan a pie de página. Esto, desde luego, debe aplicarse a las otras ediciones de Ayacucho.

[6] Agradezco a la profesora Luisa López Grijera, de la Universidad de Michigan, Ann Arbor, la utilísima lista que me envió hace ya años sobre libros básicos de bibliografía y crítica textual. Además del libro que menciono a continuación en el texto, puede servir de ayuda, especialmente la parte de práctica aplicada que ofrece, el libro de Alberto Blecua. Acaba de publicarse *Edición de textos*, libro editado por Jauralde, Noguera y Rey, que ofrece artículos de interés en estas cuestiones.

[7] Las signaturas son las siguientes: R-19448, R-19245, R-23486, R-30065 y R-19253. Aprovecho para contribuir a las preguntas que se hace Alatorre en la nota 60 (455) de su artículo de *Fama* sobre el epígrafe de la composición de Lorenzo de las Llamosas que en unas ediciones aparece como "Al lamentable doloroso espirar" y en otras como "A la sentida dolorosa muerte" (siempre con referencia a sor Juana). Aparece "A la sentida" en R-19448, R-19245 y R-19253. Aparece "Al lamentable" en R-30065 y en R-23486.

Hispánica. Lo tercero que vi se relacionaba con ediciones del tomo III: Barcelona, 1701, y Lisboa, del mismo año. En las bibliografías que se habían publicado, y de las que hablaremos más adelante, y en general en las bibliotecas que he visitado, se da la de Barcelona como anterior a la de Lisboa. Sin embargo, creo que la de Lisboa es anterior a la de la ciudad mediterránea, cosa que expliqué en una carta a Alatorre hace años y que aún tengo que publicar (con datos adicionales a los que a él le envié, creo que bastante convincentes). Todo esto, además de lecturas diferentes, significativas, que fui encontrando por aquí y por allá, algunas de las cuales, con referencia a la edición de *Inundación castálida*, registré en la edición que, basada en *Inundación*, publicó Castalia en 1982.[8] Como ya señalé, no me extenderé demasiado en variantes, pero, para de nuevo recalcar la importancia de lo que vengo diciendo, daré ejemplos; algunos de ellos ya los mencioné en esa edición de Castalia. Anteriormente a Alfonso Méndez Plancarte (MP), Ermilo Abreu Gómez había publicado algunas obras de sor Juana tratando de dar un texto exacto. Puesto que la edición de Méndez Plancarte es en parte "correción" a la de Abreu, me referiré solamente a la de este último; debo mencionar, sin embargo, que el religioso mexicano le "corrigió" algunas cosas que estaban correctas aunque Abreu no sea del todo fiable. Antes de la publicación de mi mencionada edición de *Inundación*, mi interés en la Décima Musa, mejor dicho, nuestro interés, nos llevó a Elías Rivers y a mí a la publicación, que nos encargó Dámaso Alonso, de una antología sobre sor Juana publicada en 1976 (la de Noguer); ese mismo año apareció mi tesis sobre *El sueño*[9] en forma de libro, publicado por Támesis. Aparte de la introducción, la

---

[8] La edición de Castalia, que en un principio iba a ser total, se me pidió se redujera a la mitad: lo peor, sin embargo, es que tardaron unos diez años en publicarla después de haberse entregado el manuscrito.

[9] Como he dicho en otras partes, llamo al poema así y no *Primero sueño* por las razones que he apuntado: sor Juana, la persona más fiable de cómo quería llamar ella a su amado "papelillo", lo denomina así en la *Respuesta*, y su primer biógrafo, Diego Calleja, lo llama así dos veces en el escrito que sobre su vida apareció por primera vez en la edición póstuma de la monja, la mencionada *Fama y Obras Pósthumas*. También lo llama así, dos veces, el clérigo Juan Navarro Vélez, quien se ocupó de "censurar" la primera edición perteneciente al tomo II, Sevilla, 1692 (en la p. 4 de esa censura): "Pero donde, a mi parecer, este ingenio grande se remontó aun sobre sí mismo, es en el *Sueño* [...]. En fin es tal este *Sueño*, que ha menester ingenio bien despierto [...]". En esa edición y también en los preliminares (p. 4 del elogio que se comenta), fray Gaspar Franco de Ulloa dice: "[...] y el *Sueño* en que imita, o por lo mejor decir excede al celebérrimo Góngora". Es decir, que ni comparando *El sueño* a las *Soledades* se llama al poema de otra manera. Creo que todo esto es prueba, además del deseo expreso de la monja en la *Respuesta*, de que ésa era la forma utilizada por los contemporáneos de sor Juana que estaban cerca de su obra y de su persona. Lo de *Primero* se lo añadiría algún editor deseoso de aproximar el poema de la monja a las famosas *Soledades* de Góngora con vistas a la venta del libro, según he sugerido antes (véase mi reseña a la versión española del libro de Paz sobre sor Juana: "Octavio Paz ante sor Juana Inés de la Cruz", p. 421).

novedad que se puede hallar en esa antología fue una prosificación y propuesta de división de *El sueño* (en 3 partes básicas con subdivisiones, sobre todo en la parte central); aparte de pequeños cambios, tomamos el texto de Méndez Plancarte, a pesar de conocer ya las críticas que Gerardo Moldenhauer le había hecho a su edición separada de *El sueño* en cuanto a lo textual. Lo que sucedió fue que, a medida que iba yo adentrándome en el estudio de las ediciones antiguas de sor Juana, me fui dando cuenta de que la edición de Méndez Plancarte, a pesar de sus muchos méritos (muy especialmente las notas), no era edición ni crítica ni definitiva; su edición no está basada en cotejos cuidadosos de las ediciones antiguas y, por lo tanto, no es fiable. El crítico mexicano introdujo muchos cambios en el texto, sea porque no comprendía su sentido o porque no siguió las primeras ediciones de cada uno de los tomos, que son las más fidedignas. Algunos de los cambios son justificables o loables, otros no cambian el sentido del texto pero no eran necesarios, otras tantas lo que enmendó no es justificable o incluso pervierte el significado del texto. Véanse algunos ejemplos tomados de Méndez Plancarte (para la primera edición del tomo I, muchos más encontrará el lector en mi *Inundación*): en el tomo I, núm. 16, p. 48, cambia "dignísima" a "digna" y en la "Advertencia" que sigue escribe "causó en la poetisa un amor a su excelencia" en vez de "un amar" que es lo que aparece en la edición antigua de *Inundación*. Ésta es la "Advertencia" que ha sido objeto de comentarios varios; es una especie de aclaración al amor mostrado por sor Juana en sus poemas dedicados a María Luisa Manrique de Lara (condesa de Paredes, marquesa de la Laguna).[10] Este cambio de "amar" a "amor" (progresión de lo impersonal a lo personal), ¿es un simple error o sugiere suspicacia por parte de los editores posteriores? En la p. 71 (tomo I) encontramos "pastarse por la cartilla", que no tiene sentido, en vez de "pasarse" que significa estudiar la cartilla: "recorrérsela compenetrándose con ella", según explica el *Diccionario de Autoridades*; en una composición en décimas (MP, tomo I, p. 242, v. 51) cambia "prensas", que aparece en las ediciones antiguas, a "prendas", porque no comprendía su sentido. Pero de acuerdo con el diccionario mencionado, "prensas" es un "instrumento compuesto de dos maderos o tablas muy lisas, las cuales se ajustan y aprietan con uno o dos tornillos". Creo que sor Juana se refiere

---

[10] Véase el texto completo: "Advertencia. O el agradecimiento de favorecida y celebrada, o el conocimiento que tenía de las relevantes prendas que a la señora virreina dió el cielo, o aquel secreto influjo (hasta hoy nadie lo ha podido apurar) de los astros, que llaman simpatía, o todo junto, causó en la poetisa un amar a su excelencia con ardor tan puro como en el contexto de todo el libro irá viendo el lector". En mi *Inundación* (p. 103), véase el cambio de MP (p. 48). Claro que toda esta explicación sobre la amistad entre las dos mujeres da que pensar. Véase a Octavio Paz, 1982: 264-272.

aquí a la persona enamorada que sufre voluntariamente sus torturas: "prensas" se relaciona con "el mal" y la "medicina" que se hallan a continuación en el texto.

En contexto relacionado y para que se vea lo esencial y útil que puede ser este trabajo, Octavio Paz, por ejemplo, en la reciente traducción al inglés publicada por Harvard de su libro sobre sor Juana, ha suprimido la transcripción de un villancico de la monja en el que menciona a un "barbado" (como aparece en todas las ediciones antiguas), es decir, a un hombre (según acepción del *Diccionario de Autoridades* que explico en mi *Inundación*), para evitar la palabra "bárbaro" que, según consigné en esa edición (pp. 84-85) había cambiado Méndez Plancarte, y que Paz había copiado en sus ediciones en español anteriores.[11]

El editor debe tratar, en todos los casos, de ofrecer un texto que presente un sentido racional o, si no lo encuentra, debe confesar los problemas involucrados en el pasaje. Si hay una errata ininteligible, está en la obligación de explicar el proceso seguido para enmendarla. En cuanto a la anotación, es difícil encontrar el justo medio entre lo excesivo y lo insuficiente, entre el lector no especializado y el entendido; en la duda, he preferido, cuando así lo ha permitido el editor, pecar por carta de más. Tengamos en cuenta, de todos modos, que, ni aun entre los especialistas lectores de la obra, se puede esperar que conozcan todos los significados utilizados en el Siglo de Oro de las palabras que aparecen en el *Diccionario de Autoridades* o el *Tesoro de la lengua castellana o española* de Covarrubias, aunque la mayoría de esas palabras sigan utilizándose en alguna parte del mundo hispano de hoy.

Hace ya unos años que en México se piensa en la necesidad de publicar una nueva edición crítica de la obra total de sor Juana Inés de la Cruz; este proyecto lo lleva adelante la Bibliteca Novohispana publicada por El Colegio de México. Ciertamente, la fama de la Décima Musa, la cual ha ido creciendo de modo acelerado en los últimos años en el mundo cultural americano de

---

[11] Cualquiera se hubiera confiado de Méndez Plancarte. Marie Cécile Bénassy-Berling también hace mención al "bárbaro" en su libro sobre sor Juana (p. 202): "Un example en est ce dialogue entre un <bachiller> pédant et un <bárbaro> beaucoup plus sympathique". Utilizo aquí para Paz la primera edición en español, Barcelona, 1982, que fue la primera que leí y estudié; parte del villancico y la referencia al "bárbaro" se hallan en la p. 419. Posteriormente, cuando fui invitada a ir a México para la "conversación" sobre sor Juana con Octavio Paz en la serie de "Conversaciones con Octavio Paz" que tuvo lugar en México, D.F., en 1984 (para celebrar los 70 años del poeta y crítico), me dedicó una de las ediciones que se publicaron en México en 1983; son importantes estas ediciones mexicanas porque publican un documento que había descubierto recientemente monseñor Aureliano Tapia Méndez (publicado como *Carta de Sor Juana Inés de la Cruz a su confesor*) en Monterrey y llamado comúnmente "Carta de Monterrey". Utilizo también la edición mexicana dedicada en algunos casos: aprovecho la oportunidad para darle las gracias a Octavio Paz nuevamente por todo ello.

habla hispana, y aun en el que no lo es, merece una nueva edición basada en el cotejo cuidadoso de todas sus ediciones antiguas. Sor Juana no es ya solamente la primera voz lírica de la Colonia: es la poeta intelectual que defendió los derechos de la mujer hace tres siglos y que, por lo tanto, ha adquirido una nueva dimensión en el campo de los estudios de la mujer.

Al ocuparse de la bibliografía de la musa, me ha servido de grandísima ayuda la "Bibliografía de sor Juana Inés de la Cruz", el viejo artículo de Pedro Henríquez Ureña. Puede ser todavía útil el que escribió Dorothy Schons para suplementarlo.[12] En esta nueva edición crítica de sor Juana se me ha pedido ocuparme del estudio de las ediciones pertenecientes a los tomos I y II de las obras antiguas de la Musa Americana: las ediciones pertenecientes al tomo III estarán a cargo del ya mencionado Antonio Alatorre.

Se seguirán las regulaciones elaboradas por la Biblioteca Novohispana mencionada, cuya primera publicación, acerca de la obra de Fernán González de Eslava (*Villancicos, romances, ensaladas...*) editada por Margit Frenk, servirá asimismo de modelo. En la edición proyectada no se hará, como hizo Méndez Plancarte, una división de las composiciones según el metro, sino que se seguirá el orden en que aparecen las obras en las ediciones antiguas, con todos sus preliminares. De este modo se podrán establecer relaciones entre las composiciones que aparecen en una y otra edición, y los acontecimientos históricos y personales de la vida de la poeta de los que se tenga noticia, entre otras ventajas, y se seguirá el criterio (aunque no se nos aparezca claramente) que adoptaron los editores de la época. En todo caso se dará un catálogo, en alguna parte de la obra, de las composiciones según el metro.

El pasado otoño de 1989 terminé, por fin, en la BNM el cotejo de las ediciones antiguas de la monja pertenecientes al tomo II (durante una beca de NEH y sabático que obtuve en 1984-1985, terminé el perteneciente al tomo I). Según lo comprobado últimamente, sigue siendo válida la relación bibliográfica de las ediciones de sor Juana que di en mi muchas veces mencionada *Inundación* (pp. 72-75), excepto en el caso de *Poemas*, Madrid, 1725 (tomo I), que no son dos ediciones, como había creído entonces, sino sólo una, según paso a explicar enseguida. El total de las ediciones antiguas

[12] El artículo de la norteamericana tiene el mismo título que el de Henríquez Ureña. Otras bibliografías de sor Juana todavía útiles, entre las inumerables que se siguen publicando, todas seguramente válidas en algún aspecto, son las que aparecen en el libro de Pfandl (pp. 319-321 y 351-373), en el de Bellini (pp. 64-82) y en el libro mismo de Abreu Gómez aunque no siempre sea fidedigno. Para suplementar la bibliografía antigua que doy en *Inundación*, a la que ya me he referido, véase la que se encuentra en mi trabajo "Sor Juana de la Cruz" de Scribner's (pp. 102-105). Véanse las obras de los autores que aquí se mencionan, en la Bibliografía.

de la Décima Musa son: 8 para el tomo I, 6 para el tomo II, y 5 para el tomo III. Esta edición de Madrid, 1725, presenta la rareza de tener una portada idéntica en la cual, al final, sin embargo, hallamos que algunos ejemplares fueron impresos por "Ángel Pascual" y otros "a costa de Francisco López". Los preliminares de estos grupos también presentan curiosidades blibliográficas en cuanto que en el impreso por "Pascual" (*a*) se ofrece el libro a la Virgen de la Soledad, y en el de "López" (*b*) se dedica a doña Bernarda Dominica Sarmiento de Valladares, condesa de Fuensalida y marquesa de Guadalcázar y la Alameda, amén de muchos otros títulos. Al paracer, se hizo una impresión aparte (*b*) utilizando papel de mejor calidad y tamaño mayor, si bien son las mismas cajas (es decir, que se cortaron los libros con un margen mayor en blanco alrededor ya que el espacio que ocupa el texto es exactamente el mismo en *a* y *b*. El grupo *a* parece haber comenzado la edición dedicándose a un público más general; los ejemplares de este grupo presentan errores en la numeración de las páginas, aunque algunos de ellos se fueron corrigiendo al progresar la tirada. Por lo demás, los ejemplares de estos dos grupos son idénticos: tienen el mismo número de páginas, los mismos grabados, los tipos usados son los mismos, cortan igual, etcétera.

Más interesante es señalar que en la segunda edición perteneciente al tomo I, la de *Poemas* (Madrid, 1690), hay, con respecto a la primera edición (*Inundación*),[13] una supresión significativa; se elimina el párrafo que decía: "Lo mismo digo de Sor Juana, y añado (porque como decía el gran cardenal Belarminio tengo también un poco de profeta a lo viejo) que ha de ser muy santa y muy perfecta, y que su mismo entendimiento ha de ser causa de que la celebremos por el San Agustín de las mujeres". Recordemos que *Inundación castálida* fue apadrinada y publicada por la marquesa de la Laguna, la grande y querida amiga de sor Juana, y que sería ella quien vigilaría los detalles de la presentación y composición del libro, y quien seguramente pagó la edición; es de suponer que seguiría los deseos que le comunicó la poeta antes de que la marquesa abandonara México. En la edición siguiente, la de 1690 que comentamos, puede haber pasado una de dos cosas: esa supervisión directa y amistosa de la primera edición se aflojaría y alguien entre los editores suprimió el párrafo o, por el contrario —y me inclino por esta posibilidad— fue la misma marquesa la que tomó esa decisión para evitar resquemores protegiendo así a la monja: tengamos presente que en

---

[13] Juan Camacho y Gayna, entre otros títulos gobernador del Puerto de Santa María, residencia habitual de los marqueses de la Laguna, pertenecería, sin duda, al círculo cercano a la casa de Medinaceli. Sería persona de la confianza de la marquesa; fue el editor de las tres primeras ediciones de sor Juana: *Inundación* (Madrid, 1689); *Poemas* (Madrid, 1690) y *Poemas* (Barcelona, 1691). Estas tres ediciones cimentaron la fama de la poeta en la Península.

esa edición de 1690 se introdujeron adiciones entre las cuales estaban los sonetos burlescos de sor Juana que Méndez Plancarte —a pesar de conocer la libertad que en estas materias daba la época— estimaba indignos de ella por considerarlos chabacanos, y un epigrama que encuentra "tan sangriento que nos duele en Sor Juana" (I, 492). Esas composiciones, a más de lo profano de muchas de ellas, no parecerían muy acordes con lo de "muy santa y muy perfecta" de la cita que hemos dado.

En la edición de Madrid (1690), así como en la siguiente de Barcelona (1691), se lee el "corregida y mejorada por su autora" o el "corregida y añadida por su autora", respectivamente, pero dudamos, según creo haber dicho antes en alguna otra parte, que sor Juana realmente tuviera oportunidad de corregir nada por las enormes distancias entre un continente y otro en aquella época y por las inseguridades de la navegación; esas publicaciones sólo tienen un periodo de un año entre una y otra y la travesía tardaba generalmente unos seis meses. Las expresiones citadas parecen apuntar hacia los nuevos envíos de sor Juana desde México, con quizá algunos poemas repetidos donde se daba una mejor lectura.

Debemos suponer, como digo, que la marquesa tuvo mucho que ver en esas dos ediciones posteriores a la de *Inundación*: sor Juana le enviaría sus escritos directamente para que ella se ocupara de entregarlos al editor.

En la *Respuesta*, la monja menciona más de una vez lo desprendida que era de sus escritos: ¿hasta qué punto puede ser esto verdad? Algo hay de cierto en ello, me parece, ya que en los preliminares de Sevilla (1692, tomo II), le dice a Juan de Orúe y Arbieto, a quien le envía los "papelillos" (también usa aquí esta palabra), que le ha pedido que, al contrario de "la intención ordinaria de nuestros españoles" al buscar mecenas, no lo ruega que los guarde y defienda de detracciones del vulgo ya que resulta "imposible empresa" ni quiere "coartar su libertad a los lectores en su sentir". Esto, además de apuntar a las pesadumbres por las que la monja pasaba a raíz del asunto de las cartas,[14] parece conllevar la idea, repetida varias veces en

---

[14] Son significativas las palabras siguientes de Juan Navarro Vélez: "En los versos pudiera reparar algún escrupuloso, y juzgarlos menos proporcionado empleo de una pluma religiosa, pero sin razón, porque escribir versos fue galantería de algunas plumas que hoy veneramos canonizadas, y los versos de la madre Juana son tan puros [...]". No sé si también puede ser significativo el hecho de que se hallen en esta edición dos censuras. Entre las cosas que se le reprocharían a sor Juana, al ser atacada, estarían esos sonetos burlescos de *Inundación*, amén de la poesía profana que contiene. La edición de Sevilla (1692) parece ser, efectivamente, una defensa de la poeta dirigida desde España para ayudar en la crisis por la que pasaba. Véanse los comentarios de Octavio Paz (1983: 558-561) sobre la dedicatoria de sor Juana a Orúe y Arbieto y lo significativo de los muchos elogios que se encuentran en los preliminares de la edición del tomo II (1692).

la *Respuesta*, de que sor Juana sentía la necesidad vital de la escritura, pero una vez escritos sus papeles, no se preocupaba demasiado por ellos.

Los manuscritos recogidos por la marquesa María Luisa antes de salir de América, o los enviados por la monja, así como los otros manuscritos mandados o trasladados a España para la impresión de las otras ediciones, todos se han perdido. Méndez Plancarte (tomo I, p. xlv), al hablar de la correspondencia también perdida de Diego Calleja y de sor Juana, interpreta mal a Castorena, el editor de *Fama*, al decir que "los Manuscritos de los dos iniciales Tomos" (*id.*) se habían depositado en dos estantes de la Biblioteca de El Escorial, regenteada entonces por los jerónimos.[15] Los esfuerzos hechos hasta ahora han resultado vanos; por tanto, para la edición de las obras de sor Juana hay que contar exclusivamente con las ediciones publicadas de sus obras. En los mismos preliminares de la mencionada primera edición del tomo II hemos visto que "el volumen manuscrito que su excelencia trajo de México y el año pasado se imprimió en Madrid" (esto sucedía, pues, en el año 1690), antes de ir a parar a El Escorial estuvo en el palacete que poseían los marqueses en el Puerto de Santa María, según lo cuenta (en el elogio que ahí aparece en la p. 1 de su escrito) el jesuita Lorenzo Ortiz a quien se le permitió "repasarlo".

Mucho más podría decirse sobre las ediciones de sor Juana. La relación de todos los detalles se hallarán en la publicación de su obra completa; lo que he tratado de hacer aquí es dar un avance de lo que pueden esperar de esa nueva edición crítica.

BIBLIOGRAFÍA

Abreu Gómez, Ermilo, *Sor Juana Inés de la Cruz. Bibliografía y biblioteca*, México, Imprenta de la Secretaría de Relaciones Exteriores, 1934.

Alatorre, Antonio, "Para leer la *Fama y obras pósthumas* de Sor Juana Inés de la Cruz", *Nueva Revista de Filología Hispánica*, 29 (1980), 1980, pp. 428-508.

Balbuena, Bernardo de, *Grandeza mexicana*, José Carlos González Boixo (ed.), Roma, Bulzoni, 1988.

_____ , *Siglo de Oro en las selvas de Erífile*, José Carlos González Boixo (ed.), Xalapa, Universidad Veracruzana, 1989.

Bellini, Giuseppe, *Il primo sogno*, Milano, La Goliardica, 1954.

[15] Antonio Alatorre ha comentado en alguna parte que los manuscritos no podían ocupar dos estantes (y menos dos estanterías); se colocarían, junto con otros volúmenes, en un estante de esa biblioteca. Lo que dice Castorena en los preliminares del tomo III (1700) es que los tomos I y II estaban en "el estante que dorando ocupan en el Escorial". Véase la nota 18 del artículo mencionado de Alatorre.

Bénassy-Berling, Marie Cécile, *Humanisme et Religion chez Sor Juana Inés de la Cruz. La femme et la Culture au XVIIe Siècle*, París, Éditions Hispaniques, 1982.

Blecua, Alberto, *Manual de crítica textual*, Madrid, Castalia, 1983.

Cañedo, Jesús e Ignacio Arellano (eds.), *Edición y anotación de textos del Siglo de Oro*, Pamplona, Ediciones de la Universidad de Navarra, 1987.

Caviedes, Juan del Valle y, *Obra completa*, Daniel R. Reedy (ed.), Caracas, Ayacucho, 1984.

Covarrubias, Sebastián de, *Tesoro de la lengua castellana o española*, Martín de Riquer (ed.), Barcelona, Horta, 1943.

Cruz, Sor Juana Inés de la, *Obras completas*, vols. I, II, III y IV, México, 1951-1957, edición de Alfonso Méndez Plancarte y Alberto G. Salceda para el tomo IV.

_____, *Obras selectas*, Georgina Sabat de Rivers y Elías L. Rivers (eds.), Barcelona, Noguer, 1976.

_____, *Inundación castálida*, Georgina Sabat de Rivers (ed.), Madrid, Castalia, 1982.

Diccionario de Autoridades, 3 vols., Madrid, Gredos, 1963 y 1964.

Domínguez Camargo, Hernando, *Obras*, Giovanni Meo Zilio y Horacio Jorge Becco (eds.), Caracas, Ayacucho, 1986.

González de Eslava, Fernán, *Villancicos, romances, ensaladas y otras canciones devotas*, Margit Frenk (ed.), México, El Colegio de México, 1989.

Henríquez Ureña, Pedro, "Bibliografía de Sor Juana Inés de la Cruz", *Revue Hispanique*, 40 (1917), pp. 161-214.

Jauralde, Pablo, Dolores Noguera y Alfonso Rey (eds.), *La edición de textos*, Londres, Támesis, 1990 (Actas del I Congreso Internacional de Hispanistas del Siglo de Oro).

Paz, Octavio, *Sor Juana Inés de la Cruz o Las trampas de la fe*, Barcelona, México, Seix Barral, 1982, 1983.

Pfandl, Ludwing, *Sor Juana Inés de la Cruz, la Décima Musa de México: su vida, su poesía, su psique*, México, UNAM, 1963.

Sabat de Rivers, Georgina, "Nota bibliográfica sobre Sor Juana Inés de la Cruz: son tres ediciones de Barcelona, 1693", *Nueva Revista de Filología Hispánica*, 23 (1974), pp. 391-401.

_____, "Octavio Paz ante Sor Juana Inés de la Cruz", *Modern Languaje Notes*, vol. 100: 2, pp. 417-423.

_____, "Sor Juana Inés de la Cruz", *Latin American Writers*, vol. I.

Schons, Dorothy, *Bibliografía de Sor Juana Inés de la Cruz* México, Imprenta de la Secretaría de Relaciones Exteriores, 1927.

Sigüenza y Góngora, Luis de, *Seis obras*, Irving A. Leornard y William G. Bryant (eds.), Caracas, Ayacucho, 1984.

Tapia Méndez, Aureliano, *Carta de Sor Juana Inés de la Cruz a su confesor. Autodefensa espiritual*, Monterrey, Impresora Monterrey, 1986.

LA SEGUNDA CELESTINA:
HALLAZGO DE UNA COMEDIA DE SOR JUANA INÉS DE LA CRUZ Y AGUSTÍN DE SALAZAR

GUILLERMO SCHMIDHUBER
Universidad de Louisville

A Octavio Paz, Luis Leal y Alfredo Roggiano

La existencia de una comedia de sor Juana Inés de la Cruz (1648-1695), en la cual compartió la autoría con Agustín de Salazar y Torres, ha sido abundantemente asentada. La primera mención la encontramos en el "Prólogo a quien leyere" de Juan Ignacio de Castorena y Ursúa en *Fama y obras póstumas del Fénix de México, Décima Musa...*, tercer tomo de sus obras completas, publicado en Madrid en 1700. Al enlistar las obras aún no editadas de sor Juana se menciona esta comedia:

> Un poema que dejó sin acabar don Agustín de Salazar, y perficionó con graciosa propiedad la poetisa; cuyo original guarda la estimación discreta de don Francisco de la Heras [...] Por ser propio del primer tomo, no lo doy a la estampa en este libro, y está imprimiendo para representarse a Sus Majestades.[1]

Alberto G. Salceda comenta que debió ser una obra de teatro porque "Salazar se distinguió especialmente como autor dramático" y porque se afirma que va a ser "representada". Además, el primer tomo de las obras de sor Juana incluye varias piezas dramáticas.

Agustín de Salazar y Torres (1642-1675) fue uno de los comediógrafos posteriores a Calderón más importantes. Nacido en Almazán de Soria, viajó a la Nueva España antes de cumplir cinco años, en compañía de su tío Marcos de Torres y Rueda, obispo de Campeche y, más tarde, virrey de 1648 a 1649. Estudió humanidades en el Colegio de San Ildefonso y en la Universidad de México. Regresó a España en 1660, bajo la generosa

---

[1] Castorena y Ursúa, Juan Ignacio de, "Prólogo a quien leyere", en *Sor Juana Inés de la Cruz. Famas y obras póstumas del Fénix de México, Décima Musa, poetisa americana*, Madrid, Ruiz de Murga, 1700. Fue éste el tercer tomo de las obras completas de sor Juana.

protección del duque de Alburquerque. A la edad de treinta y tres años muere dejando inconclusa la obra que estaba escribiendo. Cuando Salazar regresa a España, la niña Juana Inés tenía sólo doce años, aunque ya hacía cuatro que vivía en la capital del Virreinato. Entre los dieciséis y los veinte años, la joven Juana Inés vivió un periodo en la corte del marqués de Mancera, quien fuera virrey desde 1664 hasta 1673. En 1669, Juana Ramírez decidió seguir el camino de perfección en la vida conventual. Siete años después se fecha *La segunda Celestina*, comedia que dejó inconclusa Salazar; extrañamente, esta fecha es un año después de la muerte de este autor en Madrid. Durante los años siguientes, la popularidad de Salazar creció a lo largo y a lo ancho de la hispanidad de entonces; varias de sus obras se representaron en la Nueva España: *Elegir al enemigo, Los juegos olímpicos* y *El encanto es la hermosura*, en 1677, 1678, 1679, respectivamente, y en 1711 se escenificó en Perú *También se ama en el abismo*. ¿Quién terminaría la obra inconclusa de Salazar para que fuera representada en el Coliseo de México, dos o tres años después de la muerte de su autor? ¿Acaso sor Juana? ¿Cómo explicar la rapidez de los aconteceres? El círculo de amistades de la reina Mariana de Austria, regente desde 1649 hasta 1665 y madre del infausto Carlos II, incluía al marqués de Mancera y al duque de Alburquerque, en el mundo de la política, y a Agustín de Salazar, entre los artistas. De este dramaturgo se estrenaron, cuando menos, dos obras para festejar el natalicio de la reina Mariana. Es interesante apuntar que desde 1673 y hasta 1680 fue virrey fray Payo Enríquez de Ribera, también arzobispo de México; quien, además, fue protector de sor Juana. Es interesante apuntar que sor Juana le dedica la loa 380 a la reina Mariana, obra fechada por Alfonso Méndez Plancarte entre 1689 y 1690.

La obra inconclusa de Salazar fue impresa en la segunda parte de la edición póstuma de sus obras, en 1694, compilada por el también dramaturgo Juan de Vera Tassis y Villarroel, quien en 1681 había sacado a la luz un primer volumen con la obra poética de Salazar. Es importante apuntar que Calderón escribió una *Aprobación* laudatoria para esta edición. Al publicar Vera Tassis las obras de Salazar, completó dos comedias que, según su afirmación, estaban inconclusas: *Triunfo y venganza del amor* y *El encanto es la hermosura*. Esta última obra es idéntica a *La segunda Celestina* hasta la mitad del segundo acto; en esta edición, Vera Tassis incluye una nota asegurando que él mismo la ha concluido: "En este estado dejó Don Agustín la Comedia, y desde aquí la prosigue quien saca sus obras a la luz". Además, en el último parlamento de la obra, el mismo editor se hace citar, con petulancia, en labios de Celestina.

CELESTINA
Y aquí, señores, da fin
la Celestina a su enredo.
Don Juan de Vera os pide
perdón del atrevimiento
de acabar una Comedia
de tan superior ingenio,
pues lo hizo motivado
de un soberano decreto,
y por confirmar, que es sólo
el Mejor Amigo el Muerto.

Entre la edición de la primera parte y la segunda de la obras completas de Salazar, hubo un lapso de trece años, porque en ese intervalo Vera Tassis decidió llevar a la imprenta, en forma póstuma, las obras de Calderón de la Barca, quien había muerto a cuatro meses de firmar la *Aprobación* arriba mencionada. A pesar de los encomiables esfuerzos editoriales de Vera Tassis, no es gratuito sospechar de su probidad crítica; ya que, aunque se autonombra como el "mayor amigo" de ambos autores, cae en una "serie de errores burdísimos y de caprichosísimas invenciones" como equivocar la fecha del nacimiento de Calderón u otorgarle a Salazar la autoría de varias obras que no son de su pluma. Cotarelo apunta en su *Ensayo sobre la vida y obras de D. Pedro Calderón de la Barca* que "en ningún acto de su vida, ni en su testamento, dio señales de conocer siquiera al bueno de Vera Tassis".[2] ¿Encontraría este dramaturgo el manuscrito de Salazar en forma inconclusa? ¿O incluiría un nuevo final en una pieza completa y terminada por otro autor? Es extraño que Vera Tassis, tan interesado en participar de la gloria ajena, prefiriera editar la poesía de Salazar en vez de su teatro, y así esperar trece años para dar a luz sus dos colaboraciones. La obra editada por Vera Tassis en 1694 lleva por título "*El encanto es la hermosura y el hechizo sin hechizo*, comedia famosa, fiesta al cumplimiento de años de la Reyna nuestra señora, Doña Mariana de Austria, de Don Agustín de Salazar y Torres" (sin fecha). La edición solamente se titula "*La gran Comedia de la Segunda Celestina*. Fiesta para los años de la Reyna nuestra señora, año de 1676, de Don Agustín de Salazar". Este cuarto suelto se encuentra en la biblioteca de la Universidad de Pennsylvania, con fecha de adquisición en el año de 1954 y forma parte de la colección de veinticuatro volúmenes de *comedias varias* que contiene *sueltas* de principio del siglo XVIII y que perteneció a los condes de Harrach, de Viena, y, anteriormente, a la *Bibliotheca Viennensi*, de los Austria. El volumen 14 contiene, además obras de Tirso, Francisco

---

[2] Cotarelo y Mori, Emilio, *Ensayo sobre la vida y obras de D. Pedro Calderón de la Barca*, Madrid, Tipografía Archivos, Bibliotecas y Museos, 1924. Citado por Sainz de Robles, p. 1243.

de Rojas, Vélez de Guevara, Lope de Vega, Moreto, Luis de Belmonte y dos de Calderón. Únicamente tres *sueltas* de la colección tienen fecha de impresión: 1687, 1719 y 1724. Asimismo, he logrado localizar en la Biblioteca Nacional de Madrid otros dos cuartos sueltos con el mismo texto de *La segunda Celestina* de 1676, de edición no fechada y posterior a la edición de la colección Harrach: el MS T 9222, titulado *Comedia Famosa La segunda Celestina*; y el MS R 12162, con el título *La gran comedia de la segunda Celestina*. Este último cuarto suelto ostenta el sello de Pascual de Gayangos (1809-1897), famoso crítico español.[3]

La segunda Celestina es una comedia amatoria con los personajes de la famosísima Celestina, pero sin la culminación trágica, ya que el nuevo nudo dramático no conduce ni al asesinato de la Celestina, ni a la condena de los homicidas, sino al matrimonio de los amantes. Esta Celestina, "hija de Celestina y heredera de sus obras", ya no es la "clientula" de Plutón, ni la sabedora de conjuros, como lo fuera su famosa antecesora; en esta comedia ya no hay hechizos, únicamente lo que puede ser urdido por el ingenio femenino. Esta nueva Celestina testifica la evolución de las ideas medievales y renacentistas que sirvieron de sustentación a la *Tragicomedia de Calixto y Melibea*; *La segunda Celestina* se ubica en el siglo XVII, al final del barroco, por lo que lleva a la escena una circunstancia social diferente. Varios parlamentos son una burla de la hechicería desde una perspectiva predominantemente racionalista, a pesar de que en ellos quepa la "maña" del mentir.

(Acto I)
Ya del amor el comercio
está poco liberal;
el amante más leal
no da un cuarto por un tercio.
Mas yo inventé una quimera,
que es la que más me ha valido;
y es, que yo misma he fingido,
que soy tan grande hechicera,
que sé el punto donde estriba
la fortuna, y que comprendo
la astrología, mintiendo
aún de las tejas arriba.

[3] En la Biblioteca Nacional de Madrid existen dos refundiciones de *La segunda Celestina*: MS 16 080, *La segunda Celestina, hechicera de Triana* (fechado en 1818 y anónimo); y MS 18 075 (sin fecha y con las iniciales D. S.). Donald G. Castanien ha identificado al autor de la segunda obra: Dionisio Solís. El éxito escénico de esta última refundición fue grande: treinta y nueve escenificaciones entre 1819 y 1841; véase Castanien, Donald G., "La segunda Celestina: xviith and xixth, Centuries", *Hispania*, 43 (1960), pp. 559-564. Es interesante anotar que la versión sorjuanina —no la de Vera Tassis— sirvió de base para las refundiciones, ya que, a pesar de su estructura neoclásica, contiene la escena del final con las damas en traje de hombre.

En esto de las Estrellas
el más seguro mentir,
pues ninguno puede ir
a preguntárselo a ellas.
Por mentir a lo Gitano
a todos la mano tomo,
y me voy por ella,
como por la palma de la mano.
Finjo lo que hace un ausente,
que haré amar en dos instantes:
y esto lo creen los amantes,
que son bonísima gente;
siendo así, que es cosa rara
que ni echar las habas sé,
pues no ha habido vieja que
no lo sepa.

En el tercer acto, Celestina concluye:

Pues sabed, que yo en mi vida
no aprendí ciencia ninguna
porque mi buena fortuna
ha estribado en ser creída.
Soplándome el aire grato,
con mi maña di en mentir,
con el plato del fingir,
me dio al mediodía el plato.
Con lo que a unos oía
a otros respuesta daba
y así con otros ganaba
crédito mi astrología.

Doña Beatriz, la protagonista, es digna antecesora de doña Leonor, la de
los empeños de una casa (1683), y como ella es portadora de los sentires de sor
Juana. Al principio de la obra, doña Beatriz en el primer acto se define con
una agudeza:

¿Quién ha dicho
que nunca ha hecho armonía
esquivez, beldad e ingenio?
Sólo lo contrario digan
las vulgares opiniones:
porque siendo preferida
la porción del alma al cuerpo,
imperfección fuera indigna
una perla mal labrada,
y una concha muy pulida.

Este personaje femenino expresa más de una vez su desapego de la vida amatoria:

(Acto II)
Tan dueña de mi albedrío
vivía, que las violencias
del amor, vuelo a decir,
despreciaba.

Doña Beatriz tampoco disfruta de la vida cortesana, y afirma que ella "trocaba, /por la inquietud de las selvas,/ las delicias de la Corte" (acto II). La comedia tiene varios parlamentos que son una apología de la mujer, tanto en boca de doña Beatriz como en los parlamentos de Celestina:

CELESTINA
Bendiga Dios tanto bueno;
puede ese par de bellezas
poner Cátedra de damas.
DOÑA ANA
¿Pues el ser damas es ciencia?
CELESTINA
Y tan grande que sí, como
aprendieron en Atenas
el saber filosofía:
El ser damas aprendieran
no habían de conseguirlo
los siete Sabios de Grecia.

Hay en la pieza dos criados —Tacón y Muñoz—, excelentes graciosos emparentados con el Castaño de *Los empeños de una casa*. En el final sorjuanino, Muñoz hace una cita cervantina: "Mi amo es caballero andante, / que anda desfaciendo tuertos" (acto III). El final de la pieza es jocundo, con dos matrimonios de los señores y uno de los criados; las últimas líneas de esta versión son discretas —si las comparamos con el final de Vera Tassis— el final sorjuanino termina democráticamente con un parlamento de Antonia, una de las criadas, con un "Y aquí señores da fin/*La segunda Celestina*".

LA HIPÓTESIS SORJUANINA

La existencia de un final anónimo, diferente del de Vera Tassis, ha sido apuntado en varias ocasiones durante los tres siglos que tiene *La segunda Celestina*, por Agustín Durán (1793-1862) en su *Índice general de piezas dramáticas del teatro antiguo español desde sus orígenes hasta mediados del siglo XVIII* —no editado—; por Cayetano Alberto de la Barrera y Leirado, en el

Catálogo bibliográfico y biográfico del teatro antiguo español (1860); por Mesonero Romanos, quien al editar la pieza de Salazar entre 1858-1859 incluye
una nota en que afirma haber leído "otra conclusión hecha por autor
anónimo, en que imitó y descargó de incidentes la conclusión de Vera
Tassis; pero hemos dado la preferencia a la éste por ser más auténtica y
acorde con el resto de la comedia". También pasaron ambos finales por el
escrutinio de Menéndez Pelayo; en una nota de los *Orígenes de la novela*,
adjudica las conclusiones a Vera Tassis y a "un poeta anónimo", y concluye
que "el mérito de la comedia justificaría una nueva edición con las variantes
de ambos". En el siglo xx, solamente Thomas Austin O'Connor, crítico,
especialista en Salazar, y Donald G. Castanien han escrito sobre los dos
finales, aunque nunca hayan adjudicado a sor Juana la conclusión que
ambos califican de *anónima*.[4] Varios autores han mencionado la posible
existencia de la comedia perdida de sor Juana: Alberto G. Salceda, en la
introducción a sus obras completas tomo 4, pp. xxx-xxxii; Octavio Paz, en
Las trampas de la fe, pp. 435-436; y, en España, Carlos Miguel Suárez Radillo.
Este último crítico apunta lo siguiente:

> Nos preguntamos, con pena: ¿qué se habrá hecho de la conclusión de autor
> anónimo dejada de lado por Mesonero Romanos? ¿Dónde andará la copia
> utilizada para su estreno en el Coliseo de México? [...] Sólo nos queda esperar
> que algún día el azar lo haga salir a la luz.

Un análisis lingüístico de la obra en general y de los dos finales arroja
interesantes resultados. El final propuesto como sorjuanino tiene mayor
variedad métrica: redondillas abba, romances en é-o, romances en í-o y
redondillas abab; por el contrario, el final de Vera Tassis solamente tiene
romances en í-o y romances en é-o (asonancias con Celestina y con la línea
final: el mejor amigo el Muerto). Tengo la sospecha de que Vera Tassis llegó
a conocer *La segunda Celestina* con el final "anónimo" de 1676, pero decidió
escribir otro final para incluir su colaboración en la edición publicada en
1694 de las obras completas de Salazar. Hay una perfecta correspondencia
de ambas versiones desde los actos primero y segundo hasta la mitad del
tercero; aun los finales guardan paralelismos sorprendentes: la llegada de
la Justicia en la escena final y la venganza de Celestina en contra de Tacón,
al exigirle matrimonio utilizando a los mismos alguaciles que él había
citado. Una comparación de los parlamentos finales permite comprobar los
paralelismos:

---

[4] Los estudios que Thomas Austin O'Connor ha realizado sobre el teatro de Salazar y
Torres son excelentes, véase la bibliografía. También a Williamser, Vern G., *The Minor
Dramatists of Seventeenth-Century Spain*, Boston, Twayne, 1982, pp. 107-114.

Vera Tassis	Sor Juana
Lo que dura una comedia	Nada oculto ha de quedar,
dicen que dura un enredo:	así me pienso vengar,
y así ahora pienso vengarme	señores, deste bribón.
de Tacón. Señor, yo os ruego,	Palabra me tiene dada
que ahora me hagáis justicia	de casamiento, y por no
con este infame embustero,	quererla cumplir, fingió
porque cumpla una palabra [...]	todo esto.
La de un casamiento, [...]	
que tu mil veces me has dado,	
y que has fingido estos enredos,	
por no llegar a cumplirla.	

La respuesta de la justicia es también similar:

Alguacil 1	Justicia 1
Si esto es así, casaos luego,	Si es verdad, casaos luego, o
o iréis conmigo a la carcel.	desde aquí iréis a la carcel presto.

Además, es esclarecedor apuntar que ambas conclusiones poseen versos asonantados en é-o, y que hay concordancia en varias de las palabras asonantes; además, Vera Tassis hace abundantes correcciones de los errores métricos, ortográficos o de puntuación existentes en la versión sorjuanina; hay coincidencia en palabras, como *sofistería*, que aparece en las dos versiones en la escena en que las conclusiones se bifurcan, con sólo cinco líneas de diferencia: sor Juana, en la séptima línea; Vera Tassis, en la decimosegunda línea. El desenlace de ambas conclusiones no es enteramente similar, coincide en el doble matrimonio de doña Ana y don Juan, y de doña Beatriz y don Diego, pero difiere en el matrimonio de los criados; pues en la versión de Vera Tassis se casan los dos escuderos con las criadas —Inés y Antonia—, mientras que en el final sorjuanino solamente Muñoz se casa con Antonia. Es interesante notar que el personaje de Inés desaparece en la tercera jornada de la versión sorjuanina; el argumento no exige su presencia en la parte de esta jornada escrita por Agustín de Salazar —pero sí aparece en la última escena de Vera Tassis.

¿Guardaría discreta su nombre sor Juana Inés para que no apareciera en el final de la comedia?

La superioridad de *El encanto es la hermosura* sobre todas las obras de Salazar no ha pasado desapercibida para varios críticos ajenos al problema de la doble autoría: Mesonero Romanos nos dice: "escenas muy bien dispuestas y versificación fácil y armoniosa, que la hacen muy superior a todas las demás de este poeta"; por su lado, O'Connor argumenta: "his Celestina play will stand out all the more boldly in stark contrast to his previous dramatic production"; Suárez Radillo: "un nivel muy superior de madurez". Por eso el prólogo del tercer volumen de las obras de sor Juana, publicado en Madrid, en 1700 —citado al inicio de este estudio—, adquiere una relevancia especial, al afirmar que sor Juana "perficionó con graciosa propiedad" el manuscrito inconcluso de Salazar.

La misma sor Juana nos dejó una prueba fehaciente de su autoría. En el segundo sainete del festejo de *Los empeños de una casa*, como ha apuntado Salceda, hay un diálogo en clave, sin que tenga relación con la trama de la comedia, y que parecería una comunicación privada entre la autora y algunas personas del público.

ARIAS
¿No era mejor hacer a *Celestina*
en que vos estuvisteis tan gracioso,
que aun estoy temeroso
—y es justo que me asombre—
de que sois hechicera en traje de hombre?
MUÑIZ
Amigo, mejor era *Celestina*
en cuanto a ser comedia ultramarina:
que siempre las de España son mejores,
y para digerirles los humores,
son ligeras; que nunca son pesadas:
Pero la *Celestina* que esta risa
os causó, era mestiza
y acabada a retazos,
y si le faltó traza, tuvo trazos,
y con diverso genio
se formó de un trapiche y de un ingenio.

Este diálogo prueba que sor Juana terminó la obra inconclusa de Salazar: la mención aparentemente innecesaria de la *Celestina*, la referencia a la coautoría "mestiza" y acabada a "retazos," el calificar a Salazar de "ingenio" y a ella misma de "trapiche" (palabra de origen americano); además, de la información acerca de una "hechicera en traje de hombre", es prueba ineludible, ya que dos de los personajes femeninos de *La segunda Celestina* se disfrazan de hombre para poder ir a casa de la matrona. Como una prueba más, se puede agregar que Salceda descubrió que *La segunda Celestina* está inventariada en el *Manual del librero hispanoamericano* de Antonio Palau y Dulcet, donde aparece esta "rara pieza" como perdida y con el título coincidente, palabra por palabra, con el del manuscrito encontrado por mí. Salceda generosamente agrega que integra este dato sobre *La segunda Celestina* para darnos "una pista para buscarla, y puede esperarse que alguien más afortunado dé con ella algún día". La búsqueda de la comedia extraviada ha terminado con el hallazgo de *La segunda Celestina* en su edición de 1676. La filiación celestinesca y la doble autoría de sor Juana y de Agustín de Salazar y Torres aseguran la importancia de esta pieza del barroco hispanoamericano, tanto para las letras como para la escena.

BIBLIOGRAFÍA

Barrera y Leirado, Cayetano Alberto de, *Catálogo bibliográfico y biográfico del teatro antiguo español*, Madrid, Rivadeneyra, 1860.

Menéndez Pelayo, Marcelino, "Orígenes de la novela", en *Obras completas*, Madrid, Consejo Superior de Investigaciones Científicas, 1961.

O'Connor, Thomas Austin, "Structure and Dramatic Techniques in the Works of AST", Albany, Diss, SUNY, 1971.

____ , "On the Authorship of *El encanto es la hermosura*: A Curious Case of Dramatic Collaboration", *BCom*, 26 (1974), pp. 31-34.

____ , "On Dating the *Comedias* of AST: A Provisional Study", *Hispanófila*, núm. 67 (1979), pp. 73-81.

____ , "Language, Irony and Death: The Poetry of Salazar y Torres' *El encanto es la hermosura*", *Romanische Forschungen*, 90 (1978), pp.60-69.

Palau y Dulcet, Antonio, *Manual del librero hispanoamericano*, Barcelona, Librería Anticuaria, 1923.

Paz, Octavio, *Sor Juana o Las trampas de la fe*, México, Fondo de Cultura Económica, 1985.

Regueiro, José M., *Spanish Drama of the Golden Age. A Catalogue of the "Comedia" Collection in the University of Pennsylvania*, New Haven, Research Publications, 1971.

Reichenberger, Arnold G., "The counts Harrach and the Spanish Theater", *Homenaje a A. Rodríguez-Moñino*, Madrid, Castalia, 1966, pp. 97-103.

Sainz de Robles, Federico Carlos, *Ensayo de un diccionario de la literatura*, vol. 2, Madrid, Aguilar, 1964.

Salazar y Torres, Agustín, "El encanto es la hermosura o el hechizo sin hechizo", en *Cythara de Apolo*, Juan de Vara Tassis (ed.), Madrid, 1964. También en Biblioteca de Autores Españoles, Mesonero Romanos (ed.), Madrid, Editorial Rivadeneyra, 1951. Sin Loa.

Sor Juana Inés de la Cruz, *Obras completas*, Alfonso Méndez Plancarte (ed.), 4 vols., México, Fondo de Cultura Económica, 1976.

____ , *La segunda Celestina*, cuarto suelto [1676, 48 páginas]; *Comedias varias*, vol. 14, núm. 672, University of Pennsylvania, Rare Book Collection. También en Madrid, Biblioteca Nacional de Madrid, MS 16 080 y MS 18 075. Editado en México por Editorial Vuelta en 1990, con introducción de Octavio Paz y prólogo de Guillermo Schmidhuber.

Suárez Radillo, Carlos Miguel, *El teatro barroco hispanoamericano*, Madrid, Porrúa/Turanzas, 1981.

LA AUTOBIOGRAFÍA DE LA MADRE JOSEFA DE CASTILLO

ALESSANDRA RICCIO
Universidad de La Habana

Eugenio D'Ors, en un conocido ensayo, afirma que el espíritu barroco "no sabe lo quiere", es capaz de "unir en un solo gesto, intenciones contradictorias". Por su parte, Baltasar Gracián, en busca de un método para "saber y poder vivir", sugiere en *El discreto* "comenzar a saber sabiéndose" (482). Mientras que Vicente Verdú concluye: "La unica afirmación posible es la certidumbre de la incertidumbre. La inarmonía, la asimetría, la inestabilidad, la complejidad, el desorden, la fragmentación, el extravío de la unidad y de la claridad, son barrocos". "Neo-barrocos", afirma al resumir las conclusiones de las jornadas sobre el Barroco y su Doble,[1] cuya tesis propositiva fue la de sustituir la etiqueta de *posmodernidad*, carente de rigor y fecundidad metodológica, con la definición más adecuada de *neobarroco*. Esta conclusión, que comparto en gran parte, reafirma, a mi modo de entender, la hipótesis de que la mujer –sujeto posmoderno y por lo tanto neobarroco en su actual protagonismo encarna un espíritu, por así decirlo, *innato* o barroco. Las mujeres "no saben lo que quieren" y sorprenden con sus comportamientos "contradictorios", no saben lo que quieren porque "no saben lo que son" y su contradictoriedad es consecuencia de un malestar y de una crisis producto de la secular negación a la cual se ha sometido su sexo, a la connotación negativa que la tradición atribuye a la diferencia sexual. Si esto me parece cierto hoy en día, aún más valedero es con referencia al pasado, para la época barroca, para los años de la gran crisis social, cultural y política de la Contrarreforma, desde la segunda mitad del siglo XVI hasta principios del XVIII cuando nuestro universo occidental se iba dividiendo entre el subjetivismo e individualismo protestantes y el corporativismo jesuítico, dispuesto a luchar para mantener los principios absolutistas, tanto en lo espiritual como en lo temporal, *perinde ac cadaver*, desarrollando al efecto, las más prudentes, discretas e ingeniosas teorías que, con una infinita gama de diferencias, han

---

[1] Véase Verdú, 1990.

desarrollado las mujeres en la historia para *saber y poder vivir*; para, de alguna manera, tener la posibilidad de ser.

En los anchos dominios metropolitanos y coloniales de la Corona española, donde la crisis barroca fue tan tangible y de alcance masivo, no faltan, desde luego, indicios, huellas, rastros de la presencia femenina. Su búsqueda nos obliga a sumergirnos en el pasado y revisar todos los documentos que revelan la existencia y la consistencia en la vida social de aquellos tiempos; una especie de trabajo arqueológico que nos ayude a individualizar una presencia negada por la parcialidad de la tradición y contribuya a la formación de nuestra memoria histórica. Hemos descubierto, así, que aquellas mujeres, castigadas por una rígida disciplina social y moral, no estaban en absoluto satisfechas con los papeles que se les atribuían: obedecerle al padre, esperar el matrimonio, cuidar la casa, parir hijos: y que cometían pequeños y continuados actos de rebeldía que la opinión corriente atribuía a su inestabilidad emotiva, a su vanidad, a su pereza y a su superficialidad. Nos las describen pasando horas y horas en la cama leyendo novelas y comedias, las vemos renunciar al almuerzo y abandonar la casa para precipitarse al teatro, las sorprendemos en el balcón o en la casa vecina hablando del amor o de la moda; en fin, mujeres buscando una evasión y lanzando señales de inconformidad contra un mundo que las margina dentro de las cuatro paredes de la casa.[2] Ésta fue la realidad aun cuando la literatura de la época está llena de mujeres que huyen de la casa, que viajan por medio mundo, aunque siempre disfrazadas de hombre para reivindicar el honor ofendido o para perseguir otras metas, otros destinos.[3] De todas formas, se trata de casos extraordinarios; por lo general, la mujer estaba destinada al matrimonio, incluso cuando sobre su papel de madre y de compañera la sociedad no era muy exigente: bastaba con que pariera un número adecuado de hijos y administrara su casa. Todo lo demás lo proveían niñeras, siervos, curas, vecinas y el mismo padre desde lo alto de su autoridad y de su saber. Fuera del matrimonio sólo existía el convento o la prostitución. Cuando, en el año 382 la rica viuda Marcela, influida por las ideas de san Gerólamo, predicaba la idea de la comunión entre solitarios, habilitó en el Aventino uno de sus palacios para convertirlo en el primer monasterio femenino de Occidente, la historia de estas comunidades de mujeres había cambiado mucho.[4]

---

[2] Véase Ménendez Pelayo, Hanke, Deleito y Piñuela, Lavrin, Vigil, Defourneaux.

[3] Aunque parezca literatura, pertenece a la realidad la *Historia de la monja alférez. Doña Catalina de Erauso escrita por ella misma e ilustrada con notas y documentos*; Thomas de Quincey reescribe estas extraordinarias aventuras.

[4] Véase, entre otros: Maglí, Schubart, Power y Guiducci

En la Edad Media, ya sea durante las cruzadas o en caso de guerra, los maridos confiaban sus mujeres e hijas a un convento. Recuérdese el caso famoso del Cid Campeador. El convento cobraba una limosna para el mantenimiento y esto producía un gran movimiento y apertura de aquellas instituciones que terminaban como comunidades de mujeres ocupadas en diferentes encargos administrativos, culturales y organizativos amén de religiosos.

Puertas abiertas, visitas, fiestas, contactos sociales y de trabajo: eso eran los conventos femeninos que nos describe, por ejemplo, Eileen Power, quien subraya que esos monasterios "han sido una gracia para las mujeres de la Edad Media". En 1298, el papa Bonifacio VIII, con un decreto llamado amenazadoramente "Periculoso", sin hacerle caso a las protestas de las monjas, ordena:

> Nosotros ordenamos en esta Constitución cuya validez es perpetua y que no podrá ponerse nunca en discusión, que todas las monjas y cada una de ellas, presentes y futuras, a cualquier orden a que pertenezcan, tendrán ya que quedarse en el monasterio en clausura perpetua.

En la España expansionista, de los Reyes Católicos y de Carlos I, el cardenal Cisneros se había mostrado preocupado por la escasa disciplina de la vida conventual y había iniciado una reforma. Sin embargo, habrá que esperar la protesta luterana para que se desencadene una reacción restauradora de las rígidas reglas auspiciadas por Bonifacio VIII. Una vez más se trató de una poderosa mezcla de razones espirituales y temporales que por un lado, velaban sobre la actuación de normas para utilizar a las monjas en el objetivo de contrarrestar la nueva agresividad de la religión protestante, y por otro, gracias a una serie sucesiva de leyes laicas y canónicas, deslizaron el eje de la herencia cada vez más hacia la descendencia masculina hasta llegar a la total expoliación económica de la mujer en el siglo XVII.

Y fue una mujer santa Teresa de Ávila, no obstante que la animaran las mejores intenciones, quien ejecutó la otra vuelta de tuerca y transformó la entrada al convento, para las jóvenes del siglo XVII, en una tragedia física y psíquica. En un manual de 1635, un padre jesuita describe así a las novicias:

> Pajarillos recién enjaulados [...] todo es andar metiendo el piquillo por las varillas y rejuelas de la jaula, probando salirse de la prisión. Así parece que hallándose enjauladas por fuerza, y encarceladas violentamente en el estado virginal que profesan, trepan siempre por salirse de la prisión, si no con el cuerpo (que esto es ya imposible) por lo menos con el alma y con el corazón [...][5]

[5] De Villegas, de la Compañía de Jesús, lector de Primera de Teología en su Colegio de San Esteban de Murcia, y, calificador del Santo Oficio. Con privilegio en Murcia por Juan Fernández Fuente, año de 1635.

Y a un jesuita hay que creerle, dado que desde la fundación de la Compañía de Jesús, estos curas inteligentes y modernos, jóvenes y cultos, fueron escogidos por las monjas como confesores. Sobre su papel hay mucho que decir. En los conventos contrarreformistas de la Corona de España, la única, verdadera e indiscutible autoridad, sobre todo en el campo más intimo de las conciencias, es el confesor. En el convento no hay hijos sobre los cuales la mujer pueda ejercer una, aunque sea débil, autoridad, no hay nadie a quien impartirle órdenes, e incluso la abadesa, elegida por las monjas y por lo tanto sujeta a sus chantajes, no llega a ser considerada una autoridad, tanto más cuando la regla de la humildad la obliga a no ejercer rígidamente aquel papel. La misma santa Teresa, por ejemplo, no se sentó nunca en su silla de abadesa que estaba permanentemente ocupada por una efigie de la Virgen. La única figura masculina autorizada a entrar en el convento era el confesor, a él había que abrirle el corazón y contarle la menor turbación, cada duda, cada excitación del alma y del cuerpo. Él era juez y confidente, en él tenían que confiar su propia alma; indulgente o severo, él era el padre. Desde este punto de vista, en el convento, los papeles subordinada/dominador estaban claramente institucionalizados. La monja tenía que confiar en el hombre que la representaba delante de la jerarquía eclesiástica y tenía que reconocer en él la dominante autoridad paterna, complicada por la inexcusable atracción de los sexos. Con gran realismo otro jesuita escribe en 1642, dirigiéndose a las monjas: "Vais a verle por la mañana, y gastáis con él muchas horas; y él vuelve a veros por la tarde, y después le escribís por la noche, y siempre estáis pensando en él, porque al fin es hombre y vos mujer" (De Villegas: iv). En estas condiciones, dejando de lado el problema de las "amistades particulares" –un capítulo sobre el cual hay una inmensa reticencia– que seguramente llenaban gran parte de las necesidades afectivas y sexuales de las monjas, ellas recortaban trabajosamente sus espacios entre reglas rígidas y abandonos clandestinos, entre tensiones metafísicas y vulgares chismes, encontrando a veces consuelo en el ejercicio masoquista de la escritura de su vida. Hay que aclarar que entre convento y convento existían numerosas diversidades y que no siempre las cosas obedecían estrictamente a la norma. En los territorios de ultramar, por ejemplo, las monjas, que eran todas de raza blanca, podían disponer de celdas anchas, a veces incluso de pequeños apartamentos con jardín y cocina privada, y en muchos casos de una o más esclavas a su servicio, quienes a la vez, fungían también de contacto entre la reclusa y el mundo externo. Las fiestas, las representaciones teatrales y los conciertos no eran poco frecuentes; sin embargo, tenían que desarrollarse en el estricto ámbito de las autoridades eclesiásticas y de la aristocracia, de manera que los escándalos y las contradicciones quedaran limitadas a este mundo cerrado, sin trascender al mundo exterior.[6]

En este clima vivió la venerable madre Francisca Josefa de Castillo (1671-1742), en Tunja, actual departamento de Boyacá, Colombia.[7] Fue una muchacha inquieta, de salud enfermiza, víctima de una imaginación desbordante y encarnizada lectora de novelas. Sensual y melancólica, vivió su adolescencia presa de sentimientos de culpabilidad, sin tener a nadie en quien confiar y encerrada en su silencio.[8] Entra al convento siendo aún muy joven contra la opinión de su familia, después de unos años de vida austera y penitente, probablemente a consecuencia de haberle hecho caso a un requerimiento de matrimonio arreglado por un pariente cuando ella sólo tenía doce años. Contra los argumentos de su familia, la madre Castillo enarbola su vocación puesta a prueba en los años de la adolescencia y fraguada en meses de soledad en un retiro campestre, así como en el apoyo espiritual de los sacerdotes de la Compañía de Jesús. Cuando tenía 18 años ingresa en el Real Convento de Santa Clara, sin la anuencia de su padre que muere a los pocos meses sin que la hija lo volviera a ver. Y sin embargo, en

[6] Véanse Muriel y Leonard; Lavrin y Couturier dicen: "Los conventos fueron instituciones donde las mujeres tuvieron su propio círculo, su propio gobierno y su propia práctica en el ejercicio administrativo. Estaban, desde luego, supeditadas a una jerarquía masculina fuera del claustro, pero precisamente por ser parte de la Iglesia, que le prestaba su cultura básica de apoyo, pudieron sobrepasar los límites que afectaban a la mayoría de las mujeres, logrando un notable grado de autoindependencia como grupo" (279).

[7] La madre Francisca Josefa de la Concepción Castillo (Tunja, 1671-1742) es autora de un libro de mística, *Los afectos espirituales*, de una autobiografía, *Su vida*, y de otros escritos menores. A la muerte de la venerable madre a los 71 años de edad, el padre jesuita Diego de Moya, rector del Colegio de Tunja, a quien la abadesa M. Francisca del Niño Jesús, sobrina de la difunta, trata de convencer para que le escribiera una historia de su vida, autentifica los manuscritos con estas palabras: "Estos cuadernos los escribió en sí, la venerable religiosa y observantísima madre Francisca Josefa de la Concepción, por mandato de sus confesores, en su Real Convento de Santa Clara de la ciudad de Tunja, y se halló incorrupto su cuerpo, al año de enterrada. De lo cual doy fe como ocular testigo. Diego de Moya." La primera edición de sus obras se debe a un lejano sobrino de la monja, interesado, junto con toda la familia Castillo, en que se abriera un proceso de santificación de la ilustre pariente: *Vida de la V.M. Francisca Josefa de la Concepción, religiosa del convento de Santa Clara de la Ciudad de Tunja en el Nuebo Reino de Granada*. Citaré de la edición de Achury Valenzuela.

[8] Simone de Beauvoir, en *Le deuxieme sexe*, nos da una eficaz descripción del estado de ánimo de una adolescente sensible: "rezaba, meditaba, trataba de hacer sensible en mi alma la presencia divina. Hacia los doce años, inventé mortificaciones: encerrada en el cuarto de baño –mi único refugio– me rascaba hasta sangrar, y me golpeaba con una cadenita de oro que llevaba en el cuello. Mi fervor dio pocos frutos. En mis libros de piedad se hablaba mucho de progresos, de ascensiones; las almas trepaban por empinadas sendas, vencían obstáculos, a veces cruzaban áridos desiertos, y finalmente un rocío celestial las consolaba: era toda una aventura. En realidad, mientras intelectualmente me elevaba día tras día hacia el saber, no tenía la impresión de estar acercándome a Dios. Anhelaba las apariciones, los éxtasis, que pasara algo, en mí o fuera de mí; pero no pasaba nada, y mis ejercicios terminaban pareciéndose a una comedia" (138). Cito por la edición italiana.

su autobiografía que tituló *Su vida* y que empezó a escribir en 1716, confiesa desesperada:

> No sé para qué digo estas cosas,¡Dios mío! No sé como proseguir adelante, porque ni mis padres querían, ni yo quería, ni había quien me lo contradijera, ni se proponía ninguna razón de conveniencia en la entrada; y yo entré, no sé como. Sin duda, Dios mío, tu infinita bondad no me dejaría errar en una cosa en que tanto me iba, en que tanto me atropellaba a mí misma, y todo lo que podía tener o querer en la vida. [Y poco más adelante añade:] Tomar estado de casada no lo miraba posible [...] por ninguna cosa del mundo sujetar mi voluntad a otra criatura [cap. VI, pp. 16-17].

Cuando confiesa esto, la madre Castillo olvida que sí existen otras criaturas a quienes ella termina entregando su voluntad: se trata de los padres jesuitas,[9] uno de los cuales, muy joven y conocido durante su adolescencia, podría ser el verdadero responsable de esa terrible e irremediable decisión. A él es a quien dirige su autobiografía, un libro patético, por momentos de gran belleza y que exige una cuidadosa lectura entre líneas para sacar a la luz lo no dicho por la monja; a él envía desesperados requerimientos de ayuda, a él que tanto la conoce. El clima del convento de Tunja no es el más apropiado para dar respuesta y paz a esta alma inquieta cuyo fervor la lleva por el camino de la mortificación y del dolor en el convencimiento —exaltado por los jesuitas— que cuanto más se sufre en la tierra tanto más se goza en el cielo. Fustigaciones, cilicios, penitencias y ayunos mortifican su carne pero no suprimen su sexualidad. Masturbaciones, relaciones con sus hermanas de fe, probablemente visitas nocturnas del confesor o de otros visitantes clandestinos, todo es insinuado, sugerido, confesado a medias con remordimientos de conciencia y sentimientos de culpabilidad y anhelos de punición. Y junto a esto, las constantes diferencias de las monjas entre sí, las falsas acusaciones, los chismes, las calumnias e incluso los palos, los secuestros, las torturas psicológicas. Y nuestra madre Castillo, aspirante a santa en las huellas de Teresa de Ávila y que sólo llegó a ser venerable, es como las demás: envidiosa, mezquina, atormentada. En los días en que se elige la madre abadesa (y Francisca lo fue por cuatro veces), aquellos pasillos y claustros se transformaban en un infierno del cual se salía sólo si se tenía a Dios, pero sobre todo al confesor, de su parte:

---

[9] "En el campo católico, la subordinación de las mujeres al grupo hegemónico de los curas garantiza un margen de hegemonía respecto a la familia, al padre y al marido, pero la Iglesia tiene, como hemos visto, problemas para reforzar su poder y para conseguir mayor eficiencia: por esto tiene que afianzar más que nunca el control sobre las mujeres", en Luisa Accati, "Il furto del desiderio. Relazioni sociali nell'Europa cattolica del XVII seculo: alcune ipotesi" en *Memoria*, núm. 7, septiembre de 1988, p. 12.

No puedo yo, padre mío, decir las cosas en particular que tuve que padecer porque fuera alargar mucho: las mofas y burlas, los enojos hasta darse maña algunas religiosas a hacerme salir huyendo, y con harta vergüenza e incomodidad, del dormitorio donde estaba, porque no hallé otro camino de quitar las cosas; y así me iba sola a una pieza despoblada, donde lo pasaba sentada en una estera, hasta que una noche de aquellas, una buena criada me llevó allí un colchón suyo, para que tomara algún descanso [cap. XLVII, p. 18].

El relato de la vida de la madre Castillo nos ofrece el terrible itinerario de un alma inquieta que aceptó el reto que le impuso su tiempo; su conclusión revela cierto anhelo de grandeza: "Deseo, con todo mi corazón, gastar lo que resta de mi vida en conocer a Dios y conocerme a mí misma" (cap. LV, p. 209).

A partir de santa Teresa de Ávila, reformadora del Carmelo y cuidadosa relatora de sus propias experencias místicas y existenciales, el mundo hispánico del Siglo de Oro ofrece abundantes ejemplos de escritura autobiográfica femenina, siempre de carácter conventual. Se trata de escritos que eran solicitados y requeridos por confesores y autoridades eclesiásticas a pesar de la repugnancia, por lo menos aparente, con que las monjas accedían a hacerlo, como preparación a una confesión general o como autodefensa contra las murmuraciones de varios tipos que llegaban al oído atento del Santo Oficio.[10] La autobiografía no equivalía a una confesión; más bien era un ejercicio insólito de la escritura que servía, por un lado, para poner orden en su propia existencia, y por otro, para censurar, según los casos, una aventura vital fuera de la norma y por lo tanto peligrosa. La escritura autobiográfica se transforma, de esta manera, en relación, a menudo dramáticamente sincera, muchas veces mentirosa, de un recorrido vital sujeto a *juicio*. Éste es el caso de la madre Castillo, una provinciana sensible pero semiignorante que enfrenta sus confesiones con espíritu muy lejano de las intenciones de Rousseau, decidida a no callar nada para que su propia experiencia se convierta en instrumento de conocimiento para el lector.

Sin embargo, y a pesar de las intenciones de la monja autobiógrafa, aquella escritura, aquella vida, se proyectan en el tiempo adquiriendo una nueva riqueza no prevista: leído en nuestro siglo, enriquecido de conoci-

---

[10] Iris Zavala propone un nuevo matiz en el papel del Santo Oficio: "La labor censora de la Inquisición ha sido minuciosamente expuesta a través de datos excepcionales. En estas páginas propongo algunos aspectos complementarios, no menos decisivos: el papel que ésta ha desempeñado en la tradición literaria. En cuanto *receptor*, el Santo Oficio representa un lector doblemente privilegiado: es intérprete y crítico literario. Esta última función ha pasado inadvertida en estudios teóricos de recepción literaria; el calificador es un receptor cuyo acto de lectura le permite rechazar, aceptar o alterar los textos para adaptarlos a su acto de lectura y a su función de intérprete."

mientos y del deseo de conocer, aquel texto llena el horizonte de espera del
lector moderno, un destinatario no previsto, gracias a su propia carga
interior, a la posibilidad que ofrece de fisgar dentro de una aventura
interior y de adueñarse de ella. En este sentido, la autobiografía de la madre
Castillo revela, sin tener la intención, las características indicadas por
Rousseau de ofrecer "una piedra de toque para el estudio del corazón
humano", puesto que el único instrumento para conocer a los demás es el
conocimiento, aun imperfecto, que uno consigue de sí. Cualquiera que sea
la razón que induce la abadesa de Tunja a contarse,[11] ella nos ha dejado
una obra escrita que requiere, necesariamente, de un estilo particular, capaz
de amoldarse al nivel espiritual y emotivo de un recuento que pone en
juego toda una vida y, hecho todavía más complejo, su futuro. La exigencia
de inventar un lenguaje ha obligado a una monja a ejercer la escritura con
sufrimiento, pero con la convicción de que en ella queda confiada su
salvación.[12] Sobra decir que no faltaban modelos de escritura ni las orien-
taciones del confesor, pero en el juego de decir y no decir, en la ambigüedad
necesaria a la tarea de contarse y defenderse al mismo tiempo, la madre
Castillo ha tenido que comprometerse en un esfuerzo de escritura que la
inserta de lleno en el juego de la creación literaria. El hecho de que el
destinatario de la autobiografía fuera un individuo bien determinado no
le quita intencionalidad a este escrito literario, al contrario. En vez de
destinar su trabajo a una masa indistinta, la madre Castillo se dirige a un

[11] La madre Castillo empieza con estas palabras el libro de *Su vida*: "Empiezo a hacer lo
que vuestra paternidad me manda y a pensar y a considerar delante del Señor los años de mi
vida en amargura de mi alma, pues todos los hallo gastados mal, y así me aterro de hacer
memoria de ellos" (cap. I, 3).
[12] Con su acostumbrada parsimonia, santa Teresa resume la dificultad de la escritura:
"...porque una merced es dar al Señor la merced, y otra entender qué merced y qué gracia; y
otra es saber decirla y dar a entender cómo es...", Santa Teresa, *Su Vida*, XVII, 58, ed. de
Rivadeneyra. La madre Castillo también se enfrenta con el mismo tema: "Padre mío: si no
fuera porque vuestra paternidad me lo manda, y sólo es quien lo ha de ver, y no llegará a
noticia de otro, no sé como pudiera animarme a decir estas cosas; y más lo que ahora diré,
que es de mucho recelo acertar a entenderme, o darme a entender" (cap. XIX, 63); "Yo había
querido quemar aquellos papeles que vuestra paternidad me había enviado, porque cuando
estuve para morir, temía si lo veían las religiosas y los hallaban, y por otra parte, como en
leyéndolos me alentaban y consolaban, no me terminaba" (cap. XXI, 1220); "No puedo, padre
mío, dejar de decirle que en llegando aquí, me confundo, porque no sé cómo decir las cosas
y disgustos que llovían sobre mí, la soledad en que lo pasaba, etc., que me parece más fácil
callarlo todo que decir algo" (cap. XLVII, 181); "¡Oh, Señor, Dios mío!: si se me diera licencia
para no pasar de aquí, para no entrar en el mar amargo de mis penas; pues sólo el amagar a
decirlas es un nuevo e intolerable tormento, y temo, y se estremece mi corazón con su amarga
memoria, y tiembla mi alma. ¡Oh Jesús! ¡Jesús! ¡Jesús! endulzaré con tu santo nombre un tan
amargo lago de tormentos, una creciente como el mar, de penas; una quintaesencia de todos
los males" (cap. LII, 197); "Padre mío: hasta aquí he cumplido mi obediencia, y por el amor a
nuestro señor le pido me avise si es esto lo que vuestra paternidad me mandó, o he excedido
en algo, y si será este camino de mi perdición..." (cap. LV, 197).

ser con voz y cara, carácter y autoridad, a un lector terrible, diría Octavio Paz, que es al mismo tiempo guía y juez, con cuya complicidad se puede contar hasta cierto punto. Este implacable y exigente lector adquiere, pues, un papel ineludible: su presencia en cuanto lector/juez no permite ningún descuido. La vigilancia más rigurosa debe presidir las frases que la monja va escribiendo. Pero el lector/juez es también padre, y quizás amante y compañero, y entonces la pluma se ve arrebatada por el ímpetu de la pasión o por guiños cómplices que sólo un lector que es al mismo tiempo íntimo conocedor del alma de la autora, puede captar. Entonces, el lector único se transforma en un destinatario que encierra en sí a todos los demás potenciales lectores. Otros ojos están leyendo, hoy, aquella escritura que no sustituye una confesión, más bien constituye una apuesta para la monja: la de conocerse y hacerse conocer, no simplemente a través de los actos de su vida, sino acudiendo al uso de un código generalmente desconocido por las mujeres de la época: la escritura. La madre Castillo ha tenido que desentrañar los pliegues del lenguaje, acudir al simbolismo, descubrir el poder de la metáfora, inventar adjetivos, expresarse, finalmente, por medio de un instrumento hostil, extraño a las mujeres y sumamente peligroso.

BIBLIOGRAFÍA

Accati, Luisa. "Il furto del desiderio. Relazioni sociali nell'Europa Cattolica del XVII seculo: alcune ipotesi", *Memoria*, núm. 7, septiembre de 1988.
Beauvoir, Simone de, *Le deuxième sexe*, Turín, 1960.
Castillo, Madre Francisca Josefa de la Concepción, *Obras completas*, edición de Darío Achury Valenzuela, tomos I y II, Bogotá, 1963.
Deforneaux, Marcellin, *La España del Siglo de Oro*, Barcelona, 1983.
Deleito y Piñuela, *La vida religiosa española bajo el cuarto Felipe*, Madrid, 1952.
D'Ors, Eugenio, *Oráculo Manual*, Madrid, 1954.
Gracián, Baltasar, "El discreto", en *Obras completas*, Madrid, 1960.
Hanke, Lewis, *The Spanish Struggle for Justice in the Conquest of America*, Philadelphia, 1949.
Historia de la monja alférez, doña Catalina de Erauso, escrita por ella misma e ilustrada con notas y documentos, París, editado por Joaquín María Ferrer, 1829.
Lavrin, Asunción, "Values and Meaning of Monastic Life for nuns in Colonial México", *The Catholic Historical Review*, 58 (octubre de 1972).
_____ y Edith Couturier, "Las mujeres tienen la palabra", *Historia Mexicana*, 31 octubre-diciembre de 1981.
Leonard, Irving A., *La época barroca en el México colonial*, México, Fondo de Cultura Económica, 1974.
Maglí, Ida, *Monachesimo femminile. Enciclopedia delle Religioni*, vol. 4, Firenze, Vallecchi, 1970.
Menéndez Pelayo, Marcelino, *Historia de los heterodoxos españoles*, Santander, 1947.
Muriel, Josefina, *Conventos de monjas en la Nueva España*, México, 1946.
Power, Eileen, *Mediaeval Women*, Cambridge, Cambridge University Press, 1975.

Quincey, Thomas de, *The Spanish Military Nun*, 1847.
Schubart, Walter, *Eros e religione*, Milán, Mursia, 1977.
Verdú, Vicente, "El neobarroco", *El País*, 2 de junio de 1990.
Vigil, Mariló, "La vida cotidiana de la mujer en el Barroco", *Nuevas perspectivas*, vol. 1, Madrid, 1982.
Villegas, B. de, *La esposa de Cristo instruida en la vida de Santa Lutgarda, virgen, monja de San Bernardo*, citado en Vigil, p. 162.
Zavala, Iris, "Inquisición, erotismo, pornografía y normas literarias en el siglo XVIII", *Anales de Literatura Española*, 2 (1983).

EL DESIERTO PRODIGIOSO Y PRODIGIO DEL DESIERTO O CONTRARREFORMA Y BARROCO EN LA NUEVA GRANADA

FLOR MARÍA RODRÍGUEZ-ARENAS
Columbia University

En los siglos XVI y XVII la forma específica de ver y concebir el mundo se denominó en Europa y en sus colonias barroco;[1] esta modalidad volvió a aproximarse a la realidad, rompiendo con los esquemas formales impuestos por el Renacimiento y, como construcción móvil, engendró una proliferación incontrolada de significantes como consecuencia o reacción a los argumentos reformistas del Concilio de Trento.

Los términos *contrarreforma* y *barroco* siguen siendo objeto de viva polémica, pues la reforma protestante no coincidió cronológicamente con la aparición del barroco, ni un estilo tan enfático y sensual como éste podía proceder de los principios de austeridad moral propugnados por el rigorismo eclesiástico de fines del siglo XVI. Sin embargo, es un hecho que, cuando en el Concilio de Trento se consagró, por decreto en 1563, el uso de las imágenes como instrumento de gran eficacia para el adoctrinamiento y la propagación, se estableció uno de los principios esenciales del barroco: el de que el arte dejaba de concebirse como un objeto de puro deleite estético, dirigido a una minoría selecta, para convertirse en un formidable instrumento de difusión orientado a la captación de las masas. A partir de esta posición, las ideas que se propagaran podían ser unas u otras, pero el instrumento era el mismo. Es decir, si en la época del humanismo el fin del arte había sido el de agradar, en la del barroco —término cuya etimología no en vano se ha hecho derivar de una forma alambicada de silogismo retórico— iba a ser el de conmover, persuadir y convencer.

---

[1] "Es el estilo del punto de vista pictórico con perspectiva y profundidad, que somete la multiplicidad de sus elementos a una idea central, con una visión sin límites y una relativa oscuridad que evita los detalles y los perfiles agudos, siendo al mismo tiempo un estilo que, en lugar de revelar su arte, lo esconde", Hatzfeld, 1966, p. 15.

En esta situación de ambigüedad, producida por el cruce entre el ascetismo y la delectación, se elaboran diversos tipos de textos en las colonias de España en el Nuevo Mundo. Uno de ellos, recuperado recientemente, ofrece una muestra significativa de los procedimientos subyacentes en los modos narrativos vigentes a mediados del siglo XVII; en el que se proyecta la forma como eran percibidas en las colonias las estructuras narrativas imperantes en Europa, tales como la hagiografía, los relatos bucólicos, las novelas bizantina y sentimental, los relatos de misterio y las anécdotas. Este texto es *El desierto prodigioso y prodigio del desierto*[2] de Pedro de Solís y Valenzuela,[3] nacido en Santafé.

La obra, producto de la época y del arte en que se nutre, se adscribe claramente al barroco. Desde el propio título, el grupo de palabras que lo conforman establece juegos conceptistas con los vocablos *desierto* y *prodigio*. Este estilo lúdico trata de establecer una relación intelectual entre ciertos hechos "sobrenaturales" y el lugar donde ellos suceden: el yermo paraje que vino a conocerse como Desierto de la Candelaria, cerca de Villa de Leiva, donde los agustinos recoletos habían fundado un monasterio.

[2] Esta obra –escrita hacia 1650– la publicó el Instituto Caro y Cuervo entre 1977 y 1984. El primero en informar sobre *El desierto*, conservado en la Fundación Lázaro Galdiano de Madrid, fue el presbítero Baltasar Cuartero y Huerta en un artículo aparecido en *Yermo* (1963) en el que se le atribuía a Fernando (Bruno) de Solís y Valenzuela, conocido escritor neogranadino, que escribió casi toda su producción en España. A la muerte del religioso Cuartero y Huerta, el trabajo de edición pasó a manos de una comisión de investigadores del Instituto Caro y Cuervo, quienes determinaron que el verdadero autor del libro era Pedro de Solís y Valenzuela, hermano de Fernando. El manuscrito de Madrid, que inicialmente era el único que se conocía, consta de XXII mansiones (capítulos). En 1970 se descubrió otro manuscrito en Medellín, Colombia, que sólo posee III mansiones y presenta importantes variantes fictivas y de extensión con respecto al de Madrid. La edición de este último escrito, la efectuó el Instituto Caro y Cuervo en 1985. Se ha comprobado que los dos manuscritos son obra de Pedro de Solís y Valenzuela.

[3] Pedro Félix Solís y Valenzuela nació en Santafé el 10 de mayo de 1624; fue uno de los siete hijos de Pedro Fernández de Valenzuela y Juana Vásquez de Solís. Estudió, en el colegio-seminario de San Bartolomé, el bachillerato, cuando su hermano mayor, Fernando, se hallaba en el mismo establecimiento, terminando el doctorado en teología. Al viajar el mayor a España en 1638, Pedro lo comisiona para lograr "cualquier merced, officio o dignidad o beca" que pueda conseguirle en alguna institución gubernamental o eclesiástica. Idea que persiste a lo largo de los años, pues en 1675 vuelve a insistir a su hermano la consecución de prebendas y dignidades, basadas en su herencia y en sus méritos personales. Ordenado sacerdote, se desempeñó como capellán en Usaquén, Acataima, Tocaina, Soacha, Bosa, Anolaima, Calandaima, la Calera, Guadalupe y Monserrate. En este oficio actuaba como administrador, patrono o albacea, para asegurar con los productos de fincas los gastos de la celebración de misas, según la intención del fundador de la capellanía. Esas variadas ocupaciones le dejaron tiempo libre para entregarse a atender sus numerosas posesiones y dedicarse a los estudios y a la escritura de obras en prosa y verso, pero también le proporcionaron incontables pleitos legales con los herederos de las tierras, quienes no cumplían con los pagos de sus obligaciones por morosidad o por pobreza. En 1693 hizo testamento y falleció a la edad de 87 años, el 27 de julio de 1711 en su ciudad natal. Véase Briceño Jáuregui, 1983.

La acción[4] narrada en el texto abre con la presentación de un marco narrativo, donde se ofrecen invertidos los términos de las novelas cortas italianas,[5] pero empleando de ellas sus núcleos generadores más corrientes: el viaje y la tertulia. Aunque la organización estructural de *El desierto* depende de este marco y debe mucho a la novela pastoril, no es una de ellas; de ese tipo de narración toma el esquema central que aglutina sus elementos. Además, casi siempre que la narración se detiene, coincide —en lo posible— con el comienzo y el final del día. Esta técnica sirve a numerosos textos poéticos, así como a relatos de otros géneros novelísticos; todos ellos, rasgos típicamente pastoriles.

La Mansión I —marco de la narración y objeto de este ensayo— sirve tanto para justificar los relatos yuxtapuestos presentados y señalar el espacio de la emisión de la escritura, como para explicar, en parte, la

[4] El argumento narra los variados prodigios que ocurren en la cueva del ermitaño Arsenio y sus alrededores, donde suceden cosas extrañas. La acción y las historias que se narran dependen de un marco narrativo que presenta a cuatro jóvenes: Andrés, Fernando, Pedro y Antonio, quienes emprenden un viaje para conocer al propiciador de ciertos fenómenos sobrenaturales, después de que el primero de los muchachos encontró por casualidad su cueva. Al retornar con sus amigos, Andrés los persuade para buscar al dueño de aquel lugar que lo indujera a un cambio de vida. El viaje termina cuando el grupo halla que en el llamado desierto de la Candelaria vive Arsenio. Este anacoreta sirve de puente para que los personajes lleguen a otro estadio narrativo propio de la novela pastoril: el lugar ameno, ámbito donde el eremita cuenta, por instancia de los jóvenes, los sucesos de su vida disipada y la llegada a la penitencia y al arrepentimiento. Presenta el relato de su vida, lo presenta intercalado con historias de amigos y conocidos, y matizado con diferentes acontecimientos. Mientras los jóvenes pernoctan en el lugar, Arsenio descubre la inclinación de Andrés hacia el anacoretismo, por lo cual decide ayudarlo a recibir el hábito de los agustinos recoletos llevándolo al Convento de la Candelaria. En ese lugar queda el joven. Los otros integrantes del grupo prosiguen con Arsenio, quien les continúa relatando sus andanzas y las causas que lo hicieron viajar de Europa a América. En una de las paradas que el grupo efectúa durante el viaje, Fernando le confiesa al ermitaño el escondido deseo de hacerse cartujo, que lo ha acompañado por más de once años, lo cual alegra profundamente a Arsenio. Los jóvenes retornan a sus casas y narran los sucesos que impulsaron a Andrés a entrar en la vida monástica. La madre de Fernando y Pedro celebra la decisión, pero el padre la rechaza, prohibiéndole a sus hijos regresar a esos lugares. De esta forma, trata de evitar que alguno de ellos abrace las órdenes religiosas, sin saber que Fernando ya posee una fuerte inclinación y que con el tienpo realizará dos intentos para entrar en la cartuja. En este punto del relato, la voz narrativa se identifica como Pedro de Solís y Valenzuela y comienza a develar los misterios que se presentan en la narración. También declara la autenticidad histórica de cada uno de los personajes: Fernando es su hermano; en la vida monástica se lo conocerá como Bruno de Valenzuela; Andrés es fray Andrés de San Nicolás y Antonio es Antonio Acero de la Cruz, conocido pintor. Todos ellos son importantes intelectuales neogranadinos del siglo XVII. Enseguida, presenta los datos biográficos de Fernando y la forma como éste se hizo cartujo, a la vez que, ofrece la biografía de su padre y la suya propia (es decir, de quien se conoce históricamente como Pedro de Solís y Valenzuela). Termina prometiendo concluir su historia en una segunda parte, que al parecer nunca llevó a cabo.

[5] En la novela corta italiana los acontecimientos contados dependen de un marco superior en estructura yuxtapuesta y son narrados por un grupo de personas.

temática religiosa y algunos rasgos composicionales de esta polifacética y especial obra colonial. Este marco tiene un repertorio de imágenes, historias y alegorías, que están codificadas y consagradas por una larga tradición tanto gráfica como literaria. Imágenes, que a su vez, presentan rasgos de acuerdo con la evolución de la espiritualidad que se manifiesta en la época, ya que su autor, miembro activo de los tribunales de la Inquisición, entiende —como es de esperarse— que la escritura es un medio útil y moralizador que ayuda a cumplir la misión de estimular la piedad de los cristianos en orden a conducirlos a su último fin.

Una muestra de las técnicas de composición y representación de *El desierto*, a partir del estudio de este marco, señala el origen de estos métodos en la influencia de los planteamientos aristotélicos en torno a la retórica y a la poética prevalentes en la sociedad barroca del momento. A través de la retórica, Solís y Valenzuela expone fundamentalmente el sentido del "arte de persuadir" por medio del discurso. Mientras que la poética le sirve para plantear problemas en torno a la similitud y a la fuente de las imágenes y, sobre todo, a la condición ética de éstas.

El marco narrativo abarca toda la Mansión I y temporalmente coincide con el comienzo y el final de día. Abre con la presentación de cuatro jóvenes: Andrés, Fernando, Pedro y Antonio, quienes emprenden un viaje para conocer al propiciador de ciertos fenómenos sobrenaturales. En la gruta –lugar textual de la presente lectura– Andrés, movido por una fuerza especial, reconoce sus pecados y se propone dejar el banal mundo y emplear su vida para lograr la perfección que lo llevará a una buena muerte.

Este reconocimiento, el subsecuente acto de contrición y toma de conciencia para el cambio radical de vida que experimenta Andrés, se manifiesta en el desarrollo de la Mansión a través de diversos medios. El primordial de ellos es el impacto que le produce el descubrimiento de signos escritos y el desentrañamiento intelectivo de su significación. Luego, en orden de importancia, está la captación visual de imágenes piadosas, cuyo sentido lo explicita siempre la escritura y la percepción de fenómenos que producen admiración.

La proliferación de significantes a través de versos, oraciones, apólogos, jeroglíficos, manuscritos, lienzos con inscripciones, tarjas (con versos, con explicaciones, con dibujos y alegorías), cuadros y pinturas con glosas descriptivas e ilustrativas (elementos característicos del discurso de esta Mansión I), tiene por finalidad construir la persuasión para seducir al lector, haciéndolo creer que la historia que se narra es fiel a la realidad, que es una interpretación convincente de la vida.

Esta actividad de demostrar y de intentar la modificación de la conducta del receptor, mediante la interacción simbólica de profusión de imágenes moralizantes, es consciente en la narración. Su origen radica en la contra-ofensiva sin precedentes que se inició a raíz del Concilio de Trento, cuando la Iglesia católica se pertrechó de un nuevo *corpus* dogmático, dando así comienzo a las grandes campañas de recristianización de masas. Frente al sistema escolástico del Renacimiento se generalizó, en ciertas capas de la sociedad, el gusto por lo clásico, con lo cual nuevos modelos de percepción, nuevos gustos invadieron la vida social de las clases altas. Al mismo tiempo, surgió un interés nuevo por el lenguaje y las bellas letras, tendiéndose a una educación que propendía por la individualización y en la que la disciplina y el aprendizaje de ciertos "honestos" comportamientos estaban relaciona-dos con la formación de una nobleza de letras.

En esta forma de educación, la escritura tuvo un lugar de vital impor-tancia en estrecha relación con el descubrimiento y el funcionamiento de la imprenta. Igualmente la retórica, el arte de hablar correcta y elegante-mente, así como determinadas operaciones que tenían por blanco el cuerpo —privativas de diversas clases— se convirtieron en instrumento indispensa-ble para los que habían de convencer y sugestionar. Esta situación docente y moralizadora contrarreformista se observa en las intenciones de la voz narrativa de *El desierto*,[6] y se proyecta en su disposición estructural.

De lo anterior deriva la casualidad que lleva a Andrés, miembro de la clase alta neogranadina, a sentir curiosidad por seguir más allá del peñón que bloqueaba la entrada de la cueva y lo impulsa a enfrentarse con el descubrimiento de un mundo cerrado que trascendía al infinito por medio de la comunicación escrita; grafía que funciona como señuelo y promesa de mejores fortunas si se desentraña su significado y con él su propósito; como lo dice la voz anónima, que a través de unos versos ubicados en el lugar más agreste e inesperado funge como elemento maravilloso que atrae y captura:

> Caminando con passo presuroso/ por estas soledades, peregrino,/ ¿a dónde vas? Herrado has el camino,/ mas tu yerro será acierto dichoso. Entra constan-te. En este valle vmbroso/ verás la estancia do el amor divino/ tiene las almas que con diestro tino/ flechó y rindió con brazo poderoso [I, 13].

El productor de estos versos tiene la seguridad de que todo virtual decodificador de su creación debe modificar su repertorio de normas de conducta; por ello, se ofrece a proporcionar una explicación lógica que le haga razonable la aplicación de los criterios de comportamiento preferibles.

---

[6] Las letras, frente a la opinión general, no conducían a alteraciones y desórdenes sino todo lo contrario, domesticaban los espíritus, los preparaban para saber obedecer y para conocer mejor cuáles eran sus deberes. Según los humanistas, la ignorancia era la causa de las sediciones y revueltas.

Esta faceta de la persuasión del discurso impone una comprensión de las relaciones entre las normas y sus razonamientos. Dentro del marco de la narración de *El desierto*, la lógica consiste en condiciones que manifiestan la temporalidad de lo humano y el valor de la salvación del alma a través del logro del arte del bien morir. Este arte se lograba por medio de la *devotio*, la cual implicaba servirse de métodos, de industrias para guiar el alma y señalar sus progresos en la vida espiritual; a la vez que se fijaban los tiempos para la oración, la meditación, la lectura piadosa y el examen diario. Todas estas características se presentan en este marco y se manifiestan a través de los sucesivos cambios catárticos que experimenta el ánimo de Andrés, luego de la lectura de las diferentes gráficas e inscripciones de paredes, mesas y cuadernos que halla y aprecia a lo largo de su estancia dentro de ese cerrado recinto, cuyo proceso describe el narrador en los siguientes términos:

> Vn yelo frío, vn helado sudor occupó los miembros del generoso mancebo luego que acabó de leer los propuestos versos. No ay lengua o pluma por veloz que sea, que pueda pintar la súbita mudanza que obraron en ese corazón de varios discursos occupado, ya tierno, ya amante, ya lloroso, después de mil ternuras dichas al crucificado Dios, conociendo que era quien le favorecía encendiendo en su entendimiento aquellas luzes, que ya en lo que disponían brillaban inteligencia y aciertos. Discurrió cómo la poesia espiritual era órgano del cielo, que a celestial música conbidaba. ¡O cuánto malogra el tiempo quien la gasta en la profana! [...] De hauerla profanado con mundano estilo procedía su desestimación, que la que es como la referida, su dignidad se tiene, su honor y veneración se mereze [I, 32].

Esta práctica para cristianizar, que se observa en el marco de *El desierto*, atañía tanto a eclesiásticos —caso del ermitaño Arsenio, autor de los versos y morador de la gruta— como a laicos —los cuatro jóvenes, sobre los que se evidencia a lo largo del discurso, el impacto modificador de la práctica— en la medida en la que los no religiosos o no creyentes debían ser ganados para la nueva causa. La carga religiosa que se manifiesta en la Mansión I es resultado de la contrarreforma y de sus dogmas que convirtieron el arte, en cualquiera de sus manifestaciones, en un instrumento de propaganda del catolicismo, de acuerdo con las directrices impuestas por el papado y las órdenes religiosas, determinando entre otros efectos la formulación de la poesía (*poiesis*: hacer y hacer mimético, hacer para deleitar) como una actitud moralizadora.

Asimismo, la proliferación de letras en todas sus manifestaciones: jeroglíficos, inscripciones, versos sueltos, sonetos, glosas, historias narradas matizadas en su gran mayoría por juegos conceptuales, es particular del barroco. Este estilo y la intención del emisor se unen en el marco de *El desierto* para contribuir a someter el cuerpo de Andrés —y a través de él al lector real del texto colonial— para que la razón triunfe sobre las pasiones, a medida que avanza la captación y entendimiento del significado de las imágenes mentales que crean las pinturas de san Bruno, el dibujo de la grulla con una piedra en una de las patas, los objetos, como: el reloj de arena, el "casco de una calavera pendiente de un madero —donde se halla una hermosa efigie del crucificado" un esqueleto, etc. Objetos materiales e imágenes mentales funcionan como catalizadores maravillosos, que permiten a Andrés tomar la resolución de emplear la pluma en producir poesía moral para aprender a bien morir; como también, a hacer concretas las intenciones de abandonar el mundo y habitar en la soledad.

La sorpresiva decisión —para el lector— adoptada por Andrés, se entiende al reconocer que durante la época, la meditación sobre la muerte se concebía como el antídoto más eficaz contra la vanidad del mundo y era la preocupación fundamental de todo tipo de escritura piadosa; situaciones reforzadas por el estilo alambicado y excesivo. El barroco, como estilo, recibió aspectos formales y de fondo de tradiciones muy antiguas, algunas de las cuales cobraron en él especial relieve. Éste fue el caso del pensamiento religioso y filosófico que consideraba la vida y los bienes terrenales como algo perecedero; idea que recibió en el *Eclesiastés* (1:2) la formulación lapidaria: "todo es vanidad y nada más que vanidad".

Los hombres del barroco volvieron a relacionar la iconografía de la muerte —como lo hiciera el hombre del Medioevo— con el pensamiento de la mortalidad. De esa forma, lograron rescatar el carácter del hombre como ser perecedero y convirtieron la *vanitas* del siglo XVII, en didáctica y moralizante en esencia. La profusión de pinturas piadosas y de objetos que Andrés encuentra dentro de la cueva se explica dentro del barroco: la calavera —atributo directamente alusivo a la muerte, como señal de que reina por doquier— es un símbolo de piedad que destaca la incertidumbre del futuro y la inanidad de la vida. El motivo del esqueleto —símbolo de la fragilidad de las cosas humanas— era más familiar y popular, pues había sido secularizado, y se había convertido en protagonista de las danzas de la muerte. La historia de los cartujos que ofrecen las inscripciones de las paredes; el reloj de arena que alude a lo pasajero de la vida y que es uno de los objetos típicos de meditación del monje cartujo; la grulla que tiene la pata levantada (alegoría de la vida monástica, que se traduce en obediencia y vigilancia, y considerada durante el barroco modelo de piedad incomparable, como Cristo) es adecuada para el cartujo que debe permanecer vigilante en la noche para realizar sus oraciones; la iconografía de san Bruno, fundador de la orden de los cartujos y prototipo del género de vida penitente y anacoreta, conforman un grupo de mensajes simbólicos, parte de un profuso haz de rasgos que se filtran en el discurso de *El desierto* para moralizarlo y para destacar su barroquismo; este estilo muestra que la imagen mental de lo que se iba a meditar no era suficiente, sino que era necesario imponerle el apoyo visual de la imagen gráfica por medio del objeto sensible, el cuadro o la estampa. Todo lo cual servía para plantear problemas en torno a la similitud, al origen y a la condición ética de lo que se representaba.

El desentrañamiento de lo referencial en el marco del texto de Solís y Valenzuela y su ubicación dentro del espacio geográfico de Nueva Grana-da, así como de sus atributos culturales pertinentes a ese lugar específico del Nuevo Mundo y que luego se desarrollarán en las mansiones subsecuen-tes —para dar paso a la construcción de una de las muchas novelas colonia-les que se produjeron pero que por diversos motivos todavía no se han recuperado para conformar el *corpus* literario del hombre americano de la época—, contribuye a comprender la cultura literaria de este hombre como compuesta de construcciones mezcladas y heterogéneas que son significa-tivamente características de esos siglos.

Bibliografía

Briceño Jáuregui, Manuel, *Estudio histórico-crítico de* El desierto prodigioso y prodigio del desierto *de don Pedro de Solís y Valenzuela*, Bogotá, Instituto Caro y Cuervo, 1983.

Cristina, María Teresa, "La literatura en la Conquista y la colonia", en *Manual de historia de Colombia*, Bogotá, Procultura, 1982, i, pp. 465-592.

Cuartero y Huerta, Baltasar, "*El desierto prodigioso y prodigio del desierto*, obra inédita del P. Bruno de Solís y Valenzuela, Cartujo del Paular", en *Yermo: Cuadernos de Historia y de Espiritualidad Monásticas*, Monasterio de Santa María del Paular, i. 2 1965, pp. 171-191, reproducido en *Thesaurus*, XXI (1966), pp. 30-75.

Orjuela, Héctor H., *El desierto prodigioso y prodigio del desierto de Pedro de Solís y Valenzuela: primera novela hispanoamericana*, Bogotá, Instituto Caro y Cuervo, 1984.

Solís y Valenzuela, Pedro de, *El desierto prodigioso y prodigio del desierto,* i, editado por Rubén Páez Patiño, Bogotá, Instituto Caro y Cuervo, 1977.

——, *El desierto prodigioso y prodigio del desierto*, ii, editado por Rubén Páez Patiño, introducción, estudio y notas de Jorge Páramo Pomareda, Manuel Briceño Jáuregui, Rubén Páez Patiño, Bogotá, Instituto Caro y Cuervo, 1984.

——, *El desierto prodigioso y prodigio del desierto*, iii, editado por Rubén Páez Patiño, Bogotá, Instituto Caro y Cuervo, 1985.

LAS MÁSCARAS DE DÁVALOS Y FIGUEROA: AUTOBIOGRAFÍA EN LA *MISCELÁNEA AUSTRAL*

ALICIA DE COLOMBÍ-MONGUIÓ
State University of New York, Albany

Diego Dávalos y Figueroa incluye material autobiográfico en su *Miscelánea austral* y al hacerlo crea una *persona* cuya realidad depende, a la vez, de sus circunstancias histórico-literarias. Aunque sea bien sabido, conviene recordar que la palabra *persona* nace en la máscara del teatro griego; así, la persona de este vecino feudatario de La Paz es máscara, y como tal encubre tanto el rostro del actor histórico cuanto muestra la personalidad del no menos histórico autor que le ha elegido para, velándose, manifestarse: ¿Qué persona ha escogido el autor de la *Miscelánea austral*? Una de las más arquetípicas: la del amante; unas de las más exaltadas en la tradición occidental: la del caballero como amante cortés; una de las más estilizadas en su rigurosa estética: la del noble y cortés enamorado petrarquista. Para tal propósito le hubiera bastado publicar su poesía, cuyo acendrado petrarquismo hubiese no sólo bastado sino hasta sobrado para desplegar la persona que se había elegido a la zaga del vate de Valclusa. Sin embargo, Dávalos inserta su cancionero dentro de una serie de diálogos que conforman la *Miscelánea*, el hecho dista de ser superfluo. Al hacerlo, gradualmente, Dávalos va inventando para sí otra persona, o mejor dicho, sobre las facciones de la máscara primigenia forma la auténtica máscara de su persona, aquella que soñó como la propia cara de su alma, y que al fin decidió exhibir con alarde para que al verla el mundo creyera verlo, y así revalidara, en su ilusión, la realidad de la persona que fraguó su sueño.

La persona con que Dávalos quiso y logró convencer al mundo requería mayores sutilezas que la del canónico amante petrarquista, pero, a la vez, exigía la existencia de ésta. Así, sobre la del enamorado cortés, Dávalos terminará por figurar la del humanista poeta: la máscara auténtica. Para ello no le bastaba un cancionero. De ahí que el uso del diálogo en su obra, que comienza con los diálogos de amor al estilo del humanismo italiano, y que se ampliará en diálogos sobre los más variados temas, no menos requería la cabal demostración de su persona en tanto poeta. Para serlo no era suficiente versificar, por muy petrarquistamente que se hiciera. ¿Qué significaba para Dávalos ser poeta? Claramente lo expresa en un espléndido soneto:[1]

> Ilustres letras, por quien mil varones
> divina celsitud han conseguido,
> pues no la borra el tiempo con olvido
> ni la fama se olvida en sus pregones.

Dávalos había logrado alcanzar dentro de la sociedad americana el más alto rango social. De segundón de una noble familia ecijana pasó a minero en las arduas latitudes collas, para de ahí saltar a la gloria de un matrimonio que lo hizo encomendero de indios, o en sus palabras, "feudatario" de una de las más ricas encomiendas de los Charcas. Si había venido a América a "valer más", material y socialmente, el suyo era ya un logro acabado. Pero no le bastaba "valer más" sólo temporalmente; quería alcanzar un valor que venciera al tiempo. Como Petrarca, Dávalos va perpetrando su triunfo en la fama para, como poeta, vencer al tiempo y a la muerte. Dávalos aspira a las inmarcesibles alturas del Parnaso, divina cumbre que bien sabe no le está vedada, pues otros muchos han conseguido alcanzarla. Algo semejante dice la Anónima en su "Discurso en loor de la poesía": "El buen Poeta (dize Tulio) alcanza/espíritu divino, y lo que asombra/ es darles con los Dioses semejanza". "Dice que el nombre de poeta es sombra y tipo de deidad..."(316-320):[2] tal es el sueño de Dávalos en la máscara del poeta. Habiéndose asegurado la posesión de los bienes perecederos, ahora aspira a la mayor riqueza, la cual no duda, que como en la vieja Europa, también se ha entronizado ya en la joven América europea:

> Riqueza summa, cuyos altos dones
> la tierra y cielos han enriquecido;
> Norte por quien el mundo se ha regido
> en árticas y antárticas regiones.
> Quién sabe qué es saber siempre os adora
> y os reverencia como ser divino,
> que es fuente Dios do tal corriente mana.

---

[1] Para todas las citas de la *Miscelánea* se ha usado la reproducción fotográfica del ejemplar que se encuentra en la British Library; en adelante, las referencias a esta obra se darán en el texto, señalando el coloquio y el folio correspondiente. En este caso se trata del coloquio 37, f. 67r.

[2] Para todas las citas de este poema hemos usado la edición de Antonio Cornejo Polar. En adelante las referencias se darán en el texto.

Riqueza que por ser el *summum bonum* es divina, y por tanto digna de adoración: es la poesía recinto del saber, en la cual como afirma la Anónima se epiloga toda "la umana ciencia":

> El don de la Poesía abraza y cierra
> por privilegio dado de la altura,
> las ciencias y artes que hay aquí en la tierra.
> Estas las comprehende en su clausura,
> las perficiona, ilustra y enriquece
> con su melosa y grave compostura.
> [100-105].

Ya desde Macrobio la poesía abarcaba omnisciencia; y la España de los siglos áureos repetirá tal concepto desde Sánchez de Lima para quien "todas las artes liberales" se encierran en el arte poético (43) hasta el Pinciano que subraya en varias ocasiones que la poesía comprende y trata "todas las ciencias especulativas, prácticas, activas y efectivas", aun "sobrepujándolas" (216). En un libro estrictamente contemporáneo a la *Miscelánea*, el *Cisne de Apolo*, dice Carballo: " Porque ningunas ciencias se inventaron,/ que en esta facultad (la poesía) no se han hallado,/ historias, artes, leyes y doctrinas/humanas, naturales y divinas" (142). Para Baena, el poeta debe ser enamorado o fingir serlo; en acto real o fingido tal será Dávalos; pero amén de amante en el definitivo planteamiento del humanismo renacentista, alimentado por Cicerón y Quintiliano, el auténtico poeta no puede ser menos que un sabio. Así lo expresan con nitidez los tercetos de Anónima: "Y aquel que en todas ciencias no florece/y en todas artes no es exercitado/el nombre de poeta no merece" (106-108). Para lograr la suma riqueza que su "valer más" le exige, no le era difícil a Dávalos a ser o fingirse amante, pero cuánto más ardua empresa necesitaba el ser sabio. Si para poeta amante apenas si le hubiese bastado publicar sus rimas, para poeta humanista, Dávalos —si no lo era— tenía que fingirse enciclopédicamente sabio. De ahí que el diálogo de amor creciera, en la *Miscelánea*, de innumerables tópicos, desplegando una omnicomprensiva erudición que causaría admiración entre la intelectualidad limeña (Colombí-Monguió: 85-88) y aún engaña a algunos críticos de hoy. Dávalos ampliará su discurso erótico en una extensa perorata enciclopédica para convencer al mundo que él llenaba sobradamente todos los requisitos para garantizarse en la poesía la "divina celsitud" de su inmortalidad. Así, la *Miscelánea* es parte esencial de la necesaria máscara: en sus versos muestra al poeta enamorado; en sus diálogos de amor al cortesano amante humanista; en la tupida enciclopedia de la mayoría de sus coloquios Dávalos se presenta como el sabio universal.

El mundo verá en la perpetrada máscara de la *Miscelánea* lo que su autor quería que se viese y se creyera: al ilustre bisnieto del célebre Ruy López Dávalos, codestable de Castilla, el pariente de la ilustrísima Vittoria Colonna y, palideciendo, su herencia de rancio señorío temporal y espiritual, su propio logro: el *summum bonum* de ser poeta, que como cumplido amante y acabadísimo sabio le hace "sombra y tipo de deidad".

El material autobiográfico que podemos encontrar en la *Miscelánea* no puede menos que estar al servicio de tan alto propósito, y así ha de ser seleccionado, mucho y a veces tranformando la historia personal. Tanto en lo que atañe al amante como al sabio humanista la realidad era amenazante, y Dávalos no vaciló en subvertirla para preservar íntegra su persona ideal. Pero vayamos por partes, comencemos por analizar las causas de su venida a América.

En el coloquio 39 nos enteramos que el joven ecijano estaba enamorado de la bella Brasilda y que era bien correspondido; sin embargo, la cruel fortuna le obliga a separarse de la doncella. En el coloquio siguiente se nos dice que la "reñida contienda" de un amigo suyo, en la cual Dávalos no fue "agresor ni aun parte", le causó irreparables daños, la prisión y, al fin, el destierro. En suma, que las acciones del amigo en cuestión pusieron a Dávalos "en estado de dejar su casa, deudos y nacimiento, y el dejar esto lo trujo a este reino" del Perú. Su misma interlocutora en los coloquios nos dice que ha contado las cosas "muy de tropel" y es justo agregar que harto confusamente (20-25). Pero tropel y confusión le sirven bien: lo que queda velado puede adjudicarse siempre a la discreción de un amigo leal, y lo que declara redundará en su honra: feliz, noble y amante puro; víctima inocente de un hado cruel que lo despoja de todo lo que más le importa: "casa, deudos, nacimiento"; amada y patria. Queda claro, entonces, que si por fuerza vino al Perú no fue por intenciones de hacerse de la América. Eso quedaría para los Pero Sánchez.

Sin embargo, ¿son en realidad los Dávalos tan diferentes de los Sánchez y resulta tan ajeno a la honra hidalga el plebeyo materialismo? Otro soneto, autobiográfico y fuera de la tradición petrarquista, habla de la que debió ser la experiencia vital más honda del ecijano: la pérdida de la patria amada y su perenne nostalgia por ella. En su primer terceto parece vislumbrarse que muy otra de la que él hubiese deseado era la verdadera respuesta: "assí mi juventud ledo gozava/quando un silvo de pobre, vil, noscivo,/de mi querida patria me alexaba" (coloquio 40, 188r-v) (De León: 61-62). El poema se inicia con un símil, cuya misma sencillez acrecienta el poder emotivo: el yo poético cual cordero destetado: "Si el corderillo tierno que gozoso/en su querida madre está gustando,/ el incauto pastor sus gritos dando/ le quita de aquel acto tan sabroso..." En estos versos el lugar común de la madre patria deja de serlo al tomar carne en una oveja sumamente maternal y el yo poético se reviste de la vulnerabidad de un cordero ya huérfano para siempre. Así se vio este noble encomendero: como el segundón obligado por la pobreza a abandonar lo que más amaba. Después de todo, como dice en el coloquio 36:

...los hombres que venimos a este Reino somos los de menos poder cada uno de su linage, porque no ay quien niegue [a lo menos entre los nobles] que si en España se pudiera vivir conforme a su nascimiento no passara a esta tierra

Entre tantas quejas amantes como se oyen en sus versos, poéticamente la experiencia amorosa del ecijano, cuando se expresa en lamento, es por esencia tópica. Pero este soneto nada tiene de tópico: su tragedia, sin duda, fue la de Diego Dávalos. Con todo su orgullo a cuestas, en un relámpago de intimidad, vemos ya no la máscara noble, sino la cara trágica, retratatándose para nuestro asombro en un inerme cordero hambriento. Digo esto porque su "silbo de pobre" debe aludir a la misma situación que le hizo alimentar las esperanzas de riqueza a las que se refiere, de manera clara, en otro de sus mejores poemas, el "Capítulo del Genil", notable justamente por su calidad autobiográfica. Si en este soneto deja entrever las razones de su llegada a América, aquí, al hablarle al río patrio, casi las confiesa:

Assi vengo, mi padre, a ti cantando,
y en medio de tus muchas alabanças
mi destierro y dolores explicando.
Conosciendo las falsas confiänças;
Dichoso aquél que a vanas esperanças.
nunca se vio subjeto ni rendido,
Dichoso el corazón que no a tenido
travajo ni dolor en tierra estraña,
y su vida passó en el patrio nido;
que ni Fortuna desleal le engaña
haziéndole pisar agenas tierras,
ni le puede enredar en su maraña
porque no passa el mar, ni ve las sierras
inaccesibles, ásperas, nevadas,
ni sabe los trabajos de las guerras.
Goza sus pastos, vive en sus maxadas,
deléitase en mirar su propio cielo,
que las demás son horas malgastadas
[xxxviii, 174r-175vv].

De toda su poesía, ésta es la de espíritu más clásico: un *beatus ille*, tan tradicional en estirpe, y tan original en concepción. El suyo no es el de la égloga amatoria de Garcilaso, ni el de la oda ascética de fray Luis, ni siquiera el del villano satisfecho en su rincón sino, en verdad, el *beatus ille* del expatriado. Tan pronto de Dávalos y, a la vez, tan fiel a Horacio.

Apenas mencionado su destierro pasa a explicarlo en ese *beatus ille* cuya temática resulta así inseparable de esa experiencia: "Dichoso aquel que a vanas esperanças/nunca se vio subjeto ni rendido". Las esperanzas del perulero no son otras que la ilusión de triunfo que lo trajo a América. Feliz es aquél a quien no engaña la Fortuna, feliz el hombre que "no passa el mar", porque jamás tendrá ocasión de temerlo, "neque horrent iratus mara". Versos admirables, por lo autobiográficos, inmensamente personales, y a la vez perfectamente acordes con el *Épodo* de Horacio. De cuánto indiano, como Dávalos, hubiera podido decir fray Luis las palabras del propio *beatus ille*: "Téngase su tesoro/los que en un falso leño se confían" (De León: 61-62). Lejos de ser varón alejado de todo negocio, quien *procul negotiis* trabaja las paternas tierras (*Épodo*, II, 1-4), el segundo ecijano cruzó la mar para encontrarse en busca de plata por esas "sierras/inaccesibles, ásperas, nevadas", y así darnos una de las primeras descripciones poéticas de los Andes, muy breve pero en tres adjetivos de admirable justeza. El nobilísimo Dávalos, como cualquier Pero Sánchez, se fue al Perú para hacerse la América:

> Y, como saves, quando el blando pelo
> començo a florescerme las mexillas,
> paresciéndose poco todo el suelo,
> abadoné de Europa campo y villas
> y fuíme [a] aquélla tierra que promete
> riquezas grandes, grandes maravillas.

La prosa de los coloquios —si bien se explaya largamente en las características geográficas del Genil— nada comenta sobre este poema y de lo que los versos dicen de su propia vida. De hecho, el autor de la *Miscelánea* ha reconstruido en los tercetos autobiográficos lo dicho en su prosa. Dávalos se apoya en el duelo ecijano, es decir, en razones de honor, para escudar las decisivas y bien sabidas razones de tanto segundón sin fortuna. Mal podía haberse ido por fuerza quien se fue con esperanzas. El motivo que le hizo dejar lares y amada no fue tanto una "reñida contienda", sino la deslumbrante oportunidad de "riquezas grandes, grandes maravillas". Más que víctima inocente en compulsivo destierro, el joven Dávalos, "pareciéndole poco todo el suelo", abandonó —y el verbo mismo implica lo voluntario del acto— su tierra para, con afán de logro y lucro, irse a la tierra de promisión. Sus versos de auténtico poeta le han resquebrajado la máscara de actor.

Como espejo de fieles amantes tampoco falta ocasión en que su imagen se ve enturbiada. Ya en América el leal amante de Brasilda se enamora de una hermosura indiana. Dentro del código de fidelidad absoluta que requerían los amantes, la cosa era impensable, y siendo así es de asombrarse que a la hora de las explicaciones se tambalee la retórica y se enmarañe en un sinfín de sinrazones, declarándose fiel y firme amante de la lejana y siempre presente Brasilda, y no menos fiel, "tibio y recatado" amante de la indiana. Por un lado dice que jamás puso su amor en otro lugar, "pues no se puede llamar amor el que tiene otro mayor respeto, puesto que en alguna manera amase..." Sirvió a la dama por mucho tiempo, cuanto pudo y con toda fidelidad, ¿qué hubiera hecho de no ser tibio? Sabiendo como de sobra sabe que "el animal racional no puede... aspirar a dos objetos amorosos" (IX, 33), nuestro amante modelo le falló a todos sus modelos: se había enamorado en la primera oportunidad, sin cadencias de *Canzoniere*, sin rigor de tratado a lo Mario Equicola, sin vuelos neoplatónicos, sin razón ni cortesía (Colombí-Monguió, 1985: 40-43). Pero claro, bien sabía Dávalos lo que decía Baena, el poeta: "que sea amador, e que siempre se precie o se finja de ser enamorado" (De Baena: 15). Como repite la interlocutora de los coloquios, "los poetas fingen". No sólo fingen, a veces también mienten. Tal hace el nuestro desde la máscara del humanista.

En el coloquio 23 hace un asombroso despliegue de erudición al hablar del ave Fénix, que resulta engañoso, pues todas sus noticias provienen de las *Imprese Illustri* de Ruscelli.[3] Pero hay algo más que el ocultar la verdadera fuente. Dávalos va tramando su persuasivo engaño, para rematarlo con una mentira, que no sólo ha hecho convincente sino que pasó sin ser detectada hace muy pocos años. Comienza diciendo que Lactancio y Claudiano escribieron sendos poemas sobre el Fénix, que fueron traducidos al italiano por dos diferentes poetas; lo cual es bien cierto. De ello se había enterado por Ruscelli que en su libro incluye ambos textos, cosa que calla Dávalos cautelosamente. Luego de dos páginas de apretado comentario sobre el ave maravillosa, termina concluyendo que no es de pensar que se queme: "digo que assí mesmo se pueba no quemarse la Fénix en unos versos de Ovidio. Ellos son pocos, con lo cual y con ser verso suelto los podré ir traduciendo con facilidad". Nótese que al hablar de Lactancio y Claudiano nombra a sus traductores, ¿cómo habría de pensarse tras tanta minuciosidad que al

---

[3] Sobre la importancia de la obra de Ruscelli en la prosa de la *Miscelánea*, veáse *Petrarquismo peruano* (pp. 112-113). Sobre las *Imprese* en la poesía de Dávalos, incluyendo el texto de Celio Magno para el estudio específico de la traducción a la cual aquí aludo, veáse mi ensayo *Verba significans* (pp. 353-354).

tratarse de Ovidio nos viniese a mentir? No hay mentira más convincente que la camuflada en la verdad. Además, también es cierto que está traduciendo con toda facilidad, pero no del texto latino, sino de versos de las *Metamorfosis*: "molto felicemente tradotti in lingua italiana da Celio Magno", como nos informa Ruscelli. De ahí la facilidad de nuestro ecijano, cuyo deseo de aparentar erudición lo hace esconder su fuente y despistar nombrando a otros traductores del latín, pero —claro— de textos mucho menos prestigiados que las *Metamorfosis*. Celio Magno fue un gran humanista, y como poeta sus versos se acrisolaban en el hondo clasicismo del humanista. Dávalos no hubiese podido elegir mejor trampolín para hacer creer un dominio de la prestigiosa lengua clásica que no creo poseyese. Saber latín era normal para cualquier persona que hubiese recibido una educación decente. Sin duda, Dávalos podía leer latín; pero para traducir a Ovidio con toda facilidad, y con toda felicidad, en espléndido y tan clásico verso suelto había que ser un latinista y para el humanista era una *conditio sine qua non*. Dávalos lo sabía bien, y el ave Fénix le sirve de ocasión propicia para demostrar lo que no era, pero que tenía que aparentar ser. Un compendio de erudición —de ahí el callar la fuente de Ruscelli—; un consumado latinista con absoluto domino de los más prestigiosos clásicos —de ahí Ovidio y no Lactancio—; poeta humanista —de ahí Celio Magno.

La persona en que Dávalos quería sobrevivir exigía el engaño. Ya lo hemos visto mintiendo; veámoslo ahora en omisión de la verdad. Al llegar a Perú, Dávalos se convirtió en minero, jamás lo dice en la *Miscelánea*. Yo lo colegí por ciertas noticias que daba sobre el Desaguadero del Titicaca (*Ibid.*: 32-36). Me acaba de llegar carta de La Paz confirmando que mi deducción no estaba errada. El profesor Joseph Barnadas encontró una serie de documentos que así lo prueban. ¿Por qué Dávalos lo calla? Porque ser minero, aunque fuera rentable, para un noble español nada tenía de prestigioso. Cosa bien diferente era ser feudatario. Eso sí que se apresura a declararlo desde el mismo prólogo: señor feudatario y con mesnada.[4] Sin embargo, no dice cómo llegó a serlo, simplemente porque siendo encomendero consorte no fueron hazañas ni servicios a la Corona lo que le ganaron el feudo. Las hazañas y los muchos servicios del rey habían sido los del primer marido de su mujer, Juan Remón que cantaron Oña y Ercilla, sin duda el hombre más importante en la vida de Diego Dávalos. Heroísmo, pero heroísmo ajeno había ganado el feudo del ecijano. De ahí que el nombre de Juan Remón no es mencionado jamás en la *Miscelánea austral*.

---

[4] Dávalos declara: "el exercicio de mi profession (que es de las armas y caballos) que en servicio del Rey y nuestro Señor y de Vuestra Excellencia [el Virrey Luis de Velasco] con tanta costa sustento" (*Miscelánea*, f. i).

Se habla largamente del linaje de la esposa y se dan detalles sobre su llegada a América cuando era muy niña, pero nunca se dice que la niña vino casada, y con el hombre más poderoso de La Paz (*ibid.*: 53-71). En los coloquios, el primer matrimonio no ha existido, pero el segundo se presenta como la causa mismísima de la *Miscelánea*:

> Quise divulgar la tranquilidad de mi suerte y estado[...] Por todo lo qual me moví y determiné a poner en escrito los coloquios que pasamos mi amada y amante esposa y yo, después de ver merecido el tesoro y gloria de poseerla.

La dama en cuestión era doña Francisca de Briviesca y Arellano, hija de un consejero de Castilla, antigua menina y dama de la reina, viuda de Juan Remón y riquísima encomendera. Dávalos dice haberse enamorado de los muchos bienes con que le había dotado la naturaleza, agregando no sin eufemismo "no faltándole algunos de fortuna". En un largo poema donde loa a su señora, la presenta epilogando todas las bellezas y virtudes, naturales y alegóricas de los cuatro elementos terrestres y de todas las esferas celestiales (xxxviii, 122r-124).[5]

Doña Francisca resulta en verdad divina, pero su especial tipo de divinidad puede entenderse en el nombre que se le da en la *Miscelánea*: Cilena, por cierto, nombre significativo. En el coloquio 28 se nos informa, y Pérez de Moya en su *Filosofía secreta* lo confirma, que a Mercurio, por tener "dominio sobre la elocuencia, llamáronle Cileno, y por esta razón (con más bastante causa) Cilena, quien es mi cielo y gloria". Es curioso celebrar tal virtud en una dama, hasta el punto que le dé su más adecuado nombre. Hecho raro, pero no ocioso. Creo yo que tal nombre es el hilo de Ariadna en el laberinto de la *Miscelánea austral*. A su vez, Dávalos toma el nombre de Delio, y dice Pérez de Moya: "Apolo tiene varios nombres, porque los poetas al Sol y a Apolo mezclaron como si uno solo fuera; los nombres son: Apolo, Febo, Delio, Délfico..." (De Moya: 23). El señor de las Musas, es naturalmente el compendio y suma de todas las artes: su lira misma revela en él la poesía hecha dios. De modo tal que en Cilena y Delio tenemos, en diálogo humanista, la figura de Mercurio con la de todas las artes liberales. Dávalos ha recreado un mito que fue la base del *trivium* y el *quadrivium* en el *De nuptiis* de Marciano Capella:[6] las bodas de Mercurio y Filología, es decir de la elocuencia con el saber universal. En tales bodas el regalo de Febo es justamente el de siete hermosas esclavas, las siete artes liberales. Dávalos ha encontrado en Marciano Capella la respuesta a su último deseo de

---

[5] Sobre este poema, véase mi: "Al simple, al compuesto..."
[6] Marciano Capella, *De nuptiis Philologiae et Mercurii*. Sobre el tema, véase a Ferrarino.

alcanzar las divinas celsitudes de la inmortalidad. Le bastaba trocar los sexos de los protagonistas: como ser poeta le exigía que él fuera todas las artes, la doncella Filología se transforma en Delio, el dios tutelar de la poesía, recinto y suma del saber. Así como a Filología le brotan por la boca un infinito número de libros sobre todo tipo de materias, así sale de la de Delio, en diálogo, la *Miscelánea austral*: las taracea de infinitas citas, reviviendo los libros infinitos de la erudición universal. Cilena es, naturalmente, un Mercurio con faldas. Y sus nupcias son el ejemplo supremo de felicidad: el bien más perfecto en esta vida, nos dice Dávalos en su prólogo, es la "perfecta conformidad en el matrimonio, en recíproco amor fundada", y así alegre vive "en este verdadero y dulce vínculo". Por eso su matrimonio es la causa de la *Miscelánea austral*, porque en esas bodas —como en el libro de Capella— la erudición recibe su apoteosis: Delio, semejante a Filología laureada, es declarado por Cilena doctor en poesía. Luego, deslumbradas lo harán las eminencias letradas de Lima.

En los ejemplos anteriores (Dávalos como expatriado, como amante fiel, como sabio humanista), lo vemos embarcado en esa *imitatio vitae* que desde Bembo, más allá de un estilo poético, pretendía configurar un estilo vital. Así, Dávalos transfigura y revela la realidad tanto por lo que dice cuanto por lo que calla, al mismo tiempo que distorsiona y subvierte el arquetipo ideal de su persona como personaje y de su historia como indiano. Pero en este ejemplo final no fueron ni sus palabras ni su silencio los que traicionaron al pobre ecijano. Fue la vida misma, que acaso vengó al ignorado Juan Remón. El profesor Barnadas me comunica que ha encontrado en Bolivia el testamento de Diego Dávalos, que murió en 1615. Allí se puede leer la última derrota de la persona que tan acendradamente quiso ser: Dávalos murió separado de su mujer, a la que terminó juzgando insoportable. Esta vez la vida no sólo subvertió, sino que aniquiló la máscara de la *Miscelánea* en cada uno de sus personajes, y en la declarada razón de su existencia. Sus coloquios fueron, para el autor, las nupcias sagradas, cúspide de beatitud, garantía de inmortalidad. Pero ni Dávalos era Delio ni doña Francisca fue Cilena. *Sic transit gloria mundi.*

BIBLIOGRAFÍA

Baena, Juan Alfonso de, "Prologus Baenenssis", en *Cancionero de Juan Alfonso de Baena*, Madrid, CSIC, 1966.
Capella, Marciano, *De nuptiis Philologiae et Mercurii.*
Carballo, Luis Alfonso de, *Cisne de Apolo*, ed. Alberto Poqueras Mayo, Madrid, CSIC/Biblioteca de Antiguos Libros Hispánicos, 1958.

Colombí-Monguió, Alicia, *Petrarquismo peruano: Diego Dávalos y Figueroa y la poesía de la Miscelánea Austral*, Londres, Támesis, 1985.

_____, "*Verba significans, res significantur*: libros de empresas en el Perú virreinal", *Nueva Revista de Filología Hispánica*, 36 (1988), pp. 345-364.

_____, "Al simple, al compuesto, al puro, al misto: la amada como microcosmos", en *Homenaje a Alfredo A. Roggiano*, Keith Mcduffie y Rose Minc (eds.), Pittsburgh, Instituto Internacional de Literatura Iberoamericana, 1990.

Cornejo Polar, Antonio, *Discurso en lor de la poesía*, Lima, s.e., 1964.

Dávalos y Figueroa, Diego, *Miscelánea austral*, British Library, reproducción fotográfica.

Ferrarino, Pietro, "La prima, e l'unica, 'Reductio omnium artium ad philogia': il 'De nuptiis...' di M. Capella e l'apoteosi della filologia", *Italia medioevale e umanistica*, 12 (1969), pp. 1-7.

León, Fray Luis de, "Canción de la vida solitaria", Macrí.

López Pinciano, Alonso, *Philosophia antigua poética*, ed. Alfredo Carballo Picazo, Madrid, CSIC, Biblioteca de Antiguos Libros Hispánicos, 1956.

Macrí, Oreste, *La poesía de fray Luis de León*, con introducción, edición crítica y comentario, Salamanca, Anaya, 1970.

Moya, Juan Pérez de, *Philosophia secreta* [1585], Madrid, Clásicos Olvidados, 1928.

Sánchez de Lima, *El arte poética en romance castellano*, ed. Rafael Balbín Lucas, Madrid, CSIC, Biblioteca de Antiguos Libros Hispánicos, 1944.

DEL CALCO APARENTE:
UNA LECTURA DE LA LÍRICA BARROCA AMERICANA

Daniel Torres
The Ohio State University

Se sabe que las prácticas líricas durante la Colonia estuvieron marcadas por la sombra, inevitable, de los modelos metropolitanos. *La primavera indiana, poema sacrohistórico. Idea de María Santísima de Guadalupe copiada de flores* (1662), de don Carlos de Sigüenza y Góngora, el *San Ignacio de Loyola, fundador de la Compañía de Jesús. Poema heroico* (1666), de Hernando Domínguez Camargo, y el *Diente del Parnaso que trata diversas materias contra médicos, de amores, a lo divino, pinturas y retratos* (1689), de Juan del Valle y Caviedes, son tres textualidades poéticas del siglo XVII que presentan un *corpus* susceptible de ser leído en su especificidad literaria.

Esto es, nos permiten abordar la lírica barroca colonial desde la perspectiva en que la técnica escritural de la metrópoli entra en pugna con el otro modo de escribir americano. En Sigüenza, la Guadalupe se hace un icono textual por cuyo medio el hablante lírico elabora toda una treta acerca de una poesía visual, donde el elemento amerindio queda incorporado en la estética del criollo. En Domínguez Camargo se supera el referente gongorino de la anécdota y da paso a la metáfora como figura retórica del regodeo sobre la cual está montado todo el discurso de este autor. Finalmente, en Del Valle, la sátira de los médicos de Lima se torna literaria, o de poetas, en un desfasamiento con la sátira quevediana, donde el poeta americano instaura toda una poética.

He aquí lo que se dará en llamar el *calco aparente* o la consecución de un *palimpsesto* (la producción de un manuscrito en el cual se conservan las huellas de una inscripción anterior ya borrada), donde ya comienza el fenómeno de la diferencia en los niveles de la escritura entre España y América. Una cita de Juan Durán Luzio, de su artículo "Reflexión en torno al llamado barroco americano", nos permitirá plantear el problema que se confronta en esta lectura "diferente" que aquí se propone:

> Y si esa poesía bien se siente entre sus pares peninsulares, ¿basta eso para
> establecerla como barroca? ¿Es razón suficiente su similitud con la de Góngo-

ra? ¿Qué se sabe de las tensiones internas que motivan tales versos? ¿Valen en el Nuevo Mundo las mismas razones estéticas que en el Viejo? ¿Basta para determinar la estatura lírica de un criollo su semejanza formal con el europeo? [39]

Insistimos en que es necesario leer el barroco americano como una tendencia más entre los otros barrocos del siglo XVII y no como un mero apéndice del barroco español. No es suficiente la herencia de Góngora para condenar la transferencia de técnica gongorista simplemente porque una poesía, como la americana, esté escrita en dos lenguas europeas: el español y el portugués. Esta transferencia ha establecido en los textos otro centro, donde se considera el elemento amerindio, primero, y, segundo, se ha transformado en otro modo de elipsis, y tercero, ha superado la sátira social para dar paso a una sátira del discurso poético en sí. Es decir, se sabe que las tensiones internas que motivan tales versos son diferentes a las de sus modelos. Góngora maneja la presencia de una anécdota muy concreta como para preocuparse por la oscilación de la anécdota al regodeo, como hace Domínguez Camargo en el *Poema heroico*. De ahí que se pueda hablar de una distancia primordial entre ambas líricas, pese a estar ambas escritas en lengua y estilo europeos. Y en esta dirección no debemos olvidar las imágenes americanistas propias de la lírica barroca colonial, por ejemplo, el arroyo de Chillo, el embajador inca ante la pila bautismal ignaciana en Domínguez Camargo; el lenguaje topográfico americano: Cartagena de Indias, Guatavita y Lima; el popular: los peruanismos en Del Valle y Caviedes, y el de la incoporación de la presencia indígena: el Tepeyac y la tosca tilma en Sigüenza y Góngora. Decididamente, en el Nuevo Mundo no valen las mismas razones estéticas que en Europa ni es la semejanza con los modelos lo que le adjudica estatura literaria a los poetas coloniales. El icono textual, compuesto de la virgen de Guadalupe (o María en su acepción mestiza) y de Tonantzin, inaugura otro modo de representación en el mundo letrado occidental al incorporar a una diosa prehispánica en un sincretismo donde lo religioso americano se funde con lo religioso europeo, a pesar de la dominación católica que se supone. Walter Mignolo hace referencia a la importancia de este proceso de simbiosis, en su artículo "Anáhuac: la cuestión de la letra en el Nuevo Mundo". Dice Mignolo:

El periodo colonial en el Nuevo Mundo es un modelo privilegiado para ilustrar la cuestión de la letra y de la diversidad de los sistemas de interacción semiótica, así como también, la manera en que los miembros de una cultura, al reflexionar sobre sí mismos y sobre sus propias formas de interacción semiótica, conciben la "otredad". Las relaciones entre interacciones semiótica y otredad son dos caras de la misma moneda. De la misma manera que Europa vio en la falta de escritura un signo de lo otro, también los habitantes de Anáhuac vieron en la escritura del dios que le imponía el colonizador, la otredad que no cabía en lo que le garantizaban sus pinturas [34].

Y esta relación entre "otredad" e interacción semiótica, siguiendo de cerca a Mignolo, tendría su clímax en la inserción de la virgen de Guadalupe dentro de la cultura occidental como la diosa indígena Tonantzin; mostrando la tensión ideológica entre los dos mundos que se "encuentran", o más bien, se colapsan, en un mismo modo de representación iconográfica sumamente híbrida.

Esta particularidad que buscamos destacar en esta ponencia es el *palimpsesto* que supone el *calco aparente*. Severo Sarduy puede ayudarnos en el intento de develar los mecanismos de ese procedimiento textual. En su artículo "El barroco y el neo-barroco", pese a privilegiar al neobarroco, movimiento del cual este escrito suyo es una especie de manifiesto, Sarduy considera el carácter paródico del barroco hispanoamericano. Veamos:

> Al comentar la parodia hecha por Góngora de un romance de Lope de Vega, Robert Jammes concluye: "En la medida en que este romance de Góngora es la desfiguración (*démarquage*) de un romance anterior que hay que *leer en filigrana* para poder gustar totalmente de él, se puede decir que pertenece a un genero menor, pues no existe más que en referencia a esta obra". Si referida al barroco hispánico esta aseveración nos parecía ya discutible, referida al barroco latinoamericano, barroco "pinturero", como lo llama Lezama Lima, barroco del sincretismo, la variación y el brazaje, cederíamos a la tentación de ampliarla, pero invirtiéndola totalmente —operación barroca—, y afirmar que, sólo en la medida en que una obra del barroco latinoamericano sea la desfiguración de una obra anterior que haya que *leer en filigrana* para gustar totalmente de ella, esta pertenecerá a un género mayor; afirmación que será cada día más valedera, puesto que más vastas serán las referencias y nuestro conocimiento de ellas, más numerosas las obras en filigrana, ellas mismas desfiguración de otras obras [175].

Esta noción de la obra *en filigrana* supone la reescritura o reelaboración de textos anteriores, pero con una tentativa de originalidad, o que tal vez será mejor decir de distanciamiento de los modelos, es lo que llama Lezama Lima la "expresión americana". Analizado su discurso por Rubén Ríos Ávila en un capítulo de su tesis doctoral, *A Theology of Absence: The Poetic System of José Lezama Lima*, titulado "Baroque Gnosis", Ríos Ávila comenta la confluencia de estilos y la idea de que en América la copia se convierte en original:

> America, Lezama is telling us is the land where the "querelle" is abolished, the place where every copy is an original [124].
> The American being, the product of the confluence of different styles,

cultures and languages, can only be named as an absence; however, it is a creative absence [127].

Y he aquí la naturaleza del *palimpsesto* que constituye la lírica indiana. Es decir, como los textos son precedidos por modelos, pero en la diferente práctica escritural que supone en América la Colonia, es donde se manifiesta el fenómeno de un barroco particular que conlleva el inicio de una toma de conciencia criolla frente a los centros del poder europeo, y de forma específica, en términos estrictamente poéticos, la producción de poemas que exhiben la clara tensión de una *lectura en filigrana* para seguir a Sarduy.

Dicho de otro modo: poemas que por el carácter de sus elementos constitutivos ya declaran de manera abierta la autonomía de un discurso poético absolutamente diverso del que le precede. Tómense como posibles ejemplos el elemento amerindio que se incorpora deliberadamente a la iconografía occidental, o el referente que se supera por medio de una elipsis diferente, al cuadrado o elidida (donde se abandona la anécdota), y la sátira que toma el rumbo de la literatura erigiéndose en toda una poética.

Para elucidar esos mecanismos técnicos, de lo que he dado en llamar el *palimpsesto* de la lírica barroca indiana, recordemos los tres momentos que me han parecido pertinentes para la comprobación de mi hipótesis de trabajo: los versos de la écfrasis amerindia de Sigüenza al reproducir en palabras el manto de la Guadalupe, los versos de la descripción de dos saleros en el primer banquete de la biografía ignaciana de Domínguez Camargo, donde los referentes se superan y se confunden, los versos satíricos de Del Valle y Caviedes, en los cuales casi se abandona lo social para la proposición de toda una poética.

El *palimpsesto* de la lírica barroca colonial se compone, pues, de una potenciación de los modelos, es decir, de una reescritura diferente de los estilos europeos. En el primer momento, a las propiedades emblemáticas del gongorismo, el gongorismo americano le añade otro icono, otra forma de representación iconográfica que incorpora la presencia híbrida y sincrética de una virgen no sólo india sino también mestiza. En el segundo momento, a la descripción de uno de los elementos del banquete gongorista, a un salero, se le inscribe como autorreferente superando la dimensión referencial del discurso donde el "polvo de estrellas" singular se confunde en una "confusión de estrellas" plural, permitiendo así el calco del poema que se reescribe a sí mismo más allá de la condensación de referentes que supone el gongorismo metropolitano. Y, en el tercer momento, *doctor* tiene que leerse como *verdugo* implicando el acto de barajar significados y que se le adjudican significantes cada vez menos sociales, y sí, mucho más textuales o literarios.

La écfrasis en *Primavera indiana,* o el intento de reproducir en palabras el manto de la Guadalupe, está enmarcada por las palabras directas de la virgen que le ordena al indio Juan Diego: "Muéstrale esa portátil primavera" (61) El hablante lírico irrumpe entonces, "Házelo así, y al descoger la manta" (61), para dar paso inmediatamente a la descripción de la tosca tilma de la primavera indiana:

> Fragrante lluvia de pintadas rosas
> El suelo inunda, y lo que más espanta
> (¡O maravillas del amor gloriosas!)
> Es ver lucida entre floresta tanta,
> A expensas de unas líneas prodigiosas
> Una copia, una Imagen un Traslado
> De la Reina del cielo más volado[62].

Las estrofas subsiguientes (de la LVIII a la LXIII) se dedican a describir la calidad cromática de la tilma ("Ésas del prado estrellas, los colores" [62]); sus propiedades sobrenaturales ("Reina del Prado, feudo fue al vestido,/ Que a la luna, que al Sol, que a las estrellas/ A paz indujo en convenencias bellas" [62]); su luminosidad ("Su luz discurre, en movimiento presto:/ De la émula del Sol la Luz segunda" [63]), y, sobre todo, su carácter de símbolo o idea ("Con matices efímeros, la Idea/ Del desvelo de Dios tiene" [63]). Y cada uno de estos elementos apunta hacia la consumación del milagro, de la aparición de la virgen en el cerro del Tepeyac, lugar en el cual los antiguos pueblos precolombinos adoraban a la diosa Tonantzin. Se trata, entonces, de la fusión de dos ideas o representaciones de lo divino; la dominación católica de inscripción del icono en su santoral.

La descripción de los saleros en el primer banquete de la biografía ignaciana de Domínguez Camargo forma parte del regodeo que se instaura en el canto I del libro I del *Poema heroico* a partir de la descripción de ese banquete. Estas dos estrofas, separadas entre sí por veintiún estrofas, delatan la capacidad de abandono de la anécdota por parte del hablante lírico; además de mostrar el gusto por el detalle camarguiano. La segunda descripción del salero (la estrofa LIII) es un submomento donde se extreman los recursos de la primera descripción (la estrofa XXXII). Aquí la metáfora pasa a ser la ejecución del movimiento aparentemente prosaico de "echarle sal" a la comida. A este acto cotidiano se le adjudica una dimensión cósmica: "confusión de estrellas" (52).

La versión del *palimpsesto* del barroco americano tiene en el *Poema heroico* la subversión de los niveles referenciales del gongorismo europeo. Si en Góngora la anécdota, junto a la imagen de la naturaleza, es el ingrediente sustancial de su hipérbaton, en Domínguez Camargo la elipsis (o la ausencia de uno de los elementos de la serie), figura retórica eje del estilo poético barroco, tiene su apoteosis. Quiero decir, se abandona el hilo narrativo de la vida de san Ignacio de Loyola y de este modo el hablante se encuentra en la descripción, lo que le permite la elaboración de la metáfora.

Los versos satíricos de Caviedes se acercan al modelo quevediano para traicionarlo en la medida que su sátira es literaria. En su "Fe de erratas", poema paradigmático de todo el *Diente del Parnaso*, se inicia lo que será la proposición de toda su poética en el conjunto de poemas o en el poema total que constituye toda la obra cavediana. El *palimpsesto* tiene su mejor momento. El hablante lírico busca desenmascarar la arbitrariedad del lenguaje virreinal: *doctor* es sinónimo de *verdugo*, receta *estoque*, sangría quiere decir en realidad *degüello, medicamento* es *cuchillo*, etc. (6). En este caso, nombrar implica no decir realmente aquello que se está nombrando. Esto se codifica en un nivel mayor a través de los sinónimos doctor/poeta y, de los submomentos donde el hablante lírico teoriza acerca de la escritura poética.

Sería, entonces, el aparente abandono de lo social un paso hacia la fidelidad artística de la obra: "Y con aquestas erratas/ quedará fielmente impreso", (7) manteniendo el doble nivel de sátira social hacia la literaria. Y en esta tensión, a manera de equilibrista, se suspende Caviedes e inaugura procedimientos textuales en América que han sido leídos por escritores posteriores y que constituyen el avance de una técnica en el barroco de acá. Estos tres momentos en la lírica barroca colonial apuntan hacia la forma en que el *palimpsesto* se ejecuta: al gongorismo se le añade en América el elemento mestizo del icono textual; a la figura retórica de la elipsis, con su consecuente producto metafórico, se le extrema hasta elidirse o ausentarse de sí misma, en un abandono de la historia para centrarse en la técnica por encima de consideraciones anecdóticas; y a la sátira quevediana se la trasciende al punto de casi prescindir de su sustrato social. Es, entonces, este *palimpsesto* producto de un calco aparente donde, sobre la huella de una escritura, se percibe otra indiscutiblemente diferente.

BIBLIOGRAFÍA

Domínguez Camargo, Hernando, *Obras*, edición a cargo de Giovanni Meo Zilio, Caracas, Ayacucho, 1986.
Durán Luzio, Juan, "Reflexión en torno al llamado barroco americano", en *Actas del XVII Congreso del Instituto Internacional de Literatura Iberoamericana*, Madrid, Ediciones Cultura Hispánica, 1978, pp. 49-76.
Lezama Lima, José, *La expresión americana*, Santiago de Chile, Universitaria, 1969.

Mignolo, Walter, "Anáhuac: la cuestión de la letra en el Nuevo Mundo", *Revista de Crítica Literaria Latinoamericana,* núm. 28 (1988), pp. 29-53.

Ríos Ávila, Rubén, "Baroque Gnosis" en *A Theology of Absence: The Poetic System of Jóse Lezama Lima,* tesis de Cornell University, 1983.

Sarduy, Severo, "El barroco y el neo-barroco", en *América en su literatura,* edición a cargo de César Fernández Moreno, México, Siglo XXI, 1977, pp. 167-184.

Sigüenza y Góngora, Carlos de, *Poemas,* recopilados y ordenados por el profesor Irving A. Leonard, con un estudio preliminar de Ermilo Abreu Gómez, Madrid, Imprenta de G. Sáez, 1931.

Valle y Caviedes, Juan del, *Obra completa,* edición a cargo de Daniel R. Reedy, Caracas, Ayacucho, 1984.

MUJER-BRUJA: HISTORIA Y ORALIDAD

Aura N. Román López
Universidad de Puerto Rico

En la tradición oral existen innumerables relatos que degradan a la mujer. El carácter misógino de mitos como el de la Llorona, difundido en Hispanoamérica; The Vanishing Hitchhiker, en Estados Unidos, y tantos otros, se han validado de generación en generación a lo largo del continente y fuera de éste.

Otro tema misógino que prevalece tanto en Europa como en el continente americano es el de las brujas. Abundan las leyendas y relatos en que, a veces afirmando directamente y en otras sólo sugerido, las mujeres pactan con el Diablo para convertirse en seres que dominen las limitaciones del cuerpo terrenal, el tiempo y la distancia. Asimismo, el pacto se realiza con la intención de que la mujer satisfaga su insaciable apetito sexual. De hecho, basándose precisamente en esta creencia tradicional de que la mujer tiene un apetito sexual mayor que el hombre, el *Malleus Maleficarum* (1486) argumenta que la lascivia insaciable de la hembra la lleva a aceptar al Diablo como amante. Esta excusa se utilizó en Europa durante la persecución de brujas para ligar a la mujer con Satanás. Por esta razón, durante la cacería de brujas en la Europa de los siglos XVI y XVII, se estableció que el número de brujas no tenía comparación con el número de brujos debido a la "fragilidad y ligereza del sexo femenino" (Granada: 387). El inquisidor Santiago Sprénger afirmaba, a fines del siglo XV, que de "herejías de brujas y no de brujos hay que hablar, que los brujos son pocos" porque la naturaleza las hace a ellas brujas (*idem*). Puede ser significativo el detalle que hasta entre los indios de la pampa de la Patagonia, los que se dedicaban al oficio de hechiceros estaban obligados a renunciar a los hábitos y exigencias del sexo masculino; incluso se elegían desde niños a los que mostraban una mayor similitud con el sexo femenino (*ibid.*: 398).

También los autores del Talmud, entre muchísimos otros, contribuyeron en sumo grado a la identificación de la mujer con el mundo de la magia y de la hechicería. Al comentar ampliamente el pasaje bíblico donde se estipula que "no debes conservar viva a una hechicera" (*Éxodo,* 22: 18), difundieron las ideas de que "las mujeres son dadas a la hechicería", "la mayoría de las mujeres son brujas", etc. (Caro: 110). El estigma mujer-bruja que se propagó por más de dos siglos en los pueblos europeos, desencadenó una histeria colectiva que llevó a torturar y exterminar en hogueras a más de cien mil mujeres, según cifras conservadoras (Anderson: 67).

El sambenito de bruja que se le adjudicó al sexo femenino tenía que integrarse, indudablemente, a los motivos de la cultura popular, reproduciéndose en bromas, supersticiones, leyendas y relatos. En estos últimos se subrayan los elementos que, de acuerdo con la tradición, son representativos del mundo brujeril: el aquelarre, los ungüentos y los maleficios. La descripción física de las brujas varía, ya que pueden ser viejas feas o hermosas jóvenes, aunque algunos textos de trascendencia universal, por ejemplo, *La Celestina*, las han consagrado como mujeres de aspecto repulsivo y en su senectud, pero aguijoneadas por la lascivia sexual, inclinación que repetidamente se le ha conferido a la mujer. Sin embargo, carezcan de atractivo físico o, por el contrario, lo tengan en abundancia, siempre se buscará una explicación para justificar su integración al mundo de la hechicería. Es decir, las feas se rebelan por su falta de belleza y buscan la satisfacción sexual en los aquelarres, en tanto que las hermosas también se alían con el Diablo para engañar y seducir a los hombres. De ahí que J. Michelet, en *La sorciére* (1867), señalara que "muchas brujas perecieron precisamente por ser jóvenes y hermosas" (Granada: 387).

Los pueblos americanos añadieron otro prejuicio adicional a esta caracterización de las brujas: el racismo. Probablemente porque a la cultura africana se le ha relacionado con el mundo de la hechicería, en la América colonial y todavía en el presente "las mulatas, cuarteronas, mestizas, zambas y negras formaron el mayor número de las brujas y hechiceras" (*ibid.*: 388).

La tendencia a establecer una íntima correspondencia entre las descendientes de raza negra y las brujas se evidencia en los textos literarios, los relatos que el pueblo narra y hasta en alguna crónica del periodo de la colonización. Por ejemplo, en un reciente texto literario, la novela histórica *La bruja de Salem* (1986) de la escritora haitiana Maryse Condé, se subraya cómo la discriminación racial afectó la vida de una mujer negra que fue condenada por prácticas de brujería. Por otro lado, en la recopilación de consejas colombianas que hace Antonio Molina Uribe, se incluye una narración en la que el personaje central es una bruja. Aquí se cuenta cómo el protagonista es transportado por el aire hasta descender en un lugar donde se celebraba un baile; toda la noche bailó con una mulata guapísima, pero a la hora en que cantan los gallos se encontró nuevamente volando y fue devuelto al lugar donde había sido recogido. La hermosa mulata que lo acompañó esa noche era una bruja. Claramente se percibe en esta conseja popular el reiterado detalle del color de la piel de la mujer para relacionarlo con la magia y la hechicería.

Por otra parte, diversos pueblos de Puerto Rico recogen en sus narraciones orales el tema de las brujas. De acuerdo con un informante del pueblo de Vega Baja, su padre fue víctima de estos seres diabólicos que persiguen a los hombres. Conforme a la narración, una noche en que su progenitor regresaba de hacer una visita a sus padres, vio una "hoja prieta" (negra) sobre una piedra y al moverla con su machete quedó "envuelto en un inmenso bosque de arbustos espinosos, bejucos y sin salida". Estuvo perdido en esa especie de laberinto desde las ocho de la noche hasta la una de la mañana del otro día. Finalmente despertó "del letargo que le ocasionó la bruja, percibiendo que estaba cerca de su casa sin que todavía hubiese logrado encontrar el camino de salida". Recordó que su bisabuela le había enseñado que si hacía una cruz en la tierra y otra en el aire con el puñal las brujas se retiraban. Procedió a realizar el ritual e inmediatamente encontró la salida. Este relato destaca cómo las brujas interfieren con los hombres, burlándose de ellos al provocar que se pierdan por intrincados laberintos.

Este mismo informante puertorriqueño narró otra experiencia que tuvo su padre con las brujas, haciendo hincapié en que "estas mujeres hacían un contrato con el Diablo para perseguir a los hombres que les gustaban". Subrayó también que las brujas tienen como costumbre dejar a su paso una materia fecal amarilla que se desvanece con los rayos del sol. El informante aclaró que la ciencia dice que se trata de un hongo, pero que los viejos afirman que ese rastro evidencia la visita de las brujas en el lugar donde aparece.

Según el narrador, su padre conoció a una negrita que se enamoró de él. Desde ese momento comenzó a encontrar la materia fecal amarilla, e incluso, una noche cuando se acercaba a su hogar, su esposa y su madre observaron que detrás de él venía "un reguero de luces", que ellas interpretaron como prueba de la presencia de las brujas. Al día siguiente su concubina, la negrita, le describió a su familia inmediata, la casa donde él vivía y hasta todo lo que había ocurrido la noche anterior. El hombre comenzó a sospechar que su amante era una bruja y para corroborarlo decidió quedarse con ella un viernes.

Después de aclarar que "las brujas duermen boca arriba y derechito para que el espíritu salga de la materia", el informante continuó narrando que su padre "esperó que la mujer se durmiera y la viró boca abajo". A las "doce y pico de la noche" entró una abeja al cuarto dando golpes contra las paredes hasta que la mujer fue colocada con su boca hacia arriba y despertó. Este incidente le demostró al padre del narrador que efectivamente la negrita era una bruja.

Con la inclusión de la abeja en este relato se trae a colación una palabra que en la antigüedad se relacionó con las diosas y el poder de las mujeres. El alma de la sacerdotisa de Afrodita, diosa del amor y de la sexualidad, se identificó con la abeja, al igual que a las sacerdotisas de otras diosas también se les adjudicó el mismo término. El vocablo, además, se identifica con Deborah, matriarca de Israel, cuyo nombre se define como "reina de las abejas" (Walker: 414-415). En esta narración, sin embargo, la abeja se interpreta como un elemento negativo al relacionarse con la magia y el alma de las brujas. Por otro lado, al establecerse la relación abeja-bruja se alude implícitamente a la sexualidad de la mujer (abeja-Afrodita), inclinación censurada a lo largo de los siglos. Se percibe, entonces, cómo se ha cambiado el sentido original de un símbolo que ancestralmente estuvo ligado a la mujer en su carácter de diosa y líder. Es decir, desde la antigüedad hasta el presente, los mitos y símbolos que se identifican con la mujer han sido devaluados y trasmutados conforme a la ideología que se ha impuesto.

Finalmente, tomo un ejemplo de un texto colonial en que el tema es una mujer negra que practica la brujería: el episodio que Juan Rodríguez Freile intercala en *El carnero*. En un segmento del capítulo noveno de esta crónica, su autor narra cómo Juana García, "negra horra y voladora", se propone resolverle un problema a su comadre, una hermosa joven que le había sido infiel a su marido durante la ausencia de éste. Temiendo que su marido llegara a Cartagena en la flota que se avecinaba, la mujer recurre a Juana para provocarse un aborto; pero Juana insiste en averiguar primero si efectivamente la llegada del hombre era inminente. Le indica a la esposa adúltera que coloque una vasija llena de agua en su habitación. Al día siguiente, ambas observan la vasija y en ésta se reproduce la imagen del marido en Santo Domingo, acompañado de una mujer a quien él ha llevado hasta un sastre para que le haga un vestido de grana. Porque la joven comadre se lo pide, Juana introduce su mano en la vasija y saca una manga del vestido, hecho que, al ser descubierto, la llevará posteriormente al exilio debido a que es acusada de realizar actos mágicos con la ayuda de Satanás.

En Puerto Rico existe un relato oral que parece ser una variante del episodio de la Juana García de *El carnero*. Una informante del pueblo de Hatillo narra que una mujer se trasladó inexplicablemente desde la isla hacia España, donde se encontraba su marido. Después de pasar la noche juntos, ella regresó a Puerto Rico con una manga de la chaqueta de él como prueba de que había estado a su lado. La mujer salió embarazada y la manga le sirvió para demostrarle al hombre que el hijo era suyo y que no le había sido infiel durante su ausencia. Aunque la informante no lo señala explícitamente, subyace en la narración que esta mujer es una bruja que de una forma sobrenatural lograba trasladar su cuerpo a cualquier lugar. Además, el relato puertorriqueño presenta el motivo de la mujer que ha pactado con el Diablo para satisfacer sus deseos sexuales. Sin embargo, aparentemente, como la narración está articulada por una mujer, a quien se lo contó su abuela, otra mujer, tiene el paliativo de que la esposa se mantuvo dentro del marco ético establecido por la religión al tener relaciones sexuales sólo con su marido. La informante puertorriqueña no dio detalles repecto al origen étnico de la protagonista ni tampoco explicó si ésta fue penalizada por ser bruja.

En síntesis, entre el relato de Freile y la narración oral puertorriqueña hay ciertos puntos similares y otros en que difieren. Por ejemplo, son muy parecidos en el detalle de retener la manga de una prenda de vestir para presentarla como prueba de fidelidad o infidelidad. Asimismo, se observa cierta semejanza al denunciar el apetito sexual de la mujer y la intención de satisfacer éste sin riesgo alguno, recurriendo a prácticas de brujería. Pero son distintos en cuanto a que en el caso de Juana García la manga se utiliza para demostrar la infidelidad del marido y también como instrumento para subrayar la astucia y mala intención de la esposa infiel.

Podríamos concluir que los relatos orales son un mecanismo apropiado para difundir la ideología que prevalece en la cultura. Incluso los cuentos y leyendas que se transmiten de generación en generación, reproduciendo los valores imperantes, pueden convertirse en instrumentos de enajenación aún más poderosos que los medios de comunicación masiva. Esto es así, entre otras razones, porque el lenguaje oral logra reproducir y propagar un mensaje alienante que es accesible a todos los estratos sociales sin importar el grado de alfabetización ni el acceso a los medios tecnológicos de difusión. Quizás por esta razón, el episodio de la crónica de Freile, donde se establece una íntima relación entre mujer-bruja-sexo, aún continúa vigente en la conciencia colectiva.

BIBLIOGRAFÍA

Anderson Bonnie S. y Judith P. Zinsser, *A History of Their Own. Women in Europe from Prehistory to the Present,* vol. I, Nueva York, Harper and Row Publishers, 1988.
Caro Baroja, Julio, *Las brujas y su mundo*, Madrid, Alianza, 1982.
Granada, Daniel, *Supersticiones del Río de la Plata*, Buenos Aires, Ed. Guillermo Kraft, 1947.
Molina Uribe, Antonio (comp.), *¡A echar cuentos, pues...!*, Medellín, Ed. Bedont, 1967.
Walker, Barbara G., *The Women's Dictionary of Symbols and Sacred Objects*, San Francisco, Harper and Row Publishers, 1988.

VOZES NO ESCURO: NOTAS SOBRE A ESCRITURA DA MULHER BRASILEIRA NO PERIODO COLONIAL

MAGDA M. RENOLDI-TOCALINO
University of New Hampshire

Já em 1888, disse Sílvio Romero que

> a vida de um povo tem sempre em cada época meia dúzia de
> espíritos capitais, homens representativos, que a simbolizam e
> dâo-lhe um sentido. Todos os demais sâo trambolhos de que a
> història deve ser escoimada por amor ao método e á clareza.
> [Romero: 387]

Não cabe aqui a discussão dos critérios adotados nos projetos e processos de seleção dos homens representativos de um periodo. Importa notar, porém, que, em relação a certos momentos de nossa história, se tem justificado o estudo de algumas obras questionáveis enquanto literatura, pela sua importância documental e cultural. Se há arbitrariedades no processo, estas em geral funcionam de modo a enfraquecer ou mesmo excluir da nossa historiografia os poucos indícios que nos chegaram da atividade intelectual das mulheres. Proponho-me a tratar aqui os indícios de uma escritura existente no cerrado mundo feminino do Brazil colonia, no século XVIII.

UMA BRASILEIRA EM PORTUGAL

Ao falarmos da produção literária no Brasil, seguimos em geral a conclusão a que chegaram pesquisadores como Antônio Cândido sobre o periodo formativo da literatura propriamente chamada brasileira, datando-o a partir de 1750 (Cândido, vol. I). Toda a produção durante o periodo colonial anterior a essa data aparece como mera extensão da cultura metropolitana; faltam-lhe ainda os traços originais caboclos, aquele "nacionalismo literário", que Sílvio Romero tentou definir e que não se poderia confundir com o americanismo que aqui e acolá despontava, mais chegado à erudição que à compreensão genuína das peculiaridades da nova terra (Romero: 406-407). Em relação a esse periodo formativo, nossa historiografia tem sido inconsistente, ora excluindo autores brasileiros cuja obra foi produzida na metrópole, como Antônio José da Silva (nascido no Rio em 1705), ora considerando autores que, vindos de outras terras, como José de Anchieta, produziram no Brasil uma obra de traços distintamenteamericanos.[1] Hoje, como no passado o fizeram Sílvio Romero e João Ribeiro, os críticos assinalam a "feição especificamente brasileira" do lirismo d'O Judeu (Carpeaux: 43), e o incluem na historiografia da literatura brasileira. E não exitam em incluir também alí outros "brasileiros" de Portugal, como Matias Aires e Alexandre de Gusmão, cujas obras não mostram características específicas de brasilidade.

Nestas circunstâncias, é notável que os mesmos estudiosos (em contraste com Tristão de Ataíde, Jaime Cortesão e Alfredo Bosi) passem por alto referências a Tereza Margarida da Silva e Orta –irmã de Matias Aires, amiga e companheira intelectual de Gusmão, autora de várias obras, entre elas o primeiro romance escrito por individuo brasileiro. O seu *Aventuras de Diófanes* (1752) mereceu várias edições em Portugal, onde Tereza se educou, escreveu e publicou, algumas vezes sob pseudônimos.[2] Jaime Cortesão considerou o romance a *clef* de Tereza Margarida uma excepcional "fonte histórica para avaliarmos do ambiente político de Portugal [...] e da influência de Gusmão sobre o meio" intelectual português dos meados do século. Indica-o ainda como a única obra de caráter anti-absolutista publicada na época em Portugal -o que é questionável.[3] O que nos afeta de toda a discussão em torno da importância da obra de Tereza Margarida é

[1] Cândido e Aderalo Castello, por exemplo, seguem este critério na edição revista de sua antologia de literatura brasileira: ao fazerem "cortes para diminuir o tamanho" desta obra, eliminan "todos os textos de teatro, exceptuados os de Anchieta" Os textos d' "O Judeo" não constam pois dessa antologia.

[2] O titulo original da edição de 1752 era *Máximas de Virtude e Formosura, com que Diófanes. Climinéia y Hemirena, Príncipes de Tebas, venceram os mais apertados lances da desgraça* [...]. Ver o prefácio e estudos bibliográficos de Rui Bloem na edição de 1945 de *Aventuras de Diófanes*. Também Bosi, 51-52.

[3] A brasileira Tereza Margarida da Silva e Orta (São Paulo, 1711?-Lisboa, 1793) era irmã de Matias Aires Ramos das Silva Eça, influente na corte de D. João v de Portugal. Filhos de um imigrante português que se enriqueceu como fornecedor para as minerações de Minas Gerais; foram educados na Europa e durante praticamente toda a sua vida adulta frequentaram a corte portuguesa. Aos 58 anos, foi encerrada, por ordem de Pombal, num mosteiro onde permaneceu sete anos. Afirma Eanes que a prisão se deveu às "idéias liberais e antiabsolutistas" que se encontram codificadas no romance. Ainda na prisão, Orta escreveu um "Poema Épico-Trágico" e, depois da queda politica do Marquês de Pombal, uma "Petição" de liberdade, em versos, à rainha D. Maria I. Duas edições do seu romance foram publicadas baixo pseudônimo (anagrama de seu nome), sem dúvida como medida de proteção; isto deu origem às dúvidas sobre a autoria do romance, que chegou a ser atribuido ao amigo de Orta, Alexandre de Gusmão, influente na corte portuguesa. Um estudo de Ronald de Souza aclara

que, se constatamos por um lado que a primeira romancista "brasileira" não produziu nas *Aventuras* um romance brasileiro (pois não parece haver nele quaisquer características temáticas e estilísticas que o identifiquem com a cultura americana), por outro lado, a existência dessa obra é um marco estimável na história da escritura da mulher brasileira. Mulher que, ao encontrar condições sócio-culturais ainda que minimamente favoráveis, se desenvolveu e se projetou literariamente.

MANUSCRITOS NA COLÔNIA

No Brasil colônia tais condições eram raras. Lembremos que no século XVIII a imprensa era alí proibida; todas as manifestações do pensamento eram controladas pela Coroa através da rede de licenças necessárias para qualquer publicação -o que só se fazia em Portugal. Dessa forma, a palavra do individuo colonizado encontrava apenas nos manuscritos o seu veículo comum e imedieto. Passando de mão em mão, com o descuido, o tempo e o clima ingratos, estes manuscritos se perderam. Também as mulheres compunham poesias ou exercícios filosóficos, circulando-os entre familiares e amigos. Provavelmente seus manuscritos jamais foram impressos devido à dificuldade de publicação e ao tradicional menosprezo pela escritura da mulher —atitude comum mesmo em sociedades mais abertas da nossa época.[4] Um exemplo da mentalidade crítica e editorial exclusiva prevalente através dos tempos é o caso referente a um soneto comemorativo aos sete anos da filha de Alvarenga Peixoto e Bárbara Eliodora: uns oitenta anos depois de escrito, foi publicado em 1865 nas *Obras poéticas de Ignacio José de Alvarenga Peixoto* (Rio, Garnier, 1865), coligidas por Norberto de Souza. Nas *Obras poéticas* (São Paulo, 1956) o soneto foi suprimido pois

---

a questão, demonstrando o universo ideológico em que a obra foi gestada e assegurando-nos da capacidade intelectual de Orta para realizá-la. Ver Eanes.

Ronald de Souza julga improvável que o romance, publicado dezoito anos antes, fosse o motivo da prisão. Considera que o texto de *Aventuras*, obra elaborada desde dentro da mesma esfera do poder absolutista, difícilmente se esquadra na categoria de obra de contestação ideológica ou de revindicação política com que comumente é associada. Ver Cortesão, principalmente vol.I, parte I e vol.II, 219-221. Rubens Borba de Moraes, dá notícias dos manuscritos do "Poema" e da "Petição" de Tereza Margarida, até então inéditos, na sua *Bibliografía Brasileira do Periodo Colonial*.

Os livros e documentos citados nesta obra foram incluídos, com informaçoes menos detalhadas, na sua *Bibliographia Brasiliana*. Ver De Souza, pp. 75-88.

[4] Sobre as dificultades que ainda hoje se encontram para estabelecer uma bibliografia de obras escritas por mulheres, tanto nàs culturas hispano-americanas como na estadounidense, por exemplo, ver alguns ensaios que aparecem em Hartman, Joan & Messer-Davidow, Ellen, eds., *Women in Print,* vol. 1 (Nueva York, NY: The Modern Language Association of America, 1982).

julgou o editor Domingos de Carvalho da Silva, que a mulher de Alvarenga Peixoto o compusera. Eliminou assim uma rara e "justificável" oportunidade de publicar uma obra de Bárbara Eliodora.[5]

Portanto, a existência de mulheres escritoras está comprovada tanto nas referências bibliográficas do século XIX, como nas listas biográficas das "heroínas" ou "mulheres exemplares", "ilustres e virtuosas" do reino, que incluem algumas mulheres das colônias portuguesas. Estas listas de cunho didático-moralista, escritas por religiosos e dedicadas às rainhas (sob cujos auspícios geralmente se publicam), foram destinadas à leitura para ou por mulheres.[6] Ayres de Azevedo, um dos compiladores, se refere à brasileira Rita Joanna de Souza, nascida em Olinda, Pernambuco, em 1696, como pintora de talento e mulher sábia, versada na história da França e da Espanha (Ayres de Azevedo: 99-100). João de São Pedro escreveu sobre ela no seu *Theatro Heroíno*, de 1736:

> ... [a] filha do Doutor João Mendo Teixeira, se fez recomendada na posteridade pelas obras de seu juízo, e engenho. Na arte da pintura os mestres, que não excedeu, igualou. Na Filosofia natural escreveo diversos Tratados, e na lição das Historias foy tão applicada, que revolveo as de Espanha, e França [De São Pedro: 169-171].[7]

No entanto, isto é tudo o que sabemos desta jovem, falecida aos vinte e tres anos, cujos "diversos tratados" de "filosofia natural," naturalmente se perderam... Nestas narrativas edificantes, debaixo do escolho ideológico típico, encontramos várias imagens de mulheres, que contradizem a imagem da mulher colonial submissa, apática e inculta, e nos dam indícios do papel exercido por elas nos bastidores e mesmo nas arenas do poder masculino.

UMA OLVIDÁVEL POETISA?

Aderaldo Castello e Antônio Cândido ao tratar das associações literárias temporárias ou mais ou menos duradouras, que marcaram a limitada vida intelectual brasileira do século XVIII, se referem à Academia dos Seletos, do

---

[5] Ver Rodrigues Lapa e Rubens Borba de Moreas.

[6] Curiosamente, nestas obras, mesmo os atos exemplares de rainhas e nobres pagãs gregas, romanas ou árabes, são "cristianizados," como se aquelas atuassem "pressentindo" os valores cristãos e ibéricos. Dentro de este mesmo quadro interpretativo, qualquer repulsa da mulher ao ato sexual, por exemplo, ao invés de entendida como uma razoável repulsa à violência e ao domínio masculinos que o ato geralmente implicava, era interpretada como um desejo místico-religioso de virgindade, ou como consequencia do zelo exemplar pela honra... masculina: a do marido ou do pai. Um exemplo clássico é o suicídio da ultrajada Lucrécia Borgia.

[7] A mesma informação sobre Rita Joana aparece em Loreto Couto: 169-171.

Rio de Janeiro, como a mais importante.[8] Pelo fato mesmo de serem as academias as únicas associações intelectuais possíveis no "isolamento brasileiro...demasiado rigoroso", não passavam de "fastidiosas companhias de louvainhas insulsas e debiques anódinos", perfeitamente "olvidáveis" no dizer de Oliveira Lima. Com efeito, a dos Seletos foi fundada com o intuito de "pura e simples adulação" a um poderoso da época, o capitão general Gomes Freire de Andrade, que, em 1752, passava pelo Rio em expedição para o interior da colonia.[9] As composições em verso, as cartas escritas pelos acadêmicos, mais o discurso de introdução pronunciado em reunião solene, foram publicados pelo secretário da academia, Sequera e Sá, com o titulo de *Júbilos da América*.[10] Foram muitas as restrições à imaginação e à criação impostas pela censura política e moral do tempo, sob forma de estatutos acadêmicos, "máximas" ou temas a que deveriam ater-se as composições submetidas. Ainda assim encontram-se alí referências importantes aos usos e costumes, às crenças e aos valores dos colaboradores, traços importantes para delinearmos a mentalidade da época. Quanto às restrições à expressão individual, é bom lembrar que, em 1739, poucos anos antes da reunião dos Seletos, o dramaturgo Antônio José da Silva morria na fogueira da Inquisição de Lisboa, queimado como herético judaizante (Carpeaux: 43-45). Muitos brasileiros e portugueses cristãos novos estabelecidos no Brasil constam nas listas da Inquisição entre os anos de 1711 e 1767.[11] Enquanto vários sobrenomes de acadêmicos "seletos" indicam sua possível condição de cristãos novos,[12] a rúbrica do oficial Manuel Gomez Costa Pacheco na página de rosto dos *Júbilos* mostra o olho vigilante do Santo Oficio posto nas publicações. Seguramente, não era devido apenas à sua "polida literatura" que um dos seletos era o aveirense Dr. João de Affôseca da Cruz, familiar do Santo Ofício da vila de Aveiro, em Portugal:

[8] Ver Lima.

[9] Em 1967, José Aderaldo Castello começou a publicação de uma série de éditos e inéditos d'O *Movimento Academicista no Brasil: 1641-1820/22*. O projeto respondia à necessidade de colocar à disposição dos estudiosos os textos dispersos e raros daquele periodo. Os *Júbilos* seriam reeditados como primeiro tomo do segundo volume, d'*O Movimento* (Cf. "Apresentação," tomo 1, vol. 1, p. ix). No entanto, não encontramos referencias a publicações além do tomo cinco do primeiro volume, de 1971 (De fato, até 1982, o N.U. Catalog-U.S. Library of Congress não indica outras publicações da série).

[10] Ver Sequera e Sa. O exemplar que examinado para este trabalho se encontra na John Cartyer Brown Library, Brown University. No começo do século, Rodrigues assinalava a raridade do exemplar dos *Jubilos* que comprara em Leipzig, em seu *Catálogo*...

[11] Ver "Notas sobre o judaismo e a Inquisição no Brasil" de Azevedo, e "Excerptos de varias listas de condemnados pela Inquisição de Lisboa, desde o anno de 1711 ao de 1767, comprehendendo so brasileiros, ou colonos estabelecidos no Brasil," sem data.

Sobre um de mulheres condenadas pela Inquisição, ver Novinsky.

[12] Segundo observação da historiadora brasileira Anita Novinsky. Ver a lista dos "seletos" que aparece na bibliografia de Borba de Moraes (1969).

garantia-se o "imprimatur" da obra com esta participação e apadrinhamento conveniente.[13] Quanto à historiografia da mulher, esta coletânea é importante porque nela se publicam pela primeira vez versos compostos por uma brasileira: dois sonetos em português e dois "romances" líricos em espanhol, de Ángela do Amaral Rangel.

A publicação dos poemas de Ángela sem dúvida ocorreu como uma concessão excepcional à jovem que, sendo filha de uma família abastada e possuindo "belos dotes físicos", era no entanto "cega de nascimento". Apesar da cegueira, das circunstâncias da vida colonial, e das restrições à vida intelectual da mulher em particular, Ángela sabia espanhol e conhecia história e mitologia. Na virada do Século, Sacramento Blake informa tudo o que sabemos sobre Ángela, a *"Cequinha* como era geralmente chamada," nascida "na cidade de S. Sebastião do Rio de Janeiro por cerca do anno de 1725". Segundo Blake, Ángela compôs, ademais de dois *"romances lyricos,"* dois sonetos e *"diversas* poesias ineditas —Estas poesias, deixadas por mãos estranhas, estão sem dúvida perdida" (Blake).[14] Mais de um século depois da publicação dos *Júbilos,* Varnhagen re-editou os dois sonetos em português no volume III do *Florilégio.*[15]

Em todas as contribuições que aparecem em *Júbilos,* os propósitos políticos da efémera academia predominaram como critério de composição, em detrimento de critérios estéticos. A própria Ángela revela consciência da futilidade desses versos, perguntando em uma delas:

> Que sirve inutiles plumas
> Escribieren tanta accion,
> Si es cada letra un oprobrio,
> Cada alabança un baldon?

---

[13] De fato, as obras escritas tinham que enfrentar várias instâncias de censura para serem impressas e reproduzidas em Portugal e distribuidas no Brasil. Quanto a Affôseca da Cruz, além de "juiz de fora" da cidade de Miranda e familiar do Santo Oficio da vila de Aveiro, onde era "proprietario das Sizas, e Dizima nova do Pescado", era também, no Brasil, "provedor da Real Fazenda, e Intendente das Minas de Cuyabá" (pp. 41-43).

[14] Ver vol.L, onde se lê ainda: "...vivendo n'uma época em que ainda se não conhecia meio de dar-se uma instrucção litteraria aos infelizes privados da visão, dona Angela do Amaral..., bem que filha de uma familia abastada, não pode receber de seus paes senão uma educacão moral e religiosa. E mesmo assim conhecia a lingua castelhana como a lingua patria. E foi um genio; ...um brilhante preciosissimo, mas não lapidado. Nunca pudera ver o céo,... e ainda assim foi poetisa. E, mais admirável ainda, improvisava com grande facilidade."

[15] Ver De Varnhagen. Segundo Borba de Moraes, o volume III (Viena, 1872) é raro, e só sabe da existência do exemplar do autor pertenecente à Biblioteca do Itamaratí. Há uma reedição facsimilada da obra, publicada pela Academia Brasileira em 1946, e prefaciada por Afrânio Peixoto. Segundo Borba, o editor Rodolfo Garcia corrigiu e precisou muitas das informações sobre os autores dadas por Varnhagen na primeira edição.

Ya aqui, Generoso Gomes,
La humilde pluma paró
Que para dexirlo todo,
Basta nombraros a Vós [274-275].[16]

A educação de Ángela foi necessariamente auditiva, através de leituras que outros lhe faziam; seguramente, declamava suas composições à alguém que as transcrevia. Portanto, a "humilde pluma" não usada por ela, serve de metáfora da inspiração "inutil," inspiração que, ao gastar-se em "alaban-ça" vâ de "tanta ação," produz em cada verso ("cada letra") o opróbrio do próprio poeta. Afinal, para exaltar o poder ("dexirselo todo"), basta no-mear o poderoso ("nombraros a Vós") Gomes Freire. Estas reflexões não impedem que a voz lírica dos dois "romances" se refiram a ele como "el portuguez más perfecto,/ El Lusitano mejor", ou que o invoquem direta-mente como "Gloria de Vuestro Brasil". O romance lírico seguinte, "Fun-dar Casa en Dios" (275-276), é a melhor —ou a menos má...!— das quatro composições conhecidas de Ángela:

Fundar Casa para Dios
En un desierto paiz,
Solo una Ilustre Excelencia
Lo pudiera conseguir.
Hazer Corte a un desierto
Tan opulenta, e feliz,
Que de octava maravilha
Bien pudiera presumir.
Es essa fabrica hermosa
O esse hermoso penfil
De candidas Assucenas
Un bellissimo jardin.
Corte de la Primavera,
Adó siempre hade assistir
Sin dependencias de Mayo,
Y sin favores de Abril.
Pues corre por vuestra cuenta,
A esse Vergel conduzir
Divinas flores que el Alva,
No las puede competir.
Es un nuevo Paraiso,
Porque se suele dezir,
Que es cada Theresia un Angel,
Cada monja un Seraphin.

---

[16] Reproduzo a grafia que aparece na edição consultada.

> Dó, apezar del Inferno,
>   Han de brillar, y luzir
>   Prodigios de ciento en ciento
>   Virtudes de mil en mil.
> Desse sagrado Palacio
>   Quiziste el nombre excluir,
>   Que no quizo la modestia
>   tal vanidad consentir.
> Diziendo que solo à Dios
>   Se ha de alabar, y servir,
>   Que solo su nombre santo
>   Alli se ha de proferir.
> Vivid edades Nestorias
>   Gloria de Vuestro Brazil,
>   O Como el Ave de Arabia,
>   Que muere para vivir [275-276].

Não é de estranhar que este "romance" esteja composto em espanhol, já que por décadas o dominio espanhol se extendeu a Portugal e suas colônias. Devido aos estreitos laços sanguíneos e culturais que uniam as metrópoles peninsulares, era sem dúvida um índice de distinção expressar-se tambèm no idioma de Castilla. Quanto ás referências históricas, o poema nos informa que Gomes Freire, em um gesto comum aos demais poderosos de seu tempo, demonstrara seu zelo católico fundando um convento no Brasil.

Se para a mentalidade da época, "proteger" a mulher era excluí-la da vida secular, as metáforas de Ángela sugerem a condição... vegetativa... da vida do convento. Este aparece como "fábrica hermosa... de candidas Assucenas", "vergel," "belíssimo jardim". Enfim, um espaço adequado para entes sacralizados, para as reclusas metaforizadas em "divinas flores", "serafins" e "anjos". Nada de evas ou rainhas no "novo Paraíso" e "sagrado Palacio"... Não escapa ao "romance" uma referência ao caso de que, ao não se apresentar um casamento à altura da posição social da mulher e conveniente para os interesses da família, "corria por conta" de pais e irmãos conduzir as jovens, solteiras ou viúvas, ao convento. Do ponto de vista da mulher, as metáforas positivas do espaço conventual se explicam: estudos sócio-antropológicos demonstraram que muitas mulheres coloniais das classes dominantes, não inclinadas ao casamento ou rebeldes à imposição de um noivo não querido, preferiam a vida conventual. Esta representava a possibilidade de um celibato honroso para a família e uma relativa liberdade, salvando a mulher da áspera vida que a colônia lThes oferecia.[17] Os versos de Ángela se alinham com a ideologia dominante: acompanha o discurso da época e doura a pílula ao justificar a reclusão, pontificando os encantos oferecidos pelo convento em contraste com o "Inferno" circundante.

Só como casadas as mulheres poderiam desfrutar da vida prazenteira e rica da Corte, a "oitava maravilha" que, no dizer de Ángela, Gomes Freire "fez no deserto". Ao qualificar o Brasil como "deserto paiz", Angela contrasta a mesquinha vida socio-cultural da colônia à vida da Corte lisboeta, que Gomes Freire procurava reproduzir na colônia. O convento, "corte da primavera", era pois uma corte de terceira classe, única alternativa ao casamento para as mulheres sem desejo ou força para enfrentar os desafios da nova sociedade que aos poucos se criava.

Que se saiba, Angela foi a única mulher que teve composições impressas por qualquer das academias coloniais. E isto, graças à exceção que lhe fizeram os homens de seu tempo. Pelos indícios examinados, e dadas as difíceis circunstâncias contra às quais esses textos foram produzidos e preservados, suspeitamos que um número significativo de mulheres coloniais escreviam, pelo menos as que eram membros de famílias abastadas, com oportunidade de desenvolver-se intelectualmente. Nos conventos, junto aos documentos administrativos e aos diários empoeirados que tenham escapado á corrosão do tempo e do descaso, talvez se encontrem ainda vestígios dessa voz, afogada no silencio de uma sociedade cuja mentalidade se centralizava no homem, delegado de toda expressão intelectual.

Como é raro encontrar-se um exemplar dos *Júbilos de América*, segue-se uma transcrição das outras tres composições de Ángela Rangel, como aparecem alí:

MAXIMAS CHRISTAAS, E POLITICA

SONETO

Illustre General, vossa Excellencia
Foi por tantas Virtudes merecida,
Que, sendo ja de todos conhecida,
Muito poucos lhe fazem competencia:

---

[17] Para a família, o convento era preferível a um casamento desigual. Para muitas mulheres, segundo Hoornaert, a vida conventual era o único modo de escapar à relação de poder que o matrimônio representava: a virgindade era assim a libertação (E. Hoornaet). Sâbe-se, no entanto, que a vida conventual não significava necessariamente a manutenção da virgindade. Em suas pesquisas sobre a mulher colonial paulista, por exemplo, Eni de Mesquita Samara concluiu que a virgindade e a castidade eram estados/virtudes associados às poucas mulheres brancas da classe dominante; para o geral da escassa população feminina, a virgindade era mais um mito.

Se tudo obrais por alta intelligencia,
De Deos a graça tendes adquirida,
Do Monarcha hum affecto sem medida,
E do Povo hûa humilde obediencia:

No Catholico zelo, e na lealdade
    Tendes vossa esperança bem fundada;
    Que, na prezente, e na futura idade,

    Ha de ser a Virtude premiada
    Na terra com feliz serenidade,
    E nos Ceos com a gloria eternizada [271].

MAXIMA PRIMEIRA
Entre as militares

SONETO

Ja retumba o clarim que a Fama encerra
    Na vaga Região seu doce accento,
    De Gomes publicando o alto alento,
    Por não caber no ambitoo da terra:

    Declara, que se está na dura guerra,
    Tudo acaba tão rapido, e violento,
    Que o mais forte Esquadrão, em hum momento,
    Seus alentos vitáes alli subterra.

    Vosso Nome será sempre exaltado,
    Que se voais nas azas da ventura,
    Vosso Valor o tem assegurado;

    Porque nos diz a Fama clara, e pura
    Que outro Heróe, como vós, não tem achado
    Debaixo da Celeste Architectura [272].

Al mismo Assumpto.

ROMANCE LYRICO

Generoso Portuquez,
    Cuyo sublime Valor
    Cabe en el conocimiento;
    Mas nó en la explicación.
Merecem vuestras hazañas
    Que esse Planeta mayor

Las imprima en letras de Oro
En su esfera superior.
Ah dichoso Portuguez
De Lusitania blason,
Gloria de Vuestra Excellencia,
De su nobleza esplendor!
Albricias, nobre Milicia,
Que es vuestro Caudillo oy
Quien por sus meritos goza
La mayor estimacion.
El Portuguez más perfecto,
El Lusitano mejor,
Que en las escuelas de Marte
Vió el belico rumor.
Porque con su Nombre solo
Dá al enemigo temor,
A la Milicia dotrina,
Y al Orbe admiración.
A los Anibales fuertes
Diera muerte su furor,
A los Cesares embidia,
A los Carpios confusion.
De los Aquiles, y Hectores
Quitara la presuncion,
Que les dió la fama en quanto
A Gomes no conoció.
Son tan altas las hazañas
Deste nuevo Campeador,
Que es respetado, y temido
De quanto ilumina el Sol.
Aqueste nombre dichoso
Tanto la Fama esparció,
Que en el más remoto clima
Le rinde veneracion.
Es tal su valente brio,
Que a Marte diera terror,
Si se vieran en Campaña,
Desazonados los dos
De Minerva el exercicio
Vuestro ardimiento dexó
A dó haziais progressos
De tanta ponderacion.
A'las Armas, y á la Guerra
Tan solamente os llevó
Vuestro espirito valiente,
Y animoso Coraçon

Fueron tantos los trofeos,
Que vuestro Valor ganó,
Que no quisiera Mavorte
Ser vuestro Competidor.
Que sirve inutiles plumas
Escribieren tanta accion,
Si es cada letra un oprobrio,
Cada alabança un baldon?
Ya aqui, Generoso Gomes,
La humilde pluma paró
Que para dexirlo todo,
Basta nombraros a Vós [273-275].

Bibliografía

Ayres de Azevedo, Diogo Manoel, *Portugal illustrado pelo sexo feminino.* [...], Lisboa, 1734.

Azevedo, João Lucio, "Excerptos de varias listas de condemnados pela Inquisição de Lisboa, desde o anno de 1711 ao de 1767, comprehendendo só brasileiros, ou colonos estabelecidos no Brasil", *Revista do Instituto Histórico*, vol. 59, pp. 52-85.

——, "Notas sobre o judaismo e a Inquisição no Brasil", *Revista do Instituto Histórico.*

Blake, Sacramento, *Diccionario bibliográphico brazileiro*, 7 vols., Rio de Janeiro, Imprensa Nacional, 1883-1902.

Borba de Moraes, Rubens, *Bibliografia brasileira do periodo colonial*, São Paulo, Instituto de Estudos Brasileiros, 1969.

——, *Bibliographia brasiliana*, 2 vols., Rio de Janeiro, Livraria Kosmos Editora, Los Ángeles, UCLA, Latin American Center Publicatons, 1983.

Bosi, Alfredo, *História concisa da literatura brasileira*, Cultrix, 1975.

Cândido, Antônio, *Formaçâo da literatura brasileira: momentos decisivos*, 2 vols., Belo Horizonte, São Paulo, Itatialia/EDUSP, 1975.

—— y J. Aderaldo Castello, *Presença da literatura brasileira: história e antologia*, 2 vols., nova edição revista e ampliada, São Paulo, DIFEL, 1985.

Carpeaux, Otto Maria, *Pequena bibliografia critica da literatura brasileira*, Rio de Janeiro, Editora Letras e Artes, 1964.

Castello, José Aderaldo, *O Novimiento academicista no Brasil 1641-1820/22.*

Cortesão, Jaime, *Alexandre de Gusmão e o Tratado de Madrid*, Rio de Janeiro, Instituto Rio Branco, 1952.

Couto, Loreto, "Desagravos do Brasil [...]", *Annaes da Bibliotheca Nacional do Rio de Janeiro*, vol. 25, 1904, pp. 169-171.

Da Silva e Orta, Tereza Margarida, *Aventura de Diófanes*, Rio de Janeiro, Ed. Rui Bloem, Instituto Nacional do Livro, 1945.

De Mesquita Samara, Eni, "Mulher e casamento nas imagens veladas do nosso passado", manuscrito apresentado na mesa redonda "Mulher, cultura e sociedade", XIV Simpósio Nacional, ANPUH, Brasilia, 1987.

De São Pedro, João, *Theatro Heroino. Abecedario Historico, e Catalogo das Mulheres Ilustres em Armas, Letras, Acçoes heroicas e Artes liberaes* [...], Lisboa, 1736.

De Souza, Ronald, "The Divided Discourse of *As aventuras de Diófenes* and its Socio-Historical Implications", *Problems of Enlightenment in Portugal: Essays*, Mineápolis, Institute for the Study of the Ideologies and Literatures, 1984.

De Varnhagen, Francisco Adolpho, *Florilégio da poesia brasileira*, 3 vols., Lisboa, Viena, 1872.

Eanes, Ernesto, *Dois paulistas insignes*, São Paulo, Cia. Editora Nacional, 1952.

Hartman, Joan e Ellen Messer-Davidow (eds.), *Women in Print*, vol. I., Nueva York, The Modern Language Association of America, 1982.

Hoornaert, E., "A cristadade durante a primeira época colonial", *História da Igreja no Brasil*, vol. 2, Petrópolis, Editora Vozes, 1977, pp. 245-413.

Novinsky, Ilana W., "Heresia, mulher e xexualidade (algumas notas sobre o Nordeste Brasileiro nos séculos XVI e XVII)", *Vivência*, M.C.A. Bruschini e F. Rosemberg, vol. L, São Paulo, Editora Brasiliense/Fund. Carlos Chagas, 1980.

Rodriques, J.C., *Catálogo annotado dos Livros sobre o Brasil e de alguns Autographos e Typografia do "Jornal do Commercio"*, Coleção Bibliotheca Brasiliense, 1907.

Rodrigues Lapa, M., *A vida e obra de Alvarenga Peixoto*, INL, 1960.

Romero, Sílvio, *Historia da literatura brasileira*, vol. 2, Rio de Janeiro, Ed. José Olympio, 1980.

Sequera e Sá, "Na officina do Dr. Manuel Alvares Sollano", *Júbilos da América*, Lisboa, 1754.

CIENCIA Y FILOSOFÍA EN NUEVA ESPAÑA

MARTHA ELENA VENIER
El Colegio de México

Dice el prologuista de la versión más moderna de *Sitio, naturaleza y propiedades de la ciudad de México*[1] que, por la escasez de ejemplares, éste es "uno de los libros más raros de la historiografía mexicana". "Raro", "curioso", son adjetivos que acompañan con frecuencia el título del libro.[2] Curioso es, creo, que despierte escaso, pero peculiar interés. Es de preguntar, por ejemplo, qué llamó la atención de José María Lafragua, a quién, por el interés que mostró en el tratado, se le dedicó la impresión de 1881; o con qué propósito se hizo una copia manuscrita cuya letra es de bien entrado el siglo XIX;[3] o con qué criterio los responsables de Bibliófilos Mexicanos lo escogieron como quinto ejemplar de su colección.[4] Por lo demás, quienes mencionan el tratado no suelen coincidir en la sustancia de su contenido y en las razones que lo inspiraron. Así, por ejemplo, J. M. Quintana[5] resume en cuatro líneas el contenido del libro y añade como curiosidad el título del último capítulo que es resumen de todo lo que se ha dicho a lo largo del tratado sobre la medicina hipocrática y galénica. Jonathan Israel dice que "in response to popular pressure for a learned defense of the intellectual and bodily qualities of the white inhabitants of Mexico City [Cisneros] published a treatise on the medical implications of the climate and environment of the capital [...].Cisneros' anxiety to demonstrate the similarity and resemblance of *gachupín* and Creole was typical of the attitude of seven-

---

[1] En adelante *Sitio*; indico en el texto el número de folio.
[2] En la *Historia bibliográfica de la medicina española* de A. Fernández Morejón, se lo describe como "obra sumamente curiosa". Encontré el dato en una carta que, por la época en que se preparaba la versión de El Sistema Postal (1881), José María de Agreda y Sánchez envió a uno de los editores. El documento se encuentra en los fondos reservados de la biblioteca del Instituto Tecnológico de Monterrey.
[3] Se encuentra en la colección Conway del Instituto Tecnológico de Monterrey. Aunque me parece poco práctico, creo que esa copia sirvió para la versión de El Sistema Postal.
[4] O qué inspiró a la compañía Novum a reproducir la versión de Bibliófilos (con el prólogo abreviado), para distribuirla como regalo, según se deduce por la factura lujosa de la portada exterior.
[5] *La astrología en la Nueva España en el Siglo XVII*, México, Bibliófilos Mexicanos, 1969, p 54 s.

teenth-century Mexican Spanish authors".[6] González de Cosío extiende esa referencia; el tratado es importante, dice, porque en él se "atiende un asunto de particular interés: el de las cualidades físicas y mentales de los indios, mestizos y criollos, o sea de los mexicanos propiamente dichos". Pero Fernández Morejón, que describe por extenso el tratado, dice simplemente que la obra está dedicada a la topografía de México. Todo lo que acabo de enumerar es cierto, pero no es todo. Por lo demás, sorprende un poco que en *Historia de la ciencia en México*,[7] los responsables de la edición lo hayan ubicado en el siglo XVI, no en el XVII, cuando se publicó el tratado.

Aumenta la curiosidad lo poco que se sabe de su autor, Diego Cisneros. González de Cosío presenta en su introducción de Bibliófilos una biografía sumaria, pero tan completa como es posible conseguir, a base de lo que recoge en el libro y en bibliografías diversas: madrileño, médico que llegó al Virreinato con el marqués de Guadalcázar; maestro y practicante de la medicina en Nueva España —más lo segundo que lo primero. Pero algo se puede añadir: ilustran el texto tres huecograbados —el frontis, el retrato de Cisneros y un mapa del valle de México,[8] fechado en 1618, año en que se imprimió el libro— obra de Samuel Stradamus, grabador holandés de fama avecinado en México. Sabemos también, por la dedicatoria al virrey Fernández de Córdoba y por la carta al lector, que sus enemigos —o malquerientes por lo menos— no eran escasos,[9] y estaba seguro de que la suya era

---

[6] *Race, class and politics in colonial Mexico*, London, Oxford University Press, 1975, p. 91.

[7] Ed. Elías Trabulse, México, Fondo de Cultura Económica, 1983, t.I, pp. 430 *ss*.

[8] Pude revisar los ejemplares de *Sitio* que se encuentran en la British Library y en la Bodleian de Oxford. Ambos se encuentran en tan buen estado de conservación que parecen no haber tenido muchos lectores, pero en el ejemplar de la segunda falta el mapa, falta que no se advierte porque está pegado, no cosido al pliego. Ahora bien, en la descripción que trae la *Colección de libros antiguos-raros* de la biblioteca Cervantina (ITESM), dice: "incluye dos planos de la ciudad de México", duplicación que no sé a qué atribuir, porque en las fotografías que tengo de ese ejemplar, aparece un solo mapa.

[9] La protección del virrey, dice en la dedicatoria, servirá "para que los imbidiosos y maldicientes no hagan presa del poco caudal" de quien escribió la obra. Esto puede entenderse como lugar común, pero lo repite con cierto matiz polémico en la carta al lector: "El que quisiere murmurar y reprehender, censúrele y escriba, que no es tan fácil lo uno como lo otro, aunque lo es añadir a lo que está inventado; que yo, juzgando la gravedad de la materia y que ninguno de los que han residido más tiempo en México no lo han tocado ni escrito, me parece que no sólo ha sido mucho el escrivir della, sino que aver querido escrivir bastava". El tono defensivo de esas líneas se entiende cuando sabemos que no fue el primero, porque diez años antes Henrico Martínez –cosmógrafo, médico e impresor oriundo de Hamburgo, avecinado en Nueva España desde 1590– había tratado ya esos temas en su *Repertorio de los tiempos e historia natural de Nueva España*, y cuando leemos el capítulo diecisiéis de *Sitio*, extenso y polémico, en el que Cisneros hace de Martínez y el repertorio blanco de críticas. El objeto de esa polémica era la longitud de la ciudad de México, tema que interesó a muchos en los siglos XVI y XVII. Puesto que la longitud que fijó Cisneros no es mejor que la de Martínez, y que la de éste se aproxima más a la realidad (véase Elías Trabulse, "Antonio de León y Gama, astrónomo novohispano", en su libro *El círculo roto*, México, Fondo de Cultura Económica,

obra única en Nueva España: "la materia de suyo es difícil, no tratada por nadie, en que se conocerá el trabajo que ha costado", dice en la segunda; y en la primera, "como [...] generalmente ninguno de los antiguos ni modernos ayan tocado esta materia, parece que sobra atrevimiento, aviendo tan poco que llegué a ella, hazer lo que no an hecho los que en ella han asistido más".

Puedo equivocarme, pero tengo la impresión de que quienes se interesan en *Sitio* se apartan luego sin profundizar demasiado en él. La reacción se justifica. Es un tratado extenso, confuso a veces, saturado de erudición —buena parte de ella adquirida tal vez de segunda mano, pero erudición al fin— y de problemas que hacen difícil anotarlo y explicarlo: se encuentran, ahí, como prueba y justificación de sus opiniones, además de los maestros del Liceo, la Academia y los fundadores de la medicina griega, enseñanzas de Avicena, especulaciones tomistas, Ptolomeo y sus epiciclos, los libros de Esfera de Sacrobosco (con sus exegetas), versos de Homero, Ovidio, Virgilio, Horacio, comentarios de Cicerón, Luciano, Plinio, Orígenes, versículos bíblicos y mucho más que sería ocioso traer aquí.

El subtítulo del tratado —*Aguas vientos a que está sujeta y tiempos del año. Necesidad de su conocimiento para el ejercicio de la medicina, su incertidumbre y dificultad sin el de la astrología así para la curación como para los pronósticos*— resume la abundancia de su contenido y la tradición en que se sustenta. Como médico de ese y otros siglos, repetidores de Aristóteles, Hipócrates y Galeno, esa disciplina era para él el compendio de todo saber, porque para ejercer la profesión se necesitaban "todas las artes de la filosofía, de la gramática, poesía, lógica, retórica, matemática, aritmética, geometría, cosmografía, geografía, topografía, música, astronomía, física, metafísica", sin olvidar la esencial astrología. Semejante acopio de conocimiento poco tiene de común, a los ojos de este siglo, con el diagnóstico y la terapia, pero, quitando lo que es exageración obvia, nada de ese conjunto era extraño a los del XVII: "L'ancienne médicine —dice Léon Figard, refiriéndose a la de ese mismo siglo— forme [...] un corps de doctrine parfaitement homogène, où rien n'est inutile ni levré au hasard. Lors que'on y regarde d'un peu press, son caractère le plus frappant c'est son extrême cohésion."[10]

La síntesis es excelente y engañosamente sencilla, porque esconde el tránsito de una filosofía de la naturaleza que inició con los griegos, se transmitió a los escolásticos y llegó al siglo XVII con pocos cambios, más orientada a la especulación que a la práctica y, en consecuencia, proclive a

---

1984, pp. 130-153), cabe el supuesto, difícil de comprobar, que ese tema no fue la única razón de esta singular disputa.

[10] *Un médecin philosophe au XVIe siècle. Étude sur la psychologie de Jean Fernel*, Slatkine Reprints, Genève, 1970, p. 47. [Reimpr. de la ed. de 1903.]

caer en el dogmatismo. Medicina y filosofía van aquí de la mano, los lindes entre astronomía y astrología tienden a desdibujarse. La práctica de la especialidad se sustenta en la conjunción de esas disciplinas, universalidad algo difícil de entender, extraordinaria combinación de lo palpable con lo intangible: astros y humores terrestres.

Lo que para el lector de la física aristotélica llega a ser más o menos claro —es decir qué separa mente o pensamiento de los objetos sensibles— no lo es tanto en el primer capítulo de *Sitio*, donde el autor expone los principios de sus disquisiciones posteriores: "La astrología o astronomía y la philosophía tienen grandísima congruencia [...], porque, según Aristóteles, el objeto de la philosophía es el ente moble o natural, como comprehende los principios y effectos communes de todos los entes naturales y como todo potencial que contiene en sí todos los particulares antes naturales, y desta manera comprehende toda la philosofía natural cuya parte es la astrología" (f. 2v). Con esto no quiere decir sino que la filosofía natural trata del ente móvil, es decir de la sustancia material y su movimiento. Y al incluir la astrología (o astronomía) aquí y en otra serie de razonamientos parecidos, procura despejar dudas —sustentándose en la definición general, con la que abre Aristóteles el libro primero *De caelo*—[11] acerca del parentesco cercano entre filósofo y médico, y los dictados de la astronomía como verdadera ciencia, en lo que se refiere al ente móvil, es decir "sanable, que es el objeto del médico o la materia acerca de la cual trata" (f. 3v).

Vuelvo ahora al subtítulo del tratado, mejor dicho, a su última frase: sin la astrología (o astronomía) no hay certidumbre para diagnosticar o curar. El movimiento de los cuerpos celestes, que son ingenerables e incorruptibles, rige, dice Cisneros, los movimientos y destinos de los cuerpos inferiores. La astrología, parte más completa de la filosofía natural, es rectora de la medicina, la cual, con esos instrumentos, alcanza el "verdadero y cierto exercicio suyo" (f. 3v). Todo dependía pues, al parecer, de lo que Koesler, aunque por otras razones, llamó "la armonía de las esferas".

Cabría suponer que con el descubrimiento del sistema circulatorio y las investigaciones en fisiología, la medicina antigua había recibido su golpe de gracia, pero la verdad es que no hay en ésta ni en otras disciplinas tránsitos tan violentos; la filosofía de la naturaleza que la sustentaba gozaba

---

[11] En su versión: "la philosophía natural lo que más trata es acerca de los cuerpos, sus quantidades, sus efectos y movimientos, y demás desto acerca de los principios que son sustancias, etc." Esta cita, leída seguramente en latín, más la traducción —no mala, pero tampoco del todo acertada— cortada bruscamente, dicen que Cisneros no estaba escribiendo para el lego; sólo quien había leído a Aristóteles podía entender el etc., con el que da por entendido el análisis de la definición: que la suma de los entes físicos contiene cuerpos y magnitudes (o cantidades), más principios y causas de esos entes.

aún de buena salud. La astronomía, que junto con la matemática era parte de la filosofía natural, se ubicaba en el tope de la escala jerárquica: el especulativo. Pero la medicina era arte, cosa práctica en esencia, que pertenece a esta "región elemental", en cuyo destino influían las diez esferas celestes que la rodeaban.

"Ay tan pocos afficionados, de los que exercitan la medicina, a la astrología –observa Cisneros en el último capítulo del tratado– que no sólo la ignoran, sino que la menosprecian como cosa ni necesaria ni útil para el exercicio della; en qué puedan fundarse, ni con qué deffenderse assí de raçones como de autoridades de hombres doctos, no lo he podido entender..." (f. 142r). Esas autoridades no son otras, como dije antes, que Hipócrates, Galeno, Avicena, Platón, Aristóteles y los que se someten a los mismos criterios.

Pero estos observadores de astros no podían sino resentir la influencia del medio, de tal modo que, si el apareamiento de estrellas y planetas decretaba días favorables o nefastos, así también influía, aunque con variantes que llamaría "meteorológicas", lo que era común a esta baja esfera: vientos, aguas y "tiempos del año" (las estaciones). No es de sorprender que haya aquí un capítulo, bien sustentado en los criterios de Hipócrates y Galeno, a propósito del régimen de vientos, aguas y climas —que tanto sirven a la salud cuanto al carácter de los individuos— más otros tantos destinados a la condición de los cuatro elementos, fuego, aire, agua y tierra.

Esos elementos, explica López de Hinojoso en su tratado de cirugía,[12] tienen semejanza con los humores del cuerpo: "la sangre tiene su semejanza al aire, el cual es caliente y húmedo. Y la cólera es semejante al fuego, el cual es caliente y seco. La flema al agua, la cual es fría y húmeda. La melancolía se compara a la tierra, la cual es fría y seca". Hay meses y horas del día en los que predominan esos humores: "en marzo, abril y mayo, que es el verano, reina en el cuerpo humano la sangre. En junio, julio y agosto, que es el estío, reina la cólera. En septiembre, octubre y noviembre, que es el invierno, reina la flema". En cuanto al día, "desde las tres de la mañana hasta las nueve, reina la sangre, desde las nueve de la mañana hasta las tres de la tarde reina la cólera. Y desde las nueve de la noche hasta las tres de la mañana reina la flema". Sabido esto y entendidas todas las combinaciones posibles entre fases de la luna, conjunción de planetas y encuentro de constelaciones con casas zodiacales, el médico estará bien preparado para diagnosticar, pronosticar y curar, más, al parecer, lo segundo que lo primero y tercero, porque se "hace [consigue] más opinión y nombre [más fama] con las cosas que vendrán [el pronóstico], según dictado de Hipócrates" (f. 126r).

[12] *Historia de la ciencia en México*, t. 1, pp. 215 y ss.

Puesto ante el enfermo, el médico tiene la capacidad de saber qué está sucediendo, qué sucedió y qué sucederá, porque "tratando de las señales que muestran la salud —según Galeno—, de éstas unas muestran la salud presente, otras la pasada y otras la que está por venir, de las cuales haya mayor necesidad en la medicina de las presentes y futuras que de las pasadas" (*loc. cit.*).

Copié arriba unas líneas en las que Cisneros critica a los médicos que ejercen su profesión sin ayuda de la astronomía. Difícil es saber, porque no lo comenta, si esos objetos de su crítica eran médicos escépticos o simples curanderos, pero no es difícil suponer que el practicante, sujeto a innumerables decretos de los cielos más días pares y nones, en los cuales era o no conveniente sangrar o purgar, desechara —quizá con reticencia, pero no sin sentido común— las influencias siderales. Cisneros, sustentándose en la autoridad de textos clásicos, pone su fe en las estrellas, ya que, en su opinión, de los astros, cuerpos "eternos o semieternos", no podía venir mal alguno, pero esos mismos textos eran para otros fuente de disidencia. Tantas prescripciones sobre días buenos y malos para curar tenían sometidos a los médicos a tal punto, que en ninguno, opina Juan de Barrios, había oportunidad para hacerlo.[13]

Pero, aun con dificultades, lo que se advierte en el tratado es que en ese cuerpo compacto de doctrina no hay incoherencias ni cabos sueltos; cada una de las partes que componen la ciencia conduce a la otra: "Jamais science ne fut mieux coordonnée, ni en apparence plus complète. Tout s'y tient depuis le commencement, jusqu'a la fin..."[14]

---

[13] "Verdadera cirugía médica y astrología", en *Historia de la ciencia en México*, t.1, p. 239.
[14] Jean Fernel, *Universa medicina*, citado por Leon Figard, *op. cit,* p. 47.

"PORQUE NO SE QUERÍA QUEDAR NINGUNO": PUERTO RICO (1616) EN LA *VIDA* DEL CAPITÁN CONTRERAS

Eduardo Forastieri-Braschi
Universidad de Puerto Rico

En la carta y otros textos que escribe en 1644 el obispo de Puerto Rico, fray Damián López de Haro, aparece este soneto dirigido a una dama dominicana:

> Ésta es Señora una pequeña islilla
> falta de bastimentos y dineros,
> andan los negros como en ésa en cueros
> y hay más gente en la cárcel de Sevilla,
> aquí están los blasones de Castilla
> en pocas casas, muchos cavalleros
> todos tratantes en xenxibre y cueros
> los Mendoza, Guzmanes y el Padilla.
> Ay agua en los algibes si ha llobido,
> Iglesia catedral, clérigos pocos,
> hermosas damas faltas de donaire,
> la ambición y la embidia aquí han nacido,
> mucho calor y sombra de los cocos,
> y es lo mejor de todo un poco de ayre [167-168].[1]

La ironía del prelado surge como otros testimonios del contexto episcopal de la isla. Escribía Lope de Vega en el *Laurel de Apolo* (1630), sobre el obispo Bernardo de Balbuena, y a propósito del ataque holandés que destruyó su biblioteca: "Tenías tú el cayado/ ...Tú fuiste su prelado y su tesoro,/ Y tesoro tan rico en Puerto Rico/Que nunca fue tan rico."

Entre el ataque holandés de 1625 y las amargas protestas del obispo fray Francisco de Padilla en 1689, el aislamiento o el éxodo definieron los extremos del insularismo. Por ejemplo, cuando Alonso Ramírez se marcha en ese periodo (1675), Sigüenza y Góngora escribe que:

---

[1] En Enrique Cabrera, p. 37. Para las protestas del obispo fray de Padilla con fechas del 1687 y del 1689, véase Morales Carrión, pp. 41-44.

> la riqueza que le dió nombre [a la isla] por los veneros de oro que en ella se hallan, hoy por falta de sus originarios habitadores que los trabajen y por la vehemencia con que los huracanes procelosos rozaron los árboles de cacao que a falta de oro provisionaban [...] [la transformaron] en pobreza [221-222].

La queja ya llevaba más de un siglo en ese momento. Ya en 1529 un oficial dio la voz de alarma sobre el despoblamiento, y un año después el gobernador Francisco Manuel de Lando decretó que se azotara y se cortaran las piernas a los colonos que intentaran irse (Tapia y Rivera: 289-304). "Dios me lleve al Perú" era el lamento borincano registrado en los anales del decir popular en 1530. Ya no había tráfico de oro. El azúcar tampoco prosperaba (Pico: 58-69; Dietz: 6-9). Sólo se embarcaba jenjibre y cuero, tal como ironizaba el soneto del obispo López de Haro; y esto solamente cuando se lograba detener algún barco. Desde 1533 la queja repetida de que no se detenía ningún barco de regreso a España trazó el rumbo que se impondría después con el privilegio del puerto de La Habana mientras Puerto Rico y las islas de barlovento se desdibujaron en el mapa hispánico del Atlántico.[2]

Esta desprotección contrastó con el interés que los corsarios siempre mostraron y mantuvieron desde las primeras incursiones francesas durante la primera mitad del siglo XVI hasta la obsesión de los ingleses y holandeses que incursionaron en Puerto Rico hasta el siglo XVIII. Éstos enfrentaban el exclusivismo hispánico en el Caribe y la política imperial del *mare clausum* sancionada desde 1493 por una bula del papa Alejandro VI que también era reforzada, en la práctica, por el monopolio del "puerto único" impuesto por la Casa de Contratación y por los mercaderes de Sevilla.

La confrontación en las playas del Caribe no era más que la resaca del oleaje que provocaba el conflicto europeo en su extensión mercantil ultramarina. Sin embargo, muy pocas veces los barcos extranjeros lograron pasar la bahía de San Juan. El castillo del Morro estaba bien localizado, y la puntería de los soldados era buena, como celebró Lope de Vega en *La Dragontea* a propósito de la derrota de Drake en 1595. El éxito de los piratas en el Caribe no hispánico fue otro (Morales Carrión: 44-57). Ante el abandono español de las islas, franceses, ingleses y holandeses hicieron del contrabando un recurso de supervivencia insular y de beneficio mutuo en el que participaron clandestinamente los mismos gobernadores de la isla. Por su parte, y en forma destacada, los ingleses desarrollaron una agricultura tropical que acabó por borrar a Puerto Rico de las rutas de la cartografía comercial a pesar de ser la menor de las Antillas Mayores.

---

[2] Véase Tapia, pp. 298 y 301 para las quejas del 1533 y del 1534.

Asimismo, su elisión del mapa de la "carrera de las Indias" era casi completa. La escolta de los convoyes de la flota a Nueva España y de los galeones a Tierra Firme dividía su ruta al sur de la isla, mientras que en el viaje de regreso, los barcos que venían desde Portobelo y Nombre de Dios navegaban casi todo el Caribe pasando por el estrecho de la Florida hasta La Habana. Desde allí se reanudaba la ruta con los barcos que salían de Veracruz. Por eso se quejaba el obispo López de Haro en 1644: "Muy grande es la necesidad que tienen estas islas de barlovento de que faltara en ellas la armada" (López de Haro: 168). Y faltó casi siempre. Diríase que con anterioridad a 1636 la mentada Armada de Barlovento era de buques fantasmas.[3] Al menos, desde 1578, se consignó en una cédula del *Sumario* de las Leyes de Indias que "cuando hubiere Armada de Barlovento, y conveniere que venga acompañando las Flotas sea con acuerdo de los Generales, Capitanes y Maestres, y se buelva luego" (Alvarado: 23-24). Eso sería "cuando hubiere". A pesar de que Felipe II ordenó la construcción en 1592 de galeones para la "Armada de la guarda de las Islas de Barlovento" los buques pasaron a la Armada del Mar Océano en 1610. Este traspaso estratégico es confirmado por otro documento del Consejo de Indias del año 1601 en el que se afirma que la "armada se mandó, y la gente se aplicó a la carrera" (*ibid.*: 24). En resumen, parece que, entre 1601 y 1636, la perentoria existencia de esos barcos se identificaba con la escolta al convoy anual de la Real Armada del Mar Océano.

Es en este ambiguo contexto de la escolta que llega el capitán Alonso de Contreras a Puerto Rico en 1616 con gran discreción; el "socorro asimismo de las islas de barlovento", como lo elogia Lope de Vega en el prólogo de una de sus comedias heroicas (Lope de Vega: 360). Y el capitán Contreras vino a Puerto Rico porque había rumores de un ataque holandés cuando, en realidad, se trataba de la última incursión inglesa de Walter Raleigh en el Caribe. Esta coincidencia es interesante, pues los dos soldados representaban los paradigmas heroicos que todavía confrontaban a España e Inglaterra en vísperas de la Guerra de los Treinta Años. Ortega y Gasset, por ejemplo, perfila al capitán en ese contexto como el "auténtico aventuro"; el "verdadero hombre de acción"; un hombre que vive la vocación de las armas y no la de las letras, y que narra su vida porque no le queda más remedio.[4] Pero ya Lope de Vega lo había mitificado mucho antes, después de hospedarlo ocho meses en su casa, fascinado por las aventuras del

---

[3] Para más datos y bibliografía, véase Alvarado. Picó (p. 64) y Morales Carrión (p. 54) destacan algunos documentos en los que se apunta la conveniencia de Puerto Rico como base para la flota.

[4] *Apud* Cossío, p. xv. Para la coyuntura picaresca y social del capitán véanse los estudios de Jacobs, Levisi y Cruz.

capitán en el Mediterráneo y en el Caribe (Castro: 490-560). En el prólogo
al *Rey sin reino*, lo eleva al arquetipo del verdadero noble para quien el
"valor natural" era más honrado que el "valor heredado" del linaje.[5] No
podemos, por eso, reducir la autobiografía del soldado a un boceto de vida
picaresca. Se trata de todo lo contrario, del camino sancionado para el
medro: de cómo un plebeyo alcanza honra y fama a pesar de no pertenecer
a la nobleza. "Yglesia, mar o casa real, quien quiere medrar", decía el refrán
de la época. El paradigma heroico del capitán y su afán de medro en los
esquemas rígidos de la sociedad estamental, su "pura narración" de aventuras, casi épica, y el entusiasmo de Lope o, siglos después, el de Ortega y
Gasset, son temas que merecen un estudio aparte. Por lo pronto, la
expedición puertorriqueña del capitán es un testimonio más de la marginación de Puerto Rico y de las islas de barlovento en el siglo XVII que plantea
algunas lagunas históricas. Por ejemplo, ¿a qué se debió lo secreto de las
cartas en las que el capitán fue instruido que saliese de Malta, en conversación con el Maestre de la Orden? Después de varias idas y vueltas entre
Madrid y Cádiz, el capitán parte secretamente desde Sanlúcar con órdenes
directas de la Junta de Guerra después de entrevistarse con el presidente
del Consejo de Indias, con el presidente de la Casa de Contratación y con
el duque de Medina. Sólo menciona "que iba a socorrer... a Puerto Rico de
Indias que se decía estaba sitiado por los holandeses" (Contreras: 122).
Traía pertrechos y cien soldados "rufianes madrigados de Andalucía", de
acuerdo con la apreciación del capitán. Quizás la discreción y la urgencia
se debieron al huracán de 1615 y al reclamo de ayuda del gobernador
Beaumont y Navarra. Su socorro a las islas de barlovento después del
huracán evidenció la patética condición geopolítica y humana en la que se
encontraban. Informa el canónigo Diego de Torres Vargas en su *Descripción*
de 1647

> que gobernando esta Isla D. Felipe de Biamonte y Navarra, se tuvo noticia de
> la población que tenían en éstas de barlovento los ingleses, holandeses y
> franceses que rebelados de la Rochela o ya fundados aunque mal en el derecho
> del primer ocupante, las han poblado casi todas (Torres Vargas: 175). [Y añade
> en otro lugar.] En su tiempo sucedió la gran tormenta[...] y acudió a la
> necesidad con admirable diligencia, enviando bajeles a todas las islas veci-
> nas[...] En el tiempo de su gobierno, entraron en este puerto once navíos de
> negros arribados, sin más de otros doscientos de islas, Portugal y Castilla [*ibid.*:
> 203-204].

---

[5] Escribe Lope: "Puso el valor natural/Pleito al valor heredado,/Por más noble, más
honrado,/Más justo y más principal...Probó el natural valor/La fama, laurel y honor/de
Contreras en España", p. 360.

El canónigo Torres Vargas destaca las diligencias de su gobierno en el periodo entre 1614 y 1620, que coincide con los años de mayor tonelaje para la carrera de las Indias (Chaunu: 50-51). Recientemente, Fernando Picó ha reunido el tonelaje puertorriqueño entre 1601 y 1625: salen cincuenta barcos hacia Puerto Rico, trece de ellos en ruta a La Habana, para un total de 5 715 toneladas (Picó: 79). Entre estos últimos llegó la escolta del capitán Contreras. Tan pronto llegó, el gobernador le advirtió sobre la presencia de Walter Raleigh en las islas y le pidió que dejase cuarenta soldados para reforzar el presidio. Escribe el capitán:

> ...y en mi vida me vi en mayor confusión, porque no se quería quedar ninguno, y todos casi lloraban por quedar allí; tenían razón, porque era quedar esclavos eternos. "Hijos —les dije— ...vuesas mercedes han de condenarse a sí mismos..." Hice tantas boletas como soldados, y entre ellas, cuarenta negras...y era de ver que cuando sacaban negra, como se quedaban para siempre, se consolaban viendo la justificación y forzocidad y, sobre todo, viendo que le tocó también a un criado mío que me servía de barbero, el cual quedó el primero [Contreras: 123].

Este testimonio coincide con la imagen negativa de la isla que prevaleció en el siglo XVII; sobre todo si se compara con otros pormenores del capitán sobre sus soldados: antes del viaje de regreso con la flota de Nueva España, diez se quedaron en Santo Domingo y cincuenta en La Habana sin protesta alguna. En cambio, permanecer en Puerto Rico era "quedar esclavos eternos" o "para siempre". Los motivos eran evidentes: el desvío de los barcos provenientes de Tierra Firme y de Nueva España hacia el puerto de La Habana en el viaje de regreso, los corsarios, los huracanes, la despoblación y el aislamiento. Se daba un círculo vicioso: mientras más barcos llegaban a la isla, mayor era la posibilidad de irse en ellos. Justamente a propósito del año de 1616, cuando desembarcaron los cuarenta soldados del capitán en Puerto Rico, se consigna en una real cédula que "havía más de cinquenta doncellas hijas y nietas de padres nobles y pobres, conquistadores y pobladores de aquella Ysla; y que por más grandes necesidades no tenían con qué casarse, conforme a la calidad de sus personas, y deseaban ser monjas" (Colly Toste: 252). La solicitud no fue entonces concedida, y quizás, por eso, no les fue tan mal a los cuarenta soldados: tenían más de cincuenta doncellas hidalgas para escoger; una paridad de selección ideal. Aunque los reglamentos militares les prohibía casarse, Fernando Picó apunta en su historia que "esto nunca impidió que formaran sus familias en las cercanías de las fortificaciones" (Picó: 88). Hace poco, este mismo autor me sugería, cuando comentábamos el incidente, que el fenómeno urbano de la actual barriada La Perla, surgida en el litoral norte de la muralla de San Juan, quizás haya sido por siglos el desahogo familiar de la soldadesca; sobre todo si se quedaban en la isla "para siempre" como lamentaba el capitán Contreras. Escribía el canónigo Torres Vargas en 1647 que "las mujeres [de Puerto Rico] son las más hermosas de todas las indias[...] y de tan lindo juicio, que los Gobernadores Don Enrique y Don Iñigo, decían, que todos los hombres prudentes se habían de venir a casar a Puerto-Rico" (Torres Vargas: 209). Pero en 1616, en la época del gobernador don Felipe, y a pesar de las cincuenta doncellas "no se quería quedar ninguno". O quizás es que ni los soldados ni el capitán tuvieron oportunidad de ver las doncellas en el puerto. Escribía el obispo López de Haro que en Puerto Rico las mujeres "tan encerradas que aún no salen a Misa, que si bien se atribuye al encojimiento de las criollas, lo más cierto es por la miseria y pobreza de la tierra, porque las más de ellas no alcanzan para mantos y vestidos" (López de Haro: 162).

En conclusión, casi todos los testimonios de la época confirman la misma actitud hispánica resumida en la antítesis del puerto pobre de Puerto Rico. La llamada tesis histórica del "insularismo" interpreta todo esto como el resultado de los móviles internos de la personalidad puertorriqueña confinada por las fronteras del mar.[6] Pero se trata de todo lo contrario, como también lo demuestra el testimonio del capitán Contreras: se trata de movimientos externos, de exclusión y de exclusivismo en las Antillas, y de la marginación de Puerto Rico y de las islas de barlovento, con armada o sin ella, en la cartografía política del siglo XVII.

BIBLIOGRAFÍA

Alvarado, Manuel, *La ciudad de México ante la fundación de la Armada de Barlovento*, México, El Colegio de México, 1983.
Castro, Américo y Hugo Rennert, *Vida de Lope de Vega*, Salamanca, Anaya, 1968.
Coll y Toste, Cayetano, *Boletín histórico de Puerto Rico*, 14 vols., San Juan, Cantero Fernández, 1917, vol. 3.
Contreras, Alonso de, "Vida del capitán Alonso de Contreras", en Cossío, *Autobiografías...*, pp. 75-143.
Cossío, José María de, *Autobiografías de soldados*, Madrid, Atlas, Biblioteca de Autores Españoles, vol. 90, 1956.
Cruz, Ann J., "The Picaresque as Discourse of Poverty", *Ideologies and Literatures*, Nueva Época, 1 (1985), pp. 75-97.
Chaunu, Huguette y Pierre Chaunu, *Séville et l'Atlantique (1504-1650)*, 12 vols., París, SEVPEN, 1955-1960, vol. 7.

[6] Véase Pedreira.

Fernández Méndez, Eugenio (ed.), *Crónicas de Puerto Rico*, Río Piedras, Editorial Universitaria, 1981.

Jacobs, Beverly S., "Social Provocation and Self-Justification in the *Vida* of Captain Alonso de Contreras", *Hispanic Review*, 51 (1983), pp. 303-319.

Levisi, Margarita, *Autobiografías del Siglo de Oro*, Madrid, Sociedad General Española de Librerías, 1984.

López de Haro, Damian, "Carta del Obispo de Puerto Rico don Fray Damián López de Haro, a Juan Diez de la Calle, con una relación muy curiosa de su viaje y otras cosas. Año 1644", en Fernández Méndez, *Crónicas*, pp. 159-169.

Manrique Cabrera, Francisco, *Historia de la literatura puertorriqueña*, Río Piedras, Cultural, 1965.

Morales Carrión, Arturo, *Puerto Rico and the Non Hispanic Caribbean*, Río Piedras, Editorial Universitaria, 1974.

Pedreira, Antonio S., *Insularismo*, Madrid, Artística, 1934.

Picó, Fernando, *Historia general de Puerto Rico*, Río Piedras, Huracán, 1988.

Sigüenza y Góngora, Carlos de, "Infortunios que Alonso Ramírez natural de la ciudad de San Juan de Puerto Rico padeció", en Fernández Méndez, *Crónicas*, pp. 219-224.

Tapia y Rivera, Alejandro, *Biblioteca histórica de Puerto Rico que contiene varios documentos de los siglos XV, XVI, XVII y XVIII*, Mayagüez, Imprenta de Márquez, 1854.

Torres Vargas, Diego de, "Descripción de la isla y ciudad de Puerto Rico", en Fernández Méndez, *Crónicas*, pp. 171-217.

Vega, Lope de, *Obras*, editadas por Marcelino Menéndez y Pelayo, 15 vols., Madrid, Sucesores de Rivadeneira, 1896, vol. 6.

UN PARADIGMA DEL NEOCLASICISMO AMERICANO: MANUEL DE ZEQUEIRA Y ARANGO

Luis Monguió
University of California, Berkeley

No voy a descubrir mediterráneos al recordar que la Ilustración fue un momento en la historia en el que las *élites* intelectuales desde Lisboa hasta Moscú, de Massachusetts a Virginia, desde México hasta Chile, sustancialmente compartieron la misma visión del mundo, cuyas bases más aparentes hubieron de ser la filosofía natural de Newton y la filosofía moral de Locke. Que en ello hubo modulaciones y variaciones según las circunstancias es claro y no es idéntica la Ilustración italiana a la española, a la inglesa o bien, a la francesa. Jovellanos no es un Voltaire o Campomanes un Helvecio, aunque no sea inútil recordar que, por ejemplo, en 1788 se representaba en la capital de la Nueva España ante el virrey, un drama que, con título y autor camuflados, era la *Alzire*, de Voltaire, y que sin camuflaje alguno se comentaba por extenso en *La Gazeta de Literatura de México*, del 16 de diciembre de dicho año (*Gazetas*: 91). Otro ejemplo al que podemos aludir es que a Helvecio se lo citaba en el *Mercurio Peruano*, de Lima, el 16 de junio de 1791, junto con Diderot Schwartz (este último seudónimo de Condorcet), cuyos tratados se detallaban en nota a pie de página, si bien sus principios eran calificados de abominables (*Mercurio Peruano*). Y que de Newton hubiese aseverado el doctor Bartolache en su mexicano *Mercurio Volante*, del 28 de octubre de 1772, que: "La gloria de filosofar con solidez y conocer la misma Naturaleza que Dios creó, sin atenerse a sistemas imaginarios, demostrar con evidencia la conexión de los efectos más admirables con sus respectivas causas, hacerse dueño del mundo físico," estaba reservada a sir Isaac Newton, la suya era la única física, la única verdadera, la que había que seguir; la del "divino Newton", pues, que cantó Meléndez Valdés.

En las bellas letras el medio instrumental de la Ilustración fue el estilo de pensar y de escribir, a lo que llamamos neoclasicismo. La idea de este clasicismo fue elaborada por varios preceptistas franceses del siglo XVII, desde la *Poétique*, de La Mesnadière (1639) hasta el *Art poétique*, de Boileau (1674), basándose todos en las ideas de Aristóteles y Horacio y en sus traductores y comentaristas (Vida, 1527; Escalígero, 1561; Castelvetro, 1570, etc.), poética reformulada por neoclásicos italianos tales como Muratori, por citar sólo uno, tan conocido en el mundo hispánico (*Della perfetta poesia italiana*, 1706; *Riflessioni sopra il buon gusto nelle scienze e nelle arti*, 1708), y principalmente sistematizada en español por Luzán (*Poética o reglas de la poesía en general y de sus principales especies*, 1737 y 1789).

Todos ellos reconocen que la poesía es un don del cielo pero que éste resulta inoperante si no es cultivado por el arte; cultivado, es decir, por las reglas de un arte que la razón dicta y el estudio enseña. Si el universo-mundo se rige por leyes naturales que la Razón ha descubierto gracias a Isaac Newton, "el legislador de la Naturaleza", la poesía, parte de ese mundo, ha de tenerlas también. Si la razón rechaza todo lo que sea contrario a la Naturaleza, tampoco podrá aceptarlo la poesía; todo en ella ha de ser, pues, natural y razonable o, por lo menos, verosímil, es decir, si no cierto sí posible ante la razón y la naturaleza. Sin embargo, no todo lo natural es digno de la poesía porque ésta requiere cierto decoro y elevación que la hagan a su vez digna, no ya más de ser ancilar a la teología, a lo de tejas arriba, sino a su verdadera luz, la filosofía; por lo cual, el arte clásico ha de combinar lo útil a lo dulce para la instrucción moral del hombre. Sobre tales reglas generales han de basarse las particulares de cada uno de los géneros y lo mejor para descubrirlas es buscar modelos cuya universalidad y atemporalidad sean atestiguadas por la constante admiración de todos los siglos, vale decir, los modelos de la antigüedad griega y latina.

Tal concepción natural y racional del arte poético refleja, claro está, la más amplia y filosófica concepción natural y racional del mundo a que antes aludí. El universo, se decía, ha sido creado por Dios y éste lo ha sujetado a las leyes de su suprema mente, leyes, pues, "racionales" que Él ha dispuesto para que el hombre, aplicando a su estudio el don de la Razón, pueda descubrirlas por medio de la observación, la experimentación y el examen. Francis Bacon había propugnado la observación directa de la naturaleza; Isaac Newton la había observado y descubrió la ley de la gravedad y junto con ella la armonía del mundo. Dentro de este gran concierto la poesía tiene su lugar dentro de sus grandes leyes, y a su vez también tiene sus propias leyes.

Tras este somero esbozo pasaré a examinar, brevemente, la obra de un poeta de la época para constatar si en efecto, en la América hispana se encuentran en él los trazos que aquellas generalizaciones auguran. He elegido al cubano don Manuel de Zequeira Arango (1760-1846).

Si los poetas de la Ilustración han de ser conscientemente clasicistas, es de esperar que sus formas de expresión habrán de inspirarse en los de la antigüedad clásica, y un buen ejemplo de ello es Zequeira de quien decía su fraternal amigo don Tomás Romay (1764-1849) que había observado "con exactitud y el éxito más plausible los preceptos de Aristóteles y Horacio" e "imitado a Virgilio en la epopeya, a Horacio en las odas y epístolas, a Juvenal en la sátira, en los epigramas a Marcial y en las anacreónticas" (Romay: 11 y 14) claro está, a Anacreonte.[1]

Los versos épicos de Zequeira no alcanzan, en verdad, ni lo sublime ni la longitud de *La Eneida*, pero algunos son dignos de recordar: un canto heroico en romance endecasílabo, en cuartetos, al combate de Yacsí (en él peleó) contra los haitianos de Toussaint L'Ouverture, invasor de Santo Domingo en 1795; una oda en silvas a Daoíz y Velarde en el 2 de Mayo en Madrid; otra al primer sitio de Zaragoza; pero, sobre todo, en mi opinión, su "Batalla Naval de Cortés en la laguna. Poema épico. Canto único" (pp. 36-55), fuertemente virgiliano:

> Canto al invicto capitán hispano
> Hijo de Marte que a occidente vino
> Y en las ondas del lago mejicano
> Venció contrarios en nadante pino:
> Canto la ilustre religiosa mano
> Que allí condujo el pabellón divino;
> Canto, en fin, al más grande, al sin segundo,
> Héroe, conquistador del nuevo mundo.

Es obvio que esta octava refleja el "Arma virumque cano, Trojae qui primus ab oris / Italiam, fato profugus, Lavinia venit / Litora", los hexámetros iniciales de *La Eneida*. Sigue, como es obligatorio, la invocación a Apolo y a la Musa:

> Y tú del Pindo soberano Apolo,
> Tú que la trompa del argivo vate
> Cantando el griego militar combate
> Hiciste resonar de polo a polo,
> Haz que en obsequio de mi numen solo
> El raudal de Hipocrene se dilate,
> Pues canto de Cortés la heroica hazaña
> Que admira al orbe, que ennoblece a España.
>
> ¡Musa desciende, y de tu luz divina
> Llena las frases del concepto mío;
> Oye mis ruegos, a mi voz inclina

---

[1] Cito las poesías de Zequeira por la edición de Romay, de 224+[2] páginas. La primera fue de Nueva York, en 1829, que no he visto.

> Plácido rostro, soberana Clío;
> Díctame aquella formidable ruina
> Que hundió en el lago al mejicano brío
> Y haz que admiren por todos los confines
> La pompa de los trece bergantines!

Amplificación de la última estrofa del virgiliano "Musa, mihi causa memora..." Y así continúa: Arenga de Cortés, como lo hizo Eneas a los suyos; relación nominal de los capitanes; profecía contraria a los españoles del monstruo que habita el lago, paralelo, en reverso, de la profecía de Júpiter; arenga de Guatemocín a los mexicanos; descripcion de su ejército; detallado relato del combate; y, en el momento de mayor peligro para Cortés, éste recibe, como Eneas la aparición de Venus, una milagrosa visión:

> Con auríferas alas desde el cielo
> Rápida virgen descendió brillante,
> Cubría su rostro transparente un velo,
> Mostrando el arbol de la Cruz triunfante:
> Sobre el lago fijó su sacro vuelo,
> Iluminó su faz toda la esfera,
> Y al caudillo habló de esta manera:

> "Yo soy la religión", dijo la diosa,

que venía a asegurarle el laurel del vencedor. Redobla el combate y por fin el triunfo es de Cortés. La Gloria desciende a ofrecerle sus guirnaldas, porque ya

> Exánimes flotaban los sangrientos
> Espectros sobre el lago: las riberas
> Se tiñeron de sangre, y los fragmentos
> Nadaban entre escudos y cimeras;
> Al compás de espantosos instrumentos
> Se retiran rindiendo las banderas;
> Cesó la hostilidad y el mejicano
> Dejó el piélago libre al héroe hispano.

Era Zequeira, sin lugar a duda, hombre de viva imaginación y las escenas de combate con sus horrorosos detalles nos son presentadas en toda su brutal grandeza, visualización hija —se siente uno tentado a decir— del sensualismo de Locke, para quien todo conocimiento humano es adquirido por la experiencia de los sentidos. Al mismo tiempo, Zequeira sabía ennoblecer la acción con apropiados símiles y adornos retóricos de base igualmente sensorial; por ejemplo, los estragos de la artillería son introducidos de este modo:

> Cual suele a veces Aquilón violento
> Desbocarse y con hórrido bramido
> Arrebatarle al prado su ornamento
> Y desnudar el monte bien vestido,
> Sin que se eximan de su rudo aliento
> Ni las hojas del álamo atrevido,
> Asimismo arrebata el bronce ardiente
> Las tristes vidas de la opuesta gente

Octavas enérgicas, llenas de marcial pompa, obra de un lector cuidadoso de la *Ilíada* y *La Eneida*, que si bien no alcanza el alto vuelo de sus modelos tampoco es indigno de ellos.

Descansemos ahora de su numen épico. Si Virgilio sobre todo fue allí su ejemplo, Ziqueira supo también imitar en asunto y tono a Anacreonte y escribió algunas odas, de verso corto y de ligereza apropiada al tema del amor, del vino y del canto. Muy hermosa es una (romance anacreóntico de heptasílabos asonantados) al estilo de las de Meléndez Valdés. Dice así en sus últimos versos:

> Pero sí cantaremos
> Las tres hermanas ninfas
> Con el hijo vendado,
> Y a su madre divina.
>
> Cantaremos a Baco
> La vid la sien ceñida
> Con amorosas hojas
> Y derramando risas;
>
> El céfiro halagüeño,
> Las dulces avecillas,
> El arroyo plateado
> Y el rumor de las guijas
>
> Todos estos placeres
> En la fuente vecina,
> Bebiendo llenos vasos,
> Harán sonar la lira.

No sería completo su clasicismo si no fuera Zequeira un devoto de Horacio. Entre otros ejemplos de su horacianismo puede citarse su traducción libre de la oda XXII, libro I, "Integer vitae scelerisque purus", en la que imitó el ritmo del original en sus españoles sáfico-adónicos, y "A la Vida del campo", inspirada en el *Épodo*, II, el infaltable *beatus ille*.

Si en la actualidad estos versos y otros de Zequeira han sido medio olvidados —tales como su didáctico canto "El cementerio", típico de un hombre de la Ilustración que elogia, por religión y por higiene, la construcción de un camposanto lejos del centro de la ciudad de La Habana, o "A la nave de vapor", himno al progreso y a la paz—, sí se le recuerda por un poema que se ha hecho famoso, "A la piña", del que se suele decir que es el primer canto a la naturaleza de Cuba. Aporte de alguna pasajera alusión y del hecho de ser la piña una fruta tropical, nativa de este continente, el poema es una obra virgiliana, mitológica, geórgica si así puede decirse, sin siquiera el detallismo de las descripciones de frútos americanos de la *Rusticatio mexicana* o de la silva "La agricultura de la zona tórrida", de Bello. En la forma se adscribe, Zequeira, al uso dieciochesco del cuarteto compuesto de endecasílabos y heptasílabos, en su caso con la variedad de ser asonantados los versos pares, en un cuasi romance real en cuartetos (Navarro: 294). Elegante y elevado en su dicción, son bellas las imágenes no tanto descriptivas cuanto alusivas al objeto del poema:

> Del seno fértil de la Madre Vesta
> En actitud erguida se levanta
> La airosa piña de esplendor vestida,
>   Llena de ricas galas.
>
> Desde que nace, liberal Pomona
> Con la muy verde túnica la ampara,
> Hasta que Ceres borda su vestido
>   Con estrellas doradas.
>
> Es su presencia honor de los jardines
> Y obelisco rural que se levanta
> En el florido templo de Amaltea
>   Para ilustrar sus aras.

La piña desplaza en los banquetes del Olimpo a la antigua bebida de los dioses:

> En la sagrada copa la ambrosía
> Su mérito perdió, y con la fragancia
> Del dulce zumo del sorbete indiano
>   Los Númenes se inflaman.

Y así continúa el ditirambo, más lleno de mitología clásica que de descripción americana individualizada, típico poema neoclásico.

Hace ya casi cien años la severidad purista de don Marcelino Menéndez Pelayo dijo que no se podía sacar a Zequeira de la medianía a pesar del número, valentía y entusiasmo de sus cantos, aunque al poeta no le faltase el *os magnum sonaturum*. En "A la piña", por ejemplo, no hubiese querido ver "ni *el dulce zumo del sorbete indiano*, ni las delicias *recopiladas* en el néctar [de la fruta] ni mucho menos el llamarla *obelisco rural*" (Menéndez Pelayo: 221) lo que encontraba ya pedestre, ya gongorino. Creo que estos días, recreados como lo fuimos en la revalorización del barroco, esos trazos gongorinos en una obra neoclásica nos chocan menos que a Menéndez Pelayo, o bien, no nos chocan. "Such are the shifting sands of taste", como solía comentar en casos semejantes uno de mis viejos y sabios maestros, el profesor Briswold Morley.

En el coronel Zequeira, durante las últimas décadas del siglo XVIII y primeras del XIX, percibimos a un poeta típicamente neoclásico: virgiliano, horaciano, anacreóntico y, como buen hijo de la Ilustración, didáctico y moral. Fue Zequeira épico, filosófico, amatorio, con toda la gama de temas, de métrica y por lo general de dicción (*pace* don Marcelino), que los preceptistas del neoclasicismo aprobaban y aplaudían, y que nosotros, con perspectiva histórica, debemos estudiar y podemos apreciar.[2]

BIBLIOGRAFÍA

Gazetas de Literatura de México, por Don José Alzate Ramírez... reimpresas en la Oficina del Hospital de San Pablo, a cargo del ciudadano Manuel Buen Abad, Puebla, 1831.

Mercurio Peruano de Historia, Literatura y Noticias Públicas que da a la luz la Sociedad Académica de Amantes del País de Lima y en su nombre D. Jacinto Calero y Moreira, impreso en la Imprenta de los Niños Huérfanos, 16 de junio, 1791.

Meléndez Valdés, Juan, "A un lucero", citado en Polt.

Menéndez Pelayo, Marcelino, *Historia de la poesía hispanoamericana*, vol. I, Santander, Aldus, 1948.

Navarro, Tomás, *Métrica española. Reseña histórica y descriptiva*, Syracuse, Syracuse University Press, 1956.

Polt, John H. R., *Batilo. Estudio sobre la evolución estilística de Meléndez Valdés*, Berkeley, University of California Publications in Modern Philology, 1987.

[2] Como curiosidad bibliográfica mencionaré que he visto un folleto, *Paralelo militar*, portada más 14 páginas, fechado y firmado en la p. 4 "Habana y Septiembre 26 de 1808. Enrique Aluzema", seudónimo anagramático de Manuel de Zequeira, producto de su oficio militar y de su patriotismo. Se reimprimió en México el mismo año de 1808. Véase Toribio Medina.

Romay, Tomás, "Rasgo de amistad", en *Poesías del coronel D. Manuel de Sequeira y Arango*, La Habana, Imprenta del Gobierno y Capitanía General, 1852.

Toribio Medina, José, *La imprenta en México*, VII, 1993, pp. 413-414.

Zequeira, Manuel de, *Paralelo militar entre España y Francia con varias reflexiones sobre el éxito feliz de nuestra independencia, contra las usurpaciones de Bonaparte. Escrito por un individuo de esta guarnición*, La Habana, Oficina del Gobierno y Capitanía General, 26 de septiembre, 1808.

AMERICANISMO E TRADIÇÃO EUROPÉIA N'"O URAGUAI" DE BASÍLIO DA GAMA

Leopoldo M. Bernucci
Yale University

> Ce poème est plus sauvage
> que les nations qui en font
> le sujet.
>
> Voltaire

Desde a data de sua publicação, o poema "O Uraguai" (1769) tem recebido no campo da crítica literária uma dupla acolhida que poderia ser considerada, se não completamente entusiástica ou detratora, efusivamente apaixonada. Produzido num momento político dos mais delicados em que a Companhia de Jesus estava sendo expulsa do Brasil pelo Marquês de Pombal, por um lado o poema incendiou o espírito dos missionários e provocou libelos. Por outro, a sua qualidade literária, superando a matéria perecível da polêmica, agradou e continua agradando a grande maioria dos críticos literários e estudiosos. Mas se na sua totalidade o poema tem sido louvado, o mesmo já não se pode dizer com respeito ao canto v, cuja sorte não se iguala à dos demais. "O canto v [conforme atesta um dos seus leitores mais autorizado] é o pior de todos e visivelmente acabado às pressas, tendo como assunto principal a pintura alegórica no teto da igreja, alusiva ao domínio universal da Companhia e os seus alegados crimes e prepotências" (Candido: 172). Mas vejamos de que trata realmente a mencionada pintura neste canto.

Depois de derrotar os índios e os jesuítas, a tropa aliada formada por soldados portugueses e espanhóis invade o terreno de Sete Povos das Missões. Ali, no mesmo local da comunidade missioneira, um general e seus auxiliares encontram uma grande igreja cujo majestoso interior se apresenta parcialmente destruído. Apesar do danos a visão é ainda descomunal e surpreendente. No chão, por entre imagens sagradas caídas, um trono dourado partido em pedaços foi abandonado. No alto, os "desmedidos arcos" vêm unir-se a "firmíssimas colunas", e na abóboda, encontra-se a impressionante pintura descrita no poema. No centro do afresco, está o alto sólio ocupado pela imagem alegórica da Companhia. No chão, estão espalhados os cetros, as coroas, as tiaras e púrpuras. De um lado do trono, vemos as "dádivas corruptoras"; do outro "sobre os brancos altares, suspendidos agudos ferros que gotejam sangue". E o que sobra do quadro se esmera em representar sob o domínio dos religiosos os "crimes" cometidos em várias regiões do mundo, do Ocidente ão Oriente.

A cena como tal é sugestivamente emblemática da epígrafe do poema, tirada da *Enêida:* "Apareceu a cova de Caco e, mostrando-se o suntuoso palácio, escancararam-se as cavernas trevosas". Aliás, o propósito desta representação pictórica está concebido de acordo com o mesmo princípio que rege a dicotomia da estratégia do poema: supostamente construído para a exaltação dos feitos portugueses, Basílio acaba —se bem que perifericamente— por cantar a glória e a fama dos indígenas. De igual modo, a pintura que a rigor deveria servir à apologia das ações catequéticas da Companhia, termina por denunciar as conseqüências atrozes de sua empresa universal.

A pintura alegórica, nos diz ainda o narrador lírico, foi executada por mãos de artífice famoso e, está claro, resume em si exatamente a mesma intenção totalizadora que contém esta verrina anti-jesuítica em versos. No restante, o quadro segue, na trilha da tradição virgiliana *(Geórgicas,* 4, 453-527; *Enêida,* I, 450 e ss; VIII) provinda de Homero *(Ilíada,* XVIII), o modelo das narrações feitas em tapeçarias, bordados, estandartes, escudos e pinturas que chegou até o Renascimento, passando por transformações várias, principalmente nas mãos dos italianos: a tapeçaria de Eurídice na *Arcadia* de Sannazaro (prosa, XII), no *Orlando Furioso* de Ariosto, as bandeiras do navio de Vasco da Gama n'*Os Lusíadas* (VI, VII, VIII), na *Orphei tragedia,* nas *Metamorfoses* de Ovídio (10-11), no epigrama *25* de Marcial do seu *De spectaculis* e na *Égloga III* de Garcilaso de la Vega.[1]

É preciso não esquecer ainda que Basílio da Gama, embora no encalce dos clássicos, prefere reservar para a "moldura" poético-pictórica d'"O Uraguai" um motivo menos clássico empregado no final —o dos feitos da empresa jesuítica— para lançar mão já no corpo do texto, de uma matéria que provém da tradição. Os versos das *Geórgicas* de Virgílio nos contam que Eurídice corre de encontro a uma enorme serpente escondida na relva (488). Em Ovídio a descrição é mais visível, mas igualmente lacônica: ao passear pela grama, a donzela é picada pela serpente e morre (10, 8-10). Sem dúvida, neste particular, o poeta mineiro tomou mais a sério o que as

---

[1] A tradição é muito mais rica e se estende também às seguintes obras: Juan de Mena, *El Laberinto de Fortuna* (pp. 144-146); na *Jerusalén* de Lope de Vega, I, XV; em *La Christiada* de Hojeda, I, II. Ver Frank Pierce, "Heroic Poem of the Golden Age", *Hispanic Review,* XIV, 1946, p.102.

retóricas chamavam de *aemulatio* do que a imitação propriamente dita.
Basílio quis suplantar os modelos, como pregava Petrarca, e ao fazê-lo cria
um dos momentos de grande beleza estética do poema:}

> Cansada de viver, tinha escolhido
> Para morrer a mísera Lindóia.
> Lá reclinada, como que dormia,
> Na branda relva, e nas mimosas flores,
> Tinha a face na mão, e a mão no tronco
> De um fúnebre cipreste, que espalhava
> Melancólica sombra. Mais de perto
> Descobrem que se enrola no seu corpo
> Verde serpente, e lhe passeia, e cinge
> Pescoço, e braços, e lhe lambe o seio [IV, 149-158].

Os versos d' "O Uraguai" também sugerem neste trecho do poema que
o corpo de Lindóia ficou sem sepultura por ter sido rejeitado pelos jesuítas,
os quais, —pode-se deduzir— seguindo os preceitos católicos, a inumação
não foi feita por ter a moça cometido suicídio.

Se a plasticidade do poema no canto v está posta a serviço da crítica
mais áspera aos inacianos, no canto ii, ao contrário, ela aparece de modo
unificador trazendo o mundo animal e vegetal sob o mesmo pálio. Aqui a
teoria aristotélica da arte como imitação da natureza, vigente ainda na
época entre os árcades, vê sua aplicabilidade na imagem da descrição do
cavalo do religioso Baldeta:

> Tinha um cavalo de manchada pele
> Mais vistoso que forte: a natureza
> Um ameno jardim por todo o corpo
> Lhe debuxou, e era Jardim chamado [ii, 246-249].

O exemplo mostra que a metáfora vegetal atribuída ao animal, cujo
corpo representa elementos naturais de um jardim, é muito mais sugestiva
do que aparenta ser. A mancha do cavalo, é verdade, assemelha-se a um
jardim, e daí a origem do nome do animal. Porém, afirma o poema, não se
trata de um simples jardim mas de um lugar *ameno*, espaço idílico, referido
em outras ocasiões pelo poeta e que constitui um tópico clássico de que se
ocupam a poesia épica e a pastoril (Curtius: 183-202). Acresce-se a esta pintura
viva desenhada no pelo do animal o fato de Basílio ter cometido uma
inverossímil hipérbole, pois o *locus amoenus* exigia para ser tópico nada menos
que os seguintes componentes: um deleitoso e verde prado, claras fontes,
copadas árvores, uma suave brisa e, na harmonia do lugar, o doce canto dos

pássaros (Curtius: 195). Apesar disso, a imagem não deixa de ser eficaz, porque como diz Teófilo Braga num comentário ao poema, "as impressões artísticas não se apagam com argumentos dialéticos" (491).

Ora, esta predileção pelo tópico épico-pastoril está em perfeita consonância com a situação do poeta mineiro no seu contexto intelectual. Sabemos que quando viveu na Itália foi admitido em 1763 à Arcádia Romana com o nome pastoral de Termindo Sipílio. Mas o que importa ressaltar aqui é a familiaridade que Basílio tinha com as regras prescritas pelas poéticas, fazendo dele um escritor menos intuitivo ou nativista que um acadêmico e bom conhecedor dos modelos. Daí a necessidade de se rever a postura literária do mineiro como escritor não de todo afastado do mundo das escolas literárias, como querem alguns,[2] mas como poeta que agindo com plena liberdade de criação tinha também em mente as normas literárias. Como pouco sabemos de sua biografia, exceto através de umas esparsas notas deixadas pelo padre Lourenço Kaulen em sua *Resposta apologética ao poema intitulado "Uraguai"*, ficamos sem notícias dos aproximadamente sete anos passados na Itália entre os árcades, anos que com certeza foram produtivos ao desenvolvimento das suas letras.

O canto v tem sido estudado até agora como um "apêndice", matéria narrativa acessória e mal encaixada no poema.[3] Reconheço que esta nomenclatura não é de todo insatisfatória; hoje em dia, porém, poderíamos chamá-lo de "suplemento", para empregar uma palavra de denominação mais corrente em crítica literária. E em que consiste este adendo textual? Logicamente não em algo absolutamente secundário, pois como quer Jonathan Culler, usando como exemplo o dicionário, "um suplemento a um dicionário é uma seção extra adicionada a este; mas a possibilidade de adicionar um suplemento já estaria indicando que o dicionário em si é incompleto" (102). Portanto, devemos considerar este canto mais bem como uma extensão ou coda que permite acolher certos temas já tocados no corpo do poema e que agora ressurgem movidos pelo empuxo da peroração.[4] Assim temos, mais uma vez, na descrição pictórica do quadro aludido anteriormente o vitupério anti-jesuítico que já vinha sendo executado em baixo contínuo nos cantos anteriores (*"Manchados os vestidos/De roxas nódoas"* III, *"orvalhadas de sangue as negras roupas"* v; *"De ensangüentados, e famintos lobos,/E fingidas raposas"* III, *"Lobo voraz que vai na sombra escura"* v) . Mas este último canto deixa também espaço para as instâncias

---

[2] Ver Antonio Candido, *Vários escritos,* p.163; Alfredo Bosi, *História concisa da literatura brasileira* (São Paulo, Cultrix, 1975), p.72.

[3] Ver Ferdinand Joseph Wolf, p. 55; Azevedo Coutinho, Denis e Candido, p.178.

[4] Utilizo a palavra *suplemento* que, neste caso, difere ligeiramente da acepção que lhe dá Antonio Candido quando comenta as notas ao poema. Ver vol. 1.

laudatórias ("...o *invicto Andrade"* 1) . Apesar das claras intenções panegirís-
ticas do poema que o transformam em elogio das obras da Coroa Portuguesa durante o governo pombalino e, curiosamente como já vimos, de
modo indireto dos nativos guaranis, Basílio desfere também seu ataque
usando com a mesma intensidade o chumbo grosso do opúsculo contra os
jesuítas. Contudo, é bom lembrar que se a investida atinge ferinamente
os religiosos, os quais, segundo o poeta, de forma desumana abusaram dos
índios, a estes lhes sobram também, se bem que em menor dose, as estilhas
da artilharia verbal do mineiro por representarem a barbárie contra o
chamado mundo civilizado do colonizador. Logo veremos que este movimento de ataque e defesa é muito mais complexo pois, como já se falou, o
índio também é exaltado.

De modo geral, enquanto a sua disposição narrativa, "O Uraguai"
segue as inovações introduzidas por Virgílio para o gênero épico *(propositio,
invocatio, narratio* aos invés da costumeira *invocatio, propositio* e *narratio)* e
por Lucano que invoca pessoas e já não mais a Musa. A *propositio,* por sua
vez, está faltando justamente porque aqui se cantam o índio e os portugueses ao mesmo tempo; fenômeno que por si só já rompe com as normas
épicas criando uma disparidade de tom em que o sublime é forçado a
conviver com o baixo. Por essa razão, não nos surpreende que Basílio
eliminasse a proposição onde invariavelmente os seus heróis teriam que
aparecer, malgrado a peculiar e tão visível dicotomia, e mantivesse ao longo
do poema essa feliz incoerência quando elogia ambos.

Assim, para cantar a fama do ameríndio, Basílio se obriga a uma
contorsão verbal significativa e, de modo idêntico àquele empregado por
Alonso de Ercilla, confronta com a justificação da fama dos indígenas,
motivada pela exótica estranheza, rara perfeição e inesperado caráter
encontrados num lugar remoto do mundo onde um povo "bárbaro" de-
monstra ter, por natureza, um agudo sentido de liberdade e de justiça.[5] Por
isso, pode-se considerar que o poema seja imperfeito na sua essência, ou
dele, poder-se-ia dizer em linguagem rousseauniana que possui um "vazio
originário", lugar ausente que deve ser preenchido por um suplemento. E
se quisermos ainda levar adiante o desenvolvimento desta lógica suplemen-
tária, diremos que as várias notas de pé-de-página ao poema, deixadas pelo
autor, contribuem também à formação de uma adição exterior aos significados do texto.[6] Sendo um suplemento, as notas e o canto v obedecem ao
estatuto da ordem da complementação, do "tomar-lugar-de", do preenchi-

[5] Ver Cedomil Goic, p. 11.
[6] Na edição de Varnhagen e de Mário Caraminha da Silva o poema aparece mutilado,
denotando o tipo de juízo que dele tinham feito os seus editores, a quem lhes parecia que as
notas eram absolutamente desnecessárias.

mento de um espaço de que o corpo do poema carece.[7] Os quatro primeiros cantos, deste modo, estariam para a fala assim como o canto v estaria para a escritura; isto é, cobrando a sua função de suprir uma ausência, no sentido derridiano, o canto v e as notas deixariam de depender ostensivamente do resto do poema para ganhar um status de privilégio, de material indispensável à própria existência do mesmo.[8] Com as devidas reservas, esta lógica de operação, que privilegia agora o elemento inicialmente relegado a segundo plano, é a que está precisamente no cerne da estratégia poética de Basílio da Gama como sagazmente aponta Antonio Candido:

> Havia um general português a celebrar, havia os jesuítas a denegrir; e havia um elemento que servia de pretexto, o índio. Foi este que acabou vindo a primeiro plano e salvando o poema. Mostrá-lo como vítima dos padres seria normal e aumentaria o efeito da polêmica; o poeta não deixa de fazer isto. Mas vai adiante e o mostra como vítima de uma situação mais complexa, na qual os intuitos declarados viram do avesso, na medida em que o militar invasor acaba se equiparando virtualmente ao jesuíta como agente de perturbação da ordem natural [p. 174].
>
> Por isso, [a leitura] que permite uma visão mais de acordo com os melhores momentos do poema é [...] a que desloca o eixo da verrina para o encontro de culturas, base da civilização brasileira ... [176].

As notas d' "O Uraguai" ainda reforçam a verossimilhança do poema dando mais autenticidade aos fatos cantados, deixando o "eu" autoral penetrar na página da criação ("O autor o experimentou", "o Autor os viu", "o Autor o atesta").[9] São também as notas as que, em última análise, decidem pelo lado do ataque aos membros da ordem religiosa estabelecendo para o poema um marco mais seguro de compreensão dos seus significados;[10] ou seja, enfatizando claramente uma posição de antagonismo que por suas características, neste jogo de duplo ataque, poderiam anular-se ou passar despercebidas pelo leitor durante os momentos de maior exaltação lírica do poema.

---

[7] Para a função metalingüística e auto-crítica das notas, consultar Vânia Pinheiro Chaves, pp. 71-76.

[8] Consultar Jacques Derrida. *Of Grammatology,* Baltimore, The Johns Hopkins University Press, 1980, pp. 141-164.

[9] Basílio da Gama, pp. 12, 14, 29. Ver também pp. 30 e 95. Utilizo aqui a edição facsimilar organizada por García e Stanton.

[10] Kaulen por isso mesmo refuta as idéias do poeta baseando-se mormente no conteúdo das notas e não nos aspectos referenciais que os versos do poema oferecem. Consultar: Lorenz Kaulen, "Refutação das calúnias contra os jesuítas contidas no poema *Uraguay* de José Basílio da Gama", *Revista do Instituto Histórico e Geográfico Brasileiro,* 68, 1907, pp. 93-224.

Note-se que o canto v é o único ao qual se transporta à matéria narrativa do canto anterior, e que parece ser sintomático deste modo épico de transição o poeta invocar as forças inspiradoras (do genial artista americano) para guiá-lo no próximo canto. Portanto, o ato em si desta transição já estaria sinalizando a condição de suplemento ou ligadura que o canto v possui com respeito ao corpo maior do texto, o que corrobora —ao contrário do que se tem pensado até agora— a idéia de um plano poético bem desenhado pelo autor que desconhece as imperfeições da pressa.

Valorizar e desqualificar, ao mesmo tempo, o canto v ou simultaneamente subestimar e reconhecer a necessidade das notas de pé-de-página d'"O Uraguai" parecem ser a forma mais indicada de um protocolo de leitura que se deve usar para este poema. Porque se tomarmos o canto v e todas as notas do poema como *excesso* unicamente, estaremos agora condenando-os pelas mesmas razões que uma outra leitura nos obrigará a rehabilitá-los depois. Vale dizer, o desejo de adicionar por si é condenável e perigoso para a construção do poema, mas quando este falha enquanto realização da plenitude de um discurso poético, as partes anexas passam a ter um papel fundamental. Recordemos, mais uma vez, no canto II a mancha em forma de pintura no corpo do cavalo de Baldeta sobre a qual nada mais se sabe a não ser que se assemelha a um jardim. É desta maneira a brevidade do símile e a necessidade compensatória do fazer poético de Basílio o que estaria exigindo neste caso que maior extensão fosse dada aos aspectos plásticos do canto v, onde se descreve a abóboda do templo.[11] As descrições documentais da igreja de São Miguel, entretanto, levam—nos a pensar que esta pintura nunca tivesse existido e que tivesse sido criada pela imaginação do poeta com base nas representações pictóricas de outros edifícios da Companhia. Como o próprio poeta sugere, o motivo da representação pictórica —a Companhia de Jesus na evangelização do mundo— era recorrente e poderia ser encontrado em outras pinturas como as da igreja do Colégio Romano ou da Casa Professa de Roma.[12]

Sejam quais forem as razões -e as aduzidas aqui têm ampla justificativa- o fato é que o intento de plasticidade que se verifica em todo o poema é um dos objetivos primeiros do autor e por isso mesmo merece mais uma observação: a de que muitos dos principais traços genéricos da realidade representada, de modo realista, alegórico ou visionário, estão descritos e vistos pictoricamente. A visão do passado e futuro, que tem Lindóia na

---

[11] O carácter dúbio desta representação gerou uma das refutações mais desafiantes, a do padre Kaulen que se refere à "ficção" ou à "fingida descrição das pinturas" quando comenta o seu conteúdo. Kaulen, p. 185.

[12] Para uma breve descrição do mesmo motivo em diferentes instalações da Companhia, ver Pierre Delattre, pp. 1008 y 1270; Louis Blond, p. 51.

caverna da bruxa Tanajura, descrita como uma tela mágica criada na agitação das águas enfeitiçadas, complementa-se com a do afresco gravado na abóbada do templo da aldeia de São Miguel.[13] Por conseguinte, se o cárácter representacional deste último é realmente fictício, isto prova a destreza do poeta no manejo do tópico épico que explora o pictórico, conforme já foi referido.[14] Algo idêntico ocorre com a figura bufona e sanchesca do Irmão Patusca que no canto IV já tinha sido vituperiado pelo autor, mas cujo retrato, ainda incompleto, só revelará o verdadeiro vulto do personagem ao lermos os seguintes versos do canto final:

> A soldadesca alegre
> Cerca em roda o fleumático Patusca,
> Que próvido de longe os acompanha,
> E mal se move no jumento tardo.
> Pendem-lhe dos arções de um lado, e de outro
> Os paios saborosos, e os vermelhos
> Presuntos Europeus; e a tiracolo
> Inseparável companheira antiga
> De seus caminhos a borracha pende [v, 116-124].[15]

A dívida d'"O Uraguai" para com a poesia clássica cultivada em pleno Renascimento europeu e estensivamente imitada durante o arcadismo setecentista é um fato muitas vezes aludido mas pouco investigado nas suas minúcias. Recorri ao princípio a uma conhecida lista dos clássicos cuja influência me parecia mais marcante, mas o inventário como tal, longe de ser completo, procura integrar contribuições de outros autores nunca ou poucos citados. E ainda, em meio à distração produzida por esses clássicos, cá do nosso lado uma obra importantíssima ficou esquecida: La *Araucana* de Alonso de Ercilla.

---

[13] Candido aponta outras imagens correspondentes de interesse. *Formação da literatura brasileira,* vol. 1, pp. 130-131.

[14] É muito pouco provável que esta pintura fosse, de fato, verdadeira. As raras descrições que temos da igreja de S. Miguel, minuciosas enquanto ão aspecto arquitetônico do edifício, não fazem nenhuma menção, por breve que seja, do quadro a que o poema alude. Para um estudo e bibliografia criteriosos da situação arquitetônica e artística do templo, consultar Ramón Gutiérrez, pp. 63-91. Ver o belíssimo desenho do francês Alfred Demersay no atlas que acompanha o seu estudo. Examinar também: Lúcio Costa; Hemetério José Velloso da Silveira; Jacinto Rodrigues da Cunha y Lorenz Kaulen.

[15] Compare-se os seguintes versos da primeira das *Cartas chilenas* de Gonzaga com os do nosso poema: "Caminha atrás do chefe um tal Robério/ que entre os criados tem respeito de aio:/ estatura pequena, largo o rosto,/ delgadas pernas e pançudo ventre,/ sobejo de ombros, de pescoço falto;/ tem de pisorga as cores, e conserva/ as bufantes bochechas sempre inchadas" (ver pp. 110-116).

La Araucana

Saca entera la lanza, y derribando
el brazo atrás, con ira la arrojaba:
vuelva la furiosa asta rechinando
del ímpetu y pujanza que llevaba,
y a Corpillán que estava descansando
por entre el brazo y cuerpo le pasaba,
y al suelo penetró sin dañar nada,
quedando media braza en él fijaba.
[v, 37]

Quatro brazas pasó con raudo vuelo
de la señal y raya delantera:
rompiendo el hierro por el duro suelo
tiembla por largo espacio la asta fuera;
[x, 26]

para aquel que con flecha a puntería,
ganando por destreza el precio rico,
llevase al papagayo el corvo pico.
[x,18]

las ricas minas, y los caudalosos
ríos de arenas de oro, y el ganado
[vii, 25]

Como cuando el lebrel y fiero alano,
mostrándose con ronco son los dientes,
yertos los cerros y ojos encendidos,
se vienen a morder embravecidos,
[xi, 11]

cubierto de una piel dura y pelosa
de un caballo marino, que su padre
había muerto en defensa de la madre.

del pellejo del pez duro y peloso
hizo una fuerte y fácil armadura.
[xxi, 34/39]

Destos peñascos ásperos pendientes,
llamados hoy el monte de la Luna,
nacen del Nilo las famosas fuentes,
y dellos ríos sin nombre y fama alguna,
[xxvii, 18]

Y a su presencia el bárbaro llegado
Sin muestra ni señal de cortesía
[xxiv, 91]

O Uraguai

Cepé, que o viu, *tinha tomando a lança,*
E atrás deitando a um tempo o corpo, e o
                                    [braço,
A despediu. Por entre o braço, e o corpo
Ao ligeiro Espanhol o ferro passa:
Rompe, sem fazer dano, a terra dura,
E treme fora muito tempo a hástea.
  [ii, 323-328]

São os que ele conduz; mas são tão destros
No exercício da flecha, que arrebatam
Ao verde papagaio o curvo bico,
Voando pelo ar. Nem dos seus tiros
[iv, 85-87]

Nem altas minas, nem os caudalosos
Rios de areias de ouro. Essa riqueza,
[ii, 88-90]

Qual fera boca de Lebréu raivoso
De lisos, e alvos dentes guarnecida,
[ii, 217-218]

Armado o peito da escamosa pele
De um Jacaré disforme, que matara,
Se atravessa diante. Intenta o nosso
Com a outra pistola abrir caminho,
E em vão o intenta: *a verde-negra pele,*
Que ao Índio o largo peito orna, e defense,
Formou a natureza impenetrável.
[ii, 271-277]

Ou no Ganges sagrado; ou nas escuras
Nunca de humanos pés trilhadas serras,
Aonde o Nilo tem, se é que tem fonte.
[v, 31-33]

E os pés, e os braços, e o pescoço. Entrara
Sem mostras, nem sinal de cortesia,
[ii, 44-45]

Se não me equivoco foi Francisco Sotero dos Reis o primeiro a comparar "O Uraguai" com esta obra do escritor español. Outros o fizeram mais especificamente, como Mário Caraminha da Silva que aponta algumas relações intertextuais curiosas; mas mesmo assim, infelizmente, as referências são breves e não ambicionam nenhuma investigação além da que mostra dois ou três casos soltos, quando na verdade o parentesco é bem maior:

Uma apreciação justa d'"O Uraguai" que retome as discussões em torno do seu espírito épico é agora mais do que urgente. De *La Araucana* já se tem falado que a ausência de um herói central, as freqüentes incursões do maravilhoso ou do mágico[16] e a falta de unidade do poema devido à inclusão de episódios alheios à guerra trabalharam em detrimento da sua veia épica. Até mesmo o juízo de um Voltaire, de 1728, o qual se por um lado rende-lhe tributo, por outro descarrega-lhe a sua bateria contra os mesmos defeitos que acabo de mencionar. Coincidentemente a crítica mais especializada, e principalmente a do século XIX, tem sido dura com Basílio por não ter sabido controlar deslizes semelhantes. Mas nem por isso penso que o lirismo épico do poema se empobrece. Por exemplo, se nos voltarmos novamente sobre o exórdio do poema constataremos que este possui duas invocações:

> Musa, honremos o Herói, que o povo rude;

> Protegei os meus versos. Possa em tanto
> Acostumar ao vôo as novas asas [I, 6/14-15].

As duas chamadas apelativas da primeira *invocatio* estão dirigidas, uma à Musa e a outra a Francisco Xavier de Mendonça Furtado, ex Governador do Maranhão e do Grão-Pará, a quem o poema também foi dedicado. Uma terceira invocação aparecerá ainda na conclusão do canto IV, e desta vez dirigida ao genial pintor (ou às habilidades dos artistas ameríndios) da abóboda do templo:

> Gênio da inculta América, que inspiras
> A meu peito o furor, que me transporta [IV, 283-284].

Não nos estranha que a primeira invocação esteja conduzida à Musa e a uma autoridade da Coroa portuguesa, posto que sendo este um discurso apologético, Gama esperava com certeza receber favores do Marquês de Pombal. Mas o convite à Musa parece ser antes um proposta de auxílio, de

---

[16] E o poeta insiste na veracidade dos fatos.

esforço conjunto entre o poeta e Ela, que propriamente um pedido humilde às suas forças divinas com o intento de suprir as limitações da voz humana. Mais uma vez, o poeta mineiro se propõe a seguir o roteiro narrativo de *La Araucana* no sentido de que o poema de Ercilla introduz, como inovação no gênero épico, a mescla dos modelos convencionais (Horácio) e renovadores (Lucano), ou seja, a de que um ser humano também fosse invocado num mesmo poema em que a invocação estivesse também orientada à Musa. Não obstante, os paralelismos entre os dois poemas não só se limitam a isso. O melhor deles e o mais proveitoso para a análise literária é o que diz respeito ao sentido errático dos assuntos em ambas as obras. Nelas, se estabelece que todo o narrado é verídico ao mesmo tempo que aparecem elementos insólitos; quanto à proposição do canto I, se temos a impressão ou somos avisados de que os feitos guerreiros dos espanhóis e portugueses são a matéria prima desses poemas, verificamos depois que também o indígena é objeto de representação. Sem dúvida, tais oposições, quando observadas por um leitor incauto, podem ser vistas como inconstancias, ameaçando afetar seriamente a unidade das obras. Mas, se pelo contrário estudarmos os dois poemas com base no que estava previsto pelas poéticas em vigência, verificaremos que o emprego do maravilhoso e do absurdo na epopéia estava perfeitamente autorizado, desde que estivesse a serviço do objeto nuclear da ação e desde que mativesse a verossimilhança na narração dos fatos.

Julgo que estas breves aproximações entre os dois poemas latino-americanos podem nos levar a duas conclusões. Primeiro, que sendo o caso Ercilla um exemplo de fidelidade e renúncia ao mesmo tempo aos modelos clássicos, ajuda-nos a ver o peso da tradição épica n' "O Uraguai" já que é o padrão ariostesco o que está por trás da criação sul-americana.[17] Ao tópico do cansaço utilizado porque o autor está cansado, necessita repouso e está falto de voz (*Pintara... mas que intento! as roucas vozes/Seguir não podem do pincel os rasgos.* IV, 281-282)[18] mistura-se o da imortalidade das letras (*Serás lido Uraguai,* V, 141),[19] ambos presentes no *Orlando furioso* e em *La Araucana.*

Há quase um século José Veríssimo (107) já especulava sobre o fato de Basílio da Gama ser ou não o iniciador na América do "americanismo" na

[17] A influência de Ariosto e Tasso ainda está para ser estudada, mas sem dúvida Basílio freqüentava muito bem os dois escritores. Sobre este aspecto da influência dos italianos, veja-se uma observação em meio às apreciações algo tendenciosas daquele que poderia ser considerado o seu primeiro comentarista (1769), João Pereira Ramos de Azevedo Coutinho. Ver José Timóteo da Silva Bastos, p. 90.

[18] Ver n'*Os Lusíadas,* X, 145.

[19] Foi Varnhagem quem ao avaliar o poema, não o fez sem antes ver nesses versos uma atitude de "elevada imodestia" do poeta. Francisco Adolfo de Varnhagen, pp. 396-397.

poesia, que como tendência literária desenvolvida mais tarde melhor se adequa a Santa Rita Durão, Gonçalves Dias, José de Alencar, Euclides da Cunha até chegar a Mário e a Oswald de Andrade.[20] Na América Hispânica aparecem nomes igualmente importantes: Sarmiento, Bello, Heredia, Martí, para mencionar apenas uns poucos. Mas Veríssimo não suspeitava, ou não teve meios de saber, que o poema de Alonso de Ercilla, terminado de publicar em 1589, teria sido a primeira manifestação em poesia dos sentimentos nativistas gerados a partir das discussões em torno do choque entre as duas culturas, tema retomado mais tarde em pleno século passado por Sarmiento no seu *Facundo* (civilización y barbarie) e, em princípios deste, brilhantemente dramatizado por E. da Cunha n'*Os sertões*. Portanto, o tema que cerca o índio é americano, mas sobretudo atualíssimo. E se ainda algo pode ser dito sobre a singularidade americana d' "O Uraguai" pensemos apenas naquele momento de sarcasmo que nos faz lembrar, como queria Kaulen os nossos melhores satíricos educados na mesma escola de um Gregório de Matos ou um Tomás Antônio Gonzaga das *Cartas chilenas* e, no Peru colonial, na de um Mateo Rosas de Oquendo ou um Juan de Caviedes.

Por tudo isto, parece-me que se considerarmos *La Araucana* e "O Uraguai" como obras firmemente atentas às prescrições clássicas do gênero épico teremos também que necessariamente considerar as características inovadoras destes dois poemas. E contra aqueles que procuram colocá-los frente aos modelos sem ter consciência de que as modificações ou desvios não desvirtuam o carácter do gênero mas podem, pelo contrário, realçá-los, basta lembrar-lhes, por exemplo, que se os sucessos contados nos dois poemas não guardam a tradicional distância épica com respeito às datas dos acontecimentos históricos e dos representados nestas obras; isto já bastaria para fazer-nos refletir sobre a singularidade de sua composição. A originalidade de *La Araucana* e d'"O Uraguai" reside no fato de que por saberem tão bem utilizar os modelos clássicos, os autores adaptam as normas épicas à nova realidade americana cantada. Esta atitude não deixa de ser por isso também uma atitude de resistência, mas realizada com plena consciência das implicações que a criação literária acarreta. A mais óbvia e talvez a mais interessante seja a de que uma nova realidade exige um novo modo de narrar que nem por isso despreza a tradição mas que, contrariamente, quando nela se apóia se empenha na dura tarefa de suplantá-la e, portanto, de questioná-la.

---

[20] Para uma discussão em torno do "americanismo" em Basílio da Gama, visto de uma perspectiva biográfica, consultar Sérgio Buarque de Holanda.

BIBLIOGRAFÍA

Almeida Garret, "História da poesia e língua portuguesa" [1826], em *Obra completa*, vol I, Porto, Lello & Irmão, 1966.

Blond, Louis, *La maison professe de Jésuites de la Rue Saint-Antoine à Paris, 1580-1762*, Paris, Éditions Franciscaines, 1956.

Braga, Teófilo, *História da literatura portuguesa (Filinto Elísio e os dissidentes da Arcádia)*, Porto, Chardon/Lello & Irmão, 1900.

Calmon, Pedro, "Discurso na sessão pública do Segundo Centenário de Basílio da Gama", *Revista da Academia Brasileira de Letras*, 62 (1941), pp. 211-226.

Camões, Luís de, *Os Lusíadas*, editado com introdução de Frank Pierce, Oxford, Oxford University Press, 1973.

Candido, Antonio, *Formação da literatura brasileira*, vol. I [1959], São Paulo, Martins, 1971, pp. 127-136 .

Caraminha da Silva, Mário, *Prefácio e notas de O Uraguai*, Rio de Janeiro, Agir, 1964.

Chaves, Vânia Pinheiro, *O Uraguai e a fundação da literatura brasileira (um caso de diálogo textual)*, 2 vols., tese de doutorado apresentada à Universidade de Lisboa, Lisboa, 1990.

Costa, Lúcio, "A arquitetura dos jesuítas no Brasil", *Revista do Serviço do Patrimônio Histórico e Artístico Nacional*, V (1941), pp. 87-99.

Culler, Jonathan, *On Deconstruction*, Ithaca, Nueva York, Cornell University Press, 1982.

Cunha, Jacinto Rodrigues da, "Diário da expedição de Gomes Freire de Andrada às Missões do Uruguay", *Revista do Instituto Histórico e Geográfico*, 10/11 (1853), pp. 289-294.

Curtius, Robert, *European Literature and the Latin Middle Ages*, trad. por Williard R. Task, Princeton, Princeton University Press, 1973.

Delattre, Pierre, *Les établissements de jésuites en France depuis quatre siècles*, 5 vols., Enghien, 1940-1957.

Demersay, Alfred, *Histoire physique, économique et politique du Paraguay et des établissements des jésuites*, 2 vols., Paris, Librairie de L. Hachette, 1860/1864.

Denis, Ferdinand, *Resumé de l'histoire littéraire du Portugal et du Brésil*, Paris, Lecoint et Durey, 1826.

Derrida, Jacques, *Of Grammatology*, Baltimore, The Johns Hopkins University Press, 1980.

Driver, David Miller, *The Indian in Brazilian Literature*, Nueva York, Hispanic Institute in the United States, 1942, pp. 22-32.

Ercilla, Alonso de, *La Araucana*, México, Porrúa, 1977.

Fernandes Pinheiro, Joaquim Caetano, *Curso elementar de literatura nacional*, Rio de Janeiro, Garnier, 1883.

Gama, Basílio da, *O Uraguay*, no volume da tradução de sir Richard F. Burton intitulada *The Uruguay*, ed. com pref., notas e bibliografia de Frederick C. H. García e Edward F. Stanton, Berkeley, Los Ángeles, Londres, University of California Press, 1982, pp. 141-250.

Goic, Cedomil, "Poética del exordio en *La Araucana*", *Revista Chilena de Literatura*, 1 (1970), pp. 5-22..

Gonzaga, Tomás Antônio, *Obras completas*, I , ed. crítica de M. Rodrigues Lapa, Rio de Janeiro, Inst. Nacional do Livro, 1957, 2 vols.

Gutiérrez, Ramón, "La misión Jesuítica de San Miguel", *Documentos de Arquitectura Nacional y Americana*, 14 (1982), pp. 63-91.

418 LEOPOLDO M. BERNUCCI

Holanda, Sérgio Buarque de, *Tentativas de mitologia*, São Paulo, Perspectiva, 1979.

Kaulen, Lorenz, *Reposta [sic] apologética ao poema intitulado "O Uraguay," composto por José Basílio da Gama e dedicado a Francisco Xavier de Mendonça Furtado, irmão de Sebastião José de Carvalho e Melo, Conde de Oeiras e Marques de Pombal*, Lugano, 1786. Reimpresso como "Refutação das calúnias contra os jesuítas contidas no poema *Uraguai* de José Basílio da Gama", *Revista do Instituto Histórico e Geográfico*, 68 (1907), pp. 93-224.

Martins, Wilson, *História da inteligência brasileira*, São Paulo, Cultrix, 1976. vol. I.

Moisés, Massaud, *História da literatura brasileira*, vol. I, São Paulo, Cultrix, 1983.

Orphei tragoedia, publicada pela primera vez por Ireneo Affo em 1776. Esta versão em cinco atos está baseada na *Favola di Orfeo* de Angelo Poliziano. *Opere de Poliziano: L'Orfeo et le* Stanze, ed. de Ferdinando Neri, Estrasburgo, Heitz [1911].

Ovid, *Metamorphoses*, ed. e trad de F. J. Miller, 1916, 2 vols., Cambridge, Harvard University Press, 1966-1968.

Paranhos, Haroldo, *História do romatismo no Brasil*, vol. I, São Paulo, Cultura Brasileira, 1937, pp. 135-151.

Relacão abreviada da Repúblic. *Revista do Instituto Histórico e Geográfico*, 4, 15 (1842), pp. 265-294.

Pereira da Silva, João Manuel, *Os varões ilustres do Brasil durante os tempos coloniais*, vol. 2, Paris, A. Franck, 1858.

Perelmuter Pérez, Rosa, "El paisaje idealizado en *La Araucana*", *Hispanic Review*, 54:2 (1986), pp. 129-146.

Rodrigues da Cunha, "Diário da expedição de Gomes Freire de Andrada às Missões do Uruguai", *Revista do Instituto Histórico e Geográfico*, 16, 10 (1853), pp. 137-321.

Sannazaro, Jacobo, *Arcadia*, ed. de Michele Scherillo, Turín, Ermanno Loescher, 1888.

Silva Bastos, José Timóteo da, *História da Censura Intelectual em Portugal*, Lisboa, Moraes, 1983.

Silveira, Hemetério José Velloso da, *Missões orientais*, Porto Alegre, Livraria Universal, 1909.

Sotero dos Reis, Francisco, *Curso de literatura portuguesa e brasileira*, vol. 4, São Luís do Maranhão, Tipografia do País, 1862-1868, pp. 201-230.

Varnhagen, Francisco Adolfo de, *Épicos brasileiros*, Lisboa, Imprensa Nacional, 1845.

Veríssimo, José, *Estudos de literatura*, Rio de Janeiro, Livraria Garnier, 1899, pp. 89-129.

——, *História da literatura brasileira*, Brasília, Editora Universidade de Brasília, 1963, pp. 109-113.

Virgil, *Georgícs*, ed. e trad. de H. Rushton Fairclough, 1916, Cambridge, Harvard University Press, 1965.

Voltaire, François-Marie Arouet, "Essai sur la poésie épique", *La Henriade*, Paris, Mme Veuve Dabo, 1822, pp. 372-382.

Wolf, Ferdinand, *Le Brésil Littéraire (Histoire de la littérature brésilienne)*, Berlin, A. Asher, 1863, pp. 50-62.

DISCURSO FILOSÓFICO SOBRE EL LENGUAJE DE LOS ANIMALES[1]

FERNANDO DELMAR
El Colegio de México

El texto novohispano que nos ocupa es una divertida y erudita disertación escrita, lo más probable, en la segunda mitad del siglo XVIII (Discurso).[2] El documento anónimo es una copia de un original desaparecido que el Santo Oficio de la Nueva España requisó por razones obvias. El cuadernillo, formado por 36 folios, se encuentra en el acervo del archivo inquisitorial y, desgraciadamente para nosotros, no está acompañado por ningún otro documento que nos permita conocer algo acerca del autor y menos de la destinataria del escrito, o "madama", como el autor la llama, la que nos recuerda, y no sin ironía, a uno de los personajes de *Les femmes savantes* de Molière. Si se me permite calificar desde un principio el carácter del documento me atrevería a decir que está entre una carta amorosa y una disertación filosófica, por raro que esto pueda parecer. Sabemos que fue escrito a instancias de una culta señora quien, tras de una serie de conversaciones filosóficas con el autor, se quedó con una duda fundamental: ¿es posible, como le había asegurado la última vez que conversaron, que los animales tengan la capacidad de hablar? El autor, del que sospechamos que es un clérigo, prefiere contestarle con una larga carta que divide en tres puntos.

1. DEL CONOCIMIENTO DE LOS ANIMALES

El autor, desde un principio, reconoce categóricamente en los animales la capacidad de conocer y de hablar y se dedicará con igual vigor a refutar las teorías de Descartes, quien considera que todos los movimientos y acciones

[1] El presente trabajo es la primera parte de la introducción que acompañará a la edición del manuscrito.

[2] Agradezco al proyecto "Catálogo de textos literarios novohispanos en el Archivo General de la Nación (México)", del cual formo parte, el haberme permitido hacer uso del material ya clasificado para la realización del presente trabajo.

de los animales se pueden explicar por las leyes de la mecánica. Confiesa que si las ideas se apoyasen sobre pruebas sólidas serían dignas de "compasión". Pero la verdad siempre será verdad, por lo que al sentirse arrastrado por una "persuasión íntima" reconoce que el sistema cartesiano está fundado en puras posibilidades y por lo tanto lo califica como un discurso "defectuoso", como fácilmente deduce, porque del hecho a la posibilidad la consecuencia es cierta, pero en Descartes, la consecuencia es "aventurada, incierta y temeraria".

El que un filósofo novohispano maneje y discuta con tanta autoridad el *Tratado del hombre* de Descartes no debe dejar de sorprendernos y más si está convencido de que la teoría cartesiana no es suficiente para resolver el asunto que le ocupa ni para desmentir a los peripatéticos, quienes aseguraban que los animales, como los hombres, están formados por la combinación de dos sustancias, la una, sensitiva, discursiva y cognoscitiva, esto es, el entendimiento, y la otra, extensiva, divisible y capaz de ocasionar sentimientos pero incapaz por sí misma de conocer y sentir.

Es imposible aceptar, filosóficamente hablando, que los animales estén formados, como los hombres, por un cuerpo y por un alma, así como también es imposible imaginar que estén compuestos por una sustancia intermedia. "¿No ha podido Dios, [se pregunta nuestro autor] crear una substancia media, inferior al espíritu y superior a la materia, incapaz de discurrir pero capaz de conocer y sentir?" Esta solución es demasiado fácil y atractiva; sin embargo, le advierte a su querida lectora que no se deje seducir por dicha teoría ya que caería "a un tiempo en la incertidumbre del parecer de Descartes y en la obscuridad de la opinión peripatética". Puesto ¿qué idea se puede formar de una sustancia que ni es materia ni espíritu? Una sustancia media es una "quimera", un ente de razón del que no tenemos ni idea ni discurso.

La única solución probable, y de la que el autor se jacta de haber encontrado, es ajena a la filosofía. En este caso sólo la religión puede explicar aquello que la filosofía no puede. Según la Biblia, los demonios fueron reprobados por Dios y condenados a arder perpetuamente en el infierno, pero en este respecto, algunos autores de la Iglesia han asegurado que los demonios no padecen desde ahora los tormentos sino que su sentencia está reservada para el día del Juicio Final. Esto no quiere decir que Dios se haya olvidado de los demonios por lo que, en espera de su castigo eterno, los ha distribuido en diversos lugares del mundo para servir a los designios de su providencia y hacer resplandecer su poder. Los unos, en su estado natural, se ocupan en tentarnos, seducirnos y atormentarnos. Con otros, Dios ha creado millones de bestias de todas las especies que, subordinadas al hombre, permiten admirar mejor su sabiduría y su poder.

Con este argumento nuestro autor "mata dos pájaros con un solo tiro" y explica por qué Dios ha permitido que los demonios nos tienten y el por qué los animales pueden conocer, pensar y hablar.

De este modo, cada animal es un diablo unido a un cuerpo organizado que conoce y siente de la misma manera que nosotros, por lo que, entonces, está expuesto a la perfidia y a la ingratitud, a la ira y a la venganza y, por su origen, debe dejar de sorprendernos cómo puede sentir, hacer y pensar como nosotros sin tener un alma racional.

A estas alturas nuestro autor hace una observación que vale la pena subrayar: la degradación del lenguaje de los animales y de su sabiduría es consecuencia de haber abusado de estas dotes. Dios ha querido humillarlos sujetándolos a órganos tan groseros y visiblemente inferiores a los del hombre. Los animales piensan, pero no debemos creer que puedan hacer razonamientos como los nuestros porque sus órganos no son capaces de movimientos tan sutiles. Son autómatas que, por lo general, obran mecánicamente aunque con conocimiento, lo que para un espíritu es el colmo de la humillación.

2. DE LA NECESIDAD DE UN IDIOMA ENTRE LOS ANIMALES

En el texto no abundan las definiciones y cuando nuestro autor se atreve a formular alguna lo hace con una combinación de desafío y seguridad.

> Lo que llamamos hablar, [dice, por ejemplo] es darse a entender por una orden de palabras seguidas con que los hombres se han convenido de exprimir tal idea o tal pensamiento y la total colección de estas palabras es lo que llamamos ydioma.

Lo que queda claro a partir de esta definición es que los animales no tienen propiamente un idioma pero es imposible imaginar que Dios les haya podido dar la facultad de conocer, sin poder a la vez, conservar y comunicar todo lo que les es conveniente y propio.

El autor está pensando, en este momento, sobre todo en las especies de animales que viven en sociedad y después de una original comparación concluye con un concepto que podemos calificar de moderno:

> Bolvamos al exemplo [explica] de un pueblo mudo y supongamos que privados de la voz natural Dios les quitó todos los medios de entenderse unos á otros. ¿Qué uso harían del conocimiento y del discurso? Es evidente que no pudiendo entender ni darse á entender, no podrían recurrir ni dar socorro á la sociedad. Lejos de amarse estarían necesariamente en una continua oposición: el odio y la venganza romperían todos los principios de unión y mudados de bestias feroces, sólo pensarían en destruirse. Quanta más comunicación, más sociedad.

Lo mismo sucede entre los castores que se organizan gracias a un lenguaje, independientemente de que éste pueda sustituirse por un instinto natural.

El instinto lo define como un discurso no conocido en que se obra sin reflexión, un deseo, un gesto "indeliverado", un movimiento maquinal de nuestra alma que se inclina a ejecutar tal cosa sin saber el porqué. Y antes de que, como en el caso de los castores, el instinto llegue a sustituir al lenguaje, es necesario reconocer en los animales una facultad cognoscitiva, derivada de la comunicación establecida entre ellos. Esto prueba que el conocimiento, sin la comunicación recíproca mediante un idioma sensible y conocido por la especie, no basta para conservar la vida en sociedad ni para efectuar ninguna empresa común.

Lo anterior se puede aplicar tanto a las especies que viven en sociedad como a cualquier otra, ya que todos tienen establecido entre ellos un código que regula su vida. De nuevo nuestro autor hace uso de la experiencia y sus ejemplos están sacados de la historia natural y de las leyendas recogidas en los bestiarios. La forma como los lobos cazan, el cortejo de los gorriones o las cosas admirables que los monos son capaces de hacer, son datos suficientes para avalar su teoría. Estamos más allá de una disertación filosófica. A estas leyes naturales se le suma la comunicación que cotidianamente mantenemos con los animales:

> Nosotros, [le recuerda a su lectora] hablamos a los caballos, perros y aves y nos entienden. Los animales también nos hablan y los entendemos. ¿Quánto se harán entender de sus semejantes? Nosotros no podemos tener para ellos sino una lengua extraña y si la naturaleza los ha hecho capaces de entender una lengua extraña, ¿cómo les puede haver negado la facultad de entender y hablar una lengua natural? Vuestra perrita, por ejemplo, tiene un discurso, vos os entendeis todo el día con ella, vos la entendeis y ella os entiende, pero estar segura que quando un perro viene á festejarla lo entiende y se deja entender mejor.

3. DEL IDIOMA DE LOS ANIMALES

Después de haber vencido con ternura la Torre de Babel, la tercera parte del discurso comprende una descripción del lenguaje de los animales y un anticipo de una posible clasificación. En cuanto al primer punto, el autor retoma la relación que se establece entre conocimiento y lenguaje y puntualiza que la naturaleza le ha dado a los animales sólo el conocimiento de lo que les es útil para su conservación, por lo que no les ha dado ninguna idea abstracta,

> ningún discurso metafísico ni ninguna averiguación curiosa sobre los objetos que los sercan ni otra ciencia que la de procurar conservarse evitando lo que les pueda dañar y procurando lo que les está bien.

De esta reflexión deduce otra y es que si la naturaleza ha dado tan poca extensión al conocimiento de los animales, necesariamente los ha limitado a sus deseos, sus pasiones y, por consecuencia, sus necesidades. Y, a pesar de que un animal no puede ser feliz y desearlo al mismo tiempo, de todos modos expresa sus sentimientos con la misma intensidad que el ser humano lo hace a través de la voz, los gestos y los movimientos del cuerpo, expresiones que establecen el principio de un código lingüístico al que le dedicará la última parte de su trabajo.

Pero antes de entrar en materia el autor hace dos observaciones al margen: la primera es un elogio de la sencillez del idioma de los animales: "Ellos no logran nuestras ventajas pero tampoco tienen nuestros defectos" declara al comparar la "simpleza y la verdad" de la manera como las aves se comunican a diferencia de "nuestras preponderadas ventajas de nuestras amplificaciones, metáforas, hipérboles y retruécanos en el discurso de las más atroces y descaradas mentiras". A estas aparentes ventajas añade el hecho de que los animales, a diferencia de nosotros, hablan la misma lengua que se hablaba antes del diluvio.

La segunda digresión se refiere a la risa y, apoyado en la opinión de los antiguos filósofos, afirma que el reírse es una expresión combinada de gozo y alegría y que nace en nosotros de alguna cosa ridícula que contiene dos cosas incompatibles, como, por ejemplo, la imagen de un magistrado vestido de arlequín o de un necio que quiere pasar como discreto. La risa consiste, por lo tanto, en comparar dos ideas y percibir su incompatibilidad, lo cual sólo el hombre es capaz de hacer.

La tesis fundamental de su discurso está relacionada con lo que Martinet ha llamado la "doble articulación". La diferencia más notable, en última instancia, entre el lenguaje del hombre y el de los animales es que éstos se limitan a repetir un mismo sonido para cada ocasión. Nosotros, en cambio, para decir cualquier cosa tenemos cien modos diferentes. Éste es un rasgo distintivo de la superioridad de nuestro lenguaje, de la multiplicidad de nuestras ideas o conceptos y de la extensión y capacidad de nuestro entendimiento que abraza muchos objetos, distinguiendo a un tiempo la relación recíproca de unos a otros. No sucede así en los animales. La naturaleza ha limitado su capacidad de conocimiento a un solo objeto y como "le miran siempre simplemente y de un mismo modo" no tienen sino una sola manera para expresarse.

Esta nota [concluye] es importante para conocer a fondo el lenguage de los animales. No solamente es limitado como queda dicho á solo los objetos que interesan su conservación, pero esto por sí mismo en sólo tener una expresión para cada objeto.

Como se habrá visto, el autor se preocupa, fundamentalmente, de las implicaciones morales de su disertación por lo que no cree que animales y hombres fueran capaces de comunicarse antes del pecado original. Esta diferencia que reconoce entre lenguaje e inocencia contradice a *La República* de Platón y a las *Homilías* de san Basilio en donde se afirmaba que en *nillo tempore* el mundo "estaba poblado de animales que se entendían entre sí y que hablaban juiciosamente".

Después de todo, el autor, desgraciadamente, no se atreve a llevar a cabo un diccionario del lenguaje de los animales como le había prometido a su lectora. Sólo se conforma con decir que habría tantos diccionarios como especies de animales. "Es verdad, [declara] que cada uno sería mui corto pero el número sería infinito." Pero de todos modos, propone un método: como el lenguaje de los animales se reduce a expresar las ideas de sus pasiones y todas ellas se limitan a un pequeño número (el placer, el dolor, la ira, el temor, el hambre, la sed, el cuidado de su hijos y el amor), sería suficiente observar cada una de estas circunstancias y a continuación anotar sus expresiones, las cuales, por supuesto, no están constituidas por ninguna frase ni por ninguna construcción gramatical como fácilmente podremos comprobar.

El lenguaje de los animales, en la época del escrito, fue un tema muy discutido. Basta recordar los trabajos de Vico (1668-1744) o de David Hume (1711-1776), quien en *An Enquiry Concerning Human Understanding* le dedica un capítulo entero a este tema. Pero frente a otros opúsculos creo que valdría la pena destacar la originalidad del *Discurso filosófico sobre el lenguaje de los animales,* que no reduce lo social a lo biológico como la mayoría de los autores del Siglo de las Luces. Pensamos en la estrecha relación entre naturaleza y sociedad que Rousseau, Buffon o Diderot, entre otros, imaginaron.[3]

> Ser y pensar, escribía Buffon en 1749 en su *Discours sur la nature des animaux,* son para nosotros lo mismo. Nos es imposible percatarnos de nuestra alma como no sea a través del pensamiento, que consiste en la reflexión o facultad de asociar ideas, combinación que no son capaces de realizar los animales y cuyo signo sensible es el lenguaje.

Una sentencia parecida la podemos encontrar en el artículo "Animal" de la *Enciclopedia* de Diderot:

> Una lengua supone una serie de pensamientos y por esta razón los animales no tienen ninguna lengua. Aunque se les quisiese reconocer algo semejante a

[3] Véase Duchet.

nuestras primeras aprehensiones y a nuestras sensaciones burdas y más maquinales, parece ser seguro que son incapaces de formar una asociación de ideas que es la única que puede producir la reflexión, en la cual consiste, sin embargo, la esencia del pensamiento.

Lo más seguro es que ni nuestro autor ni su lectora hayan estado al tanto de las discusiones de Hume, Rousseau o Buffon pero, mientras que en estos autores hay una diferencia muy clara entre las palabras y lo que pensamos de las palabras, en el *Discurso filosófico del lenguaje de los animales* se mantiene todavía un equilibrio entre lo social y lo natural.

Tal vez esta diferencia sea, al mismo tiempo, lo que podría distinguir a la Ilustración europea de la novohispana. Puede no ser la diferencia más notoria, pero valorar y medir este espacio que los separa nos permitirá comprender mejor nuestro pasado.

BIBLIOGRAFÍA

Discurso filosófico sobre el lenguaje de los animales, Inquisición, Archivo General de la Nación, vol. 1525, México.

Duchet, Michèle, *Antropología e historia en el Siglo de las Luces*, México, Siglo XXI, 1988.

El tratado del hombre, Madrid, Editora Nacional, 1985.

ÚRSULA SUÁREZ (MONJA CHILENA, 1666-1749): LA AUTOBIOGRAFÍA COMO PENITENCIA

Rodrigo Cánovas
Universidad Católica de Chile

Úrsula Suárez fue una religiosa chilena que vivió entre 1666 y 1749 y desde los 12 años habitó el monasterio de las clarisas, situado junto a la Plaza Mayor en Santiago de Chile. Obligada por sus confesores, hubo de escribir su autobiografía. Cuando tenía 33 años comienza a redactar la primera versión y a los 42, una segunda —la única que conocemos—, que es escrita en el transcurso de 25 años (entre 1708 y 1732, aproximadamente). El confesor la proveía periódicamente de papel (cuatro hojas plegadas, que conformaban un cuadernillo de 15 páginas), pluma y tinta, y luego recogía la obra. Entre los 30 y los 60 años de edad, ella cumple con la tarea de contar las peripecias de sus primeros 50 años de vida: desde su nacimiento (en 1666) hasta un castigo ejemplar sufrido en el monasterio (en 1715), que ella considera injusto.

Se tenían noticias de los manuscritos por una copia realizada por un presbítero en el siglo XIX, puesta en el Archivo Nacional. A principios de la década de los ochenta el original es buscado (¿pedido?) y encontrado (¿entregado?) en su casa natal, el convento de las clarisas situado ahora en el sector de La Florida. En 1984 —culminándose una valiosa investigación histórica y filológica—, comienza por vez primera a circular públicamente esta *Relación autobiográfica* (en letra de imprenta y con signos de puntuación, ausentes en el original), que fue originalmente concebida para ser leída sólo por los confesores de Úrsula, a quienes ella amenaza con morir o desearles la muerte, si hacen pública su letra confesional.[1]

---

[1] En estos dos primeros párrafos hemos hecho una brevísima reseña de la intrincada prehistoria del libro *Relación autobiográfica*, edición crítica de Mario Ferreccio (Chile, Biblioteca Nacional, Universidad de Concepción y Academia Chilena de la Historia, 1984, 274 pp.), acudiendo a la información otorgada en el prólogo (Mario Ferreccio) y en el estudio preliminar (Armando de Ramón). Estos dos trabajos (pp. 9-80) son excelentes y deben leerse y ficharse íntegramente.

Al citar, anotaremos el número del cuaderno en números romanos (del I al XIV) y luego, la página.

¿Qué escribe Úrsula? Su autobiografía, la cuenta de sus pecados. ¿Por qué? Aunque no la quiere escribir, es conminada a ello y cumple por obediencia, iniciando su *Relación* "con suma vergüenza" y "con lágrimas" (I, 99). ¿Para quién? Sólo para "vuestra paternidad", es decir, para sus confesores.

Desde la primera plana, Úrsula resiste la tarea impuesta, y durante toda su *Relación* insiste en el carácter obligatorio (y no voluntario) de este acto, que es entendido como una penitencia desmedida ante los pecados cometidos. Así, una vez contada su niñez, al comenzar un nuevo cuadernillo, escribe lo siguiente:

> En el nombre de Dios Todopoderoso; que bien nesesito de su poder para poderme venser a dar complemento al orden que de vuestra paternidad tengo de escribir esto: que no es de pequeño tormento, según la adversión que le tengo; y en escrebirlo de nuevo me sacrifico, pues es como si saliera al suplicio o estuviera en un martirio. No sé cómo escrebirle, padre mío; levánteme esta penitençia y déme otra cualquiera [V, 154].

¿De qué se le acusa? Esto no es muy claro para el lector (aunque sí parece serlo para la penitente). Recordemos que, además de los siglos que nos separan de este testimonio, ignoramos las conversaciones de Úrsula con su confesor, arrodillada en el confesionario, que complementan sus anotaciones (alude a ellas continuamente, como una especie de ayuda de memoria para el receptor). Bien puede ser que se le acuse por las extrañas visiones y sueños que ella tiene y por sus supuestas conversaciones con Dios (que podrían venir dictadas por el Diablo); pero también es por su constante insubordinación ante sus superiores. En efecto, en la única sentencia oficial contra ella señalada en los cuadernos (la dictada en 1715), se señala que "alborotaba el convento y perdía el respeto y obediencia a las preladas, dando escándalos y causando insendios a las religiosas, quitádoles el habla porque no la habían hecho abadesa y prelada" (XVI, 261).

¿Como es Úrsula? Según su madre, fue siempre "invencionera y ardilosa" (IV, 144); según una maestra, "alentada, altiva, que a todas avasallaba" (IV, 151); según un confesor, "embustera, trasista, astusiera" (XIII, 256), y según ella misma, inclinada a "aseos y galas" (II, 117) y "desde niña presuntuosa y soberbia" (III, 129).

Úrsula es soberbia y hablantina, cualidades que generan tensión en el ámbito de las jerarquías religiosas y mundanas: el padre confesor y la monja (masculino/femenino), la abadesa y la vicaria (femenino/femenino), el sentimiento humano y el sentimiento divino (monja/santa). Es muy posible que Úrsula Suárez sufra penitencia por trasgredir los espacios culturales delimitados para la mujer chilena (la monja) en la Colonia. Ella sería, entonces, portadora de una identidad femenina nueva o censurada. Veamos.

Úrsula se concibe como una religiosa muy particular: no es sólo santa, sino "santa disparatada" (XI, 245), "santa muy alegre" (XI, 246), y el Señor la autoriza como la "santa comedianta" de su reino (X, 231), aceptando así sus chanzas y bufonadas, que tanto divierten a religiosas, padres y devotos (en especial, a los hipocondríacos) y, por supuesto, al mismo Dios. Será desde niña, como le dice la tía "gran bellaca" y, simultáneamente, como le replica la sobrina, "monja" (I, 92).

Lo sagrado y lo profano (el silencio y recogimiento, opuesto a las expansiones de la "habladorísima") aparecen integrados en Úrsula. La monja habita dos mundos que no se contraponen, el espíritu y el cuerpo, y ella vive este cuerpo a través de los juegos de entretención con la palabra y de las luchas de poder y de seducción con sus semejantes.

Un claro ejemplo de la irrupción de lo cotidiano dentro del ámbito sagrado lo constituye la escena de la atracción que siente la pequeña Úrsula por el "olor de la monjitas":

> Y susedía que, cuando me llevaba la criada, antes de llegar a las monjas, como una cuadra sentía un aire suave y blando, con un olor suavísimo que llegaba a mí, penetrando mis sentidos, que paresía estar fuera de mí con tal alegría, que no cabía en mí [...] y la piel se enerisaba tanto que la criada lo conosía y desía: "¿Que tienes frío que te tiembla el cuerpesito?"; yo le desía: "Camina a priesa, que ya me da el olor de las monjas"; ella desía: "¿Hay niña más habladora?: ¿cuál es el olor de las monjas?. ¿No te digo —le desía yo— que corras conmigo que ya no puedo más con este olorsito?" La criada se reía y desía: "Tal mentira de niña"; yo le desía: "Llévame a priesita" [...] yo corría sin parar y como desailada entraba donde las monjas. Me agasajaban a cuál más: la una me cogía y otras me llamaban. En esto llegaba mi criada y les contaba lo que yo desía del olor que de ellas me daba. Las monjas selebraban la gracia y me la preguntaban a mí. Yo desía que sí, réanse y desían: ¿Ve la gracia de la pechidenta?", que así me llamaban por haber nacido en tiempo de la madre doña Úrsula de Aráus, que fue presidenta y en este convento abadesa, de cuya mano tomé yo el hábito [II, 105].

Comentemos este pasaje. Tanto la criada como las monjas interpretan el mensaje de la pequeña como un acierto picaresco y se ríen. Las monjas agregan otro dato: es una gracia de la "pechidenta". La sinonimia de los nombres —las dos Úrsulas—atrae otra sinonimia, el don de mando, del cual es investida desde niña. No es casual tampoco que "el olor de las monjas" sea traducido alegremente como una "gracia de la pechidenta", pues —cual sinestesia— en el sobrenombre está el olor: presidenta-pechidenta.

¿Cuál es la gracia? A 180 años de narrado el hecho, me permito una interpretacion literal. Puede que la niña, efectivamente, se orine (del gusto por estar allí), y que las monjas gocen imaginando a la abadesa como una *gran meona*; todo lo cual produce una incontenible risa en todas, de tragicómicas consecuencias.

Con Úrsula llega la vida al convento, y el reino de las sensaciones fluye a través de sus cuentos y disparates.

De un modo correspondiente, leer y contar son actividades que Úrsula practica más por *entretención* que por *aprovechamiento*. Así, de sus lecturas, confesará:

> no me acuerdo, padre, que jamás un libro haya llegado a pasar, que en todo he sido la suma de la maldad; porque si tomaba un libro, era por entretenimiento y no para aprovecharme de ello; y los buscaba de historias o cuentos, novelas o comedias; los davides apetecía, por las historias y ejemplos; también leí en esos tiempos de noviciado de la Escritura algo, y también vidas de santos, y en no siendo trágicas, las dejaba [IV, 148-149].

Este marcado privilegio por la poesía *dulce* (en desmedro de la poesía *útil*) implica, además de la celebración de los sentidos (las cosas mundanas), un manifiesto rechazo a la enseñanza religiosa por textos —las famosas "teologías", según Úrsula—, al método utilizado para entenderlos (la simple repetición de trozos), y también un rechazo a los padres de doctrina –que ejercen su poder a través de su sabiduría, lo cual le resulta a nuestra monja sospechoso.

Si se divierte leyendo, divierte a los demás relatando cuentos entretenidos. Así, las religiosas la llaman *la historiadora* ("soy tan habladora que me buscaban las religiosas que las divirtiera, y me llamaban la historiadora"; XI, 245) y un obispo, *la filósofa*:

> Venía su señoría cada ocho días a ver las obras, y a mí me llamaba en especial, hablándome con gran cariño y gustando de las chansas que le desía, que padesía de hipocondría; yo, por divertírsela, le desía bufonadas y hasía dar risadas: tanto se divertía de mis frioneras, que cuando no me hallaba en la puerta desía: "¿Dónde está la filósofa?: llamenla", y se quedaba a solas conmigo [XI, 243]. [Y a continuación, anota]: Destas selebraciones formó quejas la abadesa: dio en mirarme mal.

Úrsula, tal como el cantor popular a lo divino en la tradición oral chilena, tiende a unir contrarios, convirtiendo los espacios sagrados en espacios familiares.

Pregunta abierta: las aceptaciones y rechazos que su conducta provoca, ¿indican que su espíritu es la excepción en esa época o su mera exhibición hiperbólica?; En ambos casos, existe una censura, ligada —a nuestro entender— a la generación simbólica de la autoridad bajo la oposición masculino/femenino. Veamos.

La identidad femenina de Úrsula es desplegada en esta *Relación* en tres ámbitos, muy interconectados entre sí: el sexo, la sociedad mercantil y la religión.

En sus paseos infantiles por la aldeana ciudad de Santiago, la pequeña Uchula ve las veces que quiere el trato sexual ejercido en los prostíbulos, a puertas abiertas (costumbre ésta que no perduró). Escuchemos su versión:

> Había oído contar de una varilla de virtud, que con ella se hasían maravillas. Creíalas, y así buscaba esta varilla con ansias: salía de casa y seguíame por una sequia que sale de las monjas agustinas, y llegaba tan abajo donde la sequia se batía, que tiraba a la campaña [...] Habían unos cuartos vasíos y sin puertas, donde se cometían tantas desvergüensas que era temeridad ésta, siendo de día, y no solas dos personas habían en esta maldad, sino 8 ó 10; y esto no había ojos que lo viesen, sino los de una inosente, que no sabía si pecado cometían. Yo pensaba eran casamientos, y así todos los días iba a verlos [II, 107].

El relato sigue el modelo de un cuento de la tradición oral: una niñita parte en busca de una varita mágica y, guiada por un hilo de agua, llega directamente al escenario del crimen. Es el ámbito del folclor omnipresente en la casa colonial chilena, transitada por criadas negras, mulatas y mujeres criollas.

Queremos marcar el hecho de que la niña identifica originalmente el trato sexual con el matrimonio (para ella, son lo mismo). Ahora bien, el casamiento está conectado en la mente de la niña con la muerte de la desposada. Como casarse es morir, asistir a una fiesta de matrimonio será algo así como un velatorio:

> Yo no lloraba sino por la muerte, porque se me ponía en la cabesa que todas las que se casaban estaban muertas, y destos eran mis penas. Y mientras las dansas, daba y cavaba con que era muerta aquella desposada, y le tenía notable lástima, mirándola ya como cosa separada de las demás muchachas que no eran casadas, y con tanto estremo como miramos a los muertos, que ya de nosotros son separados éstos; y esto tenía en mi mente, sin que de ello me divirtiese. Y también atendía que la veía viva, entonses me desían: "Muerta está"; y como yo pensaba que ésta no era habla desía: "¿Hay tontera que se me pone en la cabesa?, y anda como los demás"; volvía a desirme: "Muerta está"; yo las estaba mirando de alto abajo y desía en mi interior: "¡Ay!, muerta está y la veo andar como las demás"; y siempre me desían: "Muerta está"; pareciéndome tontera ésta, me divertía de ella, aunque en mi corazón sentía pena, susediéndome esto en todos los casamientos [III, 126].

Si el sendero formal de la varilla de la virtud era el cuento oral, el círculo de esta danza bien podría ser el de una ronda infantil: el corro, las dos voces, los grupos por sexo, el jugar a encontrarse, el contacto mortal. Proponemos esta asociación, en cuanto la Colonia es iletrada y su conocimiento proviene de romances, letrillas, villancicos, rondas y relatos orales provenientes de la tradición oral hispánica —estructuras presentes en esta *Relación*, como señalaremos en el colofón de este trabajo.

El contacto sexual es un hecho violento, que está ligado a imágenes sádicas de destrucción: "¿pues, yo había de consentir que con hombre me acostasen?; primero he de horcarme, o con una daga degollarme, o el pecho atravesarme" [III, 123-124].

En el baile, la muchacha casadera está muerta y, sin embargo, está viva (su cuerpo ondula). Es decir, hay dos explicaciones (excluyentes entre sí) para el acto sexual: mueren y no mueren. Recordemos que Uchula es mandada por un tiempo a casa de una tía "encomendándole me sujetase porque era traviesa y *callejera*" (II, 110; el énfasis es nuestro), refiriéndose acaso a sus correrías para *ver maldades*.

La imagen potencial de *asesino* del varón queda, entonces, morijerada por la imagen *vital* del *burlador*. Y si hay burladas, tendrá que haber *vengadoras*:

> Susedióme una noche temprano estar recostada en el estrado, como es costumbre en las niñas. Entró visita a mi tía y bisabuela, doña Beatrís de la Barrera, de algunas parientas. Trabaron conversación y debieron de jusgar dormía yo, o por pequeña no hisieron mención. Contaron no se qué caso de una mujer que un hombre había engañado, y fueron ensartando las que los hombres habían burlado. Yo atenta a esto les tomé a los hombres aborresimiento y juntamente deseo de poder vengar a las mujeres en esto, engañándolos a ellos, y con ansias deseaba poder ser yo todas las mujeres para esta venganza [II, 13].

La burla que Úrsula ejerce en vida sobre los hombres es, para mi gusto, un ejercicio desplazado del acto sexual, donde la mujer tiene disposición activa y picaresca (con un fuerte componente sádico).

Frente a la imagen disociada sobre el sexo, Úrsula se defiende de la muerte (acto genital) evitando el matrimonio (contacto corporal hombre-mujer) y entrando al *monjío* (las rondas femeninas). Úrsula se contacta con la sexualidad a través de la burla, transformando al hombre en una víctima de sus juegos.

El componente sádico (destructivo) que ejercería el desposado (el asesino) sobre la joven pasa a ser ejercido, ahora, por Úrsula (la burladora) sobre los ingenuos hombres. Mencionaremos algunos juegos practicados en el convento: con un visitante, finge ser seglar (y no monja) y querer casarse con él (la farsa dura largo tiempo); con un padre confesor, se hace pasar por otra; con sus devotos, lo que uno le da, se lo da al otro y luego cuenta la chanza en rueda de monjas; en fin, disfraza de monja a un sirviente mulato, engañando a un señor.

Hay una escenificación de la burla: la actriz actúa; a veces, hay un público mirando y una vez terminada la función, la actriz se transforma en cuentera y lo relata ante un auditorio expectante en su habitación.

Hay en estos malabares una excepción, el de "un señor principal", su *devoto* preferido, a quien quería (lo que la obliga a no verle más). Úrsula tiene con él cuidados especiales y, en general, matiene un comportamiento inverso al habitual: tiene cortedad en pedir (a pesar de ser muy rico y generoso en extremo con ella), teme que él quede en ridículo y sufre de no verle.

Aclaremos que el *endevotado* era alguien que otorgaba limosna (sustento material) a una monja, logrando de ello un trato preferencial; por ejemplo, en las conversaciones, ellas permitían que sus devotos les entraran las manos en la manga, de allí, el dicho "practicar la manga ancha".

Este amorío con el innominado señor principal está muy relacionado con el cuadro amoroso familiar: él será su proveedor material y afectivo, tal como su padre lo fue con ella en su niñez (era su preferida). Es, a la vuelta de los años, alguien como su padre. Veamos: lo nombra en las mismas páginas en que relata la muerte de su progenitor y lo compara con él constantemente.

Resulta extraña la razón que invoca Úrsula para renunciar a él: teme que el Señor la castigue, haciendo morir a su madre (?!). Así, Dios está celoso (sentimiento habitual en él en esta *Relación*) y, al parecer, Úrsula desea la muerte de su madre (desea apartarla, porque perturba su trato con el endevotado). Esta situación reedita de modo invertido la situación infantil vivida por Uchula en su casa: su madre Marucha (la Gata), sintiendo celos de su hija (que está en las rodillas de papá) y diciéndole a su esposo: "Ya está Marica con la hija" (III, 125).

El ámbito erótico está relacionado con los sentidos, con las sensaciones. El sujeto lee y fija el mundo exterior desde sus sentidos primarios: la visión, el olfato, el oído, el sabor y el tacto. ¿Qué relaciones mentales se establecen entre los estímulos externos y su recepción sensorial en Úrsula?

La *visión* tiene varios registros, siendo uno de ellos el sexo: cuando pequeña *ve casamientos* (sospechamos que a ello se refiere cuando una vez le pregunta al Señor: "¿por qué permitistes que en mi niñés viese tantas maldades?"; X, 228). Otro registro es el de los innumerables sueños y visiones que ella tiene en el transcurso de su vida, imágenes que a veces tienen una traducción alegórica, propuesta en los mismos cuadernos, y otras, son intraducibles, constituyéndose en mensajes de un código extraviado o difícil de reconstituir.

El *olfato* está ligado al "olor de las monjitas". Así como el sexo atrae a la muerte, aquí, los orines atraen la risa.

El *oído* nos remite a ese papel que los cuadernos denominan "el habla", voz que dice cosas a Úrsula y que corresponde a varios personajes, siendo el principal y más recurrente Dios. Y también señala la confesión. Si el olfato reune al *monjío* (mujeres con mujeres), el oído junta a la monja con los padres y el Señor.

El *sabor* queda fijado en la comunión: "cada ves que resebía la forma, sentía un fuego y dulzura tan grande en el paladar y lengua; esto era continuo siempre que resebía a su Divina Majestad" (xiv, 258).

El *tacto* aparece suprimido por la tirria a que le entren las manos en la manga, lo cual "no sé yo si es especie de locura o tentación" (vi, 180).

Esta aversión estaría al servicio de un sujeto cuya eroticidad aparece expuesta sólo a través del rostro y las manos, siendo el hábito de monja un límite infranqueable: "que somos imágenes que no tenemos más de rostros y manos; ¿no ven las hechuras de armazón?: pues las monjas lo mesmo son, y los están engañando, que los cuerpos que les ven son de mármol, y de bronse el pecho" (vi, 181).

Mencionemos, finalmente, que el cuerpo de Cristo es revelado a través de una condensación de sensaciones (imagen visual, que es táctil y auditiva). Un ejemplo: "al subir el primer escalón, se le descubrió la pierna y parte del muslo: no le veí sangre ni señales de asotes: blancas tenía las piernas y la parte del muslo; veíle las plantas de los pies con el cutis muy delicado, como una hoja de delgado y rosado. Subió dos escalones, y al tersero le corrió un hilo de sangre, tan viva y fresca, y rodó los tres escalones una gota de sangre" (x, 233).

Examinemos, ahora, la identidad femenina en el ámbito del intercambio mercantil. Se plantea una relación de dependencia económica: la mujer necesita de alguien que la mantenga, así como el *monjío* de sus devotos. Esta relación es vivida por Úrsula como natural en el ámbito familiar, y necesaria (odiosa) en el convento: "si salimos a verlos es porque son nuestros mayordomos que nos están contribuyendo y vienen a saber lo que hemos menester" (vi, 181).

Quien tiene el dinero manda, ya sea en la relación entre mujeres (la abuela paterna tiene las mercaderías y reina sobre la nuera, la Gata) y, especialmente, en la relación hombre-mujer. Aquí, el contacto de obligatoriedad (matrimonio o endevotamiento) es *dinero por favores*. Esta fórmula es parodiada en la primera burla que realiza la pequeña Úchula, recién ungida como la vengadora de su género: se pinta como mico y platica de amores con un paseante, arrebatándole unas monedas, sin que éste logre tocarla, ni menos imaginar que ha tratado de conquistar a una niña de seis años:

Sacó un puñado de plata y me la daba; y porque no me viera la mano me acobardaba, no porque no me alborotó la plata. Por último, díjele: "Si me da la plata, entre la mano en la ventana"; yo todo lo hasía por asegurarla y arrebatársela; entró el puñado de plata como se lo mandaba y doyle una manotada dejándome justamente caer de la ventana, con un patacón que sólo le pude arrebatar, que no cupo en mi mano más [II, 114-115].

En el ámbito religioso, Úrsula Suárez aparece subordinada a sus confesores, a través de los cuadernos que va llenando para ellos, sin saber qué uso se les dará.

Úrsula es puesta en una situación límite: debe contar lo que ha ocultado, lo que le repugna contar; debe contarlo todo, para que otros decidan cuánto pecado hay en ella. Debe escribir las maldades que cometió y las que pensó cometer. Debe declararse culpable, generando ella misma los cargos en su contra, para que un juez los legitime o los deje de lado.

La tarea, impuesta a Úrsula, me ha hecho recordar los castigos colegiales de preparatoria en la antigua educación chilena (incluidos los años sesenta), cuando uno tenía que llenar planas y planas de caligrafía ensayando alguna frase ejemplar: *No debo comer en clase.* Mientras más grave o repetitiva la falta, más planas había que llenar. ¿Mejoraba la letra? ¿Mejoraba la conducta? Es posible que sí, ya que se restablecía de modo rotundo el principio de autoridad (puesto en crisis antes del castigo).

Sabemos que a Úrsula no le molestaba escribir (estaba a cargo de anotar los acontecimientos más sobresalientes del convento; algo así como una crónica de hechos y fechas destacadas). Lo que sí rechaza es el uso meramente punitivo de este instrumento. Leamos: "No sé si digo herejías: yo no lo entiendo ni entendía; de mejor gana se lo dijera a vuestra paternidad hablando, que con eso me fuera enseñando, y no desirlo por escrito, que no sé lo que digo" (v, 168). Aquí, Úrsula parece indicar que la escritura no trae enseñanza, ya que no hay posibilidad de corrección (el confesor no comenta los cuadernos). A la inversa, la confesión oral otorga la posibilidad de diálogo (y la posibilidad cierta, agregamos nosotros, de saber qué piensa el confesor). En sus cuadernos, no sabe nuestra religiosa cómo le está yendo (aunque sí lo sabe: le va mal).

Úrsula teme al testimonio escritural, pues éste queda fijado y puede hacerse público. Escritura, enfermedad y muerte son términos más o menos intercambiables: por enfermedad, interrumpe su ejercicio (de escritura); es posible, sin embargo, que exagere sus dolencias para diferirlo; ahora bien, las cosas que escribe la dejan postrada en cama, y si sus cuadernos se exhibieran, moriría:

Mire vuestra paternidad, por amor de Dios, que tenga en cuenta con los cuadernos, que nadie sepa: lo que tantos años yo he callado; que por haberlo dicho el señor Romero a dos o tres sujetos, y dos de mis confesores me avisaron, fue tan grande mi sentimiento y pesar, que caí de una grande enfermedad de tersianas y atabardillas, y otros achaques, que le esperasen los médicos para hallarse a la consulta [XIV, 268-269].

Úrsula teme la delación: hubo unos primeros escritos que un antiguo confesor dijo haberlos quemado; pero a ella no le consta (señala en su cuaderno IV), y ahora, en el cuaderno XIV, un tal señor Romero comete una infidencia, que la descompensa gravemente.

Al comienzo, en el cuerpo y al final de su *Relación* (a vuelo de pájaro, en los cuadernos III, IV, VII y XIV), pide silencio a su lector; es decir, a lo largo de los 25 años en que escribió (1708-1732) estuvo presente este sentimiento de desvalidez ante la autoridad. Sin embargo, ella ensaya una mínima estrategia para conminar al silencio, mediante amenazas veladas.

Así, en el cuaderno IV, confiesa que ella predijo la muerte de dos personas, y esto se cumplió. Entre el relato de la primera y la segunda predicción, anota lo siguiente: "Mire vuestra paternidad no asierten a verlos ni se sepa cuyo es esto, que las amistades perderemos; mire vuestra paternidad que yo suelo adivinar, y si adivino que lo ha contado o esto enseñado, la hija con el padre se acabará" (IV, 149). El mensaje es claro: Úrsula (tal como su madre) es adivina y puede predecir (desear, permitir) la muerte de alguien cercano a ella.

En otra ocasión, invoca la virilidad de su confesor. Veamos:

las mujeres no podemos dejar nuestra propiedad, que nada podemos callar, y en mí ha sido más que prodigio, que esto en tantos años no lo haya dicho; sólo de vuestra paternidad lo fío, y le encargo que más que yo ha de guardarlo, que si se lo cuento es para que jamás propale a ninguna persona mi secreto: mire vuestra paternidad lo que hace [VIII, 196].

Yo entiendo esto así: Úrsula, por su condición de mujer, es habladora, no puede mantener secretos (propios ni ajenos) y, por ende, lo confiesa todo (es decir, cumple bien su tarea). Ahora bien, que no sea su confesor un hablador, que ande contando secretos (como lo hace el sexo débil); en suma, que no sea mujercita.

¿Habrán tenido efecto estos intentos de corrección? Es difícil entender por qué se le aplicó castigo tan duro (así lo considera ella) y por tanto tiempo. También sorprende que ella cumpla ejemplarmente la penitencia, revelando muchos hechos que habían sido callados en el confesionario (como ella se encarga continuamente de aclarar).

Conminada a escribir minuciosamente sus pecados, ella los reconoce ("siendo desde niña presuntuosa y soberbia"), pero los cuantifica: no son pecados mortales (y, por ende, no merecen un castigo mortal).

Hay un argumento recurrente en esta *Relación*, que permite minimizar sus pecados: dice que son niñerías: "y aunque con aquellos hombres que dejo referidos tenía mentiras y enredos, no tenía por grave esto, porque ni sentía lo que desía más que si fuera una niña, que hablan como tarabillas" (VII, 190).

¿Cómo organiza Úrsula el mundo de los recuerdos? ¿Cómo revive su infancia en su edad madura? Ella responde: "en la realidad me están sucediendo tan paresidas las cosas como las inventaba cuando niña, que por lo que me va sucediendo me acuerdo lo que hasía en aquel tiempo" (III, 127).

Úrsula concibe su biografía de un modo circular: su presente repite su pasado y está prefijado por él. Los hechos y pensamientos de su vida son los de su niñez (ella es inclinada a aseos, galas y burlas desde pequeña). Siendo niña, peca sin malicia y en su *madureza*, es la niña la que cae en pecado. En suma, ambas faltas, si no idénticas, son homologables y tienen el mismo valor: *niñerías*.

Úrsula habla con Dios; ¿será por esto que se le hace escribir? La monja ve coartada su libertad, por la intervención de los confesores y considera que abusan de su poder; en su caso particular, invoca la parábola de los lobos y corderos, indicando que Dios "se revela a los pequeños, repudiando a los sabios" (III, 135). Los victimarios son aquí los confesores responsables de su penitencia.

En su *Relación*, resiente el estar subordinada a estos padres; así, una vez dirá: "Señor, ¿qué quieres que haga?: por los confesores gobiernas las almas; yo debo obedeserlo y sujetarme a su dictamen, pues él sabe que yo soy una simple mujer: dadle conosimiento de él" (XIII, 255).

Juega constantemente a prescindir de ellos. Los rezos dictados por los padres son menos eficaces que los dictados por el corazón (VII, 201-202); y en la oración, no es necesaria su guía ni presencia, pues "esta habla me dijo que la oración no era otra cosa que hablar con Dios" (VII, 192). Constantemente, además, está indicando que no cumplen bien su labor: no son capaces de enseñarles a orar a unos negros ("Yo me reí de su tontera de desir que no habían podido aprender con los padres, sino de mí"; X, 232); ni tampoco muestran mayor preocupación por el *monjío*: "*Salí de los pies de mi confesor*, como iba disiendo, no con pequeño desconsuelo de ver que en mi propósito no me dio aliento: no sé qué diga desto; más, *como no soy jues sino reo, no sentencio*" (VII, 195-196; las cursivas son nuestras).

Si el *monjío* está sujeto a la jerarquía femenina (abadesa, vicaria, definidora, provisora, escuchera) y ésta, a la jerarquía masculina (obispo, padres confesores), que integra la relación de endevotamiento por razones pecuniarias, Úrsula dice estar sujeta sólo a Dios, proponiéndose como la mediadora entre el Señor y sus fieles. Así, por ejemplo, intercede por sus padres confesores, don Tomás de Gamboa y Miguel de Viñas (ambos, muy queridos por ella):

> Pedíale también por el padre Tomás con instancia, y el padre me lo mandaba [...] "Señor mío, pues ahora hásmelo santo". Contéle esto al padre Viñas; díjome: "No se le digas, que le puede entrar vanidad"; así lo cumplí y murió mi padre Tomás sin desírselo. Díjome el padre Viñas: "¿De mi no te acuerdas?"; respondíle: "Sí me acuerdo: vista le estoy pidiendo" [XI, 237-238].

En resumen, Úrsula se reviste de autoridad, invocando sus coloquios con el Señor, que la suben de jerarquía en relación a sus acusadores.

¿Qué modelos retóricos y culturales sostienen esta *Relación*? En primer lugar, los relatos autobiográficos de monjas. Úrsula menciona dos, el de María de la Antigua y el de Marina de Escobar (ambos escritos a fines del siglo XVII).[2]

En un lugar también destacado, nosotros anotamos, al pasar, la voz tradicional (el folclor), de raigambre hispánica. Hemos propuesto que las vivencias del matrimonio y "los casamientos" aparecen captados desde la ronda infantil y el cuento oral. La *Relación* incluye el romance ("¿Quién se lo ha de quitar? / que por verme chiquita / me quiera maltratar"; II, 113), el refrán rimado ("Desíales yo: No me estén moliendo / vamos recibiendo"; V, 165) y una prosa de gran musicalidad y ritmo, a trechos, con metros constantes: "Y con el que hubieras de casar / qué ricas galas te ha de enviar" (III, 121); "pero a esto me redundaba tormento / que iban a la maestra con el cuento" (IV, 151).

Existe un espíritu festivo de la letra, que acaso explique la falta absoluta de puntuación, como si las palabras fueran en una procesión y peregrinaje constantes.

---

[2] Los primeros cuadernos de Úrsula (por ejemplo, del I al IV) están dispuestos bajo el principio de la causalidad, constituyendo un todo armónico, armado y compuesto cuidadosamente, según modelos retóricos similares a los de las vidas ejemplares. Los siguientes son más bien visiones fragmentarias, escritos sin gran artificio. Acaso, como propone hipotéticamente Mario Ferreccio, los primeros cuadernos corresponden a un material confesional recuperado por Úrsula y reelaborado parcialmente con propósitos de edificación (habría un proyecto de escribir una vida ejemplar); mientras que los siguientes son testimonios confesionales nunca recuperados o corregidos. La monja habría obtenido de vuelta sus cuartillas a la muerte de su confesor Tomás de Gamboa en 1728, y las habría perdido ante la presencia de un nuevo confesor, que la conminaría, además, a seguir escribiendo.

La lectura de esta *Relación* en el contexto inmediato del subgénero de vidas de santas, escritas a instancias de confesores, donde se narran visiones o se escuchan voces que son de Dios (pero que también pueden venir dictadas por el Diablo), es un dato importante para restablecer su esquema conceptual y cultural. Un trabajo a realizar.

PALABRAS FINALES, QUE PROMETEN UN NUEVO INICIO

Estos escritos de Úrsula debieron entretener mucho a sus confesores y animar sus espíritus. ¿Cuán doloroso fue este ejercicio para su ejecutante? Nunca lo sabremos. Se le pedía que se exhibiera y ella lo hace bien; se le otorga un castigo ejemplar y ella no se rebela, sino que lo *sufre*. El dolor y el goce, el castigo y el juego, la ley y la adivinanza aparecen mezclados en esta escritura circunstancial. Literalmente, se está desnudando ante sus confesores: ellos lo saben. Ella se resiste o dice que le cuesta mucho. ¿Qué más puede decir? Planteamos esto, ya que no logramos entender (entre muchas otras cosas) cómo ella sigue escribiendo la *Relación* aun después de ser abadesa, es decir, de haber ocupado el más alto cargo del convento.

Su escritura llevaría, entonces, la marca de la seducción: juega a atraer la atención de sus confesores. Es un juego de seducción mutua, siendo la escritura (de la monja) y la lectura (de los confesores) los dos escenarios donde cada uno le roba o le hurta el cuerpo al otro.

Es extraño que a Úrsula se le otorgue como penitencia escribir, pues significa avalar un rasgo intelectual e imaginativo que la distingue no sólo de las demás monjas (casi todas eran analfabetas), sino también entre los padres de doctrina (pues era muy entretenida).

Al habitar la escritura, Úrsula habita su propia interioridad, proyectando su imagen de Dios y del mundo. Y también habita la mente de su confesor, que se nutre de ella, que peca en la lectura, con ella, y hace que se repita el acto (pues la conmina a seguir escribiendo). Y, por extensión, su escritura también habita y confunde el orden colonial chileno –la religiosidad, la iglesia, la familia, el comercio–, en tanto resiste los papeles que ese orden le asigna: no es humilde, le cuesta obedecer; en suma, no es mujer de este mundo, y por ello Dios la bautiza como la única "santa comediante" de esos tiempos.

LA POLÉMICA ENTRE EL *MERCURIO PERUANO* Y EL *SEMANARIO CRÍTICO* (1791)[1]

Raúl Zamalloa Armejo
Pontificia Universidad Católica del Perú

Lima tuvo en 1791, por varios meses, tres periódicos que aparecieron regularmente. El *Diario de Lima*, curioso, erudito, económico y comercial, el *Mercurio Peruano* y el *Semanario Crítico*. El *Diario* proporcionaba información útil y menuda, además de que publicaba avisos, el *Mercurio* —que salía dos veces por semana— era mucho más ambicioso y abordaba temas de historia, literatura y noticias públicas; finalmente, el *Semanario*, trataba sobre la educación de los hijos desde el nacimiento, diversiones públicas, historia natural y noticias públicas.

Entre estos últimos se estableció, desde la aparición del segundo, una relación cautelosa que pronto desembocó en abierto enfrentamiento. El ataque central del *Mercurio* fue muy violento y dio lugar a una intervención de las máximas autoridades que lo obligaron a sustituir el numero correspondiente y a dar satisfacciones al editor del *Semanario*. Después hubo alusiones y ataques menores hasta la desaparición del *Semanario*.

El *Mercurio Peruano* ha sido objeto de numerosos estudios y de varias reediciones, la última en 1964. Fue órgano de la Sociedad de Amantes del País que agrupó a lo más significativo de la intelectualidad ilustrada de la época. Apareció regularmente desde el 2 de enero de 1791 hasta el 31 de agosto de 1794. En 1795 se publicó un volumen con el material preparado para el último cuatrimestre de 1794.

El *Mercurio* es fruto de la Ilustración y comparte con la española la mayoría de sus posibilidades y limitaciones; lo que lo distingue es su amor entrañable por América y particularmente por el Perú. Ese incipiente nacionalismo criollo y preferentemente limeño, es el que terminará imponiéndose después del fracaso del otro indio, mestizo y serrano que encarnó Tupac Amaru diez años antes,[2] y ése es también el que provocará formalmente el choque entre los dos periódicos ilustrados.

---

[1] Quiero expresar mi reconocimiento a Roberto Forns Broggi por su generosa ayuda.
[2] Véanse Rowe y Durand Flores.

Del *Mercurio* se tiene una óptima opinión; del *Semanario*, escasamente estudiado, se piensa, siguiendo a Temple, que era "reaccionario", y "carente de razón de ser".

El *Semanario Crítico* fue empresa individual del franciscano Juan Antonio de Olavarrieta.

Olavarrieta nació en Munguía (Vizcaya) en 1763;[3] estudió en el convento de Aránzazu en donde profesó como franciscano y se ordenó sacerdote. Tal vez después de ello tuvo ocasión de viajar hasta Turquía.

En febrero de 1791, como parte del llamado "pánico de Floridablanca" se suspenden todos los periódicos no oficiales de España con lo que culmina una política crecientemente restrictiva y reaccionaria respecto al reformismo ilustrado (Herr: 216). El 21 de abril de 1791, Olavarrieta llega a Lima como capellán de la fragata Nuestra Señora de los Dolores de la Compañía Real de las Filipinas;[4] un mes y medio más tarde anuncia la publicación del *Semanario Crítico*,[5] que aparecerá los domingos hasta el número 16, en septiembre del mismo año. Poco después de eso dejará la ciudad.

Las circunstancias biográficas de Olavarrieta y las fuentes a las que tenemos acceso, echan nueva luz sobre su pensamiento y nos invitan a una relectura del *Semanario* de la que resulta una imagen muy diferente de la comúnmente aceptada por la crítica.

Olavarrieta al dejar Lima se dirigió a Guayaquil (Olavarrieta: 701) donde contó con la amistad y protección de su gobernador, don Juan Mata de Urbina, durante tres años (*id.*). De allí, según se infiere de los datos que proporciona Gil Novales, se dirigió a España donde intentaría publicar un periódico en Cádiz y el libro *Informe histórico del comercio interior y exterior de las Provincias del Perú entre sí y con Nuestra Península*. Al fracasar en ambos intentos y con una recomendación de su protector para su suegra, doña Eufrasia del Mazo, viajó a México donde obtuvo el curato de Axuchitlán, perteneciente al obispado de Michoacán, ya no como fraile sino como bachiller y presbítero (*id.*).

Sin lugar a dudas, debía ser pueblo pequeño habitado por gente sencilla ya que dirá vivir "retirado, aun el día, de la sociedad de los hombres" y tomará la decisión de poner por escrito su pensamiento. El resultado es un discurso al que titula "El Hombre y el Bruto" que sería preliminar a un futuro tratado sobre la naturaleza (*ibid.*: 4: 486-505 y 5: 701).

---

[3] Véase Novales, pp. 113-124. El artículo contiene valiosa información biográfica pero a menudo equivoca las fechas.

[4] *Mercurio Peruano*, II, lista de suscriptores *in fine* (24).

[5] Véase la introducción de Forns Broggi.

El documento es sorprendente. En él Olavarrieta se muestra materialista, considera "vagas, pomposas e inútiles palabras: espíritu, alma, instinto, razón, divinidad y otras..."; juzga a la revelación "un camino miserable para deducir la menor idea sobre la existencia del alma racional y sobre todos los sistemas religiosos"; llama "somnámbulos" a los teólogos y se refiere a la "patraña" de Moisés al simular la revelación para acceder a la condición de supremo juez y legislador de los hebreos. Adicionalmente, desliza una frase contra la reina María Luisa "víctima del placer y del capricho". Confiesa haber sido educado en medio del error, haber hecho "profesión de fanático en lo más florido de sus años" y verse "precisado a buscar su subsistencia por el camino de la superstición", obligado a "sofocar su sentir o a ser víctima del furor religioso" como dice en otro momento.

¿Había cambiado tanto el padre Olavarrieta que vivió en Lima algunos años antes? Lejos estamos, pues, de la crítica que lo consideró "reaccionario".

El destino posterior del fraile es variado e intenso. Denunciado a la Inquisición (20/x/1802) fue detenido, juzgado "por el delito de hereje formal, tolerante, deísta, materialista y dogmatizante" y condenado en auto particular de fe en mayo de 1803.

No conozco la condena pero no debió ser muy severa porque se tuvo en cuenta que

> no fue con el objeto maligno de seducir o hacer prosélitos [sino que] fue determinadamente escrito para el dicho Gobernador de Guayaquil, sin otro fin particular que el acordarle nuestras antiguas conversaciones sobre estas especies. En una palabra por un efecto de ociosidad, pasatiempo, majadería o muchachada.

La condena debía cumplirse en España y hacia allá salió a bordo de la fragata *Anfitrite*, a comienzos de junio de 1804.

Ya en la Península cuelga los hábitos, escribe a Carlos IV una *Memoria* sobre la Inquisición (Novales) que dará origen a un nuevo libro y viaja por Inglaterra y Francia; reaparece en Portugal con el nombre de José Joaquín de Clararrosa, médico.

Gil Novales proporciona algunos datos sobre su estancia en Portugal. Aduciendo poseer un título de médico obtenido del Protomedicato de Madrid —cosa que juzgamos improbable— se somete a examen para revalidarlo en Portugal (1806). Entre ese año y 1819 ejerce accidentadamente la medicina, enfrenta a médicos curas que lo acusan de aventurero, intruso y de ser un simple curandero. La revolución liberal de 1820 lo devuelve a Cádiz, donde sí puede publicar esta vez el *Diario Gaditano* que dirigió hasta su muerte en 1822. Allí destacó en los círculos masónicos y fue influyente en la política. "Cobró en Cádiz un aura de luchador popular, enfrentado con los ricos y poderosos" (Novales). Terminó preso y murió en la cárcel. Su entierro dio lugar a una manifestación popular organizada por un grupo masónico disidente. Se le veló con la Constitución de 1812 en el pecho, abierta en el capítulo de la soberanía del pueblo. La inhumación se llevó a cabo al margen de las prácticas religiosas.

En verdad el *Mercurio* y el *Semanario* tienen muchas coincidencias y precisamente por ello sus discrepancias eran sentidas con mayor intensidad. Se trataba del enfrentamiento de dos proyectos ilustrados. Uno, el del *Mercurio*, que manejaba los grandes temas de la Ilustración poniéndolos al servicio del Perú y se dirigía a los grupos dirigentes de la sociedad colonial; otro, el del *Semanario*, que ponía la Ilustración al servicio del hombre y se dirigía a un público más vasto que comprendía, además de los grupos dirigentes, a los sectores altos del estado llano, a los que confiaba en "ilustrar" (Prospecto de Semanario). Olavarrieta no tuvo tiempo de percibir la diferente estructuración social que había en América.

Cuando aparece el prospecto del *Semanario*, el *Mercurio* está consolidado. Cuenta con 388 suscriptores (Clement: 11), muy cerca del máximo que llegó a tener. Olavarrieta se refiere con cortesía al *Diario* y al *Mercurio*, no sin mencionar "el dilatado plan que [la Sociedad de Amantes del País] había tirado sobre tan inmensa multitud de materias que hacen su objeto". Encuentra que aún hay lugar para intervenir en algunas de ellas sin confundir pensamientos y evitando emulación y discordias. El editor se propone como otro "Amante del País".

Los temas que ofrece tocar son, en primer término, los referidos a la educación física, moral y política de los hijos, desde su nacimiento, y estará dirigido preferentemente a las mujeres. Ya entonces anuncia lo que parecerá ser su preocupación fundamental: combatir la costumbre de entregar los críos a las amas de leche. En segundo lugar, se ocupará de las diversiones públicas, siendo el teatro al que más atención le preste y luego a los trajes, bailes, paseos, tertulias y cafés, sin olvidar asuntos referidos a la historia natural, anatomía, etc. Todo ello dicho con "sencillez y naturalidad" para que pueda llegar a "toda clase de personas". Termina fijando el precio en seis reales por mes en tanto que el *Mercurio* costaba catorce.

En el número 46 del *Mercurio*, aparecido el jueves 9 de junio, se saluda el anuncio de Olavarrieta presentando su propósito de "mejorar este Público, criticando sus defectos"; luego se repiten los temas anunciados en el prospecto del *Semanario* y, como de paso, dan por supuesto que el editor sabe que no son adaptables a nuestro país "las declaraciones impresas de los Predicadores de Europa y que por la diversidad de circunstancias nos es inútil la enorme abundancia de críticos buenos y malos, que han abrumado las prensas de Francia, Inglaterra, etc."; se hace notar las peculiares dificultades que deberá enfrentar Olavarrieta, ya que no cuenta sino con dos meses escasos desde su llegada al Perú. Terminan haciendo votos por el éxito de la empresa que el prospecto propone y esperan tener ocasión de elogiarla.

La nota de la Sociedad no dejó insensible a Olavarrieta, quien acusó recibo en unas líneas irónicas en su segundo número. En el tercero ya descargó contra el que veía como adversario su artillería pesada. A propósito de una pregunta retórica del *Mercurio*, Olavarrieta les dedica un largo artículo en el que se esfuerza por dejar mal parado al rival, y lo consigue. Encuentra ocasión para defender la necesidad de ilustrar al vulgo y, ya ganado por la pasión insinúa que el *Mercurio* es pedante y, lo que es más grave, que roba "producciones comerciales (y las estampa) como parte del propio ingenio" (*Semanario*, 3: 24 y ss.). Inmediatamente después, el espacio dedicado a un artículo sobre los trajes, es usurpado por un ácido comentario a una carta escrita a la Sociedad por el doctor don Pedro Nolasco Crespo, desde La Paz, en el Alto Perú, "proponiendo nuevas conjeturas sobre el fluxo y refluxo del Mar". Olavarrieta dando muestras de su temperamento inflamable empieza con una referencia entre irónica y brutal:

> Es cosa muy particular (debemos todos confesarlo a pesar del honor de nuestra España) ver hombres de tan delicada comprensión y talento como es el autor [...] en un país recién conquistado y trasplantado de un Govierno Salvage a una Suave Legislación.

No podía haber escogido un asunto más a propósito para indignar al rival. En el número siguiente del *Mercurio* aparece una "Justificación de la Sociedad y del Perú" señalando cómo sus constituciones prohíben en principio responder a los ataques a la Sociedad o al *Mercurio*; sin embargo, si se trata de "Nuestra Patria, el Perú" se manda todo lo contrario. "Si los detractores son literatos del otro hemisferio, especialmente si son extranjeros" (lo que no excluye a los peninsulares) deberá impugnárseles. Si habitasen en el Perú se buscará convencerlos (*Mercurio*, 2, núm. 50).

Obviamente, Olavarrieta está en el primer caso y es tratado en consecuencia. Se califica de groseros sarcasmos sus ataques y se pone en evidencia lo contradictorios que resultan con la orden franciscana de la que forma parte. Inmediatamente el recuerdo de lo de "salvajes recién conquistados" acusándolo de revivir "el espíritu de facción, que se halla apagado hasta el punto feliz de que Europeos [*id est* españoles peninsulares] y Americanos nos miramos todos como hijos de un mismo Padre". A continuación se lanza el articulista (que es don José Rossi y Rubí) a la demolición del adversario. No vacila en recurrir a las alusiones personales ("dos o tres de

aquellas sangrías [¿de vino?] que S.P. acostumbra", "...la estratagema de
hacerse pequeñito" sabiendo que era de baja estatura) (Forns Broggi: 49) y
a los adjetivos duros ("emporcar página y media"). Defiende el artículo de
Crespo aunque no coincida con él y entra en demostraciones matemáticas.
Luego Rossi, milanés de nacimiento, defiende las críticas a la ópera. En
relación a la acusación de robo se le exige a Olavarrieta que demuestre de
un modo auténtico y solemne, cuáles son los pasajes robados y cuáles los
copiados, de dónde y cómo. Más adelante se habla del "genio criminoso de
este escritor habituado a las bullas y desavenencias" y se alude, ominosa-
mente para Olavarrieta, al derecho a rechazar las calumnias "porque ésta
es una parte integrante de los derechos del Hombre". Seguramente el buen
fraile no había disimulado del todo sus simpatías por la Revolución francesa.

La defensa de Olavarrieta demora un número. El quinto está íntegramente dedicado a ella bajo el título de "Justa repulsa contra las inicuas
acusaciones, falsos testimonios y siniestras interpretaciones..., etc." El título
es tomado de Feijoo (*ibid.*: 46), aunque el parecido termina allí.

De sus largas, apasionadas y sazonadas argumentaciones, sólo destacaremos algunas. En primer término, cómo hace notar la contradicción
entre el exordio del artículo y el cuerpo del texto. En efecto, Rossi no se
refiere a la ofensa al Perú sino al comienzo anuncia para el futuro otro
artículo dedicado al tema. Sin embargo, la frase de Olavarrieta era difícil
de justificar y aunque lo intenta con relativa habilidad, no acaba por
conseguirlo. Prefiere explicar cómo él no es el agresor sino al contrario al
ser "acuchillado y herido en [el] disparatado Análisis de un nuevo Papel
Periódico: se ha visto precisado a hacer guerra defensiva". Para explicarse
la agresión no halla otro motivo que el crematístico ya que el precio que él
cobra por el *Semanario* pone en evidencia la "estafa" de que el *Mercurio*
hacía víctima al público. Más adelante pisa terreno firme al hacer notar que
las citadas "constituciones" hacen distinción entre españoles y peruanos y,
¿cómo lo acusan de hacer revivir el espíritu de facción?

De lo que sigue, digamos que ofrece mostrar el manuscrito del que han
copiado los mercuristas las materias de comercio interno y externo del
Perú, siendo los autores dos comerciantes del consulado de Lima. Habida
cuenta de que el autor del estudio publicado en el *Mercurio* era José
Baquíjano y Carrillo y que su hermano mayor era uno de los más distingui-
dos miembros del consulado, es probable que ambos tuvieran razón y
que don José haya sido el autor de los dos trabajos. Señalemos también que
Olavarrieta, más adelante, invoca en su defensa a Moliére y a Rousseau lo
que no deja de constituir una audacia.

La cosa no quedó ahí ya que el franciscano pudo y supo llegar a las más
altas instancias y consiguió que el virrey obligara al *Mercurio* a retirar el

artículo ofensivo y lo sustituyera por otro. Seguramente que la distinción entre españoles y americanos tuvo mucho que ver.

A partir de ese momento sólo hay en el *Mercurio* dos alusiones más al *Semanario*. Una en la breve "Nota de la Sociedad" en la que se da cuenta de la sustitución del número anterior debido a un "desahogo apasionado" con lo que queda "Subsanada la opinión del P. Fray Antonio Olavarrieta". La frase final es significativa: "La Suprema autoridad lo exije, la paz pública lo desea, y la Sociedad lo espera". Otra, sin mencionarlo por su nombre, en la introducción al tomo III que escribiera Baquíjano y Carrillo: allí luego de referirse a la incomprensión y la envidia, se defiende a la Sociedad de la acusación de estafa. Así fueran los "productos líquidos de la consideración que infundadamente se juzga", ¿por qué en el *Mercurio* será delito lo que en cualquier otra profesión es lícito?

Por parte de Olavarrieta, que se sintió triunfante, no cesaron las referencias sarcásticas al *Mercurio*. En el número 13 se inserta una parábola sobre un zapatero que pasaba por bueno y se infatuó hasta que vino otro que lo hacía mejor y fue tratado de extranjero, insultado y provocado. Él contestó y rebatió su contradicción, motivando nuevos ataques; ante esto solicitó y obtuvo del Juez Mayor del Arte un examen. Y en vista de la comparación de sus obras y conocimientos con los del primitivo zapatero, el juez lo declaró injustamente agraviado. Por cierto, en su presentación ante el juez, el zapatero demandante dijo "yo perdono la gravísima injuria de estrangero (sabe V.S. que es gravísima)" dándonos la clave de la estrategia que siguió ante el virrey. En el número 15, tomada ya la decisión de irse como se infiere de las endechas de despedida que se insertan allí mismo, Olavarrieta incluye una gruesa "Historieta" en la que usando nombres que aparecen en el *Mercurio* compara con monos a los académicos de Lima y a los corresponsales del Cuzco.

Al final del número 16 se da cuenta de una indisposición del editor que impedirá la salida del periódico por algunos días. No volverá a aparecer.

En el análisis de la polémica y del *Semanario Crítico* en general, es indispensable considerar el temperamento y la situación de Olavarrieta. Estamos ante un sacerdote corroído por la duda y que probablemente ésta ha hecho tantos progresos en él que ya no cree en su ministerio y vive una impostura; ante un liberal que considera a la monarquía aún vigente como una manifestación de despotismo y que debe simular ser un súbdito fiel. El ejercicio diario del disimulo, la constante tensión a la que estaba sometido este hombre patético no exento de cierta grandeza, nos previene sobre la necesidad de leer su producción pública de estos años con particular cuidado, buscando los pequeños detalles en los que se pueda manifestar su pensamiento. Su serie sobre la crianza de los niños, por ejemplo, rebosa sentido común, pero su preocupación principal y no manifestada con claridad, deriva de su creencia en el materialismo, ya que las *ideas abstraídas* (la idea del bien es una de ellas) se forman sobre la base de las *ideas materiales* (fruto de la impresión en el cerebro de un objeto material) y se graban para toda la vida en la infancia, época de las primeras sensaciones (Novales). Su crítica teatral está tambien regida por la preceptiva neoclásica y juzgada en función de su utilidad para el mejoramiento de las costumbres. Descubrió, pero no entendió, el viejo conflicto entre criollos y peninsulares y supo usarlo en su favor a costa del *Mercurio Peruano*, abriendo los ojos del virrey sobre las eventuales implicaciones de un periódico que hasta entonces había constituido sólo motivo de orgullo. Una referencia despectiva a los "cholos" (*Semanario*, 5:47) y más tarde en México, otra "a la calidad y raza combinada de indio asiático y mulata americana, que es lo más ínfimo de todas las razas" (Olavarrieta, 4: 517), parecen probar que a pesar de su liberalismo eventualmente revolucionario había aceptado, acríticamente, buena parte de los valores de la sociedad colonial.

El *Semanario Crítico* requiere, ciertamente, una nueva lectura.

BIBLIOGRAFÍA

Clement, Jean Pierre, *Índices del Mercurio Peruano. 1790-1795,* Lima, 1979.
Durand Flores, Luis, *Independencia e integración en el Plan político de Tupac Amaru,* Lima, P.L.V. Editor, 1973.
Forns Broggi, Roberto, "Introducción", *La estrategia comunicativa del* Semanario Crítico *de Juan Antonio de Olavarrieta: ilustración y polémica en el periodismo limeño de 1791,* Lima, memoria para optar al grado de bachiller en humanidades, mención en lingüística y literatura, 1988.
Herr, Richard, *España y la revolución del siglo XVIII,* Madrid, Aguilar, 1979.
Mercurio Peruano, edición facsimilar, 12 tomos, Lima, Biblioteca Nacional del Perú, 1964.
Novales A., Gil, "Clararrosa, americanista", *Homenaje a Noel Salomón. Ilustración española e independencia en América,* Barcelona, 1979, pp. 113-124.
Olavarrieta, Antonio, "Causas de Estado e Inquisición contra el Br. [bachiller] D. Juan Antonio de Olavarrieta", *Boletín del Archivo General de la Nación,* Estados Unidos Mexicanos, t. V, núm. 4, 1934, pp. 481-546.
Rowe, John, "El movimiento nacional inca del siglo XIII", *Tupac Amaru,* II, *1780. Antología,* Lima, Flores Galindo, 1976.
Semanario Crítico, separata de la revista *Mercurio Peruano.*
Temple, Ella D., "Periodismo peruano del siglo XVIII", *El Semanario Crítico,* vol. 25, núm. 98, Lima, Talleres Gráficos de la Edición Lumen, 1943.

ADELA Y MATILDE, UNA NOVELA HISTÓRICA DESCONOCIDA SOBRE LA GUERRA DE INDEPENDENCIA EN PERÚ

Joaquín Marco
Universidad de Barcelona

De la novela *Adela y Matilde o los últimos cinco años de la dominación española en el Perú*, subtitulada "novela histórica original" y atribuida al coronel D. R. S., se tenían noticias, aunque el único ejemplar conocido, en la Biblioteca Nacional de Chile, no había sido consultado ni por Hidalgo, Palau, Brown o Ferreras. Este último, en el capítulo "El tema americano en la novela española del siglo XIX: orígenes y desarrollo", intuía ya que "la obra puede ser importante porque, creo, es la única que problematiza la guerra de la Independencia americana, vista por un español y, como veremos, falta este tipo de novela en la literatura española" (267). Publicada, en efecto, en 1843, responde al género de la novela histórica, inspirada no ya en las brumas medievales como las que imitaron a Walter Scott, sino en sucesos históricos más recientes. Si *El nigromántico mejicano* (1838) o *El sacerdote blanco o la familia de uno de los últimos caciques de la isla de Cuba* (1839), del catalán Ignacio Pusalgas constituyen uno de los primeros ecos del tema americano en la novela española, *Adela y Matilde* supone un hecho literario excepcional en sus diversas facetas. Un ejemplar de dicha novela, en una colección particular, permite disipar ya cualquier vaguedad respecto a su supuesta importancia. La novela se publica en España en el esplendor de la narrativa romántica. Pero la popularidad del género y su amplia difusión deriva más de las traducciones de novelas extranjeras que de la aportación de las nacionales.

Es cierto que en 1838 se publica *El doncel de D. Enrique el Doliente*, de Mariano José de Larra; en 1841, *Sab*, de Gertrudis Gómez de Avellaneda y en 1844, *El señor de Bembibre*, de Enrique Gil y Carrasco. A comienzos de los cuarenta aparecen varias *fisiologías* de inspiración balzaquiana y ya en 1844 se inauguran las imitaciones de Eugenio Sue; por ejemplo, *Los misterios de Madrid*, de J. Martínez Villegas y *Los misterios de Barcelona*, de José Nicasio Mila de Roca. En 1845 triunfa el género del folletín con *María*,

la hija de un jornalero, de W. Ayguals de Izco. Pero esa aparente modernización del panorama narrativo no impide que todavía la novela del P. Isla,
Fray Gerundio se reedite en 1835 y en 1842 y que *Eusebio,* de Pedro de
Montengón constituya, tal vez por su carácter pedagógico, una de las
novelas más populares: se reedita en 1836, en 1840 y en 1842. J. L. Ferreras
hace inventario de 110 narraciones históricas entre 1830 y 1844, aunque
incluye traducciones y adaptaciones.

    Adela y Matilde es, según reconoce su autor, una novela histórica. No
voy a entrar aquí en la sustancia de una polémica calificación. Un somero
análisis del relato nos permitirá advertir otros elementos. En esencia
descubriremos: *a)* una trama novelesca de clara inspiración romántica; *b)*
el relato histórico del proceso de los últimos años del dominio español en
el Perú, y *c)* una serie de cuadros costumbristas mediante los cuales el autor
describe las formas de vida no sólo de los criollos, sino también de los
indígenas. El autor, un escritor nada desdeñable, no domina a la perfección
el arte del relato, pero consigue articular los tres objetivos de forma suficientemente coherente. Pese a todo, *Adela y Matilde* se revela como una
obra singular. Revela la actitud de algunos liberales progresistas españoles
ante el fenómeno independentista americano y su conocimiento de aquella
realidad social. Ya en el prólogo, el coronel R. S. precisa que "mis relaciones
en su parte histórica son exactas", puesto que según se desprende del relato
fueron vividas por el propio autor. Advierte también que:

> alguno habrá [entre los lectores] que me juzgue adicto a los peruanos, porque
> omito las crueldades que se cometieron durante aquella sangrienta lucha
> contra los españoles; yo contestaré que no están en el vasto espacio que tomo
> para teatro de los sucesos que refiero [que cuando los peruanos] nos tuvieron
> en sus manos, después de la capitulación de Ayacucho, nos vieron dispersos y
> desarmados emprender marchas de quinientas y más leguas individualmente
> [...] no hubo un solo español que hubiera sufrido el menor vejamen, y que por
> el contrario, hallaron en las casas de aquellos virtuosos habitantes afecto y
> franca hospitalidad; y que llegaron a los puertos donde debían embarcarse,
> y dejar aquel país para siempre, auxiliados y protegidos por aquellos que
> debían apellidarlos los enemigos de su independencia [4-5].

    También en el prólogo se ofrecen algunas pistas de los lectores poten-
ciales de la novela. En primer lugar alude el autor a las "damas peruanas".
Las heroínas de la novela son "un bosquejo mal tratado de cualquiera de
vosotras, nobles, hermosas y amables criollas, honra del sexo femenino"
(5). Considerar al público femenino como el primer destinatario de la
novela constituye un tópico de la época, pero no deja de ser altamente
significativo que el coronel R. S., quien publica su novela en Madrid y en

la Imprenta del Boletín del Ejército, proclame su entusiasmo por lectoras tan poco probables.

También es posible que la novela se escribiera con bastante anterioridad a la fecha de su publicación. La batalla de Ayacucho, a la que alude en la novela, se produce el 9 de diciembre de 1824. Los detalles que el autor ofrece de las campañas parecen muy próximos a los acontecimientos. No sería de extrañar que hubiera sido escrita, tal vez parcialmente, hacia 1825 o en los años anteriores a 1830 y que su autor no se atreviera por su radical anticlericalismo y por una actitud favorable a los independentistas a publicarla inmediatamente. Pero tales consideraciones deben tomarse como meras hipótesis. Asimismo, hay otros sectores del público que han sido directamente aludidos: "los políticos podrán tomar una idea de varios acontecimientos que desgraciadamente no quisieron aprenderse por nuestro gobierno de entonces". El autor se manifiesta, a lo largo de la novela, liberal y antiabsolutista. Desde la perspectiva política la novela puede considerarse también como el ajuste de cuentas con una facción del ejército. Se describe muy críticamente, por ejemplo, la proclama absolutista del Ejército del Norte (287) y la triste acción de los Cerrillos (289), donde combatieron ferozmente españoles contra españoles. Otros naturales destinatarios son, por consiguiente, los militares, "quienes podrán ver la vida común de sus compañeros de armas en aquella dilatada y famosa guerra" (p. 6). El volumen servirá también "de recordatorio" y puede entenderse como un "estímulo para que plumas dignas se dedicasen a escribir sobre las Américas que hemos poseído más de trescientos años; y sobre las que sin embargo no trasmitimos a nuestros hijos más que ridículas paradojas" (p. 6). El autor se muestra aquí muy consciente del escaso interés que los escritores españoles manifestaron por unos hechos históricos que, en efecto, han producido, hasta la fecha, una literatura escasísima.

Es consciente del valor costumbrista de *Adela y Matilde*. Se trata de "algunas pinturas copiadas del original", procedente de las "tradiciones".[1] Enumera en el prólogo: "Los Andes", "La fiesta de la aldea", "La caza de

---

[1] Aunque el término "tradición peruana", se documenta en Ricardo Palma en 1854, sus propósitos coinciden con el anterior "costumbrismo" peninsular: "Entre tanto, toca a la juventud hacer algo para evitar que la tradición se pierda completamente. Por eso, en ella se fija de preferencia nuestra atención, y para atraer la del pueblo creemos útil adornar con las galas del romance toda narración histórica". Citado por José Miguel Oviedo, en Ricardo Palma (XXI). Para el desarrollo de la "tradición" en el ámbito hispanoamericano, véase Estuardo Núñez.

El novelista español podría considerarse perfectamente como un precursor de aquel prurito conservador romántico y testimonial de las costumbres que descubrimos en la literatura española en Serafín Estébanez Calderón (1789-1867), en Ramón Mesonero Romanos (1803-1882) y en Mariano José de Larra (1809-1837). Véase al respecto el fundamental libro de José F. Montesinos, pp. 125 y ss.

la vicuña", "Los chulpas", "La mina de plata", pero habría que incluir también la frecuente utilización de indigenismos a lo largo de la novela. El autor añade como apéndice una serie de "notas" donde se aclaran términos de flora, fauna, bailes, bebidas, tribus indígenas y costumbres. Son un total de cien notas, todas de considerable utilidad para los etnólogos. Nos hallamos, pues, ante una novela que puede apreciarse como una reconstrucción social del Perú previo a la independencia. El novelista describirá algunos rasgos de tensiones étnicas, de signo nacionalista, de conflictos generacionales. Se muestra siempre atento observador de una realidad que ha conocido directamente. Sobre la base de este material, elabora una trama narrativa de índole claramente romántica, en la que las pasiones y la endeble psicología de los personajes son modificadas por el devenir histórico.

ESTRUCTURA NOVELESCA

El espacio principal en el que se desarrolla la novela es la hacienda de La Paloma, propiedad de don Laureano Escobar, el abuelo de Adela Escobar de Lara, que junto a Matilde, es una de las dos figuras femeninas protagonistas. Su hermano Ramón está encuadrado en el Regimiento de Cazadores de Chile y la acción del relato se inicia durante las escaramuzas que preceden a la batalla de Ica,[2] de la que se ofrece una decripción en el capítulo cuarto.

La Paloma será, al mismo tiempo, un símbolo de la fraternidad hispano-peruana. En el jardín de Adela, ya al final de la novela, se levanta un mausoleo con una

> lápida de negro mármol [que] contiene dos coronas fúnebres de ciprés y los nombres de Ponce y Escobar esculpidos con oro [...] El agorero condori canta a media noche sobre la tumba donde yacen unidos un español y un peruano antes hermanos, amantes, nobles, ricos y felices. La negra mano de la discordia los ha hundido en el sepulcro [312].

Se trata, pues, no sólo de un espacio narrativo, sino también de un recurso simbólico que permite trazar el final cerrado de la novela. El autor, en las últimas páginas, siguiendo las fórmulas del sentimentalismo romántico planteará la muerte de todos los personajes masculinos y dejará con vida solamente a Adela y Matilde, "dos esposas vírgenes vestidas de luto".

---

[2] La batalla de Ica tuvo lugar en la noche del 6 al 7 de abril de 1822. Véase Virgilio Real Pineda, pp. 269-274.

Los personajes novelescos están ordenados en parejas: Adela y su amiga Matilde; Ponce y Ramón y también Ponce e Ibar (quien muere en la página 227), Adela y Ponce, Ibar y Pamela, Ramón y Matilde. De los 23 capítulos que constituyen la novela, cinco tienen como tema predominante la descripción costumbrista; siete atienden a los hechos de armas y el resto responden al argumento de la novela. En este último aspecto los amores contrariados por motivos diversos responden al esquematismo de la prosa romántica. Adela manifiesta desde el inicio del relato su amor por Antonio Ponce, "un joven alto, blanco, ojos azules, pelo rubio..." (36), al que un comandante de dragones, que siente animadversión hacia él lo describe como "muy peligroso, es harto susceptible al amor; tiene maña para conquistar corazones, se jacta de inconsecuente, y se burla después de la desgraciada que le cree" (37). El narrador procura inscribir los hechos novelescos en la historia. Así, Matilde conoce a Ramón Escobar (es un fragmento narrado en primera persona como confesión al abuelo) "cuando la expedición chilena arribó al Perú mandada por el jeneral San Martín" (1816) (82). Las heridas que el joven recibe en batalla le obligan a descansar en la hacienda del padre de Matilde, calificado de "fanático y cruel" por el odio que sentía hacia el ejército invasor (la perspectiva es española en este caso). Su hijo, Marcelino Estrella, heredará su carácter violento y causará la desgracia de la joven. El amor que ella siente hacia Ramón Escobar, un "insurjente" (151) es considerado como una deshonra familiar y Marcelino maquina la perdición de su hermana, acusada de apoderarse indebidamente de la herencia paterna. Internada en un convento, el autor se permitirá una serie de reflexiones antieclesiásticas que aparecerán muy a menudo en la novela. Significativa también, por lo que supone en la fecha de la edición de la novela, es su vindicación femenina: "Sexo débil y esclavo del tirano poder de los hombres, cuándo será que recuperes tus facultades y hagas valer tus privilejios " (133). No menos significativa al respecto es la afirmación de Pamela cuando Ponce la visita para anunciarle la muerte de su amante: "Soy americana, soy mujer" (263). Esta misma predisposición favorable hacia el papel de la mujer lleva a su autor a utilizar un mecanismo novelesco bien conocido desde las comedias españolas de los siglos XVI y XVII: la dama disfrazada de soldado (*Historia de la monja alférez*, relación o historia de la vida de Antonio Eranso, seudónimo de Catalina de Eranso, 1592-1635). Matilde se disfraza de oficial (98) para estar junto a su amado durante la batalla. Herida gravemente, sólo entonces se descubre la superchería. Pero el novelista se siente más atraído por la desgracia de la joven cuando es raptada en Cocto-cocto por los hombres de su propio hermano e internada en el convento de Santa Teresa. El proceso temporal del relato se interrumpe con algunos artificiosos saltos hacia atrás. El carácter liberal y anticlerical de la novela cobra aquí mayores proporciones. El autor califica, desde la perspectiva de sor Teresa, que va a convertirse en amiga y favorecedora de Matilde, la vida conventual como "un infierno más atroz que el que constituyó Luzbel por permisión del Ser Supremo ¡Ah! ¡Cuánto se engaña la joven cuyas inclinaciones la conducen a estos retiros!" (192). La llavera del convento se define como:

> una verdadera monja, llena de escrúpulos, de superstición y de egoísmo; intolerante y engreída con su pretendida virtud, se complace en las penas que sufren los demás, por lo que se llama pecado, y cree de su deber perseguir y acriminar a la infeliz que cae en desgracia de la prelada [195].

Las monjas tienen "corazón de tigre" (238). Este marcado carácter anticlerical contribuirá a explicar, sin duda, el silencio que siguió a la publicación de esta novela, la utilización de siglas por parte de su autor y el olvido de un texto que, sin lugar a dudas, significa un hito en el análisis literario del fenómeno de la independencia hispanoamericana. Un diálogo entre sor Teresa, hermana del patricio Laureano Escobar, que se encuentra también en el convento, y la "infeliz Matilde" descubrirá más claramente los objetivos del tratamiento anticlerical:

> - ¿Y todos los hombres serán así? repone sor Asunción; yo entiendo que los relijiosos tienen mucho empeño en conservar hipócritas las leyes con que han hecho odiosa nuestra santa relijión; pero los seglares, *los hombres ilustrados, los militares*, no verán un crimen donde hay una virtud: ellos no estiman las reglas y preceptos que inventó el egoísmo y la simulada tiranía de los magnates del dogma [237].

Y aunque en España existe otro gobierno que "ha abierto las fuentes de los claustros" sus leyes no se han extendido hasta el Perú. La vida conventual permite, además, adentrarse hasta "el oscuro subterráneo", donde la joven pasa un mes entero "sin ver la luz ni escuchar un sonido de la voz humana" (249). La priora la considera endemoniada y en este estado transcurren los días antes de que, gracias a las gestiones de don Laureano, sea trasladada a Cuzco. El narrador cuida de exponer ahora un estado psicológico:

> En tal estado, pasaban las horas en triste oscuridad; el tiempo parecía haber suspendido su rueda, y nada era ya capaz de animar el lánguido espíritu de aquella desgraciada hermosura; las horas se contaban en su mente, y casi no discrepaba un momento de aquel en que diariamente "abría su puerta para dejar con silencio y presteza el escaso alimento que se le concedía" [249].

No tratamos de descubrir a un maestro de los estados anímicos; pero nuestro autor no deja de intentar aproximarse a esa figura que se encuentra en una extraña situación, describe su estado de frustración, las llagas que la cubren. No evita los tópicos de la narración romántica. Los nombres mismos de las heroínas así lo reclaman. Una vez en Cuzco, donde se encuentra el virrey Ponce, calificado como "virtuoso general", la muchacha recobrará la libertad y será depositada en la hacienda de los Escobar. Allí llegará Ponce enamorado. De sus labios brotan los tópicos de cualquier novela romántica (269). Pero los esfuerzos para terminar con la guerra se complican cuando el mando del Ejército del Norte se proclama absolutista (287). Durante la última campaña, el novelista advierte ya que la situación social ha cambiado: "los españoles se miran ya como extranjeros" (294). Y tras la batalla de Ayacucho y la capitulación, Ponce decide regresar a España. De nuevo el novelista ha integrado la acción del relato a la evolución histórica. En la "conclusión" la suerte de los personajes debe adquirir tonos trágicos. Escobar muere fusilado por el general disidente en la isla de Capachica. También fallece Laureano Escobar no sin antes predecir la guerra civil que ha de sufrir el país. Y, finalmente, el infame don Marcelino lucha con Ponce y se matan uno al otro.

Costumbrismo y testimonio

Un escritor y militar español, que se dirige a un público también español y al que pretende interesarle, queda naturalmente impresionado por el rico pasado incaico. El papel de lo indígena en la novela adquirirá valores diversos según el personaje que se aproxime al fenómeno. En un primer plano, muy patente, descubrimos el costumbrismo. Se trata de describir el rico folclor:

> una cuadrilla de veinte indios de la hacienda de Paloma con sus tamboriles, flautas, lukmis y cascaris abren la carrera vestidos en traje de danza con plumas en la cabeza, y en los toneletes, cuya cuadrilla cierran dos indios segundos, vestidos a lo Inca con mantos negros, soles dorados en el pecho, frente y rodillas, y sus altos bastones de ébano en la mano. El Guaiñito que van entonando les hace marchar al picadito trote que ellos acostumbran, sin dejar de ejecutar las vueltas y círculos que usan en estas danzas [62].

Tal descripción de color local va acompañada de notas aclaratorias para las palabras no habituales en el castellano peninsular. El ojo atento del narrador se recrea también en las descripciones de las fiestas populares cholas, en los salones en que danzan, siguiendo las músicas de cuerda, las emperifolladas jóvenes cubiertas de oro. No voy a enumerar la variedad de los usos y costumbres de la novela; pero constituyen un mosaico muy valioso. La hacienda se sitúa en un lugar próximo al santuario de La Candelaria y los indios de La Paloma proceden del Ayllo Mappiri, en un lugar próximo a una laguna poblada de aves acuáticas: son las totoras. Junto a ella se encuentra la pequeña población de Yappiri (147). Allí se hallan también los restos de un antiguo palacio inca. Las "pirámides o mogotes" aparecen pobladas hoy por "topos blancos". Por vez primera aparece en la novela el término *romántico*. Los anticuarios descubrirán objetos dignos de historia; el romántico "perspectivas pintorescas".

Lo que atrae la atención de los personajes del relato es lo que se percibe en los caminos. Por ejemplo, las *chulpas*, moradas indígenas "construidas únicamente con tierra y jugo de algunos vejetales" (63). Llevan, según nos cuenta Ibar, cuatro siglos deshabitadas. Pero el prestigio incaico procede de la perspectiva histórica. A la salida del sol "los antiguos vasallos de los Incas se postraban en el umbral de las puertas angulares de sus chulpas, para adorar el astro del hermoso día, único Dios que reconocían" (64).

Algunas observaciones demuestran no sólo la simpatía con la que se observa el comportamiento de los indígenas, sino también una actitud tolerante respecto a sus comportamientos religiosos:

> hasta hoy conservan esta costumbre [la del sol naciente en sus cabezas], que como otras de sus padres, no ha desterrado aún la continua predicación de los párrocos: ellos no tienen la religión católica en los corazones; la observan en las simples fórmulas sin comprender sus misterios [...] Tienen para con sus curas y para con todos nosotros un respeto infundido por el temor, y cuanto hacen en nuestro obsequio es por miedo, mientras sirven y agasajan a sus caciques de sangre y a sus indios principales con amor y con interés... [64].

Tras la observación de la realidad indígena se advierte un espíritu crítico que sitúa al progreso como un valor que los propios indígenas asumirían: la sustitución de las llamas por asnos; la del catolicismo por sus valores religiosos tradicionales. Será la ignorancia la que impedirá su evolución, unida a su falta de "recursos". Sería preferible, por ejemplo, el uso del aguardiente al de la chicha. Las pruebas de honda (una de ellas se describe con detalle) incomodan a las damas de la comitiva (71). Pero la opinión de los eclesiásticos sobre los indios constituye una prueba más del descarnado anticlericalismo del autor. "El cura se queja agriamente de la poca devoción de los indios..." (73). La descripción de una misa y del mercado en la plaza es una auténtica joya de observación y colorido (73-75). Las escenas se suceden en ocasiones con amplitud, como la descripción de "la caza de la bicuña" (122-137). Allí, en el valle de Tungui-Pancaza, se nos describe una apasionante aventura arqueológica. Los personajes descubren una serie de tumbas y el mismo cacique que les acompaña rompe las puertas y muestra las momias que yacen en el interior. Junto a ellas se encuentran "ollas de barro sin asas y endurecidas hasta la petrificación, y un vaso de plata tosco e imperfecto". Se nos ofrece una abundante documentación sobre las costumbres de los enterramientos sin perder en ningún momento la amenidad, dado que el material se ha integrado ahora perfectamente a la forma narrativa utilizando el diálogo. El indio anciano cierra de nuevo las chulpas y lanza un clamor que será recogido casi un siglo más tarde por la novela indigenista:

> No, cacique, ya no tenemos nada nuestro: la tierra misma en que sembramos el maíz, la cebada y las papas, es del conquistador, que nos la presta pagándole un tributo, y las plantas que brotan cerca de nuestra morada caen heridas por el hacha de sus dueños cuando es su voluntad [...] ¡Dichosos mis abuelos que no conocieron a los hijos del sol! [129-130].

En realidad "solo se ha conseguido hacerles parecer cristianos". Y queda también en el aire el misterio de sus tesoros escondidos que, ni siquiera bajo el tormento declaran. El autor aprovecha para narrar el descubrimiento de uno de ellos (del que certifica su historicidad) atribuyéndolo al tesorero real de La Paz. Se trata de una leyenda de marcado tinte romántico y que podría figurar en cualquier antología de literatura de raíz oral. El espectador se admira también del puente colgante sobre el río Apurimac (247), de los vestidos de los alasitas en recuerdo de su emperador inca (275) o de lo que parece una sublevación indígena y que no es sino el terror de los indios ante un eclipse de luna (283). Pero las observaciones sobre la condición indígena adquieren también valores políticos y críticos. Ya independiente de la metrópoli, el autor observa que

> ahí donde Fernando e Isabel habían decidido la suerte del país, y puesto a sus pies la corona del último emperador, allí se declaró de hecho la independencia de los hijos de aquellos mismos conquistadores, pasando a sus manos la dominación bajo la cual vivían los infelices indígenas que mudaron de señores sin cambiar de condición. Esclavos siempre y humillados, sirvieron con sus bienes y personas a los partidos encarnizados que se disputaron la dominación de su país, y el señorío de sus personas y riquezas [303].

El autor, por consiguiente ha ido mucho más allá del cuadro de costumbres.

EL AUTOR IMPLÍCITO

La novela se integra, como ya lo mencionamos, en el marco histórico de la guerra independentista. El novelista conoce, pues, los hechos directamente

y, por consiguiente, los testimonios que nos ofrece tienen valor autobiográfico. En realidad responde a la necesidad de que tanto heroísmo no
quede sin el oportuno canto épico. "¡Oh hechos heroicos! ¿Por qué carecéis
de un Ercilla?" (260). La particularidad la constituye el hecho de que el
lugar del poema épico ha sido ocupado por la novela que permite la mezcla
de la realidad (la historia) y, al mismo tiempo, de una ficción. Al finalizar
la trama, la guerra ha durado ya catorce años (292). La presencia en Perú
de personajes como el padre de Matilde hace reflexionar al autor: "La
presencia de muchos *españoles europeos* que se parecen al autor de la
repugnante escena de que hablamos, es la mayor razón de encono y obstruc-
ción con que los americanos defienden y anhelan su independencia..." (88).
Por otro lado, el radicalismo liberal del autor le lleva a admitir que "el
pueblo que quiere ser libre, lo es" (120). Pero la guerra ha sido cruenta. De
los 22 000 hombres del ejército español que la iniciaron, quedan sólo 2 000
tras nueve años de combates (102). Se ha incrementado también el número
de desertores (101). Las gestas españolas carecen, sin embargo, de historiadores confiables:

> Yo estoy cierto de que esta penosa y dilatada guerra, si acaso llega a escribirse,
> no será por ninguno de nosotros: alguno que no haya salido de Madrid o de
> Barcelona será quien mendigando relaciones, más abultadas, otras imperfectas
> y muchas parciales, pasará a nuestros sucesores un tejido de patrañas mons-
> truosas, de anacronismos y de cuentos con el nombre de historia [117].

El modelo testimonial es el boletín del ejército. Y el autor aprovecha
para cantar las excelencias del *Diario* de Gaspar Rico, "redactor de la *Gaceta
del Gobierno* y del *Boletín del Cuzco*". El novelista pretende, por consiguiente,
sustituir ahora la voz del novelista por la del historiador.

Se mencionan las campañas de los generales Arenales y Tristán (95),
Canterac y Valdés (97). Se describe una vistosa parada militar presidida por
el virrey Laserna (114-115) y el virrey Ponce es calificado de "virtuoso
general" (247). Se enumeran las razones que impiden la continuación de la
guerra según algunos militares:

> Habrá que cederlo al fin sin ningunas [ventajas], puesto que [España] no tiene
> ni maña, ni crédito, ni dinero para asegurar por más tiempo su dominio
> absoluto y por los medios que se han propuesto conservará un suelo cuya
> insurrección lo emancipará enteramente de su metrópoli para provecho de
> otras naciones (157).

El narrador no sigue una cronología lineal, aunque relata los avatares
de Torata y Moquegua: los soldados avanzan hasta 300 leguas en 22 días

(222). Los españoles calculan (una utopía más) recuperar Chile y desembarcar en Valparaíso (257); pero el fin de la dominación en el Perú se acelera al proclamarse absolutista el Ejército del Norte (287); se describe la batalla de Junín (293); se alude a Bolívar "el colombiano" (295) y, finalmente, las acciones militares finalizan en la batalla de Ayacucho. Los militares españoles liberales comprenden bien la actitud emancipadora. Su enemigo natural son los absolutistas. Están contra la guerra y se sienten abandonados por la metrópoli. En el alto de Torata o Valdivia se producen más de mil muertos y heridos en combate hasta el punto que la sangre "hace balsas en la arena" (224):

> Los americanos que se llamaban españoles, no querían perder este nombre ni abandonar por conservarlo el suelo natal, y los peninsulares enviados allí para someter a los sublevados y restablecer la tranquilidad, se proponían morir antes que abandonar la empresa [225].

Era una guerra fanática que el espíritu ilustrado del autor rechaza.

Nada sabemos del coronel D. R. S. El bibliógrafo Dionisio Hidalgo lo identifica con Ramón Soler. Palau mantiene la atribución; Brown lo diferencia del novelista romántico catalán Ramón López Soler, autor de varias novelas históricas de ambiente medieval y fundador de la revista *El Europeo*. Ferreras complica innecesariamente las atribuciones. Palau cita también de Ramón Soler un *Calendario militar... para 1845* (1844) y *El amigo del soldado ó enciclopedia de instrucción primaria militar, para los alumnos de las escuelas de tropa* (Madrid, 1848), material que no hemos podido ver.

En resumen, nos hallamos ante una novela que ofrece varios centros de interés: testimonio, trama romántica, descubrimiento de la "tradición" peruana, valor indigenista, descripción social de clases y grupos, función de los militares españoles, utilización de términos indígenas. Sin duda debe entenderse como el necesario punto de referencia del origen de la novela en Perú y muestra, claramente, el ambivalente espíritu español en tierras americanas hacia el final de su dominación colonial.

BIBLIOGRAFÍA

Adela y Matilde o los últimos cinco años de la dominación española en el Perú. Novela histórica por el coronel D. R. S., Madrid, 8o. Ita. del Boletín del Ejército, 1843.
Brown, Reginald F., *La novela española, 1700-1850*, Madrid, 1953.
Ferreras, Juan Ignacio, *Introducción a una sociología de la novela española del siglo XIX*, Madrid, 1973.
Hidalgo, Dionisio, *Diccionario general de la bibliografía española*, Madrid, 1862-1871.
Marco, Joaquín, "El costumbrismo español como reacción", *AA.VV.*

La imagen de Andalucía en los viajeros románticos y homenaje a Gerald Brenan, Málaga, 1987.

Montesinos, José, *Costumbrismo y novela*, Madrid, 1960.

Núñez, Estuardo, *Tradiciones hispanoamericanas*, Caracas, 1979.

Palau y Dulcet, Antonio, *Manual del librero hispanoamericano*, Barcelona, 1948-1977.

Palma, Ricardo, *Cien tradiciones peruanas*, Caracas, 1985.

Real Pineda, Virgilio, "Conatos, levantamientos, campañas e ideología de la Independencia", en *Historia del Perú*, Juan Mejía Baca (ed.), Lima, 1980.

EL PROCESO ANTIESCLAVISTA EN CUBA: DE LA EMOCIÓN A LA CODIFICACIÓN

Rosario Rexach
Nueva York

Todo fenómeno que repercuta ondamente en la vida de una sociedad, comienza por engendrar actitudes no necesariamente conscientes en sus miembros. Y a partir de esa actitud inicial se desencadena siempre un proceso de examen. Tal vez por eso pudo Ortega y Gasset decir, en 1923 en un libro por demás olvidado, *El tema de nuestro tiempo*, que "De lo que hoy se empieza a pensar depende lo que mañana se vivirá en las plazuelas". Idea que reiteró después en 1949 y que apareció en su libro *Vives y Goethe*.[1] Sin embargo, y con todo respeto, a mí me gustaría modificar esta afirmación diciendo que es de lo que hoy se empieza a sentir que se origina lo que luego será la vida. Porque inicialmente lo que los integrantes de una sociedad experimentan es una emoción. Y si ésta se generaliza obliga al análisis, al examen. Los que han estudiado el proceso del pensamiento —Dewey o Piaget, por no citar más de dos— saben que éste sólo funciona frente a una situación problemática. La esclavitud tuvo ese carácter. Fue una institución —si puede llamarse así— que aún a los hombres más indiferentes por origen o ubicación les pareció siempre reprobable, inventando justificaciones o racionalizaciones para su pervivencia. Incluso el padre Las Casas se lamentó toda su vida de haberla sugerido como un medio de aliviar la situación de los indígenas, aunque es pertinente aclarar que ya existía la esclavitud africana en Andalucía. Y se asegura que el piloto de La Niña, la embarcación de Colón, era un negro —Piero Alonso— posiblemente liberto. Pero lo importante en relación con el tema que me ocupa es analizar como se fue estructurando el "discurso de resistencia" al fenómeno, como acertadamente lo ha llamado Antonio Benítez Rojo.[2] Lo que me propongo en este ensayo es analizar la forma en que, lentamente, se reflejó en la escritura ese proceso hasta culminar en la abolición y en su codificación. Ese discurso fue en sus inicios muy esporádico pero ya acusa caracte-

---

[1] Ortega y Gasset, p. 156.
[2] Benítez Rojo.

res firmes. Y curiosamente son clérigos los que más lo reprueban. Hacer historia rebasa los límites de lo que hoy me propongo, pero debo destacar, porque es justo, que ya en 1581 un profesor en México, Bartolomé de Albornoz, la condenó en un texto titulado *De la esclavitud*. Y antes que él un teólogo andaluz, Tomás Mercado, se expresó negativamente frente al hecho.[3]

Pero vamos a Cuba. En la isla la esclavitud comenzó muy pronto, en el siglo XVI; sin embargo, en un principio no tuvo un carácter masivo. Se produjo a través de asientos y después de licencias reales concedidas por diversos motivos a solicitantes especiales. Fue el periodo previo al sistema de plantaciones. Mas, cuando la explotación azucarera requirió para su expansión mayor número de brazos se organizó la "trata" con carácter realmente extenso. La esclavitud se mercantilizó. No es mi objetivo detallar el hecho histórico. Sí señalar cómo dicho fenómeno originó no sólo un pronto "discurso de resistencia" sino también, por la vía racionalizadora, lo que pudiera llamarse un "discurso de justificación". Tal vez el más destacado sea el de don Francisco de Arango y Parreño, en 1792.

Como ya indiqué, lo que nos interesa es cómo el fenómeno de la resistencia fue apareciendo en la escritura, y en consonancia con lo ya dicho, lo primero que se acusa es una respuesta emocional. Respuesta que, curiosamente y aún sin carácter de denuncia, aparece en la obra de dos mujeres pertenecientes a las clases privilegiadas del país y que —si bien se radicaron en Europa— pasaron sus años formativos en su tierra natal, siendo testigos excepcionales del fenómeno; estas mujeres fueron la condesa de Merlin y Gertrudis Gómez de Avellaneda. La primera, en la carta XX de su libro *La Habana*, dirigida al barón Charles Dupin, escribe: "La esclavitud es un atentado contra el derecho natural". Y algo más adelante añade: "¡Que el santo hombre de Chiapa me perdone! La esclavitud que importó fue para La Habana un germen deplorable; convertida en árbol gigante, hoy produce los frutos amargos de su origen..." (Merlin: 156-159).

El otro ejemplo es *Sab*, la muy comentada novela de Gertrudis Gómez de Avellaneda. Se han multiplicado los trabajos sobre ella. Baste decir que este texto, comenzado en La Coruña en 1836 y publicado en Madrid en 1841, es una reacción emocional frente al fenómeno que lo prueba implícitamente.[4]

Sin embargo, la esclavitud, por sus inhumanos rasgos, originó siempre una reacción de resistencia en el país que poco a poco fue incrementándose. Y la literatura se hizo eco de ello. Es casi innecesario señalar —resulta

---

[3] Castellanos, I y II, especialmente.
[4] Véase Gómez de Avellaneda. Hay muchas reediciones de la obra. Una de ellas es la preparada por Carmen Bravo Villasante y publicada en Salamanca en 1970. Esta novela ha originado numerosos estudios. Algunos que creo oportuno citar son los de Ureña, Percas Ponsetti, Sclao, Alzola, Gutiérrez de la Solana y Barreda Tomás.

obvio si se conoce al género humano— que las primeras reacciones provinieron de los mismos esclavos, que de una manera abierta o solapada —según los casos— se rebelaron contra la injusticia. Son innumerables las pruebas de esta rebeldía, desde la simple mentira, la apatía en el trabajo o el descuido de los medios de producción hasta la rebelión abierta que se manifestó en la huida, en el enclave en los llamados palenques, en el suicidio masivo o en la organización de movimientos de liberación. Recuérdense los casos de Aponte, o de Miguel Barrera (Castellanos: 197).

No obstante, es justo aclarar que fue Cuba uno de los países donde la esclavitud tuvo caracteres más benignos, como lo destacaron muchos viajeros. El más notable, Alejandro de Humboldt, quien en su *Ensayo político sobre la isla de Cuba* escribió:

> En ninguna parte del mundo donde hay esclavos es tan frecuente la manumisión como en la Isla de Cuba, porque la legislación española, contraria enteramente a las legislaciones francesa e inglesa favorece extraordinariamente la libertad, no poniéndole trabas ni haciéndola onerosa. El derecho que tiene todo esclavo a buscar amo, o comprar su libertad si puede pagar el importe de lo que costó[...] La posición de los libres de color en la Habana es más feliz que en ninguna otra nación de las que se lisonjean, hace muchos siglos, de estar muy adelantadas en la carrera de la civilización [Von Humboldt: 125-126].

Razón tenía Humboldt. Pero esta suavidad, siempre relativa, no excluye al fenómeno de sus reprobables atributos. Y explica cómo comenzó a mostrarse muy pronto una conciencia alerta que no sólo condenaba la esclavitud sino que, además, iba forjando el "discurso de resistencia" que daría al traste con la institución. Esta oposición halla su vehículo —como ocurre siempre— en la literatura, aunque suele olvidarse que es en esta expresión donde se asientan, maduran y sugieren las soluciones a los grandes problemas sociales. Lo que explica el por qué es el escritor siempre —si sabe cumplir con su misión— un ente temido por los tiranos, no importa cual sea su disfraz, ni la esfera en que ejerzan su tiranía.

La resistencia de los intelectuales —ya en el plano del pensamiento— la encontramos muy tempranamente en Cuba. Aparece desde fines del siglo XVIII; claro está que esto venía favorecido por el clima cultural europeo. El Iluminismo que asentaba sus principios en los derechos del individuo y en la importancia de la educación o "Ilustración", se manifestó en el área de poder con la política del despotismo ilustrado. Carlos III participa de dichas ideas que le eran aconsejadas por muchos de sus ministros, como el conde de Floridablanca o Campomanes.

Cuba se benefició grandemente de esa política. En 1767, tras la expulsión de los jesuitas, se renovaron totalmente los estatutos del Seminario de San Ambrosio, luego llamado de San Carlos, y que era un colegio abierto no sólo a los que iban a ser clérigos sino también a los jóvenes pudientes que podían estudiar allí en un nivel más liberal y progresista de lo que podían hacerlo en la ya, para entonces, cincuentenaria Universidad de La Habana.

La renovación de San Carlos permitió a muchos de sus profesores una tarea de innovación en las ideas filosóficas. Simultáneamente —y favorecida por el entonces gobernador de la isla, don Luis de las Casas— se fundó la Real Sociedad Económica de Amigos del País o Sociedad Patriótica de La Habana, que auspició la publicación de la primera prensa periódica de la ciudad, el *Papel Periódico*. Fue en esta publicación donde uno de los profesores de San Carlos, el presbítero José Agustín Caballero, publicó en 1791 el primer documento de la intelectualidad cubana condenando la esclavitud, aunque de tono muy moderado y firmado por "El Amigo de los Esclavos". En 1797, el propio Caballero presentó a la Sociedad Económica de la que era fundador un informe sobre la esclavitud que revela ya una toma de conciencia.

A partir de aquí la minoría alerta no cejaría en sus empeños, no sólo por aliviar la situación de los esclavos, sino por terminar con la "trata" y, por supuesto, con la esclavitud. Este proceso abarcó varias líneas de acción, todas reflejadas en la escritura de la época.

En el plano del pensamiento —con manejo de ideas y argumentos que culminarían en la abolición— pueden señalarse los hitos que van de José Agustín Caballero a Félix Varela, José Antonio Saco y José de la Luz y Caballero, como figuras mayores, seguidas por otras que propagaban las ideas por ellos sostenidas. El padre Caballero inicia la tarea al finalizar el siglo XVIII como ya lo dije; en el XIX —muy al principio— su discípulo en el seminario, Félix Varela, lo supera ampliamente divulgando las nuevas ideas y enseñando la primera clase de constitución que hubo en Cuba. Este hecho lo hizo tan famoso que al proclamarse en 1820 por segunda vez la monarquía constitucional en España, fue electo diputado por La Habana por abrumadora mayoría en 1821.

Lleno de ilusiones y proyectos arribó Varela a las Cortes españolas. Uno de esos proyectos era el de una ley tendiente a eliminar la esclavitud. Asombra, al leerlo, constatar la sabiduría, ponderación y visión política que revela.[5] Pero debido a las peripecias de aquellas Cortes el proyecto no se discutió ni se aprobó. Las Cortes se disolvieron. El absolutismo volvió a

[5] Véase Varela y Morales. Aunque mi referencia no tiene fecha, es anterior a 1974. Véase en ese pequeño tomo la reproducción completa de la *Memoria* de Varela recomendando la extinción de la esclavitud. Este documento había sido ya publicado por la editorial de la Universidad de La Habana en 1944, bajo la dirección de Roberto Agromonte.

reinar. Y Varela, no sólo perseguido, sino condenado a muerte, se refugió en Estados Unidos, primero en Filadelfia, luego en Nueva York; para terminar sus días —enfermo y pobre— en San Agustín de la Florida en 1853, unas semanas después de haber nacido en La Habana José Martí.

La antorcha del pensamiento antiesclavista dejada por Varela fue recogida por su discípulo José Antonio Saco, quien –en un principio– lo sustituyó en su cátedra del seminario y el que, desterrado por el gobierno de Tacón en 1834 por sus ideas, salió de Cuba hacia Estados Unidos, para radicarse después definitivamente en Europa. A él se debe el estudio más serio sobre la esclavitud —no sólo de los negros— que hubo en lengua española hasta ese momento. Es una documentada, larga y muy bien escrita historia de la esclavitud (véase Saco). Asombran la seriedad y profundidad de la investigación, así como los aciertos de expresión. Por eso ha podido decirse que "Es curioso observar que Saco introduce en Cuba, de manera clara y consciente, la profesión de escritor" (Benítez Rojo: 207).

Después de Saco y siguiendo la línea de pensamiento antes esbozada, aparece don José de la Luz y Caballero, quien muestra una actitud reformista frente al problema, que muchos autores —con evidente falta de perspectiva histórica— consideran muy débil y carente de convicción. Sin embargo, en una valoración más justa y equilibrada se colocan otros muchos estudiosos, entre los que merecen especial mención Isabel y Jorge Castellanos —padre e hija—, quienes en un documentado libro muy reciente dicen:

> Liberal por el fondo de sus ideas. Conservador por los métodos que proponía para realizarlas, Luz hubiera querido ver a su Isla libre y sin esclavos. Pero temía que el empeño de obtener esos ideales por vías violentas arrastraría a Cuba al caos, la destrucción y la ruina [...]Ser reformista, antes de 1868, era un modo de preparar el camino para la realización de los destinos patrios [Castellanos: 275].

Pero el verdadero proceso abolicionista, cuidadosa e inteligentemente promovido por la "élite" intelectual cubana –ya criolla– ocurre señaladamente en la década que se inicia en 1830. Alma de ese proceso fue un venezolano, tempranamente radicado en Cuba y perteneciente a la más alta clase social, que se casó con una dama de la aristocracia criolla, doña Rosa Aldama. Ese hombre extraordinario era Domingo Delmonte o del Monte, como algunos lo llaman. Primero en Matanzas y luego en La Habana, celebraba en su casa una tertulia literaria donde diseminaba las nuevas ideas y se hacía eco de las urgencias del país. En la tertulia de Delmonte encontraron los jóvenes cubanos orientación y estímulo. Y, por supuesto, la esclavitud era un tema de obligada discusión. Y para ayudar a crear conciencia, Delmonte impulsó a los más sensibles contertulios a escribir sobre el tema. Así surgieron obras tanto de ficción como poéticas que hoy todos comentan. José Martí dijo que él había sido "el más real y útil de los cubanos de su tiempo" (Martí: 282). Entre las obras de ficción sobresalen el *Francisco* de Anselmo Suárez y Romero, la primera versión de *Cecilia Valdés*, en dos pequeños capítulos que se publicaron en *La Siempreviva*, en 1839, y los que constituyen el núcleo de lo que luego sería la obra, ya clásica, que todos conocen y publicada por Villaverde en Nueva York en 1882. La bibliografía sobre esta novela es muy amplia. Hoy sólo quiero citar lo escrito por César Leante en su estudio *Cecilia Valdés, espejo de la esclavitud:*

> Cecilia Valdés es de nacionalidad cubana, porque la protagonista de Villaverde simboliza en su carne y en su espíritu, la combinación racial y cultural que determinó el ser cubano. Cuando un personaje literario alcanza categoría simbólica es porque hay en él una correspondencia muy estrecha, inseparable, entre creación y realidad, entre ficción e historia, entre proyección artística y autenticidad vital [Leante: 25].

También producto de aquel círculo fue otra novela de denuncia, escrita mucho más tardíamente, en 1873, por Antonio Zambrana y titulada *El negro Francisco.* Y precediendo a todos estos relatos está *Petrona y Rosalía,* luego llamada —más apropiadamente— *El niño Fernando,* escrita antes que *Francisco* y de un decidido tono de denuncia, lo que hizo decir a José Zacarías González del Valle:

> El autor de *Petrona y Rosalía* si de algo peca es de demasiado fiel a los hechos, porque yo no sé quién pueda dudar que en nuestra sociedad pasa lo mismo que él describe. Yo creo que su obra debe correr lo posible, porque viéndonos retratados, comenzaremos por mejorarnos a nosotros misos [González del Valle: 58-59].

El autor era Félix Tanco Bosmeniel, colombiano de origen, pero que vivía en Cuba desde su infancia. Por supuesto, al igual que *Francisco,* no pudo publicarse entonces y sólo apareció en 1925, en la revista *Cuba Contemporánea.* Sin embargo, estos relatos sirvieron a la causa abolicionista. En este empeño, además, participaron algunos poetas. Entre ellos el propio Delmonte, uno de cuyos romances denuncia la esclavitud. Y añado otros dos nombres: el de Rafael Matamoros y Téllez cuyas "Elegías Cubanas" finalmente han aparecido, gracias a la paciente investigación de Adriana Lewis Galanes.[6] Y el de José Jacinto Milanés, especialmente por su poema "La fuga de la tórtola", donde la avecilla es llamada "cimarronzuela" aludiendo al nombre "cimarrón" que se daba a los esclavos huidos.

---

[6] Véase Lewis Galanes y Hernández-Morelli.

Pero aún hay otros dos méritos singulares que sumar a la obra inspiradora de Delmonte. El más importante, haber logrado la manumisión del esclavo Juan Francisco Manzano (1976) mediante la compra de su libertad, sufragada por los contertulios y, además, incorporarlo al grupo dándole la encomienda de escribir su autobiografía. El otro empeño fue reunir en un álbum todos los documentos y escritos para entregarlos a un funcionario inglés y que justificaban las gestiones para la abolición de la trata y la esclavitud.[7]

La presión ejercida por el grupo delmontino tuvo importantes consecuencias. Una de ellas fue la llamada "Conspiración de la escalera" al parecer instigada por uno de los funcionarios ingleses. Los negros libertos, especialmente los mulatos, se adhirieron al empeño. Descubierta la trama hubo fusilamientos y prisiones. El poeta Plácido —Gabriel de la Concepción Valdés— fue fusilado. También fue acusado en el proceso como instigador don José de la Luz y Caballero, entonces en Europa, de la que regresó para aclarar su situación en una carta ejemplar. No pretendo detallar los hechos patentes de la historia.

En cambio, si me interesa señalar que en el periodo que va de 1830 a 1868 —y aún después— pocas huellas se encuentran en la escritura del problema de la trata, a no ser en algunos personajes de la versión definitiva de *Cecilia Valdés*, de 1882. Pero ya en el siglo XX un conocido escritor, Lino Novás Calvo, publicó en 1931 una novela excelente —en realidad, una biografía novelada— cuyo título es *Pedro Blanco, el Negrero*, donde con una seria investigación como base y un gran talento pinta los horrores de la trata.

Pero el proceso antiesclavista continuó. Y en su marcha se fue plasmando la conciencia nacional y la necesidad de la independencia que cuajó en la organización de la primera guerra independentista cubana, la llamada guerra de los Diez Años (1868-1878). Su líder más preclaro, Carlos Manuel de Céspedes —rico hacendado— inmediatamente decretó la libertad de los esclavos. La guerra, desafortunadamente, se perdió. Pero ya la esclavitud había recibido un golpe mortal. Sólo tuvo después una existencia precaria. Esto se hizo obvio muy pronto. Así, la reina regente María Cristina declaró la total abolición de la esclavitud el 7 de octubre de 1886. La codificación se había logrado.

En el proceso, la literatura había cumplido su misión y legado obras y ejemplos que hay que recordar.

[7] Véase Lewis Galanes.

Bibliografía

Alzola, Concepción T., "El personaje Sab", *Memorias del Simposio en el Centenario de la Muerte de Gertrudis Gómez de Avellaneda*, Gladys Zaldívar y Rosa M. Cabrera (eds.), Miami, 1981, pp. 283-291.

Arango y Parreño, Francisco, *Obras*, Madrid, 1862, tomo I.

Barreda Tomás, Pedro, "Abolicionismo y feminismo en la Avellaneda; lo negro como artificio narrativo en *Sab*", *Cuadernos Hispanoamericanos*, núm. 342 (1978), pp. 613-626.

Benítez Rojo, Antonio, "Azúcar/poder/literatura", *Cuadernos Hispanoamericanos*, núm. 451-452 (1988), pp. 95-205.

Castellanos, Jorge e Isabel, *Cultura afrocubana I, El negro en Cuba, 1492-1844*, Miami, 1988.

Gómez de Avellaneda, Gertrudis, *Sab*, Madrid, 1841.

——, *Sab*, edición de Carmen Bravo Villasante, Salamanca, 1970.

González del Valle, José Zacarías, *La vida literaria en Cuba*, La Habana, 1938.

Gutiérrez de la Solana, "*Sab y Francisco*: paralelo y contraste", en *Memorias del Simposio en el Centenario de la muerte de Gertrudis Gómez de Avellaneda*, ed. cit., pp. 301-317.

Henríquez Ureña, Max, "*Sab* y el sentimiento antiesclavista", en *Panorama histórico de la literatura cubana, 1492-1952*, Puerto Rico, 1963, tomo I.

Leante, César, "*Cecilia Valdés*, espejo de la esclavitud", *Casa de las Américas*, núm 89, (marzo-abril 1975), pp. 19-25.

Lewis Galanes, Adriana, "El álbum de Domingo del Monte", *Cuadernos Hispanoamericanos*, núm. 451-452 (1988), pp. 255-265.

——, y Rolando Hernández-Morelli, "Las perdidas 'Elegías cubanas' de Rafael Matamoros y Téllez", *Cuadernos Hispanoamericanos*, núm. 451-452 (1988), pp. 267-285.

Manzano, Juan Francisco, *Obras*, La Habana, Instituto Cubano del Libro, 1976.

Martí, José "Artículo sobre el pintor Juan J. Peoli", *Patria*, 22 de julio de 1893, *Obras completas*, La Habana, 1975, tomo 5.

Merlin, condesa de (María de las Mercedes Santa Cruz y Montalvo), *La Habana*, traducción de Amalia Bacardí, Madrid, 1981.

Novás Calvo, Lino, *Pedro Blanco, el Negrero*, Madrid, 1955.

Ortega y Gasset, José, *El tema de nuestro tiempo, Obras Completas*, Madrid, 1961, tomo III.

——, *Vives y Goethe*, Madrid, 1961.

Percas Ponseti, Helena, "Sobre la Avellaneda y su novela *Sab*", *Revista Iberoamericana*, 28 (diciembre de 1962), pp. 347-357.

Saco, José Antonio, *Historia de la esclavitud de la raza africana en el Nuevo Mundo y en especial en los países hispanoamericanos*, 4 vols., La Habana, 1938.

Varela y Morales, Félix, *El Habanero*, Miami, Colección Destierro, Revista Ideal, s.f.

Von Humboldt, Alexander, *Ensayo político sobre la isla de Cuba*, Miami, 1960, pp. 124-125.

LUIS GONZÁLEZ OBREGÓN FRENTE A LA COLONIA: ENTRE LA HISTORIA Y LA FICCIÓN

RAFAEL OLEA FRANCO
El Colegio de México

Bajo la firma del joven escritor mexicano Luis González Obregón (1865-1938), en 1890 se inició en el periódico *El Nacional,* la publicación de una serie de artículos semanales que versaban sobre el pasado colonial de la Ciudad de México. El fuerte interés que éstos despertaron entre sus lectores impulsó al autor a publicarlos en forma de libro al año siguiente con el título de *México viejo.*

En la introducción a la edición definitiva de su obra, declara el autor el doble propósito que alienta su escritura:

> Nos proponemos sólo escribir la historia de los edificios más notables de la ciudad, que ya han desaparecido por completo o que ya han cambiado del todo, pero que tienen su origen en época remota; escribir también las tradiciones, leyendas y costumbres de México colonial, características de aquellos tiempos pasados, objeto principal de este libro [*México Viejo:* 7].[1]

La primera vertiente, la "arqueológica", lo lleva a describir minuciosamente la ciudad, "los cambios que se han verificado en sus calles y plazas, en sus templos y palacios, en sus acueductos y mercados" (3), y, por medio de las costumbres de la época, a hablar de la historia general de la Colonia. Por su parte, el enfoque legendario propicia la recreación de diversas leyendas a partir del rico acervo anecdótico y tradicional novohispano.

Textos híbridos en la forma y —como veremos después— ambivalentes en el sentido, los escritos que forman *México viejo* se desplazan permanentemente entre dos discursos alternos: el histórico y el literario. La proposición específica de escritura de González Obregón intenta imbricar aspectos discursivos que pertenecen tanto a un ámbito como al otro:

---

[1]Todas las citas corresponden a la edición de 1979, la cual sigue el texto y las ilustraciones de la edición de 1900.

Hemos procurado ser imparciales, ajenos a toda pasión política y religiosa. En la forma amenos hasta donde es posible, sin traspasar los límites de la historia, porque ésta sin atavíos no pasa de ser una crónica insípida [...] En resumen, aspiramos a buscar la verdad, a decirla sin temer las censuras de los sectarios, ni las de tal o cual partido, y a hacer que la historia *se sienta* y *se viva*, a despecho de indigestos eruditos y de áridos compiladores [7].

Por el lado de la vertiente histórica: el deseo de escribir una crónica imparcial que busque la verdad; en cuanto a la literatura: el aporte de una narración amena que permita que lo histórico *se sienta* y *se viva*. Así pues, para elucidar el sentido de *México viejo*, hay que determinar en qué grado alcanza el autor a solucionar el problema textual básico, implícito en la pretensión de entrelazar dos niveles discursivos que, en principio, parten de proposiciones divergentes y aluden a funciones distintas.

En su conjunto, el texto aparece signado por la heterogeneidad: se trata de una escritura en la que persiste una difícil convivencia de estructuras discursivas, por lo que dentro de un mismo escrito pueden predominar, alternadamente, la función histórica o la literaria.

Debido a este híbrido carácter discursivo de los textos, podría afirmarse de ellos algo que se ha dicho del relato de costumbres (y que se aplicaría igualmente a muchos subgéneros de la literatura decimonónica): "Son, además, textos que con frecuencia aspiran, simultáneamente, al prestigio de la investigación histórica y a la expresividad que distingue a la creación literaria" (Pupo-Walker: 197).

En efecto, en algunos párrafos el autor comprende –e incluso aprueba– la función "literaria" que desempeñan las tradiciones y leyendas, por lo que parece adscribir su escritura al discurso literario:

Las tradiciones son el alimento de la imaginación popular, y es al través de los tiempos como echan hondas raíces y se trasmiten de generación en generación.
    Nada más hermoso que estos cuentos nacidos al calor del hogar, narrados con elocuente sencillez por nuestros antecesores a nuestros padres, y por nuestros padres a nosotros [105].

Pero luego de esta descripción tan acertada de la función "social" de una literatura oral y de la forma como ésta se transmite, en el mismo texto González Obregón limita lo "literario" cuando pugna por un férreo afán histórico, cuyo objetivo central es rectificar las "falsedades" difundidas por las leyendas: "De aquí tantas asombrosas tradiciones, tantos cuentos populares, que es preciso purificar en el fuego de la verdad, para que ésta brille como en el crisol el oro puro" (105). La "verdad", naturalmente, reside en la historia, por lo que ésta se convierte, en cuanto a su función desmitificadora, en contraparte de la literatura.

Esta función histórica postulada por el autor se funda en un revisionismo cuya finalidad última consiste en corregir todas las desviadas interpretaciones que han sido propagadas por medio de los relatos orales (o incluso por erróneas fuentes escritas): "¡Cuántas páginas de nuestra historia están por rehacerse! El crisol de una crítica serena e imparcial debe depurar ciertos sucesos que corren como moneda de buena ley, cuando en sí mismos descubren, al más ligado examen, su adulteración o falsedad" (21).

Para González Obregón, la época colonial resulta el medio propicio para practicar este revisionismo histórico. El interés por una época remota es, por un lado, resultado parcial del sentimiento nacionalista que despertó el romanticismo en Hispanoamérica; por otro, hay que considerar también que la construcción literaria de un pasado histórico refleja, en última instancia, una preocupación por la organización de una entidad nacional.[2] Este último aspecto es de especial importancia en el caso de nuestro autor, quien hereda las preocupaciones nacionalistas difundidas en México por los liberales del periodo de la Reforma.

De este modo, volver la mirada al pasado colonial implicaba la búsqueda de ciertas raíces "nacionales", constitutivas de la identidad mexicana. Por ello, mediante sus descripciones de ese periodo, González Obregón explica en muchos casos diversas características del México moderno.

Desde la perspectiva del autor, la época colonial constituye el momento más adecuado para aplicar su revisionismo histórico. Así, por ejemplo, en el texto titulado "La calle del Puente de Alvarado", se dedica a derruir la creencia popular —difundida por Bernal Díaz del Castillo y otros cronistas— de que en ese sitio, al huir los españoles de Tenochtitlan, Pedro de Alvarado salvó su vida efectuando un salto descomunal. En relación con esta leyenda, González Obregón dice: "El caso no es único ni excepcional. La historia abunda en muchos sucesos fabulosos; pero principalmente la historia de la Conquista de México está llena de cuentos y consejas" (51). Y, para probarlo, enumera una serie de "falsedades": falso que Cortés quemara sus naves, falso que llorara bajo el famoso ahuehuete de Popotla, falso que Moctezuma muriera víctima de una pedrada; la verdad, afirma, es que Cortés barrenó las naves, que no tuvo tiempo de llorar en su huida de la ciudad, y que antes de abandonar ésta ordenó la muerte de Moctezuma.

La destrucción de mitos y leyendas se efectúa mediante el minucioso acopio de pruebas documentales. En este sentido, la labor del investigador no escatima esfuerzos: en las páginas de *México viejo* desfilan todas las fuentes escritas que podían estar al alcance de un historiador durante el siglo pasado; dentro de una larga lista, el autor cita a Sahagún, Motolonía,

---

[2] Véase la introducción de Balderston.

Gómara, Díaz del Castillo, Orozco y Berra, Torquemada, Clavijero, García Icazbalceta, etc.; y cuando las referencias bibliográficas son insuficientes o contradictorias, acude a la consulta de documentos directos: se zambulle e indaga en actas del cabildo, documentos notariales, títulos de posesión, etcétera.

La validez del discurso histórico de *México viejo* se funda en el absoluto convencimiento de que el método utilizado puede restituir la "verdad". En este sentido, el autor exhibe su formación positivista: su seguridad en los textos escritos (de historiadores, de escritores, de notarios, etc.) no deja resquicios para la duda. Para él, en el fondo, el problema se reduce a manejar (y compulsar) las fuentes con la destreza suficiente como para que de éstas se deduzca la verdad.

En el plano textual, la contradicción inherente al uso de dos códigos discursivos se resuelve con la preminencia del histórico; así, en algunos de los escritos hay, de hecho, una consciente e intencionada restricción o hasta el malogro de lo "literario". González Obregón parte siempre, aun cuando el tema tratado sea eminentemente legendario, de una fuente documental. De este modo, asume el papel de relator de sucesos maravillosos referidos por otros; sin embargo, no deja nunca de establecer en la narración, de un modo irónico, su perspectiva personal: entreteje un distanciamiento irónico que media entre su presente y ese pasado legendario o mítico. Mencionemos dos casos de esta estrategia.

El texto titulado "El milagro de María Poblete" se inicia con una introducción exclamatoria en que el autor muestra una burlona admiración por la "credulidad" propia de los tiempos pasados: "¡Oh piadosos y felices tiempos en que los santos se contaban por centenas y los milagros por millares! ¡Oh tiempos de candor y de inocencia en que la fe obraba innumerables portentos!" (309). El tono irónico, desplazado, de la anterior exclamación contrasta con el final de la introducción, donde, con un tono grave, el autor reafirma su profesión de fe: "Pero es preciso desenterrarlos [los relatos maravillosos]; levantarlos de sus tumbas, hacer que reciban los resplandores de este siglo de las luces, para la mayor honra y gloria de los alabados protagonistas que en ellos figuran" (309).

Describamos el milagro al que se alude en el texto. En el siglo XVII, una mujer llamada María Poblete, cuyo esposo estaba enfermo, deshizo en un jarro de agua, con el fin de aliviar a su cónyuge, un panecito de Santa Teresa, elaborado por las monjas de Regina; el milagro consistió en que el panecito se rehizo, incluso con la efigie original de la santa; repetido el portento numerosas veces ante canónigos e incrédulos, en 1677 se levantó finalmente un auto para dar fe de este acontecimiento inverosímil. Luego de relatar estos hechos y de transcribir incluso parte del auto, documentado en el *Tratado de la Ciudad de México* de Vetancourt, el autor concluye con sorna extrema:

> Y el milagro de María Poblete, ¿produjo algún bien material? —preguntarán los lectores—. ¿Resucitaba a los muertos? ¿Sanaba a los enfermos? ¿Volvía la vista a los ciegos? [...] Silencio sepulcral guarda en esta parte el cronista; sólo consta que a pesar del *jarrito* milagroso, Juan Ribera, marido de la Poblete, *murió de su enfermedad*, pues Vetancourt llama viuda a D. María. No importa: ¡así fueron muchos portentos en los pasados siglos! Lo sorprendente, lo admirable, lo milagroso del caso consistió en que el Santo Oficio no celebrara auto de fe con el jarro, los polvos, la Poblete y todos los escribanos y testigos [312].

En otros casos, la estrategia difiere levemente. Así, en "Un aparecido" se narra un sorprendente hecho del siglo XVI: la asombrosa presencia en la ciudad de México, de la noche a la mañana, de un soldado filipino; ante la ignorancia absoluta del soldado respecto de cómo había sido transportado a la Nueva España en una sola noche, las autoridades decidieron regresarlo por barco a Filipinas. González Obregón menciona y transcribe la relación del suceso hecha por fray Gaspar de San Agustín, y finaliza el escrito socavando su fuente: "Ante semejante aseveración de un cronista tan sesudo, *nosotros no ponemos ni quitamos rey*, y nos conformamos con repetir: *Y si lector, dijeres, ser comento/ Como me lo contaron te lo cuento*" (198).

Recalquemos que no se trata de una falta de sensibilidad de González Obregón hacia lo literario, sino de la subordinación permanente de este nivel al discurso histórico. Según el autor, el pueblo inculto cree en esos acontecimientos legendarios "a pesar del sentido común y de la crítica histórica, porque son tradiciones del pasado que entretienen y admiran" (p. 12). Este juicio condescendiente y benévolo no oculta que, en última instancia, se privilegia lo histórico: él entiende que las leyendas sirvan de entretenimiento y causen la admiración del pueblo inculto, pero al mismo tiempo plantea, implícitamente, la función rectificadora que debe asumir la historia.

Con base en los rasgos discursivos de los textos citados, puede concluirse que gran parte de los que se incluyen en *México viejo* se ciñen a las características del subgénero "tradición" difundido en Hispanoamérica por Ricardo Palma durante la segunda mitad del siglo pasado:

> La tradición gravita así entre lo histórico y lo literario y se construye con ingredientes diversos provenientes tanto de la fuente culta como de lo popular, de lo vivido y de lo imaginado. Es siempre narración corta, evocativa de tiempos pasados, con asuntos tomados del documento escrito o de los meramente oídos de otros labios, pero aderezados con elementos de ficción, con apuntes de costumbrismo local, con ingenio, gracia y humor [Núñez: XIII].

Así pues, cabe concluir que la sumisión de lo literario a lo histórico no es un elemento exclusivo de la escritura de González Obregón. Prácticamente en toda la literatura hispanoamericana del siglo XIX puede percibirse cómo la función literaria no es autónoma sino que está siempre sujeta a alguna otra: la histórica, la política, la social, etc. En la literatura mexicana, habrá que esperar hasta bien entrado el siglo XX para tener textos en que la función literaria constituya el aspecto central de la escritura.

Para nuestros propósitos, resulta sumamente ilustrativa la comparación entre González Obregón y Artemio de Valle Arizpe (1888-1961). Este último escribió varias tradiciones y leyendas cuyo tema y fuente son idénticos a los de algunos textos del primero. Así, "El milagro de María Poblete" tiene por título en Valle Arizpe "Los panecillos maravillosos", y la leyenda "Un aparecido" se convierte en "Por el aire vino, por la mar se fue".[3] En el muy especial uso de un lenguaje arcaizante (e incluso en sus títulos bimembres que semejan refranes) puede percibirse que para Valle Arizpe lo principal es recrear literariamente esas leyendas, sin cuestionarse sobre la "verdad" de ellas. En los epígrafes que preceden a los textos, enuncia Valle Arizpe el sitio en que sucedió la leyenda, sin duda con el objeto de entrelazar su "leyenda" con las de aquellos que le antecedieron. Pero en la narración propiamente dicha, el autor se vuelca hacia la ficción misma, hacia la cuidadosa reconstrucción de los ambientes coloniales como materia literaria, si bien por medio de sus textos podemos saber cómo vestían las personas de la Colonia, cuáles eran las fiestas que se celebraban, qué personajes sociales había, etc. Toda esta "información" está supeditada, sin embargo, a la construcción de un relato "literario"; las tradiciones y leyendas atraen a Valle Arizpe por los elementos ficticios, materia prima para la literatura, que en ellas hay. El irresistible deleite que este escritor siente por lo arcaico (ambientes y lengua) ha motivado duros juicios contra su literatura, entre ellos el de Antonio Castro Leal:

> La novela colonialista se ha seguido cultivando en México, pero ya no por el interés dramático que tuvo en otro tiempo de misterios, sino por el propósito de presentar un ambiente de vida tradicional y aristocrático, de personajes de idealizada nobleza y de escenarios con toques arqueológicos de suntuosidad y arte [...] a su evocación tan imaginaria y melosa del pasado, agregaba [Valle Arizpe] un estilo impersonal y decorativo que daba a sus personajes y sus historias una poesía deliberadamente convencional [Castro Leal: 19].

Castro Leal incluso dice que, con su literatura, Valle Arizpe deseaba evadirse de su realidad social. Ciertamente, las motivaciones de la escritura

---

[3] Véanse las versiones respectivas en A. de Valle Arizpe.

de Valle Arizpe pueden ser muy distintas de las de González Obregón: en el primero no hay esa vocación nacionalista que impulsó al segundo; pero también es verdad que durante el medio siglo transcurrido entre ambos autores, la función literaria adquirió autonomía, se desembarazó de la sujeción a otros discursos; y esto resulta muy patente en la literatura de Valle Arizpe.

En cuanto a la visión global de la Colonia elaborada en *México viejo*, hay que considerar el medio cultural en que se desenvolvió el autor. Luis González Obregón había sido discípulo de Ignacio M. Altamirano, quien de hecho sembró en su alumno un profundo interés por la historia nacional. Lo que aquí interesa es analizar en qué medida la imagen negativa de la Colonia sustentada por el mentor alcanzó a impregnar los textos del alumno. En relación con este punto, García Naranjo afirma que hubo un paulatino pero definitivo alejamiento de González Obregón de las tesis sostenidas por Altamirano:

> Altamirano era un indio noble, nunca rencoroso, pero siempre resentido, que miraba con disfavor el régimen colonial: por consiguiente, imprimió en sus discípulos el concepto de que la era pre-cortesiana había sido esplendorosa y heroica; y la conquista, una gran catástrofe; y el Virreinato, un estancamiento lóbrego; y la Independencia, una resurrección triunfal. Bajo el poder hipnótico y avasallador de aquel espíritu extraordinario, González Obregón comenzó por creer sinceramente que se encontraba más cerca de las tribus aborígenes de Anáhuac, que de la cultura de nuestra madre España [García Naranjo: 48-49].

Para este crítico, la versión de la historia mexicana construida por Altamirano sólo impregnó las primeras composiciones de González Obregón, quien casi de inmediato se alejó de esa prejuiciada visión. Veamos sucintamente, en el análisis concreto de *México viejo*, si esta hipótesis se sostiene.

Desde la introducción de la obra, se percibe una actitud ambivalente respecto de la Colonia. Así, luego de enumerar las grandezas físicas de la capital de la Nueva España que motivaron a Humboldt a referirse a ésta como "la ciudad de los palacios", González Obregón reprime su exultación mediante una acerba crítica: "Empero, la capital *española* no dejaba de presentar lugares repugnantes y asquerosos, como puede verse por la descripción que de sus calles nos dejó Francisco Sedano" (5; las cursivas son mías). La relación de Sedano es usada por el autor para mostrar enfáticamente que antes de 1790, año de llegada del famoso conde de Revillagigedo, las calles y plazas de la ciudad, e incluso el palacio real (residencia de los virreyes), se encontraban en un estado lamentable, al que se alude con un recurso retórico: "y es tan inmunda y tan repugnante la descripción que hace de ella Sedano, que causa asco copiarla aquí" (5). En contraste, la imagen física de la capital del desaparecido imperio azteca, basada en los antiguos cronistas, no desciende nunca de un tono positivo que exalta la grandeza de las construcciones, así como el orden y la organización de la ciudad.

A lo largo de *México viejo* aparecen diversos pasajes sumamente reveladores de la significación del periodo colonial para González Obregón. Así, por ejemplo, el texto intitulado "El origen de la ciudad", que narra la forma en que empezó a reconstruirse la vieja Tenochtitlan después de su conquista, abandona el tono impersonal de la descripción, centrado en las transformaciones físicas de la ciudad, para arriesgar al final un juicio personal: "Y más allá de la *traza*, el indio, el vencido, el verdadero dueño de todo, cultivaba silencioso un girón de tierra; con los ojos bajos, melancólicos, y con el corazón oprimido por el recuerdo de su pasada gloria" (39). La Conquista concebida como despojo, el indio vencido y silencioso; es ésta una parte central de la visión de la Colonia construida por González Obregón.

En el texto "El paseo del pendón" hallamos la valoración autoral más completa y directa sobre la Colonia. La reflexión de González Obregón se inicia aquí como comentario a una extendida costumbre colonial: el paseo anual del pendón de la ciudad que, a partir de 1528, se realizaba en la capital novohispana para celebrar fastuosamente la caída de Tenochtitlan. La reminiscencia de la Conquista ubica al pueblo azteca en un plano de heroicidad sin matices:

> Aquel pueblo heroico luchó sin descanso, resuelto a morir o a triunfar. No le importó el hambre, ni la peste, ni la desolación que reinaba en todas partes [...] El Rey, el invicto e ilustre Cuauhtémoc, daba órdenes, levantaba a los débiles, elogiaba a los valientes [59].

Luego de esta exaltada narración del heroísmo de la lucha azteca, González Obregón explica la improcedencia de seguir celebrando, en la época del México moderno, la fiesta conocida como el "paseo del pendón":

> En buena hora que los descendientes de Cortés celebraran el 13 de agosto de 1521; pero no los hijos de Hidalgo que habían inscrito en las páginas de nuestra historia, el 16 de septiembre de 1810, fecha más grandiosa y memorable, pues la primera sólo significaba un hecho consumado en nombre de un abuso, la Conquista; mientras que la segunda es la reivindicación de todo un pueblo, conseguida en nombre de un derecho, la Independencia [68].

Hay aquí una división tajante de grupos raciales e históricos: "los descendientes de Cortés", por un lado, "los hijos de Hidalgo", por el otro;

un "ellos" y un "nosotros"; como indica la frase "nuestra historia", González Obregón se identifica claramente con la segunda mitad. En contra de lo que dice García Naranjo, vemos que en el discurso contenido en *México viejo*, la Independencia se describe como una etapa histórica signada por la reivindicación de todo un pueblo que antes había sufrido el abuso de la Conquista. Asimismo, el proceso independentista marca el nacimiento de lo que el autor denomina como "nuestra historia"; es decir, se trata de la delimitación de una nueva identidad nacional. Este lugar central que González Obregón asigna a la Independencia dentro de la evolución histórica mexicana no resulta casual: otra de las grandes obsesiones del autor es la confección de biografías de los héroes independentistas.

En suma, podemos decir que pese a no seguir totalmente la leyenda "antiespañolista" de la Colonia, el juicio histórico final de González Obregón sobre este periodo es negativo. Al lado de la gozosa descripción de la grandeza de la capital novohispana, de los rasgos físicos de ésta (iglesias, acueductos, palacios, etc.), el autor critica ácidamente al régimen colonial en cuanto proceso histórico fundado en la expoliación cometida contra todo un pueblo. De hecho, la Independencia se presenta en su discurso como el momento de restitución de un proceso histórico interrumpido por la abrupta presencia del conquistador español.

BIBLIOGRAFÍA

Balderston, Daniel, "Introduction", en *The Historical Novel in Latin America*, Daniel Balderston (ed.), Maryland, Hispamérica-Tulane University, 1986.
Castro Leal, Antonio, *La novela del México colonial*, México, Aguilar, 1958, vol. I.
García Naranjo, Nemesio, "Don Luis González Obregón", en *Memorias de la Academia Mexicana*, México, Jus, 1955, vol. 13, pp. 46-77.
González Obregón, Luis, *Época colonial. México viejo*, México, Tipografía de la Escuela Correccional de Artes y Oficios, 1891; 2a serie: México, Tipografía de la Secretaría de Fomento, 1895; las dos series juntas: París, Imprenta de la viuda de Bouret, 1900.
——, *México viejo*, prólogo de Flor de María Hurtado, México, Promexa, 1979.
Núñez, Estuardo (ed.), *Tradiciones hispanoamericanas*, Caracas, Biblioteca Ayacucho, 1979.
Pupo-Walker, Enrique, *La vocación literaria del pensamiento histórico en América*, Madrid, Gredos, 1982.
Valle Arizpe, Artemio de, *Historia, tradiciones y leyendas de calles de México*, México, Cía. Gral. de Ediciones, 1957.

EL TEATRO Y LA SOCIEDAD COLONIAL PUERTORRIQUEÑA DEL SIGLO XIX: ENTRE EL DESARRAIGO Y LOS BUFOS

José Luis Ramos Escobar
Universidad de Puerto Rico

El teatro dramático es, en Puerto Rico, un acontecimiento de los siglos XIX y XX. En 1824 se produce la primera obra escrita por autor conocido en el país. Se trata de *Triunfo del trono y lealtad puertorriqueña* de Pedro Tomás de Córdova, quien se desempeñaba como secretario de Gobierno y Capitanía de Puerto Rico. Esta obra es producto de la reacción política de este funcionario español del gobierno colonial ante la entrada clandestina a Puerto Rico de la obra *Rafael del Riego o la España en cadenas*, del cubano Félix Mejías. Este hecho tiene importancia, no por la calidad de la obra de Córdova, sino porque inaugura dos tendencias que influirán en el desarrollo del género teatral en Puerto Rico. En primer lugar, establece la relación con el teatro de la antilla mayor, Cuba, relación que cobrará nuevos ímpetus con la llegada de los bufos cubanos a Puerto Rico en 1879 y que culminará en 1899 con la obra *La entrega de mando o fin de siglo*, del cubano Eduardo Meireles, cuya representación tuvo repercusiones políticas similares a las causadas por la obra de Félix Mejías. En segundo lugar, la obra de Córdova marca el inicio de una dramaturgia de claro corte colonial en defensa de la "madre patria" y del sometimiento de los criollos al trono español. Este género de obra, de corte ideológico, subordina la forma al contenido y convierte al género teatral en un vehículo al servicio del sistema establecido.

En la isla se publicaron varias obras durante la primera mitad del siglo XIX, gracias a la introducción de la imprenta en 1806 y al ambiente creado por la visita de compañías dramáticas, de variedades y ópera durante ese periodo. Sin embargo, todos esos textos han desaparecido y sólo conservamos artículos y reseñas periodísticas sobre los mismos. Esto nos deja con Alejandro Tapia y Rivera (1826-1882) como el iniciador del teatro nacional puertorriqueño.

En el periódico *El Fénix* del 30 de mayo de 1857, un año después del estreno de la primera obra de Tapia, *Roberto D'Evreux*, aparece delimitada la función que se le adscribía al teatro:

El teatro es una escuela social donde además de purificar nuestra habla, pulimos las maneras e instrumentos, el corazón y el entendimiento, odiando el vicio y la grosería y aprendiendo a ser gentiles.

Esta función didáctica que se le asignaba al teatro tenía claros vínculos con el teatro neoclásico español del siglo XVIII y principios del XIX. En las obras de Tapia esa finalidad pedagógica cobra forma a través de una visión romántica, estructurada por conflictos fundamentalmente sentimentales, un gusto por temas y personajes del pasado y caracterizaciones idealizadas. Aunque para 1850 el movimiento romántico en Europa ya había cedido terreno ante el movimiento realista, en Puerto Rico recién comenzaba a manifestarse en la literatura y el teatro. En Tapia, el romanticismo se mezcló con el idealismo en la creación de caracteres como hijos de una naturaleza esencializada. En sus conferencias sobre estética y literatura, Tapia afirma:

> En el mundo real, casi todo es variable o contingente en las personas, porque éstas obedecen generalmente a la irregularidad y diversidad de móviles, con frecuencia extraños y contradictorios; en el mundo del arte no cabe sino lo permanente, bajo el punto de vista de lo esencial [151].

Así, en sus obras buscará personajes ideales que no se parezcan "a lo fútil y deleznable de las cosas humanas y terrenales". Esa evasión de la realidad, sin embargo, podría tener relación con la existencia de la censura en el país. Valga recordar que el libro *El Jíbaro*, de Manuel Alonso, fue retenido por las autoridades porque contenía "palabras de rebeldía". A Daniel de Rivera lo encarcelaron gracias a su poema "Agueybaná el Bravo". Y el propio Tapia sufrió la censura a lo largo de su carrera literaria y dramática. En 1848, la primera versión de *Roberto D'Evreux* fue censurada por humanizar a los reyes. En 1878, el censor Francisco Becquer tachó en el libreto de *La cuarterona* la palabra "coloniales" y concluyó que podía representarse la obra si se sustituía esta palabra por "sociales". Existía, pues, una meticulosa censura que obstaculizaba la creación dramática y la representación de las obras. Aunque hubo periodos de mayor libertad, como los de las constituciones de 1812-1814 y 1820-1823, la censura se mantuvo durante todo el siglo XIX.

No parece demasiado arriesgado afirmar que de tal ambiente represivo se generase en los autores dramáticos una búsqueda de temas y formas expresivas que burlasen el ojo vigilante del censor. En Tapia, esos personajes idealizados que huyen de lo humano podrían ser consecuencia no sólo de sus preferencias sino del ambiente de suspicacia creado por la censura a sus reyes "humanizados" de *Roberto D'Evreux*. La evasión del presente y el desarrollo de obras a partir de personajes extranjeros que descollasen por sus virtudes (Camoens, Bernardo de Palissy, Vasco Núñez de Balboa y Roberto D'Evreux) inaugura una tendencia escapista que perdurará a lo largo de la segunda mitad de siglo XIX.

Tapia sintió la necesidad de tratar temas pertinentes a su época y por eso escribe *La cuarterona* y *La parte del león*. Aunque sitúa estas obras fuera de Puerto Rico, la primera en Cuba y la segunda en Madrid, los problemas planteados eran fácilmente reconocidos por el público isleño. Al acercarse a situaciones contemporáneas, Tapia le confiere a sus obras una visión artística que le permite caracterizaciones más completas, diálogos más ágiles en prosa y estructuras más balanceadas. En *La cuarterona* nos encontramos otra vez con un conflicto sentimental, pero matizado por los prejuicios raciales y el ansia arribista del nuevo burgués. Cierto que el velo del romanticismo cubre la obra: el secreto del origen de Julia es revelado tardíamente y no puede impedir la fatídica muerte; las caracterizaciones son sentimentales y los personajes se expresan en un lenguaje amoroso lleno de presagios funestos. Sin embargo, el hilo principal de la acción es el problema del mestizaje y las actividades racistas que una relación birracial provoca. Si unimos este planteamiento racial a la situación de clase de los personajes, una aristocracia en desgracia económica y una burguesía en ascenso y con aspiraciones de linaje, tenemos una obra de clara raigambre americana y de especial significación para el público puertorriqueño.

La parte del león es la última obra de Tapia y en ella el acercamiento a los problemas de su época produce una estructuración dramática más realista, a pesar de los tenues ecos del romanticismo que ambientan algunas escenas amorosas. Aunque la obra se sitúa en Madrid, el tema de la situación de la mujer tenía vigencia plena y general en el último tercio del siglo XIX. La profundidad de los personajes, el análisis psicológico y la dependencia de los personajes del medio ambiente social que los moldea, acerca ésta al teatro de tesis de Ibsen. Los patrones de conducta trazados por la sociedad decimonónica son los que condicionan las acciones de Fernando, Enrique y Carolina, convirtiéndose la voluntad humana en objeto social. La obra hace un reclamo progresista de que la mujer sea sujeto de su historia, tesis que Tapia respalda con denuedo. Es cierto que los personajes pertenecen a la aristocracia, pero el lenguaje fluye con mayor naturalidad que en las anteriores obras de Tapia. Tampoco podemos obviar el trasfondo melodramático de las acciones, manifestando claramente en la progresión circunstancial de la trama, cierto grado de maniqueísmo en el desarrollo de los conflictos y el duelo final como el típico acto de esta modalidad. Sin embargo, Tapia modifica el consabido final melodramático al dejar a la protagonista en soledad. Esto responde precisamente a su concepción de que la mujer era víctima de los prejuicios y manipulacio-

nes de los hombres, quienes en su relación con éstas, se quedan siempre
con la parte del león.

Otro dramaturgo puertorriqueño es Salvador Brau, que desarrolla
temas históricos en sus obras *Héroe y mártir* (1871) y *Los horrores del triunfo*
(1887). En la primera sitúa la acción en el siglo XVI, en el momento de la
rebelión de los comuneros contra Carlos V. En la segunda, la acción ocurre
en 1282, cuando los sicilianos se rebelaron contra el dominio francés. Dado
que ambas obras se estructuran con base en las rebeliones, podríamos
entrever su énfasis connotativo de afirmación nacional, tan sutil que
pasaría desapercibido al censor. Parece reforzar esta posibilidad la defensa
que plantea *Héroe y mártir* del espíritu democrático de los ancestros españoles frente a los desmanes de la nobleza y la oposición que desarrolla *Los
horrores del triunfo* entre un estado sometido y el poder tiránico extranjero
que lo oprime. Sin embargo, el final ambivalente de esta última obra parece
negar tal interpretación, pues, según anunciaba el título, el costo del triunfo
es muy alto. Quizás podría entenderse esta ambivalencia por la mentalidad
autonomista que cobraba auge en la década de los ochenta ante la debacle
separatista del Grito de Lares de 1868. En *Héroe y mártir* la lucha por la
libertad termina en el martirologio; en *Los horrores del triunfo* la lucha contra
la opresión tiene éxito pero es terrible en sus consecuencias. Ante tales
alternativas, Padilla afirma en *Héroe y mártir*: "no hay redención sin mártires
posibles" y Prócida dice en *Los horrores del triunfo*: "¡Combatir para vencer!
[...] ¡Vencer para sucumbir!"; la ideología autonomista sostiene la afirmación de la identidad criolla sin recurrir al enfrentamiento contra la metrópoli. Quizás esta interpretación ideológica sea el fondo y hayamos hecho,
como aconseja don Venancio en el final de *De la superficie al fondo*, otra obra
de Brau: "Lago es el mundo muy hondo quien juzgando bien codicie,
deseche la superficie y sondee un poco el fondo" (acto IV, escena X).

En un claro eco de la dicotomía de Tapia y Rivera, Salvador Brau
escribe obras de mayor vinculación a su época. *La vuelta al hogar* (1877) se
desarrolla en el litoral suroeste de Puerto Rico y hay claros ribetes realistas
en la descripción de la escenografía. Gabriel es el típico pirata romántico,
centrado en su yo, con un pasado libertino, que intenta redimirse por el
amor de una mujer pura, Consuelo. Aparecen en la obra los temas y
motivos románticos por excelencia: la rebeldía ante todo tipo de imposición
social, los instintos desenfrenados, el desengaño y, claro, la solución final
ante una vida apesadumbrada: la muerte. La obra se estructura, asimismo,
en virtud de un secreto que se descubre en el momento climático y que
cambia el destino de los personajes. A pesar de todo este ambiente romántico, *La vuelta al hogar* contiene elementos del momento histórico de Brau
que le confieren mayor interés para el desarrollo de la dramaturgia nacio-

nal puertorriqueña. El tema del pirata (tan caro a los románticos), aparece en esta obra concretado en el negocio de contrabando, tan en boga en el Puerto Rico de finales de siglo XIX. Esa vinculación cobra efectos dramáticos al ser contrapuesta a la corrupción de los agentes del orden público, aspecto personificado en la obra por Tristán. Es cierto que la obra se desarrolla en virtud de un planteamiento ético, y es la condición moral del pirata Gabriel la que genera los conflictos, pero resulta significativo que la visión del mundo que estructura la obra incluya, como ejes conflictivos, situaciones de la vida cotidiana del puertorriqueño. Esto apunta hacia una síntesis de una tendencia pragmática en su finalidad moralizante con una tendencia mimética, por su reflejo de los aspectos sociales de dicho momento histórico. Será esta última tendencia la que mayor repercusión tendrá en el teatro puertorriqueño de las últimas dos décadas del siglo XIX.

De la superficie al fondo (1874) es catalogada por Brau como un juguete cómico moralizante. Efectivamente, aunque la obra se entronca en la tendencia moralizante antes señalada, el acercamiento al tema es mediante una situación mucho más cotidiana: una familia de clase media puertorriqueña que quiere aparentar riqueza, se enfrenta al vicio del juego que padece el padre que los lleva casi a la ruina, con la planeada boda de la hija con un hombre de dinero como posible salvación. Esa esperanza desaparece cuando se revela que el pretendiente es en realidad un fugitivo de la justicia. Brau quiere aleccionar al público sobre este mal de la sociedad puertorriqueña. Al hacerlo toma como personajes a seres de una clase social en ascenso y los caracteriza, de acuerdo con sus aspiraciones, en un medio ambiente social definido por el dinero. La obra se nutre de la observación de costumbres y tradiciones familiares comunes en la época. El lenguaje mismo se populariza con refranes y modismos propios de la masa popular. Este acercamiento realista mediante la caracterización y la situación planteada vincula esta obra de Brau a una comedia muy poco discutida por la crítica teatral: *La juega de gallos o el negro bozal* de Ramón C.F. Caballero.

Caballero publicó su obra en 1852 como parte de un libro titulado *Recuerdos de Puerto Rico, producciones literarias en prosa y verso* (Ponce, 1852, 200 pp.). Del autor no existen muchos datos, excepto lo que algunos críticos afirman: que era de nacionalidad venezolana, aunque en el prólogo a su libro, Caballero afirma que es puertorriqueño. Lo cierto es que Caballero desarrolla su comedia con elementos muy similares a los usados posteriormente por Brau: el vicio del padre que lleva la familia a la ruina (en este caso, el vicio de las peleas de gallos), el matrimonio de la hija con un rico industrial como salvavidas ante el naufragio económico y el amor de la hija por un joven galán. Abundan en la obra cuadros costumbristas, basados sobre todo en la vida de las clases acomodadas y temas del ambiente criollo de mitad de siglo. Es evidente que esta obra pertenece a la tradición literaria de afirmación criolla que marcó el inicio en la isla de los diversos géneros literarios con publicaciones tales como: *Aguinaldo puertorriqueño* (1834), *El álbum puertorriqueño* (1844) y *El gíbaro* (1848) de Manuel A. Alonso. Lo interesante de la obra de Caballero es la inclusión de personajes típicos tales como el jíbaro, Ño Epifanio, y los esclavos Nazaria y José, que permiten un desarrollo dual de la trama mediante las relaciones amorosas de los criollos blancos (Rosita-Federico) y los de los esclavos (Nazaria-José). Aunque la caracterización de los negros parte de los prejuicios en boga ("negro del demonio"; "demonios de negros que no sirven más que para calentarle a uno la sangre"), la obra presenta el ansia de emancipación de éstos y el trato miserable que recibían. La presentación del negro en esta obra busca provocar la risa, de ahí las desviaciones lingüísticas que muestra su idiolecto. Sin embargo, la creación de estos personajes inaugura una tendencia en el teatro puertorriqueño que, unida a la influencia del bufo cubano, será de vital importancia para finales del siglo XIX y principios del XX. El cambio de enfoque que significa este acercamiento a la realidad social repercutirá en la estructuración dramática de las obras. El resultado será una bifurcación del naciente teatro nacional en una corriente institucionalizada, representada fundamentalmente por Tapia y Brau, y una corriente popular que se manifiesta en las obras de los artesanos Manuel Alonso Pizarro y Arturo Más Miranda, las obras criollistas de Ramón Méndez Quiñones y Eleuterio Derkes y las piezas de negros catedráticos de Rafael Escalona.

Esta corriente popular implica una variación significativa en la jerarquía de los elementos constitutivos y las funciones de las obras teatrales. El destinatario de las obras de Alonso Pizarro, Más Miranda y Derkes, por ejemplo, es un público de artesanos y obreros de pueblos lejanos de la capital. Ese cambio en los espectadores repercute en las obras al orientarse éstas hacia una problemática más pertinente para dicho público. Así, los conflictos dramáticos brotan de la vida cotidiana y su desarrollo se logra en virtud de las expectativas y aspiraciones de los espectadores, de acuerdo con la visión del mundo del dramaturgo. El factor del destinatario está íntimamente ligado a los factores del contacto y del código. El destinatario delimita el contacto, pues las representaciones se llevan a cabo en los casinos de los artesanos, en escenarios improvisados y en teatros temporeros. Asimismo, el código lingüístico está de acuerdo con el nivel del público al utilizar vocablos y construcciones de aceptación generalizada. El montaje busca hacer patente el significado de las actuaciones sin dejar lugar para malentendidos o ambigüedades. Esto resulta a menudo en una simplificación de las estructuras dramáticas con el objetivo de hacer su significado más asequible al público. Veamos ahora la huella del teatro bufo cubano en el teatro puertorriqueño de corte popular.

Los bufos habaneros llegaron a Puerto Rico en 1879, pero ya en 1873 se habían presentado obras bufas del cubano F. Fernández. De manera que el contacto con esta forma de teatro burlesca y desacralizadora había comenzado casi inmediatamente después que se adueñara de la escena cubana en 1868. Cuando los bufos habaneros estuvieron en Puerto Rico, representaron obras bufas puertorriqueñas, en particular *El amor a la Pompadour* y *Flor de una noche*, ambas de Rafael E. Escalona. Inclusive actores y actrices puertorriqueños se incorporaron a la compañía cubana, tales como Agustina Rodríguez, Europa Dueño y con realce especial Isabel Velazco. Y hasta es probable que la reina del bufo cubano, Elvira Meireles, sea familiar de Eduardo Meireles, el autor cubano que estremeció la escena puertorriqueña con su obra *La entrega del mando o fin de siglo*. Lo que es innegable es la importancia del bufo cubano para el teatro puertorriqueño. Rine Leal argumenta al respecto:

> El hecho de que el bufo cubano prendiese en Puerto Rico demuestra, más que influencias pasajeras, que el género respondía a la descomposición colonial y sólo crecía con lozanía en las últimas posesiones españolas de América [Leal: 33].

Este género se injerta de manera decisiva en el teatro puertorriqueño a través de las obras de Rafael E. Escalona, y en menor grado, con la de Eleuterio Derkes; crea un ambiente propicio para las obras de los artesanos Manuel Alonso Pizarro y Arturo Más Miranda, además de tener concomitancia en su variante campesina con el teatro de Méndez Quiñones.

Rafael E. Escalona tomó del bufo cubano la variante catedrática para desarrollar sus obras. Tanto en *Amor a la Pompadour* (1879) como en *Flor de una noche* (1881), los personajes negros son caricaturizados por el lenguaje "catedrático" que utilizan. La burla surge del afán de estos personajes por imitar el lenguaje de los blancos, en lo que ha sido denominado un salto clasista típicamente colonial (Leal: 27), En *Amor a la Pompadour*, el prejuicio contra el negro se sostiene a lo largo de la obra como el motivo principal del conflicto: Andrés, un jíbaro, se opone a los amores de su hija Colasa con Nicolás porque éste es negro. El desprecio por el negro "color de cucaracha" se trastoca en aprecio cuando Andrés descubre que Nicolás tiene dinero. El dinero, al igual que el lenguaje "catedrático", han blanqueado a Andrés.

En *Flor de una noche* todos los personajes son negros congos o carabalís, y hablan en catedrático. La obra carece de desarrollo dramático y su finalidad es provocar risas por el lenguaje y actitudes de los personajes negros. En este sentido, Escalona, probablemente por ser blanco, se queda en la superficie del género bufo y no logra dirigir la parodia y la sátira hacia el contexto social de los pesonajes.

Eleuterio Derkes (1836-1883) escribió cuatro obras: *Ernesto Lefevre o El triunfo del talento* (1872), *La nieta del proscripto* (desaparecida y sin fecha), *Don Nuño Tiburcio de Pereira* (1877) y *Tío Fele* (1883). Derkes era negro y maestro de profesión. Sufrió persecución, incluso la escuela privada en la que enseñaba fue cerrada por órdenes del gobernador Laureano de Sanz. En 1871 la compañía Robreño había estrenado en Guayama las dos primeras obras de Derkes, de manera que éste era un autor reconocido. En su última obra, Derkes se acerca a la sociedad de su época y utiliza personajes negros en el desarrollo de su trama. *Tío Fele*, comedia en un acto, presenta el elemento racial a través de Ricardo, joven negro que pretende a la hija del Tío Fele. Doña Leonor, la esposa del Tío Fele, encarna al prejuicio racial al rechazar a Ricardo, catalogándolo como "joven de color" y "pardo". La línea argumental racial se refuerza con la discusión entre los esposos por el pretendiente negro y el recordatorio de Tío Fele sobre la abuela morena de doña Leonor. Como contrapeso a los prejuicios, el esclavo Cangaá es reconocido por su noble gratitud y lealtad sin par. Al final de la obra se redime al negro cuando Ricardo saca de problemas a Tío Fele mediante un documento legal que prepara para salvarlo de las trampas del picapleitos Manuel. En oposición a la imagen de noble salvaje del esclavo Cangaá, Ricardo es muy instruido, habla con corrección y propiedad el español y demuestra gran talento y perspicacia. No hay burla en el lenguaje que usa Ricardo ni aparece su personalidad bajo el cristal deformador de la sátira o la ironía. Sin embargo, el conflicto racial se diluye en el desarrollo de la trama, que Derkes centra en los problemas del Tío Fele, rico sin instrucción que se ve manipulado y explotado por los abogados inescrupulosos, "polillas de las familias". La intención didáctica del autor de mostrar el valor de la educación, tanto para el nuevo rico como para el negro, permea toda la obra. Si recordamos la malograda carrera magisterial de Derkes, podemos comprender por qué los personajes defienden con tanta vehemencia las bienandanzas de la educación y lamentan su carencia, y cómo Derkes se transparenta en sus personajes. Asimismo, ese afán moralizante le resta fluidez a los diálogos y altera el desarrollo de la trama con entradas y salidas arbitrarias.

Las obras de Derkes participan del dualismo antes señalado con relación a Tapia y Brau. Por un lado se remonta a situaciones históricas como en *Ernesto Lefevre o El triunfo del talento*, que se desarrolla en 1815, en París, y por el otro se acerca con ojo avizor a su época y estructura sus obras con conflictos del contexto social puertorriqueño, como en *Don*

Nuño Tiburcio de Pereira, pieza cómica en un acto que se desarrolla en el Mayagüez de 1877, teniendo como eje la figura del rico honrado frente a la imagen de avaro y miserable que tiene el pueblo sobre él. Ese dualismo cobra nueva significación en su última obra *Tío Fele,* que por un lado muestra el trasfondo pedagógico del autor, tanto en la finalidad de la obra como en los múltiples cultismos que usa en el diálogo, y por otro presenta un alegato, aunque tenue, sobre la igualdad racial. Y es que *Tío Fele* fue escrita cuatro años después de la llegada a la isla de los bufos habaneros, lo cual podría sugerir que Derkes está reaccionando en esta obra a la visión estereotipada del negro que presentaban algunas obras bufas, en particular las de Rafael Escalona. El negro entonces irrumpe en la escena de Derkes en un reclamo de dignidad y reconocimiento. El hecho de que el autor no le confiera a este tema mayor relevancia en su obra puede comprenderse dentro de la situación de ostracismo a la que fue relegado por la persecución del gobierno colonial y a los prejuicios imperantes contra los negros. En definitiva, Derkes contrapone a los negros seudoilustrados del teatro bufo a su educado Ricardo, y aunque es cierto el negro Cangaá es presentado en todo su primitivismo rústico, la visión no es burlesca, pues su defecto es la falta de educación. Derkes no distorsiona la personalidad del negro en busca de risas, sino que lo sitúa en medio del torbellino social, marginado y atacado, pero con capacidad para establecer su valía, como hace Ricardo al final de *Tío Fele.*

El teatro bufo cubano creó, además, un ambiente propicio para las obras de los artesanos dramaturgos. Si el bufo cubano representaba la historia de las gentes sin historia, con más intención social que afán literario, los artesanos Manuel Alonso y Antonio Más Miranda trajeron a escena a los trabajadores y plasmaron sus aspiraciones, contradicciones y conflictos, con un tono jocoso, satírico y caricaturesco.

La influencia y relación creadora con el bufo cubano culmina con la obra *La entrega de mando o fin de siglo,* del cubano Eduardo Meireles (1865-?). La obra tuvo su única presentación el 8 de julio de 1899, pues fue suspendida inmediatamente por orden del alcalde. Esta obra entronca con la intención satírica del teatro bufo cubano al representar el nuevo coloniaje en Puerto Rico, esta vez bajo el naciente imperio de Estados Unidos. Meireles presenta en deliciosa mezcla ecléctica personajes abstractos, tales como el siglo XIX, el futuro del XX, la república..., con personajes estereotipados por su función social, tales como el cura, el político, el jíbaro y el omnipotente caballero gringo, que domina a base de los dólares. Luego de representar el legado del siglo XIX y las tenues posibilidades del XX, Meireles realza la figura del doctor Ramón Emeterio Betances y su ideario independentista y culmina la obra con una exhortación a luchar por la libertad de la patria, en voz de otro personaje abstracto, Borinquén, nombre taíno de la isla de Puerto Rico.

De este modo la historia del país se convierte en protagonista del teatro de finales de siglo XIX y los dramaturgos reclaman desde el escenario una definición social y nacional, que constituirá el tema central del teatro puertorriqueño del siglo XX.

REFERENCIAS

Leal, Rine, *Teatro bufo siglo XIX*, La Habana, Editorial Arte y Literatura, 1975.
Tapia y Rivera, Alejandro, *Conferencias sobre estética y literatura*, s.p.i.

ÁLBUMES, RAMILLETES, PARNASOS, LIRAS Y GUIRNALDAS: FUNDADORES DE LA HISTORIA LITERARIA LATINOAMERICANA[1]

ROBERTO GONZÁLEZ ECHEVARRÍA
Universidad de Yale

¿Cuándo, cómo, y en qué términos se pensó por primera vez la historia de la literatura hispanoamericana, y de qué forma empezó a escribirse? Antes de responder a esta pregunta conviene hacer algunas aclaraciones elementales, casi de manual. Primero, que sólo después del siglo XVIII, cuando se concibió la literatura como categoría independiente, pudo pensarse en la existencia de una literatura hispanoamericana y que ésta fuese digna de una historia. Desde principios del Renacimiento, las letras y las artes dimanaban —copia o decadencia— de las clásicas, que eran el modelo inmanente e ideal de toda expresión estética. La estética misma, tal y como la concebimos hoy, no se conoce sino hasta la *Aesthetica* de Baumgarten, publicada en 1750. El cambio de actitud fundamental que determina la posibilidad de una literatura latinoamericana proviene del gradual abandono de la abstracción formalista del neoclasicismo, y la adopción de un concepto psicológico, empírico y particularista de la creación artística. Si el entorno en sus detalles concretos y diferenciadores, y la psicología individual del creador, son factores decisivos en la elaboración de la obra de arte, entonces ésta obedecerá a condiciones propias de ese individuo y de la naturaleza concreta y distinta que lo rodea y que él expresa. Es éste un cambio que no se debe enteramente a los románticos, sino que estaba ya presente implícita, y a veces explícitamente, en la Ilustración, aunque, por supuesto, se convierte en doctrina del romanticismo, en su pugna contra un neoclasicismo progresivamente hecho a la medida de sus opositores.[2]

---

[1] El presente ensayo surgió al intentar escribir una introducción a la *Cambridge History of Latin American Literature,* que redacto y organizo en colaboración con Enrique Pupo-Walker. Debo a mi colega y amigo mucho en la formulación de las ideas aquí contenidas, así como a Georgina Dopico-Black, que me ha asistido tanto en la investigación como en la misma redacción.

[2] Debo no pocas de mis ideas en este párrafo y en el resto del ensayo al trabajo de Herbert Dieckmann citado en la bibliografía.

Ello no quiere decir que en el periodo colonial algunos escritores del barroco de Indias escribieran como si ya existiese una tradición literaria americana, según ha demostrado Kathleen Ross en un importante trabajo. Debe distinguirse entre tradición e historia. Tradición es el conjunto de obras que un escritor o grupo de escritores concibe como antecedente, como origen, como conexión con un pasado literario del cual provienen. La tradición es un pasado vigente, dinámico, activo. Su existencia puede ser explícita o no, pero siempre es implícita. Historia literaria, en cambio, es la actividad consciente y deliberada de hacer el recuento de cómo unas obras se determinan unas a otras en un periodo de tiempo específico, entre gentes que generalmente comparten un idioma y un espacio geográfico. Se trata de una actividad en apariencia metadiscursiva, que se manifiesta no sólo en la redacción de historias literarias en el sentido lato, sino también en la composición de ensayos, biografías, obras didácticas destinadas a nutrir programas de instrucción, y, muy a menudo, en la confección de antologías. Las historias, manuales, ensayos críticos y las antologías son los moldes narrativos que asume la historia literaria. Éstos son, asimismo, producto de la historia que cuentan, en el sentido de que comparten una ideología de base con las obras historiadas, por lo que podría argüirse que no son metadiscursivos, sino que forman parte de la economía textual del periodo desde el cual escriben. Podría decirse que la historia literaria es una forma narrativa que surge entre la Ilustración y el romanticismo, entre la idea de que la literatura es una y eterna, y la de que la literatura se crea en un momento y lugar dados que determinan sus características: Herder, los Schlegel, Novalis, Villemain, La Harpe, Sismondi, Madame de Stäel, Sainte Beuve, son los conocidísimos nombres que encabezan la historia de la historia literaria.

Por el hecho de aparecer en regiones tan distantes de Europa, y tan distintas en términos de su naturaleza y cultura, la idea de la literatura latinoamericana y de su historia no podían sino haberse concebido en el contexto de esta tendencia. Por más que se esforzaran muchos de sus escritores, y por más que se hayan seguido esforzando hasta el presente algunos, es más difícil pensar la literatura hispanoamericana como heredera de las de Grecia y Roma que la literatura escrita en Europa misma. La individualidad, la diferencia en el origen que postula el romanticismo, hace posible que la distancia entre Europa y América se convierta en un valor positivo en la creación literaria en el Nuevo Mundo, a menudo su pretexto capacitador o mito de fundación. Sin esa originalidad necesaria, la literatura hispanoamericana habría seguido siendo una manifestación tardía, distante y falsa de la literatura europea. Aunque podría argüirse también, si atendemos a los conceptos neoclásicos, que toda literatura, donde quiera que fuese creada, habrá de adoptar las formas clásicas, que ni se desgastan ni se hacen menos genuinas por lejos que se encuentren de su lugar de origen. Esta posición ha sido defendida intermitentemente por varios escritores latinoamericanos, entre ellos, algunos de los más significativos. Pero la idea que ha prevalecido ha sido la otra, más polémica, es decir, más combativa, que le asigna a la literatura latinoamericana una singularidad que, con frecuencia, se ha vinculado también a la lucha por la independencia política.

En fin, puede afirmarse que, si la noción de literatura existe sólo desde el siglo XIX, la literatura latinoamericana existe desde que hay literatura. En ese sentido no se trata de una literatura reciente, como algunos han querido ver, sino de una literatura en que los problemas de fundación son más concretos y agudos que los de las literaturas europeas, pero no necesariamente distintos.

Me interesa aquí hacer la historia de las expresiones concretas de una actividad textual encaminada a definir, delimitar y narrar algo que se va a llamar literatura latinoamericana. En esto me aparto de lo que se propuso Enrique Anderson Imbert en su valiosa y canónica *Historia de la literatura hispanoamericana*. Para Anderson Imbert lo que importaba era lo que él concebía como la historia de la literatura misma, no la actividad de definirla:

> Sabemos que, en Hispanoamérica, es frecuente que, dentro de la vida literaria, haya personalidades extraordinarias que estudian o promueven la literatura, pero no la producen. Más: a veces los hombres que más influyen en los grupos literarios son, precisamente, los que no escriben poesía, novela o drama. Es de lamentar, pero forzosamente debemos excluirlos de una historia de la poesía, de la novela y del drama [12].

Aquí, por el contrario, me interesan esas figuras que transportan la producción literaria, y que en el proceso la definen y deslindan. Es decir, me interesa la actividad historiográfica consciente o inconscientemente llevada a cabo, cuyo estudio ha sido iniciado por Beatriz González-Stephan y Rosalba Campra en valiosos trabajos. Me interesa, además, analizar el papel que desempeña el periodo colonial de la literatura hispanoamericana en la elaboración del proyecto historiográfico.

Las dificultades inherentes a esta empresa, aparte de las más tangibles referentes a la investigación misma, surgen de la posibilidad de fragmentación implícita en el mismo concepto romántico de literatura e historia literaria. Porque, así como puede pensarse que la literatura hispanoamericana existe por virtud de su diferencia de la europea en tiempo y espacio, puede igualmente pensarse que lo que existe es una literatura argentina, otra mexicana, otra cubana, y así sucesivamente. Este dilema ha causado numerosas polémicas que duran hasta el presente, así como las más variadas soluciones. Si renunciamos a la diversidad, entonces la literatura hispanoamericana es una proyección de la europea; si no renunciamos a la diversidad, entonces no podemos negar que exista una literatura costarricense, colombiana, o boliviana. Para algunos la solución se ha convertido en una especie de causa, apelando a una fidelidad cultural basada en el amor al idioma, o a ciertas tradiciones. En estos casos es como si la unidad idiomática viniera a remplazar a la religión católica como sistema de creencias, rituales y costumbres que daba —o tal vez todavía da— coherencia a Latinoamérica. Otra solución ha sido parcelar el territorio americano en regiones culturalmente más coherentes que las políticas; se trata de la división por áreas culturales definidas por el sustrato indígena o, en el caso del Caribe, por la presencia africana. Pero esto no es más que otra desmembración basada en diferencias locales que distinguen una literatura dada de una presunta tradición europea. Una de las debilidades de esta solución es que la presencia indígena o africana en la literatura de una región nunca pasa de ser un matiz, mientras que el tono principal sigue siendo el de la literatura tal y como ésta se manifiesta en los centros culturales más cosmopolitas. Definir toda una literatura por tales "matices", someter todo un sistema literario a características marginales, se convierte en una tergiversación que no obstante llega a constituir escuelas literarias como el indigenismo o el afroantillanismo, pero que como tales son más efímeras que definitorias.

La presente investigación no surge del vacío, por supuesto, sino de una relectura y desglose de la primera gran empresa narrativa que toma como objeto la literatura latinoamericana: la *Antología de poetas hispanoamericanos* (1893), redactada por don Marcelino Menéndez y Pelayo en la última década del siglo pasado. La pregunta formulada a la venerable y a menudo irritante *Antología* fue la siguiente: ¿cuáles fueron las fuentes de Menéndez y Pelayo?[3] Es decir, ¿qué libros tuvo a su disposición el santanderino al llevar a cabo su vasta síntesis? El análisis de la Biblioteca Americana de Menéndez y Pelayo es en sí una pesquisa interesantísima, por cuanto revela los contornos del mapa geográfico y cronológico de la difusión de la literatura latinoamericana durante el siglo XIX. También saca a la superficie los nombres de los fundadores y promotores de ésta, con lo cual resulta posible rebasar los confines de la biblioteca del erudito español.

[3] La irritación la provoca el paternalismo de Menéndez y Pelayo, su capacidad para denigrar (por ejemplo, dice que Plácido escribe "disparates sonoros"). También, por supuesto, su ampulosa retórica. No obstante, la *Antología* es un trago amargo (y largo) que los hispanoamericanistas no podemos rechazar.

El perfil general de estos fundadores es el siguiente. Eran románticos, muchos de ellos argentinos, pero también hay numerosos peruanos, chilenos, venezolanos, y colombianos. Cobran o reafirman su conciencia americana al viajar a otros países latinoamericanos como exilados o en el servicio de sus gobiernos, o al encontrarse todos en París, donde publican algunas de sus antologías y otras obras de crítica. Los hay diplomáticos, y muchos tienen intereses políticos —lo que en otra época llamaríamos patrióticos—, y se preocupan por la educación nacional, de la cual la literatura vendría a formar parte. Por eso el empeño en establecer un canon que integre el programa de estudios de cada país, y posiblemente del continente entero. Evocando a estos fundadores, ha escrito Alejo Carpentier en *Tientos y diferencias:*

> Desde los inicios del siglo XIX se observa en ellos una apremiante necesidad de buscarse unos a otros; de encontrarse; de sentirse latir el pulso de un extremo a otro del continente —y me refiero, desde luego, a un continente que tuviese sus hiperbóreos en México. Así como los humanistas de [la] alta Edad Media se conocían unos a otros, intercambiando sus manuscritos, sus tratados, por encima de los feudos y de las selvas, sabiendo dónde un sabio latinista, un conocedor de Horacio, vivía rodeado de multitudes analfabetas, nuestros escritores, apenas tomaron conciencia de sus nacionalidades —es decir, de su criollismo y de las voliciones de ese criollismo— trataron de intercambiar mensajes, de trabar el coloquio, unidos de antemano por una unidad de conceptos esenciales. Bien sabía Sarmiento, al pasar por La Habana, dónde dar con Antonio Bachiller y Morales, del mismo modo que José Martí sabía, al llegar a Caracas, dónde encontrarse con Cecilio Acosta [83-84].

La conciencia continental se revela en las recopilaciones de ensayos que los fundadores publican sobre autores de diversos países, así como las antologías –los argentinos incluyen a Heredia y a Plácido en sus libros, por ejemplo. Hay hasta una antología que llega a incluir poetas haitianos y norteamericanos, en traducción española. Su editor fue el argentino Francisco Lagomaggiore, y se llamó: *América literaria: producciones selectas en prosa y verso* (Buenos Aires, 1883). Y, los fundadores no son todos antologadores, los hay también críticos, cronistas, periodistas y eruditos. Y, además, tuvieron predecesores.

Antes de que los que llamo fundadores formularan los conceptos que habían de dar inicio a la historiografía literaria latinoamericana, una serie de individuos, que constituyen en sí una suerte de tradición propia, conservaron la memoria de las obras escritas durante los siglos XV, XVI y XVII en América. Es una formidable tradición de anticuarios, bibliófilos y bibliógrafos que todavía se extiende hasta nuestros días. Podríamos montar la genealogía de esa tradición diciendo que va de Antonio de León Pinelo

(Perú, fines del XVI-1660), a Nicolás Antonio (España, 1617-1684), a Juan
José Eguiara y Eguren (México, 1695-1763), a José Mariano Beristain de
Souza (México, 1756-1817), y más recientemente a Alejandro Tapia y Rivera
(Puerto Rico, 1826-1882), Joaquín García Icazbalceta (México, 1825-1894),
y José Toribio Medina (1852-1930). Algunos de ellos, como Tapia y Rivera,
son poetas, pero sobre todo son coleccionistas. Pero no se trata tampoco
de una serie de impávidos recopiladores de libros. En algunos casos, como
el de Beristain y Souza, estos anticuarios escriben verdaderas obras de
crítica literaria. La *Bibliotheca Hispano-Americana Septentrional* de este último, publicada en 1816, contiene sustanciosos ensayos en las entradas sobre
Colón, sor Juana, Cortés y otros. No prevalece en ellos, salvo por supuesto
en Medina y García Icazbalceta (y apenas en éstos), la idea de que sus obras
constituyan un acervo de tradición autóctona, sino más bien una muestra
prolija de los frutos del ingenio americano, aplicado a la tarea de componer
literatura en el sentido universal y ahistórico que predominó hasta el
Romanticismo. No obstante, las obras de estos individuos ponen al alcance
de los fundadores el conocimiento imprescindible para elaborar un comienzo, un inicio a su esquema narrativo. Aquí encontramos a los precursores necesarios.

Lo que resalta al revolver el considerable amasijo de libros escritos o
editados por los fundadores son las antologías. La más importante de éstas
es, por supuesto, *América poética*, del argentino Juan María Gutiérrez,
publicada en 1846, significativamente, en Valparaíso, Chile, durante el
exilio de su autor. Muchas otras la siguieron, inclusive una nueva *América
poética*, que apareció en 1875, en París (A. Bouret), editada por el chileno
José Domingo Cortés. Cortés fue también autor de un *Parnaso peruano*
(Valparaíso, 1871) y de un *Parnaso arjentino* (Santiago, 1873), amén de
varios otros "parnasos" que no he podido todavía localizar. Fue Cortés,
evidentemente, el más asiduo de estos fundadores antólogos, cuyas recopilaciones no sólo se llamaban "parnasos", sino también "álbumes", "coronas", "galerías", "liras", "guirnaldas", "ramilletes" y "mixturas". Apenas los
títulos de estos vetustos volúmenes, muchos de ellos fuentes de Menéndez
y Pelayo, nos dan la medida y tono de la época, así como los inicios de la
tradición literaria latinoamericana, tanto textual como humana –el trasiego
de gentes y de textos que continúa hasta hoy. En orden cronológico
podemos empezar por una obra anónima pero fundamental: *La lira argentina, o colección de las piezas poéticas, dadas a luz en Buenos Ayres durante la
guerra de su independencia* (Buenos Aires, 1824), y pasar luego a la otra
ribera del Plata con *El Parnaso Oriental, ó Guirnalda poética de la República
Uruguaya* (Buenos Aires, 1835); nos saltamos a Juan María Gutiérrez y
seguimos con *El Parnaso Granadino*, coleccionado por José Joaquín Ortiz

(Bogotá, 1848); después bajamos por la costa del Pacífico para dar con la *Lira patriótica del Perú. Colección escojida de poesías nacionales desde la proclamación de la independencia hasta el día*, compilada por José María Ureta (Lima, 1853); regresamos a Colombia, y a *La lira granadina. Colección de poesías nacionales*, escogidas y publicadas por José Joaquín Borda y José María Vergara y Vergara (Bogotá, 1860); enseguida nos topamos nada menos que con Ricardo Palma y sus *Dos poetas: Don Juan María Gutiérrez y Doña Dolores Ventenilla (?)* (Valparaíso, 1861); más adelante damos con José Toribio Polo, que ha compilado *El Parnaso Peruano ó Repertorio de poesías nacionales antiguas y modernas, precedidas del relato y biografía de su autor* (Lima, 1862); en el sur nos espera Tomás Giraldez con *La guirnalda argentina. Poesías de jóvenes argentinos* (Buenos Aires, 1863); e inevitablemente, el ubicuo José Domingo Cortés, editor de *Inspiraciones patrióticas de la América Republicana* (Valparaíso, 1864); no podía faltar la anónima *Mistura para el bello sexo. Repertorio de canciones y yaravíes cantables, antiguos y modernos, para recreo del bello sexo* (Arequipa, 1865); a poco encontramos la *Lira ecuatoriana. Colección de poesías líricas nacionales*, escogidas y ordenadas con apuntamientos biográficos por Vicente Emilio Molestina (Guayaquil, 1866); continuamos con la *Corona poética ofrecida al pueblo peruano el 28 de julio de 1866* (Lima, 1866); Godofredo Corpancho compiló la *Lira patriótica, o colección escogida de poesías sobre asuntos patrióticos para ejercicios de declamación* (Lima, 1873), mientras que Ricardo Palma nos dio una *Lira americana; colección de poesías de los mejores poetas del Perú, Chile y Bolivia* (París, 1873); el Caribe no podía quedarse atrás, por lo que José Castellanos compuso su *Lira de Quisqueya* (Santo Domingo, 1874); el incansable José Domingo Cortés nos regaló su *Poetisas americanas, ramillete poético del bello sexo hispanoamericano* (París, 1875); ese mismo año el doctor Laso de los Vélez publicó *Poetas de la América Meridional. Colección escogida de poesías de Bello, Berro, Chacón, Echeverría, Figueroa, Lillo, Madrid, Maitin, Mármol, Navarrete y Valdés* (La Habana, 1875); regresando al Plata, de donde partimos, Alejandro Magariños Cervantes nos entregó el *Álbum de poesías coleccionadas con algunas breves notas* (Montevideo, 1878); prueba de que el movimiento literario y político abarcaba zonas no independientes la da Manuel María Sama, con su *Poetas puertorriqueños* (Mayagüez, 1879); José María García Salas contribuye con *El Parnaso Centroamericano (primera parte)* (Guatemala, 1882). Ya al borde del modernismo, Martín Coronado publica su *Literatura americana. Trozos escogidos en prosa y en verso. Originales de autores nacidos en América Latina* (Buenos Aires, 1885); Julio Añez junta su *Parnaso colombiano* (Bogotá, 1886-1887), compila Ramón Uriarte su *Galería poética centro-americana. Colección de poesías de los mejores poetas del Centro* (Guatemala, 1988), al paso que Manuel Pío Chávez y Manuel Rafael Valdivia sacan su *Lira arequipeña. Colección de las más selectas poesías de los vates antiguos y modernos* (Arequipa, 1889). En ese mismo año José Manuel Estrada da a la luz su *Lira argentina, recopilación de poesías selectas de poetas argentinos* (Buenos Aires, 1889). Por último, ya en pleno modernismo, Pedro Pablo Figueroa todavía da a la estampa los *Prosistas y poetas de América moderna* (Bogotá, 1891). La tendencia culmina con la publicación de "parnasos" de casi todos los países latinoamericanos por la Editorial Maucci, de Barcelona, entre aproximadamente 1910 y 1925. Son colecciones desiguales, de carácter eminentemente comercial, a veces sin prólogos ni noticias biográficas. Revelan, eso sí, cuánto se llegó a cotizar la poesía americana después del modernismo, y el impulso que todavía tenía el movimiento poético que los fundadores iniciaron y promovieron con sus antologías.

Aparte de las antologías aparecen libros de crítica o crónica literaria sobre los escritores latinoamericanos, escritos por otros latinoamericanos, lo cual empieza a demostrar el espesor de la tradición. Por ejemplo, el chileno Miguel Luis Amunátegui publica en 1882 una *Vida de Don Andrés Bello* (Santiago de Chile). Entre los más representativos de esta tendencia se encuentran los del colombiano José María Torres Caicedo, *Ensayos biográficos y de crítica literaria sobre los principales poetas y literatos hispano-americanos* (París, 1863-1868) en tres volúmenes; del venezolano Rufino Blanco-Fombona sus *Autores americanos juzgados por los españoles* (París, 1913); del chileno J.V. Lastarria, sus *Recuerdos literarios; datos para la historia de la América española i del progreso intelectual en Chile*, 2a. ed. (Santiago de Chile, 1885); del mexicano Francisco Sosa, la colección de ensayos *Escritores y poetas sud-americanos* (México, 1890), donde ya se habla y discute con sus predecesores; y del argentino Martín García Merou, sus entretenidas y reveladoras *Confidencias literarias* (Buenos Aires, 1893).

También aparecieron obras de más empaque académico, como las del chileno Diego Barros Arana, cuya proyectada *Bibliotheca americana. Collection d'ouvrages inédits ou rares sur l'Amérique* quiso publicar obras de los siglos XVI y XVII; las muchas del mexicano Joaquín García Icazbalceta, como sus traducciones de los diálogos latinos de Francisco Cervantes de Salazar, y su estudio sobre *Francisco Terrazas y otros poetas del siglo XVI*; los *Informes presentados al decano de la Facultad de Humanidades sobre la Historia de la literatura colonial de Chile (1541-1810)*, por Gregorio Víctor Amunátegui y B. Vicuña Mackenna, que son una crítica de la *Historia de la literatura colonial de Chile*, de José Toribio Medina, que había sido presentada a concurso, y que fue publicada en 1878; la *Historia de la literatura en Nueva Granada*, del colombiano José María Vergara y Vergara, cuya primera parte abarca *Desde la conquista hasta la independencia (1538-1820)* (Bogotá, 1867); la obra del ecuatoriano Juan León Mera, *Ojeada histórico-crítica sobre la poesía ecuatoriana desde su época más remota hasta nuestros días,* cuya segunda edición se publicó en 1893, y que Menéndez y Pelayo, en su *Antología* cita por una primera edición que no he podido encontrar.

El sesgo historicista de estos libros académicos parece oponerse al "presentismo" de las antologías. Muchas de las primeras, así como algunas de las tempranas crónicas literarias, constituyen manifiestos poéticos americanistas porque recogen textos de poetas de diversos países latinoamericanos, pero también porque abarcan casi exclusivamente el periodo posterior a la independecia, o al comienzo de los movimientos independentistas. Resulta claro que una de las ideas implícitas en estos libros es que la literatura latinoamericana empieza con la ruptura política y el nacimiento de las naciones libres. Pero, naturalmente, desde la perspectiva historicista propia de estos románticos, semejante toma de posición no podía sino constituir una petición de principio. ¿De dónde surgía esa nueva literatura, cuáles eran sus antecedentes? La obsesión con lo colonial de los libros académicos sugería una respuesta, si bien problemática.

Juan María Gutiérrez, que cabe en todas las subcategorías de fundador, inclusive la de anticuario, se planteó, por lo menos implícitamente, la pregunta sobre los orígenes de la nueva literatura, lo cual lo llevó a considerar el papel de las letras coloniales en la historia de la literatura latinoamericana, con todos los problemas que esto suscita, tanto en el plano literario como en el político. Beatriz Sarlo ha estudiado lúcidamente las complicaciones a las que se enfrentó Gutiérrez al estudiar la literatura colonial. Antólogo, Gutiérrez fue también crítico e historiador, como su compatriota y maestro Esteban Echeverría, los cubanos Antonio Bachiller y Morales y Domingo del Monte, además de los críticos académicos antes mencionados. En mayor o menor grado, con más o menos conciencia metodológica, estos individuos (algunos de los cuales apenas dejaron huella en la historia que ayudaron a forjar) intentaron dar respuesta a la pregunta sobre el principio u origen de la literatura cuya existencia proclamaban.

Como es natural, pensar en la existencia de una literatura latinoamericana y escribir su historia significa elaborar una narrativa, que ha de tener principios, medios y, si no finales, sí un enlace con el presente. La imaginación romántica en que se fragua la idea de la literatura latinoamericana es eminentemente narrativa, como lo es la ciencia de la filología que expresa su concepto del nacimiento y desarrollo de las lenguas y literaturas nacionales como una evolución que puede ser desentrañada, al igual que la de los fósiles que descubren y estudian los naturalistas. ¿Y cuál había de ser el principio de la literatura latinoamericana? En la tradición filológica la historia literaria comenzaba con un canto épico, que expresaba el nacer de una lengua y una literatura cuyo origen era la tradición popular. Esto dio pie a los minuciosos estudios sobre la *Chanson de Roland*, los *Nibelungenlieder*, y el *Poema de Mío Cid.* Desde luego, el origen de la tradición literaria latinoamericana, el inicio de la narrativa de su historia podía muy bien ser la literatura medieval española, así como la del Siglo de Oro. Pero esto la habría hecho no distinta y autóctona en su desarrollo, sino una especie de apéndice, rama o desviación. El origen tenía indefectiblemente que ser la literatura escrita en la Colonia, con todos los engorrosos problemas que semejante postulado acarreaba. Juan María Gutiérrez, José Antonio Echeverría, José Toribio Medina y otros de los fundadores de la tradición literaria latinoamericana formularán un principio narrativo que parte de la Colonia, y que tiene con frecuencia en su base un poema épico renacentista, como *La Araucana, Espejo de paciencia* o *Arauco domado.*

¿Qué papel desempeñaron, específicamente, en las meditaciones de esos fundadores las obras escritas en el Nuevo Mundo durante los siglos XVI y XVII? Es evidente que, dado lo ya visto sobre el surgimiento de la noción de literatura en los siglos XVIII y XIX, se comete un anacronismo al referirse a la literatura, o a la estética de la literatura colonial latinoamericana, a no ser que hagamos aclaraciones muy pormenorizadas de lo que se quiere dar a entender con semejantes términos. Pero sólo tomando conciencia del anacronismo podemos situarnos en la difícil posición de aquellos que quisieron proponer, no ya la existencia de una literatura latinoamericana, sino también dotar a ésta de una historia. Al intentar esto último, las obras del periodo colonial se irguieron como interrogante, ya que representaban ejemplos comprobatorios o excepciones engorrosas de las teorías que sirvieron para apuntalar la empresa narrativa que la historiografía literaria misma constituyó. Por un lado había un dilema político. La Colonia pertenecía al pasado español que se trataba de borrar, ¿cómo conceder valor a unas obras concebidas bajo la égida del *coloniaje*, que era la palabra que se utilizaba entonces? A esto se sumaba, además, un problema estético: muchas de las obras bajo consideración eran francamente barrocas, algo que los románticos detestaban y asociaban a la dominación española. Crear un origen con base en estos ingredientes no era tarea fácil en absoluto.

Esbocemos la forma de esa narrativa, atendiendo al origen o principio, es decir, viendo cómo situaron los fundadores obras coloniales como *Arauco domado* o *Espejo de paciencia*, para observar más de cerca los dilemas y contradicciones a que se enfrentaron y las soluciones que les dieron. Esas soluciones, que tienen una coherencia propia, independiente del objeto de estudio, se convierten en un origen ficticio de la manera que lo es el inicio de cualquier proyecto narrativo novelístico. Es en este sentido que la historia de la literatura latinoamericana es a la vez expresión y producción de la ideología que la informa. Veamos el proceso en Juan María Gutiérrez

(1809-1878) y José Toribio Medina (1852-1930). A pesar de los casi cincuenta años que los separan, ambos hacen partir sus esquemas narrativos de un mismo principio que sitúan basándose en idénticas ideas matrices y sus contradicciones.

Lo que llevan a cabo los fundadores es una monumentalización de la épica colonial, basada en el modelo romántico-filológico del origen y evolución de las lenguas europeas. Por monumentalización, término que creo derivar de Nietzsche, quiero decir otorgar un lugar privilegiado a algo, hacerlo encarnar, en estado puro, las metáforas centrales de una ideología; metáforas que se intensifican en proporción inversa a la falta de adecuación del objeto que se pretende incorporar. El monumento, en este sentido, se erige según patrones análogos a los que rigen la ficción, pero, o tal vez por eso mismo, lo caracteriza aquella parte del discurso que reclama el privilegio de revelar la verdad. La verdad, lo verdadero, es el tema obsesivo de la monumentalización. Ésta es, pues, la proyección o hipóstasis del núcleo conceptual/metafórico que constituye una ideología, y en el interior de éste, frecuentemente, una disciplina. El modelo romántico-filológico se basaba en una especie de esquema evolutivo que iba de lo simple a lo complejo, de lo primigenio a lo decadente y gastado, de lo uno a lo plural y prolijo, de lo claro a lo ambiguo o confuso. Por eso el atractivo de la épica para la historiografía literaria romántico-filológica, con sus héroes de una sola pieza y su mundo maniqueo dividido entre buenos y malos. La épica es un origen añorado, cuya violencia congénita representa la ruptura y el nacimiento. En el estudio de las lenguas, semejante esquema remitía a la "tlónica" reducción al absurdo de una supuesta lengua primitiva dotada, digamos, de sólo tres sonidos vocálicos, que luego se modificaban y pluralizaban. Desde el punto de vista etimológico, otra reducción al absurdo sería aquella que nos llevara de raíz en raíz (el sistema metafórico de la filología es derivado de las nacientes ciencias naturales), hasta la raíz primitiva, la *ur*-raíz, que sería una palabra, una sola, de la cual se derivaron todas las demás cuando el mundo cayó en la temporalidad. Hay una exaltación de valores nacionales asociados a esta sencillez estética, lingüística, ética y política, que proviene del primitivismo general de la ideología romántica, que es lo que la hacía rechazar el barroco. El vínculo de estas épicas renacentistas, convertidas en épicas nacionales por los fundadores, con la historia política y cultural es complejo e importante, porque llegan a convertirse en lo más próximo a un mito o teogonía que la mentalidad moderna pueda conjurar. La épica así concebida hace de los hechos que se consideran como inaugurales en la historia de la nación actos nimbados por una aureola mítica. Pero la épica colonial, y aquí reside la interesante contradicción, era renacentista, específicamente derivada de los cultísimos

Ariosto y Tasso, y con características casi diametralmente opuestas a la versión romántica. Éste es el reto y el inicio de una de las ficciones filológicas más complicadas compuestas por los fundadores.

Durante su exilio en Chile, Juan María Gutiérrez se tomó el inmenso trabajo, sobre todo para su época, de hacer una edición del *Arauco domado,* que publicó en Valparaíso en 1848. Su empresa tiene mucho en común con la de José Antonio Echeverría, en Cuba, que se afanó por dar a conocer el *Espejo de paciencia*, obra que se sitúa en el principio de la tradición literaria cubana, y que "rescata" de la primera historia de la isla.[4] También es paralelo el interés de Gutiérrez por la épica al del chileno Diego Barros Arana, quien fundó en París una colección de obras americanas, todas coloniales, y la inauguró con una edición del *Puren indómito* del capitán Fernando Álvarez de Toledo.[5] Por modesta que nos parezca hoy la edición que Gutiérrez hizo del poema de Oña, se trata de un acto pleno de resonancias y repercusiones, que el argentino llevó a cabo con toda deliberación y cuidado. Gutiérrez plantea, en un ensayo contemporáneo a su edición, recogido en el volumen intitulado *Escritores coloniales americanos*, los criterios que lo impulsan a estudiar y hacer accesible el poema de Oña, más allá de su afición de coleccionista. Algo que podría sorprendernos es que Gutiérrez no se hace ilusiones en cuanto al valor literario del *Arauco domado*. Escribe:

> Dos centurias y media han pasado sobre el poema de que vamos hablando, y en consideración a sus años tiene derecho a que le sean perdonados sus dejos de mal gusto, la afectación de sentencioso, las flaquezas de entonación, y el desgreño y poca cultura que a veces empañan sus estancias [360].

Lo que le importa subrayar a Gutiérrez, para conseguir la monumentalización del poema, es la verdad histórica que éste supuestamente contiene, y por lo tanto su valor como testimonio de la singularidad de Chile y de América como territorio del que puede surgir una expresión artística propia. Las diferencias fundamentales y fundadoras no pertenecen al empaque renacentista de la épica de Oña, que más bien vendría a ser un impedimento para la manifestación de lo auténtico y genuino, sino el contenido que refleja con fidelidad hechos fehacientes y específicos que marcan un origen real, que ha ocurrido en un tiempo y espacio determinados. Dice Gutiérrez: "Su libro [de Oña] es precioso, no por lo raro que se ha hecho en el mundo, sino porque es una de las fuentes a que se ocurre a

---

[4] Para más detalles sobre este proceso, véase mi trabajo sobre *Espejo de paciencia*.
[5] La colección se llamó *Bibliotheca americana. Collection d'ouvrages inédits ou rares sur l'Amerique*. Véase "Bibliografía".

empaparse en la verdad cuando se ha de escribir sobre ciertos periodos de la primitiva historia de Chile" (357). Los términos clave aquí son "empaparse en la verdad" y "primitiva historia", que remiten al esquema antes visto de la épica según la fórmula romántica. La torpeza formal hace más auténtico el poema; leerlo equivale a revivir la primitiva historia, en el sentido positivo del término, a dejarse penetrar por ella, a "empaparse". Primitivo y rudo remiten al origen informe en que la verdad chisporrotea en la violencia del nacimiento. Los motivos de Oña, según Gutiérrez, se resumían así: "Eran las glorias de su patria las que debía cantar; el suelo de su nacimiento el que debía describir" (356). El compilador de *América poética* remata su ensayo con un resonante manifiesto de americanismo poético y una defensa de la literatura colonial. Primero explica que, por haber estado fundida América a la metrópoli, "pasaron como cosas de España los hombres americanos y también sus obras", y proclama que "Las glorias de nuestro continente no han empezado a ser nuestras, sino desde principios de este siglo" (372). Concluye así, en declaración que abre con un endecasílabo de la *Grandeza mexicana* de Bernardo de Balbuena:

> *Donde nadie creyó que hubiese mundo,* estaban destinados a nacer nada menos que los inspiradores, si no los maestros, de los portentosos ingenios europeos. Si el mexicano Ruiz de Alarcón no hubiese escrito la *La verdad sospechosa*, no contaría el teatro francés, entre sus bellezas clásicas al *Mentiroso* de Corneille. Si Pedro de Oña, no hubiese escrito el *Arauco domado,* es muy probable que Lope de Vega, tampoco hubiera escrito el drama de igual título, ni el canto de amor y las escenas al borde del agua, entre Caupolicán y su querida que embellecen la primera jornada [372].

Los escritores coloniales aparecen así, no como epígonos de los europeos, sino al contrario, como sus precursores, sin duda porque habitan ese momento primigenio de la historia que sólo puede ser expresado cabalmente en un poema épico. La monumentalización queda concluida con este gesto final.

Gutiérrez tomó la precaución de erigir como monumento del origen una obra escrita por un natural de América, pero José Toribio Medina se impone la más ardua de hacer de *La Araucana* el fundamento necesario, a pesar del irreductible españolismo de Ercilla, que él, por cierto, nunca niega. ¿Cómo tildar entonces de chileno el poema? El argumento de Medina se arma de la siguiente manera: lo único que vale la pena de la literatura colonial de Chile es lo referente a las guerras con los araucanos; todo lo demás es digno de olvido. Dice en la "introducción" a *La literatura colonial de Chile*:

> ¿Quién irá hoi a leer la vida de místicos personajes, los abultados volúmenes de sermones, las recopilaciones de versos disparatados que en la metrópoli del virreinato se escribieron en aquel tiempo? I, por el contrario, un libro cualquie-

ra de entre los numerosos que se redactaron sobre Arauco, ¿no será siempre un monumento digno de consultare? [xii].

El tema de las guerras, que como vimos ya es de por sí un elemento importante de la épica como texto del principio, es lo que marca a esa literatura, lo que le da una impronta propia. A esto se suma otro hecho fundamental, que los poetas que cantaron las guerras del Arauco fueron todos partícipes en éstas, por lo que su testimonio es verídico, producto de la experiencia, no de la literatura. Por lo tanto, esa literatura es ya chilena, porque emerge de episodios ocurridos en territorio chileno, que determinan el carácter de todo texto, fuera cual fuera la nacionalidad del autor. Dice Medina:

> Por lo tanto, el Arauco i sus pobladores, las empresas realizadas en ese estrecho pedazo de tierra, fueron las que despertaron el jenio poético de Ercilla e influenciaron completa i decididamente las tendencias de su obra. A no haberse tratado mas que de los españoles o de otros enemigos que los araucanos, es mui probable que jamás hubiese intentado hacer resonar la trompa épica en otras soledades que no fuesen las de Puren. De aquí por qué *La Araucana* es eminentemente chilena i debe ocupar un lugar en nuestra literatura: siendo digno de notarse que no sucedía en Ercilla lo que en algunos de sus compatriotas que desde sus primeros años demostraron decidida inclinación a versificar, de tal modo que ella habría jerminado en cualquier lugar i ocasión que fuese. Nuestro poeta no contaba mas bagaje literario en esta época que cierta "Glosa"...[I, 4]

Medina le atribuye a la guerras del Arauco el mismo despertar del don poético de Ercilla: no ya el poema, sino la posibilidad de escribirlo tiene su origen en el encuentro del poeta con el medio que lo marca indeleblemente, y lo capacita para producir el texto de fundación. Por eso Medina abre su *Literatura colonial de Chile* con tres capítulos sobre Ercilla, que son la base sobre la cual va a erigir todo su proyecto narrativo.

Ese edificio ha seguido en pie hasta hace muy poco tiempo. La marejada teórica de los últimos veinte años nos ha permitido ver lo convencional de su andamiaje, las ficciones que soportan su fundación. Lo cual no quiere decir que no aceptemos su carácter fundacional, por el contrario. Hoy nos parece que el barroco, con su énfasis en lo falso, con su deleite en lo complejo y ambiguo, con su negación del mundo natural y valoración delirante de la cultura y sus códigos, es un fundamento más auténtico de la tradición literaria latinoamericana; que no hay que encubrir las contradicciones de una literatura que no contaba con un origen conveniente y propio, sino hacer visible el vacío del principio, la fragilidad de toda fundación literaria. Por eso valoramos a Balbuena, a sor Juana, a Sigüenza, y nos parece que lo más interesante de la épica colonial es el violento desfasamiento entre la artificialidad renacentista y el mundo en ciernes en el que surgió. Desde luego, para ser consecuentes, tenemos que admitir que nuestra reescritura sea de la tradición (sobre ésta y parte de ella), no de la historia, y que nuestra versión de la historiografía literaria latinoamericana será objeto de coleccionistas y anticuarios, y que en un congreso futuro los mismos títulos de nuestros libros parecerán pintorescos y dignos de admiración.

BIBLIOGRAFÍA

Álvarez de Toledo, Fernando, *Bibliotheca americana. Collection d'ouvrages inédits ou rares sur l'Amérique,* París, Librairie A. Franck.

Anderson Imbert, Enrique, *Historia de la literatura hispanoamericana*, México-Buenos Aires, Fondo de Cultura Económica, 1965.

González Echevarría, Roberto, "Reflexiones sobre *Espejo de paciencia* de Silvestre de Balboa", *Nueva Revista de Filología Hispánica*, 35 (1987), pp. 571-590.

González Stephan, Beatriz, *La historiografía literaria del liberalismo hispanoamericano del siglo XIX*, La Habana, Casa de Las Américas, 1987.

Sarlo Sabajanes, Beatriz, *Juan María Gutiérrez: historiador y crítico de nuestra literatura,* Buenos Aires, Editorial Exuela, 1967.

TRADICIÓN Y CONTEXTO EN EL MEMORIALISMO HISPANOAMERICANO DECIMONÓNICO (ARGENTINA Y CHILE)

Anna Caballé
Universidad de Barcelona

Es probable, como dice Roger Bauer, que a cada época la delaten sus nostalgias. Desde luego eso es así cuando pensamos en el siglo XIX: una centuria marcada por las profundas transformaciones políticas, sociales, científicas y económicas ocurridas, tanto en Europa como en América. Y es una circunstancia que propiciará el despliegue testimonial, un tanto melancólico la mayoría de las veces, de quienes asistieron a ellas.[1] Revivir el pasado, resucitar —diría Michèlet— un mundo definitivamente caduco, recrear la historia vivida, constituirá un entretenimiento liberador para el cansancio del hombre del XIX, agotado por la intensidad de los cambios experimentados a lo largo del siglo y que le ha tocado, en mayor o menor medida, protagonizar. No en vano Paul de Man analiza la prosopopeya, es decir, la capacidad de dar vida a lo inanimado, como la figura retórica característica de la autobiografía,[2] pues, en efecto, la literatura autorreferencial se basa en un esfuerzo por revivir la pluralidad de los "aquí" y los "ahora" en que consiste la experiencia humana una vez constituidos ya en tejido exclusivamente recordatorio.

Mi ponencia trata de analizar dos aspectos fundamentales del memorialismo decimonónico en Argentina y Chile, si bien apoyándome para la ocasión en unos pocos textos (labor crítica pendiente es la de estudiar en profundidad el desarrollo del género autobiográfico en Iberoamérica).

En primer lugar, la tradición —no únicamente española— en la que se asientan las pautas de una indudable explosión autobiográfica mediado el ochocientos.[3] Pero también, considerar el contexto sociopolítico hispanoa-

---

[1] Los ejemplos son abundantísimos. Por caso, los *Recuerdos de mi vida* escritos por la nonagenaria Martina Barros de Orrego, libro en el que se hace un balance entre el Chile de 1850 y el Chile finisecular, celebrándose los avances y el progreso de la sociedad desde una confusa categoría de valores.

[2] Véase De Man en la bibliografía

[3] El término "explosión" para referirse a la riqueza de relatos autobiográficos en el siglo XIX lo utiliza Francisco Javier Pinedo.

mericano en medio del cual surge la necesidad del testimonio público de uno mismo como bien lo ha estudiado ya Adolfo Prieto en su utilísimo trabajo sobre la literatura autobiográfica argentina (1966).

En este sentido, 1843 resulta una fecha clave: es el año en que las páginas de *El Progreso* acogen un folleto autobiográfico de D.F. Sarmiento, en el cual el escritor argentino emprende su propia y pública reivindicación ante los ataques del chileno Domingo Santiago Godoy: en realidad fue una *querelle à deux*, sólo que voceada por el talante polemista y vehemente de ambos personajes. Sin embargo, las repercusiones del texto fueron más que notables para la consolidación del género; y punto de arranque para Sarmiento en la elaboración de otro texto autobiográfico de mayor envergadura y anunciado ya al final de *Mi defensa*:

> Yo he mostrado al hombre, tal como es, o como él se imagina que es. *En una segunda publicación* mostraré al libelista famoso, al escritor en Chile, al maestro de escuela, mis obras últimamente, mis principios políticos y sociales. Entonces no me dirigiré a Godoy, sino al público [*Memorias*, p. 29].[4]

A partir de entonces es extensa la nómina de escritores y políticos argentinos que preparan sus testimonios para la posteridad: de nuevo Sarmiento con sus *Recuerdos de provincia*, Pedro J. Agrelo, Bartolomé Mitre, Juan Bautista Alberdi, Lucio V. Mansilla, Carlos Guido y Spano y un largo etcétera de políticos y militares entre los que destacarán Manuel Belgrano, el general José María Paz y el coronel Manuel Alejandro Pueyrredón.[5] Se trata de una necesidad autojustificativa que surge a raíz de los sucesos revolucionarios de mayo de 1810 (espoleados por la invasión napoleónica en la metrópoli) y que culminarán con la Declaración de las Provincias Unidas de Sudamérica, en marzo de 1816 (aunque no por ello concluyen los desórdenes y la tiranía política): la intensidad de la vida pública y de las transformaciones sociales e ideológicas a lo largo del siglo, decíamos, mantienen —por no decir, avivan— la vigencia de someter las propias conductas a la opinión de los demás, "en este siglo de las luces —escribe Guida y Spano— ¿quién no se considera con derecho a encender su cigarro en la antorcha de la civilización?"(16). Lo mismo ocurre en Chile, según afirma Benjamín Vicuña Mackenna en el prólogo a la primera edición de *Recuerdos del pasado*, publicada en 1882[6] y autor, él mismo, de un farragoso *Diario*.

---

[4] Las cursivas son mías.

[5] Para la vinculación del desarrollo de la literatura autobiográfica argentina con el desarrollo de la política practicado por una élite que concentra el poder, véase el libro ya citado de Adolfo Prieto. En cuanto al memorialismo practicado por militares, véase el conjunto de artículos de Rufino Blanco Fombona.

[6] Referencia extraída de Adolfo Prieto (1982: 19).

Emilio Carilla ya se refirió a la abundancia de este tipo de escritos en su libro *El romanticismo en la América hispánica*, cuando dice: "No faltaron tampoco en Hispanoamérica libros de memorias, autobiografías y otras manifestaciones fuertemente individuales, aunque quizás no abundaron tanto como en Europa." La explicación puede estar en el hecho de que los románticos hispanoamericanos prefirieron —sin mayores variantes— la obra de ficción y, sobre todo, la poesía lírica, para expresar, apenas sin velos, lo íntimo de su ser:

> De ahí el carácter claramente autobiográfico que tienen tantas obras del romanticismo hispanoamericano [...] Lo que sin duda es visible en el conjunto de tales obras es que no resalta entre ellas la verdadera y sutil confesión íntima. Algunas son, más bien visiones individuales de los demás, y las que son realmente íntimas y se centran en el yo del que cuenta dejan por lo común resquicios y lagunas [Carilla: 346-347].

Don Emilio Carilla acierta porque, en el siglo XIX, la escritura de unas memorias se concibe como explanación o complemento de la historia: una escritura indudablemente menos grave, por tanto más próxima a las estructuras narrativas en la recreación de diálogos, retrato de personajes, amenidad de las descripciones o bien en el uso de estrategias retóricas, pero, en general, con escasa capacidad de autoanálisis e interpretación de la propia personalidad. Es decir, dicha interpretación —de producirse— se efectúa de acuerdo con las rígidas convenciones de la época y una falta de porosidad absoluta en lo concerniente a la complejidad psicológica del "yo" (ya lo analizábamos con Sarmiento cuando escribe: "Yo he mostrado al hombre, tal como es", como si el hombre fuera una mónada leibnizeana homogénea y compacta). De modo que la escritura autobiográfica sólo consiente la afloración de los aspectos más vistosos de la personalidad, el "yo" social y relacionante que, sin embargo, raramente sitúa al individuo en su especificidad.

Respecto a la tradición pueden apreciarse abundantes puntos de contacto entre España e Hispanoamérica, en lo que a la evolución del género autobiográfico decimonónico se refiere. En España, el detonante es la invasión napoleónica, el levantamiento popular del 2 de mayo de 1808 y el pensamiento liberal cristalizado en la Constitución gaditana: éstos serán los motivos frecuentes de autosatisfacción y referencia obligada en los relatos autobiográficos de mayor popularidad en la Península: Jovellanos, Escoiquiz, Godoy, Mor de Fuentes, Cevallos, Mesonero Romanos, Alcalá Galiano, Fernández de Córdova y una larga lista de políticos y literatos tomarán los acontecimientos relacionados con este episodio histórico como eje estructural de sus escritos.

Lo mismo sucede en Hispanoamérica: será la independencia política respecto de la metrópoli el aliciente testimonial. Americanos o extranjeros, que combatieron con Simón Bolívar, son autores de obras autobiográficas escritas a veces en inglés y vertidas al castellano (caso de las *Memorias* del general O'Leary, Caracas, 1881, o del general O'Connor, ambas centradas en la evocación de la emancipación sudamericana). Y lo mismo puede decirse de algunos de aquellos españoles que se vieron obligados a luchar contra las filas del Libertador (caso de las *Memorias* de Rafael Sevilla, capitán del ejército español).

Aunque sólo será mucho después de que se produzcan los acontecimientos cuando éstos encuentren reflejo adecuado en la escritura. De manera que, al igual que ocurre en la literatura española, la producción de textos autobiográficos en la segunda mitad de siglo resulta mucho más fecunda que durante la primera. Es más, como ocurre en España cuando aparecen las *Memorias de un setentón* de Mesonero Romanos, el género cristaliza hacia 1880 con la publicación de algunos libros importantes: los *Recuerdos del pasado* —uno de los libros más vendidos y celebrados de su época—,[7] el *Diario* de Vicuña Mackenna, las *Memorias* de José María Samper, los *Recuerdos* de José Zapiola, los de Victorino Lastarria... mientras que en Argentina, decíamos, este género de escritura está ya consolidado hacia 1850.

El español y el chileno mantienen, en la redacción de sus memorias, curiosas similitudes: por ejemplo, los dos escritores expresan su opinión de no querer entrar en el dominio de la historia, ni en el de la política, pese a lo cual..., se justifica Pérez Rosales "no debe extrañarse [el lector] que, dejando esa tarea a más calificadas plumas, concrete estos apuntes a señalar los hechos íntimos que yo mismo he presenciado, y a dibujarlos tales como se presentaron, desnudos de comentarios y de antojadizas apreciaciones" (23). De igual modo se había justificado Mesonero ante el hecho de que la historia invadiera constantemente su relato.

Significativamente, el memorialista chileno abre el suyo con la pregunta "¿Qué era Santiago en 1814?" y contrastará su respuesta con la imponente descripción de la ciudad santiagueña en 1860, aproximadamente cincuenta años después de la independencia, esto es, cuando la vida independiente ya había comenzado a dar sus frutos. Es una forma un tanto oblicua pero eficaz de expresar su antiespañolismo, tema frecuente en los libros de memorias hispanoamericanos. Sin embargo, hay que decir que, cuando éstos se escriben, se ha producido ya una decantación de ese antiespañolismo en el sentido de que la virulencia de la reacción ha cedido.

[7] Así lo atestigua repetidamente Hernán Díaz Arrieta.

Veamos lo que dice J.B. Alberdi en su *Diario de mi vida* al reflexionar sobre su formación literaria:

> Mi preocupación de ese tiempo [sus años de juventud, hacia 1835] contra todo lo que era español, me enemistaba con la lengua misma castellana, sobre todo con la más pura y clásica, que me era insoportable por lo difusa [...] No hace sino muy poco, que me he dado cuenta de la suma elegancia y cultísimo lenguaje de Cervantes [462].[8]

En efecto, España se había convertido en un antimodelo cultural para la élite intelectual hispanoamericana y se remitía a la metrópoli para todo lo negativo, atrasado y caduco que pudiera hallarse en sus países. El mismo Alberdi cuando evoca, en otro texto autobiográfico, su plan para el periódico *La Moda* del que era director (periódico editado a partir de noviembre de 1837 y clausurado unos meses después por el general Rosas), puntualiza con evidente ironía:

> Soy hijo de español, y ya se sabe que todo hijo de español no debe hacer toda su vida sino lo mismo que hizo su padre: no debe ser más que una imitación, una copia, una tradición de su padre, es decir, siempre imitación, siempre copia, siempre rutina, como verbigracia nuestra patria de su madre patria.

No se ocultará al periodista argentino, que solía firmar sus artículos con el seudónimo de Figarillo, el hecho de que sea la rutina el blanco preferido de sus sátiras (calcadas, dicho sea de paso, de las de Larra): la rutina será, en opinión de Alberdi, un lastre heredado de España y que afectará a todos los órdenes de la vida argentina.

Y qué decir de Sarmiento, severísimo en sus juicios sobre España: en sus *Viajes* la ve tan atrasada que considera un deber el hecho de colonizarla. Se trata de una valoración relativamente coyuntural, decíamos, pero, en cualquier caso, muy distante de las estimaciones que ofrecen otros países europeos: Francia, por ejemplo, cénit de una hegemonía cultural todavía indiscutible: Carlos Guido y Spano, hijo del general Tomás Guido, es autor de una carta autobiográfica que sirve de presentación al conjunto de su prosa (*Ráfagas*) y fechada en Buenos Aires en julio de 1879. Pues bien, pese a las abundantes referencias a sus viajes por Europa, no menciona a España en su texto. Siempre es París el objetivo. (Hasta el doctor Juvenal Urbino, el entrañable protagonista de *El amor en los tiempos del cólera* admite que para el mantenimiento de su biblioteca sigue con atención las novedades literarias francesas y sólo de vez en cuando las que se publican en lengua castellana.)

---

[8] De "Mi vida privada que se pasa toda en la Argentina", en vol. IV.

Volvamos a Pérez Rosales: cuando habla de la educación popular en Chile asegura que resultaba imposible aprender el español antes de la independencia: "Del estudio especial del idioma español, ¿para qué hablar?, ni quién podía perder tiempo en ponerse a estudiar un idioma que todos nacíamos hablando" (12). Y prosigue nuestro memorialista asegurando que antes de 1817 (i.e. antes de la independencia) no había en todo el país ni gramáticas ni diccionarios puramente españoles, de modo que el estudio del idioma resultaba imposible.

Pérez Rosales será sobresaliente al igual que Mesonero, Mansilla y otros, en su preocupación por insertar la propia individualidad en el colectivo humano al que pertenece: detalles de la vida cotidiana a mediados del siglo XIX: la poquísima luz de las calles, lo que se comía, las relaciones sociales, la profesión... Y por encima de todo, la patria. La patria nueva frente a la vieja: la vida colonial frente a la independencia.[9] La patria, tema incesante, reiterativo en la producción memorialística de la época. También Sarmiento, al comienzo de sus *Recuerdos de provincia*, escribe:

> He evocado mis reminiscencias, he resucitado, por decirlo así, la memoria de mis deudos que merecieron bien de la patria, subieron alto en la jerarquía de la Iglesia, y honraron con sus trabajos las letras americanas; he querido apegarme a mi provincia, al humilde lugar en que he nacido [7].

Pues en esas raíces autóctonas fundará Sarmiento el modelo argentino ideal para el futuro.

Lo mismo Lucio V. Mansilla, hijo del general Mansilla y autor de unas *Memorias* (fechadas en París, el 7 de enero de 1904) dispersas pero curiosas en lo relacionado con las costumbres de la buena sociedad bonaerense a mediados del siglo XIX:

> He querido escribir la vida de un niño; comentando lo indispensable, tratando de ser lo menos difuso posible al perfilar situaciones de familia, sociales, personales, a fin de no fatigar la atención del lector; esforzándome por último en vivificar el gran cuadro pintoresco, animado, siempre interesante, del país que fue en otra edad, la Patria amada, que me ha hecho lo que soy [...] ¿lo habré conseguido? [348].[10]

Toda autobiografía supone un acto de orgullo pues implica, si más no, una dosis considerable de autosatisfacción. Hablando del memorialismo hispanoamericano se trata, por lo general, de un orgullo nacional que

---

[9] No tuve ocasión de asistir a la ponencia de Sylvia Molloy: "Infancias coloniales y autobiógrafos republicanos", que sin duda arrojó una luz necesaria sobre esta cuestión.

[10] Sobre el valor literario de las *Memorias* de Mansilla véase el reciente artículo de Molloy.

aspira a cumplir una función ideológica vivificadora en las generaciones venideras (véanse las últimas líneas del prefacio de Vicuña Mackenna a su *Diario*; o las palabras con que Alberdi cierra el suyo). Así lo manifiesta Sarmiento cuando justifica sus apuntes autobiográficos diciendo que si bien no tienen valor en sí mismos (el tópico de la modestia resulta poco verosímil en el argentino) "servirán de pretexto y de vínculo, pues que en mi vida tan destruida, tan contrariada y, sin embargo, tan perseverante en la aspiración de un no sé qué elevado y noble" (*Recuerdos*, 120). En lo contrariado de su vida, el escritor argentino, imbuido de un profundo mesianismo, ve retratada la propia América del Sur, "agitándose en su nada, haciendo esfuerzos supremos por desplegar las alas, y lacerándose a cada tentativa contra los hierros de la jaula que la tiene encadenada".

En la convicción de su superioridad —"yo creía desde niño en mis talentos como un propietario en su dinero"—, Sarmiento me recuerda mucho a Castelar, autor también de una *Autobiografía* que ofrece extraordinarias coincidencias con los *Recuerdos de provincia*: por ejemplo, en el relieve concedido a la madre por parte de ambos escritores. Verdad es que el elogio a la madre es una "figura"[11] prácticamente impuesta en el relato autobiográfico; sin embargo, el proceso de idealización que experimenta en ambos escritores es verdaderamente notorio y digno de interpretación: Sarmiento califica a su madre de sublime, divina y providencial (incluso unos juanetes que padecía la pobre mujer son vistos como una señal de decisión y energía). Tengo para mí que tanto Castelar como Sarmiento padecían una especie de *hubris*, el exceso del héroe trágico que no puede dominar la intensidad de sus emociones y que acabó por condicionar su trayectoria intelectual.

La tradición memorialista hispanoamericana se asienta en unas raíces plurales —no exclusivamente españolas— en el seno de las cuales ejercen una notoria influencia las *Mémoires d'Outre-Tombe* de F. René de Chateaubriand (concluidas en noviembre de 1841). Chateaubriand —pionero en la articulación del yo individual en la historia colectiva— vertebra sus *Memorias* en función de dos hechos histórico-políticos decisivos: la caída del absolutismo monárquico, y por tanto la pérdida de los derechos de la nobleza, y el análisis de la figura de Napoleón Bonaparte, al que le dedica una tercera parte de la obra y hacia el cual el vizconde francés sentía una profunda admiración, pues nadie había conseguido llegar tan lejos en una política imperialista. De modo que Chateaubriand ofrece al lector su propia, y desde luego discutible, versión respecto de la época en que vivió: fue un hombre fronterizo, como la mayoría de los memorialistas del XIX,

---

[11] Utilizo el término "figura" en el sentido que le otorga Bruno Vercier.

que conoció una etapa apasionante: aquélla en que se liquidaba un mundo y se alumbraba, con los sufrimientos inevitables a cualquier transformación, un orden político nuevo (que viene a ser en lo esencial el nuestro). Y en este sentido, parece que el móvil autobiográfico en el XIX funciona como un mecanismo de defensa y autoafirmación patriótica, de manera que la mayoría de los relatos se articulan *en contra de*: Chateaubriand contra Napoleón; Blanco White contra la iglesia católica; Mesonero contra los franceses: los hispanoamericanos coinciden en ir todos contra España.

Sin embargo, esta condición política ambivalente que intento subrayar conlleva una cierta inseguridad emocional, incluso intelectual: lo veíamos ahora mismo con Alberdi, cáustico y mordaz con todo lo español, pero, al mismo tiempo, escribiendo en el más puro estilo de nuestro Fígaro. Lo reconoce Mariano Picón-Salas en un delicioso texto autobiográfico generacional titulado *Pequeña confesión a la sordina*, cuando recuerda que en su infancia vivía un sosiego casi colonial:

> Esto —lo confieso— siempre produjo en mi espíritu un pequeño conflicto entre mis ideas y mis emociones, porque si la inteligencia aspiraba a ser libérrima, el corazón permanecía atado a esa como añoranza de un paraíso perdido [Picón-Salas, 3].

Y continúa: "Escribí un librito, *Viaje al amanecer*, como para librarme de esta obstinada carga de fantasmas y seguir ligero de equipaje —como en el verso de Machado— mi peregrinación del mundo." He aquí expuesta la indiscutible función liberadora del recuerdo, cuando el hombre se halla atrapado por la contradicción.

En cualquier caso, la tradición europea —Rousseau, Chateaubriand, Lamartine, Larra, Mesonero Romanos— resulta insuficiente al hombre criollo. Y así, observamos que las memorias latinoamericanas conceden una importancia decisiva al entorno, al inmenso espacio geográfico que les rodea —sea campo o ciudad— y al que se sienten integrados: Sarmiento estará obsesionado con vincularse a su "provincia" y que la provincia se identifique con él. Picón-Salas articula su libro de recuerdos –*Viaje al amanecer*— en torno a su ciudad natal, Mérida, y los Andes venezolanos; Pérez Rosales dedica una tercera parte de su libro a evocar la ciudad de Santiago de Chile y sus cambios; Alberdi agrupa su relato en función de los cuatro parajes donde se desarrolló su vida, etcétera.

A falta de una tradición autobiográfica netamente sudamericana, sus memorialistas optan por enraizarse en la tierra, las costumbres, las leyendas populares, el paisaje, la vegetación, el clima y, desde luego, la vida política.

Y lo hacen hasta el extremo de que los libros de muchos de ellos llegan a confundirse con el cuadro de costumbres, la *petite histoire*, la literatura de viajes, el testimonio político o la justificación personal, mermando considerablemente la perspectiva psicológica, no tanto moral, de la escritura. En este sentido, como apuntaba Carilla en su valoración global del memorialismo en Hispanoamérica, estos narradores de sí mismos apenas rozan la superficie. Aunque en realidad siempre estamos al comienzo de una aventura en la que se busca esclarecer la propia y compleja realidad (¿hay alguna que no lo sea?). De ahí que, en sus memorias, todos lleven a cabo con el mayor empeño esa profesión, primordial, de llamarse argentino, chileno, venezolano, peruano... Es decir, pensar y actuar en medio de un proceso de crecimiento y emancipación que, sin embargo, ha sabido mantener, pese a todo, el diálogo cultural con España.

BIBLIOGRAFÍA

Alberdi, Juan Bautista, *Obras selectas*, Joaquín V. González (ed.), Buenos Aires, Librería "La Facultad", 1920, vol. IV.

Blanco Fombona, Rufino, "Historiadores y memorialistas", en *Ensayos históricos*, Caracas, Ayacucho, 1981, pp. 353-435.

Carilla Emilio, *El romanticismo en la América hispánica*, Madrid, Gredos, 1958.

De Man, Paul, "Autobiography as Defacement", en *The Rhetoric of Romanticism*, Nueva York, Columbia University Press, 1984.

Díaz Arrieta, *Memorialistas chilenos. Crónicas literarias*, Santiago de Chile, Zig-Zag, 1960.

Guido y Spano, Carlos, *Autobiografía*, José Luis Lanuza (ed.), Buenos Aires, Troquel, 1966.

Mancilla, Lucio V., *Mis memorias. Infancia-adolescencia*, París, Garnier Hermanos, s.f.

Molloy, Sylvia, "Recuerdo y sujeto en *Mis memorias* de Mansilla", *Nueva Revista de Filología Hispánica*, 36 (1988), pp. 1207-1220.

Pérez Rosales, V., *Recuerdos del pasado*, Barcelona, Iberia, 1962.

Picón-Salas, Mariano, "Pequeña confesión a la sordina", en *Viejos y Nuevos Mundos*, Guillermo Sucre (ed.), Caracas, Ayacucho, 1984.

Pinedo, Francisco Javier, "Concepción del pasado en un relato autobiográfico chileno del siglo XIX", en *La invención de la memoria*, Jorge Narváez (ed.), Chile, Pehuén, 1988.

Sarmiento, Domingo Faustino, *Memorias*, Luis de Paola (ed.), Buenos Aires, Ediciones Culturales Argentinas, 1961, tomo 5.

——, *Recuerdos de provincia*, Barcelona, Sopena, 1967.

Vercier, Bruno, "Le mythe du premier souvenir: Pierre Loti, Michel Leiris", *RHLF* (1975), pp. 1029-1040.

CUERPOS Y MÁQUINAS MASA CON MASA EN *CECILIA VALDÉS**

BENIGNO SÁNCHEZ-EPPLER
Brandeis University

¿Cómo transformar el esclavo en ciudadano? ¿Cómo incluir, incorporar, dentro de la sociedad a una persona que inmediatamente antes de su emancipación era considerada como cosa, como un cuerpo enajenado o socialmente muerto?[1] ¿Cómo fomentar la reproducción de una población de obreros libres para una naciente o futura producción industrial partiendo del ámbito de la plantación con su fondo genético o demográfico de esclavos africanos? En Cuba, al igual que en muchos otros ámbitos esclavistas, preguntas como éstas forman parte del debate durante la larga crisis que culmina en la sustitución de la esclavitud por otros medios de explotación de la mano de obra. Éstas son preguntas esencialmente de blancos, puesto que el negro, esclavo o no, no tendría por qué tener este tipo de dudas con respecto a su capacidad para integrarse a un orden social como persona cabalmente en posesión de todos sus derechos civiles y políticos.

Estas preguntas de blancos pueden estudiarse documentando en *Cecilia Valdés*, de Cirilo Villaverde, una sugerente relación entre la representación del cuerpo negro del esclavo acoplado a la maquinaria de producción azucarera, y la representación del cuerpo de la mulata acoplado a la maquinaria de reproducción del mestizaje cubano bajo los requisitos ideológicos de la doctrina del blanqueamiento.

La abolición de la esclavitud llega a Cuba tardíamente: aquel proceso gradual de emancipación que se había instaurado en 1880 se da por terminado en 1886. La relación más somera del apogeo de la economía de

---

* Por sobre todas las deudas en que he incurrido durante la preparación de este ensayo, quiero destacar que no me hubiera sido posible elaborarlo sin contar con el diálogo y el apoyo que me han brindado Doris Sommer, Eduardo González y mis estudiantes del curso intitulado: "La literatura de la diferencia racial en Latinoamérica" (primavera de 1990, Brandeis University).

[1] Orlando Patterson resume este concepto central de la ideología esclavista de la siguiente manera: "If the slave no longer belonged to a community, if he had no social existence outside of his master, then what was he? The initial response in almost all slaveholding societies was to define the slave as a socially dead person".

plantación en Cuba destacaría sobre todo que la desarticulación de la producción azucarera en Haití, causada por la revolución de 1791, deja un gran vacío en el mercado que la élite azucarera cubana puede aprovechar. En ese momento los criollos, dueños de ingenios, logran convencer a la Corona española de la utilidad de liberar la trata de negros, y en pocos años acoplan un incremento masivo en la importación de esclavos a un gran programa de modernización técnica y de racionalización en casi todos los aspectos de la producción azucarera. Francisco Arango y Parreño, el líder de tal iniciativa, desde muy temprano se vio en la necesidad de contrarrestar el temor a las consecuencias de la africanización de Cuba, señalando que la importación de esclavos sería cuidadosamente controlada para mantener siempre una mayoría blanca en la isla. Así, los cubanos adquirieron su manía de demógrafos —peculiares por cierto—, constantemente al tanto de las escalas cromáticas del censo (Paquette: 84-85). Por las décadas de 1830 y 1840, los mejores ingenios ya operaban con un proceso de manufactura mecanizada, dentro del cual el trabajo que se exigía del esclavo se había incrementado por los ritmos impuestos y sostenidos por la instalación de un número reducido de máquinas. La fase industrial, propiamente dicha, empieza a operar a partir a la década de 1860, con la continuada introducción de mejoras técnicas que incrementaron la producción eliminando —aunque nunca del todo— la intervención de las operaciones manuales intermedias. Así fue que el trapiche dieciochesco de tracción animal se convirtió en el ingenio de mecanización limitada durante la primera mitad del siglo XIX, para luego dar paso a la central azucarera de las últimas décadas del mismo siglo. Durante todas estas transiciones, sin embargo, el sector agrícola del complejo de producción, con todas las mejoras introducidas en la calidad y rendimiento de la caña, se mantuvo tan atrasado como siempre, y mientras que el desarrollo del sector industrial paulatinamente empezó a requerir el tipo de actividad laboral que se esperaba del trabajador libre, mejor preparado y asalariado, en el cañaveral el uso del esclavo siguió considerándose provechoso. Respecto a la obsesión con el censo, la década de 1840 representa el momento más agudo de la crisis demográfica cubana, las cifras indicaban que los blancos estaban en peligro de perder su superioridad numérica dado el volumen del contrabando negrero que para ese entonces seguía introduciéndose en Cuba, a pesar de la resistencia ejercida por un nutrido segmento de la élite criolla, sin importar los acuerdos formales entre España e Inglaterra para eliminar la trata (*ibid.*: 9, 30, 92 y 298, nota 43).

Esto es lo más esencial de la conyuntura en la cual el siglo XIX cubano desarrolla la doctrina del blanqueamiento. *Cecilia Valdés* de Cirilo Villaverde, por su parte, resulta ser el compendio novelístico que enmarca, en su crónica de principios de los años treinta, toda esta problemática valiéndose del romance incestuoso entre Leonardo Gamboa y su amante Cecilia, la flamante mulata blanqueada, hija ilegítima del padre de Leonardo. Don Cándido Gamboa, el padre, español contrabandista de esclavos, comerciante y dueño del ingenio, acababa de adquirir una máquina de vapor para acoplar al trapiche del ingenio que hasta el momento había funcionado con bueyes. Para dejar mejor instalado el enfoque *voyerístico* de esta presentación, quiero destacar que la novela nos demuestra la compenetración de este acoplamiento de máquina con cuerpo esclavo, y de la sucesión de cópulas entre mujer de color y hombre blanco estipuladas, ideológicamente, como necesarias para el blanqueamiento.

Arango y Parreño, el mismo líder de la iniciativa para liberalizar la trata en Cuba a fines del siglo XVIII, resulta ser el formulador de una de las primeras proposiciones formales de la doctrina del blanqueamiento. Ya para 1816 declara:

> Quiero por lo menos, que por sabios artífices se trace el instante, el plan que debe seguir para blanquear nuestros negros; o sea: para identificar en América a los descendientes de África con los descendientes de Europa.
> Quiero, al propio tiempo, que con prudencia se piense en destruir la esclavitud (para lo cual no hay poco hecho), se trate de lo que no se ha pensado, que es borrar su memoria. La naturaleza misma nos indica el más fácil y más seguro rumbo que hay que seguir en esto. Ella nos muestra que el color negro cede al blanco, y que desaparece si se repiten las mezclas de ambas razas; y entonces también observamos la inclinación decidida que los frutos de esas mezclas tienen a la gente blanca [Arango y Parreño: 367].[2]

Arango impone un argumento rotundo: todo lo que hay que hacer para incrementar la blancura es imposibilitar o dificultar que cualquier mujer de cualquier color tenga hijos más oscuros que ella misma. Este tipo de argumento, además de todo lo que hacía repugnante para cualquier sociedad esclavista o simplemente racista la posibilidad de que el hombre negro tuviera contacto sexual con la mujer blanca, o con cualquier mujer capaz de tener hijos blanqueados, viene a operar como la negación ideológica de la capacidad de reproducción del hombre negro. Aunque no se castrara a ningún individuo negro específico, la doctrina del blanqueamiento dependía, sobre todo, de la imposición del privilegio sexual del hombre blanco y repercutía en la correspondiente castración del hombre negro.[3]

---

[2] Citado por Raúl Cepero Bonilla (101). [...] vol. 2, pp. 306-307, citado en Martínez-Alier (35).

[3] Con respecto a los Gamboa, Doris Sommer destaca lo siguiente: "Father and son are seduced as much by the absolute power of their racial and sexual advantage as by their partners' sexual charms. This is no modern free market of feeling where unprotected desire

El proceso de desaparición de lo negro, que los ideólogos del blanqueamiento consideraban posible y aconsejable, se ilustra en forma nítidamente exponencial en ese matrilinaje de *Cecilia Valdés* que tanto se cita:

Es querer decir que Magdalena, negra como yo, tuvo con un blanco a *señá* Chepilla, parda; que *señá* Chepilla, tuvo con otro blanco, a *señá* Charito Alarcón, parda clara, y que *señá* Charito tuvo con otro blanco a Cecilia Valdés, blanca [Villaverde: 241].[4]

Resulta significativo que María de Regla, esclava de los Gamboa, es la que controla y revela toda esta información sobre la sucesión de cópulas que producen a la cubana mulata más emblemáticamente blanqueada.[5] Por su parte, en la concatenación desde "negra como yo" hasta el adjetivo "blanca" tan carente de *caveats*, se detecta la forma en que la misma María de Regla se reconoce como posible participante en el proyecto de blanquear la especie.

Las hermanas Gamboa y sus invitadas al ingenio forman el reducido y casi clandestino público del relato genealógico que María de Regla revela. Entre las invitadas encontramos a Isabel Ilincheta, la heredera blanca de un cafetal, ama benévola dentro de un orden socioeconómico representado como *exemplo exempto* de las consecuencias de la mecanización. Isabel, la joven más indicada para casarse con Leonardo Gamboa, tiene que familiarizarse con las condiciones del ingenio como preámbulo a la unión emblemática de la benevolencia del sector cafetalero con la brutalidad del azucarero. Durante el viaje hacia La Tinaja, Isabel, la presencia femenina más blanca y sensible, se convierte en testigo de los acoplamientos del cuerpo negro al trapiche de la siguiente manera:

Por entre aquel estrépito infernal, se oía distintamente el crujir de los haces de caña que otros esclavos desnudos de medio cuerpo arriba, metían de una vez y sin descanso, en las masas cilíndricas de hierro [190a].

Una vez llegados al ingenio de los Gamboa, en medio de una conversación sobre captura de esclavos cimarrones, la posible relación entre la instalación de la maquinaria que incrementaría la producción y el obser-

---

could produce social growth, but a bastion of colonial custom where erotic protectionism nurtures desires in surplus of social needs".

[4] En adelante citado con número de página.

[5] Para un análisis de cómo los negros esclavos son los que controlan la información acerca del problema del mestizaje cubano, y de cómo el hecho de que los blancos y los mulatos no oyen sus voces es lo que lleva a la tragedia incestuosa, tanto como a la tragedia suicida del cimarrón recapturado, véase Sommer.

vable aumento en el número de fugas, suicidios y rebeliones sale a relucir en la siguiente intervención del cura:

> Es, sin embargo, coincidencia rara, que a un tiempo se hayan alzado tantos negros y de aquellas fincas precisamente que han cambiado de poco acá su sistema de moler caña. ¿Será que estas estúpidas criaturas se han figurado que se les aumenta el trabajo porque en vez de moler con bueyes o mulas, se muele con máquina de vapor? [200a].

Unas cuantas páginas más adelante, a través de la visión de las jóvenes visitantes, la narración lleva al lector al encuentro con el cuerpo herido y encadenado del recién capturado Pedro Briche, enmarcando lo visto dentro de una curiosa construcción subjuntiva:

> Si se hubiera pedido informe a las señoritas sobre lo que habían visto en la enfermería, habrían referido muy diferente historia de la relatada por el médico y Leonardo. Hubieran dicho que el Hércules africano tendido boca arriba en la dura tarima, con ambos pies en el cepo, con los hoyos cónicos de los dientes de los perros aún abiertos en sus carnes cenizas, con los vestidos hechos trizas, [...], Jesucristo de ébano en la cruz, como alguna de ellas observó, era espectáculo digno de conmiseración y de respeto [209-210].

El cimarrón capturado, con su carne abierta, penetrada por dientes de perro, con los pies en el cepo, boca arriba como contraeco del boca bajo en que el vergajo desgarra la piel, se presenta como cuerpo acoplado a la maquinaria de disciplina y castigo que se supone produzca el consentimiento para que el cuerpo alienado se acople a la maquinaria de producción. Es evidente que la estrategia melodramática abolicionista de Villaverde, convierte al cuerpo herido y encadenado del esclavo en material de representacion iconográfica. Pero, además, hay que destacar la carga sexual implícita en esa admiración simultánea de la monumental desnudez de un Hércules, con la divina y ripiada desnudez del crucificado. La mirada femenina blanca en su emplazamiento sentimental religioso con/padece, es decir, goza con pasión el estremecimiento de conmiseración y respeto frente al espectáculo del dolor del cuerpo negro.

Una vez que tenemos al cuerpo herido del esclavo elevado al rango de iconografía estremecedora, se intensifica, en la descripción del ritual de inauguración de la molienda a vapor, una explícita formalidad nupcial:

> Guiaba la procesión el cura de Quiebrahacha [...] Marchaban a su lado dos caballeros conduciendo cada uno un haz de cañas, atados con cintas de seda blanco y azul, que sujetaban por la punta cuatro señoritas. Llegados delante del trapiche, murmuró el cura una breve oración en latín, roció los cilindros con agua bendita, valiéndose para ello del hisopo de plata, los caballeros

colocaron en seguida las cañas en el tablero de alimentación y dio comienzo la primera molienda con máquina de vapor [...] [219].

Aquí se nos ofrece otra oportunidad para refundir las preguntas que nos interesan: ¿Qué tipo de nupcias —productivas y reproductivas— se llevan a cabo en este momento de crisis cubana? Esta novela finalmente parará en la boda de Isabel y Leonardo, nupcias entre el sector cafetalero y el azucarero. Esta boda de intereses blancos la rompe la vengativa justicia mulata de dos que no se pueden casar como ellos quieren. José Dolores Pimienta, decente, sastre, músico y pardo enamorado de Cecilia Valdés, mata al novio blanco al borde del altar, porque Cecilia le ha exhortado diciéndole: "¡Ese casamiento no debe efectuarse!" (219). Por lo que respecta a la ceremonia frente al flamante trapiche que hemos caracterizado como evidentemente nupcial, tenemos que destacar que se ejecuta por poder, tanto por poder del blanco, como por ausencia del novio negro de la máquina. Pero el novio ausente no está muy lejos puesto que lo encontramos encadenado, iconografiado y sexualizado en el cepo de la enfermería.

La noticia del suicidio de Pedro Briche llega inmediatamente después de que se acaba la ceremonia del trapiche, como para corroborar lo discutido por el cura anteriormente sobre la relación entre la instalación de la máquina y el incremento de rebeldía en los esclavos. Este acto por el cual el esclavo rebelde mata al negro novio de la máquina es descrito por el médico del ingenio con una terminología técnica, que más allá de lo pedante se destaca, por coincidencia, como juicio autorizado sobre las consecuencias desastrosas de la mezcla de esclavitud y mecanización: "He aquí lo que el vulgo llama tragarse la lengua y que nosotros llamamos asfixia por causa mecánica" (220a).

María de Regla, la enfermera de la dotación, una vez más cumple con su función de narradora al relatar los pormenores de la muerte de Pedro Briche (222). El toque de tambor que puede oírse en el batey abre en medio de la plantación cubana un intersticio africano por el cual el esclavo escapa de las consecuencias del acoplamiento de su cuerpo con la máquina recién instalada y sacramentada.[6] Por otra parte, la subversión africanizada de la iconografía cristiana brinda la siguiente refundición de la pasión: durante la navidad de 1830, un Jesucristo de ébano se impone su propia muerte, y borra la muerte social implícita en la alienación de su cuerpo.

---

[6] Para una importante crítica de ésta y otras "soluciones" abolicionistas al problema de la esclavitud por medio de una ejecución al pie de la letra del epigramático "libertad o muerte", o por medio de un regreso al África después de la emancipación –la alternativa liberiana– véase Sánchez-Eppler.

A pesar de estar en medio de la navidad, sólo la crucifixión aparece aludida. Lo único que guarda cierta relación con un relato navideño es la crónica en que María de Regla revela la genealogía de Cecilia Valdés, donde el blanqueamiento exponencial propuesto por los vectores ideológicos del mestizaje en Cuba, pronto podría corroborarse con otra generación, puesto que Cecilia Valdés, blanca, estaba a punto de concebir, con otro blanco, una niña sin nombre y de pigmentacion por lo menos inmaculada. Las dos narraciones de María de Regla vienen siendo las dos caras de una misma moneda, o de una misma medallita, con la pasión del cuerpo masculino del esclavo negro al dorso de la natividad del cuerpo blanqueado de la mulata: acuñados uno contra el otro, el Jesucristo de ébano y la virgencita de bronce.

¿Hasta qué punto se pueden fundir o confundir —más allá de la metáfora— el proyecto de acoplar cuerpos negros a la máquina para producir el azucar más blanca posible con el proyecto de acoplar la mulata al hombre blanco para la reproducción de una sociedad más y más blanca? ¿Hasta dónde llega la estrategia de representación que hace del ingenio un cuerpo con órganos y funciones digestivas y sexuales, y de la mulata una máquina? La metáfora por regla general funciona estableciendo lo similar en la diferencia, lo contiguo en lo distanciado, pero en el caso de los acoplamientos que he discutido tanto la diferencia como la distancia se desvanecen.

Recurro a otras representaciones caribeñas que también funden o confunden el mestizaje como maquinaria y la actividad mecánica o económica como sexo. Espero con esto, no sólo corroborar que el fenómeno no es peculiar a Villaverde, sino también proponer que la fusión o confusión de estas representaciones se basa en la utilidad retórica o discursiva de la elaboración de fantasías eróticas que sean al mismo tiempo fantasías de poder.

Antonio Benítez Rojo en su estudio de la postmodernidad en el Caribe, en una sección intitulada "De la máquina de Colón a la máquina azucarera" elabora una fabulosa macro-objetificación de mares como cuerpo:

Seamos realistas: el Atlántico es hoy el Atlántico (con todos sus puertos) porque alguna vez fue producto de la cópula de Europa —ese insaciable toro solar— con las costas del Caribe; el Atlántico es hoy Atlántico —el ombligo del capitalismo— porque Europa, en su laboratorio mercantilista, concibió el proyecto de inseminar la matriz caribeña con la sangre de África [Benítez Rojo: VI].

Por su parte, Luis Palés Matos nos ofrece la correspondiente micro-objetificación o de la mulata o del trapiche:

Culipandeando la Reina avanza
y de su inmensa grupa resbalan
meneos cachondos que el gongo cuaja

en ríos de azúcar y de melaza.
Prieto trapiche de sensual zafra,
el caderamen, masa con masa,
exprime ritmos, suda que sangra,
y la molienda culmina en danza.

El "caderamen", muchísimo más que simplemente "caderas", incluso antes de equipararse al trapiche, es todo un compendio corporal elevado a la condición de maquinaria para la satisfacción del deseo. El esfuerzo y la explícita violencia, tanto sexual como laboral, se expresa al ir más allá del idiomático "suda que suda" o "sangra que sangra", para llegar a la fusión o confusión del "suda que sangra" que el sujeto de enunciación disfruta como molienda que culmina en esa danza que bien puede ser *surplus* de coito, o Danza de los Millones.

Todo esto es atropellante, y ya va siendo hora de preguntarse quién pone en escena su deseo con estas y otras fantasías que funden y confunden los acoplamientos de cuerpos a cuerpos y de cuerpos a máquina. En primer lugar, hombres como los Gamboa en su siglo XIX cubano no estaban solamente fantaseando. Satisfacían su exceso de deseo con su exceso de privilegio en la explotación simultánea del trabajo del esclavo y el sexo de la mujer. Cirilo Villaverde, por su parte, elabora las fantasías de enajenación del cuerpo del esclavo, y las del abuso sexual y social de la mulata, para integrar a las estrategias de representación del discurso abolicionista la evidente monstruosidad atribuida a estos acoplamientos. Palés Matos y Benítez Rojo también ponen fantasías en escena, cada cual esperando que les rindan determinada utilidad discursiva. Y yo hago otro tanto.

Por el momento concluyo sugiriendo que para seguir limando o socavando los residuos del sexismo y el racismo, puede ser muy útil intensificar el análisis de la representación del deseo en fantasías eróticas o fantasías de poder con el propósito de esclarecer cualquier tipo de abyección o monstrousidad que se vislumbre como deseable, y que resulte tajantemente inaceptable. En última instancia, tal análisis quizás resulte la tarea más fructífera en todo intento de sobrepasar, o por lo menos de no olvidarnos, de lo que siempre nos quedará de la complicidad con el racismo, el sexismo, y la opresion política y económica.

BIBLIOGRAFÍA

Arango y Parreño, Francisco, *Obras,* vol. 2, citado por Cepero Bonilla.
Benítez Rojo, Antonio, *La isla que se repite: el Caribe y la perspectiva posmoderna,* Hanover, Ediciones del Norte, 1989.

Cepero Bonilla, Raúl, *Azúcar y abolición*, Barcelona, Grijalbo, 1976.

Martínez-Alier, Verena, *Marriage, Class, and Colour in Nineteenth Century Cuba*, Cambridge, Cambridge University Press, 1974.

Paquette, Robert L., *Sugar is Made with Blood: The Conspiracy of La Escalera and the Conflict of Empires over Slavery in Cuba*, Middletown, Wesleyan University Press, 1988.

Patterson, Orlando, *Slavery and Social Death*, Cambridge, Harvard University Press, 1982.

Sánchez-Eppler, Karen, "Bodily Bonds: The Intersecting Rhetorics of Feminism and Abolition", *Representations*, 24, otoño de 1988.

Sommer, Doris, ponencia en la Universidad de Massachusets, Amherst, abril de 1990. Será incluida en *National Romance, Foundational Fiction*, Berkeley, Los Ángeles, University of California Press, en prensa.

Villaverde, Cirilo, *Cecilia Valdés*, México, Porrúa, 1972.

LA "AUTENTICIDAD" DE LA NOVELA INDIANISTA.
(*CUMANDÁ*)

Maya Schärer-Nussberger
Universidad de Zurich

Para la crítica de nuestro tiempo, la novela indianista no designa un punto de partida de la novela hispanoamericana, más bien habría que llamarla un "error original". Así, lo que se le reprocha, por ejemplo, a *Cumandá* (1871) de Juan León Mera —una de las novelas indianistas más famosas— es, antes que nada, su falta de autenticidad, el hecho de ser una mera imitación de modelos literarios europeos.[1] Es, tal vez, Arturo Uslar Pietri el que ha denunciado con más violencia la "falsedad" de *Cumandá* despuntando en sus palabras igualmente la crítica del modelo seguido, a saber de *Atala* de Chateaubriand y de su visión idílica del Nuevo Mundo.[2]

En *Godos, insurgentes y visionarios*, Uslar Pietri hablará de una "falsificación" del "carácter [...] del indio americano" en la novela indianista, anotando además que:

[1] Para Anderson Imbert *Cumandá* es una novela "falsa desde la primera línea", en la que no hay: "un solo personaje que conmueva, un solo episodio que convenza, un solo diálogo que recuerde el habla viva de la gente. Todo es absurdo, y a veces ridículo. La actitud europeísta en literatura, españolizante en política y católica en metafísica que Mera tenía ante los indios de su propio país falsificó también eso que, no sabemos por qué, se ha llamado indianismo de *Cumandá*"(260). Para Anderson Imbert, Juan León Mera "se disfrazó de indio"(261), y lo único que justifica tal vez el calificativo de "indianista" es la referencia a la "protesta de los indios por la justicia y el abuso de que son objeto"(p. 260). Véanse los juicios negativos de Jean Franco. Para ella, *Cumandá* no es sino una "torpe imitación de René"(110). Véase también a Arturo Uslar Pietri: "No hay verdad en los sentimientos ni en las acciones. La naturaleza misma, que Mera debía conocer bien, es dulzona y convencional. No es la terrible selva oriental del Ecuador, es más bien el gran jardín paradisíaco que Chateaubriand pretendía haber visto en el Nuevo Mundo" (64). Señalemos, sin embargo, también el éxito que, según Concha Meléndez, la novela había tenido en España. Meléndez cita a escritores como Pereda, Valera y Alcalá Galiano, que coincidían en sus elogios, mientras que Alarcón declaraba: "Los indios se palpan. Su obra es una fotografía de maravillosos cuadros, y quedará, como todo lo *après nature*, como un Humboldt artístico".

[2] Uslar Pietri parece reanudar con la polémica que se había encendido en torno a la "veracidad" de los viajes de Chateaubriand, a la autenticidad o inautenticidad de sus supuestos "recuerdos" del Nuevo Mundo. Con respecto al problema de las "mentiras" de Chateaubriand, véase Pierre Reboul: "L'exotisme chronologique ou etnologique se fait mensonge, mais ce mensonge constitue la vraie vérite des sociétés, des individus que rebute leur achevement et que une exaltante illusion d'enfance"(17).

fue tanto el prestigio del romanticismo literario que en toda Hispanoamérica se escribieron imitaciones, más o menos veladas, de *Atala* hasta la segunda mitad del siglo XIX [128].[3]

Refiriéndose de manera explícita a *Cumandá*, el crítico venezolano manifestará su sorpresa declarando: "Todavía en 1879 Juan León Mera, escritor ecuatoriano, que vivía en una región de alta densidad de población indígena, *deja de ver* los indios ecuatorianos con sus propios ojos, *olvida* la experiencia existencial de toda su vida y proyecta sobre el vacío la visión falsa de Chateaubriand" (40).

En su *Historia de la literatura hispanoamericana*, Miguel Rojas Mix expresará un extrañamiento similar, notando, a propósito de una pintura de Monvoisin,[4] que: "Ni un sólo rasgo físico delata que se trata de los araucanos. Todo ha sido occidentalizado: las vestimentas parecen de opereta. Lo nativo se ha hecho exotismo." Y el crítico concluye: "¡Y pensar que el artista viajó especialmente a las tierras mapuches para documentarse!" (II, 71).

Aquí también topamos con la idea de *falsificación* y *deformación*, con la idea de *disfraz*, a la que se añade el extrañamiento ante el hecho de que: "Más que el conocimiento directo y el contacto secular con las culturas indígenas y sus representantes, pudo la imagen falsa que crearon escritores del Viejo Mundo" (3) (28). Y es cierto, ¿cómo explicar que escritores y artistas que vivían en América hubiesen adoptado servilmente una visión del indio impuesta por Europa cuando esa visión era puesta en entredicho por lo que ellos mismos estaban viendo? Es decir, no deja de sorprender que la incapacidad de *ver* América tal como era "realmente" hubiese afectado no sólo a los europeos sino a los mismos americanos. De ahí que fuera posible resumir la novela o el cuadro indianista como una *imitación* de una *falsificación*. Tributaria de Chateaubriand, de Bernardin de Saint-Pierre o —si pensamos en *Cumandá*— de James Fenimore Cooper, la novela indianista era, en conjunto, como la define Uslar Pietri por fin, un "género fundamentalmente falso" (Breve: 64). Un género que no se explica además si no se presupone —de parte del escritor— una ceguera ante la realidad y, al mismo tiempo, un respeto exagerado a la "autoridad" del modelo europeo.

Al buscar el punto de partida de la falta de autenticidad, topamos, pues, en primer lugar con la denuncia del imperialismo cultural europeo, del

---

[3] También: "El romanticismo inundó a América de imitaciones. El caso más patente es el de la *Atala* de Chateaubriand. El lagrimoso y dulzarrón idilio fue publicado en París en 1801. Basado en datos de segunda mano el autor francés pinta un paisaje falso, con unos protagonistas no menos falsos, una pareja de indios americanos, que se enamoran y sufren dentro de la más refinada convención sentimental del romanticismo"(39).

[4] Miguel Rojas Mix habla de la tela de Monvoisin titulada: "Caupolicán cautivo atado a una litera y Fresia arrojándole su hijo".

punto de vista europeo. Una vez más volvemos a una variante del argumento de que América fue una *invención* de Europa, un lugar de proyección utópica, un sueño soñado por los europeos. Pero, como lo revela en este caso la novela indianista, América no fue sólo *inventada* por Europa sino también *negada* por ella, en la medida en que la realidad americana no fue reconocida como tal.

Huelga decir que la incapacidad de *ver* esa realidad no concierne sólo a la visión del *indio*,[5] sino también a la apreciación del *arte* precolombino e, incluso, colonial. Así, los monumentos del Nuevo Mundo no importaban tanto a los europeos como "objetos de arte" sino como *documentos históricos*.[6] Ahora bien, en lo que se refiere a ese "desconocimiento" de la estética del Nuevo Mundo no debemos olvidar el papel desempeñado por el canon de belleza grecorromana. Debemos recordar, por ejemplo, que aun en el romanticismo, es decir en una época que se jactaba precisamente de haber echado por la borda las normas clasicistas, el "ideal griego" estaba presente, aunque en cierto modo de manera subversiva:[7] a saber, como "patria imposible" y anhelada desde el exilio moderno. Y si Grecia fue —según es sabido— el paraíso perdido de Keats y Hölderlin en el siglo XIX, lo fue aún en el XX para Valéry y Cernuda, por ejemplo.

[5] En *Godos, insurgentes y visionarios*, Uslar Pietri recuerda que ya en Lope de Vega "lo americano" carecía de autenticidad, mientras que la imagen de América —tal como la impondrá más tarde Francia– será aún más superficial. Ni Voltaire ni Marmotel se acercaron verdaderamente a la realidad americana "tan falsa era esta imagen como la de aquellos ilustradores y dibujantes del XVII que imaginaron unos indios revestidos del teatral aspecto de los héroes griegos" (126).

[6] Véase A. von Humboldt: "No es el bello ideal, ni el sentimiento de perfección de las formas, lo que se busca en los monumentos de los pueblos del Nuevo Mundo". También: "Monumentos de pueblos que están separados de nosotros por largos siglos, pueden cautivar nuestro interés de una doble manera... Sin embargo, los monumentos de pueblos que no han alcanzado un alto grado de cultura intelectual, ya sea por causas políticas o religiosas, eran poco receptivos para las bellezas de las formas, y sólo merecen atención como monumentos históricos (*Pittoreske Ansichten*)." Ambas reflexiones son citadas por Miguel Rojas Mix (58-59). Véase igualmente la evocación de México en *Voyages dans l'Amérique equinoxiale*, París, Maspero, 1980. A. Uslar Pietri en *Godos, insurgentes y visionarios* comenta: "los grandes monumentos indígenas se vieron con asombro por sus dimensiones pero casi no aparece en las descripciones de Tenochtitlán o del Cuzco alguna apreciación de su belleza. De la arquitectura colonial [...] se celebra la grandeza de la catedral de México y de otros monumentos, pero casi nunca hay referencia alguna a su originalidad estilística. [...] Esos maravillosos templos que produce el mestizaje cultural y que son algunas de las más delicadas creaciones del arte universal, no merecen ninguna consideración seria"(127).

[7] No deja de tener interés que ni la valoración romántica de lo feo, de lo que Víctor Hugo llamó *le grotesque* (417), ni el descubrimiento de la Edad Media o el culto a lo ambiguo y nebuloso logró acabar con la armonía griega. Así, el ideal griego seguirá vigente aunque sea sólo como nostalgia y, además, como más allá de esa "grieta" que fue la ironía. Véase la presencia de la muerte en *Et in Arcadia ego*.

Con todo esto, queremos decir que consciente o inconscientemente el europeo seguía juzgando sus propias creaciones como las de otras culturas con ojos teñidos por la luz de Grecia. Teniendo en cuenta ahora esa "duración" de la visión grecorromana, no es difícil entender las dificultades que el europeo pudo haber tenido al verse confrontado con una estética radicalmente distinta. Más aún, ¿cómo no reconocer aquí la posibilidad de un "puente" que pudiera enlazar la utopía del pasado (a saber: la "patria ideal *perdida*") con aquella otra utopía que iba asomando en el Nuevo Mundo y que sería la del "paraíso *futuro*"? Tal vez no fuera equivocado hablar de una "secreta contaminación" entre esas "dos Arcadias": la Arcadia original desaparecida y la Tierra Virgen surgida más allá de los mares.

Pero —ya lo sabemos— la antigüedad helénica no fue sólo un ideal, fue también fuente de innumerables *clichés* artísticos y literarios; *clichés* con que topamos igualmente en nuestra novela en donde la heroína queda evocada, por ejemplo, como una "ninfa silvestre perdida [...] en el laberinto de la selva" (León Mera: 44).[8] Ya no estamos aquí, por supuesto, en la "selva ecuatoriana" sino en algún parque versallesco de corte helenístico. A la misma "cristalería" verbal pertenecerán otras imágenes como por ejemplo, la comparación de una palmera reflejándose en el agua con Narciso[9] o la equiparación del drama del padre Domingo con la tragedia del romano Marco Curcio.[10]

Ahora bien, por disparatadas que fueran tales comparaciones, no es difícil intuir su razón de ser. Con ellas se trataba de realzar la belleza de la heroína como la importancia de un suceso que, gracias a las referencias a la antigüedad grecorromana, adquiría la calidad de un drama ejemplar. En este sentido, lo que ese esfuerzo de "idealización" revela no es sólo una tendencia al "escapismo" sino la "necesidad literaria" de *incorporar* la "realidad" (en este caso: la realidad ecuatoriana) en un contexto *cultural*

---

[8] "Cruzando ligera, como iba, por entre los árboles, que goteaban rocío a la indecisa luz del alba suavemente derramada por entre las bóvedas y pabellones de ramas y hojas, se habría mostrado a los antiguos griegos como una ninfa silvestre perdida durante la noche en el laberinto de la selva"(144). En adelante citaré la obra con número de página.

[9] "Por encima del marco ha doblado la cabeza sobre el cristal de la preciosa fuente una palmera de pocos años que, cual si fuese el Narciso de la vegetación, parece encantada de contemplar en él su belleza"(166).

[10] "Fluctúa entre dos abismos, y es preciso resolver a hundirse en uno de ellos. ¡Oh si pudiese cerrarlos o salvarlos a costa de su vida! [...] Pero a veces para nada vale este holocausto: las hondas simas no desaparecen ni aunque se eche en ellas lo más precioso de la tierra; los Curcios perecen y los abismos quedan"(192). Aquí Juan León Mera se refiere a un episodio narrado por Titus Livius y en el cual el joven Marcus Curtius se tiró al abismo que se había abierto en el foro romano después de un terremoto. Se cuenta que la grieta se tragó al caballero y su caballo antes de cerrarse de nuevo. "El abismo de Curtius" sirvió evidentemente de metáfora para "figurar" actos heroicos y patrióticos.

universalmente reconocido. "Fuera" de tal contexto esa realidad hubiera quedado, digamos, a la intemperie; hubiera sido condenada al no ser de lo que nadie conoce y, más aún, de lo que no le interesa a nadie por estar suspendido en el vacío. Dicho de otro modo, vislumbramos aquí un esfuerzo por trasladar una realidad literariamente *informe* y *nula* al plano de una realidad conocida y tradicionalmente aceptada. Podríamos decir, pues, que lo desconocido sólo llega a ser *conocido* después de haber sido *re*-conocido.

Además, no debemos olvidar que toda comparación es reversible. Y si, en el texto de León Mera, *Cumandá* es comparada con una ninfa griega, esto no sólo significa que la heroína pierde "realidad" al desdibujarse en un pasado remoto, esto significa igualmente que ese pasado es capaz de reencarnarse en las tierras del Nuevo Mundo. La imitación en sí no es algo "inocente"; toda imitación implica el deseo —más o menos consciente— de asimilarse al modelo imitado. Toda imitación implica un deseo de "identificación" que tiende finalmente a la transformación del "modelo imitado" y a su disolución en la *copia* que sustituye ahora triunfalmente al original.

Así, lo que "molesta", en realidad, en una novela como *Cumandá*, no es, en definitiva, tanto la "imitación" del modelo ajeno como la *imperfección* de esa imitación que no llega a la transfiguración anhelada, de modo que —en vez de desaparecer como debieran— las *diferencias* que separan el modelo de la copia siguen visibles, acentuándose, incluso, más los desajustes y las disonancias.[11] Así, lo que llamo "la imitación imperfecta", la *copia* no consigue asimilarse al modelo y, al recaer en sí misma, nos lleva a lo que suele llamarse *kitsch* –un *kitsch* que, indudablemente, asoma en la novela *Cumandá*.

Pero quiero volver ahora al punto de partida de mi lectura de *Cumandá*, y que es el rechazo de la novela por la crítica moderna y, más particularmente el "extrañamiento" de los críticos ante el hecho de que fuera posible *vivir* en América y seguir viendo la realidad con los ojos del europeo. Ahora bien, esa sorpresa me interesa sobre todo en la medida en que presupone la "creencia" en una *posibilidad de ver* la realidad de manera *in-mediata*. Posibilidad en la que personalmente no creo y que está puesta en duda precisamente por la novela indianista. Lo que *Cumandá* nos revela, de hecho, es que *no* existe tal cosa como una "mirada ingenua" o directa. Lo que nos revela es que *no* vemos lo que vemos; sólo alcanzamos a percibir lo que nuestra *mente* nos *deja* ver; no alcanzamos a ver sino lo que ha sido traducido ya en términos culturales admitidos. No vemos las cosas en sí; las

---

[11] Recordemos que esas disonancias y desajustes pueden o podrían convertirse a su vez en recursos estilísticos ya que son, en sí, el signo mismo de la ironía. Basta pensar aquí en Valle-Inclán, para quien la distancia de la que hablo hizo posibles esos "juegos" que llevarán al "esperpento".

vemos, más bien, como si estuviéramos dentro de ellos o a través de un espejo. Y lo que queda *fuera* del ámbito de aquel espejo podrá fascinar o inquietar oscuramente, pero será fundamentalmente *indecible*; será algo que —por estar fuera de nuestras categorías mentales— carece todavía de lenguaje o de forma. ¿En qué consistiría ahora la tarea del artista? Consistiría en "atraer" la realidad *no* nombrada aún hacia el espacio del espejo existente, consistiría en hacerla *visible* y/o *verbalmente traducible*.

Todos sabemos que no es fácil *decir* lo que *vemos*; no es fácil traducir lo visto en términos lingüísticos. Lo que no solemos admitir es que tampoco es fácil *ver*. "Apprendre à voir,"[12] tal ha sido, por ejemplo, uno de los *leitmotiv* de las exploraciones surrealistas. Y ese aprendizaje es singularmente difícil; equivale, en realidad, a una conquista. La conquista de lo que podríamos llamar la *visibilidad de lo real*.[13] Una visibilidad que permitiría luego hacer de lo *visible* algo *decible*. Pero debo corregir ya lo que estoy diciendo, puesto que estamos aquí ante un movimiento *simultáneo* en el que "volver visible" *es* ya, en alguna medida, *volver decible*.

Ahora bien, en esa conquista de la "visibilidad" de lo real, en esa tarea que consiste en arrancar lo real a la noche de lo que está sin nombre, la novela indianista me parece ser una *etapa* significativa, puesto que sus *mismos* defectos, lo que llamamos su "artificialidad", su "inautenticidad", nos vuelven conscientes de la *dificultad* que pudo haber significado ese "aprender *a ver*", a *decir* la realidad.

¿En qué consiste finalmente la "enseñanza" o el papel de la novela indianista? Consiste, entre otras cosas, en revelarnos que, para *ser* vistas, las cosas tienen que entrar primero en el ámbito de lo que llamo un *espejo*, que nos hará posible su percepción, que las convertirá en visibles y decibles, a saber: *transparentes*. Ese espejo es, por supuesto, el de la conciencia, pero es también el de la *cultura* en la cual esa conciencia nace a sí misma. Y el hecho de que en el caso de la novela *Cumandá* el "espejo" (escogido por el autor) haya sido *ajeno*, nos permite apreciar aún mejor el "camino" que separa, de hecho, la *realidad* de su *percepción*.

Al mismo tiempo, esta novela tan criticada nos llama la atención –lo mismo que el "cuadro indianista"– hacia *otra* "verdad": la importancia del papel desempeñado por el arte (por la literatura y la pintura), en la conquista de la *realidad*, en la toma de conciencia de esa realidad. Así, cabría recordar, por ejemplo, que lo que llamamos *paisaje* no ha existido realmente *antes* de los cuadros que lo hicieron visible. Y, cuando Alejo Carpentier[14]

---

[12] Véase la invitación de André Breton a "dormir con los ojos abiertos".
[13] Véase Junod, particularmente el capítulo IV, "Apparence et visibilité".
[14] Alejo Carpentier, *Tientos y diferencias*, Buenos Aires, Calicanto.

declaró que la naturaleza americana *no* era o *no podía* ser "pintoresca" (25), porque —al contrario de la naturaleza europea— no "cabía en el marco de un cuadro" (25) el escritor cubano olvidaba que *nada* es *de por sí* pintoresco, pero que *todo* "puede convertirse" en algo pintoresco. No olvidemos a ese respecto, por ejemplo, que los *Alpes* habían sido ellos también, alguna vez algo "desmesurado" e "incomprensible". Unos siglos atrás, esas montañas no eran "pintorescas". Lo mismo que los Andes eran una "mancha negra" en los mapas, eran un "lugar" esencialmente vedado y temible; eran, en cierto modo, "invisibles e indecibles". Y se necesitaron siglos para hacer de ellos lo que son hoy día: algo de lo cual es posible gozar estéticamente. Lo curioso es que también aquí la "domesticación" o "humanización" de un espacio temible ocurrió progresivamente y por el camino de la literatura y la pintura. Más aún, merece la pena notar que para los primeros poetas que cantaron a los Alpes también sirvió de modelo la Arcadia grecorromana.[15]

Para terminar quisiera recordar que la imitación y la falta de autenticidad acecha, en realidad, en todo lo que hacemos. Y me atrevo a declarar incluso que la novela actual está amenazada por ellas; porque ésta también se encuentra presa de esos "espejos" dentro de los cuales, a través de los cuales, vemos el mundo. Así, no es difícil imaginar que, en un tiempo futuro, la novela de nuestro siglo ya no se presente sino, a su vez, como un reflejo imperfecto, parcial, de la realidad americana. Es muy posible, incluso, que un lector futuro le reproche al novelista de nuestro siglo el haber seguido un "modelo" o un "cliché" en vez de "dar cuerpo a la sola realidad vivida". Y si no le reprocha ya haber adoptado la mirada europea, tal vez le reproche haber obedecido a esas convenciones que surgen inevitablemente delimitando el "campo visual", el ámbito de "lo visible". Convenciones que designan el "marco", pues, el borde de aquella pantalla sobre la cual proyectamos nuestra visión de la realidad, de una realidad que nunca aparece *como tal*, sino siempre como "visión", a saber como realidad ya interpretada, como "sombra" y "reflejo". Tal es, me parece, una de las "lecciones" que puede proporcionarnos el encuentro con la novela indianista, cuyos *defectos* resultan ser, de hecho, "cualidades" —en la medida en que nos obligan a formular *nuevas preguntas* acerca de la visibilidad o "decibilidad" de lo real, acerca, en un sentido más lato de la *autenticidad del decir*.

---

[15] Cf. el poema de Albrecht von Haller que lleva el título *Die Alpen* (1729). Si la idea de una "razón guiada por la naturaleza" es tributaria en ese poema del racionalismo y del Siglo de las Luces, la visión idílica de la vida en la montaña evocada allí (visión en la que despunta ya el conflicto rousseauniano entre naturaleza y civilización) enlaza también con la poesía bucólica de la antigüedad grecorromana.

El poema de Haller despertó la admiración de sus contemporáneos porque era la primera vez que la montaña no infundía ya terror, la primera vez que se veía en ella algo sublime y hermoso, algo digno de admiración. Por primera vez la montaña se había convertido en un "objeto estético" (cf. Walter Clauss, *Deutsche Literatur*, Zürich, 1962, p. 103).

PROFETAS DE UN PASADO QUE NUNCA OCURRIÓ: ANTONIO MEDIZ BOLIO Y ERMILO ABREU GÓMEZ

Sibylle M. Fischer
Columbia University

> Venid conmigo, hermanos de mi sangre. Vamos a preguntar y saber. Vamos a buscar nuestro camino perdido de más atrás.
>
> A. Mediz Bolio

El narrador de *La tierra del faisán y del venado* exhorta a su público, supuestamente yucateco, a participar en su proyecto de rescatar un pasado indígena que se ha olvidado o que ya no se entiende. Lo que dificulta el acceso a la historia indígena, prehispánica o no, es el hecho de que son los textos coloniales los que nos han transmitido lo que sabemos sobre estas culturas. De estos textos surge *una* historia que abraza violentamente la historia de la Colonia española y la historia indígena. En los discursos posindependentistas; sin embargo, esta unidad se rompe: la historia del México colonial se reprime rígidamente, y la historia indígena, aislada de su contraparte, se presta a glorificaciones o envilecimiento, según las necesidades del día.

Éste es el contexto en el que quiero analizar dos textos, *La tierra del faisán y del venado* del autor mexicano Antonio Mediz Bolio y *Las leyendas del Popol Vuh*, de su compatriota Ermilo Abreu Gómez.[1] Ambos textos se escribieron a partir de documentos coloniales; ambos borran la Colonia. Voy a desentrañar algunos de los hilos discursivos que contribuyeron a la construcción del pasado —y futuro— en esos escritos; voy a trazar los momentos de represión, omisión y los puntos de enlace con otros discursos emparentados y que condicionaron la producción de estas obras.

---

[1] El título vacila: la primera edición de 1951 es titulada *Las leyendas del Popol Vuh*, contadas por Ermilo Abreu Gómez; ediciones posteriores *Popol Vuh. Antiguas leyendas del Quiché*, versión y prólogo de Ermilo Abreu Gómez. Aunque yo voy a citar esta última edición, voy a usar el título original del libro para evitar confundir la versión de Abreu Gómez con el *Popol Vuh* original quiché.

Cuando Antonio Mediz Bolio escribe *La tierra del faisán y del venado* en 1922, el nacionalismo mexicano está en pleno auge: José Vasconcelos es secretario de Educación y promueve su proyecto de enseñanza popular para dar fundamento a la nación mexicana, patria de la "raza cósmica".[2] En 1951, el año en que Ermilo Abreu Gómez publica su versión del *Popol Vuh*, la situación ha cambiado radicalmente. Aunque las frases se parezcan y los temas sean recurrentes, los años cincuenta ya no son los años posrevolucionarios. Sin embargo, podría parecer que *La tierra del faisán y del venado* y *Las leyendas del Popol Vuh* son productos del mismo espíritu. Así como Abreu Gómez fundamenta su texto en el *Popol Vuh* de los indios quichés, Mediz Bolio lo basa en una variedad de textos que van desde los libros mayas del *Chilam Balam* hasta las crónicas yucatecas de Lizana y de Cogolludo. Los dos autores comparten el mismo gesto educativo y popularizador: tratan de difundir el conocimiento sobre el pasado indígena, sacando textos generalmente reclamados por la historiografía o etnografía de su gueto académico e integrándolos en un contexto literario popular. En el caso de Mediz Bolio, tenemos una prueba de éxito: hoy en día, los textos de *La tierra del faisán y del venado* se emplean en el "espectáculo de luz y sonido", en Uxmal.[3] Abreu Gómez, en cambio, ha tenido menos éxito con su versión del *Popol Vuh*. Aunque se siga imprimiendo en ediciones ilustradas, la traducción más popular es probablemente la de Adrián Recinos, de 1947.

También en términos literarios, los dos textos se parecen: son textos híbridos (ni novela, ni cuento, ni traducción) lo que los ubica al margen del canon de la literatura mexicana, y no permite su inserción en los movimientos literarios dominantes, sino dentro de un *continuum* folclórico-literario de características inestables y verdades inciertas. En el aire mitológico de un pasado lejano, "perdido de más atrás" resuena el discurso educativo de las épocas respectivas, junto a los discursos histórico-nacionalista e indigenista.

Por su proyecto de rescate del pasado, no deja de sorprender que *La tierra del faisán y del venado* presente una historia legendaria de los indígenas de Yucatán, limpia de la experiencia de la Conquista y de la Colonia, aunque el mismo libro pretende dar una explicación de la situación actual del yucateco. El narrador parte de un "nosotros" los yucatecos, los "hermanos de mi sangre": "Digamos ahora, cantando, las cosas grandes que fueron. Escucha, hijo del Mayab, y escucha tú también, extranjero, si quieres saber" (Mediz Bolio: 35).

Se reafirma, así, una identidad étnica que en el discurso dominante a principios de los años veinte se asimiló con ansiedad a "lo mexicano". La insistencia en diferencias y particularidades étnicas no formó parte de la

---

[2] Véase Joaquín Blanco.
[3] Se trata de la edición de 1983.

agenda oficial, cuyo objetivo era dar fundamento al México mestizo.[4] El narrador, sin embargo, no se conforma con establecer la identidad yucateca y separarla del "extranjero", sino que asume el papel de quien sabe y puede dar órdenes: "¡Hija del Mayab, no abras los ojos, ni te muevas, ni te acuerdes de nada, porque todo pasó!" (*ibid.*: 120).

De esta forma, el narrador ya no es parte de un "nosotros" sino que se transforma en un individuo privilegiado, con un saber especial y misterioso. Deja de representar la tradición oral común, tantas veces evocada en las narraciones, para ser el sabio que puede devolverles a los yucatecos su propia historia olvidada o mal entendida. Si la retórica de "hermanos de mi sangre" se puede leer como afirmación étnica que contradice al discurso dominante, el saber privilegiado emula este mismo discurso; el narrador se presenta entonces como una versión de los "misioneros" educadores de Vasconcelos, que salieron de las ciudades para convertir al pueblo ignorante en ciudadanos. En las palabras de Mediz Bolio este proyecto suena así: "En el día de hoy reedifíquese el día de ayer, y levántese el Mayab nuevo y feliz sobre la ceniza caliente del tiempo antiguo..." (*ibid.*: 133).

El saber histórico es un saber (re)edificante. Pero el narrador de *La tierra del faisán y del venado* es un misionero proclive a la subversión. Por un lado, quiere remediar la triste ignorancia del indio olvidadizo, por otro, proyecta una raza pura cuyas tradiciones no tienen nada que ver con el conocimiento del buen ciudadano: "El indio lee con sus ojos tristes lo que escriben las estrellas que pasan volando, lo que está escondido en el agua..." (*ibid.*: 21).

Ahora bien, ¿en qué consiste este saber edificante que supera la melancolía y el abandono? Veamos una de las muchas leyendas del libro, la de la ciudad Itzmal y su fundador legendario Zamná:

> Tomaron su cuerpo y lo enterraron en tres partes de la ciudad, y en cada una levantaron un templo. [...] El primer templo que era donde veneraban el pensamiento del señor Zamná y que estaba edificado sobre su cabeza, se llamó Ppapholchac [...] El otro templo alzado sobre la mano derecha, se nombró "Kabul", que es la Casa de la Mano Milagrosa. [...] "Ahí iban a buscar salud los enfermos y la mano de su Padre se ponía encima de sus cabezas y los dejaba sanos..." [*ibid.*: 36]

---

[4] En *El desastre* (1938), Vasconcelos rechaza el discurso de identidad étnica razonando así: "...la etnografía positiva exagera las diferencias de razas y hace del salvaje un ser aparte, una especie de eslabón entre el mono y el hombre. Los educadores españoles desde antes de que apareciera la etnología, por intuición genial y también por experiencia, habían abandonado después de ensayarlo, el sistema de aplicar a los indios métodos especiales y ubicación escolar separada" (pp. 167-168).

Este fragmento es una transcripción casi literal de un relato contenido en la *Historia de Yucatán* de Lizana con una diferencia: cuando menciona el templo de Ppapholchac, Lizana añade: "que es en que oy esta fundado el Convento de mi Padre san Francisco" (Lizana: 5). Es decir, Lizana no vacila al establecer la relación entre los edificios del pasado y su presente. Mediz Bolio, en cambio, evita localizar el templo históricamente y traduce así: "Poderosa es [*i.e.* la ciudad de Itzmal; SF] [...] aunque las piedras de los grandes templos se hayan derrumbado y todo haya cambiado por afuera" (Mediz Bolio: 37).

La imagen que surge de esta leyenda (y del libro entero) es la de una decadencia lenta, inexplicable, que sin embargo no llegó a destruir la esencia eterna de la cultura. Aquí trasluce ya, lo que es uno de los rasgos más sorprendentes de *La tierra del faisán y del venado*: la historia del derrumbe de las culturas de la península es resultado de la historia autóctona. La ciudad de Chichén Itzá se abandonó porque dos reyes se pelearon por una mujer; la ciudad de Uxmal fue destrozada porque se veneró como dios a un rey mortal, etc. Lo que queda son las ruinas y una esencia cultural invisible para los ojos de la chusma.

Otro ejemplo de esta homogenización del pasado es el uso de los *Libros de Chilam Balam*, libros escritos en yucateco en muchas comunidades indígenas a partir del siglo XVI. Mediz Bolio se inspira en los nombres que fueron dados a los manuscritos según el municipio donde se habían descubierto (el Libro de Mani, el Libro de Tizimin, el libro de Chumayel, etc.) y llama los capítulos de su obra "libros", añadiendo el nombre de sitios arqueológicos; así tenemos el Libro de Itzmal, el Libro de Uxmal, etc. En estos títulos el enigma de las ciudades abandonadas de la era clásica (por ejemplo, Uxmal) se asimila al hecho bien sábido y explicable de las ciudades destruidas durante la Conquista y la Colonia.

La influencia más obvia de estos libros, sin embargo, se nota en la voz profética del narrador de *La tierra del faisán y del venado*: voz que predice un futuro en el que los reyes yucatecos restablecerán su reino, hecho imaginable sólo dentro de una historia de creación y destrucción que no se presta a la violación y colonización. El espacio en el que aquella voz profética —aparentemente intertextual— tiene credibilidad, se abre precisamente donde se ha eliminado la Conquista y la Colonia.

Cabe entonces preguntar ¿cómo se relaciona esta reinvención del pasado con el discurso del narrador entendido como discurso político? La identidad étnica se establece a través de una purificación de los documentos coloniales por un lado, y por otro, la purificación de la cultura autóctona: "Por eso, extranjero, cuando estés en el Mayab, presta atención a los ancianos y a los niños. Éstos son los que están fuera de la contaminación" (*ibid.*: 24).

La reivindicación de la cultura yucateca ya no es cuestión política, sino mística; el problema histórico-político de la colonización se convierte en problema puramente cultural. Entra en la escena el misionero para limpiar los pueblos y los textos de las contaminaciones. El activismo de la época deja su huella con un mensaje complaciente: hay que esperar. Solamente cuando el pueblo yucateco —con la ayuda del misionero narrador— se haya liberado de los contagios modernos, estará preparado para la redención: "Y no lloraremos más cuando hayamos aprendido" (*ibid.*: 129). De esta forma, el lector se ubica frente a otro elemento favorito de la retórica del discurso vasconceliano, para quien el saber era la redención. En 1920, la visión oficial de la educación era la siguiente: "Salvar a los niños, educar a los jóvenes, redimir a los indios, ilustrar a todos y difundir una cultura generosa y enaltecedora, que ya no es de una casta, sino de todos los hombres" ["Exposición"].

Otra vez se muestra la relación de emulación-subversión del texto de Mediz Bolio con el discurso dominante: el saber del escritor no es el saber útil, el saber de "hombres adultos" que promulgó Vasconcelos. Mediz Bolio utiliza parte de la retórica de Vasconcelos con objetivos subversivos: enseña, pero desarticulando la conexión entre conocimiento y acción, tan importante para los educadores de la época. Domina la profecía: "Entonces el Mayab habrá salido de su servidumbre porque se habrá libertado de sí mismo" (*ibid.*: 131).

Saber la historia para liberarse de ella. Saber la historia es saber esperar. Es un saber que se suspende a sí mismo, un saber en el presente que vive para el futuro. El narrador de Mediz Bolio es la imagen fiel, invertida, del misionero vasconceliano: sale para el campo con su programa de contrarreforma que no deja de mostrar huellas de la reforma. Tanto en el nivel de génesis textual como en el narrativo, *La tierra del faisán y del venado*, librito de leyendas populares, eficaces incluso para seducir al turista, ejecuta las contradicciones ideológicas de la época. Lo que no entra en el texto, ni a través del discurso hegemónico ni a través del discurso subversivo, es la historia de la Conquista y de la Colonia.

La relación que este texto establece entre saber y actuar, entre saber histórico y futuro político es obviamente frágil: al trazar la disociación afirma la conexión. Tal vez sea por eso que en los años que siguieron, esta unidad de actuar/saber, de tiempo presente/pasado, se rompa y que los elementos se dispersen en discursos diferentes e incluso opuestos. Por un lado surge el indigenismo literario con su énfasis en la situación actual del indígena y su aparente militancia política; por otro, florecen los estudios arqueológicos que enfocan el conocimiento del pasado en diferentes formas. Institucionalmente, esto se ve en la fundación del nuevo Museo de Antropología y el Instituto Nacional Indigenista, en el surgimiento de la Escuela Mexicana de Antropología, y la instalación de nuevos sitios de excavaciones (García Mora y Medina). Esto empieza a cambiar en los años cincuenta, y particularmente bajo el gobierno de Ruiz Cortines quien, según las palabras de Ricardo Pozas, "desconocía la existencia del indio" (Pozas: 437). Son años de parálisis para el indigenismo, mientras florece cierto tipo de retórica que convierte la historia de México en objeto de exposición. La revolución y las diversas luchas sociales, el pasado prehispánico y las figuras de la resistencia como Cuauhtémoc, todo entra en el patrimonio conservado en este museo nacional (Aguilar Camín). Parecería que el proyecto de Mediz Bolio se ha realizado: el presente se ha desligado del pasado.

Uno de los textos que se escribieron en este periodo que retoma esta problemática es *Las leyendas del Popol Vuh* de Abreu Gómez. Más que una enumeración de las diferencias entre el *Popol Vuh* quiché y la versión moderna, interesan aquí las diferencias entre el texto de Abreu Gómez y el de Mediz Bolio, o, para decirlo más provocativamente, ¿cómo se transforma el texto de Mediz Bolio en el de Abreu Gómez?

El proyecto de *Las leyendas del Popol Vuh* es aparentemente menos sincrético y tramposo que el de Mediz Bolio. En el prólogo dice el autor que su versión no es una traducción (pues no está basado en ningún texto quiché), sino una "interpretación literaria [...] de las leyendas básicas o fundamentales" (Abreu Gómez: 10). Añade que su proyecto coincide con la práctica aceptada de publicar versiones modernas de textos clásicos para "la lectura de un gran público" y en "estudios técnicos en las universidades" (*ibid.*: 15). Se evidencia el mismo afán popularizador y educador que ya se vio en *La tierra del faisán y del venado*, con una diferencia: el conocimiento ya no se liga con ningún sujeto ni con discursos político-sociales. Se ha vuelto autosuficiente; el *Popol Vuh* ha entrado en el Partenón de la cultura universal. Esta integración no se realiza sin violencia, pues cabe recordar que el *Popol Vuh* no es solamente un libro de mitos o leyendas, sino que contiene vastos pasajes históricos, genealogías de los reyes quichés, etc. Además, uno de sus objetivos era legitimar la hegemonía quiché, lo que a su vez era útil en disputas legales con los invasores españoles. Veamos el principio, posiblemente la parte más emotiva del *Popol Vuh* original, donde el autor nos habla de la situación en la que se escribe el texto:

> Éste es el principio de las antiguas historias de este lugar llamado Quiché. Aquí escribiremos y comenzaremos las antiguas historias. [...] Esto lo escribiremos ya dentro de la ley de Dios, en el Cristianismo; lo sacaremos a luz porque ya no se ve el *Popol Vuh*, así llamado, donde se veía claramente la venida del otro lado del mar y la narración de nuestra oscuridad, y se veía claramente la vida. Existía el libro original, escrito antiguamente, pero su vista está oculta... [Recinos: 88].

Ésta es la traducción de Adrián Recinos de 1947. Ahora, la versión de Abreu Gómez de 1951 empieza así:

Entonces no había gente, ni animales, ni árboles, ni piedras, ni nada. Todo era un erial desolado y sin límites. Encima de las llanuras el espacio yacía inmóvil; en tanto que, sobre el caos, descansaba el mar [Abreu Gómez: 19].

En lugar de exaltar la particularidad histórica del texto, Abreu Gómez opta por la universalización: emula el génesis bíblico, génesis *par excellance* en la cultura occidental. El proceso de descontextualización ha avanzado aún más que cuando se escribió *La tierra del faisán y del venado*, texto en el que se mantenía por lo menos el contexto geográfico para reafirmar cierta identidad étnica. Aquí, en cambio, el texto ya no contiene referencias a la cultura que lo produjo, y menos al contexto de la Colonia. La purificación ha llegado a su extremo: la afirmación de una identidad étnica específica se ha convertido en imitación de una pureza abstracta; ya no hay contagios.

Este proceso explica también la función de profecías en los dos libros: en Mediz Bolio, la voz profética se inspiró en los *Libros de Chilam Balam*. El *Popol Vuh* original no es un libro profético, al contrario, termina en la constatación de que el reino de los quichés ha desaparecido.

Y ésta fue la existencia de los quichés, porque ya no puede verse el [libro *Popol Vuh*] que existía antiguamente [así llamado] por los reyes, pues ha desaparecido. Así, pues, se han acabado todos los del Quiché, que se llama *Santa Cruz* [Recinos: 264].

Pero Abreu Gómez termina así: "Nosotros somos los vengadores de la muerte. Nuestra estirpe no se extinguirá mientras haya luz en el lucero de la mañana" (Abreu Gómez: 189).

Podemos leer esta profecía descontextualizada en dos sentidos: por un lado, señala que el patrimonio indígena es, por fin, inmortal; una vez que la historia del indígena esté incorporada en los museos (y libros como éste) ya no puede desaparecer... ni aparecer como fuerza política, cabe añadir. Por otro lado, es la culminación del afán de limpiar el pasado de los contagios de la Colonia y del mestizaje. Si el texto de Mediz Bolio fue reflejo del proceso de purificación, en Abreu Gómez la pureza se ha petrificado; el pasado indígena se ha convertido en un pasado primordial, uniforme e inalcanzable.

Obviamente, la historia no termina aquí. La petrificación es sólo el principio de nuevos discursos que derriban lo que está protegido por los museos y los pedestales. Las profecías de *Las leyendas del Popol Vuh*, sin embargo, afirman una vez más que "historia" es lo nuestro y "profecía" lo suyo, y la conexión entre los dos es el museo. De nuevo, el otro encuentro

—la historia de la Conquista y de la Colonia— se ha borrado. Hablan los profetas de un pasado que nunca ocurrió.

BIBLIOGRAFÍA

Abreu Gómez, Ermilo, *Las leyendas del Popol Vuh*, 1951.
Aguilar Camín, Héctor, "Nociones presidenciales de cultura nacional. De Álvaro Obregón a Gustavo Díaz Ordaz, 1920-1968", en Pacheco *et al.*, pp. 93-133.
Blanco, Joaquín, "El proyecto educativo de Vasconcelos como programa político", en Pacheco *et al.*, pp. 84-92.
De Lizana, Bernardo, *Historia de Yucatán. Devocionario de Nuestra Señora de Itzmal y conquista espiritual*, México, 1893.
"Exposición de motivos del proyecto para crear la Secretaría de Educación Pública", 6 de octubre de 1920.
García Mora, Carlos y Andrés Medina (eds.), *La quiebra política de la antropología social en México,* vol. II, México, 1986.
López de Cogolludo, Diego, *Historia de Yucatán*, Mérida, 1867-1868.
Medina, Andrés, "Tres puntos de referencia en el indigenismo mexicano contemporáneo", en C. García Mora y A. Medina, pp. 171-182.
Mediz Bolio, Antonio, *La tierra del faisán y del venado*, México, 1987.
Pacheco, José Emilio *et al.*, *En torno a una cultura nacional*, México, Fondo de Cultura Económica, 1982.
Popol Vuh. Las antiguas historias del Quiché, ed. y trad. de Adrián Recinos, México, 1947.
Pozas, Ricardo, "La antropología y la burocracia indigenista", en C. García Mora y A. Medina, pp. 171-182.
Vasconcelos, José, *El desastre*, 1938.

INDIOS, CONQUISTADORES Y PEREGRINOS EN *MALADRÓN* DE MIGUEL ÁNGEL ASTURIAS

Malva E. Filer
Brooklyn College and Graduate Center, CUNY

La figura del Conquistador ha ido adquiriendo variados perfiles y significados, sobre todo a medida que nuestros novelistas buscan la dimensión humana en hechos y protagonistas remotos congelados por la historiografía, a la vez que recrean con complejidad y dramatismo el nacimiento de la América española. En la ficción contemporánea, esos guerreros y aventureros que se adentraron por tierras inexploradas en busca de riqueza aparecen como hombres a los que mueve no sólo la codicia sino también, y a veces en pugna con ésta, la ambición de beneficios no tangibles que responden a necesidades psicosociales o a impulsos religiosos de la época. Aunque sus actos de rapiña y sus crueldades desmienten las justificaciones teológicas de la Conquista, su personalidad está marcada por los valores y las preocupaciones religiosas del tardío medioevo español, con sus luchas entre el espiritualismo canónico y las doctrinas heréticas. En las hazañas de la Conquista, por otra parte, sus protagonistas creen realizar los valores de heroicidad caballeresca, ya en vías de extinción en la España barroca. Estas aspiraciones materiales y espirituales, casi siempre irreconciliables, son las que motivan a los personajes centrales de *Maladrón* (*Epopeya de los Andes Verdes*), la última novela de Miguel Ángel Asturias publicada en 1969.[1]

En su libro *La transformación social del conquistador*, José Durand señala, concordando con Américo Castro, la convergencia de motivos o afanes en el ánimo de los españoles al emprender riesgosas expediciones que, aunque legitimadas como un servicio a Dios y a la Corona tenían, sin embargo, el carácter de empresas privadas. Junto a la búsqueda del oro y las especies, esto es, al deseo de obtener o incrementar los bienes materiales, y sin negar la motivación religiosa de los propagadores de la fe, sitúa Durand el poderoso afán de ganar honra que caracteriza, en esa época, a los españoles, tanto a los de nivel social alto como a los de baja extracción. "En la

---

[1] La paginación de las citas de este libro están indicadas entre paréntesis en el presente texto.

España del siglo XVI", afirma, "el buen nombre, el prestigio ante los demás, representaba la mayor de las aspiraciones sociales" (Durand: 53). Señala, por ello, cómo se entrelazan esas aspiraciones sociales, con las motivaciones económicas y religiosas de la Conquista. De hecho, un simple criterio pragmático o materialista no explicaría satisfactoriamente la conducta de hombres que, con frecuencia, arriesgaron y perdieron su propia hacienda, cuando no la vida, en la empresa de Indias, ni la de aquellos que, en vez de retirarse a gozar de lo ya asegurado con grandes penurias, se lanzaban nuevamente a peligrosas aventuras. Creo que los personajes de *Maladrón* ilustran esa convergencia, ese conflicto de aspiraciones y que la novela sugiere, al mismo tiempo, un interesante paralelismo entre la falta de pragmatismo de los indígenas y la de sus invasores.

El título de esta novela se relaciona con la idea de que en la España medieval existió un culto, perseguido como herejía por la Iglesia, al malhechor crucificado junto a Jesús quien, a diferencia del "buen ladrón" mencionado en el Evangelio según San Lucas, no creyó en el Salvador ni en la otra vida. Una tradición basada en los textos apócrifos le ha dado el nombre de Gestas y, según la novela, sus cultores creían que él no había sido un malhechor sino un sabio saduceo condenado por su filosofía materialista. Ya en obras anteriores (*El Alhajadito*, 1961 y *Mulata de Tal*, 1963), Asturias se había referido a la existencia de adoradores del Mal Ladrón en tierras de Guatemala. Su última novela propone que ese culto materialista representó, con más verdad que el cristianismo, la teología de la Conquista. *Maladrón* lleva por subtítulo "Epopeya de los Andes Verdes", caracterización sólo aplicable estrictamente a los siete primeros capítulos de la novela que describen con dramatismo y con belleza las últimas batallas de resistencia libradas por los hombres de la nación mam contra los conquistadores españoles. Pero es ésta la epopeya de un pueblo derrotado en lucha desigual, epopeya y elegía con rasgos de tragedia, como bien lo ha señalado Giuseppe Bellini.[2] Epopeya típicamente indoamericana, cuyos héroes, de la misma estirpe que el Caupolicán de Ercilla y el Cuauhtémoc histórico, adquieren su máxima grandeza no en la victoria sino en la derrota, por su orgullosa valentía y su estoicismo frente al sufrimiento y a la muerte. Chinabul Gemá es la figura paradigmática del héroe épico caído en el campo de batalla. Caibilbalán, Señor de los Andes, es por su parte un héroe trágico y más complejo. Su superior intelecto lo lleva a despreciar las creencias tradicionales y la magia como armas guerreras, y su fe en "la ciencia de la guerra" le hace rechazar "la guerra fantasma", esto es, la fragmentación de su ejército perfectamente disciplinado en montone-

[2] Véase Bellini en la bibliografía.

ras. Su mayor racionalidad y conocimientos se vuelven contra él, enajenándolo de su propio pueblo (encuentro aquí un planteamiento afín al de Carpentier en *El reino de este mundo*) y dictándole una estrategia militar carente de realismo y contraria al más básico instinto de supervivencia. En estos primeros capítulos, el texto se propone evocar, desde dentro, la experiencia del derrumbe del mundo indígena, mientras muestra a los conquistadores, sobre la misma tierra, encerrados dentro de su propio mundo de mitos, fantasías y aspiraciones. Para ellos el suelo americano y sus pobladores sólo son materia en la cual puedan imprimir la forma de sus sueños y de sus obsesiones. Esta actitud se manifiesta en la novela a través de la búsqueda, por parte de un grupo de expedicionarios, del sitio donde se juntan los dos océanos, así como en el intento de algunos de ellos de imponer entre los indígenas el culto al Maladrón.

Los "cuatro españoles locos, sonámbulos, perdidos en la selva" (49) que se proponen descubrir el paso interoceánico son: Ángel Rostro, Duero Agudo, Quino Armijo y Blas Zenteno. Sin otros recursos que el arrojo y la ambición, piensan realizar una hazaña que rivalice con la del Gran Almirante. Este intento de un puñado de hombres, improvisados y carentes de medios, típico del individualismo aventurero de la época es, sin embargo, un proyecto anacrónico para los años en que se sitúa el relato. Aunque parco en datos históricos, el texto da dos fechas, 1562 y 1571, indicando así el periodo en que transcurre la acción (68, 145). Estas fechas son muy posteriores al descubrimiento de Magallanes, el 27 de noviembre de 1520, de la comunicación entre los dos océanos, y de su travesía por el Pacífico hasta llegar a la isla Guam, llamada de Los Ladrones (no puedo dejar de subrayar la coincidencia del nombre), así como a las Filipinas, en marzo de 1521. Los personajes de la novela no parecen estar al tanto, o tener en cuenta, que lo que buscan ya ha sido descubierto en otras latitudes. Están desconectados del tiempo histórico de la metrópoli, sin por ello haber penetrado todavía en la naturaleza y en la realidad humana del mundo conquistado. Cierto es que España intentó, sin éxito, descubrir una ruta más corta y fácil a China y a la especiería, que la encontrada por Magallanes. Y también es un hecho que ya desde 1513 se sabía de la existencia de un mar al otro lado del istmo centroamericano, por lo que muchos supusieron que allí se daría una comunicación entre ambos mares.[3] Entre ellos, pues, los personajes de la novela, dispuestos a cualquier riesgo o sacrificio por ganar la gloria y los beneficios de ser los descubridores del importante paso.

---

[3] Sobre la búsqueda de un paso que condujese a los navegantes hacia los grandes emporios de riqueza del Oriente, véase Hernández Sánchez-Barba.

Los integrantes del grupo, al que se agregan Antolín Linares, escapado del campamento del capitán Juan de Umbría luego de declararse devoto del Maladrón ex cuñado y Lorenzo Ladrada, ex criado y asesino de un pirata buscador de oro, presentan, en un microcosmos, la diversidad de motivaciones y de valores que mueve a los españoles. "Ellos", afirma Bellini,"no son sólo personificaciones de cuanto negativo representa la Conquista, sino también de lo que de positivo ella significa como espíritu de aventura, capacidad de fantasía —la reviviscencia de los mitos—" y valor individual (215). Ángel Rostro, convertido de hecho en capitán de sus compañeros, era un "hidalgo mal avenido con su padre" que "buscó la guerra para ganar nobleza en las hazañas" (92). No menos codicioso de oro, honores y títulos nobiliarios que esos aventureros a los que pretende dirigir, rechazaba, sin embargo, su materialismo cínico, afirmando que la Conquista es como "un deseo de expansión del alma" (93). Hacía profesión de fe católica y de fidelidad a España, a la cual ofrecería el secreto descubrimiento de la comunicación marítima. Cuando sus compañeros se niegan a seguir la exploración, habiéndose desviado del objetivo inicial para implantar en el Nuevo Mundo el culto al Maladrón, Ángel Rostro pierde confianza en ellos y desaparece. Pero antes ha tenido su primer contacto con el mundo indígena, en su relación con Titil-Ic, bautizada María Trinidad, quien introduce a los españoles a desconocidos procedimientos mágicos. Titil-Ic será luego mujer de Antolín, el cual sólo a medias ha aceptado la nueva religión de sus compatriotas. Ella representa un posible puente hacia el mundo indígena, pero los españoles, cargados como están de creencias, ortodoxas y heréticas, y de los mitos, leyendas y recuerdos traídos de ultramar, sólo piensan en imprimir su propio sello en el mundo conquistado, como si nada hubiera existido antes de su llegada. De ahí surge el despropósito de llevar a los indios de Yucatán doctrinas heréticas producidas a través de los siglos de disputas teológicas, sectarismos y persecuciones religiosas en suelo europeo.

Los dos propagadores del culto al Maladrón son Duero Agudo y Blas Zenteno. Duero se había embarcado "hambriento, realmente hambriento", y huyendo de sus acreedores, en el galeón destinado a las Indias (97), donde fue adoctrinado por Zaduc de Córdoba, personaje cuyo nombre se asocia al de la secta de los saduceos que negaban la inmortalidad del alma y la otra vida después de la muerte. En los Andes Verdes, Duero encuentra a Blas Zenteno, quien recordaba como su padre y otras gentes cristianas salían a cazar a los "gesticulantes", esto es, a los que proclamaban la santidad de Gestas, el Maladrón. Siguiendo el impulso característico de los conquistadores de identificar las realidades del Nuevo Mundo con las realidades conocidas de su experiencia europea, los devotos del Maladrón confunden las ceremonias realizadas por los indios para aplacar a Cabracán, dios de los terremotos, con las ceremonias de los gesticulantes. Cuando descubren su error, se proponen, de cualquier modo, imponer al Maladrón mediante el engaño o por la fuerza. Irónicamente, el proyecto de imponer una religión materialista da por tierra con la ambición materialista que los había llevado a emprender la expedición. Terminan, Duero y Zenteno, muertos por Güinaquil, el jefe de la tribu. La estatua de Maladrón, esculpida en madera de naranjo por Lorenzo Ladrada, es llevada "en andas de espejo por escalinatas de fuego" (172) seguida de los caballos y de los corazones de los dos españoles. Maladrón, convertido en ídolo, preside el festín de Cabracán en los pedregales. La reacción violenta del jefe indígena no es sólo un acto defensivo contra los que pretenden hacerle abandonar a sus dioses, sino que también responde a la experiencia de un adoctrinamiento cristiano cruelmente desmentido en la práctica de la Conquista:

> ¡No otra cruz! ¡No otro Dios!, [proclamó Güinaquil], ¡La primera cruz costó lágrimas y sangre! ¿Cuántas más vidas por esta segunda cruz? ¿Más sangre? ¿Más sufrimientos? ¿Más tributos? [172] ¡No habrá segundo herraje ni habrá segunda cruz! Si la primera, con el Dios que nada tenía que ver con los bienes materiales y las riquezas de este mundo, costó ríos de llanto, mares de sangre, montañas de oro y piedras preciosas, ¿a qué costo contentar a este segundo crucificado, salteador de caminos, para quien todo lo del hombre debe ser aprovechado aquí en la tierra? [173].

En la última parte de la novela sólo quedan Antolín, Titil-Ic, el hijo de ambos, y Lorenzo Ladrada. Ellos se escapan de la tribu de Güinaquil y prosiguen la búsqueda del sitio donde se juntan los océanos, razón de ser, según el texto, de su "locura andante" (183). Antolín, quien había bautizado a su hijo como cristiano, ve en él la extensión natural de las ambiciones que lo llevan a la aventura. Se propone que sea doctor de Salamanca y que tenga, como sus padres, título de marqués. Este personaje de sentimientos sencillos y sanos, deseoso de que su familia mestiza se beneficie de los honores que a él le conceda España, representa el rostro humano, imperfecto pero no destructivo, de la Conquista. El futuro que ambiciona le será negado, ya que muere en el camino, víctima de enfermedad y de exceso de desconfianza, por no creer en las buenas intenciones de Lorenzo. Éste había prometido traer oro y plata de las minas del amo asesinado y regalárselos a Antolín para su hijo, pero Antolín no lo espera y Lorenzo lo encontrará en el camino, ya muerto. Solo, con el oro y la plata, buscará inútilmente a Titil-Ic y el niño. Ella había huido porque, como dice el texto, "formaba parte de aquella naturaleza de seres animados que escapaban a la luz del blanco que todo lo convierte en ceniza"(198). Los indígenas la habían rescatado con su hijo a su propia raza. Lorenzo, "inmensamente solo en aquel mundo de golosina" (208) que lo rechazaba, busca la inmensa soledad del océano. Sólo ahora se inicia su verdadero peregrinaje por la tierra conquistada. Ya no busca riquezas, ni sus pasos están dirigidos por el materialismo del Maladrón. Busca poblar el espacio desolado de su existencia, quiere una familia. El mundo indígena había sido derrotado por los españoles, y éstos habían sido rechazados por la naturaleza y por sus pobladores aborígenes, pero ambos mundos se habían encontrado y contaminado mutuamente. Los impulsos que mueven a Antolín, y a Lorenzo al final de la novela, anuncian que ha comenzado ya la etapa del mestizaje en América.

En esta visión indohispánica de la historia, Asturias recrea los dos mundos enfrentados a través de la reelaboración lingüística, tanto de la expresión indígena como del idioma castellano del siglo XVI. El lenguaje de los españoles recorre los distintos niveles del habla, desde la expresión culta hasta las formas más vulgares. Mediante un lenguaje expresivo de la picardía y el genio popular, la novela da voz a españoles que representan a la masa de aventureros sin títulos ni privilegios, y no a los altos jefes de la Conquista. Creo que de este modo Asturias humaniza la figura del conquistador, mostrándolo tanto en su codicia y criminalidad como en sus aspiraciones, legítimas para la época, y en sus necesidades y afectos simplemente humanos. Esto restituye vida y profundidad a los personajes, al tiempo que enriquece la imagen del pasado.

Bibliografía

Asturias, Miguel Ángel, *Maladrón* (*Epopeya de los Andes Verdes*), Buenos Aires, Losada, 1969.
Bellini, Giuseppe, "El laberinto mágico de Miguel Ángel Asturias", *Papeles de Son Armadans*, tomo 62, núms. 185-186, 1971.
Durand, José, *La transformación social del conquistador*, 2 vols., México, Porrúa y Obregón, 1953.
Hernández Sánchez-Barba, Mario, *Historia universal de América*, Madrid, Ediciones Guadarrama, 1963, vol. I, pp. 250-270.

PASAJE A LA INDIA: COLÓN, WILLIAMS, WHITMAN

Leo Emilfork
Wellesley College

Durante el curso de su tercer viaje, Colón llegó a la desembocadura del río Orinoco. La fuerza de las corrientes le hace pensar que está ante tierra continental y no ante una isla. Pero abandona esta idea por otra, de origen mítico: el Orinoco es uno de los ríos que nacen del paraíso terrenal. Piensa, pues, que ha llegado al lugar del paraíso terrenal y así lo escribe a los reyes.

Algunos críticos han visto en el razonamiento de Colón la expresión de una mentalidad de la época; otros, simplemente un desvarío; a veces, las dos cosas; así, por ejemplo el historiador J.H. Parry, en nota a la carta que Colón dirigió a los reyes sobre el tercer viaje, plantea:

> It has been sometimes regarded [the letter] as evidence of failing mental powers although to anyone who accepted literally the information contained in the book of *Genesis*, it is not illogical [*New Iberian World*, II, 102].

Ya sea que la crítica tome una u otra postura, todos coinciden en postular una disyuntiva, que en el fondo se afirma también como una diferencia entre realidad y utopía, o entre razón y mito, o historia y mito. Se trata de algo que va mucho más allá de las polémicas suscitadas por el razonamiento de Colón, porque esta forma de pensar, la forma de la disyuntiva lógica traspasada al campo de la historia y la política, penetra gran parte de la discusión sobre la historia americana. Paradójicamente, este pensamiento, que se mueve entre los extremos de la afirmación y la negación, es el mismo de los poderes políticos que siguieron a Colón para ejecutar la Conquista del Nuevo Mundo.

Esta forma de razonar no pasó inadvertida para algunos grandes pensadores del siglo XVII, como José de Acosta y el Inca Garcilaso de la Vega. Este último, en algún lugar de sus *Comentarios reales*, lo expone del siguiente modo: se trata de un juez español que interroga a un inca acerca de un homicidio:

> El juez le tomó juramento [...] y le hizo las preguntas que convenía sobre los matadores, para averiguar quiénes eran. El curaca fue respondiendo, y cuando

vio que no le preguntaban nada acerca de los muertos, que habían sido agresores en la pendencia, dijo que le dejase decir todo lo que sabía de aquel caso, porque, diciendo una parte y callando otra, entendía que mentía y que no había dicho entera verdad, como la había prometido [52-53].

Sería ingenuo creer que esto se circunscribe a la Conquista española, como lo presenta una versión difusa. Véase el siguiente texto del siglo XIX:

Although all three [Fuegians] could both speak and understand a good deal of English, it was singularly difficult to obtain much information from them, concerning the habits of their countrymen: this was partly owing to their apparent difficulty in understanding the simplest alternative. Everyone accustomed to very young children, knows how seldom one can get an answer even to so simple a question as whether a thing is black or white; the idea of black or white seems alternately to fill their minds. So it was with these Fuegians, and hence it was generally impossible to find out, by cross-questioning, whether one had rightly understood anything which they had asserted.

Éste es Charles Darwin en Tierra del Fuego (*The Voyage of the Beagle*: 208).

Hay en el texto de Darwin una interesante observación, paradójicamente reprimida por su práctica científica. Si se hubiera detenido en la idea de sucesión quizás hubiera podido describir, como sí lo hace el Inca Garcilaso, otra forma de pensar, y por ende otro discurso.

La experiencia americana no ha cesado de plantear estas grandes cuestiones del lenguaje. De ahí mi interés en algunos poemas sobre Colón. Creo que la poesía podría arrojar otra luz sobre la experiencia americana, particularmente sobre el tema del paraíso y el paso a la India, que la crítica ha reformulado de la manera disyuntiva ya señalada. Se trata de analizar si el poema presenta de algún otro modo los términos de la contradicción. Sostengo que el poema mantiene la contradicción como principio constitutivo de sí mismo.

He elegido un poema de William Carlos Williams, "The Discovery of the Indies", que está incluido en su gran poema *In the American Grain*, y un poema de Walt Whitman, "Passage to India". En ambos poemas se juega decisivamente la cuestión del paraíso y de la lengua poética.

No he intentado una explicación del texto sino una lectura más elíptica, conducida por los grandes temas que ya he mencionado. Es, por otra parte, un fragmento de un texto mayor que estoy escribiendo y quizás a eso se deba cierto aire inconcluso en la exposición.

A primera vista Colón es un tema que se prestaría muy bien para una épica. Mas ésta, por definición, es heroica, en un sentido muy especial, pues la relación entre el héroe (Aquiles, Odiseo, Eneas) y el mundo (Troya, Ítaca, el Lacio) todavía es eficaz, mientras que en el mundo moderno ya no lo es.

Podríamos entonces pensar, junto con Pound, que el poema épico es simplemente un poema que contiene historia. Es un buen camino. Pero aun así, el poema contendría algo más que historia; o dicho de otro modo, no puede haber un poema que sea absolutamente igual que un discurso histórico. El poema contendría, por ejemplo, un *mito*, en el sentido de "argumento" (es el uso aristotélico) que da a los factores un orden diferente del de la historia. O bien, tensión imaginaria entre lo posible y lo imposible, como hallamos en el drama de Lope, *El Nuevo Mundo descubierto por Colón*, en el cual la imaginación de éste aparece como un personaje que pone la tensión entre lo verdadero y lo aparente, que en este drama toma la forma de una lucha entre Dios y el Demonio.

Ni Williams ni Whitman escribieron poemas épicos sobre Colón, pero en todo caso la historia aparece en sus poemas embargada por dos fuerzas que le dan sentido: el milagro en el poema de Williams y un arrojo utópico en Whitman.

En su poema, Williams discurre entre el mundo histórico de Colón y el mundo de la imagen poética. El poema entero es un contrapunto entre documentos de Colón —particularmente el diario del primer viaje— y una *dicción poética* que revela el texto histórico mucho más allá de la historia. Podría decirse que es un juego entre dicción y contradicción. Cito el primero de los textos de esa dicción:

> The New World, existing in those times beyond the sphere of all things known to history, lay in the fifteenth century as the middle of the desert or the sea lies now and must lie forever, marked with its own dark life which goes on to an immaculate fulfillment in which we have no part. But now, with the maritime successes of that period, the western land could not guard its seclusion longer; a predestined and bitter fruit existing, perversely, before the white flower of its birth, it was laid bare by the miraculous first voyage. For it is as the achievement of a flower, pure, white, waxlike and fragrant, that Columbus' infatuated course must be depicted, especially when compared with the acrid and poisonous apple which was later by him to be proved [7].

La imagen dominante de este trozo es la diferencia entre la existencia de América antes de la historia europea, comparada a una flor, y la existencia histórica, europea, que se compara con una manzana venenosa. Obviamente, es la imagen del conocimiento. La flor es como la azucena de María y la manzana es el fruto del conocimiento. Entre la flor y el fruto hay, sin embargo, otra imagen: la del milagro. El primer viaje es milagroso, no en el sentido religioso de la palabra (de hecho, los teólogos europeos tuvieron gran dificultad en explicar la ausencia de milagros en el Nuevo Mundo), sino en el sentido de su etimología: "milagro" viene de *mirus*, que significa "maravilloso", "admirable". Y *mirus* proviene de la raíz *smei*–, "sonrisa, lo que hace sonreír".

En cuanto a Colón como personaje histórico, el poema dice que:

As much as many other more succesful, everything that is holy, brave or of whatever worth there is in a man was contained in that body. Let it have been as genius that he made his first great voyage, possessed of that streamlike human purity of purpose called by that name —it was still as a man that he would bite the bitter fruit that Nature would offer him. He was poisoned and his fellows turned against him like wild beasts [10].

Si el Colón del primer viaje es el genio, le sigue después el hombre de la naturaleza americana y del mundo. Pero aquí "mundo" quiere decir los *poderes* del mundo. El poema cita las capitulaciones de Colón con los reyes, y agrega:

Unhappy talk.
What power had such ridiculous little promises to stay against that terrific downpour on the brink of which they were all floating? How could a king fulfill them? [10].

Para Williams el mundo histórico es una perversión inevitable. En otro poema de la misma colección ("The Destruction of Tenochtitlan") leemos:

Upon the orchidean beauty of the new world the old rushed inevitably to revenge itself after the Italian's retur [...] They moved out across the seas stirred by instincts, ancient beyond thought as the depths they were crossing, which they obeyed under the names of King or Christ or whatever it might be, while they watched the recreative new unfolding itself miraculously before them, deafened and blinded [...] At the back, as it remains, it was the evil of the whole world; it was the perennial dissapointment which follows, like smoke, the bursting of ideas [27].

En el poema de Williams dos cosas son la condición del conocimiento poético: la admiración, es decir, el mito del primer viaje, y la piedad con que termina el poema, una invocación a María implicada ya en la imagen de la flor:

Eia ergo, advocata nostra, illos tuos misericordes oculos ad nos converte. Et Jesum, benedictum fructum ventris tui, nobis post hoc exsilium ostende. O clemens, o pia, o dulces Maria [26].

La admiración, entendida como la condición *efectiva* del poema, tiene que ver con la extraordinaria aparición de América en el primer viaje. En general, admiramos algo nuevo, o mejor dicho, que no está relacionado en nuestra imaginación con otras cosas. No es éste el caso del Colón histórico, puesto que al comienzo él creía haber llegado a la India según la imagen que había elaborado siguiendo a Marco Polo y otros escritores de la época.

Pero también admiramos lo que se nos aparece como algo muy diferente de lo que conocíamos. Éste sí sería el caso de Colón, que en el diario del primer viaje se maravilla de los árboles y de los peces por ser "disformes" y por ser muy diferentes de los de Europa. Ambas cosas se intensifican en los viajes posteriores, hasta llegar a la desembocadura del Orinoco, donde las tierras halladas se insinúan como algo muy diferente del orbe conocido.

Hay, pues, la admiración por la novedad, por la diferencia y por la contrariedad. América contraría las expectativas de Colón. Pero en el poema de Williams se va más lejos aún: América se muta ontológicamente, de una existencia propia e inmaculada, dicha en la imagen de la flor, a una existencia histórica, dicha en la imagen del fruto del conocimiento. No es que Williams se maraville por uno de estos términos y por el otro no. Ambos se mantienen como tales en el poema. A diferencia de la dialéctica filosófica, Williams no trata de resolver la una en la otra sino que mantiene la tensión de los contrarios para constituir el poema.

Hay que destacar la primordialidad de la admiración para entender por qué este poema no puede existir sin ella. Así que admiremos la novedad del objeto, o la diferencia entre él y lo que conocíamos antes, o la contrariedad entre él y lo que suponíamos, la admiración, como piensa Descartes —a quien he venido glosando—, no tiene contrario (*Passions de l'âme*, II, 53). Si dijéramos que la indiferencia es lo contrario de la admiración, incurriríamos en un absurdo, pues la indiferencia es justamente la ausencia de toda emoción o pasión. La admiración, pues, está al comienzo del conocimiento, sin contraste.

Tratándose del poema, tenemos que ir más lejos: la admiración está al comienzo, incluso antes de que haya objeto, o dicho de otro modo, la admiración puede crear su objeto. En este sentido se confunde con el deseo. Cuando Whitman postula un pasado constantemente presente, no lo hace según la necesidad del devenir, sino de acuerdo con una lógica del deseo.

Cesare Pavese dice que:

il piú sicuro —e piú rapido— modo di sturpici è di fissare imperterriti sempre lo stesso oggetto. Un bel momento quest'oggetto ci sembrerà -miracoloso- di non averlo visto mai [prólogo a *Dialoghi con Leucò*].

El poema de Whitman está lleno de historia, moderna y antigua. Al comienzo se canta el presente y el pasado como si aquél fuera el proyectil de éste: "(as a projectile form'd, impell'd, passing a certain line, still keeps on, / So the present, utterly form'd, impell'd by the past)" [estr. 1].

La historia moderna está representada por tres grandes obras de la ingeniería como son el canal de Suez, el ferrocarril transoceánico en Estados Unidos, y el telégrafo submarino entre el Viejo y el Nuevo Mundo. La historia medieval está representada por grandes héroes y navegantes (estr. 6), entre los cuales destaca Colón como el "main histrion" de una gran escena. Y aún antes que el mundo medieval, está la India que es la cuna de las biblias, de las fábulas y de las grandes religiones del mundo.

Entre este y oeste y entre pasado y presente, está América, verificando el sueño de Colón ("The shore thou foundest verifies thy dream" [estr. 3]) y consumando la forma del planeta: "Lands found and nations born, thou born America, / For purpose vast, man's long probation fill'd, / Thou rondure of the world at least accomplish'd" [estr. 4].

Con América parece que el mundo hubiera llegado a una paz casi transhistórica:

> I see O year in you the vast terraqueous globe given
>   and giving all,
> Europe to Asia, Africa join'd, and they to the New World,
> The lands, geographics, dancing before you, holding a
>   festival garland,
> As brides and bridegrooms hand in hand [estr. 6].

Hasta aquí el poema ha cantado el mundo histórico interpretando el pasaje a la India, el gran mito colombino, como el don con el cual América se presenta al planeta. Pero hay más.

Ahora que el planeta se ha consumado, por fin vendrá el poeta digno de tal nombre y junto con su alma, irá a buscar un paso *más que la India*: "Passage to more than India! / O secrets of the earth and sky!" (estr. 9). El sentido de este nuevo viaje estaba anunciado un poco antes:

> O soul, repressless, I with thee and thou with me,
> Thy circumnavigation of the world begin,
> Of man, the voyage of his mind's return,
> To reason's early paradise,
> Back, back to wisdom's birth, to innocent intuitions,
> Again with fair creation [estr. 7].

"Passage to India" se organiza en dos grandes temas. Por una parte, la tensión entre pasado y presente y, por otra, el viaje hacia el conocimiento perfecto. La India da nombre al primer tema; *más que a la India* sería el nombre del segundo.

Es particularmente interesante la relación entre ambas partes. Si América consuma la forma del planeta y la historia de esa forma, habría que pensar que consuma también el mito que está al comienzo de esa historia. Pero el poema reclama un radical *plus ultra*, como se ve en los últimos versos:

> Passage, immediate passage! the blood burns in my
> veins!
> Away O soul! hoist instantly the anchor!
> O my brave soul!
> O farther farther sail!
> O daring joy, but safe! are they not all the seas of God?
> O farther, farther, farther sail!

Retomo brevemente los pasos señalados en el poema de Whitman, según el tema de la contradicción. La primera contradicción es que el pasado es un presente perpetuo (como habría dicho Paz). Por otra parte, América *es* el paso a la India, lo cual significaría que ya no hay que buscar ningún paso. Pero el poema levanta inmediatamente otra contradicción, como para resolver la primera: "Immediate passage!" El pasaje, por definición, es mediato. Si la India del poema es la cuna de los mitos, el paso más que a la India sería el paso al mito del mito, o a la utopía de la utopía, lo cual es una contradicción engendrada por el deseo.

Excursus. Hay un poema de Apollinaire que recoge magníficamente lo que he llamado "contra-dicción". Es el poema "Siempre":

> Siempre
> Iremos más lejos sin avanzar jamás
> Y de planeta en planeta
>
> De nebulosa en nebulosa
> El don Juan de mil y tres cometas
> Sin siquiera elevarse de la tierra
> Busca las fuerzas nuevas
> Y se toma en serio los fantasmas
>
> Y tantos universos que se olvidan
> Quiénes son los grandes olvidadores
> Quién pues sabrá hacernos olvidar tal o cual parte del mundo
> Dónde está el Cristóbal Colón a quien se deberá el olvido de
> un continente
>
> Perder
> Pero verdaderamente perder
> Para dar lugar al hallazgo
> Perder
> La vida para encontrar la Victoria

BIBLIOGRAFÍA

Darwin, Charles, *The Voyage of the Beagle*, New York, Cambridge University Press, 1988.
Descartes, René, *Les passions de l'ame*, París, Urim, 1955.
Parry, J. H., *New Iberian World*, New York, Times Books, 1984.
Pavese, Cesare, *Dialoghi con Leucò*, Turín, Einaudi, 1947.
Vega, Garcilaso de la, *Comentarios reales de los incas*, Buenos Aires, Emecé, 1945.
Whitman, Walt, *Complete poetry*, Boston, Houghton Mifflin, 1959.
Williams, William Carlos, *In the American Grain*, Norfolk, New Directions, 1925.

EL PASADO COMO CREACIÓN: EL ALCANCE HISTORIOGRÁFICO DEL ENSAYO *LA EXPRESIÓN AMERICANA* DE JOSÉ LEZAMA LIMA

WALTER BRUNO BERG
Universidad de Manheim

I

"¿Por qué tan lejos de los dioses? Quizá por preguntarlo", dice Julio Cortázar en *Rayuela* (cap.147). ¿Por qué tan lejos —al cabo de tantas investigaciones— de haber solucionado, de manera satisfactoria, el enigma de la historia latinoamericana? ¿Quizá por preguntarlo?

La provocación no es mía, sino de José Lezama Lima. Es la idea principal que se desprende de una atenta lectura de los ensayos reunidos en la colección *La expresión americana*. El alcance de estos ensayos —una serie de cinco conferencias presentadas por Lezama, en 1957, en el seno del Instituto de Cultura— me parece ser de orden metodológico.

¿En qué medida esa metodología ayuda a solucionar el problema tantas veces discutido de la identidad historicocultural de Latinoamérica? Para contestar a esa pregunta, voy a traducir, en términos científicos, lo que al nivel de la escritura parece ser, muchas veces, un enredo complicadísimo de reflexiones abstractas e intuiciones poéticas. En segundo lugar, voy a examinar también, brevemente, los ejemplos, el lado de la "aplicación", examinar, pues, en qué medida Lezama ha sido fiel a las posibilidades de su propia metodología.[1]

---

[1] La lectura de *La expresión americana* por Julio Ortega (véase la bibliografía), también está interesada en el aspecto metodológico del texto. Al principio de su ensayo, Ortega presenta algunas observaciones interesantísimas en cuanto al estatus teórico de tal "metodología": el caso específico de *La expresión americana* consiste en que demuestra claramente la propiedad de cualquier texto "sobre" la cultura. Es que el término de cultura allí aparece al mismo tiempo en posición de sujeto y de objeto, vale decir, que es imposible situar la teoría de la cultura —en tanto que "discurso de discursos" (*ibid.*)— en términos de "verdad" (56). De allí que "hay que empezar diciendo que precisamente la larga discusión sobre [la] existencia problemática" de la cultura americana —encarada desde el ángulo meramente teórico— "esconde una negación que actúa como una tautología" (56). Si pues, cuando de cultura se trata, es imposible escapar a los discursos, tanto más se impone el distingo, es decir, el análisis crítico de los mismos: de lo que se trata concluye Ortega, "es [de] liberar a la cultura de su espesor etnocentrista, y asediar más bien su *sistema productivo* en razón del discurso social que constituye" (56; las cursivas son mías).

II

Vuelvo a la mencionada provocación, pues no es otra cosa el concepto de Lezama cuando se lo compara con los modelos tradicionalmente en uso para entender la cultura latinoamericana. ¿Cuáles son esos modelos? Pasando por alto las diferenciaciones propuestas por las diferentes ramas de las ciencias humanas, yo diría que fundamentalmente son dos: el uno histórico, el otro metafísico. Mientras que el primero se presenta como una investigación acerca de las raíces históricas de la cultura latinoamericana, como planteamiento, sobre todo, del problema del origen de ésta en el curso de los tiempos, el segundo trata de determinar los rasgos diferenciales —la "otredad" de esa cultura. Los dos modelos, lejos de ser alternativas, están estrechamente vinculados. Mientras en Europa la investigación histórica surgió como crítica —crítica de los dogmatismos, crítica, sobre todo, de la metafísica—, parece que en Latinoamérica, al menos en el pasado, su función fue, ante todo, apologética. Las aporías de esa historiografía están patentes. Son ilustrativos, a ese respecto, los debates exhaustivos por parte de los indigenistas, eurocentristas o partidarios de la teoría del llamado mestizaje: siempre está en juego, de una forma u otra, un elemento metafísico que sirve de premisa para la investigación pretendidamente empírica.[2]

III

Ahora bien, ¿en qué consiste la provocación específica de Lezama Lima frente al modelo histórico-metafísico que acabo de esbozar? Consiste, dicho sea en una palabra, en su rechazo rotundo. Rechazo rotundo porque Lezama no se ocupa en imaginar nuevas soluciones a viejas preguntas sino que llega a reformular las preguntas mismas. Ni tratado historiográfico *sensu stricto*, ni reflexión filosófica coherente, *La expresión americana* se acerca al problema de la historia y cultura latinoamericanas *vía aestetica*, con la "metodología", pues, del poeta. Conforme a lo que, ha llamado "el sistema poético del mundo", Lezama parece que considera la cultura latinoamericana como una vasta obra de arte.

¿Cuál es el instrumental conceptual de esa metodología?

Lo primero que notamos es que conlleva tres categorías fundamentales. Ahora bien, esas categorías van a sustituir exactamente a tres nociones

---

[2] Desgraciadamente, el espacio limitado de esta ponencia no permite dar las referencias concretas.

correspondientes dentro del modelo histórico-metafísico. Así, lo que discute la historiografía como el problema del "origen" aparece en Lezama como el de la "creación"; lo que se discute como el problema de la "otredad", en Lezama tiene nombre de "imagen", es decir, "visión histórica"; y finalmente, el problema siempre insoluble de una pretendida "identidad" de la cultura latinoamericana es tratado, por parte de Lezama, como el tema del "sujeto metafórico".

El segundo rasgo de ese instrumental es su carácter rigurosamente crítico. Exoneradas —para decirlo así— del lastre histórico-metafísico, las categorías aplicadas a los fenómenos culturales van a dar rienda suelta a la imaginación. Lo que pone en tela de juicio ese ejercicio libre de la imaginación, no es el fundamento mismo del concepto occidental de historia a partir de la edad moderna, es decir la historicidad en tanto que tiempo lineal, sino también (y eso todavía con consecuencias más graves para cualquier teoría de la cultura latinoamericana) la noción misma de originalidad histórica.

IV

Veamos ahora más de cerca lo que propone Lezama como categorías fundamentales.

En la primera conferencia se acerca —más que en otras— al ideal analítico. En sus primeras páginas ya presenta lo que el discurso científico considera como indispensable: una definición.

¿Qué es lo histórico en tanto que objeto de conocimiento?, pregunta Lezama. Primera respuesta: es "lo difícil" (279). Es difícil —evidentemente— sacar a luz "lo sumergido" (279); es difícil —aún más— saber lo que es "lo originario sin causalidad" (279), el principio, pues, en el sentido aristotélico: el "*logos*" (279) de los fenómenos. Desde el principio, sin embargo, Lezama rechaza ese tipo de investigaciones, es decir, el modelo metafísico, la especulación sobre los pretendidos orígenes de la historia. Lo que le interesa es el Ser. Pero ese Ser —en el caso de la historia— siempre es un Devenir. Lo difícil, pues, del conocimiento histórico consiste precisamente en que estamos frente a un objeto cuyo ser al mismo tiempo es un no ser. Lo que llamamos "visión histórica" —supuesto que sea auténtica— tiene que dar cuenta de ese dinamismo, de esa inestabilidad esencial, de esa co-presencia del ser y del no ser que es constitutivo del objeto histórico mismo.

La estructura fundamental de esa concepción de la historia no es la continuidad (por ejemplo "la durée" según Bergson o la "tradición" según Unamuno), sino la discontinuidad. Por eso, su modelo figurativo ya no es la línea, sino el salto. En ese sentido, la visión histórica propiamente dicha puede ser considerada como la realización del salto de un ser histórico actual o *in presentia* hacia otro ser histórico, es decir un no ser *in absentia*. Estamos, pues —como fácilmente se advierte—, frente al fenómeno de la metáfora (en el sentido de Paul Ricoeur).

Ahora, si es cierto que ese tipo de conocimiento que Lezama llama "visión histórica" se realiza como metáfora, dos conclusiones se imponen. La primera: el papel vanguardista —modelizador— que para ese tipo de conocimiento tienen las obras de arte;[3] la segunda: —como consecuencia de la primera— la historia se da siempre en forma de "creación".

He aquí el punto más importante de la "metodología": hemos visto que Lezama sustituye el factor "creación" en lugar de la noción de "origen". Ahora, la superioridad de esa concepción con respecto a la historia de Latinoamérica es patente: ya no es necesario hacer depender la valorización de la historia de un medio milenio de la única cuestión –insoluble por lo demás– cuál fue el acto creador que dio origen a esa historia, sino que es lícito, desde ahora, multiplicar los actos creadores *ad infinitum*. Pues cada vez que hubo "creación" a lo largo de esa historia, se constituye una auténtica "visión", acto creador que dio origen, para decirlo así, a una América Latina nueva y múltiple.

La distancia de esa concepción con respecto a lo que hemos llamado el modelo histórico-metafísico no podría ser más marcada. Para verlo todavía con más nitidez consideremos el tercer elemento: la intervención del sujeto. No cabe duda que es el sujeto quien crea la historia. ¿De qué tipo de sujeto, sin embargo, se trata? Es cierto que, para Lezama, no hay ningún sujeto "detrás de la historia", al contrario, son notorios sus sarcasmos frente a la concepción hegeliana de la historia: la capacidad para crear la historia le incumbe al sujeto porque el sujeto *es* historia, *es* capacidad creadora, es decir —desde siempre— es "sujeto metafórico" (282). Si Lezama, pues, está hablando de un sujeto "instalado" en sus plenos derechos, piensa en un sujeto instalado en sus limitaciones, es decir la contingencia "absoluta" de su capacidad creadora. Como tal, como sujeto metafórico, pues, es el verdadero principio de la historia.

La renuncia a la filosofía (metafísica) de la historia, la toma como punto de partida por los derechos del "sujeto" acercan, dicho sea de paso, el concepto de metáfora expuesto por Lezama a la famosa revalorización de la alegoría debida a Walter Benjamin. Con la diferencia de que los sarcas-

---

[3] El problema estéril —debatido, sin embargo, con tanto énfasis—, a saber, si un "esteticismo puro" es posible o no, si el *art pour l'art* existe, tiene aquí su solución, y eso hasta en el nivel de las premisas: el arte —sea cual fuera su "estética"— para Lezama siempre es esencialmente "histórico".

mos que Benjamin, desde la perspectiva de la estética barroca que le
interesa, ha dirigido hacia el romanticismo: los "prejuicios" (*Trauer.* 141) del
clasicismo, Lezama se encarga de reformularlos en defensa de una cultura
entera, caída en desprestigio. De la misma manera, que Benjamin denuncia
"la aspiración de los estéticos románticos al conocimiento espléndido pero
sin compromiso de un absoluto" (*ibid.*: 138), Lezama Lima, por su parte,
arremete contra el "furibundo pesimismo" —¡de la misma escuela, por lo
demás!— "que tiende, como en el eterno retorno, a repetir las mismas
formas estilísticas formadas con iguales ingredientes o elementos" (290).
Ese pesimismo debido al prejuicio clasicista está en la base "del complejo
terrible del americano: creer que su expresión no es forma alcanzada, sino
problematismo, cosa que resolver" (290).

V

Nos hemos contentado, hasta ahora, con abstracciones. Para juzgar el
alcance historiográfico de la "metodología", es indispensable analizar también su lado concreto. Veamos, por eso, en qué medida el autor —en tanto
que historiador— ha conseguido realizar lo que, en el nivel de la "metodología", se ha presentado como postulación de una historiografía diferente.
Hemos visto cómo Lezama arremete contra los complejos de inferioridad
en América Latina heredados del falso pesimismo cultural de tradición
"clasicista":

> Sudoroso e inhibido por tan presuntuosos complejos, [el americano] busca en
> la autoctonía el lujo que se le negaba, y acorralado entre esa pequeñez y el
> espejismo de las realizaciones europeas, revisa sus datos, pero ha olvidado lo
> esencial, que el plasma de su autoctonía, es tierra igual que la de Europa [290].

Lo autóctono, pues, pero como "tierra igual que la de Europa". He aquí
la fórmula que sirve de guión al historiador. Claro está que lo autóctono, para
Lezama, no es "lo originario sin causalidad" (279) a que alude el primer
ensayo, el origen, pues, según el modelo histórico-metafísico. Fuente de
creación, lo autóctono también es esencialmente metáfora, copresencia de
un ser y un no ser la que constituye, como hemos dicho, la "visión
histórica". El ejemplo más sorprendente de lo autóctono en ese sentido es,
sin lugar a duda, el caso del *Popol Vuh*, manuscrito descubierto, como se
sabe, "en el siglo XVIII por el padre Jiménez" (293). Ahora bien, "la tesis"
que Lezama se ve llevado "a aventurar" (293) al propósito es la siguiente:
lo que se trata de explicar, en el caso del *Popol Vuh*, "es el predominio del

espíritu del mal [...]" (291) que pesa sobre el mundo del *Popol Vuh* como una maldición, como "pacto entre la divinidad y la naturaleza, sin la participación del hombre" (291).

Ahora, esa sobreabundancia del mal, sorprendente en una teogonía autóctona, puede ser explicada, aventura Lezama, si se considera el manuscrito del *Popol Vuh* tal como se ha descubierto en el siglo xviii, como producto de una sabia interpolación debida al espíritu maquiavélico de los jesuitas:

> Rebuscado el poema por tantos copistas aguerridos, [...] por tanto jesuita irritado por la sutileza de los desciframientos de la simbólica cristiana en el suarismo [...] nos recorre la sospecha de que el tono de incompletez y espera que salta en cada uno de los versículos, está logrado para alcanzar un complementario en la arribada de los nuevos dioses [291].

Pese a la mala fama que un Voltaire no se cansa de derramar sobre ellos, los jesuitas del siglo xviii, sin embargo, son también los portavoces de la modernidad ilustrada en América Latina. Ahí está el punto: la hipótesis de la interpolación jesuita lleva, pues, a considerar el *Popol Vuh* como el documento de una etapa superada del oscurantismo; comparable al *genius malignus* cartesiano, la asombrosa manifestación del espíritu del mal no sería sino un argumento *ex contrario* para probar el amanecer de una época nueva, caracterizada por la derrota de los viejos ídolos, es decir, la victoria de la razón emancipada.

El esquema de esa interpretación vuelve a aparecer en la mayoría de los otros ejemplos. Así, el, "señor barroco, auténtico primer instalado en lo nuestro" (f. 303), es decir, la primera figura representativa del aspecto creador de la nueva cultura, tiene su expresión más acabada en las obras "del quechua Kondori, llamado el indio Kondori" (322). El salto metafórico que está realizando en sus obras consiste en que se consigue para la cultura incaica, dentro de un ámbito cultural fundamentalmente occidental derecho de ciudad. Frente a la cultura de los que han venido como conquistadores la obra del indio Kondori[4] representa, pues, "la rebelión incaica,

---

[4] En un breve artículo, Ester Gimbernat de González ha demostrado que el llamado indio Kondori no corresponde a una figura históricamente concreta sino que se trata de una invención indigenista debida al historiador Ángel Guido (61). Es cierto que la demostración en sí no es capaz de invalidar la argumentación de Lezama sino que, por el contrario, va a robustecer lo que hemos dicho antes (*supra*: III) de la propiedad de su historiografía como producto de las "eras imaginarias", véase también Ortega, p. 62. Lo que sí nos parece discutible es la constatación de que la estructura de esa imaginación ya no es tan libre (e incluso creadora) como pretende serlo sino que responde, en el fondo, a un esquema ideológico tradicional y problemático (véase *infra*: VI). La "invención" de Lezama, si es lícito insistir en ese aspecto, se sitúa así al lado opuesto de la famosa invención borgeana "Tlön": mientras el planeta fantástico es, ante todo, una ficción que se de-construye, a lo largo del texto, en virtud de la "historia", el indio Kondori, el que se presenta, por el contrario, como

rebelión que termina como con un pacto de igualdad [...]" (323). Esta rebelión pacífica del señor barroco, en otro pasaje del mismo ensayo, se la denomina "un arte de la contraconquista" (303).

El paso siguiente de esa reconquista cultural está marcado por la figura misteriosa del escultor brasileño Aleijadinho. Mientras que el arte del indio Kondori parecía todavía "contentarse con exigirle a lo hispánico una reverencia y una compañía..."[5] (324), el arte de Aleijadinho, al "oponerse a los modales estilísticos de su época" y al imponerles "los suyos", "prepara ya la rebelión del próximo siglo, es la prueba de que se está maduro para una ruptura" (323).

No solamente las esculturas de Aleijadinho, sino la totalidad del personaje —incluso su cuerpo mutilado por la lepra— llegan a ser expresión de un momento decisivo de la historia latinoamericana. Así, en las últimas frases del ensayo, Aleijadinho, ¿atavismo de la raza o astucia imaginativa del poeta?, viene a evocar el espíritu del mal de los señores de Xibalbá, transformado, sin embargo, ahora definitivamente, en espíritu del progreso:

> En la noche, en el crepúsculo de espeso follaje sombrío, llega con su mulo, que aviva con nuevas chispas la piedra hispánica con la plata americana, llega como el espíritu del mal, que conducido por el ángel, obra en la gracia. Son las chispas de la rebelión, que surgidas de la gran lepra creadora del barroco nuestro, está nutrida, ya en su pureza, por las bocanadas del verídico bosque americano [325].

VI

"Mientras el barroco europeo se convertía en un inerte juego de formas, entre nosotros el señor barroco domina su paisaie y regala otra solución cuando la escenografía occidental tendía a trasudar escayolada" (f. 389). La conclusión es de Lezama Lima. ¿Cuál es, pues, el alcance historiográfico de esa metodología poética? Nos interesa saber —lo habíamos dicho al principio— en qué medida las nuevas preguntas de Lezama incluso representan

---

figura histórica, va *construyéndose* mediante la ficción (véase al propósito W.B. Berg: "Deconstrucción del 'oscuro hombre de genio': lectura alegórica de un cuento de Borges", ponencia pronunciada en el XXV Coloquio Internacional del Centre de Recherches Latino-Américaines de la Universidad de Poitiers, mayo de 1990 (Coloquio aniversario: prácticas textuales y discursos metodológicos; las actas se publicarán allí mismo).

[5] Véase la hermosa metáfora con la que Lezama describe esa "compañía": "[...] como aquellas momias, en el relato del Inca Garcilaso, de las primeras dinastías incaicas, que al ser exhumadas en la época de la conquista y del derrumbe de las fortalezas cuzqueñas, eran saludadas respetuosamente por la soldadesca hispánica" (324).

nuevas soluciones. Ahora, vistos desde ese ángulo, tengo que admitir que los resultados me parecen menos convincentes que las preguntas: es que la metodología poética de Lezama, pese a sus posibilidades "posmodernistas" (que no voy a elucidar aquí), al referirse concretamente a la historia cultural de Latinoamérica, nos parece quedarse, al fin y al cabo, dentro de un esquema historiográfico conocido, es decir "criollista", "apologética"[6] (*supra*). Es cierto que la fórmula de esa historia criolla es la reivindicación de la historia europea —es decir, dado el caso, su prolongación utópica en tierras, —en "paisaje", dice Lezama— latinoamericanos. Es lógico, pues, que Lezama, después de evocar a Goethe,[7] se haga cargo él mismo de rectificar —por última vez, en este caso positivamente y con alusiones escondidas detrás de juegos de palabras— al eterno Hegel:

> Y cuando, por último, frente al glauco frío de las junturas minervinas,[8] o la cólera del viejo Pan anclada en el instante de su frenesí, ofrecemos, en nuestras selvas, el turbión del espíritu, que de nuevo riza las aguas y se deja distribuir apaciblemente por el espacio gnóstico, por una naturaleza que interpreta y reconoce que prefigura y añora [390].

---

[6] Muy perspicazmente, Ortega, en su ensayo mencionado, subraya que "el nacionalismo cultural", si "puede ser un error de sentido, y en último término de la política [...] no lo es en la perspectiva de las formaciones culturales, si responde a una práctica social [...]" (58). De acuerdo –otra vez– con que "la cultura no es una metafísica" [*supra*] ni una postulación de verdad, sino [...] un proceso constitutivo, si no de identidad, sí de "conciencia" (*ibid.*). Pero precisamente, como tal, como proceso de autoconciencia, queda sujeto, necesariamente, a discusión, al diálogo... Lo que hemos constatado, nada más, es que el discurso de Lezama, al escapar tan gloriosamente, al nivel de los principios "metodológicos", a los dogmatismos de la razón occidental, vuelve a afirmarlos cuando se trata de historia concreta. Es cierto que se trata de un discurso "y en último término de la política"; lo que preguntamos, sin embargo, es a qué tipo de "práctica social" el discurso puede corresponder, si no fuera, precisamente, aquella –la "criolla"– la cual, hasta ahora, ha sido incapaz de solucionar los antagonismos a los que queda expuesta la historia latinoamericana.

[7] "Cuando en el romanticismo europeo, alguien (¡el ministro de Cultura en Weimar! [W.B.B.]) exclamaba, escribo si no con sangre, con tinta roja en el tintero, ofrecemos el hecho de una nueva integración surgiendo de la *imago* de la ausencia" (390).

[8] "Wenn die Philosophie ihr Grau in Grau maalt, dann ist eine Gestalt des Lebens alt geworden, und mit Grau in Grau lät sie sich nicht verjüngen. sondern nur erkennen; die Eule der Minerva beginnt erst mit der einbrechenden Dämmerung ihren Flug" (Metzke: 282), dice Hegel humildemente en cuanto al alcance práctico de su *Filosofía de la historia*. Ahora bien, el paso de esa filosofía –esencialmente "contemplativa"– al Nuevo Mundo parece que le abre, en virtud también de la "vision histórica" nueva, un camino brillante de realizaciones utópicas. La astucia del poeta docto, que es Lezama Lima, ha escondido el ave nocturna de la mitología griega que sirve de emblema a la diosa Minerva y que aparece en la famosa cita hegeliana ("Eule", es decir "lechuza", ver p. 812, donde está la grafía en griego) detrás de un homónimo latín que sirve como derivación culta en español para designar un color –*glaucus*, resp. "glauco" que significa "color grisáceo" (Dicc. Moliner)–, color que a su vez aparece en la cita para evocar el crepúsculo (el "Grau in Grau" de la "hereinbrechenden Dämmerung").

Hasta a Hegel —chivo emisario de todo lo que es "europeísmo"— es preciso que se le dé resurrección en tierra firme del criollismo.

BIBLIOGRAFÍA

Benjamin, Walter, *Ursprung des deutschen Trauerspiels*, Frankfurt, STW 225, 1978.
Gimbernat de González, Ester, "La curiosidad barroca", en *Coloquio Internacional sobre la obra de J. Lezama Lima*, Poitiers, Centre de Recherches Latino-Américaines, Universidad de Poitiers, 1984, tomo II, pp. 59-65.
Lezama Lima, José, "La expresión americana", en *Obras completas*, tomo II, Madrid, 1977.
Metzke, E. (ed.), *Hegels Vorreden*, Heidenberg, Mit Kommentar zur Einführung in seine Philosophie, R. H. Kerle Verlag, 1970.
Ortega, Julio, "«La expresión americana»: una teoría de la cultura", *Eco*, 187, mayo de 1977, pp. 55-63.

"ORO Y ALMAS". DESCUBRIMIENTO Y CONQUISTA EN ALEJO CARPENTIER, MIGUEL ÁNGEL ASTURIAS Y CARLOS FUENTES

Marga Graf
Universidad Aachen, RFA

Como ya se indica en el título de este trabajo, los textos de los autores citados serán discutidos, especialmente, bajo dos aspectos muy opuestos, característicos, es decir, el aspecto material y el aspecto moral de los acontecimientos de 1492 y sus consecuencias para las sociedades americanas. Respecto a los autores nos interesarán aquí sus siguientes novelas: *El arpa y la sombra* (1979) de Alejo Carpentier, *Maladrón* (1969) de Miguel Ángel Asturias y *Terra Nostra* (1975) y *Cristóbal Nonato* (1987) de Carlos Fuentes.

LA IMAGEN DE CRISTÓBAL COLÓN EN *EL ARPA Y LA SOMBRA*

El arpa y la sombra de Carpentier es, en su parte esencial, una retrospectiva autobiográfica de la vida de Cristóbal Colón, moribundo éste y en espera de su padre confesor. El diagrama psicoanalítico de Colón, que el autor nos presenta en su novela, debe ser entendido como proceso de autoconocimiento retardado. Releyendo sus diarios, memorias y relaciones de viaje, el Colón de Carpentier reconoce, al fin de su vida, que su ambicioso proyecto de descubrir la ruta más corta a las Indias, fue influido más por motivos egoístas que por motivos religiosos y de amor al prójimo. Juzga, él mismo, sus relaciones de viaje como "Repertorio de embustes que se abre en la fecha del 13 de octubre, con la palabra ORO". La palabra mágica ORO tiene, ya, la misma fascinación para Colón que, más tarde y con más éxito, para Hernán Cortés en México o Francisco Pizarro en Perú. Lo más importante del primer encuentro con los indios fueron, por eso, sus joyas de oro: "...traían unos pedazuelos de oro colgados de las narices. Dije: ORO. Viendo tal maravilla, sentí como un arrebato interior. Una codicia, jamás conocida, me germinaba en las entrañas. [...] Y, a partir de ese día, la palabra ORO será

la más repetida, como endemoniada obsesión, en mis Diarios" (125).[1] Por
falta de oro —en cantidades lo suficientemente grandes–, prometido por
Colón muchas veces a los Reyes Católicos, iba buscando otros proyectos
lucrativos que pudiesen calmar el desengaño y mal humor de sus mecenas,
e impedir la pérdida de sus privilegios y títulos adquiridos en las Indias. La
solución se le ofreció por el encuentro con los caníbales, indígenas guerreros de las Indias, que no corresponden a la imagen del *buen salvaje* de su
primera relación de viaje, y que, por eso —siendo *rebeldes a las Coronas
Reales*— merecerían ser enviados como *esclavos* a España: "prisioneros,
tristes pero inevitables víctimas de una *guerra justa y necesaria* [*sic*]. Llevados
a España, dejaban de ser peligrosos. Y, cada uno, se nos volvía *un alma* –un
alma que, a tenor de lo mandado en no sé cual Evangelio, se rescataba de
una segura idolatría..." (167-168). *El pedido de licencia para el comercio de
esclavos* por parte de Cristóbal Colón —que no le fue concedido por los
Reyes Católicos— es un hecho histórico documentado por el *Memorial sobre
la segunda viaje, del 30 de enero de 1494,* que Colón dio a Antonio Torres para
entregarlo a los Reyes de España.[2] En los umbrales de la muerte, y, frente
a la eternidad, la palabra *esclavo* aterra al Colón de Carpentier.

La oposición de ORO y ALMA, bajo la vuelta negativa del valor de hombre
y materia, salta muy a la vista en la novela de Carpentier. El estilo brillante
del autor, la mezcla de ficción literaria y documentación histórica auténtica
con respecto a personas y acontecimientos de la novela, acentúan la intención del autor de poner en cuestión, aún después de casi cinco siglos, si no
el coraje y el genio del descubridor Cristóbal Colón —y con él de todos los
descubridores de todos los tiempos— sí los métodos y la ambigüedad de la
argumentación. Hubo un motivo muy concreto en el autor para escribir *El
arpa y la sombra*:

> En 1937, al realizar una adaptación radiofónica de "El libro de Cristóbal
> Colón" de Claudel para la emisora Radio Luxemburgo, me sentí irritado por
> el empeño hagiográfico de un texto que atribuía sobrehumanas virtudes al
> Descubridor de América. Más tarde me topé con un increíble libro de Leon
> Bloy, donde el gran escritor católico solicitaba nada menos que la canonización
> de quien comparaba, llanamente, con Moisés y San Pedro.[3]

Para subrayar, aún, la ironía en la oposición de "alma y oro" la última
confesión de Colón, en la novela de Carpentier, se encuentra encuadrada,
al comienzo y al fin, por los esfuerzos del papa Pius IX, de conseguir la

---

[1] Véase Carpentier en la bibliografía. En adelante citaré con el número de página.
[2] Véase Varela (pp. 153-154).
[3] Cita de la encuadernación (vuelta) de la novena edición.

beatificación de Colón ante la Sacra Congregación de Ritos, después de haber encargado él al conde Roselly de Lorgues, escribir una *laudatio* en pro del descubridor, lo que éste hizo con su *Historia de Cristóbal Colón* de 1851. En vano:

> Lo cierto es que dos pontífices del siglo pasado, Pío IX y León XIII, respaldados por 850 obispos, propusieron por tres veces la beatificación de Cristóbal Colón a la Sacra Congregación de Ritos; pero ésta, después de un detenido examen del caso, rechazó rotundamente la postulación.[4]

Carpentier quisiera saber que su novela es comprendida como una *variación sobre un gran tema*, un tema *misteriosísimo* para él. *Escudándose con Aristóteles,* el novelista no se siente responsable de *contar las cosas como sucedieron, sino como debieron o pudieron haber sucedido.*[5] El Columbus de Carpentier —*invisible, protagonista, ausente/presente*— toma parte en el proceso ficcional de su beatificación ante el Santo Oficio. En pro de la beatificación se acaloró Leon Bloy, en contra se expresó Bartolomé de Las Casas como testigo a cargo, acusando a Columbus, sobre todo, como exterminador de los indios y comerciante de esclavos. A pesar de la pluma elegante y ligera y de la ironía ingeniosa de Carpentier, salta muy a la vista la intención del autor de servirse de los medios estilísticos, sobre todo, para atribuir al desmontaje de la glorificación obligatoria del "descubridor de América".

IMAGEN DE LOS CONQUISTADORES EN MIGUEL ÁNGEL ASTURIAS, NOVELA *MALADRÓN*

Lo que antes fue caracterizado y criticado en una *persona histórica bien conocida,* el materialismo como impulso dominante de la Conquista, también es el criterio esencial en el libro de Asturias, practicado, aquí, por un grupo anónimo de soldados castellanos, que se apartaron del ejército para emprender su aventura personal. La diferencia esencial entre la novela de Carpentier y la de Asturias está en el concepto y la construcción de la acción literaria. Frente al escenario realista de *El arpa y la sombra*, se encuentra un *escenario mítico* en *Maladrón*, o dicho de otra manera: la *documentación* de Carpentier va a ser completada por el *simbolismo* de Asturias. El *objeto literario* no ha cambiado: la imagen del blanco como invasor sin otro deseo que el de imponer su poder político religioso en las tierras conquistadas, y de explotar las riquezas de la naturaleza y de los hombres indígenas del Nuevo Mundo. Para realizar sus deseos materialistas los conquistadores

[4] Véase la nota 3.
[5] *Ibid.*

iban a modificar *la jerarquía de la religión cristiana haciendo del Maladrón su Dios Supremo*: "Se ven tan cerca los crucificados. Se abrazaría, primero al Maladrón, el tiempo necesario para hacerse rico, muy rico, y luego, contrito y arrepentido, abrazaría a Cristo" (107).[6] En el centro de la novela de Asturias —como lo podemos observar en toda su obra— se encuentra la confrontación de dos culturas opuestas: la occidental del hombre blanco y la del indio. En la segunda mitad del siglo XVI, aproximadamente, el trasfondo temporal de la novela, la Conquista, causó la derrota de los imperios indígenas, la de los aztecas, mayas e incas, y la subversión y esclavización de los indios. Entre el mundo del blanco y el del indio no hubo consenso ninguno: ni en el modo de vivir, ni de creer. Después de sus amargas experiencias, en una Conquista sangrienta, en nombre del *buen Cristo,* no quisieron los indios someterse, una vez más, a la servidumbre de otro dios, el *Maladrón*:

> ¡No otra cruz! ¡No otro Dios! ¡La primera cruz costo lágrimas y sangre! ¿Cuántas más vidas por esta segunda cruz? [...] Si la primera, con el Dios que nada tenía que ver con los bienes materiales y las riquezas de este mundo, costó ríos de llanto, mares de sangre, montañas de oro y piedras preciosas, ¿a qué costo contentar a este segundo crucificado, salteador de caminos, para quien todo lo del hombre debe ser aprovechado aquí en la tierra? [...] Si el de la primera cruz, el soñador, el iluso, nos costó desolación, orfandad, esclavitud y ruina, ¿qué nos espera con este segundo crucificado, práctico, cínico y bandolero?[...] Si con la primera cruz, la del justo, todo fue robo, violación, hoguera y soga de ahorcar, ¿qué nos esperaba con la cruz de un forajido, de un ladrón? [196-197]

La imagen negativa del conquistador europeo, su siempre reclamado derecho de superioridad cultural, espiritual y material, frente a culturas bárbaras y primitivas, es el punto de partida de la novela de Asturias y refleja la opinión muy personal del autor. A pesar de todo, el autor nos ofrece una solución, mejor dicho, la solución únicamente posible de coordinación pacífica entre estos dos mundos opuestos: *la simbiosis de las culturas, el mestizaje de las culturas y de las razas,* realizado, en la novela, por Antolincito, hijo del soldado español Antolinares y de la india Titil-Ic. También los conquistadores, simples soldados, miembros de la clase baja o media, sentían la creciente pérdida de su identidad anterior, de europeos, y la ganancia de otra nueva, siendo ellos no más:

> ... conquistadores, caballeros andantes que bajaron de los Andes Verdes, leales con ellos mismos, bajo la cruz del Maladrón, hasta dejar de ser ellos, porque al fin de

[6] Véase Asturias en la bibliografía. En adelante citaré sólo con el número de la página.

sus vidas y de su desesperada búsqueda de locos, ya eran otros, no los mismos que llegaron de España, otros unos seres que formaban parte de la geografía misteriosa de un país construido de los mares al cielo, por manos de cataclismos y terremotos, igual que una de esas pirámides blancas, altísimas, que en su andar contemplaron perdidas en las selvas [219].

Con la muerte de dos de los discípulos blancos del Maladrón por un grupo de indios, que les arrancaron el corazón y les sacrificaron para la gloria de sus dioses bárbaros, Asturias quiere demostrar la todavía existente fuerza moral y mental de los pueblos indígenas que, a pesar de ser sometidos por los invasores europeos, siguieron luchando por defender y conservar sus propios valores culturales frente a la extraña civilización y la cruel religión de los cristianos.

La oposición ORO y ALMAS, también, en *Maladrón* de Asturias, no ha perdido su ambigua importancia, pero bajo un punto de vista más avanzado, es decir: de la conquista a la colonización, de la primera explotación material y física de los conquistados en beneficio de un lejano soberano europeo, a la posible y necesaria asimilación de dos culturas opuestas en provecho de la futura sociedad americana.

IMAGEN DEL EXPECTADO EN *TERRA NOSTRA* Y EN *CRISTÓBAL NONATO* DE CARLOS FUENTES

Dándole el atributo de *documentación* a la novela de Carpentier, de *mitología* a la de Asturias, en lo que se refiere a las novelas de Carlos Fuentes se puede hablar de una *evocación*: del pasado en *Terra Nostra*, del futuro en *Cristóbal Nonato*. Dejando aparte el diferente contexto temporal, una en el siglo XVI (esencialmente en el capítulo "Nuevo Mundo", que interesa aquí) y la otra en el siglo XX, las dos novelas de Fuentes tienen aspectos sinónimos en cuanto a los factores culturales históricos que afectan al desenvolvimiento de las nuevas sociedades latinoamericanas. El *mensaje* del autor, como en muchas de sus obras, no se presenta al lector en acciones encadenadas lógicamente una a la otra, sino en acciones *rotas, interacciones* que se unen, siempre de nuevo, en un cambio permanente como las construcciones variables del caleidoscopio. El trasfondo histórico, la gran cantidad de acontecimientos políticos y culturales de épocas y siglos pasados o de décadas aún muy presentes en la vida actual latinoamericana, son evocados por medio de una ficción más o menos transparente. Mezclando informaciones reales con la acción ficcional de sus novelas, al autor no le interesa, en primer lugar, la cronología histórica. Como novelista está interesado, sobre todo, en destacar lo que para él son los factores históricos más importantes, y, de ese modo, hacer evidente al lector la *causalidad* de los acontecimientos políticos y sociales con respecto al encuentro de dos culturas opuestas en América Latina: *El largo y difícil proceso de asimilación y la búsqueda permanente de una nueva identidad cultural en América Latina.*

El anciano Pedro y el joven Peregrino, representan en *Terra Nostra* las antípodas características de la figura del invasor en un territorio desconocido por él: el primero, desengañado de Europa, fugitivo de una civilización de mentiras y corrupción, sacrificio de un sistema absolutista que le destruyó su casa, le robó sus tierras y mató a sus hijos, abandonó Europa en busca de su *Utopía, de un mundo nuevo, libre y justo, donde podría realizar su sueño*:

> ... un mundo sin ricos ni pobres, sin poderes arbitrarios sobre la gente y sobre las cosas. [...] una comunidad en la que cada cual sería libre para pedir y recibir lo que necesitase de los demás, sin otra obligación que la de dar a cada uno lo que a él le pidiesen. Cada hombre sería libre de hacer lo que más le gustase, puesto que todas las ocupaciones serían, a la vez, naturales y útiles [121].[7]

El anciano, a quien le robaron todo en el Viejo Mundo, de su parte, les robó a los habitantes del Nuevo Mundo un pedazo de su tierra donde construyó su casa, considerándola propiedad absolutamente suya, que no quería dividir con nadie. No se interesó por incorporarse a un nuevo ambiente cultural, por causa de sus malas experiencias en el mundo europeo que abandonó, lo que, al fin, conduciría a su *eliminación* por parte de los indígenas:

> Sólo quiso arrebatar. Nada quiso ofrecer [...] Levantó un adoratorio para él solo. Quiso adueñarse de un pedazo de la tierra. Pero la tierra es una divinidad y no puede ser poseída por nadie. Es ella la que nos posee [394].

El segundo, muy joven, abierto a las impresiones nuevas de un mundo antes desconocido, sin opinión preconcebida referente a otras culturas, fue recibido con los brazos abiertos. Con la muerte del viejo los indios exterminaron, simbólicamente, a Cristóbal Colón, Hernán Cortés, Francisco Pizarro, a todos los descubridores blancos que les robaron sus tierras, sus mujeres, sus dioses, su vida y su cultura. En la persona del joven Peregrino reciben, de nuevo, a Quetzalcóatl, su buen dios desaparecido, que les dio la vida, el maíz y su cultura. Ambos, el viejo y el joven, abandonaron Europa en busca de su *Utopía*, tema preferido en la literatura del Renacimiento europeo. En América, el *no lugar*, deseado ya antes de ser descubierto, representante de un mundo de armonía, igualdad y justicia para todos los hombres de todas las razas, no podía ser realizado el *Paradiso de libertad*,

---

[7] Véase Fuentes, *Terra Nostra*. En adelante citaré sólo con el número de página.

igualdad y fraternidad de algunos *utopistas*, frente a la realidad de las *Topías*, los sí lugares, representados por las naciones del Viejo Mundo y sus sistemas imperialistas y antidemocráticos transplantados en el Nuevo Mundo.

El Peregrino en *Terra Nostra*, en su persona, reúne todos los elementos que iban a formar parte de la futura cultura latinoamericana. Tiene rasgos característicos que permiten identificarle, al mismo tiempo, no sólo con *el conquistador, sino también con el conquistado.* En su persona están unidas, simbólicamente, las fuerzas malas y buenas de las dos culturas opuestas, representadas, una vez, por Hernán Cortés y Bartolomé de Las Casas, otra, y en el sentido mitológico, por Tezcatlipoca y Quetzalcóatl.

El Peregrino, al terminar su peregrinaje visionario a través de la historia española y azteca, que comenzó con el Descubrimiento de América en 1492 y lo conduciría, casi treinta años más tarde a la destrucción de México y la derrota del imperio azteca, se siente horrorizado frente al destino inevitable de este Nuevo Mundo. El Peregrino es *invasor y mesías al mismo tiempo*, y, en última consecuencia, *representante* y *creador de una nueva raza mestiza* representada, en la novela, por los veinte muchachos y muchachas indígenas muertos que él hizo volver a la vida por sus lágrimas, y que, más tarde, le saludaron como el *Esperado* y como *Temido* al mismo tiempo. Estos muchachos y muchachas, "nacidos de los huesos arrebatados a la pareja de la muerte, color de la canela como todos los pobladores de esta tierra" le hablan al Peregrino: "...con acento más dulce que el nuestro, sin perder sus tonos de pajarillo cantarín [...] desde sus primeras palabras [...] en nuestra propia lengua, la lengua [...] de la tierra castellana"(456). A través del itinerario visionario (realidad y sueño al mismo tiempo) del Peregrino, Fuentes destaca, sobre todo, la complejidad y el valor propio de las culturas indígenas, criticando, al mismo tiempo, la Conquista de América como un proceso de intrusión cruel que no se justifica. Lo que el *anciano Pedro* no entendió, la heterogeneidad en el concepto del mundo azteca y europeo, lo reconoció, más tarde, el Peregrino:

> Amé a ese pueblo en el recuerdo [...] pues a mí mismo, que de memoria carecía, lo identifiqué. Y le perdoné la muerte de mi viejo Pedro, pues comprendí que su intrusión, como la mía, había interrumpido el orden consagrado de las cosas y los tiempos; no nos odiaban: temían que nuestra presencia quebrase los perfectos ciclos de mundo del miedo, de la pasajera felicidad y la constante zozobra; temblé pensando que nuestras medidas de duración, fortaleza, supervivencia, derrota y triunfo de nada valían aquí, donde todo renacía cada día y todo perecía cada noche; temblé pensando en el encuentro de nuestras concepciones enérgicas de la duración con éstas, flor de un día, marchita prisa, incierta esperanza. [...] La intrusión de un hombre blanco en estas tierras no sólo bastaba; sobraba [424].

La contradicción de dos culturas opuestas, la europea y la americana, de dos religiones, la cristiana y la azteca, y su posible integración en una nueva cultura autónoma americana, también es el hilo en *Cristóbal Nonato*.

México, tierra de nuestra señora Malinche, traidora y madre del primer mestizo mexicano, y tierra, también, de nuestra señora de Guadalupe, dominado por el capitalismo norteamericano y gobernado por las mismas fuerzas feudalistas o antidemocráticas, dentro de un espacio de quinientos años, no se ha encontrado a sí mismo, estando siempre en busca de su perfil nacional propio. El 6 de enero de 1991 fue creado CRISTÓBAL PALOMAR por sus padres en la playa de Acapulco, frente al Pacífico, nacimiento programado para el día 12 de octubre de 1992, exactamente a las 0:00 horas, quinientos años después del Descubrimiento de América por su famoso antepasado Cristóbal Colón. Este niño —así lo dice el manifiesto del concurso del gobierno mexicano:

> será proclamado HIJO PRÓDIGO DE LA PATRIA, su educación será proveída por la República y dentro de dieciocho años le serán entregadas las LLAVES DE LA REPÚBLICA, premio a su instalación, al cumplir los veintiún años, como REGENTE DE LA NACIÓN, con poderes de elección, sucesión y selección prácticamente omnímodos [13-14].[8]

Cristóbal Nonato es un análisis crítico de la sociedad mexicana, la vida política, social y económica en el México de los años setenta y ochenta después de la sangrienta revuelta de 1968, año en que nació el padre de Cristóbal Palomar. Los pocos que poseen el poder político y económico —como Federico Robles Chacón, hijo de Federico Robles, banquero arruinado, y Hortensia Chacón, ambos protagonistas de otra novela de Fuentes, *La región más transparente*— siguen determinando la suerte nacional, según las normas tradicionales de una oligarquía de pocos ricos y poderosos frente a un pueblo oprimido y mal informado. Para calmar al pueblo y desviar su atención de los negocios estatales, Robles Chacón le da una nueva patrona, *Madre Santa, Nuestra Señora Mamadoc*: "A ella se le perdonaría todo, ése era el asunto. El triunfo del pueblo sería ver en ella todo lo que ellos no tuvieron [...] Ella sí podría admitir, y sublimar en nombre del sistema, toda la corrupción del sistema..." (44-45). Mamadoc proclamaría al Hijo de la República, "el odioso infante que naciera el 12 de octubre, para inaugurar, él sí, la dinastía mexicana de los Cristóbales, colonos colonizados, ya no más necesidad de elecciones [..] sucesiones, norreelecciones, se acabó: ..." (46). Son siempre ellos, los *Robles*, en *La Muerte de Artemio Cruz*, en *La región más transparente*, en *Cristóbal Nonato* quienes

---

[8] Véase Fuentes, *Cristóbal Nonato*, en la bibliografía. En adelante las citas se anotarán con el número de página.

representan el sistema feudal trasplantado de la España del siglo XVI al Nuevo Mundo americano; sistema que ni el movimiento de la Independencia en el siglo XIX, ni la Revolución de 1910 pudieron eliminar para siempre. La oligarquía de los poderosos y los ricos impidió, con éxito, una verdadera democratización de la nación mexicana y el nombramiento de un nuevo Cristóbal Colón, como "Virrey-Presidente" en 1992, significaría el estancamiento de un sistema político-social que ya tenía una tradición de quinientos años.

El México feudal es parte —¡subdesarrollada!— de las civilizaciones occidentales, del *Atlántico* "...cuna y prisión, madre y madrastra del mundo durante cinco siglos" (543). El Nuevo Mundo a descubrir —para el Cristóbal de 1992— podía ser el del *Pacífico*, el mundo de las civilizaciones orientales. Así lo dice el *Niño Perdido*, que regresó a México para encontrar a los padres de Cristóbal Nonato en la playa de Acapulco, muy breve antes del nacimiento de su hijo: "...vamos a Pacífica, el Nuevo Mundo ya no está aquí [...] celebren el quinto centenario dejando atrás su viejo mundo de corrupción, injusticia, estupidez, egoísmo, arrogancia, desprecio y hambre..." (543).

La nueva *Utopía-Pacífica: una sociedad sin diferencia de clases y razas*, sólo conducida por el deseo de *compartir* en vez de *dominar*. Una sociedad ideal, ¿quizás demasiado utópica? El *Cristóbal de 1992*, así lo deciden sus padres, antes de dirigirse al *descubrimiento de Pacífica*, tiene que cumplir la tarea civilizadora empezada por los mejores entre los descubridores, conquistadores, misioneros del Nuevo Mundo a partir de 1492: *los mexicanos de 1992*, sobre todo, debían identificarse con América Latina, ser ellos mismos, como lo expresa Ángel, el padre de Cristóbal Nonato:

> ...no quiero un mundo de progreso que nos capture entre el Norte y el Este y nos arrebate lo mejor del Occidente, pero tampoco quiero un mundo pacífico que no mereceremos mientras no resolvamos lo que ocurre acá adentro,[...], con todo lo que somos, bueno y malo, malo y bueno, pero irresuelto aún; mujer, hijo, llegaremos a Pacífica un día si antes dejamos de ser Norte o Este para ser nosotros mismos con todo y Occidente [555].

En este sentido el Cristóbal del año 1992 en la novela de Carlos Fuentes aún NONATO, está ya programado para cumplir la tarea que empezó el del descubrimiento en 1492 (¡sin saberlo!): *realizar* LATINOAMÉRICA *—nada más, nada menos.*

CONCLUSIONES

Cierto que este resumen muy comprimido no puede corresponder a un análisis fundamental del tema en cuestión. No es esto posible dentro de un espacio tan limitado. Las novelas de A. Carpentier, M.A. Asturias y C.

Fuentes, aquí analizadas bajo un aspecto muy especial, el de las imágenes del europeo —invasor cruel, egoísta e intolerante frente a civilizaciones extrañas y, en su entender, bárbaras—, son ejemplares para una literatura que, tardíamente, en el siglo XIX comenzó a ocuparse del problema de la autodefinición de las naciones latinoamericanas. Si Carpentier, en *El arpa y la sombra*, trata el *desmontaje* de la glorificación del descubridor y de la estimación exagerada de los valores civilizadores y culturales de los europeos, Asturias, en *Maladrón*, además de criticar, también, el materialismo del descubridor, subraya la necesidad de la *asimilación* del descubridor a las condiciones del mundo por él Descubierto, viendo, solamente, en la simbiosis de dos culturas opuestas el nacimiento de una nueva cultura autónoma en América Latina. Tenemos aquí, en estas dos novelas, el doble aspecto, negativo y positivo, del descubrimiento de América: por un lado, la conquista como destrucción y explotación, por otro lado, como comienzo de una nueva cultura mestiza, siendo el último, el aspecto del *continente mestizo*, para muchos latinoamericanos, sobre todo a partir de la Independencia en el siglo XIX, *el rasgo más importante de autodefinición*.

Ese doble aspecto de la Conquista, también se encuentra en *Terra Nostra*. Por un lado, en las *visiones* del descubridor/descubierto, del *Peregrino-Cortés/Peregrino-Quetzalcóatl*, representantes de dos culturas diferentes de valor propio, y, por otro lado, en los veinte muchachos y muchachas, primeros representantes de una raza mestiza. También en *Cristóbal Nonato* tenemos esa contradicción, la alusión a un materialismo fatal, antes practicado por los descubridores europeos, y, después de parte de un neocolonialismo norteamericano y sus partidarios latinoamericanos. El *Cristóbal* del año 1992 se verá enfrentado a cumplir su misión cultural, es decir, de identificarse, al final de quinientos años con el *ser latinoamericano*, dejando de ser, preferentemente, una copia de la cultura materialista y feudal de Europa (como a partir de 1492), así como del materialismo y neocolonialismo de la América del Norte, practicados por los *Robles* en el México de 1992.

BIBLIOGRAFÍA

Asturias, Miguel Ángel, *Maladrón*, Madrid, Alianza Editorial, 1984.
Carpentier Alejo, *El arpa y la sombra*, Madrid, Siglo XXI Editores, 1979.
Fuentes, Carlos, *Cristóbal nonato*, Madrid, 1988.
——, *Terra Nostra*, Barcelona, Seix Barral, 1979.
Simson, Ingrid, *Realidad y ficción en «Terra Nostra» de Carlos Fuentes*, Frankfurt, Vervuert Verlag, 1989.
Varela, Consuelo (ed.), *Textos y documentos completos de Colón*, Madrid, Alianza Editorial, 1984.

LA SEGUNDA VERSIÓN DE UNA CRÓNICA MESTIZA EN LOS *ZORROS* DE ARGUEDAS

Rita de Grandis
Université de Montréal

Entre los diversos problemas e interrogantes que la escritura de los *Zorros* plantea, debemos considerar el de la traducción, no ya desde el ámbito de la lingüística antropológica o tipología lingüística, ni tampoco desde el llano y técnico ámbito de la traducción, sino más bien desde el dominio de la literatura, específicamente el de la teoría literaria contemporánea. El aspecto que analizaremos es el de la relación entre la traducción y la producción de un texto de ficción.

Si la intertextualidad es el principio constitutivo de todo texto, las palabras de un texto tienen por referente no objetos del mundo real, sino otras palabras de otros textos. La traducción debe entonces reproducir lo que las palabras *presuponen*, más que el sentido o significación que el léxico les otorga. La traducción debe buscar en la lengua a la que hay que traducir, códigos equivalentes pero no idénticos al texto de origen.

El punto de partida de nuestra hipótesis es que el proyecto novelesco titulado *El zorro de arriba y el zorro de abajo* (1971) se generó a partir de la traducción de un manuscrito quechua, que comienza así: "Runa yndio ñiscap...", en el cual aparecen los zorros como figuras míticas. Arguedas, en calidad de etnólogo y folklorista, realizó, en colaboración con el investigador francés Pierre Duviols, la primera traducción directa al español y le dio el título de *Dioses y hombres de Huarochirí*. El zorro de arriba y el zorro de abajo remite directamente a una de las leyendas, recogida en el capítulo 5 de la antología, que se titula "Como antiguamente pareció Pariacaca en un cerro llamado Condorcoto y lo que sucedió", única instancia en la que aparecen estos animales como personajes míticos.

Si la escritura de los *Zorros* puede ser leída como una versión de la traducción del capítulo 5 del manuscrito quechua colonial, dicha versión estaría más orientada hacia el discurso de ese patrimonio cultural y lingüístico que hacia la lengua como estado determinado de un sistema lingüístico particular; en otras palabras, la traducción del manuscrito sería estrictamente lingüística, hecha desde un punto de vista técnico, en tanto que la incrustación con el contexto novelesco de *El zorro de arriba y el zorro de abajo*, sería una traducción orientada hacia el discurso, hacia el componente interpretativo, hacia los presupuestos que rigen tal o cual interpretación. Esta segunda versión se presenta como un encuentro, el segundo (el primero es el de las leyendas) encuentro que pone en juego el sentido de la versión de fines del siglo XVI, atribuida a un sacerdote cuzqueño, Francisco de Ávila, quien ha sido considerado como el primero en recoger y transcribir dichas leyendas, constituyéndose así en el primer autor del primer borrador, es decir, primera versión de las mismas. Dicha recopilación se realizó con el objetivo de eliminar la hechicería en las prácticas rituales de los indígenas de la zona de Huarochirí. El manuscrito con el que trabajara Arguedas y Duviols no tenía título y se había conservado junto con otros papeles del padre Ávila en el volumen 3169 de la Biblioteca Nacional de Madrid. Entre estos papeles se encontraba una traducción incompleta de algunas secciones del manuscrito. Éste fue editado parcialmente por Hermann Trimborn en Leipzig, en 1939, con dos traducciones, una al alemán y otra al latín y, de la versión latina se hizo una traducción al español. La edición completa y revisada estuvo a cargo del Museo Nacional de Historia y del Instituto de Estudios Peruanos, en 1966, con la primera versión directa al castellano que fue encomendada a Arguedas, quien la tituló y organizó de la manera en que la conocemos actualmente y que la crítica ha calificado como el "*Popol Vuh* de la antigüedad peruana".[1]

Este manuscrito plantea algunos problemas para la reflexión moderna sobre la traducción. Debemos considerar, entre otros, el lugar que ocupa la traducción de una de las lenguas ancestrales, el quechua en este caso, en la cultura peruana de los años setenta, la incidencia que dicho fenómeno tiene en la práctica literaria, en la lengua hegemónica y, el papel de la traducción en el campo de la historia nacional.

Aparentemente, la redacción del manuscrito fue una tarea colectiva; el padre Ávila trabajó en colaboración con otros. George Urioste señala que el escriba que transcribió el manuscrito en su forma definitiva se identifica en el folio 91R como "Thomás". Se asume que éste no realizó más que el arreglo en páginas (de 36 renglones cada una). Ávila fue el supervisor de la redacción y el responsable de la elección de tal o cual vocablo. El manuscrito no nos llegó como un texto oral, sino como uno escrito, y, en el proceso del traspaso a la escritura de testimonios orales de varios informantes (seguramente nuevos cristianos convertidos, tal vez monolingües quechuas), se revela la participación reconceptualizadora de un corrector,

---

[1] Véase el prólogo de Ángel Rama (Arguedas y Duviols, 1975).

Ávila en nuestro caso. Creemos, contrariamente a lo postulado por Lienhard,[2] que el manuscrito no es una crónica indígena como él asume sino más bien mestiza. Una crónica mestiza para Lienhard evidencia escasa o nula intervención del recopilador. Creemos demostrar en este trabajo que en el manuscrito de Huarochirí hay amplia intervención e injerencia del corrector o recopilador.

El primer aspecto que nos llama la atención es el de la transcripción. Estamos frente a la traducción de una lengua oral, es decir, una lengua sin un sistema de escritura. La transcripción y subsecuente traducción del quechua se vio sometida a la latinización del alfabeto latino.[3] El quechua sería una lengua empírica, si como afirma Antoine Berman,[4] siguiendo los postulados de Walter Benjamin en "La Tâche du traducteur", una lengua pura es un concepto idealista que tiene que ver con la intención metafísica platónica, de lengua pura, ideal, abstracta más que con la realidad empírica de las lenguas naturales. Arguedas señala en la introducción a *Dioses y hombres...*, que el manuscrito ya revelaba entonces, en 1500, una lengua impura, mezclada de una cantidad de vocablos del español que se utilizaban exactamente de la misma manera que los emplean los hablantes monolingües (minolingües quechuas).

Recontruyendo el momento de producción del manuscrito, observamos que la recolección y transcripción latinizada de estas leyendas indígenas se efectuó en el contexto de la evangelización. En un plano más general, la transcripción del padre Ávila se realizó como otra de las actividades que pasarían a constituir el Archivo de la Conquista y Colonización, crónica del traspaso de culturas, testimonio del proceso de aculturación, huella del fenómeno de desacralización de las lenguas ancestrales frente a la centralización y consagración de una lengua hegemónica, la de la Corona.

Para Arguedas, la versión del padre Ávila sería una mala traducción en el sentido que Antoine Berman otorga a este término, esto es, una traducción que bajo la apariencia de transmisibilidad opera una negación sistemática de lo que le es ajeno. El castellano "limpio" y "florido" de los humanistas no se correspondía con la "oralidad" y la "espontaneidad" del hablante indígena autor del manuscrito quechua.[5] Y no sólo la diferencia de estilo o niveles de lengua hace que la versión primigenia no corresponda

---

[2] Véase Lienhard, 1983.

[3] George L. Urioste considera que la rendición grafo-fonemática del alfabeto español es insuficiente, en particular porque hay tres rasgos fonológicos del quechua que no tienen representación gráfica en el alfabeto hispano. Véase Urioste, "Tradition in the Huarochirí Manuscript" (Adorno: 101-108).

[4] Véase Berman, 1986.

[5] Véase la introducción a *Dioses y hombres...* (Arguedas y Duviols, 1975).

con el "espíritu" del manuscrito, sino que esa diferencia de estilos de lengua remite a otra mucho más crucial y que está relacionada con la lógica subyacente en conflicto. Para Arguedas, el padre Ávila, paradójicamente, al transcribir y parcialmente ensayar una traducción de esas leyendas que ofrecen un cuadro de la mitología y de los ritos de esa cultura en ese momento de su historia, no había hecho otra cosa que contribuir a la destrucción de esos valores, al enmarcarlos y adaptarlos al código ritual judeocristiano. Un presupuesto de censura a dichos ritos subyace a lo largo de la colección.[6] Urioste agrega que de los 33 capítulos o secciones que constituyen el manuscrito, algunos de ellos están dedicados a la llegada de los europeos y al conflicto entre sistemas religiosos de ambos grupos (capítulos 18 al 21). Ha podido constatar también que en la elección de los vocablos que rigen la descripción de las partes del cuerpo vinculadas a lo sexual, se evidencia la conceptuación judeocristiana. Los hispanismos o latinismos elegidos revelan una moral cristiana. El corrector del manuscrito tuvo una actitud de censura frente a la descripción de aquellas partes del cuerpo relacionadas con el sexo, por ejemplo, *ollonchicta*, "nuestro penis", está tachada y remplazada por *pincayninchicta*, que es traducción literal del vocablo latino "pudenda".

También se evidencia una actitud condenadora en las palabras elegidas para referirse al coito, agrega Urioste. A lo largo del manuscrito, coito está traducida por *hochallicoy* que literalmente significa culpar y está relacionada con peccare. Esta reconceptuación alcanza también uno de los tres grupos en que Urioste divide el léxico, el de vocablos quechuas con equivalentes en español. Frank Salomon por su parte agrega que en algunos de estos casos, el traductor prefirió remplazarlos por su equivalente en español, por ejemplo, el servidor de *Llucilay Huancupa* es llamado *sacerdote*, aun cuando en el texto quechua se explique en otras partes la terminología quechua apropiada para dicho papel. La objeción de Arguedas a la versión de Ávila no pasa por la lengua, sino más bien por el discurso, por lo que las palabras presuponen más que por lo que dicen, nombran y fijan. La versión del

<hr/>

[6] Véase el capítulo correspondiente a Urioste (Adorno, 1982). Por su parte, Frank Salomon señala que Ávila también escribió un *Tratado y relación de los errores, falsos dioses, y otras supersticiones y ritos diabólicos en q[ue] vivían antiguamente los Y[ndi]os de las de Huarochirí, Mama y Chaclla y oy también viven engañados con gran perdición de sus almas,* que contiene relativamente el mismo material mítico. La relación entre los dos trabajos es un aspecto muy importante que debemos tener en cuenta para dilucidar la injerencia de la toma de posición ideológica del tratado sobre el manuscrito. Recuérdese que Ávila es conocido por haber seguido a los que practicaban la religión andina. Véase Salomon en la bibliografía. Dejamos constancia de que en el estudio preliminar a *Dioses y hombres...*, Arguedas no considera este tratado como algo distinto del manuscrito sino como una "traducción incompleta" (para Rama "versión libre") de los siete primeros capítulos del mismo, inéditos a la muerte de Ávila.

padre Ávila presupone *afirmativamente* que es posible hacer un balance entre lo propio y lo ajeno; mientras que la versión de Arguedas materializada en los "zorros" pondría el acento en lo ajeno, en lo que no pertenece a la lengua, en lo que al intentar traducir por medio de equivalencias lingüísticas se censura. Para Arguedas una verdadera traducción debe dejar una marca de lo "intraducible"; de esta manera su versión se acerca mucho más a poner de manifiesto esa intraducibilidad en términos de conflicto de valores de al menos dos discursos religiosos diferentes.[7] Si para Ávila es posible establecer un código de equivalencias entre dos sistemas lingüísticos tan diferentes como el del quechua y el del español, para Arguedas la tarea del traductor debiera ser más bien la de buscar un código que explique las diferencias. La visión utópica de Arguedas lo lleva a creer que es posible devolverle al quechua un estado de pureza que ya no tenía en el momento de la recolección de las leyendas. Como demostraremos, la incrustación de una segunda versión de la leyenda de zorros en el marco de su último relato, se explicaría como un intento de reconstruir a partir de la escritura de ficción y no de la de un lingüista antropólogo, el original, el texto de origen, puro, previo a la primera versión. Arguedas quiere reinstaurar esas figuras míticas en su significación anterior a toda previa recolección, transcripción y traducción; quiere restituir la lengua *pura* del quechua. Lo que tenemos, sin embargo, es una lengua impura, mezclada de vocablos que no le pertenecen y una grafía inventada; a ello le corresponde a su vez una hibridez discursiva que afecta al contenido en el sentido tradicional del término, también impuro. Las leyendas recogidas en *Dioses y hombres de Huarochirí*, no son tan puras como podría creerse. Tanto en la traducción del capítulo 5 como en la versión del mismo incrustada en el relato que estudiamos se observa una mezcla de dos códigos religiosos diferentes; la leyenda de los zorros contiene un alto índice de cristianización. Los zorros intentan explicar el pecado de la humanidad. Aparece la noción de pecado, como resultado del sexo femenino y la figura de Cristo evocada en el zorro pobre Huatyacuri. La conclusión que extraemos es que hay una imposibilidad empírica de restituir el texto original, de devolverle al manuscrito un estado de pureza que nunca tuvo. Si toda traducción se debate entre la fidelidad y la traición al original, como afirma Antoine Berman, el intento de fidelidad absoluta de las versiones de Arguedas se convierte en una ilusión, inalcanzable, a través del trabajo de la escritura.

El problema de traducir lenguas ancestrales está íntimamente vinculado al problema de la identidad lingüístico-cultural. La situación lingüística

[7] Para el concepto de intraducible véase Berman, 1984.

del Perú no es una de bilingüismo (ya sea quechua-español o aimara-español) sino una de multilingüismo, y consecuentemente, pluricultural. Este fenómeno ha sido descrito en términos de diglosia (Ballón), es decir, las interferencias discursivas realizadas en una lengua que contiene elementos de otra y viceversa. Tal es la situación de la diglosia peruana en que los hablantes no advierten las interferencias al mezclar los sistemas en forma plena y continuada en sus discursos cotidianos. Este fenómeno es aún más extremo[8] en el Perú; Ballón lo define como uno de "heteroglosia" o "diglosia de masa",[9] es decir, como una práctica en la que confluyen etnolectos y sociolectos que originan a su vez situaciones sociolingüísticas muy variadas. Ésta es la situación que Arguedas intenta reconstruir, lingüística y discursivamente, con sus dos versiones de la leyenda de los zorros.

Un fenómeno de características comparables al descrito por Arguedas es el de la literatura judía de Varsovia y Praga en el caso de Kafka. Deleuze y Guattari lo describen en términos de *littérature mineure*, es decir, como una práctica literaria desvalorizada socialmente dentro de una comunidad lingüística mayor, que es la que establece la hegemonía, en este caso el alemán. La noción de *littérature mineure* se caracteriza fundamentalmente y, en primer lugar, por el alto coeficiente de diglosia. La comunidad lingüística que sufre de diglosia no tiene acceso a la escritura en la lengua hegemónica. En nuestro caso, los mestizos del Perú, tanto aquéllos del siglo XVI como los de hoy, no tuvieron (ni tienen) acceso a la escritura; el informante quechua y el mestizo de hoy hablan una lengua "subestándar" que sólo subsiste oralmente. La literatura se transforma entonces en algo imposible para esa minoría. Así como el alemán de Praga y el americano de los negros de Estados Unidos son lenguas contaminadas, llenas de vocablos y estructuras extrañas, el castellano de los mestizos peruanos aparece como una lengua "desterritorializada", es decir, invadida en su uso por elementos de otras lenguas. Como segunda característica, una literatura de este tipo adquiere carácter político. Si en una literatura hegemónica lo individual es predominante y lo social aparece como telón de fondo, en una literatura menor, lo individual está conectado a lo social. El aspecto político contamina el proceso de enunciación. La saga escritural de Arguedas es la de toda una colectividad marginada, Chimbote es el centro y no el telón de fondo. Finalmente, en una literatura de este tipo el escritor

---

[8] El concepto de diglosia, a diferencia del de bilingüismo, supone una relación de inferioridad sociocultural de una de las lenguas en uso con respecto a otra. Consúltese a Dubois.

[9] Ballón Aguirre opta por el término "heteroglosia" (tomado de Bajtin) para distinguirlo de "poliglosia" o "multiglosia"; según él, ofrece coherencia nocional en su paradigma teórico-metodológico (25, nota 24).

asume un papel colectivo, representa a su comunidad; su escritura es una respuesta a la marginación institucional a que dicha comunidad se ve sometida. Toda la problemática de la marginación institucional se verá representada en la polémica con el *boom* inscrita en los diarios. La producción indigenista no es legitimada por el fenómeno *boom*.

Cabe ahora preguntarnos qué lugar ocupa la traducción del quechua en la cultura peruana de los años sesenta. La traducción de textos quechuas al español se articula con uno de los proyectos de resonancias interculturales e interlingüísticas de una izquierda intelectual universitaria y académica, dentro del campo cultural vinculado a la literatura peruana hegemónica, en español. Proyecto de constitución de una cultura nacional indoamericana cuyas raíces son políticas y sociales y cuya filosofía está marcada por el pensamiento de Mariátegui. La traducción de las lenguas ancestrales tiene que ver con la situación de la cultura indígena, heredera de la cultura del incanato en el seno de la sociedad peruana contemporánea.

A partir de los años cincuenta se incrementaron los estudios sobre el sector mestizo, debido a los intensos movimientos migratorios que desencadenan, en este periodo, los planes carreteros, lo que estimula la migración masiva hacia la capital y las ciudades industrializadas de la costa, de una importante cantidad de serranos. El último texto de Arguedas es un documento importante en la construcción de una cultura mestiza integrada. La segunda versión de los zorros nos muestra un eslabón más en la historia de ese mestizaje.[10]

SEGUNDA VERSIÓN DE LOS *ZORROS*

Los zorros aparecen sólo en dos ocasiones como figuras míticas, con apariencia propia y bajo nombres propios, al final del primer diario y al final del capítulo uno. Al final del primer diario el diálogo que tienen está en español con alguna incrustación de vocablo quechua (*ima sapra*, "serpiente amaru"). Se describe a una prostituta; hay sincretismo lingüístico y religioso ("serpiente" y "Virgen" frente a *amaru* e *ima sapra*). Se concilian dos tradiciones religiosas, aparecen la una junto a la otra. Los zorros son aquí personajes masculinos; aparece también "zorra" con contigüidad semántica, como prostituta, órgano sexual femenino:

---

[10] Silverio Muñoz considera que el pensamiento de Arguedas sufre una involución debido al influjo del "culturalismo" y que la lucha de clases se resuelve de manera anacrónica gracias a la mediación de una cultura mestiza. Nuestra perspectiva de trabajo no se coloca en este plano sino más bien en el carácter ambiguo y contradictorio de la escritura.

A nadie pertenece la "zorra de la prostituta", es del mundo de aquí, de mi terreno.

Flor de fango, les dicen. En su "zorra" aparece el miedo y la confianza también [pág. 32].

Por extensión semántica, y a lo largo de todo el relato, va a indicar lugar geográfico, bahía, específicamente la bahía Chimbote y prostíbulo, es decir, lugar como prostíbulo y como lugar geográfico.

Al final del primer capítulo, aparece la novedad de los zorros: estamos frente a la presencia del original,[11] evocación directa del manuscrito. Los zorros sostienen una conversación en español con su contrapartida quechua adjunta, que contiene incrustaciones en español.[12] Estos zorros evocan el motivo del origen tanto incaico como cristiano; intentan explicar el origen y razón de las cosas.

Entre los múltiples significados que pueden otorgárseles a estos zorros, nos detendremos particularmente en uno, los zorros como metáfora de una traducción mestiza, esto es, como muestrario de la diglosia lingüística y cultural de Chimbote. El lenguaje de los zorros en el contexto general de la novela es siempre metafórico, evocador de otra realidad además de la nombrada. La sección de los zorros es mínima, a pesar de la intención explícita de Arguedas de hacerles ocupar el espacio mayor (de ese intento sólo nos resta el título como marca de esa voluntad totalizadora). El espacio mayor lo ocupan los diarios y, el segundo, la narración documental sobre Chimbote. La dinámica entre estas tres partes ha sido descrita por Lienhard,[13] quien considera a los zorros una modalidad intermedia entre los diarios y el relato documental sobre Chimbote; a la imposibilidad de escribir los diarios le sucede la inclusión de los zorros y, cuando se materializa el relato sobre Chimbote desaparece el diario.

Desde nuestra perspectiva de trabajo, y sin invalidar la caracterización de Lienhard, consideramos que la articulación de las tres partes está relacionada también con el acto de traducir. Los diarios se organizan en torno a los comentarios sobre las dificultades del proyecto de los *Zorros*, proyecto de traducción y de escritura dentro de una comunidad lingüística escindida y, la narración documental, se despliega como un muestrario discursivo de la diglosia como fenómeno que pertenece tanto al discurso

---

[11] Hensey Fritz propone el término *trans-form* para indicar esa co-presencia del original que simula una rendición homológica entre el original y su traducción. En nuestro caso, esa aparente homologación tiene como efecto poner de relieve las diferencias de las versiones, esto es, la segunda, aparentemente diferente del original.

[12] La crítica de tipo estructuralista se ha referido a este fenómeno como uno de sintaxis defectuosa sin reparar en el fenómeno sociolingüístico.

[13] Lienhard, 1981.

como a la lengua. Resta en el medio un simulacro de original, extractos de manuscrito, que nos hacen pensar en la realidad lingüística del texto, en su estructura, su tono, su especificidad; original potenciado, "transformado" por la actividad del traductor que ensaya una versión a la vez independiente y dependiente del original; versión que pone en evidencia la dificultad de saber lo que pertenece al traductor y lo que pertenece a la lengua.

Una lengua compensa este fenómeno de diglosia, este estado de descomposición de la lengua a través de una "reterritorialización" por medio de la escritura –afirman Deleuze y Guattari. Este procedimiento implica la invención de una escritura que incluya un vocabulario aparentemente disecado, extrapolado; una sintaxis incorrecta y una fonología impura. Esa impureza gramatical es la huella de la palabra del Otro como incrustación conflictiva. En una lengua no hegemónica predominará lo connotativo sobre lo denotativo, lo metafórico sobre lo descriptivo. La lengua deja de ser descriptiva para señalar el margen, lo que es de afuera y, esos elementos marginados (*ima sapra, amaru*, etc.) se transforman en catalizadores de su condición de marginal. La producción literaria intenta, entonces, hacer de los elementos marginales su centro, su objeto de "creación". En la segunda versión de los zorros, la presencia del simulacro de original en quechua y la transcripción en español indican dos momentos del proceso de "reterritorialización" religiosa y, el español es la lengua vehicular y de la "reterritorialización" cultural.

Proyecto "neoindigenista" en el interior de la institución literaria con ejemplos contemporáneos más o menos paralelos en otras regiones, como el "negrismo antillano", el "revolucionarismo mexicano"; formulaciones locales de una problemática cultural en torno a definir lo nacional de una literatura; tendencia generalizada, "criollista", "localista", "nativista" que se desarrolló en América Latina con posterioridad al modernismo.[14] Como ya lo ha señalado la crítica, con este relato, Arguedas no sólo rompe con la tradición de las estéticas propuestas por el *boom*, sino en especial con la de su propia tradición, la indigenista. La traducción como proyecto de escritura nacional es la respuesta que se da desde este ámbito específico a la problemática histórico-cultural en este eslabón de su historia literaria. La segunda versión de los *Zorros* es asumida como una opción estética fundamentalmente regionalista.

La oscilación entre el diario y la sección de los zorros está vinculada a una cierta "ética de la traducción",[15] que consiste en definir y afirmar la

[14] Véase Martínez.
[15] Para Berman "...cette éthique positive suppose á son tour deux choses. Premierement, une éthique negative, c'est-a-dire une theorie des valeùrs idéologiques et littéraires qui tendent á détourner la traduction de sa pure visée. La Théorie de la traduction non ethnocentrique

fidelidad al texto de origen. La fidelidad al texto de origen no debe negar las diferencias entre las lenguas, por el contrario, una buena traducción deja ver lo extraño, lo que no pertenece a un determinado sistema lingüístico.

Asimismo, la fidelidad al texto de origen no niega las diferentes versiones históricas de un mismo texto. Entre la traducción del manuscrito y la segunda versión incrustada en los *Zorros* media un periodo en donde la ilusión de fidelidad se va esfumando.

La imposibilidad de realizar la novela, independientemente de la muerte de su autor, tiene que ver con la imposibilidad de traducir el estado diglósico de una lengua dentro de un sistema de escritura hegemónico. El estado incompleto del proyecto no sólo responde a los blancos dejados por la intraducibilidad de ciertos vocablos o estructuras que no tienen equivalencias, sino más bien a una concepción de traducción que implica obtener un texto definitivo. Sólo tenemos versiones, es decir, una versión implica otro texto, un doble y así indefinidamente. Cada versión es una posible lectura. La "fidelidad" en términos absolutos es otra de las ilusiones idealistas de la concepción romántica de la traducción. En nuestro caso tenemos tres versiones de la leyenda de los zorros; la del padre Ávila, como primera reconceptualización mestiza del legado incaico; la del etnólogo Arguedas como restitutiva lingüísticamente del manuscrito de Ávila y, la de *El zorro de arriba y el zorro de abajo* como muestrario discursivo de la diglosia cultural peruana de los años sesenta.

BIBLIOGRAFÍA

Adorno, Rolena (ed.), *From Oral to Written Expression. Native Andean Chronicles of the Early Colonial Period*, Syracuse, Syracuse University, 1982 (Foreign and Comparative Studies/Latin America Series, núm. 4).

Arguedas, José M., *El zorro de arriba y el zorro de abajo*, Buenos Aires, Losada, 1971.

—— y Pierre Duviols, *Dioses y hombres de Huarochirí*, México, Siglo XXI, 1975.

Ballón Aguirre, E., "La identidad linguocultural peruana: bilingüismo y diglosia", manuscrito, 1987.

Berman, Antoine, "La traduction et ses disours", *Cahiers, Confrontations,* 16 (1986), pp. 83-95.

——, *L'épreuve de l'étranger*, París, Gallimard, 1984.

Deleuze, G. y F. Guattari, *Kafka: pour une littérature mineure*, París, Éditions du Minuit, 1975.

Dubois, J. *et al.*, *Dictionnaire de lingüistique*, París, Larousse, 1973.

est aussi une théorie de la traduction ethnocentrique, c'est-a-dire de la mauvaise traduction. J'apelle mauvaise traduction la traduction qui, généralement sous couvert de la transmissibilité, opere une négation systématique de l'étrangeté de l'oeuvre étrangere" (*L'épreuve* , 17).

Fritz, Hensey, "Palimpsests, Transform, and the Presence of the Original", *Dispositio*, 7 (1982), pp. 229-237.

Lienhard, M., *Cultura popular andina y forma novelesca*, Lima, Tarea/Latinoamericana Editores, 1981.

——, "La crónica mestiza en México y el Perú hasta 1620: apuntes para su estudio histórico-literario", *Revista de Crítica Literaria Latinoamericana*, núm.17 (1983), pp. 105-115.

Martínez, José L., "Unidad y diversidad", en *América Latina en su literatura*, César Fernández Moreno (ed.), México, Siglo XXI, 1972, pp. 73-92.

Muñoz, Silverio, *José María Arguedas y el mito de la salvación por la cultura*, Mineápolis, Institute for the Study of Ideologies and Literatures, 1981.

Salomon, Frank, "Chronicles of the Impossible: Notes on Three Peruvian Indigenous Historians", en Adorno, pp. 9-39.

Urioste, George L., "The Editing of Oral Tradition in the Huarochirí Manuscript", en Adorno, pp. 101-108.

LA CRÓNICA DE LA MALINCHE EN *EL ETERNO FEMENINO* DE ROSARIO CASTELLANOS

ALICIA RIVERO-POTTER
The University of North Carolina, Chapel Hill

De acuerdo con Octavio Paz, el conquistador es el paradigma del macho. Ostenta:

> la agresividad, impasibilidad, invulnerabilidad, uso descarnado de la violencia, y demás atributos del "macho": poder. La fuerza, pero desligada de toda noción de orden [73]. [En cambio, Marina es] La Chingada [...] pasiva. Su pasividad es abyecta: no ofrece resistencia a la violencia. [...] Su mancha es constitucional y reside [...] en su sexo... [77].

En *El eterno femenino*, obra de teatro que se ha estudiado poco,[1] Rosario Castellanos cambia el papel de ambos personajes. En este texto, la Malinche es el instrumento de Cortés, pero es *ella* quien elabora las estratagemas que le permiten a él obtener y mantener el poder. Obra con plena conciencia de sus actos, a pesar de que no es totalmente libre, ya que es sierva y concubina de Cortés.

Paz asume que Malintzin-Malinche-Marina traiciona a México al ayudar a Cortés, como lo suponen varios historiadores:[2]

> El símbolo de la entrega es doña Malinche, la amante de Cortés. Es verdad que ella se da voluntariamente al Conquistador, pero éste, apenas deja de serle útil,

---

[1] Véanse Aponte, Eidelberg y Nigro.

[2] Acierta Franco cuando indica que "la épica nacionalista" justifica la conquista y derrota de México al atribuírselas a la traición de la Malinche (xviii-xix). Agrega que "The problem of national identity was thus presented primarily as a problem of *male* identity, and it was male authors who debated its defects and psychoanalyzed the nation..." Por tanto, "Under these circumstances, national identity could not but be a problematic terrain for women novelists, although it was not something they could avoid. How could they plot themselves into a narrative without becoming masculine or attempting to speak from the devalued position, the space of the marginalized and the ethnic, which was not the space of writing at all?" (131-132). A mi juicio, este dilema se nota en el modo en que Castellanos representa a la Malinche en sus obras; sin embargo, Castellanos reivindica el derecho de la Malinche a expresarse por sí misma y la transforma de "chivo expiatorio" en un agente activo de la conquista, según se verá.

la olvida. Doña Marina se ha convertido en una figura que representa a las indias, fascinadas, violadas o seducidas por los españoles. Y [...] el pueblo mexicano no perdona su traición a la Malinche [77-78].

En contraste con tal perspectiva de la Malinche, las obras de Castellanos nos ofrecen distintas facetas de esta complicada figura histórica. En *El eterno femenino*, Castellanos deja que sea la Malinche la que cuente los hechos, en vez de que otros lo hagan por ella. El tema básico de las obras de Castellanos es recuperar la voz femenina que la historia y la sociedad le negaban a la mujer.[3]

Señala Ahern con lucidez, que en *Poesía no eres tú*, "Malinche" y "Nazareth"

create voices from among the many silences that Castellanos detected in official history. These voices about whom patriarchal tradition has said so much now speak out for themselves. Thus Rosario Castellanos reversed Mexican myths as she searched for a historical and social place for women within a cultural tradition that silenced them. It is a theme for which she will find many variations.... [7].

Esto se constatará a continuación en *El eterno femenino*.

Cortés vocifera, en *El eterno femenino*, porque no pudo agarrar con vida al marinero que se quedó dormido en la bodega de una nave. El fuego que ocasionó su descuido destruyó el barco en el que se encontraba, junto con las demás naves. Marina aconseja satíricamente a Cortés: "Deberías ser más tolerante. El tabaco es un vicio que acaban de descubrir tus soldados. Es nuestra manera de corresponder al regalo de la sífilis que ustedes nos trajeron" (88). El intercambio cultural se vuelve mortífero para los españoles e indígenas, el fumar tiene consecuencias fatales en este caso; la enfermedad venérea, que no existía en el Nuevo Mundo antes de la llegada de los europeos y que mataría a muchos indígenas, es el resultado de la lujuria de los españoles. De hecho, la lascivia es una de las características de Cortés en *El eterno femenino*.

Ya que Cortés lamenta que no puede regresar a Cuba sin barcos, la Malinche lo espolea para que siga adelante con la conquista. Le indica que es mejor que haya desaparecido el marinero, pues "podía haber sido un testigo inoportuno". Le sugiere a Cortés, por medio de una pregunta, que se atribuya a sí mismo el haber arrasado los barcos: " ¿Por qué no aprovechas esta circunstancia para hacer correr el rumor de que tú, *tú*, quemaste las naves?" Cortés no entiende su razonamiento. La Malinche le tiene que explicar que es aconsejable: "Para cortar la retirada a Cuba. Hay en tu

---

[3] Como Ahern ha demostrado. Me fue muy útil "Reading Rosario Castellanos".

ejército muchos cobardes y uno que otro traidor que querían volver. Ahora no pueden hacerlo y no les queda más remedio que enfrentarse a los hechos" (89). Se sobrentiende que Cortés se arrogará la destrucción de los buques. En este ejemplo, Rosario Castellanos no se ciñe a los hechos históricos. Las *Cartas de relación* de Cortés y la *Historia verdadera...* de Díaz del Castillo contienen versiones diferentes de lo sucedido. Ni Cortés ni Díaz del Castillo, se refieren al fuego ni mencionan a Marina en conexión con estos incidentes. Por tanto, conviene cotejar las fuentes con el texto de Castellanos.

El preámbulo a la primera carta de relación indica que al llegar Cortés a Yucatán, procedente de Cuba, en 1519, quería conquistar a los indígenas; notó que algunos de sus soldados tenían miedo de acometer la empresa. Después de desembarcar a la tripulación, dio "al través con todas las armas y fustes de la armada, y [...] anegó y desbarató todas las naos" (41). Así ninguno podría rebelarse o regresar a Cuba. Proporciona más detalles la segunda carta: varios de los que querían abandonarlo eran partidarios de su enemigo, Diego Velázquez; otros estaban atemorizados por la fiereza de los nativos y por el pequeño número de españoles que osaban conquistarlos. Para que no lo abandonaran, fingió Cortés "que los dichos navíos no estaban para navegar" y "los eché a la costa por donde todos perdieron la esperanza de salir de la tierra" (84).

En los capítulos 50, 57 y, especialmente, 58 de su *Historia...*, Díaz del Castillo confirma lo que Cortés escribe y agrega otros pormenores. Recalca el papel que tuvieron los que eran fieles a Cortés en la destrucción de las naves. Aunque ya pensaba deshacerse de ellas, no lo hizo Cortés hasta que sus amigos vinieron a aconsejárselo, de acuerdo con el cronista.

La Malinche revela, en *El eterno femenino*, las circunstancias que la llevan a colaborar con Cortés. Lo convence de que le quite "a Moctezuma el sillón con respaldo y la vara de autoridad" (91), para que Cortés sea monarca en vez del azteca. Afirma que al aliarse con Cortés no es desleal a Moctezuma porque no era vasalla del emperador azteca, sino de un jefe maya. Moctezuma había sido injusto con sus súbditos; merecía ser derrotado: "No soy una vasalla de Moctezuma porque salí del poder del señor maya que le paga tributo[...] Moctezuma[...] [e]s un amo cruel" (90). La Malinche le indica a Cortés que el imperio azteca está desmoronándose y que debería aprovecharse de ello para derrocar a Moctezuma: "Muchos lo odian. Ese imperio, que tú ves alzarse ante ti como una gran muralla, está lleno de cuarteaduras. Por cualquiera de ellas podrías infiltrarte con tu ejército" (90).

En las *Cartas de relación* y la *Historia verdadera...*, es Cortés quien se percata, implícitamente, del deterioro del imperio y se propone utilizarlo con provecho. Es él quien, por cuenta propia, decide derrocar a Moctezuma. Tanto las *Cartas* de Cortés como la *Historia* de Díaz del Castillo concuerdan en la tiranía que ejercía Moctezuma hacia los pueblos que había subyugado. Los de Cempoala decidieron aliarse con Cortés porque, como explica en la segunda carta de relación, "eran súbditos de aquel señor Mutezuma, y según fui informado lo eran por fuerza y de poco tiempo acá. [...] [M]e rogaban que los defendiese de aquel grande señor [...] que les tomaba sus hijos para los matar y sacrificar a sus ídolos. Y me dieron otras muchas quejas de él" (82-83). Bernal menciona que los de Tamanalco, Chalco, Amecameca, Acacingo y otros pueblos protestaron que Moctezuma y "sus recaudadores [...] les robaban cuanto tenían, e las mujeres e hijas si eran hermosas las forzaban delante dellos y de sus maridos, y se las tomaban, e que les hacían trabajar como si fueran esclavos[...]; e les tomaban sus tierras para servicio de ídolos, e otras muchas quejas" (172; capítulo 86).

Ni Cortés ni Díaz del Castillo reconocen que fue la Malinche quien se sirvió de la crueldad de Moctezuma para promover la causa española. Castellanos sí, en su versión de la historia mexicana. Cortés y Díaz del Castillo describen la Conquista desde su perspectiva personal y cada uno hace hincapié en su propio papel en ella, mientras que en *El eterno femenino* Castellanos escribe y hace realidad la crónica inexistente de Marina, que la metamorfosea en protagonista.[4]

Cortés no le dio gran importancia al papel que Marina desempeñó en la Conquista de México en sus *Cartas*: solamente la menciona de pasada en la segunda y quinta carta de relación. Al menos Díaz del Castillo admite que Marina intervino en la Conquista. Sin embargo, cuando la alaba, lo hace desde una perspectiva patriarcal. Al enzalzar su valentía en las batallas, dice "doña Marina, con ser mujer de la tierra, qué esfuerzo tan varonil tenía" (127; capítulo 66).

Cortés controla la situación en la *Historia verdadera*, mientras que en *El eterno femenino* es a la Malinche a quien se le ocurren las artimañas que debe utilizar Cortés, y ella lo manipula para que caiga Moctezuma. Marina a veces actúa como delatora según la *Historia*: durante el incidente con los emisarios de Xicoténcatl en Tlaxcala, quienes realmente eran espías, Marina avisa a Cortés del complot. Él idea las medidas que tomarán (capítulo 70). Cuando Moctezuma quería emboscar a los españoles en Cholula, una cacique se apiadó de Marina y le reveló el plan para salvarle la vida. Marina se lo comunicó a Cortés; éste decidió cómo debía tratar a los caciques

---

[4] Le agradezco esta observación a Mireya Camurati. La hizo durante la discusión que siguió a la ponencia que presenté en Brown University en el XXVIII Congreso del Instituto Internacional de Literatura Iberoamericana, Letras coloniales: interacción y vigencia (junio de 1990).

cholultecas (capítulo 86). Indudablemente, aunque es secundaria a la de Cortés, Marina desempeña una función importante para Bernal.

Hay otros casos en la *Historia verdadera*... que muestran la contribución de Marina cuando había adquirido suficiente soltura como traductora para poder agregar toques personales a lo que decían los españoles.[5] Un ejemplo es cuando Cortés hizo prisioneros a dos enviados de Moctezuma después de que lo amenazaron con el poder del monarca azteca. Al ponerlos Cortés en libertad en Teoacingo, Marina y Aguilar los convencieron con regalos y halagos que las intenciones de Cortés eran pacíficas; Bernal no destaca más el papel de Marina que el de Aguilar aquí (capítulo 64). Otra ocasión es la disputa que tuvieron los capitanes de Cortés sobre lo que debían hacer con Moctezuma, que no quería dejarse prender y encarcelar. Fue Marina la que sugirió a Moctezuma que hiciera lo que Cortés indicaba si quería mantener la honra y vida intactas (capítulo 95). Cuando el conquistador quiso destruir los ídolos en Cempoala y se opusieron los caciques, Cortés les dio a entender que lo haría a la fuerza y que los mataría, mientras que Marina acicateó el miedo que tenían los de Cempoala a Moctezuma, a quien detestaban, y pudo convencerlos sin que tuvieran que recurrir los españoles a la violencia (capítulo 51).

Moctezuma es un déspota, como ya se dijo, pero la Malinche remplaza a un tirano por otro, a pesar de que reconoce en *El eterno femenino* que Cortés es "brutal" (90). El papel de ella es ambiguo.[6] Lo resume Castellanos en "Otra vez sor Juana" de *Juicios sumarios*:

> Encarna la sexualidad en lo que tiene de más irracional, de más irreductible a las leyes morales, de más indiferente a los valores de la cultura. Como de todas maneras la sexualidad es una fuerza dinámica que se proyecta hasta el exterior y se manifiesta en actos, aquí tenemos a la Malinche convertida en uno de los personajes claves de nuestra historia. Traidora la llaman unos, fundadora de la nacionalidad otros... [26-27].

Mientras la virgen de Guadalupe "sublima su condición [de hembra] en la maternidad", al parecer de Castellanos, la Malinche es "mujer de raíz, indiferente a la forma de su crecimiento, desinteresada del fruto" (26-27). Podría ser paradójico esto si no se toma en cuenta el hecho de que su madre vendió a Malintzin, según se lamenta la niña conmovedoramente en "Malinche" de *Poesía no eres tú*: la madre se deshace de su hija legítima porque es su reflejo y rival. Discrepa Castellanos de la opinión de Bernal nuevamente.

---

[5] Véase Andreu, p. 130.
[6] Phillips examina claramente la ambivalencia de los historiadores respecto a la Malinche; no estudia *El eterno femenino*.

De acuerdo con Díaz del Castillo, los padres de doña Marina eran caciques de Painala. Cuando murió el padre, la viuda se volvió a casar; tuvo un hijo con su nuevo esposo. Ambos favorecían al niño y "acordaron entre el padre y la madre de darle el cargo después de sus días, y porque en ello no hubiese estorbo, dieron de noche la niña a unos indios de Xicalango" (69; capítulo 37). Hicieron ver que la heredera había muerto al sustituir por la ausente el cadáver de la hija de una esclava. Pasó de manos de los de Xicalango a los de Tabasco; éstos se la dieron a Cortés. Malintzin es la víctima, injustamente condenada a un destino cruel por su madre en el poema de Castellanos, en contraposición a la indiferencia de Bernal hacia cómo la familia la traicionó.

La Malinche execra con amargura los hechos trágicos de su esclavitud:

> Desde el sillón de mando mi madre dijo: "Ha muerto".
> Y se dejó caer, como abatida,
> en los brazos del otro, usurpador, padrastro
> que la sostuvo no con el respeto
> que el siervo da a la majestad de reina
> sino con ese abatimiento mutuo
> en que se humillan ambos, los amantes, los
> cómplices...
>
> Tal era el llanto y las lamentaciones
> sobre algún cuerpo anónimo; un cadáver
> que no era el mío porque yo, vendida
> a mercaderes, iba como esclava,
> como nadie, al destierro.
>
> Arrojada, expulsada
> del reino, del palacio y de la entraña tibia
> de la que me dio a luz en tálamo legítimo
> y que me aborreció porque yo era su igual
> en figura y en rango
> y se contempló en mí y odió su imagen
> y destrozó el espejo contra el suelo.
>
> Yo avanzo hacia el destino entre cadenas
> y dejo atrás lo que todavía escucho:
> los fúnebres rumores con los que se me entierra.
> Y la voz de mi madre con lágrimas ¡con lágrimas!
> que decreta mi muerte. [*Poesía*, 295-297.]

El que su madre y padrastro hubieran vendido y desheredado a Malintzin era algo muy grave. Los derechos de una heredera legítima "eran sagrados y dependían de los vínculos de sangre" (Somonte: 135). Al transformarse en esclava, pasó de una vida privilegiada a "la más baja capa social"; los amos, "para evitar que huyeran [las esclavas] las amarraban a un largo palo sujetas con collarines. [...] Las esclavas eran objetos que se compraban y vendían al mejor postor" (*ibid.*: 12 y 13). No obstante, Bernal pretende que la buena cristiana Marina perdonó a su familia cuando se encontró con ellos en Guazacualco. Sería más verosímil imaginarse que, al ayudar a Cortés, Marina se estaba vengando, indirectamente, de su familia, además de los indígenas que la poseyeron y maltrataron.[7]

Para Phillips, Marina

remained loyal to Cortés and his Spaniards, for which she should not be blamed, having been given away or sold by her mother out of one Indian tribe into another, growing up a slave to people speaking a language which, though indigenous, was to her still foreign [109].[8]

No es de extrañar que Marina haya sido leal al conquistador. Cuando Moctezuma mandó a Teudilli a que hablara con Cortés, a éste le preocupaba que le faltara intérprete, ya que el único que tenía, Jerónimo de Aguilar, no hablaba náhuatl sino maya. Observa López de Gómara que dejó de inquietarse

porque una de aquellas veinte mujeres que le dieron en Potonchan hablaba con los de aquel gobernador y los entendía muy bien, como a hombres de su propia lengua; y así que Cortés la tomó aparte con Aguilar, y le prometió más que libertad si le trataba verdad entre él y aquéllos de su tierra, puesto que los entendía, y él la quería tener por su faraute y secretaria [83-84].

Malintzin hablaba náhuatl y maya; con el tiempo, aprendió español.

Cortés le ofrecía más libertad que la que había tenido y un puesto más digno, a pesar de su condición subyugada.

La Malinche no sólo tiene voz propia en *El eterno femenino*: habla por Cortés. Es su "lengua", como la designan Díaz del Castillo y Cortés.[9] Interpreta el idioma y la cultura nativos. Por eso le aconseja a Cortés en *El eterno femenino* que no se quite la armadura cuando esté con los indios para que lo crean un dios y no el hombre con las debilidades que ella le conoce. Cortés replica que ella no es nadie para atreverse a ser su asesora, pues "¡Eres mi esclava, mi propiedad, mi cosa!" La Malinche admite, "Soy tu instrumento, de acuerdo. Pero, al menos, aprende a usarme en tu benefi-

---

[7] Véase Todorov, p. 106.
[8] También véase Saldívar, p.14.
[9] Sobre los significados del vocablo *lengua*, consúltese Andreu y Phillips.

cio" (89). Cortés asiente que le conviene hacerse pasar por el dios que anunciaban las profecías indígenas.

El lúbrico Cortés trata de abrazarla y exclama, cuando se le escapa: "¡A mujeres, mujeres! ¿Por qué la Divina Providencia las habrá dotado del don superfluo de la palabra?" (90). Se queja de que la mujer pueda hablar y, por extensión, pensar. La Malinche le recuerda burlonamente que es para que sea su intérprete. Sin embargo, ha mostrado que es mucho más que mera traductora en *El eterno femenino*: ingenia la Conquista de México y utiliza a Cortés para destronar a Moctezuma.

No ama a Cortés, ni él a ella, como pretenden algunos historiadores.[10] Cuando Lupita —la protagonista de *El eterno femenino*– asevera que la Malinche "estaba enamorada de Cortés", la Malinche le contesta con una pregunta, "¿Enamorada? ¿Qué quiere decir eso?" Sor Juana, convertida en personaje de la obra, dictamina que Lupita "se refiere al amor, un producto netamente occidental, una invención de los trovadores provenzales y de los castellanos del siglo XII europeo. Es probable que Cortés [...] no lo haya conocido ni practicado" (92).

Aunque es difícil saber hasta qué punto son fidedignas las fuentes de la Conquista, ya que muestran obvios prejuicios etnocéntricos hacia los indios, claramente la mujer era víctima del sistema social indígena. Según López de Gómara, la poligamia y el maltrato eran comunes. El divorcio existía sólo para esposas "legítimas y públicamente casadas; pues las otras, con tanta facilidad se dejaban como se tomaban" (449). Por lo general, "los señores y caballeros toman cuantas [mujeres] quieren, a estilo de México" (446). Los hombres infieles eran muy celosos y golpeaban frecuentemente a las mujeres, que eran "trabajadoras, de miedo, y obedientes" (450, 451). Los holgazanes usaban a las mujeres como esclavas para que los mantuvieran mientras ellos se divertían (446). La mujer era, a menudo, un objeto de trueque. En señal de amistad, los de Cempoala ofrecieron a sus hijas y parientas a Cortés y a su tropa "para hacer generación", de acuerdo con Díaz del Castillo (97; capítulo 51).

También hay que recordar que Cortés primero regaló a Marina a Alonso Hernández Puertocarrero. Después la tomó por barragana. Finalmente, la dio en matrimonio a Juan Jaramillo, con quien se quedaría

---

[10] Somonte, por ejemplo, insiste constantemente en este cariño. Apoya su argumento en el tratamiento que le prometió Cortés a Marina al convertirla en intérprete y secretaria, en que le reconoció al hijo natural que tuvieron, Martín, y en el falocentrismo: "Doña Marina ama por primera vez a un hombre, y, como es lógico, se supedita a su voluntad; es una ley biológica. En el ayuntamiento sexual de un macho y una hembra, se impone el más fuerte, el macho, y la hembra se doblega a su voluntad a través del imperioso deseo sexual con miras a conservar la especie. Ella era una esclava, un objeto que se vende o se regala; él, un hombre poderoso" (131).

durante el resto de su vida. Por conveniencia política se casó Cortés con la sobrina de su defensor en España, el duque de Béjar. No se nota el "amor" de Cortés ni hacia la Malinche ni hacia la que sería su esposa legítima. A esto alude sor Juana en *El eterno femenino*.

Ente pasivo en Paz y en los cronistas, Castellanos convierte a la Malinche en sujeto activo de la conquista en *El eterno femenino*. Socava la imagen tradicional de la Malinche y de otros personajes femeninos al dejar que ellas mismas cuenten su vida y den su propia perspectiva de los hechos. Sor Juana resume lo que se propone Castellanos y logra con éxito en *El eterno femenino*: "nos hicieron pasar bajo las horcas caudinas de una versión esterotipada y oficial. Y ahora vamos a presentarnos como lo que fuimos" (87).

BIBLIOGRAFÍA

Ahern, Maureen (ed.), "Reading Rosario Castellanos: Contexts, Voices, and Signs", en *A Rosario Castellanos Reader: An Anthology of Her Poetry, Short Fiction, Essays and Drama*, trad. M. Ahern *et al.*, Austin, University of Texas Press, 1988, pp. 1-70.

Andreu, Alicia, "Garcilaso and Bernal: Interpretations Interpreted", *Revista de Estudios Hispánicos*, Puerto Rico, 11 (1984), pp. 121-132.

Aponte, Barbara Bockus, "Estrategias dramáticas del feminismo en *El eterno femenino* de Rosario Castellanos", *Latin American Theater Review*, 20 (1987), pp. 49-58.

Castellanos, Rosario, *El eterno femenino*, México, Fondo de Cultura Económica, 1975.

——, *Juicios sumarios: ensayos*, Xalapa, Universidad Veracruzana, 1966.

——, *Poesía no eres tú: obra poética (1948-1971)*, México, Fondo de Cultura Económica, 1972.

Cortés, Hernán, *Cartas de relación*, Mario Hernández (ed.), Madrid, Historia 16, 1985.

Díaz del Castillo, Bernal, *Historia verdadera de la conquista de la Nueva España*, 2 vols., Carmelo Sáenz de Santa María (ed.), Madrid, Instituto Gonzalo Fernández de Oviedo/CSIC, 1982, vol. 1.

Eidelberg, Nora, "*El eterno femenino* de Rosario Castellanos", en *Teatro experimental hispanoamericano 1960-1980: La realidad social como manipulación*, Mineápolis, Institute for the Study of Ideologies and Literature, 1985, pp. 164-170.

Franco, Jean, "Introduction" y "On the Impossibility of Antigone and the Inevitability of La Malinche: Rewriting the National Allegory", en *Plotting Women: Gender and Representation in Mexico*, Nueva York, Columbia University Press, 1989, pp. xi-xxiv, 129-146.

López de Gómara, Francisco, *La conquista de México*, José L. de Rojas (ed.), Madrid, Historia 16, 1987.

Nigro, Kirsten F., "Rosario Castellanos' Debunking of the *Eternal Feminine*", *Journal of Spanish Studies Twentieth Century*, 8 (1980), pp. 89-102.

Paz, Octavio, *El laberinto de la soledad*, México, Fondo de Cultura Económica, 1959.

Phillips, Rachel, "Marina/Malinche: Masks and Shadows", en *Women in Hispanic Literature*, Beth Miller (ed.), Berkeley, University of California Press, 1983, pp. 97-114.

Saldívar, "Marina in the Old World and the New", en *Papers on Romance Literary Relations Discussed by the Romance Literary Relations Group, Modern Language Association of America,* Los Ángeles, diciembre de 1982, ed. Jean S. Chittenden, San Antonio, Department of Foreign Languages, Trinity University, 1985 pp. 3-21.

Somonte, Mariano G., *Doña Marina, "La Malinche",* México, s.e., 1969.

Todorov, Tzvetan, "Cortés et les signes", en *La Conquête de l'Amérique: La Question de l'autre,* París, Seuil, 1982, pp. 104-129.

JUAN RULFO Y LA BÚSQUEDA DEL ORIGEN EN LA HISTORIA

YVETTE JIMÉNEZ DE BÁEZ
El Colegio de México

> El pasado se hace más real cuando se le siente como ficción que cuando se le siente como hecho histórico.
>
> Gilbert Highet

Ya he señalado en un artículo anterior que Juan Rulfo "fue un lector incansable de las crónicas del siglo XVI", y lo fue especialmente de las crónicas y documentos que se relacionan con la fundación de los pueblos de San Gabriel y otros cercanos, todos de la provincia de Amula del territorio de la Nueva Galicia.[1] Estos pueblos son decisivos en la vida personal del escritor y en su obra, en tanto ambas implican una búsqueda obsesiva y profunda del sentido último de la tierra y del quehacer del hombre, es decir, de la historia.

Elías Trabulse relata su experiencia de cuatro o cinco tardes sabatinas en que habló con Rulfo sobre las crónicas coloniales y su valor histórico. Señala cómo Rulfo era un asiduo lector de éstas porque tenía la certeza de "que un lector cuidadoso podía encontrar en ellas cuadros de la vida, costumbres, mentalidad y hasta del modelo de hablar de los mexicanos del pasado, que era inútil buscar [en] otras fuentes" (Trabulse: 85).[2]

En el presente de la narración de *Pedro Páramo*, Juan Preciado *espera*, en el "centro" donde ha culminado su acción liberadora. Deshecho el

---

[1] Jiménez de Báez, "Juan Rulfo. De la ..." El tomo de la revista donde aparece este artículo está dedicado especialmente a Alfonso Reyes y a la literatura mexicana.

[2] Coincido con la afirmación de Trabulse; sin embargo, me parece que su interpretación posterior sobre el sentido de la historia en Rulfo es equivocada. Si bien es cierto que la historia de opresión del indígena se repite (87), nada más lejano del escritor que una "visión descarnada, carente de fantasía" (*id.*). En la página que cita de un texto de 1766 que poseía Rulfo, habría que destacar la observación del fraile que describe así los vicios de los indígenas: "si se leen bien las historias de su gentilidad, se hallará que casi todos vienen de nuestro mal ejemplo" (89).

incesto fraterno, fundador del mundo paterno, se restituye la posibilidad de futuro, la inserción histórica de un mundo antes condenado a volcarse sobre sí mismo. Único hijo legítimo de su padre, Juan pertenece, como su nombre lo indica, al mundo de la madre: Juan Preciado. Es el elegido para liberar la tierra oprimida y usurpada que la madre representa, por derecho, y por su función mediadora (las tierras de "Enmedio", se llaman las suyas).

En el camino de regreso a la tierra patriarcal, a Juan Preciado lo sostiene el discurso utópico de la madre que contrapuntea el páramo, la desolación, la muerte y el resentimiento que caracterizan el espacio y los seres que Juan se va topando en su descenso a Comala y al centro a donde lo conduce la cuerda de las "madres": Eduviges y, finalmente, Damiana. La voz de la madre, viva en el recuerdo, remite a un origen remoto —ya perdido— cuando la tierra era pródiga y abundante en frutos, y sugiere, al mismo tiempo, la posibilidad de un futuro que implique la ruptura del eterno retorno en que parece inmerso el presente. Juan supone, pues, la síntesis de los opuestos, la alternativa histórica viable.

La ficción muestra, de manera más eficaz, el proceso histórico de esos pueblos. El juego de la escritura nos retrotrae al discurso de las crónicas, como ya lo señalé antes. La mediación es el motivo del *paraíso perdido*, de extracción bíblica, y uno de los grandes modelos de la literatura universal, muy especialmente de las crónicas que se refieren al descubrimiento y a la colonización de América. Una de las fuentes más antiguas, si no la más antigua, para la historia regional del occidente mexicano es la *Crónica miscelánea de la Sancta Provincia de Xalisco*, de fray Antonio Tello, quien la escribió a los 86 años en 1653. Tello describe así esa tierra que Nuño de Guzmán quiso llamar Galicia, "por ser región templada, de tierra áspera y de gente recia, en todo muy parecida a nuestra Galicia de España"[3]:

> Provincia muy abundante de mantenimientos y la tierra muy fértil y abundante de *cera y miel*, la cual se halla en los montes: los fructos de la tierra y [de] Castilla se dan muy bien, hay muchas *labores de trigo de que se hace muy lindo y sabroso pan* [...]. Dánse muy bien las *naranjas, limas y limones*, sidras, granados, duraznos, peras, membrillos, manzanas y, en las partes donde se han plantado parras, muy lindas uvas, *rosas, claveles y albahacas, alhelíes y otros* géneros de flores [14].

El viaje arquetípico de Juan Preciado al centro, que responde a la fuerza ¿instintiva? de una "ilusión" súbita, apoyada por la voluntad inicial de la madre, implica el conocimiento de los efectos del mundo opresor del padre y la liberación de las fuerzas que atan, simbólicamente, la historia.

---

[3] *Historia general de las Indias*, primera parte, foxa 283 y segunda parte, foxa 278, *apud* Tello, p. 14.

Esto se aclara mejor cuando Juan encuentra a Eduviges, en la entrada de la etapa final de su viaje. Se contraponen —con el ritmo descendente-ascendente característico de la novela— la referencia a la relación degradante de la madre con Pedro Páramo, y la voz de ella evocando en forma desiderativa el paisaje utópico, después de sustituir su función con la del hijo: "Ve tú en mi lugar".[4] Comala, entonces, ha sido, está llamada a ser:

...Llanuras verdes. Ver subir y bajar el horizonte con el viento que mueve las espigas, el rizar de la tarde con una lluvia de triples rizos. El color de la tierra, el olor de la alfalfa y del pan. Un pueblo que huele a miel derramada... [...] No sentir otro sabor sino el del azahar de los naranjos en la tibieza del tiempo [26].

Lo cinético (subir y bajar; mover, rizar) y sensual (ver, oler, gustar, sentir), en la conjugación de los cuatro elementos (viento, lluvia, tierra, tibieza-calor), transforman la descripción de la crónica en apretada síntesis poética que *muestra* la perfección armónica de la utopía.

En el pasaje de Tello se alude también a la gran abundancia de minas de plata, algunas de las cuales se han agotado, pero otras "se van descubriendo cada día y permanecen". Entre estas últimas destacan las de "San Bartolomé, junto a Xalisco" (14) que asociamos con Bartolomé San Juan. Minero y padre de Susana San Juan, Bartolomé forma, con Susana y Juan Preciado, la nueva estirpe de los "hombres del lugar", centrada más en los nexos del espíritu y de la tierra que en los de la sangre. La mediadora ha sido, como señalé antes, Doloritas, la madre. Subyace la imagen de Bartolomé, apóstol, a quien se reconoce como "el verdadero israelita", es decir, el símbolo de la nacionalidad. Pero además su nombre se identifica con el de Doroteo, el cual lo asocia a Dorotea, quien finalmente queda en los brazos de Juan Preciado, e invierte la imagen de la Madona propia del mundo en transición. Dorotea representa el testigo "popular" de la historia, y dedica su vida a proclamar la llegada del hijo (la que estaba imposibilitada para gestar uno, como lo revela su sueño).

Es clara ya la presencia del discurso histórico entreverado con el religioso (el motivo del "paraíso perdido", Juan Preciado como el "escogido", de modo análogo al apóstol Juan, y Bartolomé, asociado a la tierra —el abundante en surcos— y a la biblia, como prototipo de la nación).

Otro motivo central en toda la obra de Juan Rulfo es la "marca de Caín", como la designa Frazer, que contrapone el principio de solidaridad necesario para la constitución de todo grupo social y de toda nación. En la novela es claro que el crimen entre hermanos se relaciona en el origen con

_____

[4] Juan Rulfo, *Pedro Páramo*, p.25 Citaré sólo el número de página.

la muerte del padre[5] pues, en efecto, se trata de una situación de umbral entre un mundo patriarcal caduco y un mundo futuro preparado por la madre quien, como mujer, propicia en el plano simbólico las transformaciones necesarias para el cambio.

A la "marca de Caín", presente en cuentos clave como "El llano en llamas", "Nos han dado la tierra", "Talpa", "No oyes ladrar los perros", y sobre todo en la novela, se vincula el motivo del éxodo colectivo que recorre todos los estratos de la historia y condiciona, en la escritura rulfiana, la concepción misma del hombre.

Tanto en el nivel del discurso como en su estructura, *Pedro Páramo* se organiza en el icono de una cruz bidimensional ("corazón del espacio"), que reduce la cruz tridimensional para simbolizar la armonía entre *lo ancho* (la amplitud, la historia precisa de un momento) y *lo alto* (la exaltación trascendente) con una amplia pluralidad significativa.[6] Son, de hecho, setenta fragmentos con un centro (de la estructura y del sentido) donde se encuentran los personajes representativos que aguardan bajo la tierra: Juan Preciado y Dorotea (el mundo del hijo y quien lo testifica); Susana San Juan con toda la fuerza genésica ambivalente del principio telúrico; una víctima representativa de la crueldad del mundo de Pedro Páramo y el murmullo de otras voces que refuerzan la idea de un pueblo que espera su reivindicación.

En lo simbólico, este espacio representa el mandala de un ámbito telúrico trascendido (Jiménez de Báez, 1988: 530-533), al lograrse la conjugación liberadora de los opuestos en la relación que establece Juan Preciado con su madre desde el submundo (la voz de la madre llenándolo todo, la estrella junto a la luna), y la muerte de Susana San Juan elevada, finalmente, a principio telúrico.

En *Pedro Páramo* el orden horizontal de la cruz es negativo; la cruz representa la historia de un pueblo que debe ser trascendida. En el vertical, positivo, representa el sentido trascendente a que están llamados el hombre y la historia. El cruce de ambos permite la liberación de la tierra y, consecuentemente, del pueblo que la habita. De ahí la cruz de dos dimensiones que se orientan a un centro y hacia arriba.

---

[5] Precisamente en la segunda parte de la novela, donde se nos muestra el paso y transformación de Susana San Juan y la caída definitiva del mundo de Pedro Páramo, en el fragmento 40, p. 86, conocemos el origen cainítico de la historia de ese mundo. El narrador omnisciente comenta de Pedro Páramo: "Nunca quiso revivir ese recuerdo porque le traía otros, como si rompiera un costal repleto y luego quisiera contener el grano. La muerte de su padre que arrancó otras muertes y en cada una de ellas estaba siempre la imagen de la cara despedazada; roto un ojo, mirando vengativo el otro. Y otro más, hasta que la había borrado del recuerdo cuando ya no hubo nadie que se le recordara" (pp. 86-87).

[6] Sobre esta relación de la cruz con la estructura de la novela, véase mi artículo "Juan Rulfo. Del páramo...", especialmente las pp. 563-565.

Hay, además, una relación evidente entre la figuración de la cruz y la relación muertc-vida. En el cruce de caminos (desde los encuentros), eje del mundo, se crea la posibilidad de un segundo nacimiento del hijo (Juan) y de la tierra (Susana). En el mundo del hijo, lo oculto por la superficie de muerte y desolación son las posibilidades de resurrección de la tierra y del pueblo que, abajo, aguardan su tiempo. La escritura apela a la fuerza del espíritu, unida al sentido telúrico y de pertenencia, que Dolores ha sabido grabar en la sensibilidad de su hijo.

La cruz es, pues, cruce de los opuestos y centro del mundo equivalente al árbol de la vida. Este hecho se asocia con la idea de la cama de *otate* "cubierta con costales que olían a orines" y la almohada como "jerga que envolvía pochote o una lana tan dura o tan sudada que se había endurecido *como leño*" (fragmento 33, número cristológico, de los hermanos incestuosos en el submundo, adonde llega Juan Preciado). Si en la superficie se ha desmoronado la piedra[7] del poder absoluto que debe desaparecer (Pedro Páramo), en el submundo habrá de liberarse la situación degradante del incesto que ha prostituido el leño de la vida.

Este modo de recuperar el nivel simbólico del libro se fundamenta en la historia de la fundación del pueblo de San Gabriel, que se encuentra en documentos que datan del siglo XVI, que seguramente conoció Rulfo, así como también conocía la tradición oral de su fundación. Parte de esta historia he podido recuperarla en los documentos que cita Enrique Trujillo González en su *San Gabriel y su historia a través del tiempo*.

La historia oral ha relacionado siempre al Santo Cristo de Amula,[8] que todavía hoy se venera en la parroquia, con la desaparición del pueblo de Amula en 1576 y la fundación de San Gabriel, lugar donde se crió Rulfo y que corresponde al ámbito de la novela.

La desaparición de Amula fue, sobre todo, producto de un temblor acaecido al parecer en 1574; de pestes (principalmente la "pestilencia grande que empezó en 1575 y duró hasta los fines del 6'"), y de la gran erupción del volcán de Colima en 1576 (Trujillo González: 135).

En "Nos han dado la tierra", cuento que origina *El llano en llamas*, se narra el éxodo de un pueblo diezmado casi en su totalidad, en busca de un espacio vital, por una tierra inhóspita y árida que, irónicamente, les ha sido otorgada por el gobierno. No hay duda que el cuento se sitúa más bien en la historia contemporánea. Sin embargo, su carácter simbólico de rasgos míticos nos permite asociarlo también al éxodo del origen

---

[7] Véase el final de la novela.
[8] El texto alude a la Provincia de Amula de modo muy sutil e indirecto.

de la fundación del "pueblo".⁹ Todo parece indicar que se trata de un sector campesino al que finalmente no se le ha hecho justicia. La idea del éxodo, del hombre como peregrino, se reitera en "Talpa", con rasgos que indican culpabilidad. En el nivel individual (de proyección simbólica), la culpa motiva también la huida desesperada del padre en "¡Díles que no me maten!"

Análogamente, en la historia del origen, una vez desaparecido el pueblo de Amula, las pocas familias que quedaron se dispersaron en un éxodo que culmina con la fundación de algunos pueblos, entre ellos el de San Gabriel. (¿Tal vez cuatro como los hombres que restan en el relato de Rulfo?) Cuenta la tradición que estos primeros hombres llevaban el Cristo que veneraban desde hacía mucho tiempo en Amula. En el cuento de Rulfo, Esteban lleva una gallina —símbolo también de la región—,¹⁰ y es el que queda a la orilla del pueblo. El autor parece haber reservado el símbolo de la cruz para la novela. Una vez más los cuentos se asocian a la inmediatez de la historia, y ejercitan la escritura para los niveles trascendentes de *Pedro Páramo*.

En la historia colonial de la región, al llegar al *cruce de los caminos* de Tuxcacuesco a Sayula y de Amula a Jiquilpan, las familias colocaron al Cristo debajo de un mezquite y se dice que, al no poder moverlo, fundaron allí el pueblo de San Gabriel.

Para poner el Cristo hicieron una iglesia de madera y tejas (Trujillo González: 171), y según afirma la tradición, debajo del altar se mantiene el tronco del mezquite o leño fundador (*ibid.*: 144-145). Tanto la construcción de las iglesias de madera y teja como sus ruinas son decisivas en la caracterización del espacio sagrado de las transformaciones, en los cuentos ("Luvina"), en *Pedro Páramo* (el lugar donde se encuentran los hermanos), y en el palenque de *El gallo de oro*. Siempre hay un hueco en el techo en ruinas por donde se puede establecer la unión de tierra y cielo.

Trazos del submundo en *Pedro Páramo*, lleno de murmullos y de ánimas en pena cuya ambigüedad confunde porque hablan palabras que se sienten y sus figuras no se deslindan claramente de la vida y de la muerte, parecen aludidos también en la crónica de Tello. Ésta relata la existencia de una cueva en el pueblo de Teul, en Guadalajara,¹¹ que los indios llamaban Cuicon ("lugar donde cantan"). En ella, refiere el cronista:

⁹ Recuérdese el comienzo del cuento, donde la única posibilidad de esperanza, después del éxodo, se especifica en el pueblo: "Uno ha creído a veces, en medio de este camino sin orillas, que nada habría después [...]. Pero sí, hay algo. Hay un pueblo"(15).

¹⁰ Sobre la abundancia de las gallinas de Castilla en la región, véase, por ejemplo, el capítulo 27 de la *Descripción* (110 y 114). La gallina se da como ofrenda en las fiestas del pueblo.

¹¹ Dato curioso: el pueblo fue vencido en 1536, el día de San Juan Bautista y llamaron Juan al primer bautizado, hijo del gran cacique (Tello: 318).

[...] se oían cantos de diferentes voces y diversas lenguas y ydiomas, y por ser la cueva grande, sonaba mucho, [y] no se entendía lo que cantaban, y en el suelo, a la entrada de esta cueva [...] vían infinidad de güellas y pisadas de hombres, mujeres y niños, de aves y animales, y que barriéndola por la tarde, a la mañana se volvían a ver las mismas pisadas.

Estos hechos, y otros que he podido trazar en la obra de Juan Rulfo, muestran que la historia colonial del origen de San Gabriel refuerza la lectura simbólica de la novela y de los cuentos que he apuntado aquí. El espacio geográfico que describen los documentos corresponde exactamente al pueblo de Comala. Unos dicen que la región era un rancho; otros que eran tierras realengas propiedad de la corona española.

La historia parece indicar que primero se fundó el pueblo y luego una hacienda (¿La Media Luna?), que inicialmente se llamó Hacienda de San Gabriel, y luego Nuestra Señora de Guadalupe del Salto del Agua, con la cual "los indígenas jiquilpenses de aquella época tuvieron divergencias por cuestión de linderos entre el peñasco del picacho (La Bufa), el *cerro del Comal* y hasta cerca de las juntas de los ríos" (Tello: 144).

Se deduce de la cita anterior, que el nombre de Comala, en efecto, *geográficamente* no tiene que asociarse en el texto con la ciudad próspera de Comala, a la que alude, por negación, sino que ya está sugerido por el cerro del lugar. Todos estos aspectos se vinculan a la cruz del espacio, al Cristo y leño asociados al origen y al éxodo fundador. Además, hay otros múltiples elementos que podemos relacionar con hechos y tradiciones del lugar. Por ejemplo, muchos de los nombres y apellidos, aun cuando tengan carácter simbólico en la novela, como el apellido Preciado, son frecuentes en los documentos coloniales y en esta región hasta nuestros días: el propio nombre del autor, Juan Nepomuceno, que es un topónimo; Lucas, Sedano, Tanilo, Abundio, Pinzón, y los de personajes históricos citados en los cuentos. A veces se alude a éstos directamente (Pedro Zamora), y Petronilo Flores en "El llano en llamas", o aparecen transformados (Anacleto Morones).

Sin duda, la presencia subyacente de la historia del origen de estos pueblos se finca en una visión cristiana y privilegia el sector indígena como el primer grupo a reivindicar. Muestra una concepción de la historia que vincula necesariamente la liberación de la opresión a que están sujetos los sectores sociales más oprimidos y su actitud religiosa ante la vida, en el sentido profundo de religar la sociedad despedazada, devolviéndole su sentido escatológico, *aquí*, en el presente histórico desde donde se narra.

Bibliografía

Descripción de Zapotitlán, Tuxcacuesco y Cusapala, por el Alcalde Mayor Francisco de Agüero, en Trujillo González, pp. 99-115.

Jiménez de Báez, Yvette, "Juan Rulfo. De la escritura al sentido", Revista Iberoamericana, 55 (1989), pp. 937-952.

——, "Juan Rulfo. Del páramo a la esperanza (estructura y sentido)", Nueva Revista de Filología Hispánica, 36 (1988), pp. 501-566.

Rulfo, Juan, "Nos han dado la tierra", en El llano en llamas, México, Fondo de Cultura Económica, 1970, pp. 15-20.

——, Pedro Páramo, México, Fondo de Cultura Económica, 1981.

Tello, Fray Antonio, Crónica miscelánea de la Sancta Provincia de Xalisco [1653], libro segundo, vol. 1, Guadalajara, Universidad de Guadalajara/Instituto Nacional de Antropología e Historia/Instituto Jalisciense de Antropología e Historia, 1968.

Trabulse, Elías, "Juan Rulfo y las crónicas coloniales", en Edmundo Valadés et al., Juan Rulfo. Un mosaico crítico, México, UNAM/U. de Guadalajara/INBA, 1988.

Trujillo González, Enrique (comp.), San Gabriel y su historia a través del tiempo, Jalisco, Talleres Kerigma, 1975.

UN EJERCICIO DE REESCRITURA: *CECILIA VALDÉS* EN *LA LOMA DEL ÁNGEL* DE REINALDO ARENAS

MERCEDES RIVAS
Universidad de Sevilla

Con *La loma del Ángel* (Barcelona, 1987) Reinaldo Arenas retoma una práctica que ensayó con gran soltura en su segunda novela, *El mundo alucinante* (México, 1969): la escritura, mejor, reescritura, de una obra original ya existente; en ese caso concreto acudió a las memorias autobiográficas de fray Servando Teresa de Mier[1] y en esta ocasión a la famosa novela de Cirilo Villaverde, *Cecilia Valdés o La loma del Ángel* (Nueva York, 1882), obra de marcado sello antiesclavista y de obligada referencia para la literatura cubana del siglo XIX.

En ambos casos se lleva a efecto un proceso similar: con un texto previo, señalado explícitamente en *La loma del Ángel* desde el mismo título, Arenas compone una nueva versión del modelo, lo "canibaliza", para proponer una escritura-lectura diferente. Esta operación se manifiesta con más intensidad en *La loma del Ángel*, básicamente por la mayor trascendencia de la obra de Villaverde, pero también por ser mucho más maduro el escritor en cuanto a su concepción de la literatura como reescritura; así lo ha expresado en una entrevista en el año 1986, donde se suma a la interpretación borgeana de lo literario y anticipa su recreación de *Cecilia Valdés*:

> Como diría Borges, es más civilizado escribir un texto por segunda o tercera vez que dejarlo en la primera versión. [...] En este momento trabajo en la reescritura de *Cecilia Valdés*, la novela cubana del siglo XIX. Es un texto que no me pertenece, pero que quiero cambiar. Como no me gusta el original, escribo una versión que me convenza [Costa y López: 112].

Y recalca esta idea en el prólogo de la novela; aquí, además, resume los mecanismos que articulan su política: la recreación de esa obra

---

[1] Las obras de fray Servando que Reinaldo Arenas recrea en *El mundo alucinante* son la *Apología* (1819) y la *Carta despedida a los mexicanos escrita desde el Castillo de San Juan de Ulúa* (1821). Para un estudio de esta adaptación consúltese Borinsky.

dista mucho de ser una condensación o versión del texto primitivo. De aquel
texto he tomado ciertas ideas generales, ciertas anécdotas, ciertas metáforas,
dando luego rienda suelta a la imaginación. Así pues no presento al lector la
novela que escribió Cirilo Villaverde (lo cual obviamente es innecesario), sino
aquella que yo hubiese escrito en su lugar. Traición, naturalmente [10].[2]

Traición o venganza, como lo llama en otro lugar,[3] es éste uno de los
aspectos, junto con los medios de que se vale para realizar esta subversión,
que intentaré desglosar en este trabajo.

A pesar de sus declaraciones, encuentro en *La loma del Ángel* la
permanencia de un espíritu muy similar al que alentaba la obra de Villaverde, que podríamos sintetizar en la actitud combativa y crítica de ambos.
Publicada en 1882, la edición neoyorquina de *Cecilia Valdés* es la primera
versión completa de la novela. Con anterioridad, en La Habana, en 1839,
Cirilo Villaverde había dado a conocer un cuento que fue incluido en la
revista *La Siempreviva* y un relato que presentaba como la primera parte de
Cecilia Valdés. Aunque en algún momento se hayan identificado y no pueda
negarse la repetición de situaciones o de personajes, el relato de 1882 dista
de los dos primeros, tanto temáticamente como formalmente; podrían
considerarse *dossiers* preparatorios o borradores que han sufrido una transformación, en el sentido que le da Genette a esta palabra,[4] ya por un efecto
de ampliación o de reducción que siempre alteran el texto de alguna
manera, como veré más adelante (véase las pp. 292 y 349). Por esto, creo
que Villaverde se inspiró en ambos relatos de 1839, pero en 1882 introdujo
dos temas fundamentales: el incesto cometido por Leonardo y Cecilia y el
tema del negro y la esclavitud en sus diversas ramificaciones, motivo que
confiere a la novela un significado innegable como alegato antiesclavista,
que no es posible encontrar en las primeras entregas.[5]

Reinaldo Arenas ha elegido un texto que plantea ya características de
reescritura y nos presenta la que podría ser considerada una reversión
de versiones, llevando el juego transtextual hasta sus últimas consecuencias.
Insisto aquí en el apego de este escritor a esta literatura que contempla su

---

[2] Véase Arenas, en la bibliografía. En adelante citaré por esta edición.
[3] En una entrevista anterior dice: "toda obra literaria es, entre otras cosas, una 'venganza'"
(en Rozencvaig: 46).
[4] Véase Genette en la bibliografía. En este libro intenta acreditar terminológicamente las
diferentes relaciones transtextuales que han sufrido una transformación (intertextualidad,
paratextualidad, metatextualidad e hipertextualidad).
[5] Una exposición detallada del problema se encuentra en Luis. Entre otras objeciones,
Luis alega lo siguiente: "Existe la creencia de que la versión de 1839 de *Cecilia Valdés* era antiesclavista.
Si éste hubiese sido el caso, la novela de Villaverde habría sido la única obra antiesclavista del
momento publicada en Cuba, lo que resultaba bastante improbable, porque todas las obras
estaban sometidas a la revisión de tres censores" (188).

propio yo literario mediante una técnica especulativa. Al referirse a *El mundo alucinante*, MacAdam hablaba de "alegoría de la lectura", "un acto que borra diferencias entre lectura y escritura para transformar el texto en espejo" (9). Con *La loma del Ángel* ocurre un fenómeno paralelo: Arenas toma el texto de Villaverde y propone su lectura particular a través de una nueva escritura del mismo. En la terminología de Genette, tanto *El mundo alucinante* como *La loma del Ángel* son hipertextos del texto base, al que llama hipotexto, y los define como "todo texto derivado de otro por transformación" (17); este proceso atraviesa dos estadios, aumento o reducción: "reducir o aumentar un texto es producir a partir de él otro texto, más breve o más largo, que se deriva de él, pero no sin alterarlo de diversas maneras" (292).

Las alteraciones en *La loma del Ángel* son de ambos signos; el texto es mucho más breve porque se han reducido numerosas secuencias de *Cecilia Valdés* —sobre todo los fragmentos descriptivos o de gran fijación histórica—, se ha eliminado a la mayoría de los personajes secundarios y otros han acortado su papel —el caso más significativo es el de María de Regla. Por el contrario, y en respuesta al efecto de ampliación,[6] se ha prestado más atención a la temática amorosa que a las relaciones en sí, ha cambiado la actitud de algunos personajes —Rosario Alarcón, Isabel Ilincheta— y otros desempeñan un papel más relevante —caso de Dolores Santa Cruz, que protegida por la locura enervaba a los negros para conmocionar a la población blanca (83-85). Asimismo, se han introducido escenas inexistentes en *Cecilia Valdés* —el encuentro sexual entre doña Rosa y su criado Dionisios, antes Dionisio Jaruco (25-26)— y el propio Cirilo Villaverde riñe con sus personajes en una disparatada entrevista respondiendo a sus preguntas con frases tomadas del prólogo de Cecilia Valdés (121-124). En estos momentos, Arenas suele abandonar la perspectiva realista de Villaverde por un discurso que instala la fantasía dentro de la realidad para cuestionar los planteamientos y deseos de su antecesor, en parte porque ve en esta novela una transgresión que se esbozaba hábilmente mediante el tema del incesto:

> La obra no es solamente el espejo moral de una sociedad envilecida (y enriquecida) por la esclavitud, así como el reflejo de las vicisitudes de los esclavos cubanos en el pasado siglo, sino que también es lo que podría llamarse una suma de irreverencias en contra de todos los convencionalismos y preceptos de aquella época (y, en general, de la actual) a través de una serie de incestos sucesivos [9].

---

[6] La ampliacion es una técnica propia de la literatura neobarroca en que se inscribe Reinaldo Arenas. Un estudio específico sobre esta materia es el de Chiampi Cortez.

Habla a continuación de lo que, a mi parecer, es lo más valioso de su versión:

> Tal vez el enigma y la inmortalidad de esta obra radiquen en que Villaverde, al presentarnos una serie de relaciones incestuosas, consumadas o insinuadas, nos muestra la eterna tragedia del hombre; esto es, su soledad, su incomunicación, su intransferible desasosiego, y, por lo tanto, la búsqueda de un amante ideal que por ello sólo puede ser espejo —o reflejo— de nosotros mismos [9-10].

Por esta razón, en los capítulos titulados "Del amor" Arenas desarrolla lo que Villaverde insinuaba. Escritos como monólogos dialogantes entre los protagonistas, son cinco capítulos estructurados de forma circular: un capítulo independiente que describe la pasión amorosa de Leonardo Gamboa (cap. 30) se sitúa entre los dos dedicados a Cecilia Valdés (caps. 22 y 33) y a José Dolores Pimienta (caps. 13 y 34). En ellos, la meditación sobre el amor filtra las circunstancias vividas por los personajes en función de la trama de la novela y esto se realiza de manera vasculante, reflejando las inquietudes amorosas de estos actores en un primer estadio (caps. 13 y 22) para encontrar su verdadero sentido tras las "conclusiones", colocadas curiosamente antes de los dos capítulos finales (caps. 33 y 34).

Veamos cómo se produce este diálogo de textos. En un principio, José Dolores Pimienta accede al amor desde su condición de mulato marginado por la sociedad y ve en él una suerte de refugio de dos soledades cómplices: "Un amor, un gran amor tenía que ser para él, José Dolores Pimienta, un consuelo, un sosiego compartido, una suerte de pequeño, modesto y mágico lugar inmune al espanto y a las humillaciones que lo circundaban" (59). Para Cecilia Valdés, en el amor se conjugan dos elementos: la venganza y el triunfo frente a la sociedad que la humilla —y Arenas comprende aquí la problemática del "blanqueamiento", auténtico *leitmotiv* en la novela de Villaverde—, pero también hay un sabor místico en su discurso que la lleva a la búsqueda de su propio yo: "No una pasión absoluta, no un capricho, sino una fusión absoluta [...] un encuentro secreto, dulce e inexplicable con lo mejor de sí misma" (99-100).

Frente a la plenitud erótica de Cecilia, su enamorado, Leonardo Gamboa, sólo indaga en el misterio efímero, en la fuga total que no lleva a la vida, sino a la muerte: "Un gran amor es deseo satisfecho, violencia desatada, aventura y fugacidad [...] porque si fuera algo eterno e ineludible, sería un fardo, un castigo y sobre todo (y esto es lo peor) un aburrimiento. [...] El amor, prosigo, es explosión o muerte" (135). Si Cecilia Valdés no dudó de los sentimientos de Leonardo mientras estaban juntos y se entregó al fuego de su pasión, su muerte a manos de José Dolores Pimienta le hará reconocer la vanidad del deseo de su amante, mucho más cercano a la melodía frustrada de Nemesia Pimienta, a la que Arenas con un inteligente cinismo desplaza de "la pretenciosa serie de capítulos titulados precisamente Del Amor que el susodicho autor había redactado" (49); la queja de Nemesia, una "insignificante pieza" de la novela, es, sin embargo, de las más lúcidas y transparenta una escritura desafiante, minada de una fuerte dosis de autocrítica, que desnuda una concepción salvaje del amor, plena de lujuria, y busca un cuerpo "con quien desahogar su soledad", un cuerpo sin nombre ni raza, abierto al sexo y al goce sin límite: "Ah, si alguien comprendiese al menos que de todas las amantes ella era la más pura porque no vivía para un amor determinado sino para el amor absoluto, símbolo supremo que como un dios podía encarnar y manifestarse a través de cualquier cuerpo" (49).

Reposo y un hálito romántico en la última llamada de Cecilia al amor templan esta desmesura, mucho más cercana en esos momentos a Pimienta, compañero en su lucha contra un destino implacable y fiel interlocutor. Es él su verdadero enamorado, el único que comprende la pasión erótica como "unión absoluta y verdaderamente sagrada. Porque un gran amor es también la historia de un fracaso" (154); y esa llama en el corazón de Cecilia se vuelve renuncia en el desvelo de Pimienta, "persecución de que el objeto amado sea feliz aun cuando para ello tengamos que entregarlo a los brazos de nuestro rival [...] Ahora, que he matado a mi rival, lo comprendo" (156).

Junto al decálogo amoroso, La loma del Ángel contiene diversos episodios que decididamene apuestan por la subversión de todos los códigos. Es cuando el discurso de Arenas se carnavaliza para mostrar una realidad distorsionada, fantástica o irreverente, que enlaza su texto con la menipea, una corriente audaz de la literatura, netamente provocadora, que, como ha estudiado Bajtin,[7] se distancia de la realidad "no para encarnar positivamente la verdad, sino para buscarla y provocarla y, sobre todo, para ponerla a prueba" (161). Para acercarse al "lado oscuro" de lo real, la menipea se vale de elementos generalmente despreciados por una literatura "ortodoxa":

> son características las escenas de escándalos, de conductas excéntricas, de discursos y apariciones inoportunas, es decir, de toda clase de violaciones del curso normal y común de acontecimientos, de reglas establecidas, de comportamientos y etiqueta e incluso de conducta discursiva [163-164].

La novela de Arenas hunde su escritura en el desequilibrio de la menipea en no pocas ocasiones. Aparece palpablemente en el trasvestimiento satírico del obispo Espada convertido en ángel lujurioso y bisexual,

[7] Véase Bajtin (pp. 159-167). Un análisis de los modos de distorsión carnavelescos aplicado a la literatura hispanoamericana se encuentra en Martínez.

factotum de la sobrepoblación habanera, que prepara así a su sucesor en este cargo eclesiástico y humano: "Sí, hermano, angélicamente he poseído a casi todas las mujeres de esta ciudad y [...] a muchísimos hombres ilustres y respetabilísimos que tampoco querían quedarse sin ese consuelo..." (29). O en la "factoría de negros" que promovió en Brasil el negrero Pedro Blanco, "donde se casó con unas cien negras a la vez. Ahora él mismo fabrica negritos que vende a precio de oro" (66). Y conmuta la fe del pueblo africano en el "vuelo" de sus gentes hacia el África soñada en una escena de locura circense cuando los negros del ingenio de los Gamboa descubren que la máquina de vapor los lanza al aire, como hombres-bala, y "ennegrecen" el cielo en su viaje a "la Guinea". La amarga "irrealidad" los arroja, no al África, sino a una cercana arboleda, infernal y no paradisíaca, donde Isabel y Leonardo arrastran tras sí un macabro *flash* de cadáveres y "miles de auras tiñosas, cernícalos, búhos, ratones, culebras, ratas, lombrices, gusanos, cucarachas, moscas y hasta cuadrillas de perros jíbaros que los seguían" (115).

En el estilo grotesco del carnaval, Arenas disfraza a sus personajes de mutantes, seres que evolucionan, física o moralmente en un mundo al revés. Mediante un sesgo en el ritmo narrativo, más rápido en esos momentos, el relato desprecia la lógica parodiando un universo fantástico que a veces hemos podido ver en imágenes, como en la travesía de la condesa de Merlín, inflada como un globo aerostático, a través del Atlántico (74-75), que recuerda la del Casanova fellinesco en su recorrido por unos canales de Venecia "plastificados" o en la "gran comilona" del ingenio de los Gamboa que lleva a los personajes al paroxismo y la muerte (125-129); como en *La grand bouffe* de Marco Ferreri. La presencia de lo prohibido se hace visible en el capítulo de la boda de Leonardo Gamboa con Isabel Ilincheta, una secuencia sacrílega que fulmina los esquemas religiosos cuando Isabel, para heredar la fortuna de los Gamboa, "en pleno altar, se hizo poseer por el joven que expiraba aprovechando (ella lo sabía) ese espasmo final que es característico de todo moribundo" (147); irreverente como Bataille en la *Historia del ojo*, Arenas propone un desenlace violento de una historia que navega entre el amor y el fracaso, entre el deseo y la muerte, acicate voraz de un literatura con conciencia crítica y pasión por la escritura que invoca las sombras de *Cecilia Valdés*.

BIBLIOGRAFÍA

Arenas, Reinaldo, *La loma del ángel*, Barcelona, Dador, 1987.
Bajtin, Mihaíl M., *Problemas de la poética de Dostoievski*, México, FCE, 1988.

Borinsky, Alicia, "Re-escribir y escribir: Arenas, Menard, Borges, Cervantes, Fray Servando", *Revista Iberoamericana*, 41 (1975), pp. 605-616.

Chiampi Cortez, Irlemar, "De la ampliación en la narrativa neobarroca hispanoamericana", en *Actas del XVII Congreso del Instituto Internacional de Literatura Iberoamericana*, Madrid, Cultura Hispánica, 1978, tomo I, pp. 387-397.

Costa, Marithelma y Adelaida López, "Entrevista a Reinaldo Arenas. Experimentación y tradición", *Studi de Letterature Ispano Americana*, 17 (1986), pp. 103-113.

Genette, Gerard, *Palimpsestos. La literatura en segundo grado*, Madrid, Taurus, 1989.

Luis, William, "*Cecilia Valdés*: el nacimiento de una novela antiesclavista", *Cuadernos Hispanoamericanos*, núm. 451-452 (1988), pp. 187-193.

MacAdam, Alfred J., "La vocación literaria en Arenas", *Linden Lane Magazine*, 4 (1982), pp. 9-10.

Martínez, Z. Nelly, "El carnaval, el diálogo y la novela polifónica", *Hispamérica*, 17 (1977), pp. 3-21.

Rodríguez Monegal, Emir, "Carnaval/Antropofagia/Parodia", *Revista Iberoamericana*, 45 (1979), pp. 401-412.

Rozencvaig, Perla, "Entrevista a Reinaldo Arenas", *Revista de Crítica Literaria Latinoamericana*, núm. 10 (1979), pp. 41-48.

LA INTERTEXTUALIDAD DE *TERRA NOSTRA*. LA ESCRITURA COMO HEREJÍA: LA NOVELA, TEXTO DE TEXTOS

Georgina García Gutiérrez
Universidad de las Américas, Puebla

1. Todos los textos

Vale la pena revisar de nueva cuenta la relación genética y complementaria entre dos libros de Carlos Fuentes, *Terra Nostra* (1975) y *Cervantes o la crítica de la lectura* (1976), novela y ensayo, respectivamente.

El autor mismo considera pertinente vincularlos con dos aclaraciones significativas. La primera aclaración los liga como una entidad constituida por un cuerpo principal, la novela, y una extensión, *Cervantes o la crítica de la lectura*. La temporalidad del texto novelesco, desde el punto de vista del escritor, originaría, además, la selección de momentos de la historia que los doce ensayos se encargan de examinar. Dice Fuentes:

> De manera cierta, el presente ensayo es una rama de la novela que me ha ocupado durante los pasados seis años, *Terra Nostra*. Las tres fechas que constituyen las referencias temporales de la novela bien pueden servir para establecer el trasfondo histórico de Cervantes y *Don Quijote*: 1492, 1521 y 1598 (1976, CC, 36).

Los nexos textuales entre dos prácticas discursivas diferentes, que el mismo Fuentes establece explícitamente, revelan cómo estaba inmerso en la reflexión sobre la lectura, escritura, autoría, fronteras entre las distintas artes y los diferentes géneros, literarios o no. La intertextualidad de dos obras generadas en el mismo periodo creativo es subrayada por el autor, como si el esfuerzo inconmesurable por escribir *Terra Nostra*, a partir de la "totalidad" de los textos (para crear y descubrir los enlaces que entretejen el vasto tejido de la cultura, de la historia y la civilización) lo impulsara a seguir en la tónica de la práctica intertextual. Esto no sucedió en el caso de *Aura* y *La muerte de Artemio Cruz*, publicadas en 1962, que si bien manifiestan formalmente nacer de inquietudes similares y haber sido concebidas a

la par, no requirieron de explicación que descubriera su cercanía (al menos
no como elemento de una de las obras, pues Fuentes produce siempre
explicaciones sobre su teoría de la novela; por ejemplo, gran número de sus
ensayos aportan directamente claves para la lectura del género novelesco,
propio y ajeno, y en sus novelas más ambiciosas, el nivel teórico proporciona
las claves de esa novela específica). Esto pudiera deberse a que el lector
alcanza la definición teórica en la poética de Fuentes, durante esta etapa,
como correlativo del escritor (para escribir *Terra Nostra* se necesitó leer;
para leer esta novela se debe "escribirla". La reescritura iguala, o estaría al
final de ambas actividades). El lector que lee debe, entonces, ser copartícipe
del autor y enterarse del proceso de creación, sus vericuetos, bifurcaciones
y antecedentes. El lector debe, pues, conocer lo que enmascara la escritura
convencional: su proceso de producción. Por otra parte, los criterios tan
amplios con que Fuentes selecciona los materiales diversos que fundamen-
tan *Terra Nostra*, su inquietud por demoler barreras genéricas para crear el
género de la nueva novela, indican un replanteamiento de lo que es un texto
y de las relaciones entre los textos. Esta inquietud podría observarse en
varios niveles e ilumina el sentido múltiple de la segunda aclaración. Los
doce ensayos que constituyen *Cervantes o la crítica de la lectura* (o las partes
en que está dividido un único y extenso ensayo) van compañeros de una
"Advertencia preliminar", y de una "Bibliografía conjunta". Llaman la
atención la inclusión de una "Bibliografía conjunta", así como el número y
variedad de los títulos del listado. Se trata de 85 obras que abarcan campos
disímiles del saber y del conocimiento, que al autor le pareció importante
enumerar para mostrarlas como la fuente compartida de dos libros suyos:

> En la medida en que el presente ensayo y mi novela *Terra nostra*, nacen de
> impulsos paralelos y obedecen a preocupaciones comunes, indico a continua-
> ción la bibliografía gemela de ambas obras (CC, 111).

El interés del autor por cuestiones teóricas sobre el género novelístico,
la práctica del novelar, y la función de la novela en la cultura y civilización
occidentales, algunos de los temas centrales en las dos obras, narrativa una,
expositiva la otra, reaparecen en la bibliografía que comparten. Esta queda
como la memoria, anexa, de un proceso del proceso de producción gene-
rador de dos textos, disímiles discursivamente, pero con el mismo origen
textual. De ahí podría seguirse que en la novela desembocan y se
funden toda clase de textos y de ella se derivan textos, concepción del
autor tan afín o coincidente con las teorías de M. Bajtin o Julia Kristeva.
La idea de exponer, revelar, los libros leídos para la escritura de la novela
y los ensayos (acorde con ciertas obsesiones que abordan estos textos)

cuadra con la necesidad de nombrar las bibliotecas a las que acudió el autor. En todo caso, la urgencia de referirse a libros, acervos de libros, a todos los libros. De entre ellos, tanto como de las conversaciones, del estímulo del cine y la pintura, por ejemplo, nace la novela, como se propondrá ejemplificando *Terra nostra*. En los "Reconocimientos", el autor desplegará sus fuentes de información, redondeadas por la "Bibliografía conjunta" del otro volumen, enunciándolas, remitiendo al lector, finalmente, al espacio que contiene los libros cuya lectura posibilita la escritura de la novela. La novela los reunirá, no como en los museos de libros que son las bibliotecas, ordenados sistemáticamente, sino para regenerarlos. La escritura modifica. Escribe Fuentes en *Cervantes o la crítica de la lectura*:

> Si es cierto que en la literatura no se repite el milagro del génesis, sino que toda obra escrita se apoya en formas previas, más que comenzar prolonga y más que formar transforma, entonces lo interesante es considerar, en primer lugar, cómo se apoya la escritura en una forma previa. Si el nuevo texto respeta la norma anterior, la escritura sólo introduce diferencias denotadas que contribuye a la norma de la lectura única (27).

Terra nostra, su escritura, aspiraría a reescribir los textos que la preceden, mientras que *Cervantes o la crítica de la lectura* se avocaría a la discusión acerca de la novela, el autor, el lector. Esto sin mencionar el trazo, que también hace del recorrido textual que el género ha atravesado para arribar a la novela moderna (mas el propio y el de *Terra Nostra*, como se muestra en la "Bibliografía conjunta" y en los "Agradecimientos"). *Terra Nostra* equivaldría a la práctica y *Cervantes o la crítica de la lectura* a la teoría (aunque la separación no sea tan tajante). En este sentido, los ensayos tendrían el objetivo final de iluminar la lectura de la novela, texto percibido por el autor como difícil, en tanto ambiciosamente transformador (porque quisiera modificar todo texto, la escritura que la antecede; revisar todos los textos, convocarlos en un texto, único y plural). A la lectura y a la escritura, por tanto, estarían dedicados, respectivamente, dos libros que se complementan como las dos caras de un tejido elaborado por el autor y el lector. *Terra Nostra*, la escritura resultante de la actividad de leer; *Cervantes o la crítica de la lectura* reflexión sobre la lectura y claves para decodificar, leer. La novela y su metanovela.

2. POLIFONÍA Y HETERODOXIA

Así, la productividad textual y las exigencias escripturales en *Terra Nostra* parecen destinadas a elaborar esta novela como la obra intertextual y polifónica por excelencia. Los innumerables lenguajes, códigos y discursos que considera, el entrecruzamiento, modificación y permutaciones con que los combina, parecen asimismo dirigidos a crearla como el lugar de la intersección múltiple y multiplicadora, reiterativa, apiñada. Se persigue, entonces, la infinitización del espacio textual, con el objeto de convocar elementos heterogéneos: literatura, historia, herejías, pintura, mitos, arquitectura, cine. Elementos discursivos, visuales, filosóficos, ideológicos, religiosos, filosóficos, políticos. En *Terra Nostra* se encuentran, dialogan y modifican todo tipo de textos; la imagen pictórica, cinematográfica o la de los personajes reproducida en los espejos que describe la novela (para abrir otros espacios y duplicar personalidades y tiempos) se transforman en palabras, se ordenan en discursos diversos, La polifonía impugna las fronteras: entre las artes, entre la vida y la muerte, entre los textos. De este modo, la novela sirve como campo polifacético, intertextual, al debate entre ortodoxia y heterodoxia, entre mongolismo y dialogismo. Se comprende la inclusión en la "Bibliografía conjunta", de obras como *El ingenioso hidalgo Don Quijote de la Mancha* cerca de *La obra abierta* de Eco o de *Las palabras y las cosas* de Foucault, cerca de *La inquisición española* de Eco Henry Kamen y *La persecución del arte de escribir* de Leo Strauss y *El elogio de la locura* de Erasmo, entre muchas más.

Si se examinan *Terra Nostra* sus "Reconocimientos" y el libro *Cervantes o la crítica de la lectura*, con la "Bibliografía conjunta" en términos de lo que aspiran abarcar se podría deducir que se trata de lograr una revisión de la civilización occidental. Los dos textos pretenden criticarla globalmente, desde sus inicios hasta su fin, concentrándose en el cristianismo, vertebrador de la historia. Se trataría de una arqueología crítica del saber occidental, del conocimiento, su manipulación. La escritura se vuelve un concepto central de la crítica de *Terra Nostra*, por cuanto el cristianismo la sacralizó y así volvió a la palabra una. La escritura sagrada postuló a la verdad única, legítima, oficial, La Ley. Esta concepción de la escritura es pulverizada por decirlo así en *Terra Nostra* que se opone estructuralmente a la voz única, con la polifonía. Que a la ortodoxia y a la rigidez canónica contrapone todas las herejías y heterodoxias. Frente al concepto de texto sagrado, *Terra Nostra* recupera el de apócrifo; frente a lo unitario, lo trinitario. Éste sería el sentido de la particular selección de personajes, épocas, y textos alternativos: La Cábala, el Zohar, la magia, las herejías perseguidas. Para lograr este objetivo que trasciende lo meramente literario, para analizar desde los fundamentos la ideología que ha dominado a occidente. Fuentes monta la novela en la maldición de Tiberio, que atraviesa el texto como el cristianismo la historia occidental.

El título *Terra Nostra* alude a toda la civilización fundada con Roma y la religión cristiana como bases. La novela examina el devenir histórico de la humanidad desde la época de Tiberio (42 a. de J.C. −37 d. de J.C.), quien era emperador romano cuando se ejecuta a Jesucristo, hasta el año 1990 cuando el Apocalipsis se instala en el mundo. La era cristiana completa se analiza en la novela que considera su punto de partida y su terminación, al igual que los hitos definidores de rumbos de la historia del cristianismo porque coinciden con restructuraciones profundas del ámbito mundial. El cristianismo sería el rumbo histórico que la humanidad ha tomado en las encrucijadas decisivas de la historia. La muerte del cristianismo significa la muerte de toda una civilización que ha durado 2 000 años y que está marcada por la expansión cristiana (Edad Media, Nueva España), por la Reforma y la Contrarreforma. La ambición por lograr el control hegemónico del mundo, herencia de Roma (*Mare Nostrum*), va ligada a la diseminación del cristianismo (*Terra Nostra*).

España, dueña del orbe, cabeza del mayor imperio que haya existido, es motivo de atención especial en la novela que se detiene en las épocas críticas de su consolidación, en los periodos cismáticos de la ideología imperial. Maldición y destino rigen las biografías de los personajes y de la humanidad y también se habla de ellos. El diálogo entre Juana la Loca y Felipe el Hermoso revela el temor de que se cumplan en un hijo:

–Debe conocer la maldición que pesa sobre los herederos de Roma...
    –Todo te lo perdono, tus mujeres, tus apetitos, tus burlas, todo; eso no te perdonaría...
    –Yo he vivido y reinado con esa maldición a cuestas, pesándome, restándole noche a mis noches y días a mis días...
    –No se la pasarás a mi hijo...
    –Nuestro hijo, Juana...
    –Mío sólo, que como Raquel lo parí con dolor, abandonada, en una letrina flamenca... mientras tú... Cayó la primera Roma, vencida por las hordas de los esclavos. Cayó Constantinopla, la Segunda Roma, vencida por las chusmes de Mahoma. España será la tercera Roma; no caerá, no habrá otra; y Felipe reinará sobre ella (716).

El presente de la novela, el tiempo del Apocalipsis, se descorre en París (del 14 de julio de 1999 al 31 de diciembre del mismo año, el último del calendario cristiano), para que Polo Febo, el Peregrino viaje a través del tiempo hasta el principio de todo. La excursión del personaje, circular porque finalmente regresa al futuro sin porvenir, lo lleva a la edad de Tiberio, y a cada uno de los momentos cruciales del cristianismo (de manera que la novela, al desplegar varias temporalidades dentro de una que las contiene a todas (abarca hasta una era), propone en el plano conceptual la infinitización del tiempo, todos dentro de uno, análoga a la del espacio textual; la novela, es el texto que puede comprenderlo todo, aun englobar al tiempo. El periplo de Polo Febo tiene doble significación, ya que también regresa al origen de su estirpe, maldecida por Tiberio. La maldición del yerno de Augusto, enigma de *Terra Nostra*, texto perdido y reencontrado, escrita y por lo mismo creadora de realidades, ha marcado, literalmente a la línea de la raza humana inventada por ella. Así, el poder de la palabra y de la escritura se equipara al del Creador, porque el "Manuscrito de un estoico", y las acciones de su autor, Teodoro, en verdad se cumplen:

> Clemente, en el aire, se transfiguró realmente en Agripa
> Póstumo y heredero del imperio; su cuerpo desnudo fue
> envuelto por una nube(...) Sé que todo esto es fantasía;
> pero... ¿quién puede impedir que la leyenda sea creída por
> los ignorantes, y qué amenazas encierra esa fe? Esto no
> lo sé. Yo me he limitado a seguir de cerca las órdenes
> finales de mi amo Tiberio: yo mismo con un cuchillo,
> tracé anoche una sangrante cruz sobre la espalda del
> esclavo asesino e invoqué, ante su contenido dolor,
> las palabras de mi amo:
> –Resucite un día Agrippa Póstumo, multiplicado por
> tres, de vientres de lobas, para contemplar la dispersión
> del imperio de Roma; y de los tres hijos de Agrippa,
> nazcan más tarde otros; y de los nueve, veintisiete (...)
> Y puesto que la cruz de la infamia presidirá estas vidas
> futuras, como presidió la muerte del profeta judío El
> Nazir, llámense los hijos de Agrippa, que portarán la
> cruz en la espalda, con el nombre hebreo de Yehohannan
> que quiere decir "La gracia es de Yavé". (...) No sé si reí
> al maldecirle:
> –Que te crezca un dedo más en cada pie para levantarte
> y correr más deprisa... (702).

El mar Mediterráneo recibe las tres botellas con el escrito que por triplicado se ocupará del último año de Tiberio, relatará su muerte, la de Clemente que ocupa el lugar de Agrippa Póstumo (nieto de Augusto y heredero en la sucesión de la corona imperial), la imprecación del Emperador y la propia maldición de Teodoro. En momentos clave cada botella encontrará al lector del manuscrito verdadera crónica y profecía reiteradamente cumplida, primer texto de la intertextualidad que es el género novelesco. De modo que leer *Terra Nostra* equivale a reconstruir la historia de la novela (en tanto tipo de discurso y en tanto su especialidad como muestra textual). El cronista Teodoro inscribe en la carne, con el cuchillo como estilete, la marca, el estigma, la cruz (la escritura). Además de esta inscripción roja que reaparecerá como mutación genética en una serie de personajes distribuidos en épocas sucesivas, al igual que los seis dedos en los pies, Teodoro consigna la suerte de un linaje, lo inventa. Los personajes surgidos de este texto que maldice, son algunos de los que deambulan a través de los tiempos y se encuentran con personajes originados en otros textos (literarios, Celestina, Don Juan; históricos, Felipe II, Juana la Loca). La peregrinación de Polo Febo lo hace reencontrar a los demás personajes arquetípicos, Felipe, Simón, Celestina, atrapados en la circularidad del caleidoscopio de la novela moderna y a *Terra Nostra*:

> ¿No estás cansado? Peregrino, has viajado tanto desde que caíste del puente aquella y te perdiste en las aguas que te arrojaron en la playa del Cabo...
> La tomas de los hombros, la apartas de ti: No es cierto, yo he estado encerrado aquí, no me he movido, desde el verano no abro las ventanas, me estás contando lo que ya he leído en las crónicas y manuscritos y pliegos que tengo allí, en ese gabinete, tú has leído lo mismo que yo, la misma novela, yo no me he movido de aquí...
> ¿Por qué no piensas lo contrario?, te dice después de besar tu mejilla, ¿por qué no piensas que los dos hemos vivido lo mismo, y que esos papeles escritos por fray Julián y el Cronista dan fe de nuestras vidas? (778)

La lectura, entonces, ha precipitado al Peregrino a "vivir" experiencias, a entablar las relaciones con los textos, al ubicarse en sus espacios textuales, a relacionarse con otros entes originados en un texto como él, nacido del manuscrito de Teodoro. Leer es viajar a través de los textos, vincularlos, es una actividad intertextual. La realidad real y la literaria pueden ser objeto de lecturas, creativas en la medida en que el lector sea además de testigo, partícipe. La literatura debe ser polifónica, resultado de lecturas diversas. Escrita y lectura, las dos caras de la misma moneda productiva. Escribe Fuentes en *Cervantes o la crítica de la lectura* sobre la aportación crítica que el autor de El Ingenioso hidalgo hizo al cuestionar el viejo mundo medieval con otros valores, leyendo apropiadamente su tiempo al impugnar la lectura caduca:

> Pero si Don Quijote es un afirmación de los valores modernos del punto de vista plural, Cervantes tampoco se rinde ante la modernidad. Es en este punto donde los valores literarios y morales de Cervantes se fusionan en un todo. Si la realidad se ha vuelto plurívoca, la literatura la reflejará sólo en la medida en que obligue a la propia realidad a someterse a lecturas divergentes y a visiones desde perspectivas variables. Pues precisamente en nombre de la polivalencia de lo real, añade a lo real, deja de ser correspondecia verbal de verdades inconmovibles o anteriores a ella. Nueva realidad de papel, la literatura dice cosas del mundo pero es ella misma una nueva cosa en el mundo (92-93).

Si la escritura al ser canalizada por la religión de los libros sagrados se volvió unívoca, depositaria de la única verdad, excluyente de cualquier otra visión, tuvo que expresarse en un discurso monológico, petrificado. La realidad dejó de tener cabida en la expresión de una voz y de punto de vista tan únicos como autoritarios y alejados de la comprensión del mundo al negarle toda complejidad. La Fe, la Palabra Divina y la Escritura integran una entidad monolítica que debe ser abierta para incluir al hombre, al conocimiento, al diálogo. La heterodoxia, por tanto, es la respuesta escritural, crítica, al monolito del lenguaje reverenciado por occidente. La novela moderna, la nueva novela, desde Cervantes a Joyce, se opone con su construcción compleja, dialógica a esa escritura sacralizada o a ese discurso monológico:

> Cervantes y Joyce son los dos ejemplos supremos mediante los cuales la ficción moderna, en sus extremos, totaliza sus intenciones y se reconoce a sí misma (...) Here Comes Everybody! El título de *Finnegans Wake* es en sí un programa de libro abierto, de escritura común (...) En *Don Quijote*, como hemos visto, esa crítica de la creación es una crítica de la lectura; en *Ulises* y *Finnegans Wake* es una crítica de la escritura (...) Cervantes desenmascara la épica medieval y le impone los sellos de la lectura crítica. Joyce desenmascara la épica total de Occidente, de Odiseo a la Reina Victoria, y la marca con las heridas de la escritura crítica (96, 97, 98).

La escritura crítica, concreta en la práctica discursiva de *Terra Nostra;* aplica los conceptos que Fuentes manifiesta en los ensayos, e incorpora todas las visiones disidentes desde el tiempo de Tiberio hasta 1999. Herejías, heterodoxias, crónicas, son examinadas, mencionadas, y se integran al grupo de voces que componen la polifonía de la novela, que propone una escritura herética. La novela, entonces, texto hereje, recupera la memoria no consignada en los textos oficiales o sagrados para constituirse con las visiones independientes. Los cátaros, Pelagio, los adanitas, Simón, la magia y el conocimiento "falso" coexisten con los discursos oficiales o del poder, por lo cual se convierte en el texto o mejor dicho en el "contratexto". En el texto que expone el envés del tejido tramado por la historia aparente de Occidente. El novelista moderno tiene que ser hereje por la relación de su escritura, de la novela, frente al poder. La escritura debe ser independiente, producto de la libertad para elegir (herejía, del griego hairesis, acto de elección). En *Terra Nostra*, el Cronista, Cervantes, escribe herejías:

> (...) bajo guisa de fábula, esa narración incurría en las anatematizadas herejías del docetismo, que sostiene la naturaleza fantasmal del cuerpo humano de Cristo, del gnosticismo sirio de Saturnilio, que proclama el carácter desconocido e intransmisible del Padre único, del gnosticismo egipcio de Basílides que

hace a Simón el Cirenaico suplantar a Cristo en la cruz y a Cristo simple testigo de una agonía ajena, del gnosticismo judaozante de Cerintio y los Ebonitas, combatido por el padre de la Iglesia, Ireneo, por declarar que Cristo el Dios es sólo temporalmente el cuerpo de Jesús el hombre, del monarquismo patripaslanista que identifica al Hijo con el Padre, y la variante sabeliana que concibe al Hijo emitido por el Padre como un rayo de luz: de la herejía apolinaria y del extremo nestorianismo, que atribuyen a dos personas distintas los actos. de Jesús y los de Cristo; y de la doctrina de la libertad pelagiana, en fin, condenada por el Concilio de Cártago y por los escritos del Santo de Hipona, que niega la doctrina del pecado original (245-246).

Delación, persecución, han coaccionado a las otras interpretaciones de los textos sagrados y se han recrudecido cuando amenazaban al poder. Política, herejía y escritura heterodoxa, unidas, son presentadas en *Terra Nostra* como antagonismo perturbador, tan peligroso como la inocencia. El novelista es un peligro para el poder absoluto, para la intolerancia y el fanatismo; es el hereje que cuestiona la legitimidad de toda tiranía porque sabe (sobre este saber volveré más adelante). En todo caso su lucidez y capacidad para atestiguar, lo vuelve vulnerable como a la inocencia. Lo que escribe, espejo desenmascarador, muestra al poder su verdadera cara (uno de los temas, que ligados al de la identidad desarrolla *Terra Nostra:* en la soledad del poder, el poderoso ve en las superficies reflejantes su propia imagen: la de la corrupción; Felipe, como el agonizante de *La muerte de Artemio Cruz* que observa su rostro fragmentado en los espejos de una bolsa de mujer, se observa y contempla la putrefacción final. *Terra Nostra*, espejo del mundo, le muestra la última cara, la de su agonía en medio de la corrupción). Si al poder, tácticamente, la herejía como tal no le inquieta en la medida en que no se vuelva política, de cualquier manera su separación de la verdad única lleva en sí el germen que corroe al totalitarismo. La escritura, heterodoxia múltiple, por definición, es temida desde el centro de la intolerancia. El novelista será por antonomasia el peregrino, el maldito, quien lleva en su poder la marca de la escritura, el hereje que consigna por escrito la verdad, el hacedor de espejos que muestran al que se ve en ellos, textos reflejantes, su verdadero rostro. Estas concepciones las llevan a la práctica los personajes de *Terra Nostra* organizados en entes arquetípicos que concentran funciones y rasgos. En una serie de personajes que reaparecen en distintas épocas, se sintetizan las cualidades o defectos de los poderosos, de los débiles. De este modo, *Terra Nostra*, juega con la idea del reflejo, de la reflexión y reproducción, postulándose ella misma como espejo, para el lector, hecho con espejos que producen hasta el infinito las imágenes de los mismos personajes que, como cambiar de disfraz, cambian de época. La escritura al revés introduce al juego de espejos, al pasado, a la narración. Dice Celestina desde el Apocalipsis, sentada en el puente desde el que Polo Febo, al caer, inicia su viaje intertextual:

> Este es mi cuento. Deseo que oigas mi cuento. Oigas. Oigas. Sagio. Sagio. Otneuc im sagio euq oesed. Otneuc im se etse (35).

Una fase crucial en el desarrollo del novelista-hereje es la que representa Cervantes, cuya biografía, transformada, genera la caracterización del Cronista. En este personaje se conjuntan la capacidad de crear realidades poéticas que revelan la verdad de la realidad real (su escritura es tanto revelación como herejía) además de representar, reunidos en uno, plural, a todos los cronistas y todos los herejes, en un solo escritor.

Un ser así, tiene el poder de la sabiduría, del conocimiento (el gnóstico) y su escritura, divergente de lo oficial hasta en términos del canon literario (Cervantes es un creador), amenaza al poder con su independencia.

> Y sustraje del cubículo del Cronista, al cual tenía libre acceso por ser nuestras conversaciones seguidas y sabrosas, unos culpables papeles en los que mi letrado amigo relataba, equívocamente, las múltiples posibilidades del juicio de Cristo Nuestro Señor en manos de Poncio Pilatos (...).
>
> (...) Tolerable es la herejía, pues, mientras no sea empleada directamente contra el poder.
>
> > –Señor: el prelado que aquí reside podría pensar de otra manera...
> > –¿Quién le mostrará esos papeles, dímelo, fray Julián...¿quién?
> > –Y nos desanimaréis a quienes tratamos de velar por vuestros intereses.
> > La causa es clara: el Cronista es hereja, relapso y marrano...
> > –Y tú quieres que lo entregue a la Santa Inquisición...
> > –Así es, Señor (...)
> > –Está bien. No hay enemigo más peligroso del orden que el inocente. Está bien.
> > Que pierda la inocencia. Envíesele a galeras (245, 247, 249).

El espacio textual de *Terra Nostra*, sitio de encuentro de voces heterodoxas, rescata del silencio al Otro, el hereje. Al constituirse la novela como texto polifónico, convocadora de lo apócrifo (la Cábala, por ejemplo) e impugnadora de lo oficial (el discurso absolutista) pasa revista a lo escrito y al que escribe: no hay sino un solo texto que reescribe un solo autor que "lee" lo que otros escribieron. En el fin del mundo, trascenderá la escritura. El último escritor-lector es asimismo el testigo de ese tiempo final como lo fue en todos los tiempos anteriores. Manco como Cervantes, porque también es él, presencia como siempre la destrucción y el renacimiento:

Con tu única mano extiendes los papeles guardados en el gabinete de Boulle, las crónicas adelgazadas, transparentes, desleídas. Comparas las caligrafías, la calidad de las tintas, su resistencia al transcurso del tiempo. Documentos escritos en latín, hebreo, arábigo, español; códices con ideogramas aztecas. Letras de araña, letras de mosca, letras de río, letras de piedra, glifos de nube. Te cansas pronto de leer. Nunca sabes si entristecerte o alegrarte de que estos papeles, estas mudas voces de hombres de otros tiempos, sobrevivan a las muertes de los hombres de tu tiempo. ¿Para qué conservas los escritos? Nadie los leerá porque ya no habrá nadie para leer, escribir, amar, soñar, herir, desear. Todo lo escrito ha de sobrevivir intocado porque no habrá manos para destruirlo (768).

En "El que inventó la pólvora", cuento de *Los días enmascarados* (1954) Fuentes tocó por vez primera el tema del lector como el último sobreviviente a la catástrofe final y a los libros como al origen de todo lo que va a reiniciarse otra vez. En *Terra Nostra*, práctica discursiva distinta, desarrolla todas las posibilidades de la relación entre escritor, lector. Analiza, además, sus funciones y la función de la escritura en los contextos, totales, de la civilización, la cultura y la historia occidentales.

El hecho de elegir el apocalipsis como el cierre (y la apertura para el ciclo que seguirá) visto desde la perspectiva del gnosticismo, destaca a *Terra Nostra*. Anteriormente, en *Aura* (1962) se había apuntado la línea de la revelación que ahondará en *Cristóbal nonato* (1987), novela en que el escritor es un profeta y su obra una profecía apocalíptica. La infinitización del espacio textual cotejada con la urgencia de emplear todos los códigos, lenguajes, para llenarlo, expresa una inquietud que acerca la novela al *horror vacui* del barroco. En todo caso un "barroco", por así decirlo, que aspira a mestizar, a mezclar, especialmente y además, todo lo excluido por los textos "clásicos". Un intertexto total, con la verdad de todos, unidos discursivamente en la polifonía que busca *Terra Nostra*. Gnosis, caleidoscopio que ofrece al mundo occidental, fundado en el cristianismo, las imágenes de su propia destrucción.

BIBLIOGRAFÍA

Fuentes, Carlos, *Terra Nostra*, México, Joaquín Mortiz, 1975.
——, *Cervantes o la crítica de la lectura*, México, Joaquín Mortiz, 1976 (CC).
Kristeva, Julia, *El texto de la novela*, Barcelona, Lumen, 1974.

HISTORIOGRAFÍA Y METAFICCIÓN: *LOS PERROS DEL PARAÍSO* DE ABEL POSSE

AMALIA PULGARÍN
Boston University

A través de la novela contemporánea estamos asistiendo a un proceso de reinterpretación y develamiento de nuestro pasado histórico. Algunas novelas recientes tratan de afrontar esta tarea trayendo a primer plano el hecho histórico del "descubrimiento" y ofreciendo la cara que oculta la historia oficial, reescribiendo las crónicas de la época y utilizando la memoria y la imaginación colectiva para reelaborar una visión nueva. La novela contemporánea asume el papel de reveladora de la historia utilizando para ello un discurso desmitificador y paródico con el que no pretende en ningún momento resolver los enigmas sino cuestionarlos desde una óptica diferente. En los últimos diez años se han publicado novelas que enfrentan esta tarea eligiendo el Descubrimiento y la Conquista de América como referente central de su relato: Alejo Carpentier, *El arpa y la sombra* (1979); Jaime Silva, *La comedia española* (1982); Abel Posse, *Los perros del paraíso* (1983); Luisa López Vergara, *No serán las Indias* (1988).

La novela del argentino Abel Posse, *Los perros del paraíso*,[1] se nos ofrece como uno de los textos alternativos de la historia de la Conquista dentro del panorama de la novela contemporánea. Ésta propone una alternativa diferente que nos permite estudiar cómo desde la perspectiva actual se evalúa y enjuicia repetidamente la historiografía anterior. Para llevarlo a cabo lo aborda desde diferentes perspectivas: la castellana, la colombina y la indígena. Esto constituye una diferencia con otros relatos novelísticos que ofrecen una visión única al centrarse, de manera principal, en la figura de Cristóbal Colón.

La novela de Posse está dividida en cuatro partes que tienen como título los cuatro elementos de la naturaleza: aire, fuego, agua y tierra. La elección de estos títulos constituye una temprana llamada de atención

---

[1] Véase Posse. Todas las citas seguirán esta edición.

sobre la complejidad de los orígenes y la dimensión cósmica de lo narrado. Cada una de estas partes está antecedida por una cronología de los sucesos, verdaderos y ficticios, de los que se hará eco el capítulo. En la primera parte se alternan, simultáneamente, tres escenarios diferentes (Castilla, Génova y el Nuevo Mundo) desarrollando la vida cotidiana de Isabel y Fernando (amores y luchas dinásticas); infancia y juventud de Cristóbal Colón en la que se va perfilando su predestinado destino y los proyectos incaico-aztecas de invadir las "tierra frías del Oriente". Al final confluyen los tres espacios en uno, reuniendo también a sus protagonistas: el Paraíso.

La reescritura del pasado a través de esta novela se convierte en invención, búsqueda, memoria y profecía. Se despeja a la historia de su autoridad y jerarquía absoluta y distante, y a través del ejercicio novelesco se nos acerca a un presente que la reescribe.

Para acercar la historia al presente se utilizan diversos mecanismos, todos ellos derivados del uso del anacronismo a distintos niveles. En primer lugar nos abruma la terminología anacrónica utilizada: "inflación"(15); "el gerente de la casa 'Spínola', la gran multinacional" (26); "Su socialismo ortodoxo y oficialista de funcionario se resentía" (30); etc.; y las referencias a acontecimientos y personajes del futuro que intervienen en tal acción:

> Pero en el rincón del eterno retorno de lo mismo, casi invisibles, el general Queipo de Llano con altas botas muy lustradas y planchadísimos breeches preside la comitiva de académicos y magistrados [¿Díaz Plaja? ¿El doctor Derisi? ¿Battistesa? ¿D'Ors?] Le pedirán al rey patrocinio y fondos para el Congreso de Cultura Hispánica de 1940 [17].

Incluso aparecen personajes históricos bajo nombres ligeramente alterados (Ulrico Nietz, por Nietzsche; Mordecai que "¡Hasta dice que la religión es el opio del pueblo!" (158) por Carlos Marx; Jégel por Hegel; Joan Velmont por el torero Juan Belmonte, etc.); en segundo lugar encontramos referencias a la situación del presente actual, en especial al latinoamericano, que generalmente aparecen veladas tras expresiones retóricas o metafóricas ("Pegaban en silencio. Buscaban sus centros de dolor casi con fría profesionalidad de torturadores" (20); "El alivio del desmayo, bendición del torturado" (21); "Ésta era su más grave deserción, la que no le podría perdonar ningún tribunal militar de la época" (22)), asimismo, también las encontramos en un pasado próximo con su insistencia en la utilización de las siglas SS, aludiendo tanto al reino de los Reyes Católicos como al nazismo; y finalmente, en tercer lugar encontramos la confluencia de los viajes de Colón en uno:

(4 de agosto de 1498. El omphalos. En la verdadera vida del almirante, el día que sigue al 12 de octubre de 1492 es —curiosamente— el 4 de agosto de 1498) [166].[2]

La práctica del anacronismo constituye una contestación teórica al positivismo y uno de los aportes más significativos del posmodernismo histórico. Representa un afán subversivo y un ansia de recuperar la historia trayéndola al presente. Los complicados anacronismos a los que nos enfrenta este texto ilustran la ida y venida del tiempo cósmico del carnaval y nos invitan a considerar la novela como reescritura carnavalizada de la historia.

El anacronismo se presenta con mayor profusión a partir de la página 152, cuando aparece la entrada del diario correspondiente al 27 de septiembre, bajo el título "Pasan cosas raras". A partir de este momento se produce "una ruptura flagrante del orden espacio-temporal establecido" (153) y "El horizonte espacial-histórico fue quebrado por la proa de la Santa María" (153):

> Por la rajadura del velo espacio-temporal empezaron a deslizarse seres, naves, escenas humanas, que el almirante tuvo, como visionario que era, que aceptar sin tratar de buscar explicaciones que excederían las modestas posibilidades de la época [154].

Es en este momento cuando se instaura un espacio y un tiempo carnavalizado que coincide con el descubrimiento del Paraíso. Aunque en realidad el carnaval engloba toda la novela y justo en el momento en el que los Reyes Católicos autorizan el viaje se está autorizando también la transgresión carnavalesca, distinguiendo un espacio y un tiempo representado por el viaje. También dentro de este vasto espectro espaciotemporal reconocemos otros más reducidos, como pequeñas fiestas de transgresión. Una de ellas es la del episodio en la que las naves se erotizan y se convierten en mujeres y los tripulantes sufren el travestismo al que se ven forzados en la "fiesta erótica". Esta "fiesta erótica" (158-162) es la fiesta del carnaval que se repetirá también a la llegada del Paraíso (168-169), produciéndose aquí la coronación de Colón como rey carnaval. En este caso, sin embargo, la coronación no implica ropajes, sino desnudez:

> El almirante, imponente y ahora sereno, con toda majestad se para en el castillo de popa y como ejecutando un ritual que todos comprenderán, procede a desvestirse hasta quedar completamente desnudo.
> ¡Esta vez hasta se quitó los calcetines! [169]

[2] Alexander Coleman en su reseña a la edición en inglés de *Los perros del paraíso* señala: "Mr. Posse plays fast and loose with every fact at his command, as he has every right to do, since he is evolving a subterranean theory about the meaning of history in Spanish America between 1492 and 1986. He makes clever use of deliberate anachronism and violent telescoping of events —the four Columbus voyages, for instance, are conflated into one— and all are cast in a new genre we might call surrealist history".

Contrasta esta coronación de Colón, como rey del carnaval, en el espacio carnavalesco del Paraíso con la coronación que se produce con anterioridad, en el espacio carnavalesco del viaje, al ser nombrado almirante por los reyes e investido con poderes y a su llegada a tierra americana, en donde destaca el exceso del atuendo. La desnudez de Colón funciona como disfraz invertido, caracterizándose por defecto en lugar de por exceso y sirve igualmente para acentuar su ridiculez.

En este espacio carnavalesco se establece un nuevo orden, distinto al orden oficial y respaldado por su rey:

> El funcionario, que valora el orden por sobre todo, está consternado. Es como si hubiese comprobado que el mundo se mueve bajo los pies. Que se perdieron las referencias al orden de la metrópoli [157].

La carnavalización se nos ofrece también en un nivel textual, presentándose bajo el disfraz del "diario". El *Diario de abordo* se descubre como uno de los intertextos más evidentes de esta novela y se refleja estructuralmente en los capítulos en los que se adopta su forma. A partir de la página 141 se empieza a emular el diario de Colón y aparecen relatos diarios con fechas concretas. Al igual que lo hiciera Carpentier en *El arpa y la sombra*, Posse toma frases textuales del diario colombino y lo somete a un proceso paródico provocativo y revolucionario. La novela realiza una lectura deconstructiva de los textos de Colón para cuestionar lo que él mismo dijo y proyectó y la imagen que quiso mostrar al mundo.

El recurso carnavalesco del disfraz lo observamos en distintos niveles a lo largo de la novela, ya en el nivel textual, al que acabamos de referirnos, bajo la forma del diario, y en el lingüístico, puesto que el lenguaje funciona como máscara que oculta la realidad americana ante la imposibilidad de nombrarla:

> Aves del paraíso, nunca vistas. ¿Cómo nombrarlas? Referirlas a las de España sería degradarlas al color sepia de los libros de ciencia [179].

El lenguaje admirativo de Posse en los episodios que tratan la toma de contacto entre los dos mundos, se hace eco de la actitud admirativa de los primeros cronistas ante la extrañeza y novedad que provocaba en ellos el Nuevo Mundo y su imposibilidad de expresarlo. La curiosidad ante la realidad junto a la admiración de explorarla y conquistarla, produce esa mezcla de rasgos entre fantásticos y heroicos, entre novela y epopeya.

Las máscaras se superponen y multiplican a lo largo del texto. La multiplicación de máscaras curiosamente pretende desenmascarar a la historia con sus inmumerables perspectivas y descartar, así, la posibilidad de acceder al acontecimiento histórico en su totalidad. La novela se convierte en amalgama de todas estas interpretaciones o máscaras que el tiempo le ha ido otorgando a la historia sin ofrecer una autoritaria y definitiva sino simplemente, como amalgama, pone de manifiesto su multiplicidad y relatividad, el error y la insuficiencia de una visión cerrada y unívoca.

La caricatura como máscara literaria se utiliza, en especial, a la hora de retratar a personajes históricos: "Lucrecia de Borgia, rigurosamente a la española, traje negro, mantilla bordada, pero un tanto lorqueana con su mantón y volados agitanados" (98).

Los personajes históricos aparecen disfrazados y ocultos:

> ¿Quién era quién? Había judíos disfrazados de monjes con los calzoncillos repletos de relojes y cucharitas de plata, curas, vestidos de mosqueteros que viajaban como agentes de la Inquisición o del Vaticano, no faltaban espías de la Corte inglesa enrolados como bailaores [120].

El travestismo como una de las formas preferidas de ocultación también hace acto de presencia en varias ocasiones y llamativamente en la proximidad del paraíso:

> ¿Dónde estaba, quién era, esa manola alocada que zapatea en el trinquete de la Santa María? ¿Es posible que sea Rodríguez de Escobedo, el escribano? [161].

Los títulos u oficios de los personajes también sirven para disfrazarlos: "Hizo compadecer al rabino de a bordo, Luis de Torres (hasta ese momento enrolado como traductor)" (164).

Incluso el propósito mismo del viaje colombino aparece igualmente disfrazado e invertido:

> Pero no es oro ni diamantes, ni perlas, lo que el almirante busca. (No es su fin robarse las puertas de oro del Paraíso como si se tratase de un "casolare" abandonado en las afueras de Génova.) [164].

El "prodigio" del descubrimiento en la novela de Posse toma una significación diferente a la adoptada en textos anteriores, no es el prodigio del oro, la tierra como botín, sino el prodigio de una nueva espiritualidad, la tierra como Paraíso.[3] La búsqueda del oro en la obra de Posse es un

---

[3] La búsqueda del Paraíso por parte de Colón, denunciada abiertamente por la crítica contemporánea, se delata también en algunas anotaciones del *Diario de abordo* (lunes, 27 de septiembre): "El agua de la mar hallaban menos salada desde que salieron de las canarias"(79). Aquí Luis Arraz señala en una nota que "esta afirmación, fruto exclusivo de su fantasía, debe ser relacionada con el convencimiento colombino de que se acercaba el paraíso terrenal"(28). También en el *Diario* (11 de octubre, p. 90) leemos sobre la llegada de Colón: "conoció que era gente que mejor se libraría y convertiría a Nuestra Santa Fe con Amor que no con fuerza". De ahí puede derivar la actitud de Colón al instaurar su orden místico paradisíaco en *Los perros*

pretexto para buscar el Paraíso, con claros tintes utópicos.[4] Por el contrario, en la obra de Carpentier la búsqueda del Paraíso, o de algo ideal y utópico es la máscara que oculta la verdadera ambición y codicia por las riquezas.

La llegada al Paraíso puede interpretarse como el "génesis" de un "nuevo mundo" en el que finalmente se desatará la subversión que producirá las contradictorias equivalencias de Génesis igual a Apocalipsis y Paraíso igual a Infierno; ambos indistintamente guardados por los perros.[5]

La solución apocalíptica en *Los perros del paraíso* tiene una dimensión especial ya que también lleva implícita una visión carnavalesca del descubrimiento y de Colón. La motivación de la forma carnavalesca para Bakhtin deriva de la autoridad, la segunda vida del carnaval tiene sentido en relación con la vida primera, la oficial.[6] En esta novela estamos, constantemente, ante estas dos vías, la oficial y la colombina al margen de la oficial. La vía carnavalesca es la que instaura Colón en las nuevas tierras, en su paraíso, coronado como rey de carnaval. Sin embargo, al final este orden es derrumbado por el oficial y llegamos al momento de derrocamiento de su rey. La visión apocalíptica lleva implícita la destrucción del Paraíso, Colón termina encadenado y los "ángeles" vendidos en Sevilla o esclavizados en las minas. Son los "mastines bravos" los encargados de la restauración del orden y de poner fin al carnaval. Esta restauración responde al mecanismo de renovación propio del carnaval; sin embargo, la renovación en el espacio carnavalesco de la novela significa sustitución de un carnaval por otro y también la sustitución de sus reyes: "El golpe estaba en el aire. Fue el primer bolivianazo" (220). Este nuevo carnaval implica, en realidad, una búsqueda satírica de los más relevantes problemas de la Latinoamérica actual.

El mecanismo de actuación del carnaval es semejante al de la obra paródica en relación al modelo del que deriva. En *Los perros del paraíso* se parodian escrituras y entre ellas destaca la obra de Carpentier, *El arpa y la*

---

del paraíso. En las anotaciones referentes a esta entrada del *Diario* se delatan características propias de los habitantes del paraíso: "buena voluntad", "desnudos", "no traían armas", "ignorancia", "bien hechos", "buenos servidores", "buen ingenio". Y en la página 92 encontramos la descripción de una de las islas que se asemeja a la descripción del paraíso: "Esta isla es bien grande, muy llana y de árboles muy verdes y muchas aguas y una laguna en medio y muy grande, sin ninguna montaña, y toda ella verde, que es placer mirarle."

[4] Para Stelio Cro, Colón en el *Diario* del primer viaje escribe las primeras páginas de la utopía en América: "Utopía que ya en él adquiere características sociales –el indio es un ser capaz de convertirse al cristianismo y a la civilización–, poéticas –las amazonas– y religiosas —el Paraíso terrenal. Utopía que se basa en sus lecturas de las Sagradas Escrituras y de los viajes de Marco Polo."

[5] La novela lleva por título *Los perros del paraíso*. Al final de la novela comprobamos que ese paraíso original ha generado un infierno en el que serán restablecidas las leyes impuestas por "los guardianes fieros", los perros. En la mitología son los perros los guardianes del infierno.

[6] Véase Bakhtin.

sombra, al encontrar una alusión directa en el texto a propósito de la relación establecida entre Colón y la reina Isabel:

(Por eso yerra el gran Alejo Carpentier cuando supone una unión sexual, completa y libre, entre el navegante y la soberana. La noble voluntad democratizadora lleva a Carpentier a ese excusable error. Pero es absolutamente irreal. La intimidación del plebeyo fue total en ese aspecto físico. Total, en cambio, fue su descaro metafísico y así alcanzó la liberación del panorgasmo.) [105.]

Los perros del paraíso establece un nutrido diálogo intertextual tanto con documentos historiográficos como con materiales novelescos. Al mismo tiempo que la narración exhibe constantemente su conocimiento sobre las estrategias narratológicas y las teorías filosóficas y psicológicas implícitas en el relato.

Todas las estrategias utilizadas en esta novela parecen apuntar a la necesidad de la búsqueda de una teoría subterránea sobre la historia cuyos orígenes se pierden en el devenir histórico y cuya evolución alcanza hasta nuestros días. *Los perros del paraíso* no ofrece ninguna solución ante los enigmas de la historia, ni siquiera pretende darles coherencia. Por el contrario, nos presenta una visión caótica en la que voces, planos, tiempos se superponen y se confunden en un espacio carnavalesco y en lo que, para algunos críticos, pudiera suponer una lectura surrealista de la historia.[7]

La narrativa reciente pone de manifiesto la insuficiencia de la historiografía para revelar la historia o la verdad total sobre el acontecimiento histórico. Éste, en muchas de estas novelas, es el "descubrimiento", y la única posibilidad de acceder a él es ficcionalizándolo, desmitificando lo que el discurso histórico ha mitificado y ofreciendo las diferentes interpretaciones que un mismo acontecer han suscitado a lo largo del tiempo.

BIBLIOGRAFÍA

Bakhtin, Mikhail, *Problems of Dostoevsky's Poetics*, Ann Arbor, Ardis, 1973.
Coleman, Alexander, "Fernando vs. Isabel", res. de *Los Perros del paraíso* de Abel Posse, *The New York Times Book Review*, 18 de marzo de 1990, p. 22.
Colón, Cristóbal, *Diario de abordo*.
Cro, Stelio, *Realidad y utopía en el descubrimiento y conquista de la América Hispana (1492-1682)*, Michigan, International Book Publishers, 1983.
Posse, Abel, *Los perros del paraíso*, Barcelona, Plaza y Janés, 1987.
——, *The Dogs of Paradise*, Margaret Sayers Paden (trad.), New York, Atheneum, 1989.
Taylos, Robert, "History Scrambled: Columbus' Zany Sail", res. de *Los Perros del paraíso*, de Abel Posse, *Boston Globe*, 31 de enero de 1990.

[7] Tanto Robert Taylos como Alexander Coleman en sus reseñas a la edición en inglés insisten en la visión surrealista de Abel Posse.

EL ENTENADO DE SAER O EL CUESTIONAMIENTO DE LAS CRÓNICAS

Rita Gnutzmann
Universidad del País Vasco

Hacia el año 1575 un español anónimo, septuagenario y cerca de la muerte, escribe el relato de su vida entre los indígenas de la región santafesina de Colastiné, donde sus compañeros son matados y devorados ante él. Los indios lo conservan entre ellos como testigo durante diez años y lo devuelven a sus compatriotas al acercarse un barco español. Posteriormente, el narrador vive en España, primero con el padre Quesada, más tarde como actor y director de su propia historia y, finalmente, como dueño de una imprenta. Pasa sus últimos días escribiendo sus memorias, "único acto que justifica mi vida" (99).

La fuente histórica del relato la constituye la vida de Francisco del Puerto, uno de los tripulantes de la expedición de Juan Díaz de Solís por el Río de la Plata (al que éste llamó "Mar Dulce"), donde fueron atacados y asesinados por los indios y, según se dice, devorados ante los ojos del resto de la expedición que había quedado en el barco. El único sobreviviente fue Francisco del Puerto, quien vivió diez años como prisionero entre los indígenas y sirvió después de informante sobre la región a Sebastián Cabot.

El propósito del autor no es "la paráfrasis de antiguos cronicones" ni la "vuelta a los historiadores de Indias" en general, como algún reseñador del libro pretende (J.M. Marco, s.f., p. 70), aunque exista alguna ambientación en la época como al comienzo:

> En boca de los marinos todo se mezclaba; los chinos, los indios, un nuevo mundo, las piedras preciosas, las especias, el oro, la codicia y la fábula. Se hablaba de ciudades pavimentadas de oro, del paraíso sobre la tierra, de monstruos marinos... [12s.][1]

---

[1] *El entenado* no pretende reconstruir elementos "arqueológicos" de costumbres, vestidos, comidas, etc., ni la mentalidad de la época, la manera de ser del hombre, su pensar y su actuar: no ofrece "un modéle comportemental, un schéma cohérent, véridique et significatif d'un moment particulier du passé" (Levi: 148).

A lo largo de la novela hay pocos fragmentos que pretendan recrear el estado primitivo de los indios o el Siglo de Oro español, como por ejemplo, el hacer fuego con dos pedazos de madera (41), las costumbres de limpieza y cortesía entre los indígenas (68-71) y su canibalismo; en el mundo español son destacados la fiebre por el oro y las piedras preciosas (92), la discusión sobre la condición humana o no de los indígenas (102) y la sospecha por parte de los curas de que el contacto con aquéllos pueda contagiar a los españoles, mientras que el narrador critica, a su vez, a los religiosos como ignorantes, leguleyos y mezquinos (100). Además, no falta, de paso, la descripción de la vida en el convento y de la de gente de teatro ambulante.

Pero si lo comparamos con las "memorias" de otros cronistas de la misma región como Cabeza de Vaca, Ulrico Schmidel y Díaz de Guzmán, enseguida se hace evidente la falta de descripciones que fijen la geografía, la fisionomía de los indios, su forma de vestir, su vida socioecónomica, etc. Cabeza de Vaca, por ejemplo, da los siguientes detalles acerca de los guaraníes del Iguazú:

> ...crían muchas gallinas, patos y otras aves, y tienen mucha caza de puercos y venados, y dantas y perdices, codornices y faisanes, y tienen en el río gran pesquería, y siembran y cogen mucho maíz, batatas, cazabí, mandubias, y tienen otras muchas frutas, y de los árboles cogen gran cantidad de miel [...] hay grandes campiñas de tierras, y muy buenas aguas, ríos, arroyos y fuentes, y arboledas y sombras, la más fértil tierra del mundo, muy aparejada para labrar y criar, y mucha parte de ella para ingenios de azúcar, y tierra de mucha caza... [94].

En el relato de Saer no se presenta más que un paisaje genérico, campestre y fluvial: árboles, el río ancho de aguas pardas o doradas, con islas chatas en el medio, orillas y una tierra llena de ondulaciones (31, 33). Prácticamente se retoman los elementos que desde el principio le sirven al autor para crear su mundo, su "zona", como tituló su primera antología de cuentos (1960). Nunca se trata de una realidad física, sino de percepciones sensoriales, de color, sonido y olor como muy bien se demuestra en la escena central: la fiesta caníbal. Apenas se nos dice cómo viven los indígenas, qué comen y qué plantan en épocas normales. Igualmente llama la atención la falta de nombres propios en todo el relato: no se les diferencia en su individualidad sino que son meramente "el vecino", "el que nadaba", "los niños", etc. Al contrario, Cabeza de Vaca, a pesar de la rapidez con la que cruza los territorios, cita el nombre de cada uno de los caciques (87s.).

Con respecto al lenguaje es igualmente fácil comprobar que el narrador no remeda la lengua del Siglo de Oro: sólo nos encontramos con alguna que otra palabra en desuso como lengua, entenado y entendimiento (con significado antiguo).[2]

Intencionadamente introduce anacronismos como nostalgia, moda, changador, marmita, orgía, etc. y otras palabras que cobraron el significado en el que las emplea posteriormente, como prostituta, alcohol, conchabar, titular, rengo... Faltan todos los arcaísmos léxicos, sintácticos y morfológicos. A pesar de que Saer reconoce haber tomado algunos rasgos de estudios lingüísticos de Antonio Tovar sobre las lenguas aglutinantes y del ensayo de Freud, "Acerca del sentido opuesto de las palabras primitivas" (Lineberg-Fressard: 157), en ningún momento intenta construir una lengua primitiva "real". El único rasgo que repite constantemente es el de su sonido "rápido y chillón". La palabra más importante del texto "def-ghi" es la mejor prueba de esta ausencia de intención de verosimilitud, ya que está tomada del lomo del diccionario de Littré y simplemente pretende dar la ilusión de una lengua primitiva, desconocida fónica y gráficamente para un español. El estudio de Freud le sirvió para reforzar su idea fundamental de la arbitrariedad del lenguaje y de lo que llamamos "realidad", así como de su multiplicidad. La única vez que el narrador se explaya sobre la lengua de los indios es para dar detalles sobre su carácter contradictorio. La misma palabra "def-ghi" tiene numerosos significados (133) y "en-gui" significa "los hombres, la gente, nosotros, yo, comer, aquí, mirar, adentro, uno, despertar, y muchas otras cosas más" (121). Significativamente, los indios no tienen ninguna palabra que exprese "ser" y "estar" sino que siempre usan el verbo "parecer", es decir, desconfían de la realidad. De ahí su angustia, su sensación de chapotear en un "medio chirle" (122).

No cabe duda de que Saer no se refiere tan sólo a ese idioma, pretendidamente primitivo, sino a la arbitrariedad de la lengua en general y al uso múltiple y contradictorio de las palabras.[3]

En general los mismos títulos de los textos saerianos son polisémicos: *Nadie nada nunca* (la "nada" y el verbo "nadar"); *Glosa* (nota y comentario y la impenetrabilidad de lo real); *El entenado* ("ente" y "nada"; véase *id.*).[4]

La ausencia de reconstrucción del mundo del siglo XVI queda patente con respecto al personaje del entenado y a sus pensamientos. En primer

[2] Véase Linenberg-Fressard: 157.

[3] Véase Saer en Linenberg-Fressard: 157; véase, por ejemplo, la palabra alemana *Absatz* en cualquier diccionario.

[4] Saer no emplea "entenado" en el sentido limitado de "hijastro", según la definición del DRAE, sino en el amplio, de abandonado: "me paseaba entre los indios buscando alguna tarea inútil que me ayudase a llegar al fin del día, para ser otra vez el abandonado, con nombre y memoria" (72).

lugar, su agnosticismo es impensable en personaje de sus caraterísticas en aquella época. El autor no disimula los anacronismos, sino que, por el contrario, los resalta mediante citas directas de algunos filósofos. Leibnitz, siglo y medio posterior al tiempo del relato, está presente en la alusión al "único posible" mundo "y el mejor de todos" (119). Tampoco Berkeley, filósofo del siglo XVIII, está ausente. Tras la frase "Sin ellos, no había árbol, pero, sin árbol, ellos tampoco eran nada" (119) se esconde su famoso axioma *esse est percipi*. Lógicamente, Saer no quiere apoyar la teoría de Berkeley de que los aspectos físicos del mundo se dejan reducir a los fenómenos mentales, sino que, por el contrario, duda de la posibilidad de captar estos mismos fenómenos y de plasmarlos en palabras de forma inequívoca.

Pero el sistema filosófico al que más debe el relato de Saer es el existencialismo, a Sartre en concreto. El abandono del entenado no se refiere al simple hecho de ser huérfano de nacimiento y de serlo de nuevo tras la muerte de sus compañeros y tras la de la figura paterna del padre Quesada, sino que es condición humana, porque, como dice el narrador: "Toda vida es un pozo de soledad que va ahondándose con los años" y estamos "condenados a la soledad de [nuestros] recuerdos como a la de la propia muerte" (35, 146). La falta de sentido que siente el narrador y la indiferencia del destino ante el bien y el mal son pensamientos totalmente ajenos al fervor religioso del siglo XVI. Términos fundamentales del pensamiento sartreano surgen frecuentemente en el texto como "contingencia", "viscosidad" y "precariedad". Hay reminicencias directas del "ser en sí" y del "ser para sí" de la *Náusea*: "pasar a ser objeto de experiencia era arrumbarse por completo en lo exterior, igualarse, perdiendo realidad, con lo inerte y con lo indistinto, empastarse en el amasijo blando de las cosas aparentes" (128). El entenado se siente fascinado por la contingencia como Roquentin (99) y como a éste las cosas se le imponen de repente y le resultan inaprehensibles; la ausencia de sentido lo invade y le hace dudar del mundo (126). La precariedad, la amenaza y la indiferencia del mundo lo asaltan constantemente y se enlazan con el tiempo que presenta la eternidad:

> Teníamos la ilusión de ir fundando ese espacio desconocido [...] pero cuando lo dejábamos atrás [...] comprobábamos que el espacio del que nos creíamos fundadores había estado siempre ahí [...] Cada vez que desembarcábamos, éramos como un hormigueo fugaz salido de la nada, una fiebre efímera que espejeaba unos momentos al borde del agua y después se desvanecía [23].

El tratamiento del tiempo es otro rasgo que aleja a Saer de las crónicas en forma de memorias del siglo XVI. El cronista-narrador de éstas relata de forma lineal, haciendo a menudo referencia a episodios anteriores y enlazándolos con otros nuevos con fórmulas de tipo "como dije en otro lugar", "dejo aquí de contar para..." Subdivide su material en capítulos con títulos que resumen brevemente su contenido.

El entenado está narrado según las técnicas del siglo XX: comienza en el momento de la escritura: "ahora que soy viejo". Con respecto a la estancia con los indios, el lector se entera principalmente de tres escenas: la fiesta caníbal, el juego del corro de niños (repetido dos veces literalmente, 138 y ss., 38 y as.) y la agonía de un hombre en un amanecer de verano; a ellas podríamos añadir el episodio de la llegada de otro prisionero que repite y explica la situación del propio narrador. En vez de una relación continua de las experiencias se eligen momentos puntuales, dejando largos periodos sin describir. Además, la recuperación del pasado es totalmente distinta en las crónicas y en el relato de Saer. Los cronistas, aun con la distancia de varias décadas por medio, pretenden situarse en el mismo momento del acontecimiento: narran suceso tras suceso y detalle tras detalle, como si participasen de nuevo en ellos. Saer insiste en que el lector nunca olvide la distancia de cincuenta o sesenta años que media entre los acontecimientos y la narración escrita por este viejo "en la noche de verano [...] en una pieza blanca, a la luz de las velas ya casi consumidas" (79, 155).

La obsesión de Saer por el tiempo y la memoria se hizo pronto patente, lo más tarde con el cuento *La mayor*, que comienza con una refutación de la memoria proustiana: "Otros, ellos, antes, podían..." En *Cicatrices* el periodista y escritor Tomatis, *alter ego* del propio autor, decía:

> Hay tres cosas que tienen realidad en la literatura: la conciencia, el lenguaje y la forma [...] La única forma posible es la narración, porque la sustancia de la conciencia es el tiempo [55].

El narrador de *El entenado* reflexiona extensamente sobre la relación entre la realidad y su recuerdo y la estructura de la memoria, en clara referencia a Proust, sin que se trate de una simple imitación ni de una completa refutación, fruto de años de reflexión del propio autor:

> Esos recuerdos no se presentan en forma de imágenes sino más bien como estremecimientos, como nudos sembrados en el cuerpo, como palpitaciones, como rumores inaudibles, como temblores [...] el cuerpo se acuerda, sin que la memoria lo sepa [136].

Coincide con Proust en la apreciación del pasado como fundamento del momento presente, pero no admite la claridad de los recuerdos ni su significado inequívoco:

...me resulta difícil establecer una jerarquía entre tantas presencias que me hacen señas [...] el centro de cada recuerdo parece desplazarse en todas direcciones [...] no solamente el mundo es infinito sino que cada una de sus partes, y por ende mis propios recuerdos, también lo es [136 y s.].

A pesar de que Proust disuelve la realidad y el yo en recuerdos discontinuos del pasado, en él todavía se constituye cierta unidad mediante la memoria. Saer se aleja de Proust y se acerca al pensamiento borgeano al relacionar el recuerdo, y por ende la realidad, con el sueño:

Recuerdos y sueños están hechos de la misma materia. Y bien mirado, todo es recuerdo [...] sueño, recuerdo y experiencia rugosa se deslidan y se entrelazan para formar, como un tejido impreciso, lo que llamo sin mucha euforia mi vida (147 y s.; véase el total de la reflexión sobre el tema).

Saer coloca el tema de la memoria y de la realidad en el centro de su siguiente novela: *Glosa*, donde muestra que el recuerdo de un acontecimiento sólo oído por referencia puede ser más vivo que el de la propia experiencia y que "después de tantos años, los hechos [son] tan ajenos e inaccesibles a los que habían participado de ellos como a los que únicamente los conocían de oídas" (1986: 161 y s.).

Debemos creer al entenado cuando dice que el único objetivo de su vida es la recuperación del recuerdo de los indios colastinés, que están aún atrapados en el mundo de lo indistinto, anterior a la historia, para hacerlos perdurar en la conciencia de futuras generaciones. Sin embargo, en ningún momento se engaña con respecto a la dificultad de su empresa: es prácticamente imposible que el hombre penetre en el ser de otro hombre, como muestra la falsa aprehensión del vecino sereno que agoniza un amanecer tras la orgía caníbal. La memoria que debía revivir el pasado es parcial y se equivoca. Saer introduce el tema de la sobrevivencia por la memoria a comienzo del relato; al abandonar los españoles el Viejo Mundo, éste "reposaba sobre nuestros recuerdos. Nosotros éramos sus únicos garantes" (14). Al final el lector comprende que ni la memoria del entenado ni la de ningún cronista puede ser garante del mundo de los indios (de ahí la metáfora del eclipse al final de la novela). El narrador deja bien claro que su relato, basado en recuerdos dudosos, "puede significar muchas cosas a la vez" (124).

No sorprende que el único hecho fuera de toda duda sea el acto de escribir: el rasguido de la pluma y los crujidos de su silla son los únicos sonidos "reales" en la noche, y la mano ajada de un viejo "dejando un reguero negro a la luz de la lámpara" (35). Con razón la crítica insiste en subrayar el nivel metaliterario en los textos de Saer (Stern, 1983, 1984;

Gramuglio). Cada relato reflexiona sobre su propia génesis y su condición textual. No en vano el entenado, a su vuelta a España, se integra en el mundo de la representación, el teatro, y se hace profesional de la imprenta. Escribe un drama sobre su propia vida entre los indios, y a pesar de que su tipo de público parece tener la culpa de la falta de veracidad de su obra, habrá que pensar que Saer se refiere a la diferencia que existe de por sí entre realidad y literatura: toda vida se transforma en un artefacto, "de perfección prosádica y de precisión aritmética" (107). ¿Qué queda de la "realidad" si el mundo es "el desarrollo de una conciencia" (*Narraciones*, II, 380) y si la memoria es arbitraria y falible?

Saer parece dar con *El entenado* respuesta filosófica a la escritura ingenua de las crónicas del siglo XVI.

BIBLIOGRAFÍA

Gramuglio, María Teresa, "El lugar de Saer", en *Juan José Saer por Juan José Saer*, Buenos Aires, Ed. Celtia, 1986, pp. 261-299.
Levi, Jean, "Quand l'historien se fait romancier", *Le Dèbat*, núm. 54 (marzo-abril de 1989), pp. 147-158.
Linenberg-Fressard, Raquel, "Entrevista con Juan José Saer", *Río de la Plata*, 7 (1989), pp. 155-159.
Marco, José María, "Reseña de *El entenado* de Juan José Saer", *Quimera*, 80, s.f., p. 70.
Núñez Cabeza de Vaca, Álvar, *Naufragios y comentarios*, Madrid, Ed. Libra, 1970.
Saer, Juan José, *Narraciones*, 2 vols., Buenos Aires, CEAL, 1983.
——, *Cicatrices*, Buenos Aires, CEAL, 1983.
——, *La mayor*, Buenos Aires, CEAL, 1982.
——, *Glosa*, Buenos Aires, Alianza, 1986.
——, *El entenado*, Buenos Aires, Folios Ediciones, 1983.
Stern, Mirta, "El espacio intertextual en la narrativa de Juan José Saer", *Revista Iberoamericana*, 49 (1983), pp. 965-981.
——, "Juan José Saer: construcción y teoría de la ficción narrativa", *Hispamérica*, 37 (1984), pp. 15-30.

¿EXISTEN "LETRAS COLONIALES"?

Jacques Lafaye
Universidad de París, Sorbonne

Como muchos conceptos admitidos sin discusión por la crítica literaria, el de "letras coloniales" no deja de plantear problemas y tapar ambigüedades. ¿Qué criterios vamos a adoptar para definir las mal llamadas "letras coloniales"?

El adjetivo, moderno y anacrónico, evoca una situación colonial en el sentido decimonónico de la palabra. En rigor, las Indias nunca fueron, jurídicamente, "colonias", sino Virreinatos de la Corona de Castilla, igual que el reino de Murcia en la península, o el de Nápoles con respecto a la Corona de Aragón. No obstante, tomando en cuenta que la inmensa mayoría de la población de las Indias era de origen no europeo, dominada por una minoría europea o criolla de origen ibérico, sí se trataba de una situación "colonial", en sentido moderno.

Una vez admitido esto, queda pendiente la cuestión de saber ¿qué se va a considerar como "letras coloniales"? ¿Las obras publicadas en Indias durante las tres centurias virreinales? ¿Las obras cuyos autores fueron "americanos", cualquiera que sea su grupo étnico, su idioma y su lugar de publicación? ¿O sólo las obras de criollos españoles, o sea "colonos" en el sentido estricto, el de las colonias griegas de la Gran Grecia?

Estas preguntas no son ociosas, hoy día, sobre todo si se toma en cuenta el que un Eguiara y Eguren en su *Biblioteca mexicana* (1753), obra realizada en la segunda mitad del siglo XVIII, sólo considera "mexicanos" a los criollos españoles de la Nueva España. Eguiara hizo esta distinción porque, hasta aquel momento, los autores criollos de Indias se consideraban "autores españoles", sin discriminación alguna. Lo cual viene a plantearnos que, históricamente, fueron los criollos americanos los que tomaron la iniciativa de segregarse ellos mismos o mejor dicho separarse de la "madre España".

Hemos de tomar en cuenta, por otra parte, el que una segregación puede tapar otras. Para Eguiara y sus contemporáneos, las literaturas indígenas (en el caso de México, la literatura náhuatl) no formaban parte de "las letras coloniales". "Ni gachupina, ni india" pudo ser el lema de la literatura virreinal ya consciente de sí misma y revindicando su identidad.[1]

¡Cuán lejos estamos de lo que hoy suele llamarse, sin vacilar, "la literatura latinoamericana de la época colonial"!

Otro concepto complicado es el de "lo latinoamericano", muy extenso y también plagado de ambigüedades, pero no es mi propósito examinarlo ahora.

Circunscribiéndonos a las "letras coloniales", se ve que ya tenemos mucho que hacer. Pasando a reseñar autores y revisar obras, entramos en más y mayores dudas. Una visión panorámica nos revela la riqueza y diversidad de la producción de obras, así como el variado patrimonio cultural de sus autores. Sin poder defender criterios de índole étnica, vamos a acudir a criterios propiamente literarios e idiomáticos, como el vocabulario y la sintaxis. Y para evitar estancarnos en abstracciones, aduciremos ejemplos concretos.

Pero antes de pasar al examen de obras, hace falta considerar la cronología o, mejor dicho, la periodización. De hecho se suele hablar del "Siglo de Oro en España y América". ¿Hasta qué punto esto es válido? ¿No se trata de una extrapolación generosa a la par que arriesgada? Como sabemos, desde lo que ha escrito Dámaso Alonso, sí hubo en España no sólo un Siglo de Oro, sino "siglos de oro". El valor semántico de la palabra "siglo" en el siglo XVII era distinto al moderno y se aproximaba más al de "época", "generación" y en casos "juventud". Así lo demuestra la expresión (en boca de un personaje de la comedia): "En mi siglo", o esta otra: "Por el siglo de tu madre..." El "Siglo de Oro" (*âge d'or, golden age*) de la literatura española va de fines del siglo XV, con *La Celestina*, hasta la segunda mitad del siglo XVII, con la muerte de Calderón de la Barca. Se han caracterizado los siglos de oro por el extraordinario florecimiento del teatro profano (la comedia lopesca) y religioso (el auto sacramental), sobre todo en el siglo XVII. La novela también, con la picaresca y la obra maestra de Cervantes, *El Quijote*, llega entonces a un momento cumbre. Al mismo tiempo florece la poesía profana y la mística, de Garcilaso a Juan de la Cruz, así como la épica, con Herrera.

Desafortunadamente no se documenta nada parecido en las Indias, salvo algunos casos individuales. Cabe citar al famoso jorobado nacido en México, Juan Ruiz de Alarcón, quien, trasladado muy joven a Madrid, adquirió allí su fama. El autor de *La verdad sospechosa* (émulo de Tirso de Molina, más

---

[1] Vendría al caso repetir mi contribución al IV Congreso de Historia Mexicana, que versa sobre el uso de "patria, nación, mexicano, americano...", por autores como Eguiara, Clavijero y el padre Díaz de la Vega. Pero no da tiempo ahora.

que de Lope), ha sido en todo caso típico de un fenómeno y una generación madrileños. Hace falta el patriotismo cultural de Alfonso Reyes para discernir en la obra de Alarcón cierto tono crepuscular, que el insigne mexicano considera característico de la literatura mexicana *avant la lettre*.[2] Y eso que don Alfonso ha sido un profundo conocedor de los clásicos españoles. Alarcón representa, eso sí, la aportación individual de un criollo mexicano a las letras del Siglo de Oro español, concretamente madrileño.

El teatro propiamente virreinal, lo constituye una considerable colección de autos sacramentales, muchos de ellos en lenguas indígenas, sobre todo en náhuatl, el idioma de los aztecas y que fue convertido por los misioneros evangelizadores en la "lingua franca" de los indios de la Nueva España. Lo propio se puede decir del teatro religioso en el Perú, y el papel que tuvo la lengua quechua, heredada del antiguo imperio de los incas. Buen ejemplo de esta clase de obras es el *Auto del Juicio Final*, compuesto antes de 1550, por un fraile franciscano, padre Olmos (más conocido como autor de una historia del México precortesiano). Quizás sea la obra más destacada, la de Francisco Bramón, titulada *Los sirgueros de la Virgen sin original pecado*, de 1620. Ésta es ocasión de subrayar la importancia particular del tema mariano y generalmente la predominancia de la devoción a la virgen María en todos los géneros literarios del Siglo de Oro americano, o si se prefiere "indiano".

Sobre la novela en Indias, no se puede decir gran cosa, dado que la literatura de ficción había sido prohibida por real decreto, temiendo confusión en la mente de los catecúmenos indios, a quienes creían incapaces de discernir entre la verdad de la Escritura (sagrada) y las patrañas de la picaresca u otras. La única obra conocida como tal es una obra menor del famoso matemático y polígrafo de México, don Carlos de Sigüenza y Góngora, titulada *Los infortunios de Alfonso Ramírez* (1690). Esta supuesta novela se da, más bien, por relato testimonial de un desdichado personaje, víctima de un destino contrario y de la injusticia humana, que entre Manila y México, escapa con vida pero no sin honradez y arrepentimiento, lo cual no es ni picaresco ni, a pesar de las apariencias, literalmente novelesco. La ausencia de auténticas novelas en Indias es una de las mayores diferencias entre la literatura de los Siglos de Oro español y el Siglo de Oro, de haberlo, americano.

El caso de la lírica es también interesante, porque la poesía de carácter horaciano (*carpe diem*) y petrarquista, empezó a florecer tempranamente

---

[2] En la audiencia, me llaman la atención Antonio Alatorre y Alfredo Roggiano sobre el hecho de que Alfonso Reyes se había inspirado en una conferencia del Ateneo de la Juventud, que había dictado Pedro Henríquez Ureña, al que justamente estamos tributando homenaje.

en las Indias. Fue suscitada y animada por la familia Colón en su corte
italianizante de Santo Domingo, pero, igual que ésta, no llegó a durar
mucho. En Lima se sabe que hubo una "Academia antárctica", círculo de
poetas y humanistas. Entre las figuras más destacadas en la lírica, cabe citar
al Lunarejo, Juan de Espinosa Medrano. Y en México, al poeta Gutierre de
Cetina, alabado en sus días por el mismo Cervantes, y al petrarquista
González de Eslava, que no fueron figuras aisladas. Domina la escena la
figura de un poeta bien dotado (y más tarde obispo de Puerto Rico):
Bernardo de Balbuena, cuya obra más famosa en su tiempo, *Siglo de Oro en
las selvas de Erífile*, se publicó en Madrid en 1608. Se trata de unas églogas
bucólicas imitadas de la *Jerusalén* del Ariosto, entre otras influencias.
Balbuena ha sido también autor de un *Arte nuevo de poesía*, hoy perdido,
que por su título recuerda el *Arte nuevo...* de Lope de Vega. La obra hoy
más conocida de este autor (que, dicho de pasada, había nacido en Castilla)
es *Grandeza mexicana*, publicada en 1604; es una composición poética en
nueve capítulos, que enaltece la ciudad de México y su población criolla. Si
bien la finalidad de la obra es claramente patriótica, no se diferencia en la
forma de las muchas obras contemporáneas dedicadas a exaltar ciudades
de la península. De tal forma que más propiamente se ha de hablar de una
aportación a la literatura española, antes que del nacimiento de una
literatura "americana" en aquella época.

Lo propio se podría decir de una epopeya, *La Araucana* (1569) de
Alonso de Ercilla, que si bien de tema indiano y chileno, es de estilo
renacentista hispano-italiano, amén de que el autor no fue siquiera un
criollo chileno, sino un conquistador español que puso por obra el lema
"ora la pluma, ora la espada". Y ¿qué diríamos del bachiller Francisco
Cervantes de Salazar?, este autor que se considera el primer escritor
mexicano, porque le debemos la primera descripción de la ciudad de
México, ya en 1544, en sus *Tres diálogos latinos*, imitados de Platón y Erasmo,
era un gachupín prendado de la reciente ciudad de México, su tierra de
adopción. Los argumentos de carácter temático o sentimental no son
válidos en este caso, es forzoso acudir a criterios literarios y lingüísticos.

¿Qué es lo que podemos observar? Ya lo hemos visto, en los géneros
dominantes del Siglo de Oro español: el teatro, la novela y la poesía, las
aportaciones indianas aparecen más bien individuales y carecen de originalidad propiamente americana. Llama la atención la ausencia, en Indias,
de poesía mística, si bien la mayoría de los autores fueron religiosos
—monjes evangelizadores al principio, profesores de colegios después. La
única excepción la constituye el teatro religioso en lenguas indígenas (sobre
todo en náhuatl y en quechua), en buena parte desaparecido. Una excepción, individual en este caso, se ha de mencionar, es la sin par sor Juana

Inés de la Cruz. Aquella monja, criolla mexicana, Juana de Asbaje, fue un genio universal, y sobre todo una gran poeta. Entre sus poesías ha quedado buena copia de villancicos y poesías de carácter religioso, que llegan a expresar la sociedad multirracial y pluricultural del Virreinato de la Nueva España. Permítasenos dar una corta muestra, una "ensaladilla" con ocasión de la fiesta de san Pedro Nolasco de 1677:

A los plausibles festejos
que a su fundador Nolasco
la Redentora Familia
publica en justos aplausos,
un Negro que entró en la Iglesia,
de su grandeza admirado,
por regocijar la fiesta
cantó al son de un calabazo.

Puerto Rico. Estribillo

Tumba, la-lá-la; tumba, la-lé-le;
que donde ya Pilico, escrava no quede!
Tumba, tumba, la-lé-le; tumba, la-lá-la
que donde ya Pilico, no quede escrava!
Púsolos en paz un Indio
que, cayendo y levantando,
tomaba con la cabeza
la medida de los pasos;
el cual en una guitarra,
con ecos desentonados,
cantó un Tocotín mestizo
de Español y Mejicano.

TOCOTÍN

Los Padres bendito
tiene on Redentor;
amo nic neltoca
quimati no Dios.
Sólo Dios *Piltzintli*
del Cielo bajó,
y nuestro *tlatlácol*
nos 10 perdonó.

Se ve con este ejemplo que sor Juana supo con presentimiento genial traducir en versos festivos la revuelta social y racial, tanto del esclavo negro como del indio oprimido. Ésta es literatura "colonial", en sentido estricto, pero es muy excepcional en el siglo XVII americano. Hace falta llegar a principios del siglo XIX, con Fernández de Lizardi, para asistir a la criollización del costumbrismo español y europeo, del francés sobre todo.

Pero, van a decir, ¡qué arbitrariedad! ¡Sí lo quiere hispanizar todo a la fuerza! Ha pasado usted por alto al Inca Garcilaso, a Guamán Poma, a Ixtlilxóchitl... Paciencia, que a eso venimos ahora, señores. Empecemos por el más famoso, el mismo Garcilaso. Se ha contado que de niño había sido educado por su madre, una princesa inca y su tío, y es por consiguiente legítimo heredero de la tradición incaica. Eso es indudable en cuanto a su pretensión dinástica. Pero la forma como había planeado los *Comentarios reales* le debe más a la *Ciudad de Dios* de San Agustín y a Tito Livio que a los cantos épicos de sus antepasados incas. Por otra parte, se sabe que Garcilaso escribió sus obras (lo mismo la traducción de los *Dialoghi d'amore*) en Andalucía, donde pasó buena parte de su vida. La presencia en su obra magna de un cuantioso vocabulario quechua es efecto del tema mismo y se hace necesario por la referencia a realidades e instituciones vernáculas. El estilo de Garcilaso, no obstante, es el de un humanista español italianizante de fines del siglo XVI. Mestizo por la sangre, no lo fue, sin embargo, por la cultura.

El caso de Guamán Poma, indio peruano, de otra rama dinástica, es más interesante. Guamán Poma es un auténtico cronista del Perú precolombino (si bien nada imparcial); en su obra póstuma *Nueva corónica y buen gobierno* (obra que sólo se llegó a publicar hasta el siglo XX), nos muestra a un disidente del régimen incaico, que bien lo conoció por dentro. Las láminas que ilustran, o mejor dicho, constituyen su historia, van acompañadas de comentarios manuscritos. Tanto la descripción del pasado indio, como la protesta obvia contra la condición del indio colonizado, hacen que la obra de Guamán Poma se pueda considerar plenamente representativa de la conciencia colonial hispanoamericana. La lengua misma, con sus deslices y torpezas, refleja la incompleta asimilación del castellano, la presencia del sustrato indígena, tanto en el vocabulario como en la sintaxis. Se trata de una obra genuinamente mestiza cuya lengua es una forma de resistencia a la hispanización de la cultura indígena. Lo propio se podría decir –aunque en menor grado–, de unas historias menos logradas como las de los indios mexicanos Ixtlilxóchitl y Pomar.

Estos ejemplos muestran que la originalidad de las "letras coloniales" en Indias está en un nivel algo marginal, si no es del todo abandonado, en la España del Siglo de Oro. La literatura etnográfica, la historia natural, las crónicas e historias de las empresas de conquista, sí han tenido su siglo de oro en Indias, bajo el reinado de Carlos V. Si bien la mayor parte de la historiografía que yo llamaría "indiana" por analogía con la "iglesia indiana" de los primitivos evangelizadores franciscanos, ha sido escrita por peninsulares, como Gómara, Oviedo, Zárate, varios de ellos funcionarios reales, pero muchos más religiosos evangelizadores como Sahagún, Motolinía, Durán, etc., no dejan de ser parte de las "letras coloniales". Primero, porque fueron fruto de la colaboración de informantes indios con autores hispanos. Segundo, porque buena parte de aquellas famosas obras, cuyo arquetipo es la *Historia general de las cosas de la Nueva España* del franciscano Sahagún, han sido escritas primero en idiomas indígenas. Tercero, porque inauguran una rama nueva en las letras hispanas, brotada en Indias, y que reflejan la naturaleza, el pasado y las sociedades pluriétnicas de las Indias. Como la cornucopia simbólica de América, los monjes, letrados, naturalistas y lingüistas hispanos ("chapetones" o criollos) derramaron en abundancia su saber americanista en una multitud de obras, que en muchos casos permanecieron inéditas. Aquellas obras que hoy se considerarían científicas, pertenecen entonces plenamente a la literatura porque sus modelos literarios fueron Plinio, Tito Livio y el Antiguo Testamento.

El Siglo de Oro de las letras coloniales hispanoamericanas ha sido distinto por su fecha, por su tenor y sus géneros literarios, por sus autores, en mayoría religiosos, por su mensaje también, como se ve en un *Tocotín* anónimo (del siglo XVII) de la Biblioteca Nacional de México que, casando la métrica castellana con la palabra náhuatl, expresa la difícil resignación del indio "colonizado":

TOCOTÍN

Si cesan la cuenta
del medio partir
multiplicaremos
como el tole y juil.

Serán los tianguez
ferias de París
y andará sobrado
el chile y el maíz.

Tocotín caciques
hijos tocotín
que el Sol vuestro padre
os espera aquí.

En tiempos pasados
Siglos de oro al fin
no seguíamos al baile
cargados así.

No había muchas cargas
muchos Indios, sí,
pocas entre muchos se podía sufrir.

Parece ser que el "Siglo de Oro" mexicano había sido el de Netzahual-
cóyotl, si no el del mismo Quetzalcóatl, y en todo caso sería ¡precolonial!

Textos citados

Sor Juana Inés de la Cruz, *Obras completas*, Francisco Monterde (ed.), Porrúa, México.
Villancico VIII Ensaladilla

COPLAS

Hoy didi que en las Melcede
estos Parre Mercenaria
hace una fiesa a su Palre,
qué fiesa? como su cala.
Eya dici que redimi:
cosa palece encantala,
por que yo la Oblaje vivo
y las Parre no mi saca.
La otra noche con mi conga
turo sin durmí pensaba,
que no quiele gente plieta,
como eya so gente branca.
Sola saca la Pañola;
pues, Dioso, mila la trampa,
que aunque neglo, gente somo,
aunque nos dici cabaya!
Mas, qué digo, Dioso mío?
Los demoño, que me engaña,
pala que esé mulmulando
a esa Redentola Santa!
El Santo me lo perrone,
que só una malo hablala,
que aunque padesca la cuepo
en ese libla las alma.

Prosigue la Introducción:

Siguióse un estudiantón,
de Bachiller afectado,
que escogiera antes ser mudo

que parlar en castellano.
Y así, brotando Latín
y de docto reventando,
a un bárbaro que encontró,
disparó estos latinajos.

DIÁLOGO

Hodie Nolascus divinus
in Caelis est collocatus.
-Yo no tengo asco del vino,
que antes muero por tragarlo.
-*Uno mortuo Redemptore,*
alter est Redemptor natus.
Yo natas buenas bien como,
que no he visto buenos natos.
-*Omnibus fuit Salvatoris*
ista perfectior Imago.
-Mago no soy, voto a tal,
que en mi vida lo he estudiado
-*Amice, tace : nam ego*
non utor sermone Hispano.
-Que te aniegas en sermones?
Pues no vengas a escucharlos.
-*Nescio quid nunc mihi dicis,*
nec quid vis dicere capio.
-Necio será él y su alma,
que yo soy un hombre honrado.

Prosigue la Introducción:

Púsolos en paz un Indio
que, cayendo y levantando,
tomaba con la cabeza
la medida de los pasos;
el cual en una guitarra,
con ecos desentonados,
cantó un Tocotín mestizo
de Español y Mejicano.

TOCOTÍN

Los Padres bendito
tiene on Redentor;
amo nic neltoca
quimati no Dios.

Sólo Dios *Piltzintli*
del Cielo bajó
y nuestro *tlatlácol*
nos lo perdonó.
Pero estos *Teopixqui*
dice en su sermón
que este San Nolasco
môiechtin compró.
Yo al Santo lo tengo
mucha devoción,
y de *Sempual Xúchil*
un *Xúchil* le doy.
Téhuatl so persona
dis que se quedó
con los perros Moro
impan ce ocasión.
Mati Dios, si allí
lo estoviera yo,
cen sontle matara
con un mojicón.
Y nadie lo piense
lo hablo sin razón,
ca ni panadero,
de mucha opinión.
Huel ni machicáhuac;
no soy hablador:
no teco qui mati,
que soy valentón.
Se no compañero
lo desafío,
y con se poñete
allí se cayó
También un *Topil*
del Gobernador,
caipampa tributo
prenderme mandó.
Mas yo con un *cuáhuitl*
un palo lo dió.
ipami sonteco:
no sé si morió.
Y quiero comprar
un San Redentor,
yuhqui el del altar
con su bendición.

AJENIDAD Y APROPIACIÓN NACIONAL DE LAS LETRAS COLONIALES. REFLEXIONES SOBRE EL CASO PERUANO

Antonio Cornejo-Polar
Universidad Nacional Mayor de San Marcos
University of Pittsburgh

> La colonia continuó viviendo en la república
> José Martí

> Nuestra literatura no cesa de ser española
> en la fecha de la fundación de la República
> José Carlos Mariátegui

Dentro de la agenda abierta por la fundación y consolidación de las repúblicas hispanoamericanas, uno de los grandes asuntos fue el relativo a la necesidad de distinguir el nuevo orden del antiguo; una de las obsesiones más intensas y recurrentes fue, sin duda, la que surgía de la desoladora comprobación inversa que en las flamantes naciones la herencia de los tres siglos coloniales seguía teniendo una terca e incómoda vigencia, impregnando sin disimulo vastos sectores del cuerpo social y sofrenando el impulso de progreso con que se habían forjado, aun dentro de la improvisación y el caos, los países de esta parte del mundo. Para lo último se acuñó entonces una metáfora de resonancias complejas: la Colonia *supersite* era el "lastre" que impedía avanzar —con el ritmo deseado— a las nuevas repúblicas.

En la mayoría de los casos, sin embargo, no era nada fácil establecer los límites deseables de la descolonización. Después de todo, con matices de más o de menos en cada país, el patriarcado criollo usufructuaba las ventajas del orden fundado siglos atrás y seguía reproduciendo amplios segmentos de la ideología colonial. De hecho el "lastre" colonial no era sólo impedimento o rémora; era también, el peso que otorgaba consistencia y permitía navegar con estabilidad —para seguir con la metáfora de época— a la "nave del Estado". Por estas razones lo colonial quedó configurado —y por larga data— como un espacio especialmente ambiguo y elusivo; pero también porque evocaba, aunque con menos fuerza, los procesos subversivos que se desarrollaron, en todos los campos, durante el tiempo colonial.

No es nada casual, en este orden de cosas, que la literatura de la independencia entonara buena parte de sus cantos a la libertad — incluso sus diatribas antiespañolas— ciñéndose, sin reparos, a los códigos artísticos metropolitanos. La incongruencia de discursos que afirman lo que niega su propia confección es un excelente indicio de la enturbiada y equivocada relación que a la vez liga y aleja a la República de la Colonia; casi una metáfora exagerando algo el punto, de la indecisión de un cambio histórico que queda a medio camino, sin realizarse del todo, como promesa que se renueva sin cumplirse.

Tampoco es casual que en la literatura más directamente ligada a la coyuntura histórica de la independencia, que es la oratoria, se acumulen contenidos de conciencias disímiles. Forzando los límites de un azaroso eclecticismo, que sólo formalmente inhibe contradicciones de diversa índole, las arengas o las proclamas, los discursos parlamentarios o las oraciones sagradas de ese tiempo, combinan ideologías no siempre compatibles, desde el providencialismo de vieja data, en el fondo el mismo que había legitimado la Conquista hasta la apelación moderna —en cuanto desacraliza el sentido de la historia— a los designios de la soberanía popular. En la proclama de la Independencia del Perú, cuya impecable factura no inhibe sus tensiones ideológicas, San Martín anuncia al mundo que "desde este momento el Perú es libre e independiente por [razón laica] la voluntad general de los pueblos y por [razón sagrada] la justicia de su causa que Dios defiende".

En este ambiguo espacio se produce la primera gran operación histórica de las letras hispanoamericanas; la que, desde las indecisiones de las repúblicas nacientes, reconstruye el proceso histórico que correspondería a nuestras literaturas. Con ello se tejen las sutiles redes de pertenencias, afinidades y rechazos que son base de toda tradición literaria.

Es claro que la construcción de una tradición corresponde al sesgo más ideologizado de la lectura de la historia. Gracias a las estrategias puestas en juego para armar esa tradición, un sujeto social se apropia del sentido de la historia, configurándolo de acuerdo a sus expectativas, a la vez que es capturado por el proceso que él mismo actualiza. En la construcción de la tradición literaria no deja de haber nunca, por consiguiente, una doble e inversa apropiación; poseedor de y poseído por una historia, a la que rescata como condición de su existencia social, el sujeto de esta operación forja un tiempo de filiación y legitimidad para su propio discurso. Tal vez sea bueno insistir aquí en la urgencia de examinar cómo se han ido forjando y transformando las tradiciones literarias hispanoamericanas. Sólo comprendiendo esta dinámica que es compleja y a veces confusamente desorientadora, será posible leer nuestra literatura con un nuevo énfasis incisivo, como un vasto discurso que acumula tiempos y reúne voces dentro de sistemas variables en extremo y con frecuencia decididamente heterogéneos y contradictorios.

En cualquier caso es obvio que las pasiones de la guerra emancipadora, primero, y el deseo de forjar "la independencia intelectual" de América, poco después, configuraron la coyuntura nada propicia para hilvanar una tradición literaria que incluyera explícitamente la experiencia de los siglos coloniales. En general se optó por el americanismo, casi siempre imaginado más como inauguración de una literatura nueva que como inflexión periodizadora dentro de un solo recurso histórico; o, en otra dirección, por una reinserción no sólo antihispánica en el sistema de la modernidad literaria europea, sobre todo francesa. Por supuesto, como está insinuado, el repudio o el impulso para prescindir de lo hispánico se instaló en el discurso de las intenciones más que en la específica configuración de los textos.

De una u otra forma, el problema de la tradición literaria quedaba en la agenda, flanqueado por una doble y contradictoria solicitación: la de proveer de voz condigna a la gestualidad fundadora de la época, de un lado, y la de otorgar experiencia histórica y prestigio intelectual a las repúblicas surgidas en la víspera, por el otro. En el fondo, el segundo requerimiento no era más que el de dotar de tradición a las literaturas hispanoamericanas, confiriéndoles una profundidad temporal necesaria, inclusive para sus arrestos de renovación. Salvo por algunas tempranas e inconsistentes evocaciones nativistas, es claro que por entonces no había otra tradición posible que la colonial, sobre la cual pesaba una más o menos intensa interdicción política. Menos remisos en esto que otros hombres de letras, los fundadores de la historiografía literaria hispanoamericana optaron desde la segunda mitad del XIX por *nacionalizar* la experiencia literaria colonial, constituyendo para tal efecto una secuencia que comenzaba en el presente republicano, traspasaba el límite de la emancipación, profundizaba poco a poco en la Colonia y Conquista y —en algunos casos— se hundía en busca de raíces prehispánicas. Aun prescindiendo de lo último, que es tema aparte, este notable ejercicio historiográfico —en cuya ejecución destacaron figuras de la talla de Juan María Gutiérrez, José Toribio Medina o Vicente Riva Palacio— fue complejo y tuvo que matizar sus propuestas. Después de todo, lo que hoy semeja ser parte del orden "natural" de las cosas —el emplazamiento de la literatura colonial dentro de las literaturas nacionales hispanoamericanas— es en realidad producto de una opción historiográfica y tuvo que ser materia de discusión.

En el caso peruano habría que destacar que su primera historia literaria, la muy temprana de José Manuel Valdez y Palacios (1844), se arriesga

a situar "la literatura de la primera época del Perú" a mediados del siglo
XVIII, en el tramo final de la Colonia, pero se cuida de seleccionar sólo a
escritores ilustrados, todos ellos –además– considerados precursores de la
emancipación. Sin embargo, menos de veinte años después, en 1862, José
Toribio Polo puede prescindir de toda consideración política y gana la
Colonia íntegra para la literatura nacional, aunque invalide sus primeros
tramos por estar constituidos sólo por obras "místicas" y "eruditas", con lo
que, finalmente establece que el verdadero origen "artístico" de esta literatura de mediados del XVII, específicamente a partir de las obras de Peralta
y Caviedes. En 1890 Eleazar Boloña sustenta la primera tesis sobre el
conjunto de la literatura colonial considerada como literatura nacional, y
a principios del siglo XX (en 1905) Riva Agüero ya no tiene necesidad de
problematizar tal carácter (dentro de su manera de entender la nación)
como propio de toda la literatura producida desde la Conquista en el
territorio del Perú, a pesar de que él también es muy crítico con respecto
al valor literario de la mayoría de las creaciones coloniales. Finalmente, en
1910, Carlos Prince escribe sin más ataduras que las de la difícil erudición
de entonces, un libro íntegramente dedicado a la literatura colonial peruana.

El recuento anterior es un buen ejemplo de la paulatina apropiación de
la literatura colonial por una literatura nacional republicana, en este caso
dentro de una estrategia progresiva que profundiza, poco a poco, cautelosamente, en el espesor del tiempo pasado. Es importante resaltar que en
todos los casos el mecanismo de apropiación es selectivo, con criterios
políticos y/o artísticos más o menos explícitos, lo que es indicio seguro de
que se trata, sobre todo, de establecer una tradición literaria satisfactoria
para el sujeto, que, en el mismo acto de construirla, la postula como expresión
válida —en cuanto representativa— de toda la nación. Como se ha dicho
antes, la tradición literaria es, antes que nada, un *constructo* ideológico.

Ahora bien, ¿qué implica leer la literatura colonial como parte, y
eventualmente como origen de una literatura nacional?

En el nivel más evidente habría que destacar que se trata del reconocimiento (en el horizonte específico de la producción cultural) del carácter
criollo de la república, de su historia y de sus normas y jerarquías socioét-
nicas (igualmente vírgenes en ese horizonte); pero también —y hasta más—
de la legitimación de todo ello como forma pertinente de la nación. Más
aún: como las construcciones históricas son funcionales con respecto al
momento en que se realizan, éstas seleccionan del pasado sólo aquellos
segmentos que les son socialmente útiles, los organiza de una cierta manera
y les confiere un significado relativamente concreto.

Ésta es la razón por la cual en algunos momentos, sobre todo durante
las polémicas reivindicaciones del indigenismo, el reconocimiento de la

literatura colonial (y su inevitable sentido de filiación) pudo considerarse como una estrategia del pensamiento más conservador, de sello hispanista, destinada a prolongar el imperio del imaginario colonial y a reforzar los vínculos con España. Con frecuencia fue así, sin duda, pero desde una perspectiva más abarcadora de la apropiación de la Colonia puede tener otros significados. Es conveniente analizarlos.

Por lo pronto, resulta sintomático que las propuestas del hispanismo más recalcitrante, sean insistentemente recusatorias de la literatura colonial, juzgada como una mala copia de la metropolitana, gesto en el que subyace el inequívoco designio de reinsertar la literatura republicana en el gran cauce de la literatura española, sin pasar por la incómoda y desgarbada intermediación colonial. Aunque la historiografía literaria ha descuidado este punto, bien se haría en deslindar las versiones duras del hispanismo de las que son propias del movimiento que *nacionaliza* y *americaniza* la experiencia colonial, cuyas perspectivas y sentido histórico son otros y muy distintos.

Aquéllas, las del hispanismo beligerante, tropiezan de inmediato con y por su incapacidad de comprender la nación como una entidad social e independiente de España. Riva Agüero no duda en considerar que la literatura peruana es "castellana" por la lengua "española" por "el espíritu que la anima y los sentimientos que descubre" y "provincial", con respecto a la capital ibérica, "ni más ni menos que la de las islas Canarias". De esta manera, la literatura peruana queda sin centro, sin eje propio, nostálgica de un centro metropolitano que siempre estará lejos y arriba, casi como un paraíso que habría que reconquistar con las sinuosas fuerzas de la sumisión y el mimetismo. En cierto modo, se trataba de no perder energías rescatando textos coloniales y de emplearse a fondo, más bien, en la rearticulación con la literatura española viva. Felipe Pardo y Aliaga tenía por su mejor prenda literaria el haber pertenecido a la Academia del Mirto y haber sido discípulo y contertulio de Alberto Lista, por ejemplo.

Otro es el caso de Ricardo Palma. Mal entendido por muchos, que lo adscriben sin más al hispanismo rivagüeriano, Palma tuvo una muy inestable y ambivalente relación con España, parte importante de la cual es su inocultable embeleso por la Real Academia pero también su agria polémica con esa misma institución en lo que se refiere a la validez de los americanismos. Al margen de esta jugosa historia de sentimientos y resentimientos, lo que distingue a Palma es su compleja vinculación con el mundo de las letras coloniales. Es imposible ahora rastrearla en todo su espesor, pero no cabe duda de que ejerció sobre ellas por lo menos dos grandes —transformaciones: una histórico filológica y otra sugestivamente creativa.

En lo que toca a la primera, en la que Palma en verdad no era muy ducho, es difícil exagerar la importancia de sus defectuosas pero imprescindibles ediciones de los manuscritos de Valle y Caviedes, del Ciego de la Merced, de los poetas de la corte virreinal o de decenas de coplas y romances populares; y tampoco son desdeñables, aunque nunca sean del todo fidedignas, sus reconstrucciones históricas de la vida literaria durante el Virreinato. De hecho, puso en circulación una amplia y variada biblioteca colonial y al hacerlo la reintegró en la actualidad literaria de finales del siglo XIX y comienzos del XX, generando un nuevo horizonte de recepción con la consiguiente posibilidad de renovadas y enriquecedoras lecturas. El auge de la vena satírica en la literatura peruana de la época tiene sin duda muchas razones, pero una muy poderosa tiene que ver, precisamente, con el rescate palmista de las diatribas, pasquines, *graffiti* y sátiras rimadas de la Colonia. Tal hecho demuestra que la memoria de algunos textos se ha reactivado dentro de un inédito y ampliado circuito de lecturas y escrituras, o si se quiere, que se ha construido una nueva articulación en una tradición literaria específica.

Mucho más importante es el manejo de esta tradición dentro de las ficciones de Ricardo Palma. Como se sabe, en el género que no por casualidad Palma denominó justamente con la palabra "tradición", existe siempre —o casi siempre— lo que el propio autor llamó "el consabido parrafillo histórico", que en la mayoría de los casos se construye con una referencia más o menos explícita a algún texto colonial y no poco frecuente con la cita directa del mismo —aunque a veces lo haga con borgeana infidelidad. Inmerso en un relato decimonónico, ese texto precedente adquiere de inmediato, y por razones obvias, no sólo nuevos e insospechados significados sino, también, otra contextura histórica; no es que se desprenda del pasado al que pertenece, inclusive porque la ficción requiere de su *efecto* histórico para evocar las profundidades temporales que instituyen el sentido mismo del texto como "tradición", pero modifica con singular y complejo afán masivo el carácter mismo de ese pasado. De acuerdo a lo dicho antes, la historia deja de serlo para convertirse en tradición; vale decir, en historia reconocida como propia y vigente y con muy nítidos signos de filiación, pertenencia y legitimidad. En otros términos, no se trata de "fuentes" —que es el concepto usualmente empleado por la crítica— sino de intertextos vivos y actuantes.

Con Palma, entonces, la Colonia se reconstruye como espacio de lectura y de esta manera, y al mismo tiempo, como espacio imaginario para una nueva escritura, pero una escritura que se legitima tanto en el código de la evocación virreinal cuanto en el de la actualidad republicana, y en ambos como portadora de signos y señas de una nacionalidad que ha suturado la herida (por lo demás nunca demasiado profunda) causada por la independencia. Por cierto, no puede olvidarse que el tibio liberalismo mesocrático de Palma lo condujo a imaginar la Colonia como un espacio y un tiempo amenos, desproblematizándola minuciosamente, pero tampoco cabe omitir que esta figura edulcorada tenía raíces muy profundas en la vida social del xix; concretamente, en la empeñosa voluntad (sin duda contraria a todas las evidencias de la terca realidad) de producir ámbitos siquiera simbólicos de una homogeneidad que hiciera posible el proyecto mismo de la república.

A veces un exceso ideológico hace entender mal y hasta invalida la operación histórico-discursiva ejecutada por Palma, privilegiando las perspectivas de enunciación y los contenidos de sus ficciones, ciertamente poco atractivos para la literatura contemporánea, pero de lo que se trata en este caso no es de avalar o denunciar el significado de esos estratos, sino de comprender cómo construyó una tradición literaria, *nacionalizando* la experiencia colonial, y de qué manera prefiguró el dispositivo que hizo posible la instauración de *otras* tradiciones, incluso opuestas a la suya, pero igualmente instaladas en las relecturas y reescrituras coloniales. Para poner un ejemplo grueso: la novela más revolucionariamente experimental del Perú contemporáneo, *El zorro de arriba y el zorro de abajo*, de José María Arguedas, es también —claro que en otro orden de cosas— un discurso que actualiza viejos mitos cuya existencia quedó librada (paradojas de la historia) a un extirpador colonial de idolatrías.

Dentro de este contexto, pero definitivamente no en otros, el ejercicio de la literatura colonial tiene que desvincularse del odioso contenido y valor de su nombre para reinscribirse en lo que bien podría considerarse como la segunda instancia del proceso formativo de nuestra América; momento doble, o tal vez múltiple, porque abre el espacio y el tiempo americanos a las experiencias de la Edad Media tardía, del Renacimiento, del barroco y del neoclasicismo temprano, en el mismo acto con que se inician los otros procesos de autoidentificación en el irrebatible contexto de un espacio quebrado por la historia y rehecho por la necesidad y el deseo de una nueva historia. Categorías decisivas como indio o andino, sin las que hoy no podríamos siquiera pensarnos, surgieron en ese periodo (cierto que primero con signo de conquista, pero más tarde con valor inequívocamente liberador) y son la raíz nutrida de lo mejor de nuestra literatura, desde la elegía quechua a la muerte de Atahualpa, la *Nueva corónica* o los *Comentarios reales* hasta la poesía de Vallejo o los relatos de Arguedas. Discursos que vienen de muy lejos, cargando cada signo con la experiencia de siglos, inclusive de los que fueron por debajo de su índole colonial, forjadores de una identidad cambiante, hecha de contradicciones y beligerancias, pero también portadora de espléndidas señas de plenitud.

AVANCES EN EL CONOCIMIENTO DE SOR JUANA

Antonio Alatorre
El Colegio de México

Diré, a guisa de prólogo, que soy un tanto alérgico a congresos y simposios. Nunca antes, por ejemplo, había participado en un congreso de este Instituto. Pero cuando Julio Ortega me invitó, por teléfono, a hablar de mis investigaciones sobre sor Juana ante un público de buenos entendedores y además con gastos pagados, acepté sin pensarlo dos veces. Francamente, me alegro de haber merecido esta especie de diploma de "sorjuanista".

Diré en seguida —y con esto entro ya en materia— que mi sorjuanismo es parte de mi interés por la literatura española del período barroco. Lo que se escribió en una celda del convento de San Jerónimo de México entre 1676 y 1693 forma parte de lo que se escribía en la Nueva España y en toda la porción española del Nuevo Mundo; y forma parte, sobre todo, de lo que se escribía en la península. Digo *sobre todo* porque durante siglos, desde mucho antes hasta mucho después de sor Juana, fue España la zona del mundo hispanohablante en que hubo mayor actividad editorial y un público lector más compacto. Pero no había varias literaturas, sino una sola. Bien visto, esta unidad no se ha roto nunca. Yo pienso que, así como hispano-americanos y españoles por igual decimos que hablamos *español*, así, con la misma naturalidad, debiéramos ellos y nosotros decir que la literatura moderna que leemos (Rubén Darío y Juan Ramón, Borges y García Lorca, etc.) se llama "literatura *española*". No digo que sea absurdo aislar porciones nacionales y aun regionales. Por ejemplo, alguien puede concentrar la mirada en los poetas criollos representados en las *Flores de baria poesía* de 1577 y ver en ellas el primer "monumento" de la poesía *mexicana*, con el simple procedimiento de no decir que los criollos, aparte de ser una pequeñísima minoría, hacen exactamente lo mismo que los peninsulares. Así Octavio Paz, en cierto lugar de su libro sobre sor Juana, puede decir que "el pasaje hacia la poesía barroca" se realizó en la Nueva España "a través de los manieristas Terrazas y Balbuena", imaginando que los eslabones anteriores a la novohispana sor Juana tuvieron que ser precisamente novohispanos. Pero este ejercicio de aislacionismo no puede durar mucho.

Y además, ¿qué *avanzamos* con observar que sor Juana se levanta a mayor altura que sus paisanos Alonso Ramírez de Vargas y Gabriel de Santillana? Para apreciar lo que ella fue en la república literaria en que le tocó vivir, debemos pensar más bien en los contemporáneos españoles: Salazar y Torres, León Marchante, Pérez de Montoro... Algo que pone a Alfonso Méndez Plancarte decididamente por encima de los sorjuanistas que lo precedieron es la vastedad de sus lecturas de poesía barroca. Nadie, en sus tiempos, conoció y apreció tan bien como él a esos contemporáneos españoles de la monja, y gracias a ello pudo ponerla tan limpiamente en su trono de "emperatriz del idioma", pues donde sor Juana compitió y triunfó fue en el vasto anfiteatro de la poesía *española*.[1]

En una comunicación sobre "Avances en el conocimiento de sor Juana" —como se intitula ésta—, Méndez Plancarte tiene un lugar único, que nadie ha vuelto a ocupar. ¡Qué enormes "avances" le debemos todos! Yo soy admirador y discípulo suyo. Mi primer trabajo sorjuanino es obra de un discípulo que trata de avanzar un poco más que el maestro. Él estaba persuadido de que los sonetos de las "encontradas correspondencias" (el que empieza "Que no me quiera Fabio al verse amado..." y los otros dos) son autobiográficos. Claro que él no llegó al extremo de Alberto Salceda, el cual armó con la materia de los sonetos toda una novelita sobre los furiosos amores y los furiosos odios que hubo entre Juana Ramírez y Fabio y entre Juana Ramírez y Silvio. La labor de Salceda como editor del tomo IV de sor Juana es muy estimable, pero su novelita siempre me pareció ridícula. En ese mi primer trabajo sorjuanino, hecho con el único método que para mí es valedero, o sea el filológico, propongo ver los tres sonetos como ejercicio puramente poético: los textos que allí cito, sobre todo los sonetos de Lope de Vega y del portugués Jerónimo Bahía, demuestran, según yo, que lo que hizo sor Juana fue entrar en un juego de ingenio que se

---

[1] Yo admito que los elogiadores de sor Juana en la *Fama y obras pósthumas* (1700) la hayan llamado "orgullo de su sexo". Un somero conocimiento de la época basta para comprender que inevitablemente llamara la atención el que una obra de tales quilates fuera obra ¡de una mujer! (Las cosas son hoy tan distintas, que ese elogio suena a insulto grosero: "Para ser obra de una mujer, ¡qué bien está!"; si sor Juana es "orgullo" de algo, será de la humanidad, del género humano.) Menos admisible me parece que se la llame "gloria de México": eso no es engrandecerla, sino empequeñecerla. Cuando oigo que sor Juana "nos pertenece" a los mexicanos y que a nosotros nos incumbe estudiarla, reacciono con mucha impaciencia. Aplaudo lo que Enrique Anderson Imbert le dijo al colombiano Luis Eduardo Nieto Caballero, el cual lo había injuriado a propósito de su edición de la *María* de Jorge Isaacs: "¿Qué he hecho de malo? ¡Ah! ¿Acaso el haber escrito cariñosamente sobre un libro colombiano, siendo yo argentino? Isaacs, propiedad exclusiva de los críticos colombianos: ¿es esto? Para mí, sólo hay una patria: la patria grande de nuestra pobre, de nuestra querida América española. Isaacs es tan mío como de ustedes" (*La Gaceta* del Fondo de Cultura Económica, mayo de 1992, p. 22). Yo sólo añadiría a "nuestra querida España".

había ido haciendo más y más refinado, más y más exigente. Si esos tres sonetos están al principio de la *Inundación castálida*, no es para que el lector de 1689 conozca por principio de cuentas el duplicado y tremebundo drama erótico que vivió Juana Ramírez (y de resultas del cual tuvo que hacerse monja), sino, sencillamente, para que el lector vea lo antes posible un buen botón de muestra de lo que hay en esa *Inundación castálida* que acaba de comprar: poesía muy del momento, muy "al día"; poesía que demuestra mucho "oficio", mucha familiaridad con una larga y compleja tradición poética; y también, y sobre todo, poesía que da "otra vuelta de tuerca", poesía en la cual los *dilettanti* —los muchos y asiduos *dilettanti*, peninsulares sobre todo, que agotaron las sucesivas ediciones de obras de la monja— podían comprobar que los logros anteriores, aun los muy aplaudidos, no eran "la última palabra". (Y, como luego se aflojó o se echó a perder la tradición barroca, los tres sonetos de sor Juana quedaron, en efecto, como "la última palabra" en cuanto al ingenioso tema 'Quiero a quien me desdeña y desdeño a quien me quiere'.)

En ese primer trabajo, publicado en 1964,[2] está ya el germen de algo que escribí 22 años después, publicado en México con el título "Sor Juana y los hombres", y en Boulder, Colorado, con el título "Sor Juana y su sueño cumplido".[3] Si bien nos fijamos, eso que ocurre con los sonetos de las "encontradas correspondencias" es lo que ocurre con la obra toda de sor Juana. Sor Juana se las arregló para que el sueño de su vida, la entrega a la lectura y a la escritura, se hiciera realidad pese al estorbo de ser mujer y de ser monja. Dicho lisa y llanamente, el sueño de su vida fue ser hombre, o sea persona humana completa, no el semi-hombre que eran las mujeres. ¿Dónde estaba escrito que sólo los seres humanos de sexo masculino podían ocuparse de tales o cuales temas? Pero era un hecho que los textos literarios que se leían y aplaudían eran todos obra de varones. Entonces ella se vio obligada, por así decir, a demostrar prácticamente, con sus propios escritos, que las capacidades espirituales de la mujer eran idénticas a las del varón; y así entró forzosamente en "competencia" con los varones. ¿Que docenas de poetas habían venido luciéndose con sonetos sobre la belleza efímera de la rosa? Ella no podía quedarse callada, y escribió tres, en tres estilos muy distintos. ¿Que cierta silva del agudo Polo de Medina hacía la

---

[2] "Nota (prescindible) a unos sonetos de Sor Juana", *El Rehilete*, núm. 11, mayo de 1964, pp. 45-56. Me sonríe en la memoria el acuse de recibo de Raimundo Lida (que en esa época me hablaba de *usted*): "Acabo de leer sus imprescindibles «Notas (prescindibles) a unos sonetos...»". Viéndolo bien, ése fue mi primer "diploma".

[3] "Sor Juana y los hombres", *Estudios*, revista del Instituto Tecnológico Autónomo de México, núm. 7, noviembre de 1986, pp. 7-27; "Sor Juana y su «sueño» cumplido", *Spanish and Portuguese Distinguished Lecture Series*, issues 1-2, University of Colorado at Boulder, 1987, pp. 11-27.

delicia de las tertulias? Ella dejaría atrás a Polo de Medina con su *Retrato de Lisarda*. ¿Que a Pérez de Montoro lo aplaudían por su demostración de que un gran amor no deja lugar para los celos? Ella se haría aplaudir demostrando lo contrario: que la falta de celos es señal de falta de amor. ¿Que el gran Calderón cautivaba a los auditorios con *Los empeños de un acaso* y con *El divino Orfeo*? Ella los cautivaría con *Los empeños de una casa* y con *El divino Narciso*. Estoy citando casi a la letra un pasaje de ese artículo sobre "Sor Juana y los hombres" para dar una idea de mi enfoque. Siento que en una "caracterización" o "semblanza" de sor Juana es fundamental ese afán de medirse con los hombres, esa competencia cuyas expresiones más extraordinarias son por una parte la *Crisis* del Sermón del P. Vieira, y por otra el *Primero sueño*, donde la competencia era con Góngora, nada menos.

Pero no voy a resumir todo lo que allí digo. Me interesaría, sí, que los sorjuanistas leyeran y juzgaran ese artículo (y me comunicaran sus críticas, por supuesto). Sólo observaré que también allí avanzo, según yo, algo más que Méndez Plancarte en el conocimiento de sor Juana. Él estaba seguro de que el "doméstico solaz" para el cual se escribió la curiosa serie de cinco sonetos burlescos (el mejor de los cuales es sin duda el que empieza "Aunque eres, Teresilla, tan muchacha...") fue una tertulia del palacio virreinal, cuando Juana Ramírez, criadita de la marquesa de Mancera, no era aún *sor* Juana. Eclesiástico devoto como era, no podía concebir que en un convento se escribieran y recitaran semejantes chocarrerías, y aun obscenidades. Yo, en cambio, veo en esos cinco sonetos un simple ejemplo más de la competencia con los hombres; y como son magistrales en su línea quevedesca, tiene que haberlos hecho una sor Juana muy madura, con mucho colmillo. (No es, por cierto, el único caso en que la mirada crítica de Méndez Plancarte se enturbió por su calidad de miembro del *establishment* religioso.)

A propósito de los cinco sonetos burlescos agregaré que hace unos años Francisco Márquez Villanueva, interesado por algo que le dije, me pidió un artículo sobre ellos para incluirlo en el número "bajtiniano" de la NRFH (el 2 del volumen 34), lo cual me obligaba a leer a Bajtín (pues lo que sé de él y de sus ideas sobre "lo carnavalesco" me ha llegado por caminos que no son la lectura directa de sus libros). A mí me parece muy divertido que las monjas de San Jerónimo, que no eran unas santas pero tampoco unas libertinas, hayan tenido ese "doméstico solaz", que hayan hecho en su vida un paréntesis tan "carnavalesco", que hayan premiado con risa y aplauso el ingenio de los cinco sonetos, recitados evidentemente por la autora. ¡Notable monja ésta, tan sin remilgos! ¡Y curiosas costumbres las de ciertos conventos de la época barroca! Pero no veo necesidad de familiarizarme con la teoría y la terminología de Bajtín para decir lo que siento de esos sonetos ni para analizar su hechura. Total: el artículo se quedó sin escribir. Muchas de las teorías y metodologías de moda me dejan igualmente indiferente. Si los críticos de las últimas jornadas (bajtinianos, trubetzkoyanos, semioticistas, desconstruccionistas, etc.) leyeran mis cosas, de seguro me clasificarían como "filólogo a la antigüita", y tendrían toda la razón. Pero hasta ahora no me ha tocado leer un solo trabajo sobre sor Juana hecho "a la moderna" y que *gracias* a su "modernidad" sea un verdadero *avance* en el sentido que importa.[4] Nunca como en estos tiempos se habían interesado en sor Juana tantos y tan diversos estudiosos. La bibliografía sobre ella crece más y más. No me sorprendería que un día de éstos se le ocurriera a alguien lanzar una *Revista de Estudios Sorjuaninos*. Sobrarían colaboradores. Sí, pero mi modesta experiencia me hace prever colaboraciones que no van a significar avance. Hace tiempo leí un análisis sintagmático-semiótico de un soneto de sor Juana, hecho con las técnicas "científicas" de moda, y la conclusión que saqué es terrible: ¡quien hizo ese análisis no entendió el soneto! Animados, pienso yo, por el deseo de hacer avanzar el conocimiento de sor Juana, ciertos trabajos lo hacen retroceder. Menos mal si lo dejan simplemente donde estaba.

Esto, desde luego, ocurre siempre, y en las mejores familias. En toda bibliografía hay títulos "huecos". En una bibliografía completa de sor Juana no pueden faltar los *Sonetos* editados por Xavier Villaurrutia; yo poseo esa edición, pero sólo por bonita. Algunas cosas se me caen simplemente de las manos, digamos el libro de cierta señora que se creía la presidenta de la república sorjuanina, o cierta comparación de sor Juana con Virginia Woolf y Gertrude Stein, o cierta propuesta de leer versos de sor Juana en combinación con un juego de tarot. Otras provocan en mí la saludable reacción de la risa, por ejemplo los psicoanálisis hechos por el Dr. Fredo Arias de la Canal, por el Dr. Antonio Santamaría y no digamos por Ludwig Pfandl, o el libro en que doña Cecilia G. de Guilarte se empeña en "demostrar" que la clave para entender a sor Juana es su sangre vizcaína (lo cual resulta especialmente cómico ahora que está averiguado que el apellido Asuaje era de gentes sevillanas y sobre todo canarias). Tampoco puede faltar en esa bibliografía un libro publicado en 1980 con el prometedor título de *El hermetismo y sor Juana Inés de la Cruz*. Yo no lo conocía, pero lo

---

[4] El 11 de noviembre de 1991 leí un trabajo intitulado "Lectura del *Primero sueño*" (conferencia inaugural del "Homenaje internacional a sor Juana Inés de la Cruz" organizado por el Programa de Estudios Interdisciplinarios de la Mujer, El Colegio de México). En ese trabajo, que está enviado ya a la imprenta, critico varios ensayos sobre sor Juana realizados con las modernísimas técnicas desconstruccionistas del feminismo: exponiéndome denodadamente a que me llamen "filólogo a la antigüita", sostengo que no constituyen un verdadero *avance* en el conocimiento de sor Juana.

leí a la hora de escribir estas líneas y lo encontré muy entretenido; es toda una batalla campal entre Octavio Paz, por un lado, y Elías Trabulse, Jorge Alberto Manrique y Edmundo O'Gorman, por el otro. Los lances protagonizados por Paz y O'Gorman, cada uno a su modo, son para mí los mejores. Pero eso es todo. El avance en cuanto a conocimiento de sor Juana no lo veo por ningún lado. Sabíamos, antes de la polémica, que algunas noticias tenía sor Juana acerca del P. Athanasius Kircher. Y allí, justamente allí, es donde nos quedamos una vez leída la espectacular polémica. Lo que menos parece importar a los contendientes es aducir pruebas, verdaderas pruebas, de que sor Juana estaba inserta en la tradición del "hermetismo".[5]

Mis trabajos sorjuaninos no aspiran a lo grandioso. Muchos de los pequeños avances que creo haber hecho consisten sólo en restaurar una verdad ya existente, mediante el simple recurso de leer despacio lo que alguien leyó de prisa. Muestras de esto pueden verse en mi artículo "Para leer la *Fama y obras pósthumas*" (de 1980), en mi prólogo, edición y notas de "La *Carta* de sor Juana al P. Núñez" (de 1987), y también en la parte que dedico a sor Juana en mis "Avatares barrocos del romance" (de 1977), que por cierto me granjeó un elogio de Octavio Paz.[6] Me explicaré con dos ejemplos sencillos. Son minucias; pero pienso en el título "Enormes minucias" (*Tremendous trifles*) que dio Chesterton a uno de sus libros. Una minucia se traba con otra y con otras. El filólogo acarrea como hormiga sus granitos de trigo, y con granitos de trigo, ya sin paja, se hace el pan.

He aquí el primer ejemplo. En el prólogo de la *Fama y obras pósthumas* dice Castorena: 'Me propongo llevar personalmente a la gran biblioteca del Escorial, regenteada por los monjes jerónimos, este tomo tres de la ilustre monja jerónima, para que haga compañía a los tomos uno y dos; y allí pienso depositar asimismo los originales de *este* tomo tres'. Claro que Castorena no lo dice así, sino con su peculiar estilo ultrabarroco. Méndez Plancarte leyó esto de prisa, puesto que hace el siguiente comentario: "Nadie hasta hoy, que sepamos, ha buscado *los manuscritos de los dos iniciales tomos*, que según Castorena se atesoraron en dos [!] estantes del Escorial". También Octavio Paz leyó de prisa y sacó otra fantasiosa conclusión: "Según Castorena —dice él—, *los manuscritos del primer tomo* se encontraban en el archivo de los jerónimos en El Escorial, adonde [*sic*] fueron deposita-

[5] En el trabajo mencionado en la nota anterior hago una crítica detenida de las ideas de Octavio Paz en cuanto al hermetismo y "kircherianismo" de sor Juana.
[6] Los tres artículos están en la *Nueva Revista de Filología Hispánica*: "Para leer...", vol. 29 (1980), pp. 428-508; "La *Carta*...", vol. 35 (1987), pp. 591-673; "Avatares...", vol. 26 (1977), pp. 341-459. El elogio de Paz —otro "diploma"— puede verse en *Las trampas de la fe*, p. 296. (En la p. 410, refiriéndose a esos mismos "Avatares...", dice Paz: "Como lo ha señalado Alatorre", la segunda mitad del siglo XVII fue, "en México, [un período] de gran experimentación". (En México y en todas partes, es lo que en realidad digo.)

dos por la condesa de Paredes". Lo que yo diría, glosando a Méndez Plancarte, sería simplemente esto: "Nadie hasta hoy, que sepamos, ha averiguado si en 1700 (cuando se publicó la *Fama*) estaban en efecto los tomos uno y dos en el Escorial (y si allí siguen) y, sobre todo, si Castorena cumplió su tan cacareado propósito de obsequiar a la famosa biblioteca el tomo tres 'con sus originales', entre los cuales estaría uno tan importante como la *Respuesta a sor Filotea*".

El otro ejemplo es éste. Dice Octavio Paz que es fama que los marqueses de Mancera "solían asistir a la capilla [o sea a la iglesia de San Jerónimo, anexa al convento] para las oraciones de las vísperas, y luego en el locutorio acostumbraban departir con Sor Juana". Lo dice entre comillas, citando como autoridad a Juan Carlos Merlo (cosa que jamás haría un filólogo). De hecho, las visitas de los Mancera no sólo no están documentadas, sino que hay razones para pensar que *no las hubo* en absoluto. En su *Carta* al P. Núñez pregunta sor Juana por qué, si "el marqués de Mancera entraba cuantas veces quería en unos conventos tan santos como Capuchinas y Teresas", no habían de poder entrar los Laguna en el de las Jerónimas. Y ya Ezequiel Chávez, primer lector moderno de la *Vida* de Núñez por el P. Oviedo, dejó bien señalada la oposición de Núñez a que sor Juana recibiera visitas mundanas, y Núñez tenía bajo su férula espiritual a los Mancera. Evidentemente, Juan Carlos Merlo confundió a los Mancera con los Laguna.

Supongo que no es necesario ponderar aquí la importancia de esa *Carta* de sor Juana al P. Núñez, cuyo descubrimiento, hace diez años, por don Aureliano Tapia, constituye sin duda el avance más sensacional que ha habido en el conocimiento de sor Juana desde el año 1700 hasta la fecha. El estudio que le dediqué en 1987 es, según yo, mi mejor calificación para el diploma de sorjuanista que hoy se me da. Ojalá, así como don Aureliano Tapia encontró esa *Carta*, encontrara alguien las que sor Juana le mandó al P. Calleja a lo largo de no pocos años. Últimamente se han descubierto nuevas obras de sor Juana, pero ninguna tan reveladora y tan espléndida como la *Carta* a Núñez. En 1964 William Bryant publicó una glosa sobre la cual pienso escribir algunas observaciones. En 1968 Enrique Martínez López publicó los curiosos *Enigmas* que sor Juana dedicó a la "Casa del Placer" de Lisboa, y que también me propongo estudiar:[7] muestran el exquisito cuidado que puso sor Juana en cultivar su relación con los poderosos, lo cual estuvo muy bien hecho, pues sin ellos, y en particular sin la condesa de Paredes, no hubiera hecho lo que hizo, no hubiera sido lo

---

[7] W. C. Bryant, "Reaparición de una poesía de sor Juana Inés de la Cruz perdida desde 1714" (desde *antes*, diría yo), *Anuario de Letras*, México, vol. 4 (1964), pp. 277-285; Enrique Martínez López, "Sor Juana Inés de la Cruz en Portugal: un desconocido homenaje y versos inéditos", *Revista de Literatura*, Madrid, vol. 33 (1968), pp. 53-84.

que fue. (Tengo ya el título para ese estudio: "Sor Juana y la mafia".) En 1984 publiqué yo mismo "Un soneto desconocido de Sor Juana", acompañado de un prolijo comentario que dediqué a Octavio Paz en sus 70 años,[8] y cuya lectura recomiendo (aunque me esté mal decirlo) a quienes no lo conozcan. Excluyo de esta lista de descubrimientos el *Libro de cocina del convento de San Jerónimo*, manuscrito mexicano que Josefina Muriel publicó como obra de sor Juana: razones elementales de crítica externa y de crítica interna impiden tomar eso en serio.[9] (Y observemos, de paso, que resulta mucho más probable encontrar cosas de sor Juana o relacionadas con ella en fuentes peninsulares que en fuentes mexicanas.)

Finalmente, hasta hace unos días estaba yo seguro de haber identificado un nuevo texto de sor Juana: la terminación de *La segunda Celestina*, comedia que Agustín de Salazar y Torres dejó inconclusa a su muerte y que había sido terminada de mala manera por Juan de Vera Tasis. Di a conocer mi descubrimiento el 11 de junio de este año [1990] en un artículo publicado en la revista *Proceso*, sin saber que junto con mi artículo iba a aparecer la noticia de que Guillermo Schmidhuber tenía hecha por su lado esa misma identificación. Ahora bien, justamente el "descubrimiento" de Schmidhuber ha trastornado mis ideas. Yo encontré el texto "nuevo" en dos sueltas españolas sin fecha, pero seguramente de comienzos del siglo XVIII, y Schmidhuber lo encontró en una suelta impresa en Madrid en 1676. Esto es lo que ahora me hace dudar, y mucho. En 1676 sor Juana vivía bajo el férreo control del P. Núñez; no era aún la muy conocida y aplaudida escritora "mundana" del tiempo de los Laguna. Además, hacía sólo un año que había muerto Salazar y Torres: poquísimo tiempo para realizar el hipotético encargo hecho desde Madrid, puesto que la comedia, con la nueva terminación, se imprimió allí en 1676. Y, por último, según el testimonio de Castorena, la terminación de sor Juana estaba inédita en 1700. La terminación que Schmidhuber y yo encontramos, ciertamente mejor que la de Vera Tasis, deberá considerarse anónima. La de sor Juana sigue, según yo, inédita (y desconocida). Lástima.[10]

Aprovecho el medio minuto que me queda para mencionar la edición de *Obras completas* que preparamos Georgina Sabat de Rivers y yo (más ella

[8] En la revista *Vuelta*, núm. 94, septiembre de 1984.
[9] Excluyo también, por idénticas razones, el *Oráculo de los preguntones* reeditado por José Pascual Buxó en 1991 como "obra atribuida" a sor Juana. Sobre la absurda atribución puede verse mi nota "Sor Juana: un *Oráculo* falso y unos *Enigmas* auténticos", en la revista *Proceso*, 4 de febrero de 1991.
[10] Remito a los artículos publicados en la revista *Proceso* el 11 de junio y el 9 de julio de 1990, y el 7 de enero y el 18 de febrero de 1991, y sobre todo a mi larga reseña de la edición de Schmidhuber: "*La segunda Celestina* de Agustín de Salazar y Torres. Ejercicio de crítica", *Vuelta*, núm. 169, diciembre de 1990.

que yo, pues ella se está encargando de casi todo el cotejo de las ediciones y reimpresiones antiguas). Es claro que la edición de Méndez Plancarte no va a quedar desbancada por la nuestra; pero nosotros procederemos con métodos filológicos más estrictos. Vamos a reproducir, con el aparato crítico de rigor, los tres volúmenes antiguos (el de 1689, el de 1692 y el de 1700) tal como se imprimieron, respetando el orden de los poemas e incluyendo todos los preliminares de las distintas ediciones. Quienes trabajan sólo a base de la edición de Méndez Plancarte se pierden, por ejemplo, de los prólogos de Francisco de las Heras y de fray Luis Tineo a la *Inundacion castálida*, tan importantes para aquello que debiera ser el propósito central de todo sorjuanista, que es el conocimiento de sor Juana. Yo estoy seguro de que esa edición que preparamos va a ser un buen avance.

Conquista y contraconquista: la escritura del Nuevo Mundo
Este libro se terminó de imprimir en mayo de 1994
en Corporación Industrial Gráfica, S.A. de C.V.
Cerro Tres Marías 354, 04200 México, D.F.
Tipografía y formación: Programa de Autoedición de El Colegio de México
Cuidó la edición el Departamento de Publicaciones de
El Colegio de México
Se imprimieron 1 000 ejemplares
más sobrantes para reposición.